人民文库 第二辑

中国古代社会

何兹全｜著

人民出版社

出 版 前 言

1921 年 9 月,刚刚成立的中国共产党就创办了第一家自己的出版机构——人民出版社。一百年来,在党的领导下,人民出版社大力传播马克思主义及其中国化的最新理论成果,为弘扬真理、繁荣学术、传承文明、普及文化出版了一批又一批影响深远的精品力作,引领着时代思潮与学术方向。

2009 年,在庆祝新中国成立 60 周年之际,我社从历年出版精品中,选取了一百余种图书作为《人民文库》第一辑。文库出版后,广受好评,其中不少图书一印再印。为庆祝中国共产党建党一百周年,反映当代中国学术文化大发展大繁荣的巨大成就,在建社一百周年之际,我社决定推出《人民文库》第二辑。

《人民文库》第二辑继续坚持思想性、学术性、原创性与可读性标准,重点选取 20 世纪 90 年代以来出版的哲学社会科学研究著作,按学科分为马克思主义、哲学、政治、法律、经济、历史、文化七类,陆续出版。

习近平总书记指出："人民群众多读书，我们的民族精神就会厚重起来、深邃起来。""为人民提供更多优秀精神文化产品，善莫大焉。"这既是对广大读者的殷切期望，也是对出版工作者提出的价值要求。

文化自信是一个国家、一个民族发展中更基本、更深沉、更持久的力量，没有文化的繁荣兴盛，就没有中华民族的伟大复兴。我们要始终坚持"为人民出好书"的宗旨，不断推出更多、更好的精品力作，筑牢中华民族文化自信的根基。

人民出版社

2021 年 1 月 2 日

目　　录

上篇　由部落到国家

中篇　古 代 社 会

下篇　古代到中世纪

附　　录

初 版 前 言

　　《中国古代社会》这本书,50 年代就想写了。当时也写了一两篇这方面的文章。因为和史学界有影响的大家们意见相左,自己也不敢自信,迟迟未写。自"反右"到"文化大革命"期间,自然全无写作的可能了。

　　"文化大革命"后,"实事求是""实践是检验真理的唯一标准"提出,才又跃跃欲试。1987—1988 年,在美国华盛顿(州)大学作访问教授,在西雅图住了一年,生活比较安静,时间比较集中,开始写作。回国后又将近一年,才算脱稿了。

　　解放后,先后有两大学派执中国史坛牛耳。"文化大革命"前是范文澜学派,"文化大革命"后是郭沫若学派。其间,亚细亚型东方社会的土地国有制论也很有势力,很有几位大家心执此说。

　　范、郭两家,当然都是学力深厚的。但见仁见智不同,两家也都有使人不满意处。范文澜教授以西周为中国封建社会的开始,使人觉得不免早了些。夏商一半以上在传说时期,后半刚有文字,这样一个古代社会或奴隶社会,未免太原始了,不像马克思主义社会发展史理论中所讲的古代社会或奴隶社会那么进步繁荣。如果说希腊、罗马帝国是欧洲的古代社会的话,夏商的社会阶段是没法和希腊、罗马比的。而且战国秦汉城市交换经济的繁荣,奴隶制的发达,魏晋南北朝自然经济的盛行,以及汉魏之际自由平民、奴隶向依附民的转化等,正是古代社会和由古代社会向封建社会转化的正常显著现象,把这些都说成是封建地主经济内部的变化,是既勉强又不能服人的。郭沫若先生以战国时期为中国封建社会的起点，更有许多问题难以解释。封建社会由城市经济兴起、商业交换繁荣、奴隶制发达开始，也是和马克思主义社会发展史理论不合的。

亚细亚型东方社会说认为中国社会是立于社会发展顺序之外的亚细亚型社会，农业手工业结合一起，个体小农经济数千年不变，土地国有，农民为国家服役、为国家所有。在中国有些学者则特别强调土地国有，说中国没有土地私有制。

这派学说不能使人满意之处是：他们强调了国家而忽略了社会。就从战国说起，社会上就出现了军功贵族、豪富家族，出现了一面依靠豪强大家一面有独立人格的宾客，出现了庞大的奴隶群和自由平民。不能不承认，由豪富家族、宾客、自由平民，或耕豪民之田见税什五的佃农和奴隶组织起来的社会，才是战国秦汉的社会主体，秦汉的国家和皇权不过是在这个主体社会的上面盖上一层权力网，国有土地不过是在这个主体社会之外附加上一块，国有土地的经营和生产方式，所谓假给贫民，不过是私有土地租佃形式的翻版。我们看得清楚，国家、皇权、国家经济是随着私家主体社会的发展而发展、变化而变化的。举例以明之，战国秦汉的社会是沿着城市商业交换经济发展、土地兼并、农民破产流亡沦为奴隶这条线发展的，这是私家经济、私家社会而不是国家经济、皇权经济。又如东汉魏晋时期，自由民和奴隶的依附化、城市经济的衰落、自然经济的盛行，这是私家主体社会的变化，国家经济只是跟着走。显然，中国社会也是一个阶段跟着一个阶段向前演进的，不是一成不变的。它有特点，皇权就是一个特点，但中国社会不是千年不变的社会。

人类社会历史发展道路是有共性的，有规律的，没有共性没有规律，历史科学就难以成为科学。对中国古代社会的研究、认识，之所以会出现这么多分歧。原因之一就在一些中国史学家过多地强调了中国历史的个性、特殊性，而忽略了人类历史的共性和规律。

共性来自个性。历史研究应深入探讨分析各民族历史发展中的个性、特殊性。个性、特殊性认识越透，共性的认识越坚实。

因此，我认为要把中国史弄清楚，使我们的认识符合中国历史的实际,首先重要的是把共性和个性两者的关系在思想里摆正确。世界各民族的历史,大体上都是沿着原始社会、古代社会、封建社会、资本主义社会这个顺序向前发展的。特别是人口多、地域大、历史长而又没有中断,像中国,和欧洲一样是历史发展的典型(甚而至于可以说更典型,罗马帝国末期,日耳曼人入侵西欧历史也有些中断),各种历史因素都得到充分发展。

我们对中国古代社会的研究,一方面要让史料说话,实事求是,是什么就是什么,也要避免夸大特殊性;一方面要尊重共性,也要注意不要公式化,削足适履,生搬硬套,把中国史讲成非中国史。

没有一部历史著作或历史记事不是在作者主观思想指导下写出来的,也可以说没有一部历史著作或历史记事不是在作者的偏见指导下写出来的。人所能认识的只是相对真理,随着人类的开化和科学进步,人所认识的相对真理会一步步地接近绝对真理,但永远不会达到绝对真理。因此,人的认识总是有偏见的,史学家的历史著作,也总会是有偏见的。但史学家的世界观、认识论越进步,他所认识的相对真理就越一步步接近真理。史学家思想越进步,越高明,他的著作就越会反映历史真实,越少主观偏见。史学家应当认识并承认自己的著作是有偏见的,但应努力学习改进认识客观的能力,减少偏见,使自己的著作符合客观真实,接近真理。

我对中国古代社会所能认识到的是:

西周春秋时期,是中国历史上由部落到国家的转化时期,是早期国家时期。商周两族的关系,是通过征服而建立起来的不平等部落联盟和以此不平等部落联盟为基础建立起来的早期国家。被周人征服的商族和其他族,不是奴隶,也不是农奴,他们是殷人居住区(野)九一而助的井田制下身份低一级的劳动者。用现在的话说,周族人是一等"公民",他们是二等"公民"。虽是二等,仍是公民。

春秋战国社会的变化,起自农业生产力的发展。以农业为基础,出现商业交换。交换的发展,引出货币、城市的兴起,阶级、贫富的分化,出现商人和知识阶层。传统的旧世袭贵族不理解新事物,不能应付新形势、新局面、新世界,而日趋衰落。交换的发展,使人思想活跃,商人和士人阶层有知识有能力理解新事物、新形势,有知识有能力应付新事物、新形势。他们登上历史舞台、政治舞台。知识活跃,出现百家争鸣局面。

交换的发展,产生了地区间在生产和生活上的依存关系,产生大一统思想,产生统一要求。统一国家在此基础上出现。

交换促使经济繁荣,也促使社会分裂,阶级分化,贫富分化,矛盾增长,促使小农经济衰落、破产,土地兼并集中,卖儿卖女卖自身。货币问题、土地问题、奴隶问题成为中国古代社会时期西汉一代显著的严重的社会问题。

汉末魏晋,自由平民逃亡、投靠,奴隶解放,依附关系发展起来。自由平民和奴隶的依附化,依附民、农奴成为魏晋南北朝的主要劳动人民。一个士庶天隔、身份等级复杂的中国典型的封建社会出现。

从形式上看,欧洲历史发展比较大张大合,转变时期变化比较彻底,社会阶段分合比较鲜明,民主比较发展。中国历史发展比较缓慢,转变不彻底,旧的遗留多、时间长,社会阶段分野不鲜明,集权比较发展。

这种不同,来自对原始社会的不同继承。原始社会末期,社会上存在着三种权,氏族成员权、氏族贵族权、酋长权。欧洲历史继承氏族成员、氏族贵族民主权多,中国历史继承酋长权多。中国型历史发展下来,酋长权演化为君权、王权、皇权,出现中央集权、统一、专制,国家(皇权)占有广大土地,对社会经济生活干预多。中国历史特殊性比较显著之处,都来自这里。

这部书,原来想写四部分:

壹、由部落到国家

贰、古代社会

叁、古代到中世纪

肆、附论——各家古史分期说评介

  一、西周封建说

  二、春秋战国分期说

  三、亚细亚型土地国有说

  四、社会发展道路的同与异

原来的想法是：力矫过去有一时期以论代史之弊，先叙述历史事实，让史料说话，然后再结合史实探讨一些历史理论问题，从而对各家学说提点意见，再申述一下自己的看法。先讲事实，再说理论。现在想：这本书提出的也不过是自己一点不成熟的意见，也只是姑备一说而已。对别人的思想体系理解得不一定准确，这最后一部分，就取消了。

这本书是由罗氏基金会（The Henry Luce Foundation）的资助和华盛顿大学（西雅图）国际研究院中国研究所（The Henry M.Jackson School of International Studies.China Program）提供安静的研究条件写成的，谨向他们两家致以诚恳的谢意。还要感谢该所所长尼古拉司·拉迪教授（Professor Nicholas Lardy）、杜敬轲教授（Pofessor Jack L.Dull）和孔为廉博士（Dr.William Crowell）。杜敬轲教授看过我一部分稿子，提了宝贵意见。

何兹全

1989 年 8 月 20 日

再 版 前 言

　　《中国古代社会》，是 1991 年河南人民出版社出版的。初版印了三千册，几年前就已经绝版了。现蒙北京师范大学出版社再版，非常高兴。

　　《中国古代社会》出版后，受到史学界师友们的关注。拓晓堂同志誉为汉魏之际封建说的"扛鼎之作"（拓晓堂：《汉魏封建说扛鼎之作——评何兹全新著〈中国古代社会〉》，1995 年商务印书馆出版《国际汉学》第 1 期）。林剑鸣教授说："本书的出版可以称得上是新中国史学史上的一个里程碑……反映了 90 年代中国史学研究的最新突破，标志着中国史学研究的最新水平。"（林剑鸣：《评何兹全教授〈中国古代社会〉》，《中国史研究》1992 年第 3 期）刘家和教授评论说："《中国古代社会》无疑是一部成一家之言的史学力作。有时人们会以为，只要持之有故，言之成理，便可以成一家之言。其实，严格的持之有故，就是要求持论的根据'故'，在质上是切实的，在量上是充分的；而严格的言之成理，则要求论证本身是有系统的、合逻辑的。只有这样，才能有学术的说服力。《中国古代社会》正好具有这样的特点，从以上我所说的评介，就可见它对我的说服力了。""何先生这部书，像其他卓有贡献的学术著作一样，不是不可以经过研究它而超过它的，但是，如想轻率地迈过它，那是不可能的。"（刘家和：《一部成一家之言的中国古代社会经济史——读何兹全先生〈中国古代社会〉书后》，《历史研究》1991 年第 4 期）宁可教授没有直接评论过我的

《中国古代社会》,但他在评述我的治史方法时,却连及到《中国古代社会》。他说:"50 年代中期以后,中国古代社会发展阶段成了中国历史研究的一个热点。其中'魏晋封建说'引起人们很大的关注。但不久受到不公正的压制,有的学者不再提及,或者不再深入进行下去了。何先生则是始终坚持并且孜孜不倦的探寻者之一。他的研究不是从一个什么框架或模式出发,也不是像苏联学者那样用所谓的'综合年代法',即类比的方法认定中国与欧洲同时进入封建社会,而是从中国历史的实际出发,从具体问题的探讨出发。早在 30 年代,他已经在魏晋南北朝的某些问题的研究中对中国封建社会始于何时有了粗略的看法,并在随后的研究的拓展和深入中概括和上升为'魏晋封建说'并且继续探讨下去。""何先生的研究,并没有到'魏晋封建说'为止。要弄清中国封建社会始于魏晋,不仅就魏晋谈魏晋,还必须看到秦汉社会是如何演化到魏晋的,还需要看到,中国的社会又是如何演变到秦汉魏晋的,这里涉及魏晋以前历史的全过程。这样,何先生的研究就从'发展过程的完成的结果'开始,一直上溯到中国文明的源头,再顺流而下,对这一阶段社会历史整体和其中重要的方面及其发展演化作全面系统的探索,从而对之有了一个清晰深入的贯通的看法。何先生在开始论述'魏晋封建说'的 50 年代,已经对中国古代社会的演变提出了自己的看法,而其结果,则是他在 1991 年出版的《中国古代社会》。"(宁可:《我所认识的何兹全先生的治学道路》,见《何兹全先生八十五华诞纪念文集》,1997 年中国社会科学出版社出版)

上述四位学者,拓晓堂先生不认识,林剑鸣、刘家和、宁可都是很熟的朋友。他们都知道"魏晋封建说"是受压的。他们同情我,偏爱我,为我说句公道话、公正话,使我既欣慰、又感激,同时也很惭愧。惭愧,他们的话,拔得很高,我的书写得很疏浅,有负他们的称许。

其实,《中国古代社会》1991 年出版已是过了时的书。中国社会史论战,30 年代是个高潮,50 年代又是一个小高潮。30 年代我无力写这本书,50 年代已无条件写这本书。50 年代,我写了一篇《关于中国古代社会的几个问题》,几经转悠,最后才在《文史哲》1956 年 8 月号刊出。《魏晋之际社会经济的变化》,也是 50 年代写的,1956 年曾受吴晗同志之约在北京教师进修学院以此为题为学员作过报告。报告后,张守常教授概括为两句话:"何先生摆事实,不讲道理"。摆事实者,用事实说话,材料说话;不讲道理者,不讲分期问题之谓也。但就此一篇文章,也是压了几年,1979 年才在《社会科学战线》第 4 期发表。《中国古代社会》1991 年出版,已是社会史论战的低潮时期。

书虽是迟到晚来,但有总比没有好。魏晋之际(我现在喜欢用汉魏之际)封建说,既有此一学派,就应该有此一派的完整表述。我希望《中国古代社会》能成为这一学派学说的完整表述。我曾很有自信地说过:"汉魏之际,社会经济有变化,这大约是研究这段历史的人都能看到的,因为这是历史事实,但认识这变化是由古代到封建的社会形态的变化而又给它以系统的理论说明,并以可靠的历史文献证成其说的,大约我是第一人。"

我也常常自我警惕,不要自信到自负,自负到骄傲。谦虚使人进步,骄傲使人落后!也许是多年学术思想受排压的心理反弹,心里总有些牢骚。牢骚中说出来的话,有时就不够谦虚了。我说的都是老实话,没有虚伪。

不久前去世的杨拱辰(向奎)教授是我北大史学系的老同班、老同学。在他远去之前的这几年,我们常常通电话,一谈就是很长时间。有一次在他读了我的《爱国一书生——八十五自述》后,打电话给我说:"老何呀!老师弟呀!你很行、很聪明!可惜你生得太晚了,你要早生十年就好了。"我对他说:"大师兄呀!你还不了解我。我是个笨人。生性很鲁笨。没有聪明。如果我早生 10 年,又倘若也能考上北大,我可能是个保守派,根本不接受西方新思想。就是我能接受胡适先生的西方史学新思想,我也只能远远地跟在傅先生他们的后面,望尘而莫及。我之能有今日,是我早接受了一点马克思辩证法的结果。"

的确,我之能有今日,跟随诸位学者之后谈学问,是我比较早地读了一点马克思辩证法的结果。比我早生 10 年、20 年的史学家,很少接受辩证法的机会,遇到机会也可能不接受。和我同代的人,接受马克思主义的,多去革命了,我却留在书斋里。也是机缘,中学后期我就有机会读了几本辩证法的书。一接触就倾心拜倒,如饥似渴地接受。和我同代的史学家们,多半是解放后才接触马克思主义、辩证法。我和我的同辈比起来,好像一同上阵的战士,他们都武艺高强,才能出众,我是笨手笨脚、呆头呆脑,但我手里有挺机枪,他们都是铁盾钢矛。因之,我的战果也可能不比他们差太远。

论学问、功力、基础,论聪明才智,我和我的同代学人都是没法比的,我之能够附骥尾有今天,主要是我早接受了几天辩证法。而我之接受辩证法,又是机缘、偶然的。一个人成一个人,偶然性很大。

我要说明一句,我不是在卖弄我自己,说我已是辩证法行家。我决无那意思。我学到的,可能只是辩证法的一点、一部分。但这一点、一部分,已使我能比较深入地认识一些历史实际、历史真实。

希望读者能理解我,原谅我。我是衷心抬高辩证法,不是抬高自己。

前面已引述过的,宁可同志对我的"治史方法"的评述。他说我的研究是"从'发展过程的完成的结果'开始,一直上溯到中国文明的源头,再顺流而下,对这一阶段社会历史整体和其中重要的方面及其发展演化作全面系统的探索,从而对之有了一个清晰深入的通贯的看法。"我很感谢宁可同志的指点,我大约是这样做的,但我并没有这意识。其实,这也只是一点点辩证法的方法。

在《中国古代社会》中,我提出我对从商周到魏晋南北朝历史发展的看法。

对这段历史的这些认识,自然都是我的"一家之言"。但我觉得我这些一家之言,是符合这段历史的客观实际的。

这两年,我觉得空谈分期,不如先多研究各段历史实际。1999 年 1 月 29 日,我在《光明日报》第 264 期《史林》上写过一篇《争论历史分期不如退而研究历史发展的自然段》。在这篇文章里我说:"所谓自然段,就好比一年之中有四季一样,四季就是一年的四个自然段落。每个自然段落,各有自己的特点。一个自然段落,日暖花开,生意盎然;一个自然段落,天气炎热,万物茂盛;一个自然段落,果实累累,寸草生子;一个自然段落,冰雪盖地,草木枯萎。这四个段落以及其特点、特征,都是自然存在的,是先于它的命名春、夏、秋、冬而存在的。人类历史长河在发展过程中是有变化的,有变化就有段落,这就是我说的自然段落。我叫它自然段落,重在它是自然存在的、客观的。各段落的特点、特征是什么,段落的变化在何处,这是历史学家首要的研究课题。具体到中国历史研究,也要先研究这些自然段。在中国历史发展过程中,有哪些自然段落? 各段落有哪些特点、特征? 哪些特点、特征是前后段历史所无而为它所特有、是使它和前后段区别开而自成一段落的?"

最近8月11日,我在南开大学历史系召开的"中国中古社会变迁国际学术研讨会"上有个发言,题目是:"自然经济和依附关系——使中国中古社会和前后社会区别开的两大特征"。我再次强调了"自然经济和依附关系"是使魏晋南北朝隋唐社会和前后社会区别开来的两大特征。各段历史特征研究透,分期自然会出来。

我很自信,也是希望,我对商周、战国秦汉、魏晋南北朝各段历史的特征的认识会逐渐为历史学家们所承认。一种被排压的学说到被承认,是需要时间的。

最近我慢慢意识到,研究中国社会史的风向有点转,从研究社会经济、社会形态,转向研究社会风俗习惯、衣食住行、宗教信仰等方面;从马克思主义史学转向西方新史学。这个风向的转化在前几年的"老三论""新三论"就已经开始了。

风向转的原因何在? 1986年9月在山东烟台召开的"全国魏晋南北朝史学会年会和学术讨论会"上,我有个发言,曾经接触到这个问题。我说:"马克思主义理论的发展,就过去的情况看,都往往是有阶段性的。在斯大林时代和毛泽东时代表现得很明显。以斯大林时代为例,斯大林说过的就是真理,而且真理就到此为止。斯大林没有说过的,谁也不敢多说一句,说了就可能犯错误。犯了错误,那是很危险的。因此,在那个时代,只能给斯大林的话加诠释、注解,不敢有半步逾越雷池。但客观形势是在不断发展的,对客观的认识也就不断发展,新认识也就不断出现。新的认识,也就是新的真理。你不说,别人会说;你不提出来,别人会提出来。近年来有所谓'老三论'、'新三论'。我对这些很少接触过。但我认为,它们包含着对新事物的新认识,包含着真理。它们和辩证法是不矛盾的,而且还包含在辩证法之中,是辩证法的发展。如果不是马克思主义理论发展有阶段性,马克思主义者本来也会提出这些理论中的合理认识,用这些新的合理的认识来丰富自己的辩证法。你不说就是你没这新东西,别人说了就是别人的发现。有些对马克思主义接触少的人就会想:'马克思主义过时了,新的理论出来了,新的理论比你们的新!'"

"也难怪有人这样想,谁教你固步自封来!"

对当前社会史风向的转变,我想也应在上述这条线上考虑问题。总之,这是信仰危机下的产物。

当然,社会史不仅是社会经济史,更不仅仅是社会结构史,它还包括衣食住行、风俗习惯、宗教信仰、鬼神迷信等,但无疑,社会结构史、社会经济史应是社会史的核心。社会史应该研究衣食住行、风俗习惯等,更应该研究社会经济、社会结构。唯物史观的核心是,物质是第一义的,精神是第二义的。唯物史观不是经济史观。除物之外,应该承认人的思想意志、心理状态都会在历史上起作用,起很大的作用。伟大的辩证思想和思想家有预见性,会推动历史加快发展。不伟大的思想和思想家,也会阻止社会历史的前进,甚至会使历史倒退。但它最终必须顺应历史发展,它才会由悲剧变喜剧,由丑角变正角。司马迁说:"夫神农以前,吾不知已。至若《诗》、《书》所述虞夏以来,耳目欲极声色之好,口欲穷刍豢之味,身安逸乐,而心夸矜势能之荣,使俗之渐民久矣,虽户说以眇(妙)论,终不能化。故善者因之,其次利道之,其次教诲之,其次整齐之,最下者与之争。"(《史记·货殖列传》)司马迁的史识,高!司马迁的史识,是辩证的、唯物的;或者说有辩证唯物的成分。

就历史理论说,辩证唯物论没有过时,它仍是历史理论的先进理论。使它失势的是学术以外的因素。我估计:不久之后,在正常情况下,辩证法会在史学领域重振雄风、再领风骚!

近年来,对一些历史理论和历史实际问题常常有些考虑。考虑多的,如国家问题、专制主义问题。对国家的起源应如何理解,国家的职能应如何理解。国家是不是只能理解为阶级矛盾不可调和的产物?国家是不是只是代表一个社会占统治地位、剥削地位的一个阶级？恩格斯用两个阶级的势力平衡来解释绝对王权的出现,还有无别的解释？因为这和专制主义有关系。我曾用西方历史继承了氏族社会的氏族成员权,走的是民主路;东方历史继承了酋长权,走的是集权路。集权就包括专制主义。但这也只是说明事实现象,并未说明原因。马克思、恩格斯把由小农业和家庭手工业结合在一起的生产方式称为原始村社的残余。他们又把这看作东方社会的本体,数千年来东方专制主义的基础。马克思说:"目前还部分地保存着的原始的规模小的印度公社,就是建立在土地公有、农业和手工业直接结合以及固定分工之上的。……这种公社都是一个自给自足的生产整体。……

这些自给自足的公社不断地按照同一形式把自己再生产出来,当它们偶然遭到破坏时,会在同一地点以同一名称再建立起来,这种公社的简单的生产机体,为揭示下面这个秘密提供了一把钥匙:亚洲各国不断瓦解、不断重建和经常改朝换代,与此截然相反,亚洲的社会却没有变化。"(《马克思恩格斯全集》第二十三卷,第395—397页)恩格斯说:"古代的公社,在它继续存在的地方,在数千年中曾经是从印度到俄国的最野蛮的国家形式即东方专制制度的基础。只是在公社瓦解的地方,人们才靠自身的力量继续向前迈进,他们最初的经济进步就在于利用奴隶劳动来提高和进一步发展生产。"(《反杜林论》,见《马克思恩格斯全集》第二十卷,第197页)

我曾认为马恩这些话是不对的。就中国来说,中国历史确不是这样数千年不变。人类社会历史发展是有规律的,宇宙间万事万物的运动发展都是有规律的。没有规律便没有宇宙,没有万事万物。世界各民族的社会历史发展各有各的规律,但又有共性,小规律之中有大规律。历史发展没有规律,便没有历史科学。远的不说,就以当代中国史为例,历史发展没有规律,没有共同规律,便没有"左"倾路线的失败,便没有改革开放的成功。失败是因为它不按规律办事,成功是因为它按规律办事。小手工业和农业相结合虽不是中国的特殊道路,但确是中国社会史中一特点,应有解释,不能忽视。

　　这些问题,一般都没有反映到《中国古代社会》的再版里去。这次再版,我只在"古代到中世纪"一篇里补了"宗教的兴起"一章,这是原来就应该有的。其他地方,只有点点修补,未有大改动。我现在当务之急是写《中国中世社会》。等这书写完,再来修改全书。

　　拉拉杂杂写了这些,是为再版前言吧!

何兹全

2000 年 8 月 26 日

上　篇

由部落到国家

第 一 章

早期国家的出现

（一）殷商社会和经济

商是以今山东、河南、河北为主要活动地区的文化先进的民族。从商汤灭夏到纣被周灭掉，传说有六百年（公元前 16 世纪到前 11 世纪）。在这六百年间，商在中原地区一直居于领导地位。它和周围的族群常常有战事，有的族群被它征服，有的畏势向它臣服。

商人常常迁徙，在他们的历史上有前八后五之说，以汤为界，在汤之前有过八次迁徙，汤之后又有五次。商人早期的都邑称作亳。黄河下游今河北、河南、山东一带以亳命名的地方有很多，有北亳、南亳、西亳，有燕亳，春秋时鲁国有亳社。亳、薄、蒲、番，古音同，可以通用，称作薄、薄姑、蒲姑、番的都可看作亳。古代民族迁徙，往往带着他们居地的名称。凡称亳、薄姑、蒲姑、番的地方，大概都是商人居住过的地方。盘庚迁殷之后，殷民族才算定居下来。直到灭亡未再迁徙过。

商族迁徙的原因，有的说是避水灾，有的说商族生活以畜牧为主，迁徙是逐水草而居，也有的说是由于内部政治斗争的需要。这问题还有待进一步去研究。

从卜辞和文献记载看,商人的生产活动有狩猎、有畜牧,有农业、手工业。商代的青铜制造比起前代来有长足发展,创造了灿烂的青铜文化。但商人的主要经济活动是农业,时代越后,农业的地位越重要。盘庚迁殷时,农业的地位已比较突出了。《商书·盘庚上》记盘庚训众人说:"若农服田力穑,乃亦有秋。……汝有积德,乃不畏戎毒于远迩,惰农自安,不昏作劳,不服田亩,越其罔有黍稷。"讲话的对象是待迁的大众,而只谈了农业生产,可见农业已是商人的主要生产部门了。

甲骨文中的田字,有如下一些形状:

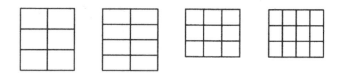

这是些象形文字。从字形上看,可以看出商人的土地是分作均等的小方块或长方块来使用的。最可能的解释是:商人土地的使用已由氏族集体耕作的大田演化为把土地分为小块,平均分配给氏族公社成员各家去耕作。《孟子》上所说:"夏后氏五十而贡,殷人七十而助,周人百亩而彻。"(《滕文公上》)无论孟子的话的确切性如何,他是有历史影子作根据的。井田不始于周,商是已有井田的。其实,我们在世界其他民族的古代史上也可以看到,在原始社会末期,在土地使用由氏族成员集体耕作到把土地平均分配给氏族成员各家族分散耕种时,往往都是把土地平均划分成方块形式或长条形式的。豆腐干块式的井田形式,不只中国历史上有,外国史上也有。

商人除把土地划成方块分配给本族成员去耕种外,还保留一部分土地作为公田。商人的公田也称为藉田,卜辞中有:

丁酉卜,㲋贞,我受峀藉在妁年。三月。

(《甲骨文合集》900)

己亥卜,贞,王往观藉,徏往。

(《甲骨文合集》9501)

孟子说:殷人七十而助。助者,藉也。惟助为有公田(见《孟子·滕文公上》）。但是否有像孟子所说"井九百亩,其中为公田",就很难说了。八家共一井,中为公田,这可能是孟子的创造。

商代的农业技术,无疑是比新石器时代为高,但仍然是很落后的。出土的农具绝大多数仍是石、蚌、骨制的。主要掘土农具是耒,殷墟窖穴土壁上,有不少木耒的痕迹。

由于农业技术不高,田地不能继续使用而失去地力,殷人时时需要开发新田。他们开发田地的制度,称作菑田。张政烺教授根据卜辞记载推测,菑田的第一阶段是在盛夏夏至前后烧雉草木,及严冬冬至前后,剥除树皮使树木枯死。在使用石器为主要砍伐工具时,只有经过这种方式才能清除大片土地上的林莽。第二步则是平整地面,疏解土壤,使成为可用的田地。水淹火烧杂草腐木,可以增加土壤的肥力。这时,地力已足,事实上已可以耕种了。第三步则是把大片土地的陇亩修整,有疆埒畎亩,可作良田了。张政烺教授认为这一连串工作,属于开垦土地过程,正合《诗经》"菑、畬、新"的三个阶段。由于水利和施肥的落后,这些新开垦的田地也不能长期垦殖而地的肥力不衰,在使用一段时期以后,仍不免抛荒以息地力。菑田遂亦未必总以处女地为开发目标,而可能是经常在各片土地上轮转作业。（张政烺:《卜辞菑田及其相关诸问题》,见《考古学报》1973 年第 1 期,并参看许倬云教授《西周史》第 28 页。）

商代耕田种地的人,称作众或众人。卜辞中有众,《商书·盘庚》里也有众。卜辞中的众,学者们常举的例有:

王大令众人曰劦田,其受年。十一月。

（《甲骨文合集》1）

戊寅卜,旁贞:王往,氏众黍于囧。

（《甲骨文合集》10）

贞:惟小臣令众黍。一月。

（《甲骨文合集》12）

从这几条卜辞里,可以准确地知道,众或众人是耕田种地的,是农民,但看不出他们的身份。𤇾（众）,虽是个象形字,像三个人（众人）在太阳下劳动,但农业劳动者从来都是在太阳底下劳动的,单从在太阳底下劳动,说明不了众的身份问题。

卜辞里的众,除种田外,还出任征戍。如:

戍旅,弗雉王众。

戍嵩,弗雉王众。

戍㳚,弗雉王众。

戍逐,弗雉王众。

戍何,弗雉王众。

五族其雉王众。

(《甲骨文合集》26879)

卜辞里还有:

丁未卜,争贞,勿令卓氏众伐舌方。

(《甲骨文合集》26)

这里占卜的都是关于征戍的事。氏族部落时代,出兵打仗是氏族成员的职责。商族的社会阶段就已有了阶级分化,氏族组织仍是它的社会基础,即社会仍由氏族部落组成,血缘关系仍是主要的社会纽带。战斗的主力仍是氏族成员。王所关心的众,也一定是氏族成员。

以"众伐舌方"条,更明确说明众负担征伐的任务。在古代,服兵役出兵打仗的人是公社成员。众是公社成员。

《商书·盘庚》是盘庚迁殷时对殷人中"众"的讲话。大约众人不愿迁,盘庚对他们进行训诫。《盘庚》载:

王命众,悉至于庭。王若曰:"格汝众,予告汝训。……乃不畏戎毒于远迩,惰农自安,不昏作劳,不服田亩,越其罔有黍稷。汝不和吉,言于百姓,惟汝自生毒,乃败祸奸宄,以自灾于厥身。……汝曷弗告朕,而胥动以浮言,恐沈于众……则惟尔众,自作弗靖,非予有咎。……古我先王,暨乃祖乃父,胥及逸勤,予敢动用非罚,世选尔劳,予不掩尔善。兹予大享于先王,尔祖其从与享之。"(《盘庚上》)

"今予命汝一,无起秽以自臭,恐人倚乃身,迁乃心。予迓续乃命于天,予岂汝威,用奉畜汝众。……古我先后,既劳乃祖乃父,汝共作我畜民。汝有戕,则在乃心。我先后绥乃祖乃父,乃祖乃父乃断弃汝,不救乃死。……乃有不吉不迪,颠越不恭,暂遇奸宄,我乃劓,殄灭之,无遗育,无俾易种于兹新邑。往哉生生,今予将试以汝迁,永建乃家。"(《盘庚中》)

旧说,《盘庚》三篇讲话的对象不同,上篇是对群臣,中篇是对庶民,下篇是对百官族姓。这且暂不去分析。这里要说的是,《盘庚》里提到的众,都是在土地上劳作的。这和卜辞中的众是一致的。众的地位和众与盘庚的关系,从文字里可以看到几点:一、盘庚的祖先和众的祖先,好像有一种通过"绥"而建立起来的相安的关系。二、众的祖先和盘庚的祖先曾经共劳逸;盘庚祭祖先,众的祖先还可以配享。三、话的口吻虽然是很严厉的,说杀就杀,而且还要斩草除根不留遗种。但只要众人听话,就可以迁到新地建立自己的家园。从这种情况来看,单只着眼于"奉畜汝众"、"汝共作我畜民"而认为众是奴隶,论证的力量似乎薄弱了些。畜,养也。《诗·小雅·我行其野》:"昏姻之故,言就尔居,尔不我畜,复我邦家。……昏姻之故,言就尔宿,尔不我畜,言归思复。"毛诗:"畜,养也。"这诗讲男女婚媾,对方既不养我,我就走回自己的家去。婚姻中没有强制关系,畜也全无奴隶的意思。《诗·小雅·节南山》:"家甫作诵,以究王讻,式讹尔心,以畜万邦。"郑笺也训畜为养,亦不好解作以万邦为奴隶。如果说他们是宗族奴隶或种族奴隶,终嫌拿不出有力的证据来说明他们的奴隶身份。如果先肯定众是奴隶,再定畜是畜奴,那就不对了。

当然,历史是发展变化的。《书》、《诗》的畜养关系,已是后起的变化后的关系,最初征服时可能是奴隶关系。这是对的。但我们所讲的盘庚时期众的身份,显然已不是奴隶关系,奴隶的祖先是没有资格和奴隶主的祖先一块享受陪祭的。

我倾向于认为把众解释为不平等部落联盟中一些地位低下的部落的氏族成员为好。因为是联盟关系,所以众的祖先可以和盘庚的祖先共同劳动,死后还可以有资格陪祭。但又显然不是同族,地位也不平等,所以又可以不留种的杀,众的祖先也得同意。至于"绥",最初可能有征服的含义,而后已是不平等的部落联盟式结合。卜辞中所反映的商和犬族、周族、舌方等的关系,可看出一些消息。

　　商代的手工业已相当发达,分工也相当细致。从遗存器物和文献记载看,当时的手工业部门已有冶铜、制陶、制骨和玉石器等,其中青铜器冶铸技术已具很高的水平。由制作精细技艺高超看,从事制作的手工业者一定是专业化的,冶炼制作场所的规模也是相当可观的。这些手工业者是氏族间的分工(即有些氏族是世代专门从事某一手工业的制作)?是独立的个体工匠?还是奴隶?卜辞和文献材料都没有有力的材料来作进一步的分析说明。周灭商后,曾把商族一氏族一氏族地分给贵族,如分给康叔殷民七族,分给伯禽殷民六族。这些氏族中,有以器物名称命名的。如分给伯禽的六族中有索氏、长勺氏、尾勺氏,分给康叔的七族中有陶氏。索、勺、陶,都是器物。这使我们想:商的手工业者,很可能是些专业氏族。自然,他们更可能是些被征服的氏族部落。同时,也不能排除,在手工业者群中有的是失去了氏族部落集体的个体,他们中自然也可能有奴隶。

　　商族和四周各族常常有战争。这些战争,有的是四周各族对商进行掠夺,更多的是商对他们进行征伐。卜辞中常常看到:令逐氏王族比禀(?)蜀古王事。六月(《甲骨文合集》14912)。贞令多子族暨犬侯璞周古王[事]。(同前6813)。贞,令多子族比犬暨禀蜀古王事(同前)。癸未卜,争贞,令旅(?)氏多子族璞周古王事(同前6814)。

　　战争中的俘虏作为奴隶,这几乎是古代世界各民族史上的通例。商族的对外征服,当然也会如此。在卜辞里,和商族的关系比较多、战争比较频繁的有:舌方、鬼方、羌和夷方。商族和他们在战争中的俘虏,大约都是作为奴隶的。但卜辞和文献中,都没有有力的材料说明奴隶在社会中做什么劳动。卜辞中有一条:"贞,王令多羌衷田"(《粹》1222)。但这些衷田的羌人,是否来自战争的俘虏?他们的身份如何?都看不出来。

　　商人常以人殉葬,这是殷墟发掘中证实了的,卜辞和文献中也是有记载的。问题在杀殉的性质,被杀的是什么人,什么身份。从后来两周的史实和文献记载看,被杀殉的人有的是死者所喜爱的亲人。秦穆公死,以奄息、仲行、鍼虎殉。三人皆秦之贤良,国人哀之(见《左传》文公六年)。有的是敌对者。宋平公使邾文公用鄫子于次睢之社,欲以属东夷(《左传》

僖公十九年)。鄫子是鄫国之君,杀鄫子以祭社。季平子伐莒取郠。献俘,始用人于亳社(《左传》昭公十年)。用人殉,大约主要是与殷商有关系的东方民族的风俗。秦是殷民的分枝,亳社是殷人的社。《墨子·节葬篇》说:"天子杀殉,众者数百,寡者数十。将军大夫杀殉,众者数十,寡者数人。"墨子宋人,宋是商后。墨子所说,大约也是指的殷商之俗。认为商是奴隶社会的,便认为这是殷代奴隶社会的绝好证据。认为商不是奴隶社会的,就说奴隶社会的奴隶是劳动者,是创造财富的工具,奴隶主决不肯杀奴隶来殉葬。

如上所说,被用来杀殉的人,有亲人,有对外征伐得来的俘虏,也有奴隶。奴隶固然是财富,但为了死者地下使用,毁灭点财产奴隶主也是乐于来作的。但用人殉来证明商是奴隶社会却是无力的。用奴隶殉葬,至多只能证明商朝已有奴隶存在,但是否是奴隶社会又当别论。哪有一有奴隶就是奴隶社会呢。

商的社会,直到被周所灭,似乎都还处在氏族社会向阶级社会的转化时期,国家也还处在形成过程中。

在卜辞里,我们看到许多氏族名称,1946年至1947年间,丁山教授写过一篇《甲骨文所见氏族及其制度》。在这篇文章里,丁先生就他所看到的材料,列举出来商代的氏族二百个以上。丁先生认为"殷商后末期的国家组织,确以氏族为基础"。

最能具体说明商代社会是以氏族为基础的是《左传》定公四年一段材料。这段材料说,武王克商以后,以殷民六族条氏、徐氏、萧氏、索氏、长勺氏、尾勺氏分给伯禽,以殷民七族,陶氏、施氏、繁氏、锜氏、樊氏、饥氏、终葵氏分给康叔,又以怀姓九宗分给唐叔。这段材料说明:直到商亡,商的社会基层组织仍是氏族组织,因之,才能一族族地分出去。

商族四周的民族,社会不会比商先进,大约也都在氏族社会末期,氏族部落体仍是他们的社会骨架组织。丁山教授有篇未完稿《殷商氏族方国志》,是为了追寻商氏族的渊源及其地望而写的。他举出四十多个方国,认为这些方国正是些氏族部落。商对它们的战争,除战场俘虏带回来外,被征服的民族大约仍留在原来的地区,承认商的领导而向其纳贡。他们间的关系,就是这种臣服纳贡的关系,被征服族的内部社会组织并未受到破坏和改变。

在卜辞里,我们看到一些部落曾受到商人的征伐,这原是敌对关系,后来大约被征服了,又变成商的与国。如:

　　己酉卜贞,雀往征犬,弗其禽。十月。

　　(《甲骨文合集》6979)

这是卜去征犬族,犬是商的敌国。又一条卜辞却说:

　　己卯卜,允贞,令多子族从犬侯璞周,古王事。(同前6812)

犬侯成了商的友邦,成了为商征周的主力。

很可能商族和四周臣属于他的各族的关系,大体上是不平等的氏族部落间的联盟。马克思说:"部落制度本身导致区分为高级和低级的氏族——这种差别又由于胜利者与被征服部落混合等等而更加发展。"(《资本主义生产以前各形态》,人民出版社1956年版,第8页)商族和四周各族的关系,近似这种部落间的不平等部落联盟关系,而商族则为他们的盟主。区别可能在:马克思所说的氏族部落比较原始,而商已在氏族社会向阶级社会转化期,国家已在形成阶段了。王国维对于商和四方各族的关系,已有所意识。他说:"自殷以前,天子、诸侯君臣之分未定也。故当夏后之世,而殷之王亥、王恒累叶称王,汤未放桀之时亦已称王。当商之末,而周之文、武亦称王。盖诸侯之于天子,犹后世诸侯之于盟主,未有君臣之分也。周初亦然。"(《观堂集林》卷十《殷周制度论》)

王氏之论,对我们研究商人社会是有启发的。

商和四周被征服族的关系,大约有些像古希腊雅典、斯巴达、克里特和被他们征服的边民的关系。边民原来是独立的部落,被征服后仍留居在原来的土地上却要对征服者有一定的贡纳,也可以跟随征服者出征。

对外战争,使商的财力人力大为消耗,也促速了内部贵族平民间的矛盾。商的末期,帝乙和帝辛两代,曾长期和夷方战争。夷的地域在今山东和淮河流域即安徽、江苏北部。《左传》记载,"商纣为黎之鬼而东夷叛之"(昭公四年),"克东夷而殒其身"(昭公十一年),"百克而卒无后"(宣公十二年）。周人灭商,就利用了纣因和夷方作战而力衰的机会。

（二）周人的早期生活

周人早期生活和活动的地区,是现在陕西中部西安以北以西到甘肃东部边境。这片地方,北有泾水,南有渭水,西边地势稍高,东边比较平坦,宜于农业。战国时人编纂的《禹贡》,分全国为九州,这里属于雍州。《禹贡》说雍州地方"厥土惟黄壤,厥田为上上,厥赋中下"。田是一等的田。因为人口少土地荒的多,赋是中下第六等。如今由于历代树木砍伐,地面水分容易蒸发,黄土组织松疏容易流失,抗旱能力差,常常出现干旱,影响农业收获。但在古代,西北地区原是草原、森林茂密地区,土地肥沃,农业生产力是高的。

周人生活在这一地区,从远古传说时期起就是以农业为主要产业的。传说中周人的第一代祖先后稷就是以农艺著称的。《史记·周本纪》说:"弃(后稷名)为儿时,屹如巨人之志。其游戏,好种树麻、菽,麻、菽美。及为成人,遂好耕农,相地之宜,宜谷者稼穑焉……"传说中的后稷的时代,大约在传说中的尧舜之际。《周本纪》说:"尧……举弃为农师,天下得其利,有功。帝舜曰:'弃!黎民始饥,尔后稷播时百谷。'封弃于邰,号曰后稷,别姓姬氏。"

后稷的传说,反映周族由母系氏族进入父系氏族的开始时代。历史上不一定有后稷其人。但周人历史上总有一个由母系氏族进入父系氏族的转变时代,后稷所代表的就是这个时代。后稷的母亲是姜嫄。《诗·大雅·生民》:"厥初生民,时维姜嫄。"传说,"姜嫄出野,见巨人迹,心忻然悦,欲践之,践之而身动如孕者。居期而生子,以为不祥,弃之隘巷,马牛过者皆辟不践;徙置之林中,适会山林多人,迁之;而弃渠中冰上,飞鸟以其翼覆荐之。姜嫄以为神,遂收养长之。初欲弃之,因名曰'弃'"。(见《史记·周本纪》,并参看《诗·大雅·生民》)这个神话般的传说,反映后稷有母无父,这正是母系社会的史影。自后稷"别姓姬氏",周族开始进入父系氏族时期。

姜嫄,传说是有邰氏女。《诗·大雅·生民》的《毛诗》说:"邰,姜嫄之国也。"《说文》:"邰,炎姓之后姜姓所封,周弃外家国。"姬、姜两姓,是世代互为婚姻的两个氏族部落。公亶父自豳徙于岐下时是"爰及姜女,聿来胥宇"的(《诗·大雅·绵》)。从《左传》的记载看,春秋时期,姬、姜两姓的贵族还是互为婚姻的。姬姓女子嫁给姜姓,姜姓女子嫁给姬姓。

邰这地区,根据传说是周族最早的活动地区,也是姜姓的活动地区。地点约在今陕西武功县西南一带。这一带是宜于农业的地区。

后稷之后有不窋。他的时代约当夏后氏末期。《国语·周语上》载祭公谋父的话:"昔我先世后稷,以服事虞、夏。及夏之衰也,弃稷不务,我先王不窋用失其官,而自窜于戎翟之间。"《史记·周本纪》说:"后稷卒,子不窋立",显然是无稽的。古人注释已明其"不合事情"(《索隐》),"实难据信"(《正义》)。张守节《史记正义》引《括地志》说:"不窋故城在庆州弘化县南三里,即不窋在戎狄所居之城也。"(见《史记·周本纪》注)唐代庆州弘化约当今甘肃庆阳县境。

不窋之后,有公刘。公刘是周族历史上起过重大作用并有重要地位的人物。《史记·周本纪》说:"公刘虽在戎狄之间,复修后稷之业,务耕种,行地宜,自漆、沮度渭,取材用,行者有资,居者有畜积,民赖其庆。百姓怀之,多徙而保归焉。周道之兴自此始。"《诗·大雅·公刘》,就是赞美公刘迁豳的事迹和功业的诗篇。汉代毛亨所作的《传》和郑玄的《笺》,都说公刘是从邰迁到豳(今陕西旬邑和邠县)。但不窋已自邰"奔于戎狄之间",上引《史记·周本纪》也说"公刘虽在戎狄之间"。公刘应是从戎狄之间迁豳,不当是从邰迁豳。

《公刘》诗分六章。它反映了周人在公刘时期的飞跃发展。首章:"笃公刘,匪居匪康,乃场乃疆,乃积乃仓,乃裹餱粮,于橐于囊,思辑用光。弓矢斯张,干戈戚扬,爰方启行。"大意是:公刘要迁往豳地了,作了些迁居的准备,带了能带的粮食,"弓矢斯张,干戈戚扬"的上路了。二章:"笃公刘,于胥斯原,既庶既繁,既顺乃宣,而无永叹。陟则在巘,复降在原。何以舟之,维玉及瑶,鞞琫容刀。"大意是:到了豳地,看到这是个繁庶的地方,公刘认为这地方可以安居,不必叹息怀念旧居了,查看了高处,又查看了平地。"何以舟之"以下一句,不懂何意。三章:"笃公刘,逝彼百泉,瞻彼溥原,乃陟南冈,乃觏于京。京师之野,于时处处,于时庐旅,于时言言,于时语语。"大意是:到了流水多的地方,看到了广阔的原野。登上南冈,看到哪里是可以定居的高地。四处原野里,处处聚集着周人,他们讨论着如何定居下来。四章:"笃公刘,于京斯依,跄跄济济,俾筵俾几,既登乃依;乃造其曹,执豕于牢,酌之用匏,食之饮之,君之宗之。"大意是:定居下来了,举行了庆祝宴会,族中有体面的人物,都就座了,告诉那些群辈,从牢里捉了猪来,向公刘献酒献食,公刘是他们好族长(宗)和好首领(君)。五章:"笃公刘,既溥既长,既景乃冈,相其阴阳,观其流泉,其军三单,度其隰原,彻田为粮;度其夕阳,豳居允荒。"这一段最重要,但也最难解,争论也最多。"其军三单"和"彻田为粮",就争论最多,而这也正是理解早期周人社会和生活的带有关键性的问题。

马瑞辰说:"按《逸周书·大明武》篇,'隳城湮溪,老弱单处。'孔晁注:'单处谓无保障。'是单即单处之谓。……'其军三单'承上'相其阴阳,观其流泉'言之,谓分其军,或居山之阴,或居山之阳,或居流泉之旁,故为三。公刘迁豳之始,无城郭保障之固,故谓其军为单耳。"(见《毛诗传笺通释》)

丁山教授认为:"其军三单"的"单"是"嶂"字的传写之误。他说:"《大雅·公刘》说周公刘时代的军队'其军三单'。这个'单'字,汉以来的经学大师,绞尽脑汁不得其解。我认为单实嶂字传写之误。三嶂,犹满清之四旗八旗,其组织应与武丁时代'三师'相同。"(丁山:《殷商氏族方国志》,见《甲骨文所见氏族及其制度》,科学出版社 1956 年出版,第 62 页。)

刘家和教授另有新解释,他说:"按《说文》'军,圜围也。四千人为军,从车从包省。军,兵车也。'所说大概不是'军'字的本始义。《左传》宣公十二年,'晋之余师不能军。'杜注:'不能成营屯。'《国语·晋语八》:'以藩为军'。韦注:'藩,篱落也,不设垒壁。'《左传》昭公十三年,

'乃藩为军'。杜注:'藩,篱也。'《战国策·齐策一》:'军于邯郸之郊。'
高诱注:'军,屯也。'这些都说明'军'为营屯之意。王筠说:'军之所以从
勹车者,古者车战,故从车。以《左传》乃藩为军推之,知军者即今之营
盘,必有营垒周乎其外,故从勹。'(见《说文释例》)应该说,王氏此说对
《说文》作了最好的解释。所以这里的'军',不是指其人员,而是指其营
地。至于'单',于省吾先生于《释四单》一文中说:'四单的单字应读作
台,单台双声故通用。台乃后起字。'(见《甲骨文字释林》第131页)我赞
成此说,还可以补充一些证据。《越绝书·吴内传》:'习之于夷,夷,海
也;宿之于莱,莱,野也;致之于单,单者,堵也。'单是与海、野相对举的一
种地形。《礼记·礼器》:'家(按指大夫之家,不能与诸侯比)不龟,不台
门。'郑玄注:'阇者谓之台,陆德明《释文》:'堵本又作阇。'孔颖达疏:
'两边筑阇为基,基上起门曰台门。'可见台就是堵(阇),就是单。其军三
单,就是说营地设在三块台地上。前面'相其阴阳,观其流泉',就是为了
选定周人居住的营地。"(《说〈诗·大雅·公刘〉及其反映的史事》,见北
京师范大学成立八十周年纪念《史学论文集》,1982年4月。)

　　对"其军三单"的解说,就举马、丁、刘三家。三家说以刘家和教授说
为长,"其军三单","就是说营地设在三块台地上"。这大约是不易之
论了。

　　对"彻田为粮"也有不同解释和理解。有的学者认为彻的意思是"治
田"。"彻田为粮"的意思是整理土地生产粮食。许倬云教授说:"公刘实
行彻田为粮,彻字确义至今仍难解决。不过这句诗的上下文当连着一起
读。(略)。此中有相度地形,安置军旅的意思。'彻田为粮'当可能如胡
承珙所说是治田之意(胡承珙《毛诗后笺》,见《皇清经解续编》)。彻,固
亦可解作税法,但《诗·嵩高》有'彻申伯土田'、'彻申伯土疆'句,《江
汉》有'彻我疆土'句,彻均指整治疆界,不必拘泥于'贡助彻'的税法解,
当然更不必重在税法一义上,解释为'剥削'原居民了。""周人在公刘
时代大约是一个由族长率领的武装移民,到达豳地之后,始将土地分配个
人,整治田亩,以求定居。"(见许倬云著《西周史》第54页)

　　徐仲舒教授认为:彻是彻取公社土地十分之一作为公田。他说:"公

田、私田原来都是属于原始公社的公有财产。公刘时代周部族征服这些原始的农业公社,彻取公社土地十分之一作为公田,谓之彻。彻是彻取,如诗'彻彼桑土','彻我墙屋',都是彻取之意。《大雅·笃公刘》之诗曰:'度其隰原,彻田为粮',这是彻法的开始。……凡此彻田,彻土田、土疆,都是彻取公社土地的一部分作为公田;它只是为藉助人民进行生产粮食的准备,并不是征收什一的生产税。"(见徐著:《试论周代田制及其社会性质》,载《四川大学学报》1955年第2期,已收入三联书店1956年版《中国的奴隶制与封建制分期问题论文选集》。)

刘家和教授大体同意徐仲舒教授的话,又发表自己的见解说:"不论公刘是否征服当地部落,从公社中彻取一部分田地作为'公田',这是原始社会解体和阶级社会开头一段时期普遍存在的一种情况。例如,古希腊有一种田地名曰Temenos,原义就是'彻割出来的'或'划出来的'土地。在荷马史诗中,军事首领们握有这种土地,以后的希腊神庙拥有这种土地,甚至迈锡尼时代的国王也有这种土地(这已为线形文字乙的材料所证明)。……彻田在历史的这一时期并非中国特有的现象。"(《说〈诗·大雅·公刘〉及其反映的史实》,已收入刘著《古代中国与世界》,1995年武汉出版社出版,第196页。)彻田为粮,有治田的意思这是肯定的。公刘来到一个新地方,第一步总要整治土地好进行生产。谓为彻取公田十分之一作为公田,有此可能,但文字上看不出。公刘时期,是周族历史上有发展变化的时期,族长权有发展,彻取十分之一的土地为公田,不是没有可能;认为是彻取什一之税,也不是没有可能。"彻田为粮"理解为整治土地生产粮食,是可以肯定的。彻取什一土地为公田或为收什一之税略嫌证据不足。

《公刘》最后一章:"笃公刘,于豳斯馆,涉渭为乱,取厉取锻。止基乃理,爰众爰有,夹其皇涧,遡其过涧,乃旅乃密,芮鞫之即。"大意是:要在豳营建居处了,乃过渭河取木石材料,营建的基础弄好了,人众安定下来了,逐渐向水边发展了。

由《公刘》一诗看来,公刘时的周族社会已有了贵族和平民的分化。跄跄济济的是贵族,捉豕于牢的是平民。人们还在一起商讨徙居大事,在一起宴会，但族长和首领，已安于受尊崇的地位。从这首诗看，这时期的周族，大约尚处于原始社会的末期，氏族中逐渐有了贵族、平民的分化，但还没有进入阶级社会。

公刘之后，有公亶父。依《史记·周本纪》所记的世系，公亶父是文王的祖父。这又是周族历史上一个重要人物。公刘以后到公亶父之前，大约周族历史上有一段停滞不前的衰落期。公亶父又"复修后稷、公刘之业"（《史记·周本纪》）。公亶父为了躲避戎狄的攻击，又自豳迁于岐下（今陕西岐山县境）。公亶父时期，周族社会有很大发展。据《大雅·绵》诗，公亶父到岐下后，首先整理土疆调理农业。"曰止曰时，筑室于兹。乃慰乃止，乃左乃右。乃疆乃理，乃宣乃亩。"公亶父在豳时，还是"陶复陶穴（钱穆先生谓"陶复陶穴"四字是衍文，见《燕京报》第 10 期《周初地理考》），未有家室"的。到了岐下周原，开始筑宫室，作神庙。《诗》说："乃召司空，乃召司徒，俾立家室。其绳则直，缩版以载，作庙翼翼。""百堵皆兴，鼛鼓弗胜。""乃立皋门，皋门有伉；乃立应门，应门将将。"另外还立了大社，动众出征，要先告社。"乃立冢土，戎丑攸行。"毛《传》说："冢土，大社也；起大事，动大众，必先有事乎社而后出。"郑《笺》略同。

从《绵》诗里，我们看出周人到岐后的几点发展变化。族长、首领的地位，更为突出。他有了与众不同的宫室，有了高大巍峨的宫门，有了庄严的宗庙。尊祖庙是为了尊祖宗，尊祖宗是为了尊活着的首领。族长、首领的地位，更从成员中突出出来。城邦国家的雏形，逐渐显露出来。《绵》诗说到筑宫室、皋门、应门、宗庙，和这相应的一定有筑城邑。《史记·周本纪》就说："古公乃贬戎狄之俗，而营筑城郭室屋，而邑别居之。作五官有司。"营筑城郭而邑别居之，这是城邦的雏形。作五官有司，就是《绵》诗所说的司空、司徒。司徒、司空，都是在最高族长、首领左右生长出来的一些执事的人。最高族长首领的地位突出起来，权力大起来，集中在他身上的事务也多起来。这些事务，贵族是不屑作的，首领也不乐意让贵族来作。他用些他左右的身份地位低的人，更能突出他的权力地位。在由氏族部落向国家转化的过程中，在王的左右出现一些执事官，他们一般不是贵族,但随着王权的成长,他们的权力也大起来,也成为贵族。公亶父时期出现的司空、司徒,都是些低下的执事官。郑玄《笺》说:"司空、司徒,卿官也;司空掌管国邑,司徒掌徒役之事。"司空、司徒,只是管领工徒的人。到了汉代,首领族长演化而为皇帝,司空、司徒都成了朝廷三公。但只有封侯,他们才有贵族身份,不封侯,仍是平民。公亶父时期,筑城郭邑居,有了司空、司徒,城邦国家有了进一步发展。

公亶父开始,周人一路发展下去。周人势力强大起来,和商的矛盾逐渐多起来。《诗经·鲁颂·閟宫》:"后稷之孙,实维大王,居岐之阳,实始翦商。"大王就是公亶父,是他开始灭商的准备工作的。但这时的商,仍是强大的。周对商,还远非敌手。公亶父的儿子文王的父亲季历,就是被商纣杀死的,文王也曾被囚于羑里。

文王时期,又是周族的一个重要发展时期。在他的晚年,他连年对外征伐,征服了周围许多部落。《史记·周本纪》说:"西伯盖受命之君。明年,伐犬戎。明年,伐密须。明年,败耆国。殷之祖伊闻之惧,以告帝纣。纣曰:'不有天命乎? 是何能为?'明年,伐邘。明年,伐崇侯虎,而作丰邑,自岐下而徙都丰。明年,西伯崩。"戎是古代漫居在山西、陕西等地的一个大民族,在河南的西部也有戎人和华夏人杂居着。文王所伐的犬戎,大约在岐的附近。密须,古密国,在今甘肃灵台西。耆,即黎国,在今山西黎城县东北。邘,在今河南沁阳县西北。崇,依史念海教授,"颇疑崇国得名,由于嵩山,嵩山也作崇山。崇国如系由嵩山得名,当在嵩山之下。"文王伐犬戎、密须,巩固了周国的后方。耆、邘,在河北,周取得耆、邘,威胁殷都朝歌。崇和商的关系密切,地居周人东向发展的中途。而且崇是强国,周和崇有多年的仇怨,也有多年的战争。周文王灭崇国以后,才扫清征讨商的中途障碍,才能进而作邑于丰。《诗·大雅·文王》中《皇矣》、《有声》等篇,都歌颂了文王伐崇的武功。如《有声》篇:"文王受命,有此武功,既伐于崇,作邑于丰。"可见伐崇灭崇在周人发展道路上的重要性。

文王时期,周人还沿着汉水东下,在汉水流域建立了一些姬姓城邑。这一切说明:文王时,周人的势力已相当强大。它的活动范围已西到今甘肃东部,南到汉水流域,东到今山西南部和河南西部,出现了"三分天下有其二"的话。

文王时期,社会阶级分化也有发展。《左传》昭公七年:"周文王之法,有亡荒阅,所以得天下也。"范文澜先生说:这是一条搜索奴隶逃亡的法律,谁的奴隶归谁所有,不许藏匿(见《中国通史简编》修订本第一编第132页)。《左传》这句话是楚国申无宇对楚灵王说的。楚灵王作章华宫,纳亡人以实之。无宇的阍(看门的)逃到章华宫去。无宇要去捕人,楚王的有司不许,反把无宇送去见楚王,引起无宇说了上面一段话。从原文看,把"亡"解释为奴隶固然可以,解释为其他身份的人如私属也无不可。不管如何解释,阶级分化有发展,大约已是当时历史大势所趋。因为阶级分化有发展,有了奴隶,有了奴隶逃亡,也有了对逃亡奴隶的搜捕。

但文王时代的社会生活仍然是比较落后的。《周书·无逸》篇,是周公教训成王不要好逸恶劳的文字。他劝诫成王要知道稼穑的艰难。他说殷的先王都是勤劳治国的,享国时间长寿命也长。后世不知稼穑之艰难,惟耽乐是从,从而享国时间短,寿命也不长。然后说到文王,说"文王卑服,即康功田功"。一般把这句话解释为:文王卑其衣服,以就田功,以知稼穑之艰难。我认为是可以的。对照前后文,文章是衔接的。《楚辞·天问》有:"伯昌号衰,秉鞭作牧。"秉鞭作牧这句话的原始意思,当然是拿着鞭子放牧牛羊。把人比作牛羊,把管人的官称作牧,这是"牧"的后起之义。把这句话和《无逸》篇"文王卑服,即康功田功"结合起来看,文王大概是还亲自参加劳动的,又种田又放牧。

通过征服,文王得到很多部落的臣服。但灭商的大举却留给了他的儿子——武王。

(三) 灭商后商周两族的关系

武王伐纣,是以姬、姜两大部落为中心联合周围其他部落对商的战争。《周书·牧誓》载："王曰：嗟我友邦冢君，御事、司徒、司马、司空，亚旅、师氏，千夫长、百夫长，及庸、蜀、羌、髳、微、卢、彭、濮人；称尔戈，比尔干，立尔矛，予其誓：……"这里讲话的对象有四种人：友邦冢君，可理解为联盟各部落的首领；司徒、司马、司空和亚旅、师氏，可理解为王左右的近臣；千夫长、百夫长，是率领氏族部落成员出征的大大小小的氏族长；庸、蜀、羌、髳、微、卢、彭、濮人是参加战争的西南地区的少数族。姜族的首领姜尚，被称作师尚父。他是伐纣战争中的主要指挥者。《诗·大雅·大明》，其中就有一首是歌颂姜尚在伐纣战争中的功绩的。

武王打败了商王纣，纣自焚身死。但商在东方的势力仍很大。武王让纣子录父武庚统治东方的商族，并以自己的兄弟管叔、蔡叔、霍叔带兵就近监视，称为"三监"。武王不久死了，弟周公旦摄政。管叔、蔡叔对此不满。武庚乘机和管叔、蔡叔以及东方徐、奄、淮夷等十多个族联合起来反对周。周公二次东征，用了三年多时间才把反叛平定下去。

为了统治广大东方，周人采取了两项措施。一是在洛邑（今河南洛阳）建立了一个京邑，称作成周，作为控制东方的核心；二是派姬、姜两族的贵族子弟带领他们的家族到东方去建立国家，作为周的屏藩。这就是文献中所说的"受民受疆土"。据史书记载，周初派到东方去建立的国家有七十一国，其中姬姓国有五十三个，姜姓国也不少。这些分建的国家中，在东方居重要地位的有鲁、卫、齐等国。鲁的封地原在今河南鲁山一带，后来迁到奄，今山东曲阜；卫的封地，是殷商京畿，即所谓殷墟，在今河南北部和河北南部；齐原在今河南中部，后迁临淄，在今山东东部（参看傅斯年先生《大东小东说——兼论鲁、燕、齐初封在成周东南后乃东迁》，见中央研究院历史语言研究所《集刊》第二本第一分册，1930 年）。另外，封唐叔于唐，在今山西汾水流域，后来成为春秋时期的大国——晋国。

周人把大批殷商遗民迁到洛邑，放在周王直接控制之下。同时，把大批殷人分给到东方建国的姬姜贵族。分给康叔的有殷氏七族，分给鲁的有殷氏六族，分给唐叔的有怀姓九宗。新国所到的地方的原有居民，也成为新国的组成部分。《诗·大雅·崧高》："王命申伯，式是南邦，因是谢人，以作尔庸。"《诗·大雅·韩奕》："溥彼韩城，燕师所完，以先祖受命，因时百蛮。王锡韩侯,其追其貊,奄受北国,因以其伯。"谢人、百蛮,就是当地的原有居民,也都作了新国的一部分。

被迁到洛邑去的殷人,在"受民受疆土"的形式下被分给各国贵族到东方建立新国的殷商七族、殷商六族、怀姓九宗,以及新国建立地方的原有居民如谢人、百蛮,和周人的关系如何? 他们之间是奴隶和奴隶主的关系? 农奴、依附民和封建主的关系? 抑或是其他型的关系? 这是理解周初社会性质和国家性质的关键问题。

记载他们之间关系的文献资料,主要有《尚书》的《多士》、《多方》和《左传》定公四年的一条。另外就是考古金文资料,这些第一手的当时资料,在说明问题时更具有说服力。

《多士》和《多方》是周公代表周王对迁到洛邑去的殷人的讲话。《左传》定公四年的记载,记的是把殷氏七族、殷商六族、怀姓九宗分给鲁公、康叔和唐叔时的情况。它反映了周人与殷人等被分去的各族的关系。因为对这些材料的理解是有争论的,最好是多征引几段原文,让读者自己对材料进行分析,评价别人的理解得出自己的理解。

《多士》篇载:

惟三月,周公初于新邑洛,用告商王士。王若曰:尔殷遗多士,弗吊,旻天大降丧于殷。我有周佑命,将天明威,致王罚,勅殷命,终于帝。肆尔多士,非我小国,敢弋殷命,惟天不畀,允罔固乱,弼我,我其敢求位。……

王曰:猷,告尔多士,予惟时其迁居西尔。非我一人,奉德不康宁,时惟天命。无违,朕不敢有后,无我怨。惟尔知,惟殷先人,有册有典,殷革夏命。今尔又曰:夏迪简在王庭,有服在百僚。予一人惟听用德,肆予敢求尔于天邑商。予惟率肆矜尔,非予罪,时惟天命。

王曰:多士,昔朕来自奄,予大降尔四国民命,我乃明致天罚,移尔遐逖,比事臣我宗多逊。

王曰:告尔殷多士,今予惟不尔杀,予惟时命有申。今朕作大邑于兹洛,予惟四方罔攸宾,亦惟尔多士攸服奔走臣我多逊。尔乃尚有尔土,尔乃尚宁幹止。尔克敬,天惟畀矜尔;尔不克敬,尔不啻不有尔土,予亦致天之罚于尔躬。今尔惟时宅尔邑,继尔居,尔厥有幹有年于兹洛。尔小子乃兴,从尔迁。

《多方》篇:

王来自奄,至于宗周。周公曰:王若曰:猷,告尔四国多方,惟尔殷侯尹民,我惟大降尔命,尔罔不知。……

呜呼!王若曰:……今我曷敢多诰,我惟大降尔四国民命,尔曷不忱裕之于尔多方,尔曷不夹介又我周王,享天之命?今尔尚宅尔宅,畋尔田,尔曷不惠王熙天之命?尔乃迪屡不静,尔心未爱,尔乃不大宅天命,尔乃屑播天命,尔乃自作不典,图忱于正。我惟时其教告之,我惟时其战要囚之。至于再,至于三。乃有不用我降尔命,我乃其大罚殛之。非我有周秉德不康宁,乃惟尔自速辜。

王曰:呜呼!猷,告尔有多方士,暨殷多士,今尔奔走臣我监五祀,越惟有胥伯小大多正,尔罔不克臬。自作不和,尔惟和哉!尔室不睦,尔惟和哉!尔邑克明,尔惟克勤乃事。尔尚不忌于凶德,亦则以穆穆在乃位,克阅,于乃邑谋介。尔乃自时洛邑,尚永力,畋尔田,天惟畀矜尔,我有周惟其大介赉尔,迪简在王庭,尚尔事,有服在百僚。

我把《多士》和《多方》的文字引了这么多,是想使读者能从这里自己想一想商周间的关系。下面先谈谈我的意见。

从《多士》、《多方》这两篇书里,首先看到的是商周两族的关系是不平等的。一家是征服者,一家是被征服者。如果殷人不满意周人的对待要进行反抗,周人就随时可以把反抗者杀死。

但商周两族的关系,并不老是一天到晚杀气腾腾的,今天杀这个,明天杀那个。周人对殷人讲话,一方面是威吓,不听话就要杀头,一方面却又很客气,自称"我小国",称殷为"天邑商"。说自己小国,怎敢取殷,是天命来取殷的。

商虽被灭,还对周人说昔日商灭夏,曾把夏人"迪简在王庭,有服在百僚",希望周人也这样对待殷人。周人也就答应了殷人的要求,把殷人"迪简在王庭,尚尔事,有服在百僚"。这就是说,商人的贵族仍保持他们的贵族地位。

　　商族贵族不仅维持着他们的贵族地位，而且保有土地，保有自己的居住地区，"尔乃尚有尔土"，"今尔惟时宅尔邑，继尔居"，而且他们氏族部落组织也未被打破，商贵族还保持着他们氏族长、部落长的地位，仍管理本族的事，"自作不和，尔维和哉"！他们的原有社会结构没有改变。

　　考古资料也说明这种情况，洛阳东郊周代遗址的残存中有二十几座殷遗民的墓，其版筑、墓制、腰坑、犬骨、陶器、蚌器、画缦等，仍多保持殷俗，发掘人郭宝钧等认为这种情况反映了殷遗民仍保留畎田继居、自成聚落的情形（郭宝钧等：《1952年秋季洛阳东郊发掘报告》，见《考古学报》第7期）。

　　迁到成周去的殷人似乎还服兵役，作战士。成周驻军中有殷八师，这可能是由殷人组成的。当然，这些由殷人组成的八师，不是殷人独立的军队，而是纳入周军的军队，但它说明殷人服兵役。许倬云教授对此曾引证金文考古材料作过精辟论述。许教授以为：驻屯在成周的殷八师，常常担任镇抚东南的战斗任务。例如小臣谜簋："敌东夷大反，白懋父以殷八师征东夷。"禹鼎："亦唯噩侯驭方，率南淮夷东夷，广伐南国东国。至于历寒，王□命西六自殷八自曰□伐噩侯驭方，勿遗寿幼，肄自弥宋匐匪弗克伐噩。"此中西六师可能是周王的部队，殷师既明白冠以殷号，殆为殷人的部队。舀壶有"作冢嗣土于成周八师"之语，而小克鼎有"舍命于成周裔正八自之年"的记载。舀壶为懿孝之器，小克鼎更是晚到厉王时。八师而有成周之称，当指在成周的原来的殷八师。成周的殷遗多士似乎有一定的兵役义务，师旂鼎记载了这么一件规避出征任务的事："唯三月丁卯，师旂众仆不从王征于方，噩吏毕友弘，以告于白懋父在莽，白懋父迺罚得罴古三百孚，今弗克毕罚，懋父命曰義敕：敌氏不从毕右征，今毋敕其又内于师旂，弘以告中史书，旂对厥于脩彝。"白懋父是成王时大将，曾任北征统帅，师旂大约是征于方时白懋父手下的将领。这些"众仆"应当隶属"右"队，师旂可能即是右队的主将，"众仆"没有出征，因此该受罚交罚金给师旂。综合言之，成周建立后，不少殷遗贵族迁居，他们并未沦为奴隶，而仍保留自己的田宅，领地并臣属。殷遗多士是殷八师的成员，在平时也保持军队的编制与指挥体系,例如师旂是右军的主将,手下有若干必须从征的众仆。这支殷遗的军队在周人高级将领(如白懋父)的率领下,经常参加周王在东方与南方的征讨。由周初到西周晚期,时见记载(许倬云:《西周史》第 121—122 页)。

这是周王统治下洛邑周商两族的关系。再看分给其他诸侯国的商人和周族的关系。《左传》定公四年载:

> 昔武王克商,成王定之,选建明德,以屏藩周。故周公相王室以尹天下,于周为睦。

> 分鲁公以大路、大旂,夏后氏之璜,封父之繁弱,殷民六族,条氏、徐氏、萧氏、索氏、长勺氏、尾勺氏,使帅其宗氏,辑其分族,将其类丑,以法则周公,周即命于周,是使之职事于鲁,以昭周公之明德。分之土田陪敦,祝、宗、卜、史,备物策典,官司、彝器。因商、奄之民,命以伯禽,而封于少皞之虚。

> 分康叔以大路、少帛、綪筏、旃旌、大吕,殷民七族,陶氏、施氏、繁氏、锜氏、樊氏、饥氏、终葵氏,封畛土略,自武父以南,及圃田之北竟,取于有阎之土,以共王职,取于相土之东都,以会王之东蒐。聃季授土,陶叔授民,命以康诰,而封于殷虚,皆启以商政,疆以周索。

> 分唐叔以大路,密须之鼓、阙巩、沽洗,怀姓九宗,职官五正。命以唐诰,而封于夏虚,启以夏政,疆以戎索。

这段材料反映新国是以部落为基础的国家,最清楚不过了。

王国维认为怀姓九宗是鬼方的姓,怀与媿、槐相通(《观堂集林》卷十三《鬼方昆夷猃狁考》)。

殷人和怀姓九宗是一族族地被分出去的。到了新国以后,他们和姬姓氏族贵族率领的姬姓氏族是各自聚族而居的,因此他们才能“帅其宗氏,辑其分族,将其类丑”,才能分别“启以商政”和“启以夏政”。如果不是聚族而居,而是和周人混杂起来居住,那么“帅其宗氏,辑其分族,将其类丑”就不可能,也失其意义,也就很难贯彻“启以商政”和“启以夏政”了。

鲁公、康叔于殷民六族、七族之外,还有当地的商奄之民,唐叔于怀姓九宗之外还有当地的夏人和戎狄。这些当地的商奄之民和夏人的社会阶段,也不会超出氏族部落阶段。周人来到以后,这些当地人和周人的关系大约也和殷人和周人的关系差不多,仍是部落对部落的关系,分族而居,各管各的事。

考古资料和铜器铭文,更有力地说明周人和殷人以及新建国家当地原来的居民的关系是族与族的联合,各族的族群组织仍然维持不变,各族贵族仍是贵族。许倬云教授对考古金文资料作了很好的概括(参看许著《西周史》第四章《华夏国家的形成》)。

召公封于燕,召公是否和伯禽、康叔、唐叔一样分有一部殷人虽然未见诸文献记载,但金文材料却显示,燕国也是有殷人的,殷的贵族也参加战争,接受赏赐。北京近郊昌平白浮村出土有西周木椁墓,是西周初期的墓葬。房山琉璃河黄土坡西周墓葬出土有匽侯赏赐的若干铜器。带有匽侯字样的铜器,也出土于大凌河流域。杜正胜教授根据出土诸器铭文末的族徽,认为作器者多是殷商旧族。诸器形制花纹也与殷器相类。铭文中的父母名讳,也常见干支命名,如父乙、父辛、父任、母己,仍沿殷商旧俗。在殷器文公丁簋曾参加征人方之役的㐭,在北洞出土的斐方鼎铭文里又是燕侯手下的大将了。房山琉璃河黄土坡出土的复尊铭文:"匽侯赏复冂衣、臣妾、贝,用作父乙宝障彝。"铭末有亚族徽。墓中出土随葬品极多,有大量兵器,并有人殉一人。(琉璃河考古工作队:《北京附近发现的西周奴隶殉葬墓》,见《考古》1974年第5期。)杜正胜教授根据这一类例证,推断当时的匽侯手下,有若干东方旧族,从征幽燕,也就葬在北方。这些人有臣妾之赐,有朋贝之赏,墓葬内容颇为丰富。殷遗东方旧族在燕国可能仍保持原有的氏族组织。这些在北土的东方旧族与周人共同享有统治者的地位。(杜正胜:《封建与宗法》,1979年《历史语言研究所集刊》第50本第3分册。)许倬云教授戏称周人在各地与殷人旧族和当地土著所建立的关系为"三结合"的政治权力关系。所谓"三结合"是三个族群(周人、殷人、当地土著)的结合。在这个"三结合"关系中,周人的族群代替旧日殷商族群居于主要的地位。周人族群和土著族群的关系,是统治族群与各地土著族群的重叠关系。不过,许倬云教授虽然也说"周人在北方黄土地带的优势虽然是征服",但却认为"不应当作异民族间的征服与被征服,而是大文化圈内族群间关系的重组合"。我认为实事求是、尊重历史的说还是把征服的因素放进去好。"三结合"的本身,就是征服的结果。没有征服,周人就不会居于统治地位,殷人也不会自动让位。这种"三结合"的关系,不是简单的净化的"大文化圈内族群间关系的重组合",而是通过征服而建立的不平等的族群间的重叠关系,周人在上,殷人居中,土著居民在最下层。

周王国和诸侯国都有所谓国、野之分和乡遂制度。周王有六乡六遂。各国各地有时名称不一样,但内容大体是一致的,一国之内有个内圈和外圈的区别。《周礼》和《孟子》书中一些记载,都反映了这种情况。《周礼·小司冠》乡士条:

> 乡士,掌国中,各掌其乡之民数而纠戒之。

郑玄注说:

> 郑司农云:谓国中至百里郊也。玄谓其地则距王城百里内也。言掌国中,此主国中狱也。六乡之狱在国中。

遂士条:

> 遂士掌四郊,各掌其遂之民数而纠戒之。

郑玄注说:

> 郑司农云:谓百里外至三百里也。玄谓:其地则距王城百里以外至二百里。言掌四郊者,此主四郊狱也。六遂之狱在四郊。

《周礼》一书大约是战国时人编撰的,刘歆大约曾整理过,但决不是他伪造的。《周礼》是在战国才编撰成书的,其中包括了一些战国以前的古史材料。

《周礼》关于国内区划的记载相当混乱,于乡遂之外,又有国中、郊、野、都鄙等。但综合起来看,一国之中有个内圈、外圈是一致的。

孟子也谈到国与野,也是把内圈称作国,外圈称作野。滕文公派人问他如何治理滕国,他说:

> 夏后氏五十而贡,殷人七十而助,周人百亩而彻,其实皆什一也。……夫滕壤地褊小,将为君子焉。无君子莫治野人,无野人莫养

君子。请野九一而助,国中什一使自赋。(《孟子·滕文公上》)

孟子这些话,还把国、野之分和民族关系联系起来了。殷人行的是助法,孟子向滕文公建议请野九一而助,这说明原来野中住的是殷人,国中是周人,两族是各自聚族而居的。再往前看,孔子也谈到野。《论语·先进》:

子曰:先进于礼乐,野人也;后进于礼乐,君子也。

先进总比后进要文明,为什么反而是先进于礼乐的是野人,后进于礼乐的反是君子?这只有从族的关系上来解释,才能解释得通。殷人比周人是先进的,但商被灭后,殷周两族共同组成新的国家,周人聚族而居在国中,殷人则聚族而居在野。先进于礼乐的殷人成了野人了,后进于礼乐的周人反成了君子了。所谓君子,不是从道德品质上说的,是从政治地位来说的。周人是统治者,是剥削者,称为君子。这就是孟子所说,"无君子莫治野人,无野人莫养君子。"野人就是殷人。近代学者谈商周两族关系的文章,首先当推傅斯年先生的《周东封与殷遗民》(见中央研究院历史语言研究所《集刊》第四本第三分册)。我这里对《论语·先进》的解释,就是傅斯年先生提出来的。

综合以上的材料看,无论是周王和洛邑的殷人的关系,还是鲁公、康叔、唐叔以及其他诸侯国和分给他们的殷民六族、七族、怀姓九宗以及土著族的关系,似乎都不像奴隶主和奴隶的关系,也不像封建领主和农奴的关系。商、周两族,是各自聚族而居的。一个在内圈,在国中,在近郊区;一个在外圈,在野。两族并不混居。殷人或怀姓九宗的氏族组织并未打破。殷人或怀姓九宗族内的事,仍由这些族的氏族长来管理。殷人、怀姓九宗的氏族贵族,仍是贵族,仍可以"迪简在王庭",到周王朝去作官。

看来,用不平等部落结合的关系来解释商周两族的关系似乎更符合实际些。在古代,氏族部落和氏族部落以不平等的关系结合在一起是常见的。马克思关于古代民族关系的一段话:"部落制度本身导致区分为高级和低级的氏族——这种差别又由于胜利者与被征服部落混合等等而更加发展。"(《资本主义生产以前各形态》,1958年人民出版社中文版第8页)对我们理解商周两族的关系,很有启发。我看,周人和商人、怀姓九宗等被征服的各族的关系,就是这种不平等的部落结合关系。各自的氏族部落体仍然存在,但却因征服关系,以不平等的地位结合在一起。

周朝初年,刚刚灭商之后,两族关系比较紧张,征服关系比较强些。到了西周末年和春秋时期,两族和平相处了几百年,联盟的关系就比较显著和突出了。宣王封他弟弟桓公友于郑时,商周两族的关系已不像周初那么有杀气。郑桓公带着分给他的商人在郑地去建立新国时,商周两族关系已是靠"盟"来维持了。《左传》昭公十六年郑子产对晋韩宣子说:

> 昔我先君桓公与商人皆出自周,庸次比耦,以艾杀此地,斩之蓬蒿藜藋而共处之。世有盟誓,以相信也,曰:"尔无我叛,我无强贾,毋或匄夺。尔有利市宝贿,我勿与知。"恃此质誓,故能相保,以至于今。

这里的商人,是作生意的人,从"我无强贾"可知。但他们也是农民,从"庸次比耦,以艾杀此地,斩之蓬蒿藜藋而共处之"可知。但更重要的是他们是商族人。大约在中国古代,商族人会作生意。《尚书·酒诰》:"肇牵车牛,远服贾,用孝养厥父母。"按:妹土是商之都邑,妹土居民是商族。《酒诰》是对妹土人讲话。此证商人会作生意。商人会作生意,使后世作生意的人就有了商人的名称。不应该把这条材料解释为郑桓公带着作生意的人"庸次比耦,以艾杀此地"去建立新国,应当理解为桓公带着分给他的商(族)人去建立新国。

这时,距离周初已有几百年,商周两族的关系已相当缓和,商周两族的关系已靠"盟"来维系。这种"盟"的关系,不是新形式的开创,而是旧形式的变相的延续。它是氏族部落联盟时期"联盟"形式的遗存。《春秋·左传》所载,国与国之间,族与族之间,"盟"的关系是不绝于书的,这种"盟"都是氏族部落联盟的遗存。

西周初年分给唐叔的"怀姓九宗,职官五正",他们的族长们一直仍是氏族贵族,在春秋初期已和晋国贵族一起参加政治活动,拥立晋国国君。故事见之《左传》,隐公六年载:"翼九宗五正顷父之子嘉父逆晋侯于随,纳诸鄂,晋人谓之鄂侯。"所谓九宗五正,就是成王封唐叔时的怀姓九宗五正。这怀姓九宗的贵族顷父之子嘉父已参加晋室贵族立君的活动。

西周初年分给鲁国的殷人六族,到了春秋孔子时候已经都成了鲁国的国人。定公六年,鲁国的贵族阳虎"盟公及三桓于周社,盟国人于亳社"。周社是周人的社,阳虎盟定公和三家大贵族于周社。亳社是殷人的社,国人是上层自由民。盟国人于亳社,说明阳虎所盟的国人都是殷人,即殷人已是鲁国的国人。

能不能说,周灭商后,把商人都作成了种族奴隶。他们的氏族部落组织未被打破,但他们却是整个族作了周人的奴隶。只是过了几百年到了春秋时期,他们地位才提高了。我看还不好这样说,因为如果他们是作了奴隶,那么文献中所载周公对殷多士所说的话,他们可以到周王庭作百僚,他们族内不和由他们自己处理,他们还有他们的土地、居邑,便不好解释。如果说这仍可叫做奴隶,奴隶的意义似乎就要另论了。

通常我们是把周王朝和诸侯国都作为国家来看待的。从以上材料的分析来看,我们看到这时的国家是在部落的不平等结合的基础上建立起来的,是在部落对部落的征服的基础上建立起来的。可以称之为"部落国家",它是国家形成的初期,是萌芽时期的国家。

总之,周灭商后商周两族的关系是不平等的,但决不是奴隶主和奴隶的关系。商族被征服了,但他们的氏族部落组织还保存下来。商族的贵族仍保持他们的氏族贵族身份,他们还可以被简选到周王庭去作百僚或大僚。他们族内的事,仍由自己去管理,周人不加干涉。通过征服,商周两族所建立的国家,有点像早期希腊和罗马的国家,都是早期国家,正由氏族部落向国家过渡。

第 二 章

阶级分化和演变

周灭商前,商周两族的氏族制度都已经在解体,内部都已出现阶级分化,分化为贵族和平民。灭商以后,周族社会阶级分化更加显著,步伐也加快。贵族、平民之外,还出现了贵族的私徒属,也有了奴隶。被征服族固然有因战争俘虏而降为奴隶的,周族人中也有降为皂隶的。

贵族、平民、徒属、奴隶,加上被征服族的贵族、平民,或许也有徒属、奴隶,这就是西周春秋时期社会的阶级构成。

（一）贵　　族

灭商,引起周人历史上划时代的大发展。灭商以后,周人为了巩固对东方的控制,分立了一大批诸侯国。《左传》僖公二十四年载周室贵族富辰的话:"昔周公吊二叔之不咸,故封建亲戚,以蕃屏周。管、蔡、郕、霍、鲁、卫、毛、聃、郜、雍、曹、滕、毕、原、邦、郇,文之昭也;邗、晋、应、韩,武之穆也;凡、蒋、邢、茅、胙、祭,周公之胤也。"定公四年载卫国贵族子鱼的话:"昔武王克商,成王定之,选建明德,以藩屏周。"这些受分出的贵族带着他们的族人,有的还带着分给他们的殷人,到新地区去建立他们的新国家。经过"受民受疆土",这些贵族有了土地,也有了人民。这样一来,贵族的土地、人民占有发展起来,这就使得这些氏族贵族进一步向阶级社会中的贵族阶级演化。原来氏族中的大小氏族长和显贵家族成员,都成了诸侯国的国君、卿、大夫。

这些贵族阶级是从氏族贵族发展起来的,他们原是显贵家族的族长。因之,西周春秋时期的贵族,还带有浓厚的氏族贵族气质。

贵族的地位、权力都是世袭的。周王室显贵的贵族首先是周、召两家。从成王、康王时起,周、召两家就世为王朝的卿士。见诸史籍的有周公黑肩(《左传》桓公五年)、周公忌父(《左传》庄公十六年)、周公阅(《左传》文公十四年)和周公楚(《左传》成公十一年)。这是周公家族的;召公家族的有:召穆公虎(见《诗·大雅·江汉》)、召武公(《左传》僖公十一年)、召昭公(《左传》文公五年)、召桓公(《左传》宣公六年)、召庄公(《左传》昭公二十二年)和召简公(《左传》昭公二十四年)(参看赵光贤教授:《周代社会辨析》第 121—122 页)。我们虽然没有看到他们一世世相承下来的人的名字,但就这断续的几代,也可以说明他们是世袭的,世代相承的。诸侯国的贵族也是世袭的,大家都熟知的如鲁之三桓,齐之国、高,都是世袭的大贵族。

从文献记载中可以看出,西周春秋时期氏族组织仍是贵族阶级的骨架,血缘关系仍起着极强的纽带作用,每家贵族,都是氏族长,他背后都有个族。《左传》僖公七年载:"郑伯使大子华听命于会,言于齐侯曰:泄氏、孔氏、子人氏三族,实违君命。若君去之以为成,我以郑为内臣,君亦无所不利焉。"鲁庄公十三年齐国灭掉遂国,派兵在遂国戍守。十七年,遂国的"因氏、颌氏、工娄氏、须遂氏,飨齐戍卒,醉而杀之,齐人歼焉。"(《左传》庄公十七年)杜预注谓因氏、颌氏、工娄氏、须遂氏"四族,遂之强宗"。遂国被灭,这四族都没有被打散,他们仍是社会上的强宗,以四族之力杀齐之戍兵而复国。

为了巩固贵族的地位和权力,周人创立了宗法制度。宗法制也主要是为保存氏族贵族阶级的地位和权力。

殷人是兄终弟及,周人始有传子之法。有传子之法而后有嫡长子继

承制。随着嫡长子继承制的确立,产生了宗法制。嫡长子继承制是周初确定的,宗法也是这时产生。王国维《殷周制度论》说:

> 由传子之制,而嫡庶之制生焉。……而此制实自周公定之,是周人改制之最大者。……由嫡庶之制而宗法与服术二者生焉。商人无嫡庶之制,故不能有宗法。周人嫡庶之制,本为天子、诸侯继统法而设,复以此制通之大夫以下,则不为君统而为宗统,于是宗法生焉。

(见中华版《观堂集林》卷十)

周初的宗法已不可详考,其见于七十子后学所述者,有《礼记》中之《丧服小记》和《大传》。《丧服小记》说:

> 别子为祖,继别为宗,继祢者为小宗。有五世而迁之宗,其继高祖者也。是故祖迁于上,宗易于下。敬宗所以尊祖祢也。

《大传》说:

> 别子为祖,继别为宗,继祢者为小宗。有百世不迁之宗,有五世则迁之宗。百世不迁者,别子之后也;宗其继别子者,百世不迁者也。宗其继高祖者,五世则迁者也。尊祖,故敬宗;敬宗,尊祖之义也。是故有继别之大宗,有继高祖之宗,有继曾祖之宗,有继祖之宗,有继祢之宗,是为五宗。其所宗者,皆嫡也;宗之者,皆庶也。

宗法制是很繁琐的,它的内容,可以大略概括如下:每一代的天子都是以嫡长子的资格继承父位,奉始祖为大宗。天子的众子(别子)封为诸侯,对天子大宗说,他们是小宗。每一代的诸侯又以嫡长子的资格继承父位,奉始祖为大宗(继别为宗)。诸侯的众子(别子)封为卿大夫,对诸侯大宗说,他们是小宗。每一代的卿大夫又以嫡长子的资格继承父位,奉始祖为大宗(继别为宗),卿大夫的众子各有食邑,对卿大夫说,他们是小宗(参看徐鸿修同志《周代贵族长制政体中的原始民主遗存》,见《中国社会科学》1981年第1期)。这样,在周代君权和宗权是统一的。天子、诸侯、卿大夫,是君长,同时又是族长。宗法制,巩固了天子、诸侯、卿大夫的族长地位,巩固了他们的宗权,也就巩固了他们的君权。受民受疆土,是周代氏族贵族长的物质基础,宗法制度,是周代氏族贵族长地位的保障,是血缘基础。

从古籍记载里我们看到,国家遇有大事,往往要召集贵族商讨决定。这种会议,称作"朝"。周天子和卿、大夫商讨政事,一般在早上进行。《左传》成公十二年,"百官承事,朝而不夕"。昭公二年,"朝以听政"。丁山教授认为这都是古代贵族"朝会议政"的遗存。(见《甲骨文所见氏族及其制度》)国家大事,如立君、邦交、征伐等,都由贵族会议决定。如《左传》所记,这方面的例子是很多的。文公六年,"八月乙亥,晋襄公卒,灵公少,晋人以难故,欲立长君。赵孟曰:'立公子雍,'……贾季曰:'不如立公子乐'"。定公八年,"卫侯欲叛晋,而患诸大夫,王孙贾使次于郊,大夫问故,公以晋诟语之,且曰:'寡人辱社稷,其改卜嗣,寡人从焉。'"《公羊传》僖公二年,"(晋)献公朝诸大夫而问焉"。《穀梁》宣公二年,"灵公朝诸大夫"。

贵族的这种权力,显然是由氏族社会贵族的权力和贵族会议演化下来的。

西周春秋的贵族是从氏族贵族演化来的。因此,西周春秋时期的贵族,还有很浓厚的氏族贵族气息,他们和他们的族之间的血缘纽带还是很强的。氏族组织是他们的权力基础,而他们的政治活动、权力斗争又往往是和整个氏族的命运联系在一起的。氏族族长宗子维城的宗子对于族的成员有收养的义务,族的成员有困难,宗子要予以救助。《左传》文公十七年,"宋公子鲍,礼于国人,宋饥竭其粟而贷之。……亲自桓以下无不恤也"。《管子·问》里有两问是:"问乡之贫人何族之别也?问宗子之收昆弟者以贫从昆弟者几何家?"这里所看到的氏族,显然是已经解体了,但仍可以看到宗子仍有收存同族成员的义务。(这种情况,在中国历史上一直残存到很晚的时期)春秋时期,我们还看到贵族任职有为了庇护宗族的一面。《左传》文公十六年,"初,司城荡卒,公孙寿辞司城,请使意诸为之。既而告人曰:君无道,吾官近,惧及焉。弃官,则族无所庇。子,身之贰也,姑纾死焉。虽亡子,犹不亡族"。意诸是公孙寿的儿子,为了保住官职使族有所庇,公孙寿采取了"虽亡子犹不亡族"的办法。氏族贵族和他的族,仍是祸福与共的。在政治斗争中,失败的贵族往往是全族都要受到消灭或放逐。《左传》庄公二十五年,"晋士蔿使群公子尽杀游氏之族,乃城聚而处之。冬,晋侯围聚,尽杀群公子"。僖公五年,"晋侯复假道于虞以伐虢,宫之奇谏……弗听,许晋使。宫之奇以其族行,曰:虞不腊矣"。僖公七年,"郑伯使大子华听命于会,言于齐侯曰:泄氏、孔氏、子人氏三族,实违君命。若君去之以为成,我以郑为内臣,君亦无所不利焉。"僖公二十八年,"晋侯围曹……入曹,……令无入僖负羁之宫而免其族。报施也"。文公八年,"宋襄夫人,襄王之姊也,昭公不礼焉。夫人因戴氏之族以杀襄公之孙孔叔、公孙锺离及大司马公子卬。皆照公之党也"。文公九年冬,"楚子越椒来聘,执币傲。叔仲惠伯曰:‘是必灭若敖氏之宗。傲其先君,神弗福也。’"宣公四年,"宋文公即位三年,杀母弟须及昭公子。武氏之谋也。使戴桓之族攻武氏于司马子伯之馆,尽逐武穆之族。武穆之族以曹师伐宋。秋,宋师围曹。报武氏之乱也"。宣公四年,"初,楚司马子良生子越椒,子文曰:‘必杀之,是子也……弗杀,必灭若敖氏矣。……’子良不可,子文以为大感。及将死,聚其族曰:‘椒也知政,乃速行矣,无及于难。’"宣公十年,"郑子家卒,郑人讨幽公之丧,斫子家之棺而逐其族"。宣公十三年,"晋人讨邲之败与清之师,归罪于先縠而杀之,尽灭其族"。昭公四年,"秋七月,楚子以诸侯伐吴,使屈围朱方。八月甲申克之,执齐庆封而尽灭其族"。

这一类的事例很多,就从已引出的几条已经可以看出,到春秋时期,氏族的纽带还是相当强固的,同族的命运还以血缘关系而系在一起,福则同福,祸则同祸。而这一切,又都反映西周春秋时期贵族阶级之氏族贵族的特性。贵族和他们所自出的族,仍是因血缘关系而联系在一起的。

贵族也有自己的武装。贵族的武装,来自两种人,一是同族的成员,一是他们的私徒属。对外战争,贵族除率领国君的军队外,还带领自己的族众和私属。在战斗中,贵族的武装一般是和国君的军队行动一致的。但有时也可能不一致,这完全由贵族自己决定。《左传》宣公十二年,晋楚邲之战,"楚熊负羁囚知罃,知庄子以其族反之。厨武子御,下军之士多从之"。知罃,知庄子之子。这时晋兵已败。知庄子为了知罃乃率族兵反回头向楚军进击。知庄子是下军大夫,故下军兵士多从知庄子。成公十六年,晋楚鄢陵之战,"栾、范以其族夹公行"。栾、范是晋国两个强族。依杜预注,是以这两个族的兵在公左右。春秋时期,贵族的族兵和私属徒的兵力是相当强大的。晋郤至"请伐齐,晋侯弗许。请以其私属,又弗许"(《左传》宣公十二年)。齐是大国,晋郤至敢以私属伐齐,私属人数必然相当多,兵力相当强大。

总之,西周春秋时期的贵族,是刚从氏族贵族演化出来的贵族,还带有浓厚的氏族气质。在他的背后,还存在着一个以血缘为纽带的族。这个族已不是氏族社会的族,内部已有了阶级分化,但仍以血缘关系维持它的统一和存在。贵族的政治权力是世袭的,这是氏族传统;同时,他们能维持他们的政治权力和地位,也靠他们背后有个强力的血族集体。

(二) 国　　人

商周时期,人们聚居的地方称作邑。《说文》:"邑,国也。"(第六篇下邑部)邑就是国。甲骨文无"国"字。国字的出现,大约在周灭商之后。周王分封诸侯,新贵带领同族周人和分给他们的商族人到新地建立国家,一般是周人居住邑中,商人居住野,这就有了国、野之分,也就出现了居住国中的人称国人,居住在野的人称作野人。

周灭商前后,是周族氏族解体,阶级分化的时期。氏族中的显赫家族演化为贵族,一般氏族成员演化为平民。最初,国人包括贵族。从《左传》有关国人的记载看,有些地方就很难说它不包括贵族。因为贵族也住在国中。但可以理解,国人主要的是贵族以外的周族自由平民。

国和邑同义,只是指人们居住的地方,直到春秋战国时期,国的这一含义还保存着。(详《城邦国家》一节)

西周春秋时期,国人是强大的社会势力,对政治问题很有发言权,而且参与政治活动,过问国家大事。

历史上我们看到的最早的国人的政治活动,是西周晚年的国人暴动驱逐厉王。《国语·周语上》载:"厉王虐,国人谤王。召公告王曰:'民不堪命矣!'王怒,得卫巫使监谤者,以告,则杀之。国人莫敢言,道路以目。王喜告召公曰:'吾能弭谤矣,乃不敢言。'召公曰:'是障之也。防民之口,甚于防川;川壅而溃,伤人必多。民亦如之。……若壅其口,其与能几何?'王弗听。于是国人莫敢出言。三年,乃流王于彘。……彘之乱,宣王在召公之宫,国人围之。召公……乃以其子代宣王。"这里看到,国人一怒,逐了厉王,围了召公宫,还要杀太子,召公不得不把自己的儿子去替宣王死。

氏族部落时期,氏族成员权力大,氏族部落有大事都要由氏族成员大会最后讨论决定。这是古代的氏族民主制。摩尔根《古代社会》中所讲的易洛魁族有此制度,恩格斯《家庭、私有制和国家的起源》所讲古希腊、罗马、日耳曼人等也都有此制度、有此时期。古代中国也不例外。在古代典籍中,我们看到西周春秋时期,国人还有一些民主权利,这些权利也反映了氏族民主制的影子。《周礼·小司寇》:"小司寇之职,掌外朝之政以致万民而询焉。一曰询国危,二曰询国迁,三曰询立君。"《大司徒》:"若国有大故,则致万民于王门。"郑注:"大故,谓王崩及寇兵也。"

小司寇之职,掌外朝之政。周制,天子、诸侯皆有三朝。外朝是朝万民的,这在氏族社会就是氏族全体成员大会。此外,尚有两个内朝。这个问题,另节再讨论。这里看到国危、国迁、立君等大故,皆要致万民征询意见。

《国语》和《左传》里有不少"朝国人"的记载,遇有大事就"朝国人"以征询意见。如秦、晋韩原之战,晋惠公被俘,晋国曾朝国人议立新君。《左传》僖公十五年:

> 晋侯使郤乞告瑕吕饴甥,且召之。子金教之言曰:"朝国人而以君命赏。且告之曰:孤虽归,辱社稷矣! 其卜贰圉也。"众皆哭。晋于是乎作爰田。

晋惠公不是个好国君,他三番五次把国家大事措置失当,失掉贵族的支持。这里他以"作爰田"收买国人对他的好感,希望国人支持他。他要求国人以太子圉代他行使国君职务,正是《周礼·小司寇》所说的"询立君"。

《左传》僖公十八年冬：

> 邢人、狄人伐卫，围兔圃。卫侯以国让父兄、子弟。及朝众，曰："苟能治之，燬请从焉。"众不可，而后师于訾娄。

这是国君为让国而朝众，众不同意，国也就让不成。这也是询立君。

《左传》定公八年：

> 卫侯欲叛晋（与晋人盟于鄟泽受辱），而患诸大夫。王孙贾使次于郊，大夫问故，公以晋诟语之，且曰："寡人辱社稷，其改卜嗣，寡人从焉。"大夫曰："是卫之祸，岂君之过也？"公曰："又有患焉，谓寡人必以而子与大夫之子为质。"大夫曰："苟有益也，君子则往，群臣之子敢不皆负羁绁以从？"将行，王孙贾曰："苟卫国有难，工、商未尝不为患，使皆行而后可。"公以告大夫，乃皆将行之。行有日，公朝国人，使贾问焉，曰："若卫叛晋，晋五伐我，病何如矣？"皆曰："五伐我犹可以能战。"贾曰："然则如叛之，病而后质焉，何迟之有？"乃叛晋。晋人请改盟，弗许。

又同书哀公元年：

> 吴之入楚也，使召陈怀公，怀公朝国人而问焉，曰，欲与楚者右，欲与吴者左，陈人从田，无田从党。

这都是询国危的例。卫侯朝众的众，当是国人。卫侯本决定叛晋，难在贵族不从，所以他先朝大夫，请改卜嗣。朝大夫之后，他又朝国人。国人支持他，他才决定叛晋。吴伐楚，招陈怀公。对陈来说，这是关系国家存亡的大事，所以怀公就朝国人以征询意见，决定去从。

国人在政治上有如此重要的地位，首先是由于国人有权，有从氏族延续下来的氏族成员的民主权。其次是因为国人人数众多，出兵打仗依靠它。如果得不到国人的支持，就无法对外进行作战，其结果可能是国破族灭。最形象化的例子是卫懿公得罪国人而亡国。《左传》闵公二年载：

> 冬十二月，狄人伐卫。卫懿公好鹤，鹤有乘轩者。将战，国人受甲者皆曰："使鹤，鹤实有禄位，余焉能战。"……及狄人战于荧泽，卫师败绩，遂灭卫。

国人，在国家政治生活中是一股强大的势力。春秋时期，我们看到国人对国家大事总是积极主动地表示意见。《左传》僖公二十二年，"宋公及楚人战于泓。……宋师败绩，门官歼焉。国人皆咎公"。同书昭公四年，"郑子产作丘赋，国人谤之，曰：'其父死于路，己为虿尾。以令于国，国将若之何？'"同书昭公二十七年载：楚"郤宛直而和，国人悦之。鄢将师为右领，与费无极比而恶之。令尹子常，贿而信谗。无极谮郤宛焉。……令尹尽灭郤氏之族党。……晋陈之族呼于国曰：鄢氏、费氏自以为王，专祸楚国。……令尹尽信之矣，国将如何？令尹病之。……楚郤宛之难，国言（国人之谤言——杨伯峻同志注）未已，进胙者莫不谤令尹。沈尹戌言于子常曰：……吴新有君，疆场日骇。楚国若有大事，子其危哉！……子常杀费无极与鄢将师；尽灭其族，以说于国人。谤言乃止"。国人的谤言，使令尹害怕，不得不诛杀大臣，以平息谤言。

国君如果不同意国人的意见，国人可以驱逐国君下台。《左传》僖公二十八年："晋侯、齐侯盟于敛盂。卫侯请盟，晋人弗许。卫侯欲与楚，国人不欲，故出其君说于晋。卫侯出居于襄牛"。国君不好，国人可以把他驱逐。这是当时人的思想。《左传》襄公十四年载："师旷侍于晋侯。晋侯曰：卫人出其君，不亦甚乎？对曰：……天之爱民甚矣，岂其使一人肆于民上以从其淫而弃天地之性？必不然矣。"师旷的话，代表了当时人对出君的看法。到战国时，孟子还有"民为贵，社稷次之，君为轻"、"闻诛一夫纣矣，未闻弑君也"的话。

国人能驱逐国君，也能驱逐贵族。卿大夫贵族处理政务不当，也可能遭国人的驱逐。《左传》哀公十一年载："夏，陈辕颇出奔郑。初，辕颇为司徒，赋封田以嫁公女；有余，以为己大器。国人逐之，故出。"贵族对于国人，总是畏惧的。宋国有这样一个故事："国人逐瘈狗，瘈狗入于华臣氏。国人从之。华臣惧，遂奔陈。"（《左传》襄公十七年）国人追逐狂犬来到华臣家，华臣以为是来对他不利，逃奔陈国。贵族对国人畏惧如此。

国人参与贵族与国君的斗争。

《左传》文公七年，"宋成公卒……昭公将去群公子，乐豫曰：'不可。公族、公室之枝叶也……若之何去之？'不听。穆、襄之族率国人以攻公，杀公孙固、公孙郑于公宫"。

同书文公十六年，"宋公子鲍礼于国人。宋饥，竭其粟而贷之，自七十以上无不馈贻也，时加羞珍异；无日不数于六卿之门。国之材人，无不事也。亲自桓以下，无不恤也。……昭公无道，国人奉公子鲍以因夫人（襄公夫人）。……既，夫人将使公田孟诸而杀之。公知之，尽以宝行。荡意诸曰：'盍适诸侯？'公曰：'不能。其大夫至子君祖母以及国人，诸侯谁纳我？'……尽以其宝赐左右以使行"。

同书文公十八年，"莒纪公生大子仆，又生季佗，爱季佗而黜仆，且多行无礼于国。仆因国人以弑纪公，以其宝玉来奔"。

同书成公十三年，"曹人使公子负刍守，使公子欣时逆曹伯之丧。秋，负刍杀其大子而自立也。诸侯乃请讨之。晋人以其役之劳，请俟他年。冬，葬曹宣公。既葬，子臧（欣时字）将亡，国人皆将从之。成公（负刍）乃惧，告罪，且请焉。乃反，而致其邑"。

同书襄公三十一年，"莒犁比公生去疾及展舆。既立展舆，又废之。犁比公虐，国人患之。十一月，展舆因国人以攻莒子，弑之，乃立"。

同书昭公十四年：

秋八月，莒著丘公卒，郊公不慼，国人弗顺，欲立著丘公之弟庚舆。蒲馀侯恶公子意恢而善于庚舆，郊公恶公子铎而善于意恢。公子铎因蒲馀侯而与之谋曰："尔杀意恢，我出君而纳庚舆。"许之。……冬十二月，蒲馀侯兹夫杀莒公子意恢，郊公奔齐。公子铎逆庚舆于齐。

国人也参与贵族间的斗争。在这种场合，国人往往起决定胜负的作用。如宋景公时，六卿贵族和宋公的近臣大尹争权，双方都诉之国人大众。"皇非我因子潞、门尹得、左师谋曰：'民与我逐之乎？'皆归授甲使徇于国，曰：'大尹惑蛊其君，以陵虐公室，与我者救君者也。'众曰：'与之。'大尹徇曰：'戴氏、皇氏将不利公室，与我者不忧不富。'众曰：'无别。'戴氏、皇氏……使国人施于大尹，大尹奉启以奔楚。"（《左传》哀公二十六年）

这个故事，显示了国人的力量，国人支持谁，谁将取得胜利。因此，贵族都在争取国人的支持。下面是几个例子。

《左传》成公十三年,"六月丁卯,郑公子班自訾求入于大宫。不能,杀子印、子羽,反军于市。已巳,子驷帅国人盟于大宫,遂从而尽焚之。杀子如(即公子班)、子駹、孙叔、孙知"。

襄公十九年:"郑子孔之为政也专,国人患之,乃讨西宫之难与纯门之师。子孔当罪,以其甲及子革、子良氏之甲守。甲辰,子展、子西率国人伐之,杀子孔而分其室。"

襄公二十六年,"孙文子在戚,孙嘉聘于齐,孙襄居守。二月庚寅,甯喜、右宰穀伐孙氏,不克,伯国(孙襄也)伤。甯子出舍于郊。伯国死,孙氏夜哭。国人召甯子,甯子复攻孙氏,克之"。

襄公二十七年,"(庆封)使卢蒲嫳帅甲以攻崔氏,崔氏堞其宫而守之。弗克,使国人助之,遂灭崔氏,杀成与疆,而尽俘其家"。

国君和贵族都是理解国人的力量的,他们中聪明的人都知道对国人畏惧三分,同时也知道争取国人站在他们一边。他们尽量买好国人,求取国人的支持和援助。晋惠公为了得到国人的支持,遂"作爰田"。宋公子鲍礼于国人。郑子产不毁乡校,就是为了从乡校中听听国人的舆论。春秋时期,国君和贵族都争着盟国人以加强自己的势力。如鲁阳虎"盟国人于亳社"(《左传》定公六年)。

西周春秋时期的国人,它的前身就是氏族社会中的氏族成员,它是从氏族成员演化下来的。国人的政治权力,是氏族社会氏族成员民主权力的遗存。

古代氏族成员的民主权力,在墨家思想里反映得最强烈。墨子提出天子、三公、诸侯国的正长,皆由选举产生。"选天下之贤可者,立以为天子。""选择天下之贤可者,立置之以为三公。""选择其国之贤可者,立置之以为正长。"(《墨子·尚同上》)墨子是春秋战国之际的人物,墨家集团的成员多是社会下层劳动人民,特别是城邑小手工业者,所以墨家对古代民主反映最强。墨家是下层人民,接受文化教育的机会比较少,愚昧、迷信反映得也最多。但却正好证明墨家是社会的下层民众。

古代民主思想,在战国还有遗存。孟子说:"民为贵,社稷次之,君为轻"(《尽心下》),"国人皆曰贤,然后用之","国人皆曰可杀,然后杀之"

(《梁惠王下》），都是古代民主思想。也显示了直到战国，国人在国家政治生活中还是有力量的。战国时代，政治上活跃的士，就是国人中的代表人物。

（三）众、庶、民

西周春秋时期，有"众"和"庶"，亦称众人、庶人或庶民。从起源上看，众可能来自商，庶来自周。众、庶都是劳动者，特别是从事农业的劳动者。

众，来自商，商代的广大劳动者特别是农业劳动者称作众，这在《殷商社会和经济》一节里已经说过了。

周初也有"众"的名称出现。曶鼎的铭文里有众，如：

> 昔僅岁，匡暨厥臣廿夫寇智禾十秭，以匡季告东宫。东宫迺曰："求乃人，乃弗得，汝匡罚大。"匡迺稽首于智，用五田，用众一夫曰益，用臣曰疐、□肚、曰奠，曰□，用兹四夫稽首。

又如《诗·周颂·臣工》篇：

> 命我众人，庤乃钱镈，奄观铚艾。

"众"的身份是有争议的，郭沫若认为曶鼎铭文中众是奴隶，因为"臣"是奴隶。"众"和"臣"同被用去赔偿，当然也是奴隶。郭并以此证明殷代人的众也是奴隶。这个问题，后面和庶一起去解释。这里先说我的意思。殷代的众是氏族部落成员，不是奴隶，西周的众也仍然是氏族部落成员。由于征服关系，一些被征服族的氏族成员身份或者低下一些，但很难有充分的材料作证，说明他们是奴隶。因为众在人数上是多的，众又引申出来有多数的意思。春秋时期，众往往和庶结合起来，用"众庶"来泛指人民群众，它和庶成了同义语了。

庶，来自周。西周文献中，多处见庶人或庶民的记载。如《诗·大雅·灵台》："经始灵台，经之营之，庶民攻之，不日成之。经始勿亟，庶民子来。"《周书·梓材》："王曰：'封，以厥庶民暨厥臣达大家，以厥臣达王，惟邦君。'"

庶，是众多的意思。《尔雅·释言》："庶，侈也。"郭璞注："庶者，众多为奢侈。"《论语·子路》："子适卫，冉有仆。子曰：庶矣哉！"注家都说："庶，众也。"庶民、庶人，都是众人。《尚书》还常见"庶邦"、"庶士"。如《周书·大诰》："尔庶邦君，越庶士御事。"庶，也都是众的意思。

庶民或庶人，主要也是农业劳动者。文献中我们看到的庶民或庶人，多是耕田种地。《左传》襄公九年，楚国子囊对楚王说：晋国"其卿让于善，其大夫不失守，其士竞于教，其庶人力于稼穑，商工皂隶不知迁业。"《管子·五辅》："其君子上中正而下谄谀，其士民贵武勇而贱得利，其庶人好耕农而恶饮食。"

庶民或庶人，除人数众多外，可能从一开始就有些身份低下的含义。周人有宗法制，最讲究嫡庶之分。宗法以嫡长子为宗子，并于宗族中突出宗子的地位。庶子和全族人都要尊重宗子，受宗子的领导，比起宗子来，庶子的人数是众多的，但地位是低下的。庶的最初意义，似乎就于众多之外有着低下的意思。但是尽管庶子身份地位低，可是总仍是同氏族或同部落联盟的成员，所以才称"庶民子来"。《礼记·文王世子》说："五庙之孙，祖庙未毁，虽为庶人，冠、取妻必告，死必赴，练祥则告。……亲未绝而列于庶人，贱无能也。"这也可证庶人是同族人，甚至包括贵族五服以内的子孙。他们虽贱，仍是自由人。

庶人有政治地位，能参与国事。《尚书·洪范》："汝则有大疑，谋及乃心，谋及卿士，谋及庶人。"《诗·大雅·卷阿》："凤凰于飞，翙翙其羽，亦集爰止。蔼蔼王多吉士，维君子使，媚于天子。凤凰于飞，翙翙其羽，亦傅于天。蔼蔼王多吉士，维君子命，媚于庶人。"

国有大疑，要谋及卿士，也要谋及庶人。贵族要取悦于天子，也要取悦于庶人。这都说明庶人在政治上是有地位的。

周灭商后，称殷人为"殷庶"或"庶殷"。如《周书·召诰》："以庶殷攻位于洛汭。……周公乃朝用书，命庶殷侯甸男邦伯，厥即命殷庶，庶殷丕作。"这里殷庶、庶殷的庶，都是众的意思，意即殷众人或众殷人。称殷人为庶，也有轻视的意思。周人地位高，好像是宗子；殷人地位低，好像是庶子。

郭沫若认为西周的庶人是奴隶。他的论据中有一条是康王时期的大盂鼎的一段铭文：

> 锡汝邦司四伯，人鬲自驭至于庶人六百又五十又九夫。锡夷司王臣十又三伯，人鬲千又五十夫。

他认为人鬲既包含自驭至于庶人，可见庶人是人鬲中的最下等（参看《奴隶制时代》第24—25页），庶人自然是奴隶。

庶人是不是奴隶，有两个问题似应先解决，一是"人鬲"是什么，二是"锡"如何解释，是否被"锡"的人都是奴隶。

大盂鼎铭文中被"锡"的人，除自驭至于庶人的人鬲之外还有"邦司"和"夷司王臣"。邦司和夷司王臣被称作"伯"。伯是长的意思，还是有身份的人。他们可能是些什么长如氏族长之类，是些小贵族。他们都不是奴隶。这些小贵族都可以"锡"，那么被锡的自驭至于庶人的人鬲，就不一定是奴隶，至少不一定都是奴隶。金文中的"锡"，包含着《左传》里分鲁公以殷民六族，分康叔以殷民七族和分唐叔以怀姓九宗中"分"的意思。大盂鼎铭文"锡邦司四伯，人鬲自驭至于庶人六百又五十又九夫，锡夷司王臣十又三伯，人鬲千又五十夫"，大约是和《左传》"分鲁公以……殷民六族"，"分康叔以……殷民七族"和"分唐叔以……怀姓九宗，职官五正"一样，都是把这些人分给某人。分给中自然有隶属关系，但这隶属关系不是奴隶和奴隶主关系，至少不都是奴隶和奴隶主关系。

西周初年，周人社会开始向阶级社会演化，但氏族部落仍是社会的骨架。在氏族社会最后阶段父家长制时期，父家长的权力是很大的。用摩尔根的话来说，这时的家庭是"若干数目的自由人和非自由人，在家长的父权之下组成一个家庭"。用恩格斯的话说："这种家庭的主要标志，一是把非自由人包括在家庭之内，一是父权。这种家庭形式的完善和典型是罗马的家庭。Familia（家庭）这个词，……在罗马人那里，它起初甚至不是指夫妻及其子女，而只是指奴隶。……罗马的父权支配着妻子、子女和一定数量的奴隶，并且对他们握有生杀之权。"（《家庭、私有制和国家的起源》，见《马克思恩格斯全集》中文版第 21 卷第 69 页）马克思也说："现代家庭在萌芽时不仅包含着奴隶制，而且也包含着农奴制，因为它从一开始就是同田间耕作的劳役有关的。它以缩影的形式包含了后来一切在社会及其国家中广泛发展起来的对立。"（同上书第 70 页）

大盂鼎铭文中所反映的"锡"予者的权力，我们可以从马克思、恩格斯所论述的父家长制时期的父权受到启发。在周王、诸侯国君、卿大夫等大小贵族支配下，有自由人有非自由人；有他们的妻妾、子女（包括庶子、余子），有低于他们的有身份的小贵族、公社成员，也有身份地位不等的各种依附人口和奴隶。周王和大小贵族对于在他们权力支配下的人口，有生杀予夺权，可以惩罚他们，甚至杀死他们，可以遗留给他的嫡长子，可以分给他的其他儿子，也可以分给别的贵族。《多士》、《多方》和《左传》定公四年分鲁公、康叔、唐叔的殷民、怀姓九宗的记载，反映的都是这种情况。

如果对于殷周之际和西周时期出现的阶级、阶层关系和记载这些关系的材料可以这样理解的话，我们就可以说大盂鼎铭文中的邦司、夷司王臣是有身份的人，人鬲中包含着各种身份不等的人，自驭以至庶人，其中有自由人，有依附民，也有奴隶。

这里再提一下"众"的问题。曶鼎铭文中记载匡及厥臣劫盗了曶的十秭禾，曶告了匡，匡被迫以众一夫和三个臣来赔偿。郭沫若认为"臣向来是奴隶的称谓，在此与臣同其身份的众可见也是奴隶了"（《奴隶制时代》第 22—23 页）。

我想，对曶鼎铭文的"众"，可以同样用解释"庶人"的观点来解释。众是匡权力支配下的人，他可以用众去赔偿曶。这犹之匡可以把他权力支配下的人，分给别人一样。如果他权力下有小贵族，他也可以分出去给别人：曶鼎的众和大盂鼎的庶人是一样，不能因他同臣一起分出去而说他和臣是一样的身份。

文献中的材料都说明西周春秋时期的庶民和众人都是人数众多的农民。就是在金文中，庶人的数量也是众多的。如宜侯夨簋的铭文"锡宜庶人六百又□六夫"。大盂鼎铭文"人鬲自驭至于庶人六百又五十又九夫"中,恐怕也是以庶人为多。

西周春秋时期,是民族大融合时期,也是阶级分化、演变比较显著的时期,殷人、周人逐渐融合一起,阶级关系也有了新的调整。春秋时期,殷人、周人间的不平等逐渐消失了。众人、庶民都混同起来称作"民"。民是众和庶融合后的总称。

在《左传》里,众和民已是同义词了。

庄公二十七年,"晋侯将伐虢,士艻曰:'不可。虢公骄,若骤得胜于我,必弃其民。无众而后伐之,欲御我,谁与? ……夫民,让事,乐和,爱亲,哀丧,而后可用也。'"闵公元年,"封毕万魏,以为大夫。……卜偃曰:'毕万之后,必大。'万,盈数也;魏,大名也。以是始赏,天启之矣。天子曰:'兆民',诸侯曰:'万民',今名之大,以从盈数,其必有众"。

僖公十年"丕豹奔秦,言于秦伯曰:'晋侯背大主而忌小怨,民弗与也,伐之必出。'公曰:'失众焉能杀? 违祸谁能出君?'"

僖公十三年,"冬,晋荐饥,使乞籴于秦,秦伯谓子桑:'与之乎?'对曰:'重施而报,君将何求? 重施而不报,其民必携;携而讨焉,无众必败。'"

成公六年,"晋栾书救郑,与楚师迁于绕角,楚师还。……于是军师之欲战者众。或谓栾武子曰:'圣人与众同欲,是以济事,子盍从众? 子为大政,将酌于民者也。'"

这几段记载里,众和民是同义语。

国人也被称作民,例如:

闵公二年,"冬十二月,狄人伐卫……战于荥泽,卫师败绩。……狄人因史华龙滑与礼孔以逐卫人。二人曰:'我大史也,实掌其祭,不先,不可得也。'乃先之。至则告守曰:'不可待也。'夜与国人出。狄入卫,遂从之,又败诸河。……宋桓公逆诸河,宵济。卫之遗民男女七百有十三人,益之以共滕之民为五千人"。卫之遗民中,当然也包括"夜与国人出"的国人。

又例如:

襄公二十九年,"郑子展卒,子皮即位。于是郑饥而未及麦,民病。

子皮以子展之命饩国人粟,户一锺,是以得郑国之民"。

这里,前后称民,中间称国人,可证民就是国人,国人亦被称作民。

《左传》定公六年,鲁阳虎"盟公及三桓于周社,盟国人于亳社"。亳社是殷人的社,盟于亳社的国人显然是殷人。分与鲁公的殷民六族,原是被称作殷庶或庶殷,现在也成了鲁国的国人。这也说明,到了春秋时期众、庶、民甚至国人都混同一起了,一般都称作民。

春秋时期,仍有国人,而且很活跃(见前节)。这可以认为国人和民还没有完全混同。民虽然逐渐成为大名可以包括国人,而一部分国人仍活跃于政治舞台。这部分国人,大约是居住于城邑的人,是民中的上层。

春秋时期,民是社会生产的主要担当者,也是兵役和徭役的负担者。《左传》隐公五年臧僖伯说:"故春蒐夏苗秋狝冬狩,皆于农隙以讲事也。三年而治兵,入而振旅,归而饮至,以数军实。"这说明兵农是合一的,兵由农民出。《左传》桓公五年,周郑战争时,郑的战略安排是先以右拒击周之左军中的陈兵,因为"陈乱,民莫有心,若先犯之,必奔",陈兵一败,周军必败。这里可见陈军是由没有斗志的民组成的。《左传》庄公二十七年,"晋侯将伐虢,士蒍曰:'不可。虢公骄,若骤得胜于我,必弃其民。无众而后伐之,欲御我,谁与?'"这里也看出服兵役的是民。弃其民,也就是无兵可用了。

兵役之外,民还要负担各种徭役。《左传》僖公十九年,"初,梁伯好土功,亟城而弗处。民罢而弗堪,则曰:'某寇将至'。乃沟公宫,曰:'秦将袭我'。民惧而溃。秦遂取梁。"这是民服役筑城。《左传》襄公十七年,"宋皇国父为太宰,为平公筑台,妨于农功,子罕请俟农功之毕,公弗许。筑者讴曰:'泽门之皙,实兴我役;邑中之黔,实慰我心。'子罕闻之,亲执扑以行筑者,曰:'吾侪小人,皆有阖庐以辟燥湿寒暑。今君为一台而不速成,何以为役?'讴者乃止"。这是民服役筑台。《左传》昭公八年,传说晋国魏榆地方的石头说话。晋侯问师旷"石何故言"?师旷说:"今宫室崇侈,民力彫尽,怨讟并作,莫保其性。石言,不亦宜乎?"时晋侯正修筑虒祁之宫。这是民服役于筑宫室。昭公九年,"冬,筑郎囿。……季平子欲其速成也,叔孙昭子曰:'经始勿亟,庶民子来,焉用速成,其以勤民也。无囿犹可,无民其可乎?'"这是民服役修囿。

服役年龄,似无规定,有七十多岁服役的。《左传》襄公三十年,"晋悼夫人食舆人之城杞者。绛县人或年长矣,无子而往,与枟食。有与疑年,使之年。曰:'臣小人也。不知纪年。臣生之岁……'吏走问诸朝,师旷曰:'……七十三年矣。'……赵孟问其县大夫,则其属也。召之而谢过焉,曰:'武不才,任君之大事,以晋国之多虞,不能由吾子,使吾子辱在泥途久矣,武之罪也。敢谢不才。'遂仕之,使助为政。辞以老。与之田,使为君复陶,以为绛县师"。这是民服役筑城。

这是一些例证。它说明民是各种徭役的负担者。因为服徭役,民难免要受贵族的欺辱。如宋国子罕为了和皇国父分谤,乃至持扑以行役者。但民的社会身份地位并不低贱。绛县老者,可以出仕为官。他只是"辞以老"而已,结果还是作了绛县师。从《左传》的材料看,春秋时期民的地位是相当高的。贵族们甚至说出:"民,神之主也"这样的话。随国的少师季良曾对随侯说:"夫民,神之主也。是以圣王先成民而后致力于神。"(《左传》桓公六年)宋国子鱼对宋公也说:"民,神之主也。"(《左传》僖公十九年)

和民、敬神,是国君和贵族们心目中的两件大事,得不到民和神的支持,国就难以维持。周的贵族刘定公批评晋国执政的大贵族赵孟说:"弃神人矣!神怒民叛,何以能久?"(《左传》昭公元年)周太史嚣批评虢国的政治说:"虢其亡乎? 吾闻之:国将兴,听于民;将亡,听于神。神,聪明正直而一者也。依人而行。"(《左传》庄公三十二年)《左传》中常有这一类的话:"天之爱民甚矣! 岂其使一人肆于民上?"(襄公十四年)"不抚其民,能无亡乎?"(襄公三十年)"民不堪矣,将何以终?"(昭公元年)"民无怀焉,国无与焉,将何以立?"(昭公十三年)"民和年丰,……民和而神降之福。"(桓公六年)这些话都见出民在贵族心目中的地位和重要性。

春秋时期,氏族部落组织进一步解体,血缘关系除贵族阶级外也已松弛,出现了个体农民。《左传》僖公三十二年,"初,臼季使,过冀,见冀缺耨,其妻馌之,敬,相待如宾。"冀缺原是晋国贵族,父冀芮犯罪死,冀缺降为民。芮、缺,姓郤,封于冀。冀缺耨,其妻来送饭,很有些小农形象。《左传》昭公二十年,楚国贵族伍员逃到吴国,"而耕于鄙"。伍员背乡离井,也离开了他的宗族。耕于鄙,自然是个独立小农。如果说这是两个个别例子,则下面的记载就反映比较普遍的情况了。《左传》昭公十三年,"(楚灵)王闻群公子之死也,自投于车下曰:'人之爱其子,亦如余乎?'侍者曰:'甚焉。小人老而无子,知济于沟壑矣!'"老而无子,就有无人扶养死于沟壑的危险,这说明已是一家一户的个体民户。因为他们是一家一户,无宗族公社可依靠,老来只有依靠儿子。当然,这时的氏族宗族组织还没有完全解体,特别是贵族阶级,他们的势力和政治地位处处依靠宗族来支持,他们是大力来维持血缘关系的。我们还看见血缘纽带起着不小作用,宗子对同族子弟之贫困者有收养和赈恤义务。但在民这阶级,宗族关系破坏比较大,便出现了个体小农家庭了。死了儿子,父母便会老了无人收养。

　　有人用《论语》中的材料,把"人"和"民"分开,说人是自由人,民是奴隶。《论语》和《左传》,大体是同时代的著作,从《左传》的材料看,这种说法是不能成立的。民,是自由民,不是奴隶。

　　就是从《论语》看,这说法也很难成立。在《论语》里,"人"和"民"的用法有区别,但区别不在"人"是自由民,"民"是奴隶。区别在:人,是泛指人;如今天说你这个"人",他那个"人";民,是指人民,如今天说"老百姓"。泛指人时,我们不能说"你这个民","他那个民"。我们说"男人"、"女人",不能说"男民"、"女民"。人,是自然体;民,是社会体。民,因为是指老百姓,其中自然有职业味道;在阶级社会里,自然又有劳动人民、被剥削阶级的味道。即便如此,《论语》里的民也看不出是奴隶。不能说《论语》中的"民"是奴隶,用来证明春秋是奴隶社会,因为《论语》中没有一处说"民"是奴隶的。当然,如果先断言春秋时期是奴隶社会,再来反证"民"是奴隶,这种逻辑就更荒唐了。

　　说《论语》中的"民"是奴隶,说服力是不强的。

（四）私　徒　属

　　西周春秋时期，贵族显贵家族下面团聚着他们的族人。这些贵族是刚刚从氏族贵族演化出来的，他们和同族成员间还有着很强的血缘关系。贵族依靠同族成员的支持，在政治斗争中才有力量；同族成员依靠同族贵族的维护，取得政治经济利益。他们是存亡、祸福与共的关系，因而他们团聚在同族贵族的周围。

　　除去同族成员以外，在这些大小贵族的身边还团聚着一群依附于他们的人口。他们被称作人鬲、臣、隶、私属、私徒。西周一般称为人鬲、臣、隶，春秋称为私属、私徒，或徒。

　　西周早期，贵族属下的人口称为臣、鬲，有时也称作人鬲，其来源多是上一级大贵族赐给的。金文中多有锡（赐）臣、锡人鬲或鬲的记载，如：

　　　令障宜于王姜，姜赏令贝十朋，臣十家，鬲百人。（令簋）

　　　王曰：……余其舍女（汝）臣十家。（令鼎）

　　　王曰：盂……锡女邦司四伯，人鬲自驭至于庶人六百又五十又九夫。锡女夷司王臣十又三伯，人鬲千又五十夫。（大盂鼎）

　　　王令曰：……锡臣三品，州人、衆人、鄩人。（周公簋）

　　　伯氏曰：不嬰……锡女弓一、矢束，臣五家，田十田，用遂乃事。（不嬰簋）

　　　侯锡者㱚臣二百家剂。（麦尊）

　　　王若曰：克，锡女井家㷉田于毗，以氒（厥）臣妾。（大克鼎）

　　如果不把"锡"简单的释为赐，又不把近代观念举凡能赐给别人的东西必须是自己的财产的观念加在古人身上，就很难一一肯定地说这些铭文中的臣都是奴隶。对奴隶、农奴、自由民等都给以严格的定义，这是近代的事。在古代，没有这么清楚的区分。在同一个人身上，可能同时具有奴隶和农奴两种属性，也可能今天由于他的工作地位、性质而奴隶性强些,明天又变成农奴性质强些,后天由于工作变化而奴隶性又强了。在同一个大名之下,他们的身份地位也不尽相同。前面说到过锡人,邦司王臣、驭、庶人的身份地位就不一样。臣,也是如此。在上引几条金文中,很难说臣因赐而就一定是奴隶,他也可能是农奴或别样的依附民。

我们研究古代社会,对原始社会解体、阶级社会出现时期的阶级分化,有时讲得太绝对化了。好像这时期出现的阶级就只有奴隶主和奴隶。历史并不如此简单。现在对世界各国各民族古代社会的研究表明,阶级分化的初期,出现的阶级形态是相当复杂的。民族间的征服和被征服常使复杂更加复杂。由于当时的野蛮性,他们对被征服者说杀就杀,不杀,待遇就可以有三六九等,有的地位高些,有的低些。他们有各式各样的奴隶,有各式各样的依附人口乃至农奴。古代希腊,在它们进入阶级社会时就有被保护民、六一汉、边民、黑劳士。这种复杂情况,在我们今天所看到的少数民族中还是存在的。解放后,对西南地区一些少数民族以及藏族究竟是奴隶社会还是封建社会的划分,就很费了一番脑筋,原因就在很难区分那里的人民是奴隶还是农奴。既然难于区分,最好是实事求是,把真相讲清楚就是了,不必一定把它放进那一个框框里头去。

马克思说:"现代家庭在萌芽时,不仅包含着奴隶制,而且也包含着农奴制,因为它从一开始就是同田间耕作的劳役有关的。它以缩影的形式包含了一切后来在社会及其国家中广泛发展起来的对立。"(见《马克思恩格斯全集》第21卷第70页)马克思这段话,对我们有启发,是应该引起我们深思的。不能武断地说:在原始社会解体阶级分化中只出现奴隶主和奴隶阶级。在出现奴隶的同时,也出现了农奴。两者都是在民族征服中产生的。自然,它的产生是以生产力的发展有了剩余劳动可供剥削为前提条件的。

周初,身份性格还比较混然的臣、隶等,后来就慢慢向两条道上演化。一条道向依附民、贵族私属上演化,一条道向奴隶上演化。这里,且按下奴隶、隶臣妾下节再讲,先讲贵族依附民即私徒属。

《左传》里关于贵族的私徒属的记载是非常多的,有时被称为徒、属、属徒、私属等。他们可以概括为私徒属。

僖公九年"九月,晋献公卒,里克、丕郑欲纳文公,故以三公子之徒作乱"。

文公二年,"(狼瞫)以其属驰秦师,死焉,晋师从之,大败秦师"。

宣公十二年,"赵婴齐,使其徒先具舟于河,故败而先济。……赵旃夜至于楚军,席于军门之外,使其徒入之"。

宣公十七年,"郤子至,请伐齐,晋侯弗许;请以其私属,又弗许"。

襄公十年,"初,子驷为田洫,司氏、堵氏、侯氏、子师氏皆丧田焉。故五族聚群不逞之人因公子之徒以作乱"。

哀公十四年,"(陈)成子兄弟四乘如公。子我在幄,出逆之,遂入闭门。……子我归,属徒攻闱与大门,皆不胜,乃出。陈氏追之"。

贵族的私属徒,人数相当多。吴贵族王孙弥庸,有"属徒五千"(《左传》哀公十三年)。吴与越战,弥庸率属徒攻越师。晋郤至请以其私属伐齐。齐是大国,他敢要求以私属伐齐,他的私属也一定不少。《国语·晋语十四》就说郤至:"其富半公室,其家半三军。"

私属徒虽然都是贵族属下的人,也可以说是贵族的依附民,但他们,或者说他们中有些人身份并不低下。请看《左传》哀公八年一段话:"(吴王)次于泗上。微虎欲宵攻王舍,私属徒七百人三踊于幕庭,卒三百人,有若与焉,及稷门之内。或谓季孙曰:'不足以害吴而多杀国士,不如已也。'乃止之。吴子闻之,一夕三迁。"微虎的私属徒中有孔子的大弟子有若,有人对季孙称这些人为"国士",明确说明他们的身份不低。

春秋时期,贵族的私人,于徒、属、私徒属等名称外,也被称作臣、隶,他们自己也自称臣、隶。例如《左传》:

成公十七年,"齐人来召鲍国而立之。初,鲍国去鲍氏而来,为施孝叔臣。施氏卜宰,匡句须吉。施氏之宰,有百室之邑,与匡句须邑:使为宰。以让鲍国,而致邑焉。施孝叔曰:'子实吉。'对曰:'能与忠良,吉孰大焉!'鲍国相施氏忠,故齐人取以为鲍氏后"。

襄公十年,"晋荀偃、士匄请伐偪阳而封宋向戌焉。荀罃曰:'城小而固,胜之不武,弗胜为笑。'固请,丙寅,围之,弗克。孟氏之臣秦堇父,辇重如役"。

襄公二十三年，"栾氏之力臣督戎，国人惧之"。

襄公二十八年，"求崔杼之尸将戮之。不得。……既崔氏之臣曰："与我其拱璧，吾献其枢。"于是得之。……尸崔杼于市"。

襄公二十九年，"范献子来聘，拜城杞也。公享之，展庄叔执币，射者三耦，公臣不足，取于家臣。家臣展瑕、展玉父为一耦，公臣公巫召伯仲、颜庄叔为一耦，鄑鼓父、党叔为一耦"。

定公九年，"（阳虎）出奔齐，请师以伐鲁。……齐侯将许之，鲍文子（鲍国）谏曰："臣尝为隶于施氏矣，鲁未可取也，上下犹和，众庶犹睦。""

哀公十四年，"初，陈豹欲为子我臣，使公孙言己，已有丧而止。既而言之，曰："有陈豹者，长而上偻，望视，事君子，必得志，欲为子臣。吾惮其为人也，故缓以告。"子我曰："何害？是其在我也。"使为臣。他日与之言政，说，遂有宠，谓之曰："我尽逐陈氏而立女，若何？"对曰："我远于陈氏矣。且其违者不过数人，何尽逐焉？"遂告陈氏"。

这里的隶和臣都不是奴隶而是私属。鲍国从齐国跑到鲁国时，原为施氏臣，后来他说到此事时却是说"臣尝为隶于施氏"。为臣为隶的人，可以为宰。宰有百室之邑，已是个小贵族了。为臣为隶的人，遇有机会可以升为大贵族，鲍国回到齐国后，就被立为鲍氏后，为齐国的卿大夫。这些史实反映，贵族属下的私属原是从臣、隶演化而来的。到春秋时期，他们仍然可以称作臣、隶。

贵族的私属徒有忠于主人的义务。这是君臣大义，所谓"臣无二心，天之制也"（《左传》庄公十四年）。贵族和他的私属，也是君臣关系。家臣的主人，就是家臣的君。主人要因罪叛国逃亡，臣有跟随逃亡的义务。晋国贵族栾氏作乱失败，栾怀子出奔楚。"执政使栾氏之臣勿从，从栾氏者为大戮施。栾氏之臣辛俞行。吏执而献之公，公曰："国有大令，何故犯之？"对曰："臣顺之也，岂敢犯之。"执政曰："无从栾氏，而从君是明令，必从君也。"臣闻之曰："三世仕家，君之；再世以下，主之。事君以死，事主以勤，君之明令也。自臣之祖，以无大援于晋国，世隶栾氏，于今三世矣。臣故不敢君。今执政曰不从君者为大戮。臣敢忘其死而叛其君，以烦司寇。"公说，固止之，不可。……知其不可得也，乃遣之。"（《国语·晋

语十三》)晋国祁胜与邬臧通室,祁盈执之。"晋侯执祁盈。祁盈之臣曰:
'钧将皆死,憖使吾君闻胜与臧之死也以为快。'乃杀之。……夏,晋杀祁
盈。"(《左传》昭公二十八年)祁盈的臣就称祁盈为君。臣对君要忠,否则
就要受谴责。齐国子我与陈成子斗争,子我失败。子我的臣大陆子方出
逃时,陈成子的族人陈逆、陈豹要给大陆子方以援助,子方拒绝接受,说:
"逆为我请,豹与我车,余有私焉。事子我而有私于其仇,何以见鲁卫之
士!"(《左传》哀公十四年)有私就不忠,不忠就要受鲁卫之士的谴责。

贵族的家臣,只能尽忠于他的主人,而不能忠于更高一级的诸侯国
君。《左传》昭公十四年载有这样的事:

> "南蒯之将叛也,盟费人,司徒老祁、虑癸。伪废疾,使请于南蒯
> 曰:'臣愿受盟,而疾兴。若以君灵不死,请待间而盟。'许之。二子
> 因民之欲叛也,请朝众而盟,遂劫南蒯曰:'群臣不忘其君,畏子以及
> 今,三年听命矣。子若弗图,费人不忍其君,将不畏子矣。子何所不
> 逞欲?请送子。'请期五日,遂奔齐。侍饮酒于景公,公曰:'叛夫!'
> 对曰:'臣欲张公室也。'子韩皙曰:'家臣而欲张公室,罪莫大
> 焉。'……"

费是季孙氏的封邑,南蒯是季孙氏的费邑宰,是季孙氏的家臣。南蒯
说的"臣欲张公室也",是指的鲁君。子韩皙却骂他"家臣而欲张公室,罪
莫大焉。"子韩皙是当着齐景公的面,骂南蒯家臣而欲张公室是犯大罪
的,可知这在当时是大道理。景公明知南蒯反对的是季孙氏,却也给他开
玩笑,说他是"叛夫"!没有因为他张公室而联系自己有所感慨。

私属徒必须对贵族主人尽忠,似乎还有一种策名委质的形式。《国
语·晋语》,晋中行穆子伐狄,俘鼓子宛支,令鼓人各复其所,非察勿从。
鼓子之臣凤沙鳌违令携带家属妻子随行,军吏执之。他对中行穆子说:

> "臣委质于狄之鼓。……臣闻之,委质为臣,无有二心,委质而
> 策死,古之法也。君有烈名,臣无叛质。敢即私利,以烦司寇而乱旧
> 法,其若不虞何?"

私属徒要对主人尽忠,必要时为主人死,这在当时是必须遵守的行为
规范,是习惯法。《左传》襄公二十五年载,崔杼杀齐君后,齐大夫"申蒯,

侍渔者,退谓其宰曰:'尔以孥免,我将死。'其宰曰:'免,是反子的义也。与之皆死。'"宰,是申鲖的家臣、私属,要为主人尽忠而死。

贵族私属徒中的下层,依附关系是更强一些的。《管子·立政篇》:"若在长家,子弟、臣妾、属役、宾客,则里尉以谯(谯,责让也)于游宗,游宗以谯于什伍,什伍以谯于长家。谯敬而勿复,一再则宥,三则不赦。"

春秋时,已有隶农。隶农大约是私属徒中的下层。他们是农业生产劳动者。他们的劳动收获,大约是全都交给主人,主人则供给他们衣食和生活费用。《国语·晋语七》载:晋国史苏对里克说:"吾观君夫人也,若为乱,其犹隶农也。虽获沃田而勤易之,将弗克飨,为人而已。"史苏所说君夫人指献公夫人骊姬。骊姬害太子申公,逐公子重耳、夷吾,想着立她生的儿子奚齐。史苏的意思是:骊姬不过瞎忙活,到头来不过为他人作嫁衣裳,就像隶农勤恳种地,为人而已,自己得不到。

这就是西周春秋时期贵族属下人口的情况。在金文和文献中,他们称作臣、隶、私属徒。他们中间有小贵族,有自由民,有依附民。西周早期,依附民和奴隶的区分不明显,很难说这时期的臣是奴隶,是依附民,还是农奴。春秋时期,贵族属下人口的身份逐渐鲜明。一部分仍保持臣和隶的名称,更多的称为私属徒。他们和贵族主的关系是依附关系,是君臣关系,但至少其中一部分是自由民身份。这种依附,是属的性质,还不都表示身份的低贱。好有一比,现代军队中下级是隶属上级的,但下级军官身份并不低贱。

西周春秋时期,贵族和私徒属的关系很有点像封建关系。一些历史学家持西周封建说,这是他们很重要的论据。我的想法是:这是各民族的历史上氏族社会解体向早期国家过渡时期常常出现的阶级关系。正像马克思所说的,"现代的家庭,在萌芽时,不仅包含着奴隶制,而且也包含着农奴制。……它以缩影的形式包含了一切的对抗,这些对抗后来在社会及其国家中广泛的发展起来。"农奴制、依附关系在这时期出现,是历史的正常现象。

古代日耳曼人,正是在这个历史时期带着这种关系进入罗马社会,而发展为中世纪封建社会的。但西欧封建社会是两种因素的结合而产生的,一是日耳曼人的因素,一是罗马社会的因素。日耳曼人带着他们的护从制依附关系进入罗马帝国境内时,罗马也正出现隶农制形式的依附关系。因此可以理解:中世西欧封建社会,上层政治制度,日耳曼人的影响多,下层社会经济,罗马的影响多。过去讲西欧封建制,西方学者重点在上层政治制度,马克思主义者重在下层社会经济。(参看我的论文《漫谈封建》,见《历史科学与理论建设》,1999年北京师范大学出版社出版。已收作本书附录。)日耳曼人未进入罗马社会之前,虽然出现了一些像马克思说的依附关系、护从制等,而不是封建社会。对西周春秋的私徒属,我们最好也这样处理,虽有依附关系但不是封建社会。

(五) 隶　臣　妾

　　西周春秋社会阶级构成中的最下层是奴隶。氏族制解体进入阶级社会时期,奴隶制的产生是正常的。

　　奴隶的来源,主要是战争俘虏。古文献中,多有"执讯"、"获丑"的记载:

　　　　执讯获丑,薄言还归。赫赫南仲,猃狁于夷。(《诗·小雅·出车》)

　　　　临冲闲闲,崇墉言言。执讯连连,攸馘安安。(《诗·大雅·皇矣》)

执讯、获丑,指的战争中的俘虏,除去一部分被杀掉,留下的就成为奴隶。

　　《周礼·秋官司寇》有:"蛮隶百有二十人,闽隶百有二十人,夷隶百有二十人,貉隶百有二十人。"郑玄分别注说:"征南夷所获"、"闽,南夷之别"、"征东夷所获"和"征东北夷所获"。并说:"凡隶,众矣,此其选以为役员,其余谓之隶。"这些蛮隶、夷隶,都是通过战争获得的奴隶。

　　不但对周边少数民族的战争俘虏要作为奴隶,所谓华夏各国之间的战争俘虏也是作为奴隶的。《左传》的记载,提供了不少例证。

《左传》隐公六年，"郑伯侵陈，大获"。《左传》所谓"获"，一般是指俘虏。

"春秋"庄公六年，"冬，齐人来归卫俘"。但是，《左传》这条记载是："冬，齐人来归卫宝。"按：五年，齐、鲁、宋、陈、蔡伐卫。杜注只言"疑经误"，又注"俘，囚也"，未敢言经必误。

《左传》僖公二十二年，楚伐宋，胜利而归。"郑文夫人芊氏、姜氏劳楚子于柯泽，楚子使师缙示之俘馘。"杜注"俘，所俘囚；馘，所截耳"。

僖公二十八年，"五月丙午，晋侯及郑伯盟于衡雍。丁未，献楚俘于王，驷介百乘，徒兵千。……七月丙申，振旅恺以入于晋，献俘授馘"。

宣公二年，"郑公子归生授命于楚伐宋，宋华元、乐吕御之。二月壬子，战于大棘，宋师败绩，囚华元获乐吕及甲车四百六十乘，俘二百五十人，馘百人"。

宣公十二年，"楚子围郑，……克之。……郑伯肉袒牵羊以逆，曰：孤不天，不能事君，使君怀怒以及敝邑，孤之罪也，敢不唯命是听。其俘诸江南，以实海滨，亦唯命。其翦以赐诸侯，使臣妾之，亦唯命。"

宣公十六年，"晋会今帅师灭赤狄甲氏及留吁铎辰。三月，献狄俘。"

成公六年，"晋伯宗、夏阳说……侵宋。……师于鍼，卫人不保。说欲袭卫曰：'虽不可入，多俘而归，有罪不及死。'伯宗曰：'不可。卫唯信晋，故在其郊而不设备。若袭之，是弃信也，虽多卫俘，而晋无信，何以求诸侯？'乃止"。

襄公十年，"荀偃、士匄帅卒攻偪阳，亲受矢石。甲午，灭之。……以偪阳子归献于武宫，谓之夷俘"。

襄公二十五年，"郑子展、子产帅七百乘伐陈。宵突陈城，遂入之。……陈侯免拥社，使其众男女别而累以待于朝。……子美入数俘而出"。

昭公十三年，"叔弓围费，弗克，败焉。平子怒，令见费人执之以为囚俘"。

定公六年二月，"公侵郑取匡，为晋讨郑之伐胥靡也。夏，季桓子如晋，献郑俘也。"注："献此春取匡之俘也。"

以上从《左传》中抄来的例证,说明华夏各国间的战争,也是以战败国之人民甚至国君为俘,为俘就是为奴隶,郑伯所说"以赐诸侯使臣妾之"就说得很清楚了。

战争俘虏和杀敌人数,都要向祖庙献俘和馘。对于华夏族各国间的俘虏,似乎本来是受禁止的。襄公十年,晋师灭偪阳,回国到武宫去献俘的时候遂伪称是"夷俘"。杜注曰:"讳俘中国,故谓之夷。"《正义》曰:"昭十七年,晋荀吴灭陆浑之戎,献俘于文宫,不言谓之夷俘,彼真是戎也。此言谓之夷俘,明非夷而谓之夷,知其讳俘中国而改之也。庄三十一年传例曰:凡诸侯有四夷之功,则献于王,中国则否。中国之俘既不合献王,故献庙亦讳。知其无罪,内惭于心,故讳之谓之夷俘。"

周有大叔之乱,晋文公出师勤王,周王以阳樊、温等地与晋。"阳樊不服,围之。苍葛呼曰:德以柔中国,刑以威四夷,宜吾不服也。此谁非王之亲姻,其俘之也!乃出其民。"(《左传》僖公二十五年)俘,是不适用于华夏族之间的。故文公只好"出其民"。出其民,就是不以其民为罪人而俘,也就是不把他们作奴隶。

对于俘获的奴隶,在分配上似乎还有一些办法。《周礼·秋官司寇·朝士》条:"凡得获货贿、人民、六畜者,委于朝告于士,旬而举之,大者公之,小者庶民私之。"郑玄解释说,俘而取之曰获。人民,谓刑人奴隶逃亡者。人民之小者未乱七岁以下。《朝士》这条所说,六畜、财物之外,包括奴隶。奴隶称"获",六畜、财物称"得"。

奴隶的另一来源是罪犯。《周礼·秋官司寇》有"罪隶"一条,郑玄说:"盗贼之家为奴者。"贾公彦解释说:"此中国之隶,言罪隶。古者,身有大罪,身既从戮,男女缘坐,男子入于罪隶,女子入于舂稾。故注云盗贼之家为奴者。"郑玄也说过:"今之奴婢,古之罪人也。"(《周礼·秋官司隶》注)

由此看来,先秦时代,奴隶有两大类,一类是战争中的俘虏,一类是罪犯。俘虏多是少数民族,华夏人只有犯罪,才作奴隶。

汉代以罪没入为官奴婢的,有臣妾、隶臣妾之称。《汉书·刑法志》:"鬼薪、白粲一岁为隶臣妾,隶臣妾一岁免为庶人。"颜师古注说:"男子为隶臣,女子为隶妾。”

汉代的隶臣妾来自秦,商鞅变法令中有一条:有军功的“各以家次,名田宅臣妾”。汉代的隶臣妾——鬼薪、白粲是刑徒,实际上是有限期的奴隶。汉代刑徒,有一岁到五岁,实际上就是一岁到五岁的奴隶。所以郑玄说:“今之奴婢,古之罪人也。”古之罪人为奴隶,今之罪人仍是奴隶,不过汉之刑徒有了年限,即作官奴隶有了年限。古之罪人为奴隶,是没有时限的,不经赦免永远作奴隶。

秦汉的隶臣妾,是承自周。古籍和金文中,都有臣妾的记载,如《尚书·费誓》:“马牛其风,臣妾逋逃,勿敢越逐。……乃越逐不复,汝则有常刑。无敢寇攘逾垣墙,窃马牛,诱臣妾,汝则有常刑。”克鼎铭文:“锡女井家䙲田于晞,以厥臣妾。”

如上节所说,周初贵族属下的人口,身份上包括奴隶和农奴、依附民。后来逐渐分化,有的演化为奴隶,有的演化为农奴、依附民,也有的成为自由民。周代的臣妾,就是沿着两条道演化的,一方面演化为依附民、徒属,一方面演化为秦汉的奴隶。

周代的奴婢,已可以和牲畜一样出售。《周礼·地官司徒·质人》条:“质人,掌城市之货贿,人民、牛马、兵器、珍异,凡卖儥者,质剂焉。”郑玄注说:“人民,奴婢也。”贾公彦疏:“此知人民奴婢也者,以其在市平定其贾,故知是非良人是奴婢也。”卖买奴隶订有质券。郑玄解释质剂说:“质剂者,为之券藏之也。市人民马牛之属用长券。小市兵器珍异之物用短券。”

奴隶有籍,称为丹书。《左传》襄公二十三年:

> 初,斐豹隶也,著于丹书。栾氏之力臣曰督戎,国人惧之。斐豹曰:“苟焚丹书,我杀督戎。”宣子喜曰:“而杀之,所不请于君焚丹书者,有如日”。

孔颖达《疏》云:

> 盖以斐豹请焚丹书,知以丹书其籍。近世魏律缘坐配设为工乐杂户者,皆用赤纸为籍,其卷以铅轴,此亦古人丹书之遗法。

（六）《诗经》中所见各阶级的生活

　　《诗经》是一部文学作品,但它概括地形象化地反映了周代各阶级的生活。它不是写的某一个具体的人,但它却是某一类的、某一阶级的、某一阶层人的生活的集中再现。它最不具体,却最真切。通过诗的描述,二、三千年前的古人,又栩栩如生地展现在眼前。

　　这里只以一部分诗篇为例,让我们看一看两千多年前周代各阶级各阶层的生活。

贵　　族

　　《召南·鹊巢》:

　　维鹊有巢,维鸠居之,之子于归,百两御之。

　　维鹊有巢,维鸠方之,之子于归,百两将之。

　　维鹊有巢,维鸠盈之,之子于归,百两成之。

　　这是一首描述贵族女子出嫁的诗。女子出嫁了,要用一百辆车子去迎亲、送亲,这当然是贵族之家了。一般人家,哪有百辆车子。

　　《卫风·硕人》:

　　硕人其颀,衣锦褧衣,齐侯之子,卫侯之妻,东宫之妹,邢侯之姨,谭公维私。

　　手如柔荑,肤如凝脂,领如蝤蛴,齿如瓠犀,螓首蛾眉,巧笑倩兮,美目盼兮。

　　硕人敖敖,说于农郊,四牡有骄,朱幩镳镳,翟茀以朝,大夫夙退,无使君劳。

　　河水洋洋,北流活活,施罛濊濊,鳣鲔发发,葭菼揭揭,庶姜孽孽,庶士有朅。

　　这是一首写贵族妇人庄姜出嫁卫侯的诗。先写庄姜的贵族身世,次写庄姜的美貌,再写礼仪之盛。

《秦风·驷铁》:

驷铁孔阜,六辔在手,公之媚子,从公于狩。

奉时辰牡,辰牡孔硕,公曰左之,舍拔则获。

游于北园,四马既闲,辒车鸾镳,载猃歇骄。

这首诗写的是贵族的狩猎生活。坐着车子带着猎犬去打猎。打完猎又带着猎犬到北园去游玩。真是一派闲暇生活。

《魏风·伐檀》:

坎坎伐檀兮,寘之河之干兮,河水清且涟猗。不稼不穑,胡取禾三百廛兮?不狩不猎,胡瞻尔庭有悬貆兮,彼君子兮,不素餐兮。

坎坎伐辐兮,寘之河之侧兮,河水清且直猗。不稼不穑,胡取禾三百亿兮?不狩不猎,胡瞻尔庭有悬特兮!彼君子兮,不素食兮。

坎坎伐轮兮,寘之河之漘兮,河水清且沦猗。不稼不穑,胡取禾三百囷兮?不狩不猎,胡瞻尔庭有悬鹑兮!彼君子兮,不素飧兮。

这诗描述的是贵族的剥削生活。君子,指贵族。他们不稼不穑,不狩不猎,家里却积满了粮食和野味。他们不劳动,却是白吃白喝的呀!不是吗?

至于他们的粮食和野味,是通过什么样的形式或方式剥削来的,诗里没有说。

贵族们是有出征作战的义务的。《诗经》里有些诗,也可以解释为贵族出征作战。但是贵族还是一般自由民,在诗里却很难区分,这里就不录例证了。

平民(自由民)

《诗经》里的诗,特别是《国风》部分,绝大部分篇章是写平民生活的。描写他们男女自由相爱,但婚姻已需父母之命媒妁之言了。更多的诗篇是描述他们的出征生活。先看他们的爱情生活。

《召南·摽有梅》:

摽有梅,其实七兮,求我庶士,迨其吉兮。

摽有梅,其实三兮,求我庶士,迫其今兮。

摽有梅,顷筐塈之,求我庶士,迫其谓之。

《召南·野有死麕》:

野有死麕,白茅包之,有女怀春,吉士诱之。

林有朴樕,野有死鹿,白茅纯束,有女如玉。

舒而脱脱兮,无感我帨兮,无使尨也吠。

《小雅·我行其野》:

我行其野,蔽芾其樗。昏姻之故,言就尔居,尔不我畜,復我邦家。

我行其野,言采其蓫。昏姻之故,言就尔宿,尔不我畜,言归思復。

我行其野,言采其葍。不思旧姻,求尔新特,成不以富,亦祇以异。

《摽有梅》、《野有死麕》两首诗描述的是男女的爱慕,表现的完全是两性间的自由相爱,没有外来的压力和强制力。《我行其野》一首,反映当时人离婚也还是比较自由的。从"成不以富"看,男女又都不是富贵之家。

《齐风·南山》:

南山崔崔,雄狐绥绥,鲁道有荡,齐子由归。既曰归止,曷又怀止。

葛屦五两,冠绥双止,鲁道有荡,齐子庸止。既曰庸止,曷又从止。

艺麻如之何? 衡从其亩。取妻如之何? 必告父母。既曰告止,曷又鞠止。

析薪如之何? 匪斧不克。取妻如之何? 匪媒不得。既曰得止,曷又极止。

旧说这首诗是讽刺齐襄公的,说"襄公也,鸟兽之行,淫乎其妹。大夫遇是恶,作诗而去之"。我看这是胡扯。很清楚这是谈的民间婚姻问题。从娶妻"必告父母"、"匪媒不得",知道在婚姻问题上,父母和媒妁占有地位。但也由此知道这是自由民。有父母之命,媒妁之言,还没有奴隶主或封建主来进行干预或支配。

《邶风·击鼓》:

击鼓其镗,踊跃用兵。土国城漕,我独南行。

从孙子仲,平陈与宋。不我以归,忧心有忡。

爰居爰处,爰丧其马。于以求之,于林之下。

死生契阔,与子成说。执子之手,与子偕老。

于嗟阔兮,不我活兮。于嗟洵兮,不我信兮。

《王风·君子于役》:

君子于役,不知其期,曷至哉!鸡棲于埘,日之夕矣,羊牛下来。君子于役,如之何勿思。

君子于役,不日不月,曷其有佸,鸡栖于桀,日之夕矣,羊牛下括。君子于役,苟无饥渴。

《魏风·陟岵》:

陟彼岵兮,瞻望父兮。父曰:嗟,予子行役,夙夜无已。上慎旃哉,犹来无止。

陟彼屺兮,瞻望母兮。母曰:嗟,予季行役,夙夜无寐。上慎旃哉,犹来无弃。

陟彼冈兮,瞻望兄兮。兄曰:嗟,予弟行役,夙夜必偕。上慎旃哉,犹来无死。

《击鼓》诗写的是出征的男子怀念自己的妻子,如果还没有结婚,就是自己的情人,总之是"与子偕老"的人。《君子于役》写的是一位妇女怀念出征的丈夫。丈夫出外服役,不知何时才能回来。太阳落山了,鸡上架了,牛羊也回来了,自己呢? 还是一个人。《陟岵》一诗写的是一个男的外出服役,也许是回忆起服役时父母兄弟给送行时的叮咛,也许是自己的幻想。

从这三首诗里,可以想象:出征服役的人,是一个小家庭的成员,给他送行的是家人,他怀念的和怀念他的也都是小家庭的人。如果是个农民,他已是一个独立的小农了。这是春秋时代的诗,氏族关系已比较淡了。

《唐风·鸨羽》:

肃肃鸨羽,集于苞栩。王事靡盬,不能艺稷黍,父母何怙。悠悠苍天,曷其有所。

肃肃鸨翼,集于苞棘。王事靡盬,不能艺黍稷,父母何食。悠悠苍天,曷其有极。

肃肃鸨行,集于苞桑。王事靡盬,不能艺稻粱,父母何尝。悠悠苍天,曷其有常。

《齐风·甫田》:

无田甫田,维莠骄骄。无思远人,劳心忉忉。

无田甫田,维莠桀桀。无思远人,劳心怛怛。

婉兮娈兮,总角丱兮。未几见兮,突而弁兮。

《鸨羽》写的是小农服役出征后,不能从事农业。没有粮食,父母靠什么生活。《甫田》写的是,因为男子服役远征,大田因为无人耕种,大面积荒芜了。"无思远人",正是在思念远人。

这里所写的,都是些个体小农。

依附民(雇农?佃农?)

有些诗篇,写的是依附民的生活。他们受主人的剥削压迫,但又不能离开。有些受剥削,但不能肯定是依附民或是雇佣。

《豳风·七月》:

七月流火,九月授衣。一之日觱发,二之日栗烈。无衣无褐,何以卒岁。三之日于耜,四之日举趾。同我妇子,馌彼南亩。田畯至喜。

七月流火,九月授衣。春日载阳,有鸣仓庚。女执懿筐,遵彼微行,爰求柔桑。春日迟迟,采蘩祁祁。女心伤悲,殆及公子同归。

七月流火,八月萑苇。蚕月条桑,取彼斧斨,以伐远扬,猗彼女桑。七月鸣鵙,八月载绩。载玄载黄,我朱孔阳,为公子裳。

四月秀葽,五月鸣蜩,八月其获,十月陨萚。一之日于貉,取彼狐狸,为公子裘。二之日其同,载缵武功,言私其豵,献豜于公。

五月斯螽动股,六月莎鸡振羽。七月在野,八月在宇,九月在户,十月蟋蟀入我床下。穹窒熏鼠,塞向墐户。嗟我妇子,曰为改岁,入此室处。

六月食郁及薁,七月亨葵及菽,八月剥枣,十月获稻。为此春酒,以介眉寿。七月食瓜,八月断壶,九月叔苴。采茶薪樗,食我农夫。

九月筑场圃,十月纳禾稼。黍稷重穋,禾麻菽麦。嗟我农夫,我稼既同,上入执宫功。昼尔于茅,宵尔索绹,亟其乘屋,其始播百谷。

二之日凿冰冲冲,三之日纳于凌阴,四之日其蚤,献羔祭韭。九月肃霜,十月涤场。朋酒斯飨,曰杀羔羊。跻彼公堂,称彼兕觥,万寿无疆。

《魏风·硕鼠》:

硕鼠硕鼠,无食我黍。三岁贯女,莫我肯顾。逝将去女,适彼乐土。乐土乐土,爰得我所。

硕鼠硕鼠,无食我麦。三岁贯女,莫我肯德。逝将去女,适彼乐国。乐国乐国,爰得我直。

硕鼠硕鼠,无食我苗。三岁贯女,莫我肯劳。逝将去女,适彼乐郊。乐郊乐郊,谁之永号。

《小雅·黄鸟》:

黄鸟黄鸟,无集于榖,无啄我粟。此邦之人,不我肯穀。言旋言归,复我邦族。

黄鸟黄鸟,无集于桑,无啄我粱。此邦之人,不可与明。言旋言归,复我诸兄。

黄鸟黄鸟,无集于栩,无啄我黍。此邦之人,不可与处。言旋言归,复我诸父。

《七月》写了一家农户一年到头的生活。终年"无衣无褐",如何打发这艰难的岁月呀!女孩子去采桑,却被公子带走,心里悲伤,又无力反抗。织了帛,为公子作衣裳;打猎所获,献给主人(公)。冬天农事已毕,有点闲暇了,又要去给主人修房屋,还要杀羊宰羔,到主人家上寿献酒,歌颂万寿无疆。这里写的像是一户依附民,但也难肯定地说。

《硕鼠》的农民,是富有反抗精神的。但他们是依附民还是佃农抑是雇农,从诗文诗意里都是难肯定的。他把他的主人比作鼠,仇恨地要离开他。但这走开,是逃亡呢？还是自由地离开？因为不能肯定,也就不能肯定他的身份。我比较倾向他们是雇佣关系,可以自由离开。

《黄鸟》写的又是一种情况。此人好像由一个国(一个城邑)到了另一个国(一个城邑),离开了自己的家族到另一家族的地区去。他是农民,语汇里总离不了谷、粟、粱、黍。这是一户去外地作佃农、雇农的小农吧？还是婚嫁,去作赘婿？

以上,只是随手摘取了十来篇,也反映了周代社会各阶级生活的一些片面。《诗》三百篇,除去庙堂礼赞的歌词外,歌人民生活的要以歌咏男女爱情和出征服役的为最多。是否可以说,这也反映周代社会上以平民自由民人数最多,生活也最活跃？

《诗经》里似乎没有反映奴隶生活和活动的诗篇。

第 三 章

井田和土地制度

（一）土地公有制的史影

一切民族或者说几乎一切民族的古代历史上，都有过土地公有制。恩格斯在研究日耳曼人古代历史上的"马尔克"制度时，曾讲过这样一个意思。

周人的古代史上也有过土地公有制。从先秦文献中，我们也仍能看出一些周人土地公有制的史影。《诗·周颂·载芟》：

> 载芟载柞，其耕泽泽。千耦其耘，徂隰徂畛。侯主侯伯，侯亚侯旅，侯彊侯以。有嗿其馌，思媚其妇；有依其士，有略其耜。俶载南亩。播厥百谷，实函斯活。驿驿其达，有厌其杰。厌厌其苗，绵绵其麃。载获济济，有实其积，万亿及秭。为酒为醴，烝畀祖妣，以洽百礼。

《诗·周颂·良耜》：

> 畟畟良耜，俶载南亩，播厥百谷，实函斯活。或来瞻汝，载筐及筥。其饟伊黍，其笠伊纠。其镈斯赵，以薅荼蓼。荼蓼朽止，黍稷茂止。获之挃挃，积之栗栗。其崇如墉，其比如栉，以开百室。百室盈

止,妇子宁止。

这两篇诗大约是西周初年的诗。《载芟》所描写的是许多人在大田上的劳动情况。《诗序》说《载芟》是"春藉田而祈社稷也",《良耜》是"秋报社稷也"。两篇大约都是在大田上的劳动。《载芟》是春祈社稷,《良耜》是秋报社稷。毛《传》解释主、伯、亚、旅、彊、以说:"主,家长也;伯,长子也;亚,仲叔也;旅,子弟也;彊,彊力也;以,用也",郑玄《笺》说:"以,谓闲民,今时佣赁也。……父子馀夫俱行,强有馀力者相助,又取佣赁,务疾毕,已当种也。"

这两首诗所描写的是一个大家族的成员和一些附属人员在族长或家长的率领下劳动的场面。它的劳动是"千耦其耘",它的收获是"万亿及秭"、"其崇如墉,其比如栉,以开百室,百室盈止"。劳动者都是一个大家族的成员,所以供奉着共同的祖先,收获之后就要"为酒为醴,烝畀祖妣"。从"烝畀祖妣"和"妇子宁止"看,妇女的地位还是很高的,有些像甲骨文中所反映的商族尊崇祖妣的时代。因为是一个家的成员在一块劳动,劳动中的情绪是轻松愉快的,女的打扮得漂漂亮亮,来为男的送饭,男的也在想方设法"思媚其妇"。这样的劳动图景,只能解释为大家族成员在公有土地上的集体劳动,不能是奴隶或农奴劳动,尽管可能其中已有雇佣劳动者参加了。

一个民族的有文字记载以前的历史,只能靠口诵流传下来。这些口诵的传说历史,又往往是用韵文形式传下来,因为韵文利于记忆背诵。这两篇诗当然是在周初才用文字写下来的,但是它的内容所歌咏的可能是周人早已过去的历史上的情况了。西周初年,氏族组织的躯架还保持着,氏族贵族在祭祀的时候,还会使用这种久已过时的诗来歌颂社稷或他们的祖先。因此,即使周初已经没有氏族公有土地了,这两篇诗也可以看作周人早期历史上公有土地制的史影。西周王室的大田藉田,也正可看作前此土地公有制和氏族成员在家族长率领下在公有大田上劳动的继续。

在集体耕作制之后有过把公有土地划分为等量的条条或块块分配给氏族成员耕种的制度。古代日耳曼人在恺撒时代(即公元前1世纪),还没有完全定居下来的时期,他们的土地还是共同耕作的。包含着若干具有近亲关系的家族的各个氏族,一起耕种分配给他们的土地,并把收获到的产物分配于各个家族。但在公元开始前后,在日耳曼人新的居所安定下来以后,氏族共同耕作的办法就停止了。塔西佗就只说到在他的时代(恺撒之后一百多年),日耳曼人的土地是由各个家族分别耕种的。分配给各个家族耕种的土地,期限只有一年,一年之后,土地要重新分配,重新更换。

中国历史上,夏且不说,商、周两族是有过这种制度的。井田在最早最原始阶段,就是一种氏族把公有土地分给各个家族耕种的制度。

从甲骨文材料看,商是有井田的。甲骨文中的田字的形状,如在《殷商社会和经济》一节所揭示的,正是井田的形象。

先秦文献中,如《左传》、《国语》、《周礼》、《孟子》,都有关于井地或井田的记载。《国语·齐语》,管仲对齐桓公说:"井地畴均,则民不憾"。《左传》襄公二十五年,楚蒍掩为司马,"井衍沃"。《周礼·地官·小司徒》:"乃经土地而井牧其田"。《考工记·匠人》:"九夫为井"。《孟子·滕文公上》:"方里而井,井九百亩,其中为公田,八家皆私百亩,同养公田,公事毕,然后敢治私事。"土地有肥饶有贫瘠,分配各家的土地要定期更换。《公羊传》宣公十五年何休注说:"司空谨别田之高下善恶,分为三品:上田一岁一垦,中田二岁一垦,下田三岁一垦。肥饶不能独乐,硗埆不得独苦,故三年一换土易居,财均力平。"

对于历史上有没有井田制,是有争论的。有人说孟子讲井田讲的最多,孟子的话,有些地方就很模糊,还有矛盾。有些人因此怀疑井田制的存在,认为它不过是孟子的理想。孟子的话里可能有一部分是他自己的理想,他是以建议的口吻向滕文公和毕万提出的,他自己也说"此其大略也"。时代过去了,文献又不足证,孟子已不能详确地说出井田制的内容。但他的话,一定有所根据,滕文公使毕战问井地,也一定有所根据。孟子的话模糊、有矛盾,正证明他不是胡诌,只是他知道的不清楚,把知道的情况摆出来而已。

灭商以后,周人氏族制社会加速解体,氏族或大家族在族长或家长率领下在公有土地上集体耕作的形式除藉田外已不会很多。起于原始社会的把土地划分为长条或方块分给氏族耕种的原始井田制,也已经变质。先秦文献中所讲井田制,已经是王公贵族使用井田旧形式对农民收取租税的组织,完全丧失了氏族成员在公有份地上劳动的性质。但《诗经》中所描述的在家族长率领下的集体耕作和方块田井田制的份地形式,可以看作周代有过土地公有制的史影。

(二) 周王、诸侯、贵族土地所有制

周人灭商以后,周王和贵族的权力迅速发展起来。他们一方面在对外征服中利用自己的地位占有一些被征服地的土地,一方面也利用原来以氏族长的身份对公有土地的管理权,逐步地篡夺了这些土地成为自己所有。土地公有制遭到破坏,周王、贵族土地所有制出现。

西周铜器铭文中,多有赐田的记载,例如:

 锡汝田于埜,锡汝田于渒,锡汝井家𤲪田于晹,与晹臣妾,锡汝田于康,锡汝田于匽,锡汝田于𡸬原,锡汝田于寒山。(大克鼎)

 锡汝马十匹,牛十,锡于㠯一田,锡于宲一田,锡于队一田,锡于戠一田。(卯𣪘)

 锡于敔五十田,于早五十田。(敔𣪘)

这些铭文说明周王对土地已有支配权力,他可以把土地赐给别人。

有的同志认为金文中的赐(锡)和我们今天所说的赐含义不同。今天我们说赐,表示所有权,一定是土地的所有者才有权把这块土地赐给别人。金文中的赐,是分给的意思。我同意这个想法,但也不能说"赐"完全没有所有权的因素。所有权,本身就是一个历史概念,不断地发展变化着。古代社会所有权的含义不同于封建社会,封建社会又不同于资本主义社会。就周王的权力说,在周人由氏族社会向阶级社会演化中,王的权力也在发展变化。到他可以把土和人"赐"给别人时,王的权力已相当大了。他对土地和人的支配权力,特别对土地的支配权力已包含着所有权的因素。氏族土地公有制,默默向王有转化了。

周王赐给贵族的土地,多是已耕地。土地既是以田为单位,赐十田、五十田,就说明这块地是加过工的,不是荒地了。随着周人势力的扩张和周王权力的发展,周王常常把从战争夺取来的土地和人或者把周人势力还没有达到的远方的土地赐给贵族,要他们到那里去建立邦国。前面引过《左传》定公四年的材料,就是命令伯禽、康叔、唐叔分别率领周人、殷人和怀姓九宗到不同的地方去建立国家。既然是去建立国家,自然也就是把这块远方土地给了他们。这就是"授民授疆土"。《诗经》中有好几篇是叙述周王以远方地区分给周族贵族或联盟族的贵族去建立国家的。例如《大雅·崧高》说申伯的建国:

> 亹亹申伯,王缵之事,于邑于谢,南国是式。王命召伯,定申伯之宅。登是南邦,世执其功。王命申伯,式是南邦,因是谢人,以作尔庸。王命召伯,彻申伯土田。王命傅御,迁其私人。

《鲁颂·閟宫》述鲁的建国:

> 王曰叔父,建尔元子,俾侯于鲁,大启尔宇,为周室辅。乃命鲁公,俾侯于东,锡之山川,土地附庸。

《大雅·韩奕》述韩的建国:

> 溥彼韩城,燕师所完,以先祖受命,因时百蛮。王锡韩侯,其追其貊,奄受北国,因以其伯,实墉实壑,实亩实藉,献其貔皮,赤豹黄罴。

这些被分的土地,有些是土著部落的人已经垦殖的,大部分是荒地,有待垦殖。郑子产叙述郑国初建国时的情况:

> 昔我先公桓公与商人皆出自周,庸次比耦以艾杀此地,斩之蓬蒿藜藋而共处之。(《左传》昭公十六年)

从以上材料,我们得出一个印象:西周时期,周王对土地的支配权是在不断发展,不断扩大的。在性质上,它使原来属于氏族的公有土地变为王有土地;在范围上,它对土地的支配权由已垦地扩大到未垦地,由近地区自己族人耕殖的土地扩大到远方原非自己族人耕种的土地。荒地原来属于氏族公有:周王继承了这些土地的所有权。周代有"名山大泽不以封"(《礼记·王制》),这部分土地一直保留在周王手里。直到汉代,全国未垦的草地以及山川池沼都是属于皇帝的私产,还名之曰"公田"。这公田之名,就来自氏族公有土地,后来都成了周王、汉帝的私田了。但"公田"的名字还保留着。

土地王有出现的同时,土地诸侯所有和贵族所有也出现了。在氏族组织破坏的过程中,大大小小的氏族贵族和周王一样,在窃夺着氏族公有财产成为他们自己的私有财产,窃取氏族公有土地成为他们自己的私有土地。诸侯和贵族们又从周王那里取得土地。他们也和周王一样,有权处理他们的土地,可以把土地给予别人。西周金铭文中,就有贵族把自己的土地赐给小贵族和以土地作为对别人的赔偿的记载。例如不嬰簋铭文:

> 伯氏曰:不嬰,汝小子。汝肇诲于戎工,锡汝弓一、矢束、臣五家,田十田。

曶鼎铭文:

> 昔馑岁,匡暨厥臣廿夫寇曶禾十秭。以匡季告东宫。东宫乃曰:求乃人,乃弗得,汝匡罚大。匡迺稽首于曶,用五田,用众一夫曰益,用臣曰……。曰:用兹四夫稽首。

不嬰有功,伯氏赐给他田十田。匡盗取了曶禾十秭,曶告了他。匡用田五田和一众三臣来赔偿。曶不答应,又增赔了二田一臣,才算完事。田可以用来赐给别人,也可以用来赔偿别人,这说明土地是为匡这个贵族所有的。

东周春秋时期,贵族土地所有权更加确立。文献中关于贵族占有土地的记载就更多起来,贵族间争土地的记载也多起来。《左传》中就记下不少这类事件。

隐公十一年:"王取邬、刘、蒍、邘之田于郑,而与郑人苏忿生之田。……君子是以知桓王之失郑也。……己弗能有而以与人,人之不至不亦宜乎。"

这是周王取诸侯之田。苏忿生背叛了周王,他的土地已非周王之所能有。周王却拿它去换郑国的土地。所以说是"己弗能有而以与人"。

庄公十九年:"初,王姚嬖于庄王生子颓。子颓有宠,蒍国为之师。及惠王即位,取芮国之圃以为囿。边伯之宫近于王宫,王取之。王夺子禽、祝跪与詹父田而收膳夫之秩。"

这是周王、诸侯夺贵族的田。

僖公元年:"公赐季友汶阳之田及费。"

成公七年:"楚围宋之役,师还,子重请取于申吕以为赏田,王许之。"

成公八年:"六月,晋讨赵同、赵括。武从姬氏畜于公宫。以其田与祁奚。韩厥言于晋侯曰:'成季之勋、宣孟之忠而无后,为善者其惧矣。'……乃立武而反其田焉。"

昭公十三年:"楚子之为令尹也,杀大司马蒍掩而取其室;及即位,夺蒍居田。"

这是诸侯以田赐给贵族。晋侯以田与祁奚,是夺一家,与一家,又归还原主。

闵公二年:"初,公傅夺卜齮田,公不禁。秋八月辛丑,共仲使卜齮贼公于武闱。"

文公八年:"先克夺蒯得田于堇阴,故……蒯得作乱。"

文公十八年:"齐懿公之为公子也,与邴歜之父争田,弗胜。及即位,乃掘而刖之。"

成公十七年:"胥童以胥克之废也怨郤氏,而嬖于厉公。郤锜夺夷阳五田,五亦嬖于厉公。郁犫与长鱼矫争田,执而梏之,与其父母妻子同一辕。既,矫亦嬖于厉公。……任午,胥童、夷羊五帅甲八百将攻郤氏,长鱼矫……以戈杀驹伯、苦成叔于其位。"

襄公十年:"初,子驷为田洫,司氏、堵氏、侯氏、子师氏皆丧田焉。故五族聚群不逞之人因公子之徒以作乱。"

昭公十四年:"晋邢侯与雍子争鄐田,久而无成。士景伯如楚,叔鱼摄理。韩宣子命断旧狱,罪在雍子。雍子纳其女于叔鱼,叔鱼蔽罪邢侯。邢侯怒,杀叔鱼与雍子于朝。"

这些贵族间争田的故事,反映了土地是这些贵族所有。为了争田,已到了互相杀害的地步。

春秋时期,土地所有权是时常转移的。晋郤至与周王争田的故事,反映土地所有权转移的频速。《左传》成公十一年记载这个故事说："晋郤至与周争鄇田,王命刘康公、单襄公讼诸晋。郤至曰:'温,吾故也,故不敢失。'刘子、单子曰:'昔周克商,使诸侯抚封,苏忿生以温为司寇,与檀柏达封于河。苏氏即狄又不能于狄而奔卫。襄王劳文公而赐之温。狐氏、阳氏先处之,而后及子。若治其故,则王官之邑也,子安得之。'晋侯使郤至勿敢争。"

从以上所引文献,特别是郤至和周王争田这个故事看,到春秋时期,土地王有的性质已不多么强了,鄇田所在的温,本是周王的土地。从周初把这块土地给苏忿生到春秋时晋侯把这块土地给予郤至,这块土地已几易其主了。郤至敢以"温,吾故也,故不敢失"为理由和周王争这块田,在他看来,这块田之为他所有是没有问题的。周王的代表也只能以"若治其故,则王官之邑也",从最早是谁所有来争,却没有以"溥天之下,莫非王土"作理由来反驳,这说明土地的贵族所有,已相当牢固了。

周代土地所有制不是国有制。王有不是国有。周代的周王、诸侯、贵族土地所有制是一种私有制,实质上就是贵族土地所有制。周王是最高的贵族,王有仍是贵族有。这种土地所有制是通过对氏族土地公有制的篡夺而出现的,它是公有制的对立物,是周代土地所有制的第一阶段。周王固然有土地,贵族也都有土地,每个贵族都把土地看作是自己的。

(三) 公田和私田

周代土地制度中有公田私田之分。《诗经·小雅·大田》篇:

> 有渰萋萋,兴雨祁祁;
>
> 雨我公田,遂及我私。

只要不否认这首诗是周代的诗,就不能否认周代土地制度中有公田、私田之分。问题在如何解释公田和私田,什么是公田,什么是私田。

《大田》诗中"雨我公田,遂及我私"的公和私,还没有我们现在所说的"公有制"和"私有制"的公私的意思。《大田》诗中的公是尊称,指的是贵族。公田就是周王、诸侯、贵族的田,实际上是周王、诸侯、贵族的私田。我私,是农民分到的份田。由于氏族公有土地已被贵族篡夺,农民的份地实际上也已经成为周王、诸侯、贵族们的私田了。不过这份私田和雨我公田那份私田,还有不同。

孟子把公田和私田放在一井之内,说是"方里而井,井九百亩,其中为公田,八家皆私百亩"。这种说法,是孟子的理想。细绎有关古代公田的文献,周王、诸侯、贵族的公田,大概都是独立的大田,不是夹在私田之间和私田同在一井之内。

国王不自己劳动,他们的公田要借助别人的劳动来耕种,因此叫作藉田。商周都有藉田。甲骨之中有"耤"字。西周铜器铭文中,也有耤和耤田。康王时的令鼎铭文有:"王大耤农于諆田",晚周宣王时的截簋铭文有:"令汝作嗣士,官嗣耤田"。《礼记·王制篇》:"古者公田藉而不税"。郑玄注云:"藉之言,借也,借民力治公田。"《国语·周语》:"宣王即位,不藉千亩。虢文公谏曰:不可。……王耕一垅,班三之,庶人终于千亩。"公田叫作藉田,都是独立的大田,借民力耕种。

西周既有借助民力耕种的公田,也有百亩一份分给农民自种的私田。《孟子·滕文公上》:"夏后氏五十而贡,殷人七十而助,周人百亩而彻,其实皆什一也。彻者,彻也;助者,助也。《诗》云:'雨我公田,遂及我私。'惟助为有公田。由此观之,虽周亦助也。"孟子不明白周的土地制度,一方面说殷行助法周行彻法,一方面又说虽周亦助也。他不知道,周是又有公田又有私田,又行助法又行彻法。

《诗经·小雅》里《甫田》和《大田》两篇诗所写的农田里的劳动图景,大约就是贵族"公田"里的劳动图景。以《甫田》诗为例:

倬彼甫田,岁取十千。我取其陈,食我农人,自古有年。

今适南亩,或耘或耔,黍稷薿薿。攸介攸止,烝我髦士。

以我齐明,与我牺羊,以社以方。我田既臧,农夫之庆,琴瑟击鼓,以御田祖,以祈甘雨,以介我稷黍,以谷我士女。

曾孙来止,以其妇子,馌彼南亩,田畯至喜,攘其左右,尝其旨否。

禾易长亩，终善且有，曾孙不怒，农夫克敏。

> 曾孙之稼，如茨如梁；曾孙之庾，如坻如京。乃求千斯仓，乃求万斯箱，黍稷稻粱，农夫之庆。报以介福，万寿无疆。

作为曾孙所有的"公田"的甫田、大田，都是大田，收获粮食归曾孙所有。曾孙之稼，如茨如梁；曾孙之庾，如坻如京。需要千斯仓来贮存，万斯箱来运输。农民的生活，或是依靠贵族主的"我取其陈，食我农人"，或者是依靠"雨我公田，遂及我私"的私田的收获。

农民的"我私"，就是井田制下的分田。井田原是氏族的公有土地，被划分成大小相等的方块分给氏族成员各家庭去耕种，而向公家交纳一定的贡纳。随着私有制的发展，公有土地被氏族贵族篡夺了成为贵族的私田，原来向公家交纳的贡纳现在转交给贵族。马克思谈到过波兰、罗马尼亚土地公有向私有转化的情况，对我们理解周初土地公有到私有的变化，很有启发。马克思说："古代土地公有制的残余，在过渡到独立的农民经济以后，还在例如波兰和罗马尼亚保留下来。这种残余在那些地方成了实现向比较低级的地租形式过渡的借口。土地一部分属于单个农民，由他们独立耕作。另一部分则共同耕种，形成剩余产品，它部分地被用于公社的开支，部分地作为歉收时动用的储备等等。剩余产品的最后这两部分，以及最终全部剩余产品连同生长这个剩余产品的土地，都逐渐为国家官吏和私人所掠夺；原来的自由农民，有义务共同耕种这种土地的土地所有者，这样就变为有义务从事徭役或交纳产品地租的人，而公有地的掠夺者则变为不仅是被掠夺的公有地的所有者，并且也是农民自有土地的所有者。"（《资本论》第三卷《资本主义地租的产生》章。见《马克思恩格斯全集》第 25 卷第 905—906 页）周人公有土地的命运大体也是如此。集体耕种的大块公田固然变成了贵族的私田（仍有公田之名，但"公"字的性质却变了），农民的份地——井田，也为贵族所掠夺，成为贵族的土地。

耕种份地的农民向贵族交纳的贡纳，大约是十分之一。孟子说，彻者彻也，助者藉也，其实皆什一也。证之《论语·颜渊篇》，"哀公问于有若曰：'年饥，用不足，如之何？'有若对曰：'盍彻乎？'曰：'二，吾犹不足，如之何其彻也?'"大概彻是什一,助也是什一。

分给农民耕种的这块小份地,大约是一百亩。孟子常常提到百亩之田。战国初年李悝相魏文侯尽地力之教,仍是"一夫挟五口,治田百亩"(《汉书·食货志上》)。百亩是农夫一家耕作的面积,大约是西周以来的传统。

当时生产力低,土地一般不能年年耕种,耕种收获一年之后,必须休耕一、二年,以休息地力。因此,在分配土地给各家族时,实际分配亩数要大于一百亩。各地区土地肥瘠、得水条件不同,实际要分给多少,各地又不同。文献记载中也反映了这些情况。《周礼·地官》大司徒条:"凡造都鄙,制其地域而封沟之,以其家数制之,不易之地家百亩,一易之地家二百亩,再易之地家三百亩。"郑玄注云:"不易之地,岁种之,地善,故家百亩。一易之地,休一岁复种,地薄,故家二百亩。再易之地,休二岁乃复种,故家三百亩。"遂人条云:"辨其野之土,上地、中地、下地,以颁田里。上地,夫一廛,田百亩,莱五十亩,余夫亦如之。中地,夫一廛,田百亩,莱百亩,余夫亦如之。下地,夫一廛,田百亩,莱二百亩,余夫亦如之。"

同时,如前引《公羊传》何休注所说,还有三年一换土易居的习惯。

氏族公有土地由集体耕作到把土地分成块块分到各家族去耕种,最初大概都是一年一分,收获之后,土地又归到一起,或者即作为草地使之休耕以恢复地力,明年再分别块土地。这样做,对田说是休耕,对人说是换土易居。后来,土地改为二年一分,三年一分,以至最后分了就不再收回,不再重分,土地归到个人。何休注《公羊传》,以为"圣人制井田之法",定出"三年一换土易居"的办法。它模糊地反映公田到私田演化过程中出现的情况。

总之,周代田制中有公田有私田。在私田上耕作的农民,按老皇历办事,上缴什一之税,但天下已经大变,他所交的已由原为氏族公有变为周王、诸侯、贵族私有了。周王、诸侯、贵族通过篡夺所取得的这份权利,是后代皇帝干预社会经济生活的物质基础,也是现代国有土地理论所由产生的物质基础。

（四） 国与野的不同田制

前面已经讲过,周代有国野之分。国中和近郊住的是周人,野里住的是被征服后以不平等关系结合在一起的各族人,主要是殷人。

国和野的田制也是不同的。孟子说的"请野九一而助,国中什一使自赋",也反映了国、野田制的不同。《左传》记载分伯禽殷民六族和分康叔殷民七族时,都是"启以商政"。启以商政,就是仍按商人的制度办。其中自然也很可能包括田制和税法。野,九一而助,助就是商人的税法。根据有关记载看,大约商人在野中行的是以井为单位的九夫制。周人在国郊行的是十夫制,田仍是分成方块,但是以十为单位的十夫制。《周礼》中有九夫、十夫田制之别。如《周礼·地官·遂人》条:"凡治野,夫间有遂,遂上有径;十夫有沟,沟上有畛;百夫有洫,洫上有涂;千夫有浍,浍上有道;万夫有川,川上有路;以达于畿。"这是十夫制。小司徒条:"乃经土地而井牧其田野。九夫为井,田井为邑,四邑为丘,四丘为甸,四甸为县,四县为都。"这是九夫制。

无论九夫制还是十夫制,沟洫制度是相同的,《考工记·匠人》条:"匠人为沟洫,耜广五寸,二耜为耦,一耦之伐广尺深尺谓之甽,田首倍之,广二尺深二尺谓之遂;九夫为井,井间广四尺深四尺谓之沟;方十里为成,成间广八尺深八尺谓之洫;方百里为同,同间广二寻深二仞谓之浍,专达于川。"遂人条和匠人条所记,都是以纵横渠道划成的方块田,田间都是有遂、沟、洫、浍、川几种水道。不同的是以十为单位或以九为单位。

九夫、十夫是不同的田制。朱熹已看出这种不同,他说:"沟洫以十为数,井田以九为数,决不可合。近世诸儒论田制,乃欲混井田、沟洫为一,则不可行。郑氏分注作两项,却是。"(《文献通考·田赋考》引《朱子语录》)又说:"周时一夫授田百亩;乡遂用贡法,十夫有沟;都鄙用助法,八家同井。"(《孟子集注·滕文公上》)马端临也持这种看法。《文献通考·田赋考》于引录遂人条及郑注后加按语说:"右郑注以为此乡遂用沟洫之法也,用之近郊乡遂。"于匠人条后加按语说:"右郑注以为此都鄙用井田之法也,用之野外县都。"《周礼》乡遂、都鄙、国野的关系是相当模糊的。学者间对此也有不同的看法。问题的解决,还有待进一步研究。但有一点似乎是可以肯定的:国野或乡遂都鄙,各不同地区所行的田制是不同的。就暂用国与野来分,国中以十夫为单位;野以九夫一井为单位。这个结论,大概是无问题的。

（五）农业生产工具和技术

研究一下周代的农业生产工具和生产技术,对深刻理解周代社会经济是有意义的。这种生产工具和生产技术,和周代土地制度都是协调的、一致的。和周代社会阶级构成、社会阶段也是协调的、一致的。

周代农业生产工具,主要是耒、耜。耒耜,是很古老的农具(参看徐仲舒先生《耒耜考》,见中央研究院历史语言研究所《集刊》第二本第一分册,1930 年。本文论耒耜,多采徐说)。甲骨文中有耒字或由耒组成的耜。耜字在甲骨文中有如下诸形:

周金文中也有耜字,字形和甲骨文中的耜字差不多,如令鼎中的耜字:

一边偏旁为耒、月、乇、力、丈,一边偏旁像足趾。耜字,像一人举趾踏耒而耕状。

金文中有耒字：

耤字在甲骨文和金文中的出现和耒字在金文中的出现，说明耒这种农具在商周时期的使用。

耜与耒同为刺土或起土之农具。徐仲舒先生认为金文"㠯"即耜之本字。甲骨文作"㠯"仅两见，从㠯文字绝不见。但"耜"多次见于《诗经》。如：《周颂·载芟》："有略其耜。"《良耜》："畟畟良耜，俶载南亩。"《豳风·七月》："三之日于耜，四之日举趾。"耒和耜本是两种农具，但自汉朝以来，就把耒耜混为一个。京房说："耜，耒下钌也；耒、耜上句木也。"（《周易·系辞传》释文引）郑玄说："耒，耜之上曲也；耜，耒之金也。"（《周礼·月令》注）把耒和耜当成一个农具的上、下，耒是上面的木柄，耜是下面的刃，入土部分。

照徐仲舒先生所说，耒和耜功用虽同，都是发土或刺土的农具，但却是两种农具，耒行于东方殷民族居住的地方，耜行于西方周民族居住的地区。揆诸甲骨文中有耤，《诗经》中有耜，徐先生的看法是有道理的。

由于耒和耜的功能是一样的，都是用来发土播种或更原始一些是用来刺地播种，这就决定了它们的形制的同一或相近。从记载上看，耒和耜的柄长都是当时的六尺左右（《考工记·匠人》和《吕氏春秋·任地篇》）。它们的区别，可能就在下端，耒是歧头，耜是一刃。"耒为仿效树枝式的农具，耜为仿木棒式的农具。"（徐先生语）

这种微小的区别，使它们很容易合二而一。

刺地播种，耒和耜都是能完成任务的。但如果要翻土播种，耒虽然因为是歧头要比耜好些，但效力也不太高。经验使人们认识，刺地播种不如翻土播种。由于松土的关系，能使生产效力更高，耒和耜都必然向利于翻土的方向发展，尖端向着圆首平面方向发展。这一步发展，耜比耒的变化比较显著，因为在翻土上耜不如耒，因而它就特别需要变。同时，这一变化又必然是和金属在农具方面的使用分不开的。

耒和耜，最初都是木制的。《周易·系辞传》说："神农氏作，斫木为耜，揉木为耒。"神农是传说中的人物，无论有无此人，耒、耜等农具在传说时代即原始社会就已出现，还是可信的。木制，是耒和耜的第一阶段。第二阶段是在耒和耜的下端入土部分加上金属刃。《诗经》所说："覃耜"、"有略其耜"、"畟畟其耜"，注家一般都把"覃"、"略"、"畟畟"释为锋利。但对锋利的理解，各时代又有各时代的标准，因此很难根据耜的锋利来推定耜是木制或金属制。春秋以后出现的金属货币如布、钱，都是托形于农具的。从形制上看，布有可能就是耒和耜的仿制品。出土的布，都是春秋后的；西周时期，是否已有金属制的耒、耜下端，还难以肯定。《诗经·臣工》："命我众人，庤乃钱镈，奄观铚艾。"如果没有后人的改动，这诗说明西周已有金属农具，有金属制造的钱镈，也就可能有金属制造的耒耜。清人倪倬《农雅·释器》中说："案《易·系辞传》，惟言斲木为耜，不言用金。……然《周颂·臣工》'庤乃钱镈'，传：'钱，铫也'，已用金。……铫，耜属，则耜用金，其昉于周欤？"见解是值得重视的。

铁农具的出现，是农具史上的革命，也是耒、耜形制和使用上的革命。铁，使耒耜合一，由两种农具合为一种农具。这种变化也可能是铜制耒、耜出现后就开始的。铁，又使耒耜向两条道路上发展，一条道是向犁上发展，一条是向锹上发展。用耒耜耕地翻土，是脚踏耒耜一步步向后退的。《淮南子·缪称》篇说："织者日以进，耕者日以却"。却，就是后退。犁耕是用牛力、人力拉犁向前。沿着这条线，耒耜发展为犁。有了前进的犁并不能完全排除向后退的耒耜的使用，不能用犁的地块仍须使用耒耜。沿着这条线，耒耜发展为臿、锹。《说文解字》（卷六上）就说："枱（耜的异体字），臿也。"臿，发展为锹。但这些发展变化都是战国以后的事了。

由《诗经·臣工》："庤乃钱镈，奄观铚艾。"看，耒耜之外重要的农具还有钱、镈、铚等。钱是起土的农具，和臿、锹是一类的农具，镈是除草的农具，铚是收获用的农具。

古代文献中，常提到"耦耕"的耕作方式。《诗经·周颂·噫嘻》："亦服尔耕，十千维耦。"《载芟》："千耦其耘"，《左传》昭公十六年："庸次比偶,以艾杀此地"。《论语·微子篇》:"长沮,桀溺耦而耕"。什么是耦耕?古今人提出过不少看法。我写过一篇《谈耦耕》,讲了我的看法(文章已收入《读史集》)。郑玄注《考工记·匠人》条说:"古者耜一金,两人并发之。"我同意郑玄的解释。耦耕,是两人共执一耒耜,同时用脚踏耜上的横木推耜刃入土。耦耕的出现,完全适应耒耜的落后性。在木制农具时代,两人共踏一耜而耕不仅是可能的而且是必须的。因为是两人共踏一耒,就要求两人在身材高矮、体力强弱等方面能相适应,因此才有"比偶"、"合耦"的必要。耦耕说明当时农业生产的落后(参看《谈耦耕》,原载《中华文史论丛》第三辑,已收入《读史集》)。

水利灌溉对农业生产,关系极为重要,在古代更是如此。周人是个农业民族,对灌溉是从来就很重视的。《周礼》、《考工记》对沟洫制度有详细记载。据《遂人》条所记,夫与夫之间有遂,十夫有沟,百夫有洫,千夫有浍,万夫有川。《匠人》条记:夫与夫之间广二尺深二尺谓之遂;九夫为井,井间广四尺深四尺谓之沟;方十里为成,成间广八尺深八尺谓之洫;方百里为同,同间广二寻深二仞谓之浍;达于川。《遂人》、《匠人》讲的是两种居民区的不同田制,一是十夫制,一是九夫制,但田间的灌溉水渠——遂、沟、洫、浍、川,由小到大,制度则是一样的。灌溉系统,同时也是排水系统。灌溉用水,主要来自河流。《诗经·小雅·白华》说:"滮池北流,浸彼稻田。"滮池即滮水,在西周京都丰镐附近。水利灌溉,也有人工给水,由水井供应。沣西张家坡西周遗址的井,深九公尺以上。井口呈长方形或椭圆形,足以并置两个容器,可能已有两个容器一上一下的装置。(考古研究所 1962 年,《沣西发掘报告》,北京文物出版社;刘仙洲《中国古代农业机械发明史》,北京科学出版社,1963 年)用古代工具挖掘九公尺深的水井是不容易的。井水在灌溉水源上恐难占重要地位。农田用水主要仍靠天然雨水。《诗经·小雅·大田》篇:"有渰萋萋,兴云祁祁;雨我公田,遂及我私。"反映农民对雨水的希求。

西周时代的农田,有所谓菑田、新田、畬田。《尚书·大诰》:"厥父菑,厥子乃弗播,矧肯获。"《诗经·周颂·臣工》:"嗟嗟保介,维莫之春,亦又何求,如何新畬。"《小雅·采芑》:"薄言采芑,于彼新田,于此菑田。"

对于何谓菑田、新田、畲田,史家有不同意见。徐仲舒先生认为这是村公社的三田制,在徐之前,刘师培已把它解释为欧洲中世纪的二田制、三田制。杨宽先生不同意这种看法,他认为菑田、新田、畲田是"三种垦耕不同年的农田。""菑田是初开垦的荒田","不是当年就能播种的"。"新田是经过一年开垦后,到第二年已经能够种植的新田","畲田是第三年耕种的旧田"(杨宽:《论西周时代的农业生产》,见《古史新探》,上海人民出版社,第14页)。许倬云教授也认为,"二说相比,杨说较为合理"。(见许倬云著《西周史》第238页)

二说何者为优,无研究,不敢妄说。我所注意的是周代农田耕作使用的落后性。二说都反映周代农业的落后面。初垦不耕的荒地也好,休耕的荒地也好,都说明周代土地不是年年耕种的。荒地待垦,垦地待休。

木制的耒耜生产工具,或者在耒耜的下端刺土部分已用上金属利刃的生产工具和实行轮休制的耕作制度,是周代的主要农业生产工具和耕作制度。

第 四 章

早期国家形式

国家是从氏族部落演化出来的。世界现存的民族,大都经过这个演变。可以说由部落到国家是各民族都曾经过的历史顺序。

这里就出现一个问题:部落和国家如何划限,即在一个民族的历史上,出现了哪些新事物,我们就认为这个民族已走出了部落界限进入国家了。

历史学家对此是有不同的理解的。关于这个问题,我想我们是否可以提出下面几点,作为由部落转化为国家的标志:一、是地缘关系代替了血缘关系,地区组织代替氏族组织。二、王的权力突出了,他已不是单纯的氏族部落酋长。三、氏族贵族以外,有了一批为王服务的群僚和由群僚组成的政治机构。四、有了脱离氏族的独立的为王服务的兵和军队组织。五、有了为王权服务的牢狱刑罚。

用这些特征来衡量西周春秋时期的国家形式,至多可以说国家正在形成中,正由氏族部落组织向国家转变,我们可以称之为早期国家。

(一) 王廷和群僚

由部落酋长发展到王,是一个长期过程。在周族这个长期发展过程中,可以把灭商看作关键性的转变和转变时期。

灭商以后,周由小国变成统领以大河流域为主的各地氏族部落的大国,王的地位自然随之突出起来。

周初的王权和王的地位,不仅在周族的历史上是一大变化,即在中国古代历史发展上也是一大变化;周王比殷商之王,地位大有不同。这一变化,王国维已经看出来。他在《殷周制度论》中已经指出:"自殷以前,天子诸侯君臣之分未定也。故当夏后之世,而殷之王亥、王恒累叶称王,汤未放桀之时亦已称王。当商之末而周之文武亦称王。盖诸侯之于天子,犹后世诸侯之于盟主,未有君臣之分也。周初亦然,于《牧誓》《大诰》,皆称诸侯曰'友邦君',是君臣之分亦未全定也。逮克商践奄,灭国数十,而新建之国皆其功臣昆弟甥舅,而鲁、卫、晋、齐四国,又以王室至亲为东方大藩,夏殷以来古国方之蔑矣。由是天子之尊,非复诸侯之长,而为诸侯之君。"

周人嫡长子继承制的确立,更是王的地位突出的表现。王的即位,是有一套仪式的,相当隆重。这套隆重的仪式的作用,也在于突出王的地位的特殊。《尚书·顾命》就有康王即位时这套仪式的完整记录。

即使如此,我们对周的王权和他的地位仍然不能估计得过高。周王是贵族中最高一级,他和诸侯、卿大夫之间,贵贱尊卑长幼的等差性质虽已很明显,但君臣名分仍不能和后代阶级社会中的君臣关系相提并论。孟子谈到"周室班爵录"问题时曾说:

> 天子一位,公一位,侯一位,伯一位,子男一位,凡五等也。君一位,卿一位,大夫一位,上士一位,中士一位,下士一位,凡六等。(《孟子·万章下》)

孟子的意思,周王只是五等爵位之首,并非高高在上与诸侯、卿大夫居于君臣对立的两个境地。顾炎武《日知录·周室班爵录》条说:"为民而立之君,故班爵之。……天子与公侯伯子男一也,而非绝世之贵。"顾炎武的解释,是深得孟子之心的,也是符合历史事实的。

因王权的出现,在王之下协助周王管理氏族以外新生政治事务的臣僚系统也产生了。

《周礼》中所记周代职官,是极繁琐而又详细的,但愈详细愈失其真实可靠性。使用《周礼》材料自然要小心。论述周代职官,首先要根据金文材料,其次是《诗》《书》。金文和《诗》《书》中有的,《周礼》可用来加以印证和补充。

金文和《诗》《书》中出现的官职有很多,现就常见的重要的官职:太师、太保、尹氏、司徒、司空、司马、内史、宰、膳夫、仆等为例,略予说明。

周初,周公为太师,召公为太保。太师、太保是周王庭中两个权力最大地位最高的官。《尚书·顾命》:"乃同召太保奭、芮伯、彤伯、毕公、卫侯、毛公、师氏、虎臣、百尹、御事……"

顾命,是成王将死,召集贵族近臣将有所嘱托。这时所召来的当然都是有重要地位和职掌的人。这些召来的人,似乎可以毛公、师氏为界分为两类,毛公及以上是贵族、师氏及以下是近臣。贵族中周公已死,就以召公领头了。

师氏、虎臣,都是武职,虎臣还是王的近卫。禹鼎:"以师氏眔有司逐或戈伐腺。"师袁簋,征淮夷之役,师袁受命统领若干部族和左右虎臣出征淮夷。

《尚书·大诰》:"肆予告我友邦君,越尹氏、庶士、御事曰:予得吉卜。"尹氏或即百尹之长。在《顾命》中,百尹排在师氏、虎臣武职官之后为文职官之首。尹氏、御事,主要是掌管文书和出纳王命的。在《诗·小雅·节南山》里,尹氏已和太师并列为王庭重臣了。诗说:"尹氏、太师,维周之氏;秉国之均,四方是维。天子是毗,俾民不迷。"诗所说,是对尹氏的歌颂,但从这里已可看到尹氏的权力之大,地位的重要了。

司空、司徒、司马,在周人历史上出现的似乎是比较早的。《诗·大雅·绵》:"乃召司空,乃召司徒,俾其家室。"《尚书·牧誓》:"嗟我友邦冢君、御事、司徒、司马、司空、亚旅、师氏、千夫长、百夫长,及庸、蜀、羌、髳、微、庐、彭、濮人,称尔戈,比尔干,立尔矛,予其誓。"司徒、司马、司空,排在御事之后,它也是王庭中的重要官职。

御事,在卜辞中通作御史。王国维认为:事就是史。《说文解字》,事,职也,从史;吏,治人者也,也从史。殷周间官名:卿事、卿士、卿史,均

由史字演衍。（王国维:《释史》,见《观堂集林》卷六,《艺林》六）

以史名官的,有内史、外史、大史等。史字的原义是用筹计算。除此之外,在金文中史的任务最常见的是锡命典礼的参与者,也看到史还有其他任务如:监督工程,指挥战争,宣读策命,代表周王出巡,传达王命等(许倬云教授《西周史》第216—217页）。书写狱辞,也是史的职务,《周礼·王制》:"成狱辞,史以狱辞告于正。"史是周王的近臣,由掌管文书记录,用筹计算,演化为政府中的重要大臣。

地位的演化和史相同的,有宰、膳夫。史是掌管文书诏命的文职官,宰、膳夫管庶务。《周礼》中看到,宰是宫中官,他的属下都是宫中近臣如庖人、宫人、命妇、世妇之类。在金文中看到的宰,是管理百工,出纳王后命令等(蔡簋）。它是内宫的主管。

《周礼》中的膳夫,是掌管王的饮食的。在师晨鼎中,善夫与小臣、官犬并列,是家臣中的小官,但大克鼎铭文中,善夫克的职掌已是出纳王命,性质与宰相同,是有地位的了。

一个官职,可以掌管许多不同的职务,说明周初王庭组织的简单,官职的职务也正在形成变化中,还没有定型下来。

从以上的职官中,不难看出王庭中的官可以分为两类,一类如太师、太保等是贵族,一类如宰、膳夫、虎臣,地位初起都很低贱。有些职官,可能开始即由贵族兼任,如尹氏;有些则不十分清楚,如司空、司徒、司马。但即使开始时是地位低贱的,随着王权的发展,也都变为高贵的,成为贵族。

周有内外朝的制度,外朝有一,内朝有二。内外朝制度,反映周人由氏族制向早期国家的转化,氏族制式微,但仍能看见它的权力地位的传统遗迹,而王权却在生长。

外朝是朝万民的地方。《周礼·小司寇》条:"小司寇之职,掌外朝之政,以致万民而询焉。一曰询国危,二曰询国迁,三曰询立君。"郑玄注云:"外朝,朝在雉门之外者也;国危,谓有兵寇之难;国迁,谓徙都改邑也;立君,谓无冢嫡,选于庶也。"

《地官司徒·大司徒之职》条:"国有大故,则致万民于王门。"

《秋官司寇·朝士》条:"朝士,掌建邦外朝之法。左九棘,孤卿大夫位焉,群士在其后;右九棘,公侯伯子男位焉,群吏在其后;面三槐,三公位焉,州长众庶在其后。左嘉石,平罢民焉;右肺石,达穷民焉。"

郑玄注云:"树棘以为位者,取其赤心而外刺,象以赤心三刺也。槐之言,怀也;怀来人于此,欲与之谋。群吏,谓府史也。州长,乡遂之官。郑司农云:王有五门,外曰皋门,二曰雉门,三曰库门,四曰应门,五曰路门。(按:天子五门顺序应为:皋、库、雉、应、路。参看孙诒让《周礼正义》卷68《朝士》条)。路门一曰毕门。外朝在路门外,内朝在路门内。左九棘,右九棘,故《易》曰'系用徽纆,寘于丛棘'。玄谓《明堂位》说鲁公宫曰:'库门,天子皋门;雉门,天子应门'。言鲁用天子之礼。所名曰库门者,如天子皋门;所名曰雉门者,如天子应门。此名制二兼四,则鲁无皋门、应门矣。《檀弓》曰:鲁庄公之丧,既葬而绖,不入库门。言其除丧而反,由外来,是库门在雉门外必矣。如是,王五门,雉门为中门。雉门设两观,与今之宫门同。闾人,几出入者,穷民盖不得入也。《郊特牲》讯绖于库门内,言远,当于庙门。庙在库门之内,见于此矣。《小宗伯职》曰:'建国之神位,右社稷,左宗庙。'然则外朝在库门之外皋门之内与? 今司徒府有天子以下大会殿,亦古之外朝哉?周天子、诸侯,皆有三朝,外朝一,内朝二。内朝之在路门内者,或谓之燕朝。"

《王制》:"成狱辞,史以狱成告于正,正听之。正以狱成告于大司寇,大司寇听之棘木之下。"郑注:"王之外朝也。左九棘,孤卿大夫位焉;右九棘,公侯伯子男位焉;面三槐,三公位焉。"

内朝有二,一在路门外,一在路门内。《周礼·夏官司马下·司士》条:司士"正朝仪之位,辨其贵贱之等。王南向,三公北面东上;孤东面北上;卿大夫西面北上;王族故士、虎士在路门之右,南面东上,太仆、太右、太仆从者,在路门之左,南面西上。司士摈。孤卿特揖,大夫以其等旅揖,士旁三揖,王还,揖门左,揖门右。太仆前。王入内朝,皆退。"郑注云:"此王日视朝事于路门外之位。王族故士,故为士,晚退,留宿卫者。未尝仕,虽同族不得在王宫。大右,司右也。大仆从者,小臣,祭仆、御仆、隶仆。""特揖,一一揖之。旅,众也;大夫爵同者,众揖之。公及孤卿大夫,始人门右,皆北面东上,王揖之,乃就位。群士及故士、大仆之属,发在其位。群士位东面,王西南乡(向)而揖之;三揖者,士有上、中、下。王揖之,皆逡遁。既,复位。郑司农云:卿、大夫、士,皆君之所揖礼。《春秋传》所谓:三揖在下。""王入,入路门也。王入路门内朝,朝者皆退,反其官府治处也。"

《周礼·天官·宰夫》条:"宰夫之职,掌治朝之法,以正王及三公六卿大夫群吏之位,掌其禁令。"郑玄注云:"治朝,在路门之外,其位,司士掌焉。宰夫察其不如仪。"

《礼记·玉藻》:"朝服以日视朝于内朝(郑玄注:此内朝路寝门外之正朝也)。朝辨色始入(注:群臣也。入,入应门也)。君日出而视之。退适路寝听政。使人视大夫,大夫退,然后适小寝,释服。"

《礼记·文王世子》:"公族朝于内朝;内亲也,虽有贵者以龄,明父子也。外朝以官,体异姓也。"

又:"其朝于公,内朝则东面北上,臣有贵者,以龄。其在外朝,则以官,司士为之。"

《周礼·夏官·大仆》条:"大仆,掌正王之服位,出入王之大命。掌诸侯之复逆。王眡朝,则前正位而退,入亦如之(郑注:前正位而退,道王。王既立,退居路门左,待朝毕)。建路鼓于大寝门之外而掌其政(郑注:大寝,路寝也。其门外则内朝之中)。……王眡燕朝,则正位,掌摈相(郑注:燕朝,朝于路寝之庭,王图宗人之嘉事,则燕朝)。王不眡朝,则辞于三公及孤卿。"

这是文献中可以看到的关于外朝内朝的一些材料。把《周礼》和《礼记》的记载就看作具体历史事实,自然是有问题的;但也要看到的是它也必然反映一些历史史影。在这点上说,它不是历史又是历史。

外朝是朝万民,询问国家大事。这是氏族社会中氏族成员大会的遗存。随着王权的发展和突出,氏族成员大会的权力会越来越缩小,最后只剩下对几项国家大事如国危、国迁和立君表示可否的意见了。

人民的这种权力到春秋时期还残存着。前面第二章"国人"一节里曾谈到一些例子。晋惠公被秦人俘虏,曾带信给晋国,请朝国人议立新君。卫侯曾为让位而朝众。卫侯欲叛晋,朝国人而询问可否。陈怀公朝国人询问与楚或与吴。这些,都是外朝"致万民而询焉"的注脚,也都是前代氏族成员会议和权力的残存。

外朝在皋门内举行。郑玄注左九棘、右九棘和面三槐是:"树棘以为位者,取其赤心而外刺,象以赤心三刺也。槐之言,怀也,怀来人于此,欲与之谋",我想,这是郑玄的主观设想,早期的氏族成员会议,可能就在露天树林里举行,荆棘满地。这种原始形迹,后来留下了记忆,棘、槐的史迹便在文字上保留下来了。后人加以修饰,便出现左、右九棘,面三槐的制度。

内朝有两,在路门外的内朝也称作"治朝"。这个内朝,大约是贵族大臣们议事的处所,有大事这里讨论决策。这里的座次,是以年以贵,是些氏族贵族。路门内的内朝,也称作"燕朝",大约是王和他的近臣治事的处所。路门外的内朝朝后,王退入路门内的内朝,可能贵族臣下还要有所商议,然后退归各自的治所。《玉藻》所谓,王退适路寝听政,使人视大夫,大夫退,然后适小寝,释服。就是说,路门外的内朝会议后,王退回路门内的内朝"听政",等路门外内朝的官员散了以后,路门内的内朝才散,王才回归小寝,脱去朝会的服装,换上便装。

两个内朝之分也是从氏族社会的权力区分演化下来的。氏族社会的权力有三个系统,氏族成员,氏族贵族和氏族酋长。氏族组织规模越小、时代越早,氏族成员的权力越大,氏族的事务都要由成员大会会议决定。氏族越发展,出现氏族联盟、部落联盟,氏族成员大会开会困难,同时氏族中逐渐产生了贵族家庭,氏族贵族的权力在成长,氏族贵族的权力大起来,于是一些氏族成员会议的权力便被贵族会议所取代,只剩下一些极重大的问题才交成员大会决定可否。在这发展过程中,酋长的权力也在发展。酋长演变为王,权力越发展越不喜欢贵族的干政。同时在王权发展过程中,在王的身边成长起来一批出身不必高贵的僚属,他们为王办事替王办事,自然是围绕在王的身边。他们也渐渐成为新贵。

我们看世界史,各个民族在他们由氏族进入早期国家阶段时,政治权力的演变大约都出现这种形势。只是三种权力的消长各有不同,例如在希腊、罗马西方传统,氏族成员和贵族的权力演化下来比较强大,到近代便出现西方的民主和代议制。在东方，氏族长、王的权力演化下来比较强大，就成为后世的专制王朝和专制主义国家。

话说远了，现在回到周。外朝，由氏族成员大会演化而来；路门外的内朝，由贵族会议演化而来；路门内的内朝，由王及左右僚属小臣的会议演化而来。这种演化，特别是两个内朝的演化，由于文献不足，我们已很难加以演述。我想汉代的内朝、外朝制度，会给我们一些启示。汉朝有内、外朝，这制度在西汉前期特别显著。外朝由丞相主持，讨论国家大事和执行国家大事；内朝在宫内，由皇帝左右群僚参加或由皇帝亲自主持，是国家大政的决策机关。汉朝的外朝，实即周代路门外的内朝；汉朝的内朝，实即路门内的内朝。外朝参加者是政府的大臣，内朝的参加者是皇帝的近臣。这些近臣，如中书、尚书，最初职位都是很低的。但因他们靠近皇帝，职位低，地位重要，后来职位都高起来。至于周代的外朝，国人过问国家大事，汉代已无痕迹了。郑玄虽有"今司徒府有天子以下大会殿，亦古之外朝哉？"的问题，实则也只是这样想想而已。汉朝天子以下大会殿，仍是官而不是人民了。

（二）城 邦 国 家

城，是最好的防御体，可以有效地防御敌人的进攻。在古代历史上我们看到，防守的军队利用坚固的城池可以在强大敌人的攻势下巍然屹立，使敌人力尽而退。就是在近代飞机、大炮摧毁力极强的时代，仍然不乏守城名将，坚守城池数年不动的事例。秦始皇帝修万里长城，劳民伤财，如果没有实际效果，他是不会这样蠢的，历代也不会效法的。

从有历史以来，除去游牧民族，各民族的历史从有记载开始甚或包括传说时期，大体上都是从城邦开始的。被历史家称作城市国家的古代希腊、罗马，更是显著的例子。其实何止希腊、罗马，细绎各民族的古代社会，都可以看到最初都是城邦国家，只要不把现代城市的概念用到古代去,就会很容易地发现或承认他们的古代国家都是城市国家或城邦国家。因为原始民族为了防御野兽和其他族人的袭击,总要建立城邑聚族而居的。这就决定了后来他们演化为城邦国家。

周族城邦的建立,可以从传说中的公亶父说起。公亶父"来朝走马"至于岐下以后,就定居下来,建立宗庙居室,大约也建了城(《诗·大雅·緜》)。后来文王"作邑于丰"(《诗·大雅·皇矣》),武王"定是镐京"(《诗·大雅·文王有声》),灭商后周公营建了成周,周民族逐渐从氏族部落走向国家,城邦国家也就出现了。

周灭商后,为了镇服东方,派出许多氏族长带领氏族成员到东方各地去建立国家。从各氏族组织说,这是氏族的分殖和武装殖民。他们到了新地,就斩荆披棘,整理土地,修房筑城。鲁、齐、韩、申伯、郑,在古文献中都有他们开荒辟地建立新邦的记录。

氏族殖民不断进行,新的城邦不断建立。周王分出去子弟建立新的诸侯国,诸侯分出子弟建立新城邦。随着时间推移,城邦逐渐增多。春秋时期,见诸《春秋》《左传》的建筑新城新邑的记载,统计一下恐怕不下几百处。

城邦国家,主要有两重含义:第一,城邦国家是以城为主体加上近郊,组成一个政治组织体,即国家。城邦以外,疆域领土观念不强。《说文解字》解释邑、邦、国三字说:邑,国也(卷六邑部);邦,国也(卷六邑部);国,邦也(卷六口部)。国、邑、邦是同义字。一个城邑就是一个国。《左传》隐公五年,郑人伐宋,入其郭。"宋人使来告命。公闻其入郭也,将救之,问于使者曰:师何及?对曰:未及国。公怒,乃止。"古人建城,有内外两城,外城称作郭,内城称作城,所谓"五里之城,七里之郭"。敌人都进到都城郊区了,宋国的使臣还说"未及国"。鲁隐公一怒不发救兵。宋国使臣所说"未及国",是说的国之原意,也就是我们现在所说的城邦国家。郑人虽然入郭但未及国。宋使的话是老实话,本是对的,但这不是隐公所理解的"国"的意思。鲁隐公所理解的国,已不仅仅是城圈,他认为宋使的话,是掩盖真相,遂发怒不发救兵。

清人焦循解释国的意思说:"国有三解。其一,大曰邦小曰国。如惟王建国,以佐王治邦国是也。其一,郊内曰国。《国语》、《孟子》所云是也。其一，城中曰国。小司徒稽国中及四郊之都鄙夫家……是也。盖合天下言之，则每一封为一国；而就一国言之，则郊以内为国，外为野；就郊以内言之，则城内为国，城外为郊。"（焦循：《群经宫室图》，见《皇清经解续编》）焦循所说的国的三种意思，是国家发展中的三部曲。他说的第一种国家是领土国家，是国家的发展阶段；第三种国家，是城邑的初起，是城邦国家的初期阶段；第二种国家是城邦国家向领土国家的过渡，仍应属于城邦国家范畴。宋使者说的国，是城邦国家的"国"，鲁隐公所理解的国已是包括领土的国。

直到战国时期，国仍可以只指城，国中就只是城中。《孟子》书中有这样一个故事："齐人有一妻一妾而处室者，其良人出则必餍酒肉而后反。其妻问所与饮食者，则尽富贵也。其妻告其妾曰：良人出则必餍酒肉而后反。问其与饮食者，尽富贵也；而未尝有显者来。吾将瞷良人之所之也。蚤（早）起，施从良人之所之，徧国中无与立谈者，卒之东郭墦间，之祭者乞其余；不足，又顾而之他。此其为餍足之道也。"（《离娄下》）孟子还说过："请野九一而助，国中什一使自赋。"（《孟子·滕文公上》）孟子的话证明，直到战国时期，国是城圈和近郊的含义即城邦国家的含义还存在着。当然战国时代的国家，大至七雄，小至滕、卫，已都是领土国家了。

领土国家的意识，在春秋时期就已经模糊出现了。这就模糊了我们对我国历史上城邦国家的认识。

西周初年建立鲁、卫、唐等国家时，鲁是"因商奄之民而封于少皋之虚"，唐是"封于夏虚"。（《左传》定公四年）虚，是旧城的遗址。鲁、唐之国，可以说都是指城邑，并不反映领土。对康叔的封国则是说："封畛土略，自武父以南，及圃田之北竟，取于有阎之土，以供王职，取于相土之东都，以会王之东蒐。"（同上）这有点领土味道了。但其重点似乎仍在"有阎之土"和"相土之东都"，在点不在面。如果说有领土概念，也非常模糊。齐国纠合各路诸侯伐楚时，管仲对楚国使臣屈完说："昔召康公命我先君太公曰：五侯九伯，汝实征之，以夹辅周室。赐我先君履，东至于海，西至于河，南至于穆陵，北至于无棣。"（《左传》僖公四年）可以看到，在这段话里，"汝实征之"是主题。有了"汝实征之"，齐国伐楚才有法的根据。

"赐我先君履",可以解释为齐国的领土疆域。但即使如此,领土概念仍很模糊。还不好说管仲所说的南北四至就是齐围的国界,这只不过是说齐国在这个境域内有它的权威而已。而且,这也只是春秋中期管仲的话,西周初期齐国成立时还没有这些意识。

春秋时代,是城邦国家向领土国家的过渡时期,这是历史事实。《左传》僖公三十一年春,"取济西田,分曹地也。使臧文仲往。宿于重馆,重馆人告曰:晋新得诸侯,必亲其共。不速行,将无及也。从之。分曹地,自洮以南,东傅于济,尽曹地也"。成公二年七月,"晋师及齐国佐盟于爰娄,使齐人归我汶阳之田。公会晋师于上鄍"。成公四年,"冬十一月,郑公孙申帅师疆许田,许人败诸展陂。郑伯伐许,取钮任泠敦之田"。这三条取田的故事,反映春秋中叶的国家已有领土国家的味道了。襄公八年,"莒人伐我东鄙,以疆鄫田。"这和郑公孙申疆许田一样,莒人伐鲁东部边境,以鄫田为自己的领土。

西周春秋即使有领土观念,也是非常模糊的,只在观念中存在,在实际上并不存在,没有哪个国家对它的领土四至有清晰的观念。春秋中期,秦军从千里外偷袭郑国,经过周的北郊,周的贵族站在城头上观看,暗批评,但没有责备秦师非法进入国境。直到战国时期,大河以南的韩可以北有上党;都在河西的魏,可以东有大梁。韩魏两国,是十字架式的交插。这仍是城邦国家的遗迹。当然,战国时期,国家领土观念已经出现。魏国可以东丧地于齐数百里,西丧地于秦数百里。春秋战国之际,是城邦国家向领土国家过渡时期,战国七雄已逐渐是领土国家了。但是我们却不能不注意到,战国时的国家仍是由城邦组成的。外圈的城与城之间拉条直线,线以内就是领土。如果直线拉不成,如韩、魏,城邦国家的性质,就又显露出来。

城邦国家的第二重含义是:城邦的居民,有权力管理城邦的事务。西周春秋的城邦居民称作国人。在前节里已经说过,氏族社会有三种并存的权:酋长权、贵族权、氏族成员权。最早可能只有酋长权和氏族成员权,一是集中,一是民主。后来,氏族出现阶级分化,有了显贵的家族,出现贵族权。再进一步,氏族成员权逐渐被贵族所窃取,只剩下大事才由氏族成员民主决定,日常事务全由酋长、贵族处理了。酋长权又发展出来王权。氏族成员权力日衰。

西周春秋时期,氏族成员的权力保存下来的还有三条:国危、迁国、立君。遇到这三件大事,还要找国人商量。这在国人一节里已经说过了,这里不赘。国危、迁国、立君的权力,就是氏族成员的权力到春秋时期,还存在的遗存。

如前面第一章《灭商后殷周两族的关系》中说,殷周两族在新国里是分居的。如在洛邑,周人居住在王城,殷人住在成周。在鲁、卫等国,可能是周人居国中,殷人居野。这由孔子所说,"先进于礼乐,君子也;后进于礼乐,野人也"可证。殷人居野,不会是住在荒郊,当然也会有他们的邑落。他们族的事务既然是由他们族自理,对他们说这仍是城邦国家,不过他们的地位既然是二等公民,他们的城邦也是二等城邦。

这也反映中国古代城邦国家的特点。希腊、罗马的古代城邦,在统一帝国兴起之前,都是些独立的城邦国家。中国则不同于此。西周春秋的城邦国家,从一开始就有上下统属关系。周王对诸侯有巡狩制度,周王五年一巡狩。巡狩就是监察诸侯不听命,周王还真有治诸侯之罪的。代表周王行事的春秋霸主齐桓公还可以对楚兴问罪之师,说:"尔贡包茅不入,无以缩酒,寡人是征。"(《左传》僖公四年)而诸侯分出去的城邦,虽然也组成城邦国家,更明显地要受诸侯国君的领导,不能脱离。这种上上下下的领属关系以及一个城邦国家中国、野的耦国制度,都是中国古代城邦国家的特点。

但这并没有改变城邦国家之为城邦国家的性质。周初的丰、镐,是城邦国家。众建诸侯时所建立的国,仍是城邦国家。所谓国,仍然只是城圈及其近郊。诸侯国子弟分出去建立城邑,他们就又建立起新的小城邦。

即使是古代希腊最典型的城邦国家,到雅典、斯巴达组成城邦联盟时期,小城邦对大城邦也有实际上的隶属关系了。

东西方古代城邦国家更多的不同,是在城邦国家的第二重含义上,即城邦居民管理城邦的权力上。西方古代城邦居民的权力保存并发展下来,出现近代民主;东方古代城邦居民的权力却削弱,最后在实际生活中消失了。我们只有皇权而没有民主。

（三）国（地缘）与家（血缘）两系的合一

恩格斯曾说,雅典国家的出现最典型,因为它是没有经过外力的干预在经济发展中直接从氏族组织发展出来的。我看周人国家的形态,也是很典型的。希腊型是:经济发展、人口移动和混居,直接破坏了氏族组织,使血缘关系组织不得不让位于地缘关系,氏族制破坏国家出现。周人型则是:氏族血缘组织化在地缘组织之中,在逐渐演变中地缘组织代替血缘组织成为国家的社会单位和社会基础。而这种代替,也没有经过改动而是自然演化中合一。汉语"国家"这个词的组成:"国+家",也很有意义地反映了国家形成中的历史现实。

西周初期,社会的组成单位是氏族部落。殷人是以族为单位迁到成周,并以族为单位被分给周的贵族随同周族到外地建立国家。周王国和诸侯国家,都是建立在氏族部落这个社会单位基础上。

周人是统治族,但在成周和各国人口中,周人是少数。以军队说,成周有殷八师,周人则只有六师。军队人数总也反映在总人口中周人比殷人少。周人为了加强他的统治,首要的自然是加强周族人的团结,于是有了宗法制,有了长子继承制。嫡长子继承制避免了族内的斗争,宗法制加强了以大宗为核心的全族的团结。这就加强了周人的团结。

宗法制的内容,已见于《阶级分化和演变》中《贵族》一节,此处不重述。总之,大宗、小宗的族长同时就是天子、诸侯、卿大夫。他们在家的族权和在国的统治权是合一的。

周人和各诸侯国的国家建立一个时期以后,族人都定居在一块土地上,就和拓跋族进入中原以后,"散诸部落,始同为编户"(《魏书·官氏志》)、"离散部落,分土定居"(《魏书·贺纳传》)一样,族人变成地方居民。由于人口流动、死亡、生育不平衡,各族人口有多有少,按血缘以族为社会单位反而不如以地区为宜于整齐划一。但由于各族都是分土定居的,地区编制中必然仍包含着族的关系。直到今日,中原地区一村一庄往往仍是一家一姓。在村落之上冠以姓氏——如赵楼、张庄、李村等,几是普遍的情况。

《周礼》中所反映的地方单位组织,已是地域系统,非血缘氏族系统。《地官·大司徒》条:"令五家为比,使之相保;五比为闾,使之相受;四闾为族,使之相葬;五族为党,使之相救;五党为州,使之相赒;五州为乡,使之相宾。"这是地缘组织,又包含着血缘。四闾为族,族还有共同的墓地。

地域组织代替氏族组织以后,使得族权和政权分离。周天子、诸侯国君在法理上仍是长子继承制,仍可说是大宗,但卿大夫和卿大夫以下的官,逐渐和族脱节。如在齐国,一方面有国、高两家贵族为上卿,仍是族长权和政治权的结合,一面又有了掌权的管仲、晏平仲,他们已不是以什么族长而掌权。

国和家两系的合一,构成周代国家形式的一面。这一国家形式的性格,在中国历史上有着深远的影响。氏族一级消灭了,家却保留下来成为社会组成的基层单位。个人组成家庭,家组成国。照《大学》所说:"身修而后家齐,家齐而后国治,国治而后天下太平。"家与国之间有村落。村落代替了族但又包含着族,一个村落往往是一族一姓,地缘中有血缘。这样的国家特性一直维持到近代。

这是中国早期国家从形成时期就带来的特性。国与家,地缘与血缘结合,国家从氏族部落中演化出来,君君、臣臣、父父、子子,使君臣父子关系糅合在一起。后世的皇权、专制主义,都是扎根于此,皇权是父家长权的最高表现。它是从这种原始国家特性中生长出来的。

（四）礼、刑、兵、税、役

《礼记·曲礼上》:"刑不上大夫,礼不下庶人"。意思是贵族有礼,庶人用刑。这是有了君子小人之分以后,君子(即贵族)的理论,也是他们的理想。礼,简单地说就是君子贵族应该遵循的生活常规。生活,包括政治生活、社会生活和家庭生活。礼,就是贵族君子在政治生活、社会生活和家庭生活中要遵守的法。

《礼记》就是古代贵族生活规范的总结。从日常生活细节、为人处世到卿大夫国君间的礼法都有规定,贵族们都必须遵守。贵族能遵守礼,政治就会安定,礼,就是贵族应遵守的法。

但这也只是理想,事实上是做不到的。西周春秋时代,我们看到无数的贵族在政治斗争中被杀害、处死、驱逐、降为皂隶。有的是他们不按礼行事;有的是他们虽然按礼行事,别人却不以礼相待了。

刑是对待大夫以下的人民的。恩格斯曾指出刑狱是国家出现的一项标志。据文献记载,周初已有了刑罚和囚狱。《尚书·康诰》:"王曰:'……要囚,服念五、六日,至于旬时。'丕蔽要囚。……凡民自得罪,寇攘奸宄,杀越人于货,暋不畏死,罔弗憝。……乃其速由文王作罚,刑兹无赦。"文王是周人的创业祖,作刑罚便被放在他身上。"有亡荒阅",也是文王创作。犯罪是由于杀人越货,侵犯别人的私有财产,刑罚是要保护私有财产的。在曶鼎铭文中,我们已看到政治保护私有财产。匡带领众人偷了曶的十秭禾,曶到东宫那里告了他。东宫命令匡把人交出来,否则要受大惩罚。匡害了怕,用了臣和众去赔偿。

《周礼·小司寇》记有周代管刑罚的职官,金文中也有不少刑罚和职司刑罚的官。如扬簋铭文中就有司寇。又如牧簋铭文所记,牧的职称是司士,是督察官,后来职务扩大,也管刑罚。周初的职官,往往一人管许多职务,这正是当时群僚人数少职务正在游移不定时期的正常现象。

《左传》中关于刑罚的记载就多起来。最重要的是在春秋中期,已有了刑书的公布了。昭公六年:三月,郑人铸刑书。叔向使诒子产书曰:"……昔先生议事以制,不为刑辟,惧民之有争心也。……民知争端矣,将弃礼而徵于书。锥刀之末,将尽争之。乱狱滋丰,贿赂并行。"二十九年:"冬,晋赵鞅、荀寅帅师城汝滨,遂赋晋国一鼓铁以铸刑鼎,著范宣子所为刑书焉。仲尼曰:'晋其亡乎?失其度矣!……民在鼎矣,何以尊贵？ 贵何业之守？ 贵贱无序,何以为国?'"

二十年前,晋国还反对郑子产铸刑书;二十年后,晋国也铸刑鼎著刑书了。郑国、晋国,都是形势所迫,不得不尔。刑书,是法的萌芽。法的出现,说明国家已出现了。

周代人民有服兵役的义务。《诗经》中不少诗篇描绘出征人的心情和生活。如《魏风·陟岵》描写男子出役,思念父母。《秦风·无衣》:"王于兴师、修我戈矛"、"修我矛戟"、"修我甲兵"。似乎人民出兵役,还要自备戈矛甲兵。《豳风·东山》,描写战士出征三年,回家的路上,想象家人和田园生活情况。这些诗篇都说明周代人民是服兵役的。而且服兵役是勉强的,痛苦的,有强制味道,是为王事服务的。这些诗篇所描写的具体时代,是很难考证的了。但有一点是很明显的,这个时代,小家庭已是社会单位,氏族部落组织的影子已很少显现。这些出征的战士,都是小家族的成员,他思念的只是他的父母兄弟和妻子,系念他的也只有父母兄弟和妻子。看不见家族以上更大的血缘组织。估计它们都是东周春秋时代的作品。《东山》不会是西周初年的诗。诗里没有一点"千夫长、百夫长"氏族组织的味道。

依《周礼》,国中和野的人都有服役的义务。《地官司徒·乡大夫》条:"以岁时登其夫家之众寡,辨其可任者。国中自七尺以及六十、野自六尺以及六十有五皆征之。其舍者:国中贵者、贤者、能者、服公事者、老者、疾者,皆舍。以岁时入其书。"国中和野的人,都服兵役却又不平等。六尺、七尺,是用身材高矮代表年龄大小。七尺,年龄大些;六尺,年龄小些。国中的人,起役晚退役早;野人,起役早退役晚。免役的人,贵者是国中的贵者无问题,贤者以下是只指国中还是兼有野,不明确。可以肯定的是在免役特权方面,国中和野是不平等的。这符合国中和野居民、周人和殷人的不平等情况。周人是一等公民,殷人是二等公民;但都是公民,都有服兵役的权利和义务。

武王伐纣时,周尚无常备军,有事出征,氏族成员即是战士。《尚书·周书·牧誓》:"千夫长,百夫长,及庸、蜀、羌、髳、微、庐、彭、濮人",大约都是族兵。西周时期,至少中期以前仍是族兵,战士由氏族出,军队由族来组织。周灭商,成为各地各族各国的宗主国,新形势更要求首先加强周人自己的战斗力,保持族兵这一核心力量。班簋:"惟八月初吉在宗周,甲戌,王令毛伯更虢城公服。屏王位,作四方望,秉繁蜀巢,令易鉴勒,咸。王令毛公以邦冢君,土驭□人伐东国痌戎,咸。王令吴伯曰:以乃自左比毛父;王令吕伯曰:以乃自右比毛父。"趩令曰:"以及族从父征,出城,卫父身。三年静东国,亡不咸斁天畏,否俾屯陟。"又如明公簋:"惟王令明公遣三族伐东国。"毛公鼎:"命女艑嗣公族雩参有嗣,小子师氏虎臣雩朕褺事,以乃族干吾王身。"兵,都是族兵,以族为单位的。

周族在东方各地定居以后,氏族部落的血缘关系逐渐和地缘结合起来。这在前面已谈过了。

《周礼》的兵役,是和地方组织相应的。据《地官司徒·小司徒》条:"乃会万民之卒伍而用之。五人为伍,五伍为两,四两为族,五族为旅,五旅为师,五师为军,以起军旅,以作田役,以比追胥,以令贡赋。"和地方组织是完全相当的。

依《周礼》,兵役已不是按族由氏族部落征发,而是按地域征发。这是兵役史上一个很重要的变化,但周人何时完成这一变化,似已难考。我们是否可以粗略地假定,这个变化大约在西周末和春秋时期。从周代历史发展的总形势看,这个假定大概是可以的。

据《国语·齐语》一书所载,管仲相齐桓公时曾对地方行政组织有所调整或改变。"管子于是制国以为二十一乡,工商之乡六,士乡十五。公帅五乡焉,国子帅五乡焉,高子帅五乡焉。"乡,是地区;把国分为二十一乡,就是分为二十一个区域。管子制国为二十一乡,是齐国由族到地的开始,还是地的内部调整不得而知。《齐语》的这条记载,说明至迟到春秋前期齐桓公时候齐国的兵已是按地区征发了。

周代有无常备兵?何时有常备兵?这也是一个难以确切回答的问题。但也又是一个极为重要的问题。按照恩格斯的理解,有无脱离社会而独立存在的武装,是氏族部落到国家转变和国家出现的一个重要标志。

金文中关于周初军队的记载,有殷八师、六师、扬八师、西六师等名称。殷八师是由成周殷人组成的,扬八师也许是南淮夷编成的军队(许倬云教授《西周史》第 211 页）。六师、西六师，大概是周人组成的军队。《诗经》中有些诗篇常常提到周王六师。《大雅·常武》："赫赫明明，王命卿士，南仲大祖，大师皇父，整我六师，以修我戎。"《大雅·域樸》："周王于迈，六师及之。"但八师、六师是否常备军，还很难断言。

《周礼》有天子六军，诸侯国大国三军次国二军小国一军的记载，如《夏官大司马·叙官》条："凡制军，万有二千五百人为军，王六军，大国三军，次国二军，小国一军。军将皆命卿。二千有五百人为师，师帅皆中大夫。五百人为旅，旅帅皆下大夫。百人为卒，卒长皆上士。二十有五人为两，两司马皆中士。五人为伍，伍皆有长。"如前所述，金文和《诗经》中所见，周军队的最高编制是师，没有见过比师高一级的军。东周春秋时期，才出现军的记载，《周礼》所载，大约是东周春秋时代的事。据《左传》所载，曲沃伯初为晋侯时有一军（庄公十六年）；晋献公时有二军，公将上军，太子申生将下军（闵公元年）；晋文公称霸，始建三军（僖公二十八年）。后来曾作五军、六军。鲁国原有二军，后来作三军（襄公十一年、昭公五年）。未见天子六军。东周春秋，周室衰弱，已没有力量作六军了。

服兵役有期限，始见于《左传》。庄公八年，"齐侯使连称管至父戍葵丘，瓜时而往，曰：及瓜而代。期戍，公问不至。请代，弗许。故谋作乱。"瓜时而往及瓜而代，时间是一年，这一年是戍期，大约也就是士卒服役的期限，即一年。

服兵役有限期，这是很重要的。这说明常备兵的存在。这一条所记，是春秋早期的事。它说明春秋早期各国已有常备兵，但它不说明常备兵何时开始。自然，它的出现可能是逐渐的，从发展中产生的。我们可不可以这样来看待周代兵制：西周时期以族兵为主，军队编制自然也以族为单位，领兵的都是氏族长，称作千夫长、百夫长。一直到春秋时期，还有族兵，我们在前面《阶级分化和演变》一章里已讲过春秋时期贵族的族兵。在周人"散诸部落，分土定居"的过程中，血缘关系逐渐为地缘关系所代替，族兵也逐渐为"地兵"所代替。随着国君权力的扩大，属于国君的常备兵也是逐渐出现的。西周初年的殷八师、王师六师，也可能已是常备军，春秋时期的周王六军，大国三军，次国二军，小国一军，都有可能已是常备军。春秋时期,有服兵役的期限,到期有新兵来代替。兵可以更换,军队则常存,可见常备兵已存在。从兵制也可说明西周春秋时期是由部落到国家的转化时期。

赋税方面,周人行的是彻法,是什一之税。孟子说:"夏后氏五十而贡,殷人七十而助,周人百亩而彻,其实皆什一也。"《论语·颜渊》:"哀公问于有若曰:'年饥,用不足,如之何?'有若对曰:'盍彻乎?'曰:'二吾犹不足,如之何其彻也?'"哀公说"二吾犹不足,如之何其彻也",说明他是知道彻是什一的。什一之税的彻法,大约是西周以来的常规。到了东周春秋,就有了变化了。

据《左传》所载,春秋后期国家赋税不断有变化:

宣公十五年,鲁国"初税亩"。

成公元年,鲁国"作丘甲"。

昭公四年,郑国"作丘赋"。

哀公十二年,鲁国"用田赋"。

初税亩,大约是在彻法什一之税之外,又开"始履亩而税"(《公羊传》),农民除助耕公田外,授给他的私田百亩,也要再按亩收什一之税。所谓"初税亩者,非(讥)公之去公田而履亩什致一也"(《穀梁传》)。这在当时是被认为不正当的。"非正也"(《仝上》)。

作丘甲,依杜预注:"《周礼》九夫为井,四井为邑,四邑为丘。丘十六井,出戎马一匹,牛三头。四丘为甸。甸六十四井,出长毂一乘,戎马四匹,牛十二头,甲士三人,步卒七十二人。此甸所赋。今鲁使丘出之,讥重敛。"

作丘赋,杜注说是:"丘十六井,当出马一匹,牛三头,今子产别赋其田如鲁之田赋。鲁之田赋在哀公十二年。"哀公十一年,季子系欲以田赋,杜注是:"丘赋之法,因其田财通出马一匹,牛三头。今欲别其田及家财各为一赋,故言田赋。"

对于春秋后期,初税亩、作丘甲、作丘赋、用田赋,由于没有材料,文献不足证,我们只能知道这是赋税制度的大变动,变动中,赋税由轻到重,详细情况已无从而知。

　　赋税由轻到重,也是生产力发展的结果。春秋战国时期,牛耕和铁农具使用推广,亩产量大量提高,重租赋成为可能。社会发展变化,也从这里开始。

　　西周春秋的人民,对国家有徭役负担。《左传》记录下来不少人民服役的事例。僖公十九年:"初,梁伯好土功,亟城而弗处。民罢而弗堪,则曰:'某寇将至。'乃沟公室。曰:'秦将袭我。'民惧而溃,秦遂取梁。"襄公三十年,"晋悼夫人食舆人之城杞者。绛县人或年长矣无子而往。与於食,有与疑年。使之年,曰:'臣小人也,不知纪年。臣生之岁,正月甲子朔,四百有四十五甲子矣。其季于今三之一也。'……师旷曰:'……七十三年矣。'……赵孟问其县大夫,则其属也。召之而谢过焉。……遂仕之,使助与政,辞以老,与之田使为君复陶,以为绛县师。"这两个例证,都说明春秋时期民有役的负担。顺便也说一句,春秋时代的民是自由民不是奴隶。七十三岁的绛县人,由于没有儿子只得自己来服役。但赵孟要向他谢过,使之作官。能作官的民,不能是奴隶。

中　篇

古代社会

第 一 章

春秋战国之际的经济社会变化

春秋战国之际的社会经济有变化，这是史学家所公认的。变化的性质，却是见仁见智看法各有不同。认为西周是奴隶社会的郭沫若等学者，以为春秋战国之际是中国历史由奴隶社会进入封建社会的时期；认为西周已是封建社会的范文澜等学者，则认为春秋战国之际是由封建领主制经济进入封建地主制经济的时期。

我认为春秋战国之际是中国以部落为基础的早期国家进入古代社会的时期。我说的古代社会就是一般常说的奴隶社会。奴隶社会这个名词不科学，还会引起许多烦杂的争论，无益于对历史客观真实的认识。马克思在《〈政治经济学批判〉序言》里说："大体说来，亚细亚的、古代的、封建的与现代资本主义的生产方式，是社会经济形态向前发展的几个时代。"马克思这里所说的古代的生产方式就包括我们今天常说的奴隶制生产方式，但他就用了个"古代的"而没有用"奴隶的"。我认为马克思用得好。

下面我从几个方面，论述一下春秋战国之际社会经济的变化。

（一）农业生产力的飞跃发展

中国历史上牛耕始于何时，这问题还没有解决。甲骨文有"𤘔"字，字或作"牣"。郭沫若认为这是犁字。勾即像犁头,一些小点像犁头起土,謷在牛上,自然就是后来的犁字。从犁字的考证,郭氏认为"殷人已经发明了牛耕","殷代是用牛耕了"(郭沫若:《奴隶制时代》,人民出版社1973年版,第21页)。但其他研究甲骨文的学者,如王国维等,多把这个字解释作"物",义为"杂色牛",引申而"以名万有不齐之庶物"(《观堂集林》《释物》,中华书局1959年版第一册第287页)。

从字形来看,牣字释作物不如释作犁。郭氏的解释,是有说服力的。但西周文献中却从不见牛耕的记载,金文中亦不见牛耕。只是到了春秋后期,才见与牛耕有关的记载。如果说殷代已有了牛耕,已经有了犁,为什么春秋以前文献中却只有耒耜而绝不见牛耕?能不能说牛耕在西周时期中断了?中断是不可能的。牛耕的出现,是农业生产力的飞跃发展,如果殷商已有牛耕,尽管有商周政权更替,也是绝不可能使牛耕中断的。当然,文献中没有记载的,不等于实际上不存在。社会上存在过的事物太多了,记载下来的太少了。因此,西周文献中虽无牛耕记载,不能排除事实上有牛耕。但是牛耕是人类历史上的大事,文献记载中既然有耒耜,而独不及牛耕,确实难解。在这种情况下,尽管像郭氏对甲骨文牣字的解释是有说服力的,我们对殷代已有牛耕之说,仍不能不暂且存疑。

春秋后期,和牛耕有关的记载出现了。孔子的弟子冉耕字伯牛,司马耕字子牛(见《史记·仲尼弟子列传》),司马犁字牛(见《论语·颜渊篇》注)。按中国古老习惯,社会上有身份地位的人,多有名还有字。《说文》:"字,乳也。"叙云:"字者,言孳乳而浸多也。"字是从名的含义中孳生出来的。字和名的意义是相关联的。春秋时,人的名字把牛、犁、耕联系在一起,说明牛耕是当时社会上引人注意的事象。晋国贵族中行范氏,在国内战争中失败,子孙逃到齐国去作了庶民。晋国大夫窦犨感慨地对赵简子说:"今其子孙将耕于齐。宗庙之牺,为畎亩之勤。"(《国语·晋语》)宗庙祭祀要用纯色牛,现在用于宗庙祭祀的纯色牛要用来耕田种地了。这个故事,说明牛已用于耕田。孔子曾称赞他的学生仲弓说:"犁牛之子,骍且角。虽欲勿用,山川其舍诸!"(《论语·雍也篇》)。向来解释"犁"为"杂文",即杂色。犁牛,杂色牛。其实犁牛就是耕牛,用于拉犁耕地之牛。

这些材料说明,春秋晚期牛用于耕田种地,已是社会上相当普见的事象。从孔子弟子的名字看,鲁国一带地区已有牛耕。从窦犨的话来看,齐、晋两大国境内牛耕已不新奇。从齐、鲁、晋地区都有牛耕看,春秋晚期决不是牛耕开始时期。这是可以肯定的。

在农业生产力的发展上,比牛耕更具划时代意义的是铁农具的使用。有了铁农具,才能进行深耕,使过去不能开垦的土地垦殖起来。恩格斯说:"铁使更大面积的农田耕作,开垦广阔的森林地区,成为可能。"(《家庭、私有制和国家的起源》,见《马克思恩格斯全集》中译本1965年9月人民出版社第二十一卷第186页)。铁农具的使用和耕牛的使用,又是有关联的。必须使用畜力,特别是耕牛,才能更好地发挥铁农具深耕的效力。

中国历史上何时开始使用铁农具也和何时开始使用牛耕一样还是有争论的。可以肯定的是,战国中期孟子时代铁农具的使用已相当普遍了。孟子和信奉神农之言的许行一派辩论时,曾问他们:"许子以釜甑爨,以铁耕乎?"(《孟子·滕文公上》)以铁耕就像以釜甑爨一样,已是社会上的通常情况。既然铁耕在战国中期孟子时代已相当普遍,它的出现自然应该更早。铁农具和牛耕可能是同时出现的。

出土的铁器,到目前为止最早的也只有战国时代的。战国以前的铁器还没有发现过。但这不能说战国以前没有铁器。

铁字似始见于西周末年的文献。《诗·秦风·驷驖》有:"驷驖孔阜,六辔在乎。"驖,有的本子作鐵。这篇诗是西周末年秦襄公时代的诗。这可能是铁字的始见,也就是铁的始见时代。

《国语·齐语六》载,管仲曾经向齐桓公建议:"美金以铸剑戟,试诸狗马;恶金以铸钼夷斤欘,试诸壤土。"一般认为美金是铜,恶金是铁。恶金以铸钼夷斤欘,就是用铁制造农具。管仲还对桓公说:"及耕,深耕而疾耰之,以待时雨。时雨既至,挟其枪刈耨镈以旦莫从事于田野"(同上)。只有使用铁农具,深耕才有可能。《管子》书中,也有铁工具的记载。管仲对齐桓公说:"今铁官之数曰,一女必有一鍼一刀,若其事立;耕者必有一耒一耜一铫,若其事立;行服连轺輂者,必有一斤一锯一锥一凿,若其事立。不尔而成事者,天下无有。"(《管子·海王篇》)女工,农夫,工匠所用的工具,都是铁制的。这些铁制工具,在当时已是完全必需的了。没有这些工具,就根本不能完成任何事物。春秋时期,齐国是个先进国家,渔业、盐业、纺织业的发达,为当时各国之冠,当时齐国有先进的铁农具和铁制手工业工具是完全可能的。我们可以反过来说,先进的铁农具和铁制手工业工具是齐国经济发展的基础,支持齐国经济先进的支柱。

据《左传》记载,春秋晚期已有了铸铁。《左传》昭公二十九年(公元前513年),"晋赵鞅、荀寅帅师城汝滨,遂赋晋国一鼓铁,以铸刑鼎,著范宣子所为刑书焉。"能铸刑鼎而著刑书,这是不小的工程,这说明冶铁技术已相当进步。人类使用铁,最初阶段是块铁,其后才有铸铁。铸铁需要相当高的热度,必须先解决了加高温的技术,才能出现铸铁。以铁为赋向民间征收,也说明民间已有相当数量的铁,铁器使用在民间已相当普遍。

战国时期,被发现或开采的铁矿已经不少。《管子·地数篇》和《山海经·中山经》都记载天下"出铁之山三千六百九十"(十,《管子》作山)。《山海经》讲山时,指出"其阴多铁"、"其阴有铁"、"其阳多铁"、"多铁"等的就有三十五处。对于铁矿矿山已经积累了一些知识,《管子·地数篇》就说:"山上有赭者,其下有铁。"据章鸿钊解释,这是有科学道理的。章氏说:"赤铁与铁每生一处,如木之同根水之同源也。而赤铁亦易化为赭,如子育于母,青出于蓝也。……管子曰:'山上有赭,其下有铁',其理自合。"(章鸿钊《石雅》)

铁矿发现的多,开采的多,铁的生产量自然增多,像《孟子》书里所反映的,战国中期铁制农具已相当普遍了,以铁耕就像以釜甑爨一样,家家都以釜甑爨,家家都以铁耕了。

西周时期的主要农具是耒耜,足踏耒耜一次次的翻土。两人协力耕作,谓之耦耕。耒耜是木制的,后来才有一个金属的耜。受工具和力量的限制,生产力是低的。牛耕和铁农具的使用,是农业生产力的一个飞跃发展。这个飞跃发展的时期,就是春秋战国之际。铁器的使用,使广大荒野、森林地区的开垦成为可能。春秋战国之际,很多森林、池沼地带被开发出来变成良田,各国人口大量迅速增加,所有这些都和农业生产力的发展——铁农具的使用,耕牛的使用,有着密切的关系。

水利灌溉和农业生产是有密切关系的,农业生产的技术水平越是落后,水利灌溉的作用就越重要。世界上好多农业民族,在他们的古老时代,就知道利用河流或修建池塘来进行灌溉了。在这方面,古埃及和两河流域是最有名的了。

周代施行井田的同时,还有一套很好的排灌措施。前面已引证过的《周礼·地官司徒·遂人》条和《考工记》都记载了当时的沟洫制度。在条条块块式的井田之间有深浅广狭不等的沟洫,从小到大称作遂、沟、洫、浍、川。这种沟洫制度,一方面是灌溉系统;另一方面也是排水系统。《周礼·地官司徒·稻人》条就说:"稻人掌稼下地,以潴畜水,以防止水,以沟荡水,以遂均水,以列舍水,以浍泻水,以涉扬其芟,作田。"对灌溉、排水有一套制度。

春秋时期沟洫的存在,郑国是一例证。郑简公时,子驷执政,曾作田洫,使司氏、堵氏、侯氏、子师氏四家贵族丧失土地,四家贵族结党为乱杀死子驷(《左传》襄公十年)。后来子产执政,又使"田有封洫",得到小贵族和有土地的农民的支持。郑国的舆人歌颂子产说:"我有子弟,子产诲之;我有田畴,子产殖之。子产而死,谁其嗣之?"(《左传》襄公三十年)。

春秋时期,大国吞并小国,大国疆域扩大,利用水道便利国内交通成为需要,因而开凿运河盛行起来。这些运河便利了交通,同时也对灌溉有利。《史记·河渠书》:

> 自是(指三代)以后,荥阳以下引河东南为鸿沟,以通宋、郑、陈、蔡、曹、卫,与济、汝、淮、泗会。于楚,西方则通渠汉水、云梦之野;东方则通鸿沟、江淮之间。于吴,则通渠三江、五湖。于齐,则通菑济之间。于蜀,蜀守冰凿离碓,辟沫水之害,穿二江成都之中。此渠皆可行舟,有余则用灌浸,百姓飨其利。至于所过,往往引其水益用溉田畴之渠,以万亿计,然莫足数也。

"以万亿计,然莫足数也",可以想见当时水利灌溉之盛,想见当年水利灌溉之普遍。

灌溉用水的来源，多半是引自河流，有的引自湖泊，人工开凿池塘蓄水灌溉的也有。《周礼·地官司徒·稻人》条："以潴畜水"的潴，就是指的湖泊池塘。相传春秋时期楚国的孙叔敖，就曾在今安徽西部修造过一个大水陂蓄水灌田。据说这个大水陂就是后来的芍陂。

魏国引漳水溉邺，李冰开离碓溉成都平原，和秦国开凿郑国渠以溉关中，是有名的战国时期三大水利工程。

《史记·河渠书》说引漳水溉邺的是西门豹，在魏文侯时。《汉书·沟洫志》说是史起，在魏襄王时。《水经·浊漳水注》说，魏文侯时西门豹为邺令，引漳水以溉邺，至魏襄王时史起为邺令，又堰漳水以溉邺。大概引漳水溉邺的，前有西门豹，后有史起，时间在魏文侯到魏襄王时（公元前446—公元前296）。邺城在今河北临漳县境，漳水南岸。西门豹、史起引水灌溉之前，这一带的土壤并不肥沃。魏国授田，别处是一夫百亩，独邺地二百亩。西门豹、史起引水灌溉之后，这一带"咸成沃壤"（《水经·浊漳水注》）。《汉书·沟洫志》说："史起为邺令，遂引漳水溉邺以富魏之河内。民歌之曰：邺有贤令兮为史公，决漳水兮灌邺旁，终古舄卤兮生稻梁。"邺在战国时期开始露头角，战国时起一直是个重要城镇。直到三国时期，邺都是重要地方。袁绍占据河北四州，就是以邺作为他的治所。曹操打败袁绍，也把邺作为他的王国都邑。五胡十六国中的前燕、南北朝时期的东魏、北齐，都曾经以邺作为都城。邺城之所以重要，和水利灌溉是分不开的。

秦国蜀郡太守李冰，有的书说他是秦昭王时人（见《史记正义》引《风俗通》），有的书说他是孝文王时人（见《华阳国志·蜀志》）。在他作蜀郡太守时，开凿了离碓。离碓在今四川灌县。他引郫江、流江二水灌成都平原。四川自古号称天府之国，这也是和成都平原的水利灌溉分不开的。成都平原的水利灌溉工程，是由李冰凿离碓引二水灌溉开始的。

郑国渠在关中。战国末秦王政时，韩国受不了秦国的侵蚀，派水工郑国到秦国，劝秦国开凿水渠，用这来消耗秦国的国力，削弱它的对外侵略。工程做到一半，阴谋被秦人发觉。秦王要杀郑国。郑国说，开渠是个阴谋，但这个阴谋虽给韩国苟延几年活命，却给秦国开万世基业。秦王认为他的话有道理,要他继续开凿下去。郑国渠西起九嵕山东中山的谷口,引泾水,傍依北山,东行,注入洛。渠长三百余里。水渠修成后,被命名为郑国渠。这条水渠对关中地区农业的发展和秦国的富强都很有关系。《史记·河渠书》说:

> 渠就,用注填阏之水,溉泽卤之地四万余顷,皆亩收一锺。于是关中为沃野,无凶年,秦以富强,卒并诸侯。

一锺为六斛四斗。战国时的亩产量,平均大约为一石半左右。李悝协助魏文侯尽地力之教,"一夫挟五口,治田百亩,岁收亩一石半"(《汉书·食货志上》)。关中经郑国渠灌溉之田,一亩可收到六石四斗,这在当时确是极大的增产和高产了。郑国渠所经过的地方,原来都是些盐碱地,有了灌溉都变成沃野。

春秋战国农业生产力发展的另一因素是施肥方面有推广。

英国一位考古学家郭登查德(V.Gordon Childe)认为在新石器的晚期,人们已经知道用人和牲畜的粪便来肥田。(见 V.Gordon Childe:What Happended in History,Pelican Books,p.57)。中国远古施肥情况,考古发掘似乎还没有提供什么材料。后代人的记载,也有把施肥推到很古的。《淮南子·泰族训》就说,周人的祖先后稷"垦草、发菑、粪土、树谷,使五种各得其宜"。这是可能的,但这已很难证实。传说中的后稷是周族开创农业的始祖,大约《淮南子》因此就把施用粪肥加在他身上。

《诗经》里有些农事诗,在这些农事诗里提到过水,提到过农具,也提到过劳动形式,但似乎没有提到过肥料。

据《周礼》记载,周人对土地使用,已知道休耕的办法。土地分配给农民耕种的时候,把土地分为上地、中地、下地三等。上地一夫给田百亩,莱五十亩;中地一夫田百亩,莱百亩;下地一夫田百亩,莱二百亩。何休《公羊传》宣公十五年注也说:"司空谨别田之高下、善恶,分为三品。上田,一岁一垦;中田,二岁一垦;下田,三岁一垦。"何休所说的上田、中田、下田,就是《周礼》所说的上地、中地、下地。田是耕种着的土地,莱是休耕的土地。《周礼》和何休注都是说的土地不能年年耕种,必须耕种一年之后就休置一年或二年休养地力。这种休耕制度的出现,一是由于当时人少地多有条件这样做,但更重要的原因恐怕还是因为那时还不知道施用肥料,至少是还不会很好地使用肥料。

人们最初知道施肥,除与使用人粪畜粪有关外,使用草肥或草灰肥也是比较早的。休耕制施行的久了,人们渐渐从休耕中积累经验,知道草地经过翻耕、水淹、腐化,可以起肥田的作用。《周礼·秋官司寇·薙氏》条:"掌杀草,春始生而萌之,夏日至而夷之,秋绳(音孕,含实曰绳)而芟之,冬日至而耜之。若欲其化也,则以水火变之。"所谓"欲其化也,则以水火变之",就是以水淹草或以火烧草,使它腐败变作肥料。《吕氏春秋·季夏纪》载:"是月也,土润溽暑,大雨时行,烧薙行水,利以杀草,如以热汤,可以粪田畴,可以美土疆。"

《周礼》是战国时代编纂成书的,但它保留了一些春秋和西周的材料。《吕氏春秋》是战国末年吕不韦招养宾客编写的。两书所记水化和火化野草肥田的情况,自然是战国时的情况。但农业知识的积累是很缓慢的。越古越是如此,看起来是点小知识,积累起来成为知识,也许要千百年。战国时代人们这些草肥知识,是人们从春秋以前长时期积累下来的。

春秋战国的文献里,常有"粪"和"粪土"记载。孔子的学生宰予白天睡觉,孔子骂他"朽木不可雕也,粪土之墙不可圬也。"(《论语·公冶长》)《左传》僖公二十八年,成濮之战前楚子玉梦见河神要他的琼弁玉缨,说可以助他得到孟诸之地。子玉不肯。荣季劝他说:"死而利国,犹或为之,况琼玉乎?是粪土也,而可以济师,将何爱焉?"孟子也说过"百亩之粪",他引龙子的话有"粪其田"(分见《孟子·万章上》和《滕文公下》)。老子有"郤走马以粪田"。《说文》:"粪,弃除也。"粪,概指污秽的东西,不一定是人畜粪便,但也包括人畜粪便,老子"郤走马以粪田"可证。

总之,施肥可能有长久的历史,但到春秋战国之际却比较显著起来。这对春秋战国之际农业生产力的发展,当然也起作用。

春秋战国时人对分辨土壤性质和某种土壤宜于种植某种作物,也积累了一些知识。《禹贡》对于当时全国各地的土壤,就一州一州的作了区分。它指出:冀州土是白壤,田是中上;兖州土是黑坟,田是中下;青州土是白坟,田是上下;徐州土是赤埴、坟,田是上中;扬州土是涂泥,田是下下;荆州土是涂泥,田是下中;豫州土有壤、坟、垆三种,田是中上;梁州土是青黎,田是下上;雍州土是黄壤,田是上上。所谓壤、坟、埴、涂、泥、垆、黎,指的土性。壤是无块的柔土,坟是膏肥的土,埴是黏土,涂、泥是地下多水湿润的土,垆是黑刚土,一说是黑而疏的土,黎是青黑色的沃壤。土和田不同,土指土地本质,田是已垦植的田地。荆、扬二州土是涂、泥,多水,地湿润,土质不坏,但战国以前荆、扬经济开发比中原落后,田却是下下或下中。雍州是以关中为中心的西方地区,这里是周人的旧居,开发早,土是黄壤,田是上上。

不同的土壤,有各自宜于种植的作物。《周礼·夏官司马·职方氏》条说:扬州、荆州"其谷宜稻"。豫州"其谷宜五种",郑玄说五种是黍、稷、菽、麦、稻。青州"其谷宜稻、麦"。兖州"其谷宜四种",郑玄说是黍、稷、稻、麦。雍州"其谷宜黍稷"。幽州"其谷宜三种",郑玄说是黍、稷、稻。冀州"其谷宜黍、稷"。并州"其谷宜五谷",郑玄说是黍、稷、菽、麦、稻。《周礼·职方》和《禹贡》九州的分法不同。《职方》比《禹贡》少了徐州、梁州,多出幽州和并州。

春秋战国时代人们对于什么土壤宜于用什么肥料,也积累了一些知识。《周礼·地官司徒·草人》条说:"掌土化之法,以物地相其宜而为之种。凡粪种,骍刚用牛,赤缇用羊,坟壤用麋,潟泽用鹿,咸潟用貆,勃壤用狐,埴、垆用豕,疆㯺用蕡,轻爂用犬。"郑玄把粪种的"种"读上声,解作种子;把粪种解作用骨汁浸种,他说:"凡所以粪种者,皆谓煮取汁也。……郑司农云:用牛,以牛骨汁渍其种也,谓之粪种。"有人不同意郑玄的解释,认为种,应该读作种植的种,去声。粪种,应是粪土壤,在地里施肥。蔡沈就是这样解释的。他说:"盖草人粪壤之法。骍刚用牛,赤缇用羊,坟壤用麋,潟泽用鹿。粪治田时,各因色性而辨其所当用也。"(《书经集传·禹贡》注)江永《周礼疑义举要》也是这样来解释的,他说:"凡粪当施之土。如用兽则以骸涒诸田,用麻子则用持过麻油之渣布诸田。"骍刚、赤缇、潟泽、咸潟、疆㯺、轻爂等是指不同色性的土。不同色性的土,就要用不同的肥料。土壤、肥料区分的这样细,不知科学性究竟如何。

《吕氏春秋》有《上农》、《任地》、《辨土》、《审时》四篇书,专讲农业。这是先秦特别是春秋战国时期农业生产技术的总结。对于如何使用土地,发挥地力,如何种植作物,适合时令,都讲出了很多道理。这当然都是先秦人民长期经验的积累。

总之,从牛耕、铁农具使用、水利灌溉、施肥等各方面的情况看,春秋战国之际都是农业生产力飞速发展的时期。农业生产力的发展,是春秋战国之际社会经济发展变化的基础。

(二) 城市交换经济的兴起

1. 交换和商人的活跃

交换活动起源是很早的。在氏族部落时期,部落与部落之间就有交换活动。最早的交换形式是以物易物。交换的物品大多是此地生产别处不生产的各地土特产。中国古老的传说,说神农氏时,"日中为市"。神农氏不一定有其人,但是日中为市是有它的历史实际的。

就周来说,西周初年就有商贾活动。《尚书·酒诰》:

> 妹土,嗣尔股肱,纯其艺黍稷,奔走事厥考厥长,肇牵车牛,远服贾,用孝养厥父母。

《酒诰》是周武王对妹土居民的书诰,鼓励妹土居民搞好农业,也搞好贸易,牵着牛车到远处去经商。妹土,原是商的都邑;妹土的居民,大约是殷人为多。我们知道殷人是早有交易活动的。

《诗·大雅·瞻卬》:"如贾三倍,君子是识。"《瞻卬》是幽王时诗。诗反映西周后期民间的交易活动。《瞻卬》说到交易的中间人。在买卖中居间的贸易活动,利润是很高的,到了"如贾三倍"的程度。交易活动利润之高,引起周王的羡慕,周厉王用荣夷公由王室专利。此事引起大夫芮良夫的反对。他说:"夫利,百物之所生也,天地之所载也,而或专之,其害多矣。天地百物,皆将取焉,胡可专也? 所怒甚多而不备大难,以是教王,王能久乎? ……匹夫专利,犹谓之盗,王而行之,其归鲜矣!"(《国语·周语》)。厉王学专利的内容,已不可知。从芮良夫的话里,知道专利必是垄断一切有利可图的百物间的交换。应当重视的是:这个利是很多人都有份的,谁要想垄断,定要遭到众多的反对,被骂作盗。周王要专利,也必然"所怒甚多",出现"大难"而不"能久"。这反映了求利的人,作商业交易活动的人,在政治上、社会上已经有了相当的潜在势力,使贵族们已经看到有所顾虑了。

春秋以前的商业交换活动,基本上还是些远距离的各地土特产和装饰品的交换,在整个社会经济生产和生活中还没有地位。应当说,春秋以前的社会还是十足的自足自给的社会。一个部落,一个氏族,一个小地区就是一个自足自给的生活区域。每个这样的小区域,都生产他们自己生活上所需要的物品。农业是主要的生活来源,手工业又多半是和农业结合在一起的。《老子》书里小国寡民,鸡犬之声相闻,老死不相往来的思想,多少反映了春秋以前和更古时代的社会情况。

商业交换活动的显著发展起来,是春秋战国之际开始的。

山东半岛地区是古代商业交换活动出现比较早的地区。可能早在西周初期这地区的鱼盐之利和纺织业已经比较活跃。春秋时期更加发展,成为齐国富强、桓公称霸的物质基础。《史记·货殖列传》说:

> 太公望封于营丘,地潟卤,人民寡。于是太公劝其女功,极技巧,通鱼盐,则人物归之,襁至而辐凑。故齐冠带衣履天下,海岱之间敛袂而往朝焉。其后齐中衰,管仲修之,设轻重九府,则桓公以霸,九合诸侯,一匡天下。……是以齐富强以至于威、宣也。

郑、卫中原地区,商业交换活动的出现也是比较早的。《左传》昭公十六年有这样一段故事:

> 韩子买诸贾人,既成贾矣。商人曰:"必告君大夫。"韩子请诸子产曰:"日起请夫环,执事弗义,弗敢复也。今买诸商人,商人曰必以闻。敢以为请。"子产对曰:"昔我先君桓公与商人皆出自周,庸次比

耨,以艾杀此地,斩之蓬蒿藜藋而共处之。世有盟誓,以相信也,曰:
'尔无我叛,我无强贾。毋或匄夺。尔有利市宝贿,我勿与知。'恃此
质誓,故能相保,以至于今。今吾子以好来辱,而谓敝邑强夺商人,是
教敝邑背盟誓也,毋乃不可乎?"……

这段记载说明,郑国地区商业交换活动由来已久,在西周后期郑桓公
受封时他所带领东出的商族人中就有作商贾活动的。这一部分商族人有
经营商业交换活动的传统,到春秋后期子产时期他们还经商。他们所保
有的宝货,仍是一国大贵族所垂涎的。

《左传》还载有两个大商人的活动,这两个大商人也都是出自郑国。
一个叫弦高,他曾由郑国到周去作生意。僖公三十三年,秦国出兵偷袭郑
国,"及滑,郑商人弦高将市于周,遇之。以乘韦先牛十二犒师。……(秦
将)孟明曰:'郑有备矣……吾其还也。'灭滑而还。"

另一个是到楚国作生意的郑国商人。此人在历史上没有留下名字。
他在楚国经商时,曾想营救被楚人俘去的晋国大贵族荀䓨。这段故事见
《左传》成公三年:"荀䓨之在楚也,郑贾人有将寘诸褚中以出。既谋之,
未行,而楚人归之。贾人如晋,荀䓨善视之如实出己。贾人曰:'吾无其
功,敢有其实乎? 吾小人,不可以厚诬君子。'遂适齐。"

这些大商人的活动,都出在郑国。两个商人活动范围很广。弦高是
从郑到周,另一商人却是南到楚北到晋东到齐。他们在政治上都很有地
位。弦高能冒充郑国的代表去犒秦师,他一定有条件使秦国的贵族相信。
另一商人能参与援救荀䓨的活动,也一定在楚国的贵族中有广泛的联系。
他们政治活动的基础来自他们的经济力量。这些商人已不是弱者了。把
这些商人活动联系起来看,也使我们知道周代前后几百年中,郑国地区是
一个商业交换很活跃的地区,出现了不少大商人。

靠近郑国的卫国,也是一个商业交换比较活跃的地区。卫国在春秋
早期曾一度为狄人所灭。靠齐国的援助,才得复国。卫文侯迁往楚丘,采
用"务材训农,通商惠工"(《左传》闵公二年)政策,不久就复兴起来,足
见工商在卫国社会经济生活中的地位。而这地位是有传统的,不是卫文
侯开创的。"氓之蚩蚩,抱布贸丝"(《诗·卫风·氓》)的诗篇,就产生在

卫国。

晋国初建时不算大国，但它和戎狄为邻，戎狄地区的物产多通过晋国和中原地区贸易。这很重要。这和晋国后来发展为春秋时期的富强大国，成为战国七强中的三强（韩、赵、魏），不无关系。《左传》襄公四年记载，山戎族"无终子嘉父使孟乐如晋，因魏庄子（魏绛）纳虎豹之皮以请和诸戎。"魏绛因之向晋侯陈说与戎族和好的利益。他说："和戎有五利焉。戎狄荐居，贵货易土，土可贾焉。一也。"无终子嘉父以虎豹皮请和，魏绛说和戎有五利，其一就是"土可贾焉"。这都透露了晋在和戎人的贸易中大获其利。

在周的封国中，鲁、卫、郑初封时都是大国，春秋后期都逐渐衰落了，而边地的国家，如晋、秦、楚、齐等，都发展成大国强国。其原因当然是多方面的，而又各有具体情况，但总的说来恐怕也和他们控制着对边疆民族的贸易有关。郑国夹在晋、楚两霸之间，吃了不少窝囊气，但它能比中原其他国家如陈、蔡多维持了一个时期，这和郑国居天下之中，挽四方商业交贸的枢纽，国家经济力量比较厚实，也可能不无关系。

春秋时期，诸侯国家"遏籴"、"壅利"的政策已成为各国间经济活动的阻碍。鲁僖公九年（公元前651年），齐桓公在葵丘大会诸侯，到会的有：鲁、齐、宋、卫、郑、许、曹各国诸侯，周王也派人参加。订立的盟约中，就有两条规定："毋忘宾旅"、"毋遏籴"（《孟子·告子下》）。一百年后，鲁襄公十一年（公元前562年），鲁、晋、宋、卫、曹、齐、莒、邾、滕、薛、杞、小邾、郑在亳订的盟约中又规定："毋蕴年"、"毋壅利"（《左传》襄公十一年）。两次参加会盟的国家，多在今山东、河南、山西南部、河北南部、安徽北部，所谓中原地区。会盟的规定，反映这一地区经济生活的要求。它要求不要以国界限制人们生活中需要的物资的流通。

春秋战国之际的商业交换活动，在两个方面发展，一个方面是远距离的货物的运输，这可以叫作线状发展；另一个方面是一区域内的货物的分散，这可以叫作网状发展。古代的商人，有时称作商，有时称作贾。郑玄说："行曰商，处曰贾"（《周礼·天官冢宰·太宰》"以九职任万民"下注）。

　　早期的商品，多半是各地的土特产。这些土特产通过交换变成商品。春秋战国之际，远距离的各国的交换，多半都是各国的土特产。楚国的木材、皮革，就远输到晋国。《左传》襄公二十六年，楚国使臣声子自晋还楚对楚令尹子木说："杞梓皮革，自楚往也；虽楚有材，晋实用之。"晋国的杞梓皮革，是从楚国去的。杞梓皮革，是楚国的特产，经过运输交换变成商品。大商人弦高和另一不知名的曾南贾楚、北贾晋、东贾齐的郑国大商人，就是一些土特产的运输者和买卖者。

　　春秋末年，大政治家范蠡退隐后在陶经营商业。《史记·货殖列传》说他在陶的活动："范蠡既雪会稽之耻，乃喟然而叹曰：'计然之策七，越用其五而得意。既已施于国，吾欲用之家。'乃乘扁舟，浮于江湖。变名易姓，……之陶，为朱公。朱公以为：陶，天下之中，诸侯四通，货物所交易也。乃治产积居，与时逐而不责于人。故善治生者，能择人而任时。十九年之中，三致千金，再分散与贫交疏昆弟。此所谓富好行其德者也。后年衰老而听子孙，子孙修业而息之，遂至巨万。"范蠡是个坐商，囤积居奇，看机会买进卖出以谋大利。

　　孔子弟子子贡，也是陶的附近曹鲁地区的一个大商人。《史记·货殖列传》说他的活动："子贡既学于仲尼，退而仕于卫，废著鬻财于曹、鲁之间，七十子之徒、赐最为饶益。原宪不厌糟糠，匿于穷巷；子贡结驷连骑，束帛之币以聘享诸侯，所至，国君无不分庭与之抗礼。夫使孔子名布扬于天下者，子贡先后之也。"子贡是个坐商又兼行商。他一方面"废著鬻财于曹、鲁之间"；一方面又"结驷连骑，束帛之币以聘享诸侯。"

　　商业交换活动的发展水平，已能提供素材总结出一套市场价值和货物经营的理论。与范蠡同时的越国大臣计然，是一个大理财家、经济学家。他的经济理论，就是从市场商业交换中总结出来的。他说："积著之理，务完物，无息币。以物相贸易，腐败而食之货勿留，无敢居贵。论其有余不足，则知贵贱。贵上极则反贱；贱下极，则反贵。贵出如粪土，贱取如珠玉。财币欲其行如流水。"（《史记·货殖列传》）没有相当发展的商业交换经济作基础，没有相当精细的观察和经验积累，是不可能产生计然这套理论的。范蠡说他经商是在计然思想指导下进行的，是可信的。

2. 货币和城市兴起

交换的最古老的形式,是以物易物。在氏族部落时代,就已有以物易物的交换存在。

逐渐出现一种物品成为各种物品交换中的媒介,各种物品的价格都由这种物品来衡量。这种物品起了货币作用,而且逐渐成为货币。这种成为货币的商品,通常都是人人喜爱的装饰品或最常使用的生产工具。

中国最早使用的货币是贝。周金睘卣铭文有:"遽伯睘作宝隩爕,用具十朋又四朋。"睘卣大约是周成王时代的器物。这个铭文说明,周时已用贝作货币。贝在甲骨文中也常见,可能贝在殷商已用作货币了。

周景王曾铸大钱,《国语·周语下》:"景王二十一年将铸大钱,单穆公曰:'不可。'……王弗听,卒铸大钱。"但这些史书所载,究竟有多大真实性,已很难考定。出土的实物,最早的不过春秋早期,出土的大量的金属货币是战国时期的。可以肯定地说,春秋战国之际,是金属货币猛然流通的时期。这和当时商业交换的发展是一致的。

春秋战国时期各地流通的货币有刀、布、钱和爰金。刀的流通地区以齐国为主。随着齐国商品交换的发达,刀的流通地区扩大到赵、燕(今山西、河北)并远及辽东和朝鲜北部。布的流通地区,是黄河中游地带。这地区内有卫、郑、晋、宋等诸侯国,是商业交换发展的地区。《诗·卫风·氓》"氓之蚩蚩,抱布贸丝",所抱的布不是布匹的布,而是货币的布。圜钱比较后起,它的流通地区是刀、布流通的地区。爰金是楚国的货币,在楚国地区长江流域和淮河流域流通。(参看王毓铨教授《我国古代货币的起源和发展》)

交换的出现和发展,促使货币产生;货币的使用和流通又方便了交换,促使交换发展。

春秋战国之际,随着商业交换的发展,经济性质的城市也兴起了。水陆交通也发展起来。在水陆交通的枢纽地区的城邑,经济性质的城邑兴起和发展的特别迅速。最突出的例子,是陶的兴起。

春秋以前,诸侯国家多是些城邦小国,以城邑为中心加上附近的郊野就构成一个国家,国与国之间就是些荒野。但国与国之间的道路总是有的。据《国语·周语》所载,西周时期对道路的修整和沿途馆舍的修置已加注意,道路两旁都种植树木。这可能有春秋时期对道路的理想的影子,但像《尚书·酒诰》所说,妹土地方的人既然"肇牵车牛,远服贾",牵着车牛到远处去交易,道路总是有的。

春秋时期,各国国君盟会频繁,战争频繁。他们盟会、战争所走的路线,大约也都是各国的交通道路。秦国军队经过周去偷袭郑国的道路,也正是郑国商人去周地作生意的道路。不然他们就不会相遇。郑国地处中原,商业发展也比较早,也是各国间交通的枢纽。郑国商人可以南贾楚,北贾晋,东贾齐,西贾周,想是以郑为中心有交通道路通往各地的。在晋楚争霸时期,无论郑国怎么反对战争,都无法摆脱的牵连进去,这和郑国地处南北交通的枢纽不无关系。

当时陆路上的主要交通工具是车,无论战争还是经商运转货物,主要都是用车。为了行车方便,各国都重视道路的修整。周定王时(公元前606年—公元前586年)单襄公奉使自宋去楚,路过陈国,见陈国道路不修,馆舍不整,就断定陈要亡国(见《国语·周语》)。鲁襄公三十一年,郑子产到晋国,曾称赞晋文公为盟主时"司空以时平易道路"(《左传》襄公三十一年)。这都说明当时对于修整道路的要求。(参看史念海教授《春秋时代的交通道路》,见《河山集》第67—81页)

在古代,水路交通是远比陆路为重要的。江、淮、河、济是四条大水,在今河南、山东、安徽、江苏北部又有汝水、颍水、菏水、泗水。春秋末年,邗沟的开凿,连通了江、淮;邗沟向北伸展的运河又把江、淮、河、济、菏、泗连接在一起。这些水道和运河构成一个水路交通网。(参看史念海教授《释〈史记·货殖列传〉所说的"陶为天下之中"兼论战国时代的经济都会》,见《河山集》第110—130页)

战国时期,各国间的交往和贸易关系更加频繁,交通也更为方便。水陆两路的运输量已相当可观。杨宽教授根据鄂君启节铭文,认为当时"在运输的通行证上明文规定陆路以五十辆车为限,水路以一百五十只船为限,说明战国中期以后官僚和商人陆运或水运的物资,数量已经很大了"(《战国史》1980 年第 2 版第 93 页)。

直到春秋初年,城邑的规模还是不大的。《左传》隐公元年:"祭仲曰:'都城过百雉,国之害也。先王之制,大都不过叁国之一,中五之一,小九之一。今京不度,非礼也。'"杜注以为"方丈曰堵,三堵曰雉。一雉之墙,长三丈,高一丈。侯伯之城,方五里,径三百雉。故其大都不得过百雉。"照杜预的解释,侯伯之城,也就是侯伯的国都,直径是三百雉,京是郑的大邑,大都不过叁国之一,就是说不超过百雉,这正是所谓"都城过百雉,国之害也"。百雉是指城的直径,就一边之长,不是周围的长度。直径百雉的城,也是非常小的,城邑之中也容不了多少人口。

战国时,城邑人口大大增加。赵奢曾说,古时的"城虽大,无过三百丈者,人虽众,无过三千家者",而他那时候(即战国后期),"千丈之城,万家之邑相望也"(《战国策·赵策三》)。

春秋以前的城邑,是居民点,是贵族住宅所在地,是宗庙所在地,有为贵族服务的小手工业。春秋战国时期的城邑,逐步有了市,城邑的性质,除政治性以外,慢慢有了经济意义。战国时期,商业成长起来,出现了一些大的商业城市。临淄、邯郸、阳翟、洛阳、郢、大梁等都是诸侯国的国都,也都是一地区商业集中的城市。其中临淄商业城市的性质特别显著。齐国有鱼盐之利,又有发达的纺织业,临淄自然成为鱼盐、纺织品的集散地。临淄城集中了众多人口,热闹非常。《战国策·齐策一》记载苏秦的话说:"临淄之中七万户。……临淄甚富而实。其民无不吹竽鼓瑟,击筑弹琴,斗鸡走犬,六博蹋踘者。临淄之途,车毂击,人肩摩,连衽成帷,举袂成幕,挥汗成雨。"这虽然是战国策士们的话,不免夸大,但说明临淄是当时一个繁荣富实的城市,大约是没有问题的。

陶是春秋晚期开始发展起来的一个纯经济性的城市。它不是任何国家的政治中心。它不是以政治发展起来,而是靠经济兴起。陶居于济水南岸,邗沟、鸿沟等运河的开凿,使陶在地理位置上"居天下之中",水陆交通四通八达。春秋末期,大政治家范蠡退隐之后,在陶经营商业,十九年中,三致千金……遂至巨富。战国时期,陶是各国争夺的目标,原因就是它的财富引人垂涎。战国时人常常说到午道。汉人郑玄解释,一纵一横谓之午。午道大约是指扼据交通要道的十字交叉的地方。杨宽教授认为战国时期,"在魏赵齐等国之间有着许多交错的交通大道,当时通称为午道"(《战国史》1980年第二版第92页)。史念海教授认为"就当时的情况来研究,这一纵一横的地方当是指陶而言"(《河山集》第119页)。齐魏秦魏都曾为争夺陶而战,后为秦占去。陶和秦一东一西相距甚远,而秦却争这块飞地,这说明陶这个经济繁荣的城市的重要性。

3. 交换在经济生活中的地位

交换经济的发展,自然要冲击社会上自然经济体制。战国时期,不但贵族和富有阶级,就是下层平民的生活也都逐渐卷入交换关系中去了。

战国初年,李悝协助魏文侯在魏国施行尽地力之教,提出平籴法,他对农民的生活就是用货币来计算其盈绌的。《汉书·食货志》载:

> 今一夫挟五口,治田百亩。岁收,亩一石半,为粟百五十石。除十一之税十五石,余百三十五石。食,人月一石半,五人终岁为粟九十石,余有四十五石。石,三十,为钱千三百五十。除社间、尝新、春秋之祠用钱三百,余千五十。衣,人率用钱三百,五人终岁用千五百,不足四百五十。不幸疾病死丧之费及上赋敛,又未与此。

农民除交税食用之外,一切费用都已用钱开支或用钱计算。社间、尝新、春秋之祠的用物都要从市场购买或者用钱计价。因此,即使是最易于自食其力自给自足的农民,其生活也处处和市场即商业交换发生联系了。

最足以说明战国时期商业交换经济发展的深刻性的,莫过于《孟子》和《荀子》的两段话了。《孟子·滕文公上》:

> "有为神农之言者许行,自楚至滕,踵门而告文公曰:远方之人,闻君行仁政,愿受一廛而为氓。文公与之处。其徒数十人,皆衣褐、捆屦、织席以为食。
>
> 陈良之徒陈相,与其弟辛,负耒耜而自宋之滕,曰:'闻君行圣人之政,是亦圣人也,愿为圣人氓。'陈相见许行而大悦,尽弃其学而

学焉。

　　陈相见孟子,道许行之言,曰:'滕君则诚贤君也。'虽然,未闻道也。贤者与民并耕而食,饔飧而治。今也滕有仓廪府库,则是厉民而以自养也,恶得贤!

　　孟子曰:许子必种粟而后食乎? 曰:然。许子必织布而后衣乎? 曰:否。许子衣褐。许子冠乎? 曰:冠。奚冠? 曰:素冠。曰:自织之与? 曰:否。以粟易之。曰:许子奚为不自织? 曰:害于耕。曰:许子以釜甑爨,以铁耕乎? 曰然。自为之与? 曰:否,以粟易之。以粟易械器者,不为厉陶冶,陶冶亦以其械器易粟者,岂为厉农夫哉! 且许子何不为陶冶,舍皆取诸其宫中而用之,何为纷纷然与百工交易? 何许子之不惮烦? 曰:百工之事固不可耕且为也。然则,治天下独可耕且为与? 有大人之事,有小人之事。且一人之身而百工之所为备,如必自为而后用之,是率天下而路也。故曰:或劳心,或劳力。劳心者治人,劳力者治于人。治于人者食人,治人者食于人。天下之通义也。"

《孟子》这段话写的很生动很形象。我所以不惮其烦地把它全都抄出来,也是希望我们能如身历其境地去理解交换在当时人们生活中的地位。孟子那套劳心者治人劳力者治于人,治于人者食人治人者食于人的话,完全是站在统治者和剥削者的立场上讲的。但这种现象的产生,在人类历史上却是一大进步,没有剥削阶级和阶级社会的出现,人类将永远停留在原始状态。许行的自食其力的思想,是自人民利益出发反对剥削的思想,但从人类历史进步的长河来看,这思想是反动的,一如后世的无政府主义,看来似乎很激进,实际是反动的。

　　《孟子》这段话,反映战国中期商业交换经济在人们日常生活中的重要地位,就连主张人们应该自养,统治者也应"与民并耕而食"的农学派许行,也不能不"纷纷然与百工交易"而后才能生活。否则,他就得不到冠,得不到釜甑,得不到铁器,他就要回反到披树皮,茹毛饮血,采果而食的远古野蛮时代去。

　　《荀子·王制篇》说:

"北海则有走马吠犬焉,然而中国得而畜使之。南海则有羽翮齿革曾青丹干焉,然而中国得而财之。东海则有紫绤鱼盐焉,然而中国得而衣食之。西海则有皮革文旄焉,然而中国得而用之。故泽人足乎木,山人足乎鱼,农夫不斫削不陶冶而足械用,工贾不耕田而足菽粟。"

《荀子》这段话的前几句是说的各地的土特产的交换。这些土特产一般不是商品生产,它们是通过运输远距离交换才变成商品。而后面几句话,渔夫不伐木而有木材用,伐木的不打鱼而有鱼吃,农民不陶冶而有器物用,工人、商人不种地而有粮食吃,都深刻地指出了战国时期由于社会生产分工而引起的人民在生活上对商业交换的需要和依赖。农民、工商、山人,都是通过交换才能满足他们生活的需要。荀子的话,是通过他对社会生活的观察而概括出来的,他讲的是他所看到的社会一般情况,不是某一小地区的情况,更不是他的家乡小村的情况。我们承认荀子是当时杰出的思想家,我们就没有理由忽视、轻视他这里的话。

总之,我们如果对春秋战国的社会经济进行深入考察,我们就可以看出,春秋以前是自然经济占优势,战国以后,交换经济发展起来了。变化显著的时期,在春秋战国之际。

(三) 土地所有制的变化

西周春秋时期,土地所有制的主要形式是世袭贵族土地所有制——包括王有和诸侯有。这是氏族土地公有制破坏后,土地所有制的第一次大变化。春秋战国之际,土地所有制形式又出现一次新变化,贵族土地所有制扩大到新兴军功贵族所有,货币持有人所有和农民所有。土地所有人有旧贵族、新贵族、商人和农民。

春秋战国之际开始的土地所有权的变化,有前后两个段落。头一段落是:井田制破坏,农民对自耕分地的占有关系加强,出现自耕农民小土地所有制;氏族贵族阶级分化,一部分贵族也下降为自耕农。这一段的时间是春秋时期到战国初。后一段落是军功贵族通过赐予和买卖取得土地;与此同时,商人、货币持有人也通过买卖取得土地,他们和军功贵族一起构成新兴大土地所有人。这一段的时间是战国时期。

春秋时期,井田制已受到破坏。《国语·齐语》载管仲对齐桓公说:"相地而衰征,则民不移,……井田畴均,则民不憾。"依韦昭的注释,相地而衰征是"视土地之美恶及所生出以差征赋之轻重"。这已不是井田的税法。移,韦昭解作"徙也",即逃亡的意思。相地而衰征则民不移,正说明人民已有逃亡。井田畴均则民不憾,正说明井田已经不均,民已经憾。提出"相地而衰征"、"井田畴均"反映古老的井田制在齐国已经破坏了。

鲁宣公十五年(公元前594年),鲁国初税亩。这是土地制度变化过程中的大事。

对于《春秋》经文中所记"初税亩"的意义,三家都有解释。《左传》的解释是:"初税亩,非礼也。谷出不过藉,以丰财也。"《公羊》的解释是:"初者何?始也。税亩者何?履亩而税也。……古者什一而藉……多乎什一,大桀小桀;寡乎什一,大貉小貉。什一者,天下之中正也。"《谷梁传》的解释是:"初者,始也。古者什一,藉而不税。初税亩,非正也。……初税亩者,非公之去公田而履亩十取一也,以公之与民为已悉矣。"三家的共同处是:都攻击税亩,说税亩"非正"。此外《公羊》认为初税亩是"履亩而税"。《谷梁》又多了一层意思,说"初税亩者,非公之去公田而履亩十取一也,以公之与民为已悉矣。"杨士勋引徐邈解释这句话为"除去公田之外,又税私田之十一也。"后世解释初税亩,大都根据《公羊》"履亩而税"的解释,认为"初税亩"是按亩征税的开始。

从字面看来,解释"初税亩"为"履亩而税",是讲得过去的。近年出土的云梦睡虎地秦墓竹简田律中有:"入顷刍稾,以其受田之数,无垦(垦)不垦,顷入刍三石、稾二石。"(《睡虎地秦墓竹简·秦律十八种·田律》1978年文物出版社出版,第27—28页)从"顷入"刍、稾,可以理解它是由履亩而税沿袭下来的。但以履亩而税解释初税亩,这是表面的解释,它还未能显示初税亩的历史意义。初税亩的历史意义是:它是中国税制史上田租和田税分离的开始。初税亩是国君在贵族所有的田地上征税，即《谷梁传》所谓"非公之去公田而履亩十取一也"。从此贵族所有的田地也要依顷亩向国君交税。贵族食租，国君食税。

李剑农教授对初税亩的解释，我认为是可供参考的。他说："既言税亩，则不问耕作此田者为何人，凡保有此田之收益权者皆税之；换言之，即直接负担此亩税者，为有地主资格之大小臣仆。前此之贡纳，生于臣仆之身份关系，今之亩税，则生于保有土地收益之关系，即为后世地主对国家纳田赋之始。"（见李剑农著《先秦两汉经济史稿》1957 年三联书店出版，第 97 页）李著所说"大小臣仆"，指的是周王和各国诸侯下面的大小贵族。撰写此书时，李氏认为西周春秋为封建社会，故用"臣仆"、"身份关系"等词。这且不论。李氏认为亩税乃"保有此田之收益权者"即大小贵族对周王、诸侯所纳的田税，是"后世地主对国家纳田赋之始"，是有见地的。这正是《谷梁传》和徐邈所说初税亩是公田之外，又税私田之十一也。杨士勋也同意徐邈的意见，说"徐言是也"。

《史记·廉颇蔺相如列传》中的一段话，加强了我们这样解释初税亩的信心。"赵奢者，赵之田部吏也。收租税，而平原君家不肯出租，赵奢以法治之，杀平原君用事者九人。平原君怒，将杀奢。奢因说曰：'君于赵为贵公子，今纵君家而不奉公则法削，法削则国弱，国弱则诸侯加兵，诸侯加兵是无赵也，君安得有此富乎？以君之贵，奉公如法则上下平，上下平则国强，国强则赵固，而君为贵戚，岂轻于天下邪？'……"据《史记》这段话，贵族土地对国家是有税的。战国时期这已是制度，是法的规定。遵从，就是奉公如法；不遵从，则法削。

贵族土地要纳田税，田租与田税分离。这是先秦税制的一大改革，这改革可能就是以鲁国的初税亩开始的，初税亩的解释似应如此，而不仅仅是履亩而税。那样解释，只是从表面上看的，还远没有揭露出"初税亩"的实质，应是从此国君不仅在公田上收税，还可以在贵族的土地上征税。自由小农仍要纳税，那是不待说的。

租和税虽然分开，秦汉时期"租"、"税"两个字还是混用的。最鲜明的例子，是董仲舒的一段话，他说秦时"田租、口赋、盐铁之利，二十倍于古"，这里田租是公家收的税；他接下去说，"或耕豪门之田，见税什五"。这里田税，又是指地主收的田租。

"初税亩"，履亩而税也。履亩而税的结果，使贵族土地的私有权更加确立，更为鲜明。国君成为土地的领有人。同时，履亩而税既然使国君成为土地的领有人，它也就必然会影响到农民的份地上，其结果是氏族公有制对农民的束缚进一步松解，农民对于自耕的小土地的所有权也就逐渐成立。

贵族阶级的分化，也扩大了小土地所有者的队伍。在贵族争权夺利的斗争中，一部分贵族在斗争中失败，下降为自耕农民。《左传》僖公三十三年，"臼季使，过冀，见冀缺耨，其妻馌之。"昭公十二年，"（伍）员如吴……而耕于鄙。"《国语·晋语》："中行范氏不恤庶难而欲擅晋国。今其子孙将耕于齐，宗庙之牺为畎亩之勤。"冀缺、伍员、中行、范氏几家贵族都是政治斗争中的失败者，现在都到田里去耕地了。这些贵族中的一部分，会是今天失败了明天又爬起来，但大部分是爬不起来了。晋叔向曾对晏婴说："栾、郤、胥、原、狐、续、庆、伯，降在皂隶。……肸之宗十一族，唯羊舌氏在而已。"（《左传》昭公三年）可见大部分是爬不起来的。除去政治斗争失败者外，贵族的余子也是小土地所有者队伍的一个补充来源。贵族爵邑是长子世袭继承，但余子也必会取得一部分财产，如邑或土地。一代一代的下去，成为士或国人一阶层。春秋时期的士，大部分是小土地所有者。

春秋战国时期是中国社会历史重大变化的时期，变化的主要特点是贵和贱的对立逐渐向富和贫的对立关系上移转；族和族的界限，通过融合同化而逐渐消失。这一切变化当然都和土地所有制的变化联系在一起的。

经过春秋一时期慢慢发展变化，战国初期土地所有制的新面貌就比较明朗了。

战国初年，魏是第一个强国，经济上也是第一个先进国家。魏文侯任用李悝尽地力之教，一方面发展农业生产；另一方面改革土地制度。农民进一步摆脱了井田制的束缚。以家为单位，"一家挟五口，治田百亩"的农民小土地所有制成为社会经济中的显著特征。

春秋末年,士已可以依靠军功而不是依靠身份取得土地。《左传》哀公二年,晋国赵简子伐郫,在誓师时说:"克敌者,上大夫受县,下大夫受郡,士田十万。"但鲜明地标志着贵族土地所有制向军功贵族、商人、货币持有人土地所有制扩大的,是商鞅变法。

向来都把废井田推在商鞅变法身上。如董仲舒说:"(秦)用商鞅之法,改帝王之制,除井田,民得卖买。"(《汉书·食货志上》)班固也说:"秦孝公用商君,坏井田,开仟佰,急耕战之赏。"(同上)

井田的破坏,不是一时的,所由来渐矣。和商鞅同时的孟子,提倡井田最力,但他已看不见井田影子。儒家把破坏井田的罪名加到商鞅身上是不公正的。儒家作此谴责,是从善恶立场出发,而不是从历史求实立场出发。但在土地制度方面,商鞅也确实作了一些改革。《史记·商君列传》说:"有军功者,各以率受上爵。……宗室非有军功论,不得为属籍。明尊卑爵秩等级,各以差次名田宅、臣妾。衣服以家次,有功者显荣,无功者虽富无所芬华。"商鞅在土地制度方面的改革是:有军功才能占有土地,依军功的大小占有土地和臣妾。即使是国君的宗室,没有军功就不能作贵族,这就打击了氏族世袭贵族。军功贵族土地所有制代替了氏族世袭贵族土地所有制。

土地买卖的出现,打破了世袭贵族土地所有制时期"田里不鬻"(《礼记·王制》)的老例。农民解脱了氏族土地所有制的残存影响,成为独立的小土地所有者。他的土地所有权巩固了,也就为他有权出卖土地扫清了道路,也就为军功贵族、商人和货币持有者通过买卖取得土地扫清道路。有军功才能取得爵位,而土地、奴隶(臣妾)又必须依爵秩等级来占有,这就打击了依血缘身份取得地位的氏族贵族,为军功贵族在政治、经济、社会各方面开路。

春秋时期的各强国中,秦比东方各国,如三晋、齐、鲁都要落后。商鞅,卫人,先仕于魏。他在秦的变法,只不过是把东方各国中早已出现的问题,用政治力量在秦国进行改革。因为他是以变法的形式出现的,是集中的,比较彻底的,所以面貌是最鲜明的。它成为战国时期土地私有制进一步扩大,由贵族依世袭身份而占有土地的所有制转变为通过买卖占有土地的军功贵族、商人、货币持有人的土地所有制的标志。因此,说商鞅变法是改帝王之制,除井田,民得买卖,也是合乎历史意义的。

战国时期,农民小土地所有制是盛行的,成为社会经济中的显著现象。但在商品货币关系发展,赋役负担繁重,军功贵族、商人的兼并下,它的地位是不稳定的。农民贫困、失掉土地的现象,也就跟着出现了。《管子·问》中有这样一些问:"问死事之孤其未有田宅者有乎?……问乡之良家其所牧养者几何人矣?问邑之贫人债而食者几何家?问理园圃而食者几何家?人之开田而耕者几何家?士之身耕者几何家?问乡之贫人何族之别也?问宗子之收昆弟者、以贫从昆弟者几何家?……士之有田而不使者几何人?吏恶何事?士之有田而不耕者几何人?身何事?"《管子·问》所反映的问题,大约是春秋后期或战国前期齐国的情况。这是一幅一部分农民小土地所有者贫困破产的图景。他们之中,有的没有土地,有的举债度日,有的被别人收养,有的有田而不得耕。

战国初年,李悝尽地力之教时,三晋地区一夫挟五口治田百亩的小自耕农是比较普遍的。但商鞅变法时,三晋农民已是"上无通名,下无田宅,而恃奸务末作以处"了(《商君书·徕民篇》)。

孟子是邹人,他到过齐、魏等地。《孟子》书中所反映的社会情况,主要的也不出这个地区。孟子所最理想的社会,就是百亩之田数口之家的小农社会。"百亩之田勿夺其时,数口之家可以无饥矣",是孟子时时挂在嘴边的话。这说明孟子时候,东方魏、齐一带的小农经济已经出了问题。农民小土地所有的威胁来自两方面,来自暴君污吏,来自商人。商人是主要的。因为有了交换经济的发展,才出现暴君污吏。暴君污吏是新社会的产物。孟子对这两种人都反对。他特别讨厌商人,称之为贱丈夫,主张从而征之。

春秋战国时期,商人的活跃主要在商业、高利贷、手工业等方面。他们所追求的是积累货币财富。商人把资金投到土地上直接购买土地的例子,还不多见。原因大概是:这时期商品货币关系正在兴起,商业、手工业、高利贷等方面正有广阔的天地供他们去活动,还没有必要作土地投资。在土地投资方面活跃的是持有货币的贵族和官吏。最常引证的例子是赵国赵括的买田宅。《史记·廉颇蔺相如列传》载："（赵）括一旦为将……王所赐金帛归藏于家，而日视便利田宅可买者买之。"

春秋战国时期，是军功贵族、商人、货币持有人通过买卖取得土地的土地所有制代替氏族贵族土地所有制的时期，这时期农民丧失土地贫困流亡的现象虽已出现，但一般说来战国到西汉时期是中国历史上小农经济比较繁荣的时期，小农和小农经济正在兴起，农民丧失土地而流亡的现象虽然已经出现，它并不说明小农经济要衰落了。

（四）"贵"的没落和"贤"的升起

西周到春秋，是氏族世袭贵族统治时期。周王、诸侯以及执政的公卿大夫都是世袭贵族。春秋战国之际，是一个变化时期。春秋时期，已经有靠才能登上政治舞台的人物；战国时期，只有周王和各国诸侯维持着贵族世代相袭的传统，而执政的中央官和地方官已多由国君任命的新贵，军功贵族担任。这些新贵虽然绝大多数仍是氏族贵族的后裔，但他们不是凭借世袭贵族身份上台的，不是因"贵"而上台，他们是以才能受国君的任用而上台，是以"贤"上台。

当然，这并不是说，新贵一上台，旧贵都让位下台了。在战国七个大国中，新旧的递嬗大多是经过一番斗争的，而且是经过一番你死我活的激烈斗争的。斗争的结果，也不是旧贵全下台，新贵全掌权，而是新旧妥协，新旧共同在台上。各国情况也不一样：有的国家旧贵势力大些，有的新贵势力大些。秦国商鞅变法比较彻底，秦国的新贵——军功贵族权力就大些。但从春秋到战国，总的趋势是：旧氏族贵族越来越衰弱，新的军功贵族越来越强大。

贵到贤的变化，管仲可以作为一个开始的标志。《史记·管晏列传》："管仲，夷吾者，颍上人也。少时常与鲍叔牙游。鲍叔知其贫，管仲贫困,常欺鲍叔,鲍叔终善遇之,不以为言。……管仲既用,任政于齐,齐桓公以霸,九合诸侯一匡天下,管仲之谋也。……子孙世禄于齐,有封邑者十余世,常为名大夫。"《正义》引韦昭云:"管夷吾,姬姓之后。"但管仲少时贫困,已不是贵族,至少他上台任政于齐靠的是才能,而不是贵族世系。

管仲之后靠才能取得政治地位的有鲁国的曹刿。曹刿论战的故事,是大家所熟知的。曹刿也是出身微贱。《左传》庄公十年载:"齐师伐我,公将战,曹刿请见,其乡人曰:'肉食者谋之,又何间焉?'刿曰:'肉食者鄙,未能远谋'。乃人见。"肉食者,指贵族。注、疏都说:"肉食,在位者。""位为大夫,乃得食肉也。"这时的在位者氏族贵族已是"肉食者鄙,未能远谋"了。曹刿来自乡,"其乡人"就是他的同乡人。曹刿的出身不详,但他不是世袭贵族是很明显的。他是以才能而为鲁国的将的。

《史记》与管仲合传的晏婴,也是出身微贱的。《史记·管晏列传》说:"晏平仲婴者,莱之夷维人也。"晏婴不但出身贫贱,还是少数民族,是莱之夷人也。以夷人而为国相,自然是以齐君之近臣出身,不是贵族出身。

春秋时期,贵族的身份等级制还维持着。非贵族出身的诸侯大臣虽然已掌握大权,把一些贵族排斥在权力圈外,但在需要论起身份的场合,他们还是要低贵族一头的。管仲位为齐桓公相,掌握齐国大权,但就身份地位来说,在周王面前,他还得以齐之"贱有司"、"陪臣"自居,不敢和齐国的贵族国、高两家相比。《左传》僖公十二年:"齐侯使管夷吾平戎于王,使隰平戎于晋。王以上卿之礼飨管仲,管仲辞曰:'臣,贱有司也。有天子之守国、高在。若节春秋,来承王命,何以礼焉。陪臣敢辞。'王曰:'舅氏,余嘉乃勋,应乃懿德,谓督不忘。往践乃职,无逆朕命。'管仲受下卿之礼而还。"国、高两家是贵族,是周王所承认的。管仲以贱有司、陪臣自居,不敢和国、高两家比。周王也只是从他是"舅氏"的使臣来尊重他,从功勋和美德上来称赞他,没有说他的身份地位。杜注"往践乃职"说:"不言位而言职者,管仲位卑而执齐政,故欲以职尊之。"贵族虽有大小,但都是贵族,贵族下面的私属,不管是次级贵族如公卿大夫的陪臣、邑宰,还是高级贵族如周王、诸侯的陪臣、执政，他们没有贵族身份。高到像管仲，还得自居于贱有司、陪臣的地位。当然，这些人会慢慢地贵族化的。

这种情况也不是一成不变的。上面所讲的是从管仲说起的。管仲的时代，是春秋前期。管仲在周王面前还按礼法拘束不敢以贵族自居，但因为有权，周王已不能不尊敬他。他在齐国，更是一人之下，万人之上。国、高贵族身份地位比他高，权却没有他大。我们可以说：在西周时期，是氏族世袭贵族地位比较稳固的时期。大小贵族都是贵族，有贵族的社会身份；陪臣自是陪臣，不能列于贵族之列。春秋而后，氏族贵族制逐渐解体，由军功和才能起家的人，有了权力地位，也就有了身份，加之大部分军功贵族不是贵族之余子庶子，就是贵族后裔，他们也就慢慢贵族化了，也就新旧不分，都是贵族了。

贵族都有食邑。春秋时期，贵族的食邑都有宰去管理。这些宰大概也都是由贵族的家臣去担任。孔子的弟子就有去为贵族作宰的，如冉求、仲弓为季氏宰（《论语》）。孔子的弟子，多半出身贵族的余子、庶子或贵族后裔，也有出身非贵族家庭或后裔的。不论他们的出身如何，他们作宰不是靠出身而是靠才能。

春秋时期，诸侯国君的直辖地已多设置郡县。郡有守，县有令长。顾炎武《日知录》卷二二《郡县》条有一番考证说：

《左传》僖公三十三年，晋襄公以再命命先茅之县赏胥臣。宣公十一年，楚子县陈。十二年，郑伯逆楚子之辞曰：使改事君，夷于九县（原注：楚灭诸小国为九县）。十五年，晋侯赏士伯以瓜衍之县。成公六年，韩献子曰：成师以出而败楚之二县。襄公二十六年，蔡声子曰：晋人将与之县以比叔向。三十年，绛县人或年长矣。昭公三年，二宣子曰：晋之别县不惟州。五年，蘧启疆曰：韩赋七邑，皆成县也。又曰：因其十家九县，其余四十县。十年，叔向曰：陈人听命，而遂县之。二十八年，晋分祁氏之田以为七县，分羊舌氏之田以为三县。哀公十七年，子榖曰：彭仲爽，申俘也；文王以为令尹，实县申息。《晏子春秋》：昔我先君桓公予管仲狐与榖，其县十七。《说苑》：景公令吏致千家之县一于晏子。《战国策》：智过言于智伯曰：破赵则封二子者各万家之县一。《史记·秦本纪》:武公十年,伐邽冀戎,初县之。十一年,初县杜郑。《吴世家》:王余祭三年,予庆封朱方之县。则当春秋之世,灭人之国者因已为县矣。

《史记》:吴王发九郡兵伐齐。范蠡对楚王曰:楚南塞厉门而郡江东。甘茂谓秦王曰:宜阳大县,名曰县其实郡也。春申君言于楚王曰:淮北地边齐,其事急,请以为郡便。《匈奴传》言:赵武灵王置云中、雁门、代郡,燕置上谷、渔阳、右北平、辽西、辽东郡以拒胡。又言魏有河西、上郡以与戎界边。则当七国之世而固已有郡矣。

吴起为西河守,冯亭为上党守,李伯为代郡守,西门豹为邺令,苟况为兰陵令,苏代曰请以三万户之都封太守,千户封县令。而齐威王朝诸县令长七十二人。则六国之未入于秦而固已先为守令长矣。

顾氏论证郡县制不始于秦之统一,春秋时郡县制已经出现,其说甚是。

为诸侯国君管理县的官,一般称作大夫,楚则称为公或尹。作大夫的都是由国君任命,而一般都是因为有才能才被选的。《左传》昭公二十八年:

夏六月,晋杀祁盈及杨食我。……遂灭祁氏、羊舌氏。……秋,晋韩宣子卒,魏献子为政,分祁氏之田以为七县,分羊舌氏之田以为三县。司马弥牟为邬大夫,贾辛为祁大夫,司马乌为平陵大夫,魏戊为梗阳大夫,知徐吾为涂水大夫,韩固为马首大夫,孟丙为孟大夫,乐霄为铜鞮大夫,赵朝为平阳大夫,僚安为杨氏大夫。谓贾辛、司马乌为有力于王室,故举之。谓知徐吾、赵朝、韩固、魏戊,余子之不失职能守业者也。此四人者,皆受县而后见于魏子,以贤举也。

春秋以前,是贵族统治时期。从周王、诸侯国君到公卿大夫都是贵族。但已有周王、诸侯国君、公卿的近臣以才能被举出来任职的。春秋时期,公卿大夫食邑的宰和诸侯国君直辖地的郡守县令,多半是以才能被举出来。他们虽然多数是贵族的余子、庶子和贵族后裔,但他们已不是依靠贵族世袭身份而取得职位,而是依靠才能来取得职位的。由氏族贵族到军功贵族,即氏族贵族的世袭统治到有才能的人登上政治舞台的质的转化时期是春秋战国之际开始的,是战国时代的事。

春秋战国之际,由于铁农具和耕牛使用的推广,农业生产有了飞跃的发展。在农业发展的基础上,手工业、渔业、盐业、冶铁业、商业,都跟着发展起来。城市也跟着兴起。变化使社会生活复杂起来,应付复杂的社会生活,便要有眼光,有才能。在这个变化过程中,以土地收益为生活基础的氏族贵族,日益失掉它的生命力和活跃性。脱离生产实践,对社会实际的不理解,对社会问题的无力应付,日益暴露了这个阶级的无能和寄生性。随着手工业、商业等的兴起,城市生活的出现,一个新兴阶级出现了。他们仍然多数可能是氏族贵族的后裔,但他们的精神面貌已完全不是旧贵族而是掌握知识有才能的新人。在新的社会生活实践中,他们的才华、能力受到培养和锻炼。他们思想活跃,有能力理解新事物,管理新事物。他们要求权力,要求登上政治舞台。

他们的口号是:"选贤任能",用有才能的人代替氏族贵族掌握权力。墨子提出"尚贤",孟子要求"国人皆曰贤",荀子提出"尚贤使能",都是这个新兴阶级的要求和反映。

墨子是春秋战国之际的人,是首先提出"尚贤"的。他甚至提出天子都要由人民来选举。他说:

> 是故选天下之贤可者立以为天子。天子立,以其力为未足,又选择天下之贤可者,置立之以为三公。天子、三公既以立,以天下为博大,远国异土之民是非利害之辩,不可一二而明知,故划分万国立诸侯国君。诸侯国君既已立,以其力为未足,又选择其国之贤可者置立之以为正长。

> 子墨子言曰:古者王公大人为政于国家者,皆欲国家之富人民之众刑政之治,然而不得富而得贫,不得众而得寡,不得治而得乱,……是其故何也? 子墨子言曰:是在王公大人为政于国家者,不能以尚贤事能为政也。是故国有贤良之士众,则国家之治厚,贤良之士寡则国家之治薄。故大人之务,将在于众贤而已。

孟子说:

> 国君进贤如不得已,将使卑逾尊疏逾戚,可不慎与? 左右皆曰

贤,未可也;诸大夫皆曰贤,未可也;国人皆曰贤,然后察之,见贤焉然后用之。(《孟子·梁惠王下》)

孟子的话是说用贤才要慎重。他说的贤都是"卑"和"疏"的,不是"尊"和"戚"的。不是贵族而是贵族以外的人。

荀子主张尚贤,他说:"贤能不待次而举"。他常提要"选贤良"。他说:

> 故君人者:欲安,则莫若平政爱民矣;欲荣,则莫若隆礼敬士矣;欲立功名,则莫若尚贤使能矣。(《荀子·王制篇》)

魏国是战国初年的第一强国。魏国之强完全是魏文侯任用李悝、吴起、西门豹等有才能的人的结果。李悝、吴起等都不是贵族,而是靠才能靠立功而取得卿相之位的。

战国七强都经过改革或变法活动,这些改革或变法活动,都是新起的有才能的人对旧的氏族贵族的斗争,这些新人大多对国家有功劳有贡献,靠功劳和贡献取得政治地位。赵烈侯任用牛畜、荀欣、徐越三人进行改革。荀欣建议"选练举贤,任官使能",徐越建议"节财俭用,察度功德"。(《史记·赵世家》)这三人都不是贵族,都是以才能和有功取得任用的。吴起在魏国受排挤,跑到楚国去。楚悼王用他在楚国实行改革。吴起主张对氏族贵族的子孙"三世而收爵禄",主张迁"贵人往实广虚之地"。(《吕氏春秋·贵卒篇》)但楚悼王死,楚国旧贵族群起攻杀吴起。韩昭侯用申不害,在韩国进行改革。申不害提出"见功而与赏,因能而授官"(《韩非子·外储说左上篇》)。申不害的改革主要是打击贵族强化君权。齐威王注意选拔人才,把人才看作国家的宝。他用的淳于髡,就是个曾被髡作奴隶的人。

所有各国的改革或变法,都是新的有才能的人起来和旧的氏族贵族争夺国家权力的斗争,是军功贵族对氏族贵族的斗争。

新兴的有才能的人的胜利比较彻底的是在秦国。秦孝公用商鞅变法。变法的打击面是氏族贵族。商鞅的变法令中明确提出一条,就是:"宗室非有军功论,不得为属籍。明尊卑爵秩等级,各以差次名田宅、臣妾。衣服以家次,有功者显荣,无功者虽富无所芬华"(《史记·商君列传》)。

　　各国的改革或变法,有的成功大,有的成功小,有的失败。它们中的成功可以商鞅变法为代表。秦孝公死后,商鞅虽然也死于旧贵族之手,但秦国的变法却继续维持下去,并未因商鞅之死而失败。秦国变法的成功,可以看作氏族贵族到军功贵族的标志。而其他各国的变法虽然有的成功不大有的失败了,但总的趋势也是一天天由氏族贵族向军功贵族推移的。

　　春秋战国时期,是"贵"的衰落和"贤"的升起的时代,是世袭贵族衰落和军功贵族兴起的时代,这个变化之机就在春秋战国之际。

第 二 章

战国秦汉的农业

（一） 牛耕和铁农具的推广

春秋战国牛耕和铁农具的使用，大约以鲁、齐、三晋地区为早。孔子鲁人，他的弟子也多来自鲁国和环绕鲁国的各国。取字子牛的司马耕是宋人，取字伯牛的冉耕是鲁人。中行范氏在晋国失败，他们的子孙流落齐国作农民，晋大夫窦犨说他们是"宗庙之牺，为畎亩之勤"。说话的是晋国人，牛耕的地方是齐国。这些事物发生的地方，都在大河中下游三晋、齐、鲁境内。

从记载上看，两汉时期牛耕、铁耕，从南到北从西到东都有推广。武帝时，搜粟都尉赵过于长安附近和三辅地区，教民"用耦犁，二牛三人"（《汉书·食货志上》）。汉宣帝时，龚遂作勃海太守，"见齐俗奢侈，好末技，不田作，乃躬率以简约，劝民务农桑。……民有带持刀剑者，使卖剑买牛，卖刀买犊。……郡中皆有畜积，吏民皆富实。"（《汉书·循吏传·龚遂传》）平帝元始二年，"罢安定呼池苑以为安民县，起官寺市里，募徙贫民，县次给食，至徙所赐田宅什器，假与犁牛种食"（《汉书·平帝纪》）。东汉明帝永平以前，庐江（今安徽中部）一带"百姓不知牛耕"。永平十三年,王景任庐江太守,"教民犁耕。由是垦辟倍多,境内丰给"(《后汉书·王景传》)。东汉以前,九真地区(今越南中部)还是"俗烧草种田"(《后汉书·任延传》李贤注引《东观汉记》)。光武帝建武初,以任延为九真太守。"九真俗以射猎为业,不知牛耕。……延乃令铸作田器,教之垦辟田畴。岁岁开广,百姓充给。"(《后汉书·任延传》)这是长江流域和岭南地区用牛犁耕田。和帝初,鲁恭上疏说:"三辅、并、凉少雨,麦根枯焦,牛死日甚"(《后汉书·鲁恭传》)。这是西北关陇等地区用牛耕。东汉中叶的崔寔说:"今辽东耕犁,既用两牛,两人牵之,一人将耕,一人下种,二人挽耧,凡用二牛六人"(《全后汉文·政论》)。这是辽东地区用牛犁耕地。和帝永元十六年,兖豫徐冀四州比年雨多。"遣三府掾分行四州,贫民无以耕者,为雇犁牛直。"(《后汉书·和帝纪》)兖豫徐冀可看作广义的中原地区。这一地区,西汉以来想已是牛耕地区。

牛耕和铁农具的使用,对农业增产关系至大。上面引用的几条材料也可以看出,凡引进牛耕和犁耕的地区,都是田畴垦辟,百姓丰足。反之,在文献记载中也可以看到,一旦发生牛疫,就出现垦地减少,谷贵人流。明帝时,刘般上言:"郡国以牛疫水旱,垦田多减"(《后汉书·刘般传》)。章帝建初元年诏书:"比年牛多疾疫,垦田减少,谷价颇贵,人以流亡"(《后汉书·章帝纪》)。后汉政府,对于牛疫都是非常重视的。牛疫一来,关系到农业生产,关系到社会安定,也就关系到政权安危。这也反过来证明,牛耕是相当普遍的。

汉代还用马耕地。昭帝时,御史大夫桑弘羊与贤良文学之士争论罢盐铁,文学说:"往者未伐胡越之时,徭役省而民富足,温衣饱食,藏新食陈,布帛充用,牛马成群,农夫以马耕载,而民莫不乘骑"(《盐铁论·未通篇》)。文学所说的"农夫以马耕载"的时间是"往者未伐胡越之时",当是指的武帝前期和以前。贤良的发言中,也有一段涉及马耕,贤良说:"古者,诸侯不秣马,天子有命,以车就牧,庶人之乘者马足以代其劳而已。故行则服枙,止则就犁"(《盐铁论·散不足篇》)。这里用的是古者,既已谓之古就不会指汉代,可能是指的战国。可能战国已用马耕,但似不见于先秦文献。

骡驴似是汉代才从匈奴传入内地。武帝时与匈奴贸易,"赢(同骡)驴驼驼,衔尾入塞"(《盐铁论·力耕篇》)。但骡驴是否用于田亩耕作,似未见之记载。

汉代牛耕,一般是二牛牵一犁。西汉赵过行代田法,是"用耦犁,二牛三人"(《汉书·食货志上》)。东汉崔寔所提到的辽东牛耕也是"用两牛,两人牵之,一人将耕"(《崔寔·政论》,见《全后汉文》)。出土的汉墓壁画和画像石里的牛耕图,多是二牛牵一犁。如山西平陆枣园村王莽时期墓的壁画牛耕图(参看《考古》1959 年第 9 期《山西平陆枣园村壁画汉墓》),江苏睢宁双沟画像石牛耕图(《江苏徐州汉画像石》十《睢宁县双沟地区的画像石》),陕西米脂东汉画像石牛耕图(《文物》1972 年第 3 期《米脂东汉画像石墓发掘简报》),内蒙古和林格尔东汉墓壁画牛耕图(《文物》1974 年第 1 期《和林格尔发现一座重要的东汉壁画墓》),山东滕县黄家岭东汉牛耕画像石为一牛一马(《农业考古》1981 年第 2 期《略论山东汉画像石的农耕图像》)。一牛一马,等于二牛。一牛牵一犁,未见之记载,出土文物也只有山东滕县滕道院东汉画像石的牛耕图是一牛牵一犁(《汉代画像石全集初编》)。

小农一家一户是养不起两头牛的。能用两牛耕田的至少是小地主或富裕农民。两牛拉的犁一般可以大些,利于深耕,增加生产量。牛耕、铁农具的发展,有利于大土地所有者,不利于小农。出土的犁铧,大而重的,多属于东汉时期。这一方面反映牛耕和铁农具在东汉时期的发展;另一方面也反映土地集中的现象,东汉比西汉发展。小农能用的,只有一牛耕犁,甚至一牛也没有,依靠政府为雇犁牛。如平帝元始二年,罢安定呼池苑以为安民县,徙贫民于新县,并赐田宅什器,假与犁牛种食。和帝永元十六年,遣三府掾分行兖、豫、徐、冀四州,贫民无以耕者,为雇犁牛直。武帝时期,赵过教民代田,而有的地区没有耕牛,赵过又教民以人挽犁。《汉书·食货志上》说:"民或苦牛少,亡以趋泽。故平都令光教过以人挽犁。过奏光以为丞,教民相与庸挽犁。率多人者,田日三十亩,少者十三亩。以故田多垦辟。"人挽犁,犁不会太重。20 世纪 50 年代,我还看到山东胶东一带有人拉犁耕田的犁都是很轻便的。

汉代铁农具的使用，比战国时期有推广。汉代人有这样的话："铁器者，农夫之死生也"（《盐铁论·禁耕篇》）。用死生来形容铁器和农民的关系，可以想见铁具在农业生产上的重要性，也只有在铁农具相当普遍的情况下，才能产生这样的观念。

武帝为了打击豪强兼并，开始由政府专管盐铁，在各地设铁官；不产铁的郡，也设小铁官，用废铁铸造铁器。依《汉书·地理志》，设有铁官的郡县有四十四处，分布全国各地。铁官负责制造农具，私造铁农具受到禁止。

汉帝国幅员广大，各地区经济发展不平衡。有的地区已比较普遍使用牛耕铁耕，有的地区还比较落后仍用耒耜耕种。《淮南子·主术训》："夫民之为生也，一人跖耒而耕，不过十亩。"《淮南子·缪称训》："夫织者日以进，耕者日以却。事相反，成功一也。"用耒耜发土，是一步一步的往后退，和我们今天用铁锹掘土一样。《淮南子》的话，并不孤立，《盐铁论》里也常常提到用耒耜耕地。如《未通篇》说："内郡人众，……地势温温，不宜牛马。民蹑耒而耕，负檐而行，劳罢而寡功。"《国病篇》："秉耒抱畚，躬耕身织者寡。"《散不足篇》："燕齐之士，弃锄耒争言神仙。"《取下篇》："从容房闱之间，垂拱持案食者，不知蹑耒躬耕者之勤也。"凡此谈到农民耕田的，都说农民使用耒耜。使用耒耕的劳动强度，比牛耕要重，言者或欲强调农夫之苦，故用耒耕来表达农民生活。大概汉代牛耕铁耕虽已相当普遍，但还没有能完全把耒耜挤出历史舞台。一些地区耒耜还很盛用。《散不足篇》提到燕齐，《未通篇》提到内郡。《淮南子》是淮南王刘安招集游士宾客在淮河流域写的书，它所反映的情况可能是淮南地区的情况。建武初年，九真地区，"不知牛耕"。永平中，庐江一带"百姓不知牛耕"，王景任太守，始"教民犁耕"。这些材料都能说明耒耜在一些地区还是很盛用的。

盐铁官营后，铁器制作粗略。《盐铁论》中贤良文学一再指责"县官作铁器，多苦恶"（参看《水旱篇》）。官僚主义经营方式，也从不考虑因地制宜的制作农具，结果制造出来的农具多不合农民使用。如《盐铁论·禁耕篇》说："秦楚燕齐，土力不同，刚柔异势，巨小之用，居局之宜，党殊俗易,各有所便。县官笼而一之,则铁器失其宜,而农民失其便。器用不便,则农夫罢于野而草莱不辟。草莱不辟,则民困乏。"《水旱篇》说:"县官鼓铸铁器,大抵多为大器,务应员程,不给民用。民用钝弊,割草不痛。是以农夫作剧,得获者少,百姓苦之矣。"

官制作的农具,粗劣,价钱又不便宜。官家作生意,又不注意给农民方便,农民宁愿木耕手耨而不买官造农具。《盐铁论·水旱篇》说:"今县官作铁器,多苦恶,用费不省。……家人相一,父子戮力,各务为善器,器不善者不集。农事急,挽运衍之阡陌之间,民相与市买,得以财货五谷新弊易货,或时赊。民不弃作业,置田器,各得所欲。……县官……今总其原,壹其贾,器多坚硻,善恶无所择。吏数不在,器难得。家人不能多储,多储则镇生;弃膏腴之日,远市田器,则后良时。盐铁贾贵,百姓不便,贫民或木耕手耨,土耰啖食。铁官卖器不售,或颇赋与民。"或颇赋与民,就是官家强迫农民购买价钱贵质地粗劣的官造农具。

这是牛耕、铁农具在汉代推广使用中出现的一些问题。汉帝国幅员广大,使用牛耕、铁耕的同时,不少地区还在使用耒耜,牛耕还未能把耒耜排挤出历史舞台;盐铁专卖后,官制的铁农具质量粗劣,价钱又贵,使得农民宁愿用木耒耜耕作,这也一定影响到牛耕和铁农具使用的推广。但总的说来,秦汉时期牛耕和铁农具的使用地区,比起战国来在逐渐扩大上是没有问题的。

（二）水 利 灌 溉

继战国之后,两汉水利续有发展。西汉前期,特别是武帝时,全国各地修建了不少水渠。这些水渠,有的是为漕运而造的。如从长安附近开凿,引渭水傍南山东下到河的关中漕渠,通褒斜道沟通汉水和渭水的漕渠,皆是。但,就是这些以漕运为目的而开凿的水渠,仍然是有灌溉之利的。规划开凿关中漕渠时,就想到渠成之后还可以灌溉民田万余顷。后来渠成,果然得到灌溉的便利(参看《史记·河渠书》和《汉书·沟洫志》)。大多数水渠,修造的目的是为了灌溉。《史记·河渠书》记载武帝时修渠溉田之盛说:"自是(指塞河瓠子决口)之后,用事者争言水利。朔方、西河、河西、酒泉,皆引河及川谷以溉田,而关中辅渠、灵轵引堵水;汝南、九江引淮,东海引钜定,太山下引汶水,皆穿渠为溉田,各万余顷。佗小渠披山通道者,不可胜言也。"

从《河渠书》这段记载里看到,汉代修渠灌溉相当普遍。西起今甘肃,东到山东,南到安徽,都有灌溉水渠。河水、淮水、汶水以及其他一些小水、池沼水,都被利用来灌溉。

西汉时期的水利灌溉,以关中地区最为发达。关中是西汉都城、皇帝和朝廷所在的地方,也是重兵所在的地方,汉朝政府为了加强关中的经济地位,加强朝廷对地方的控制,对关中地区的农业、水利灌溉就特别注意。公元前 111 年,即郑国渠造成后的一百三十六年,左内史倪宽向汉武帝奏请开凿六辅渠。这条渠即《史记·河渠书》所说的辅渠,也叫作六渠。六辅渠在郑国渠之北,大约和郑国渠的西段平行,可以灌溉郑国渠旁不能灌溉的高地。

《汉书·倪宽传》:"宽既治民(左内史),劝农业,缓刑罚,理狱讼,卑体下士,务在于得人心;择用仁厚士,推情与下,不求名声,吏民大信爱之。宽表奏开六辅渠,定水令以广溉田。"注师古曰:"《沟洫志》云:'倪宽为左内史,奏请穿六辅渠以益溉郑国旁高卬之田。'"此则于郑国渠上流南岸更开六道小渠以辅助溉灌耳。今雍州云阳、三原两县界此渠尚存,乡人名曰"六渠",亦号"辅渠"。故《河渠书》云关内则"辅渠"、"灵轵"是也。后十六年,武帝太始二年(公元前 95 年)又修造了白渠。白渠在郑国渠南,比郑国渠短。郑国渠入洛,白渠入渭。这也是一条灌溉效益很大的水渠。《汉书·沟洫志》说:"太始二年,赵中大夫白公,复奏穿渠。引泾水,首起谷口,尾入栎阳,注渭中,袤二百里,溉田四千五百余顷,因名曰白渠。民得其饶,歌之曰:'田于何所? 池阳谷口。郑国在前,白渠起后。举臿为云,决渠为雨。泾水一石,其泥数斗。且溉且粪,长我禾黍。衣食京师,亿万之口。'言此两渠饶也。"

西汉后期关东地区的水利事业,以元帝时召信臣在南阳修造的水渠最有成效。召信臣作南阳太守,他很少坐在官衙里,时时在乡间巡行,劝民耕作。他"开通沟渎,起水门提阏凡数十处,以广溉灌,岁岁增加,多至三万顷。民得其利,畜积有余"(《汉书·循吏传·召信臣传》)。南阳是大郡,西汉时有三十六万多户,一百九十四万多口,粗略计一下,大约每户平均有九亩田受到灌溉了。

东汉时期,大规模水利修造不如西汉显著,但散在各地的水利灌溉也还不少。

刘秀建武七年,杜诗任南阳太守。南阳旧有召信臣的水利灌溉工程,杜诗大约加以整修或扩建。《后汉书·杜诗传》说:"造作水排,铸为农器,用力少,见功多,百姓便之。又修治陂池,广拓土田,郡内比屋殷足,时人方于召信臣。故南阳为之语曰:前有召父,后有杜母。"

汝南旧有鸿隙大陂,西汉成帝时关东大水,陂水溢出为害。翟方进为丞相认为决去陂水,既可省堤防费用,又可免水患,遂奏请成帝决毁鸿隙陂。王莽时,汝南连年枯旱,人们追怨翟方进,造作童谣说:"坏陂谁?翟子威(翟方进字子威)。饭我豆食,羹芋魁(颜师古注:言田无灌溉,不生秔稻,又无黍稷,但有豆及芋也)"(《汉书·翟方进传》)。东汉初,邓晨作汝南太守,又"兴复鸿隙陂数千顷田,汝土以殷,鱼稻之饶,流衍他郡"(《后汉书·邓晨传》)。

汝南郡河流很多,颍水、汝水、淮水都从本郡经过。汝南的灌溉大约是比较发达的。《后汉书·鲍永传附子昱传》说:明帝永平五年昱任汝南太守,"郡多陂池,岁岁决坏,年费常三千余万。昱乃上作方梁石洫(李贤注:洫,渠也,以石为之,犹今之水门也),水常饶足,溉田倍多,人以殷富。"章帝建和初,曾拟广开鸿池,以赵典谏而止(《后汉书·赵典传》)。《后汉书·何敞传》:和帝时,敞任汝南太守,"修理鲷阳旧渠,百姓赖其利,垦田增三万余顷。"《水经·汝水注》:"葛陂东出为鲷水,俗谓之三丈陂。"这大概就是何敞所修的鲷阳旧渠。能溉田三万余顷,这是一项不小的水利工程。章帝时,马棱任广陵太守,"兴复陂湖,溉田二万余顷。"鲁丕在章帝、和帝时,先后任赵国相和东郡太守,在两地都"修通溉灌,百姓殷富"(《后汉书·鲁恭传附弟丕传》)。下邳徐县北界旧有蒲阳陂,水广二十里,长近百里,傍多良田,而堙废莫修。章帝时,张禹任下邳相,"为开水门,通引灌溉,遂成熟田数百顷。劝率吏民,假与种粮,亲自勉劳,遂大收谷实。邻郡贫者,归之千余户。室庐相属,其下成市。后岁至垦千余顷,民用温给。"有水可灌溉的良田,产量是高的。据《东观记》所载,张禹在下邳"垦田千余顷,得谷百万余斛"(《后汉书·张禹传》及注引《东观记》)。千余顷得谷百万余斛,亩产量约十斛。这在汉代亩产量中,是高产量了。

另外,安帝时曾修治过战国西门豹、史起在邺引漳水灌溉的支渠。安帝还曾下诏书要三辅、河内、河东、上党、赵国、太原各地修治水渠灌溉,但除太原修整旧渠灌溉公私田亩见诸记载外(《后汉书·安帝纪》),其他各地是否执行了皇帝的诏令,就难知了。

水,可以用来灌溉,为农业生产服务,河流决口泛滥也可以为害,淹死淹坏农作物。所以水利工程,一方面是要修治水渠引水灌溉;另一方面还要疏导河流,兴筑堤防,防河水决口泛滥。

为害最大的是黄河。汉文帝时,河在陈留、酸枣(今河南延津西)决口,东溃金堤。武帝时,又在东郡瓠子(今河南濮阳西南)决口,东南注入钜野夺淮泗入海,梁楚之地(今河南东部、江苏北部等地)遭受极大灾害。十二年后,花了很大力量才把决口塞住。从武帝塞瓠子到王莽末年这段时间里,大河又先后几次从荥阳、馆陶、灵鸣犊口、平原等地决口,兖豫二州各郡县(今河南东部、山东西部等地)受害很大。

长时期治水开河,也积累了一些经验。哀帝时,治河专家贾让就曾提出治河上、中、下三策。上策是"决之使道"(《汉书·沟洫志》),即疏导水势,使之畅流。中策是治河多修水渠,引水灌溉以分水势。贾让估计,"若有渠溉,则盐卤下隰,填淤加肥,故种禾麦,更为秔稻,高田五倍,下田十倍"(《汉书·沟洫志》)。下策是修筑堤防,束水就道。水愈来愈急,河身愈来愈高。筑堤防水,年年劳扰无已。遗憾的是,直到今天,治理黄河仍是采取的这条下策!

东汉最大的水利工程,是明帝永平年间修治汴渠。负责这一工程的是历史上有名的水利专家王景。数十万民工用了整整一年的时间,以百亿计的钱,才把河渠治好。《后汉书·王景传》说:"平帝时,河汴决坏,未及得修。建武十年,阳武令张汜上言:'河决积久,日月侵毁,济渠所漂,数十县许,修理之费,其功不难,宜改修堤防,以安百姓。'……后汴渠东侵,日月弥广,而水门故处,皆在河中。兖豫百姓怨艰,以为县官恒兴他役,不先民急。永平十二年,议修汴渠,乃引见景,问以理水形便。景陈其利害,应对敏给。帝善之。……夏,遂发卒数十万遣景与王吴修渠筑堤,自荥阳东至千乘海口,千余里。景乃商度地势,凿山阜,破底绩,直截沟涧,防遏冲要,疏决壅积,十里立一水门,令更相洄注,无复溃漏之患。景虽简省役费,然犹以百亿计。明年夏,渠成,帝亲自巡行。诏滨河郡国,置河堤员吏,如西京旧制。"

这次修治汴渠的工程,实际上也是一次治河工程。平帝时,河在荥阳决口,夺汴水水道由千乘郡(今山东东北蒲台一带)入海。汴渠的上段是莨荡渠,在荥阳接受河水。李贤所谓"汴渠,即莨荡渠也。汴自荥阳首受河,所谓石门,在荥阳山北一里。过汴以东积石为堤,亦号金堤。"(《后汉书·明帝纪》注)这次河决,上段所夺的是汴渠,莨荡渠,下段所夺的是济水。莨荡渠和济水一块在荥阳附近分河水东流,在荥泽东南才分开各流(参看史念海教授《河山集》第114—115页),济水流向东北,汴渠流向东南。阳武令张汜上言要求刘秀修治汴渠,都说"济渠所漂,数十县许",千乘海口也正是济水入海之口处。王景所作的工程,主要是使河、汴分流,使河仍走夺汴、济以前的旧道,并修治汴、济的堤防和水门。明帝诏书所谓"今既筑堤理渠,绝立水门,河汴分流,复其旧迹"(《后汉书·明帝纪》)。

河汴分流后,汴渠又发挥了水利灌溉的作用。原来兖州各地被水淹没的土地,又复成为肥沃的良田。这些肥沃的良田又成为豪强地主争夺霸占的对象。明帝有见于此,不得不豫下诏书:"滨渠下县,赋与贫人,无令豪右得固其利"(《后汉书·明帝纪》)。但皇帝的诏书自归是皇帝的诏书,豪右之家兼并土地专固其利仍归疯狂进行。不因皇帝的诏书而稍为收敛也。

（三）农业生产技术

　　吕后一次在宫内燕饮。酒席宴前，朱虚侯刘章歌"耕田歌"。歌词是："深耕概种，立苗欲疏，非其种者，锄而去之"（《史记·齐悼惠王世家》）。这首歌词，谈出了几项耕田知识。深耕。深耕松土，禾苗易于向下发根吸取养分，有利禾苗生长。概种。颜师古注曰：概，稠也。概种者，言多生子孙也。颜师古的话，不很清楚。概既然是稠，概种应当是稠种、多种、密种的意思。其所以要密种，大约是怕苗出的疏稀不整齐。立苗欲疏。种要稠密，免得出苗不齐；但立苗却要疏稀。这大约因为古代肥料差，立苗疏了可以成长得好。非其种者，锄而去之。这是指除草、除稗。除去草稗，使禾苗多得营养，苗壮生长。

　　这些农业知识，反映当时农业生产技术水平。

　　从全国范围说，北方的农业生产技术高于南方，中原地区高于边疆地区。《史记·货殖列传》说："楚、越之地，地广人稀，饭稻羹鱼，或火耕而水耨。果随嬴蛤，不待贾而足。地势饶食，无饥馑之患，以故呰窳偷生，无积聚而多贫。是故江淮以南，无冻饿之人，亦无千金之家。沂泗以北，宜五谷、桑麻、六畜，地小人众。数被水旱之害，民好畜藏，故秦、夏、梁、鲁（今陕西、山西、河南、山东）好农而重民。三河、宛、陈（今河南境）亦然，加以商贾。齐、赵设计巧，仰机利。燕代，田畜而事蚕。"这是司马迁对汉代主要地区经济形势的瞭望。《货殖列传》，主要是写工商业和城市经济，但它也概述了全国农业形势。西汉时期，江南地区的农业，还在"火耕而水耨"。应劭解释火耕水耨为："烧草下水种稻，草与稻并生，高七八寸，因悉芟去，复下水灌之，草死，独稻长，所谓火耕水耨"（《汉书·武帝纪》注引）。

　　火耕水耨，是在"地广人稀"的环境条件下产生的。因为地广人稀，草地多，不耕地多，开垦种植，首先需要除草。烧草下水，一则免得除草；

二则草灰可作肥料。同时,火耕水耨也反映江南农业生产技术的落后。

汉武帝晚年,农业生产技术似乎有一次很大的改进。这次改进是在著名的农学家赵过领导下进行的。他提出了代田法,并对农业生产工具和耕作方法提出了改进。

关于赵过的代田法,《汉书·食货志》有如下的记载:"过能为代田,一晦三甽,岁代处,故名曰代田,古法也。后稷始甽田,以二耜为耦,广尺深尺曰甽,长终晦,一晦三甽,一夫三百甽,而播种于甽中。苗生叶以上,稍耨陇草,因隤其土以附苗根。故其诗曰:'或芸或芋,黍稷儗儗。'芸,除草也;芓,附根也。言苗稍壮,每耨辄附根,比盛暑,陇尽而根深,能风与旱,故儗儗而盛也。其耕耘、下种田器,皆有便巧。率十二夫为田一井一屋,故晦五顷。用耦犁,二牛三人,一岁之收常过缦田一斛以上,善者倍之。"

颜师古说:"代,易也。"一亩地中甽陇相间,年年甽陇换着耕种,所以称为代田。周代的代田法,是田有一易之田再易之田;一岁耕,一岁休耕或两年休耕。赵过的代田,是在同一块土地上甽陇年年调换,今年作甽的明年休陇,今年作陇的明年作甽,而不是两块土地的轮换。

一亩三甽岁代处的代田法,对当时现行的播种方法一定有所改进。不然,历史上就不会记录下来赵过的代田法了。当时现行的播种方法,大约就是《汉书·食货志》提到的缦田。所谓缦田,据颜师古注:"缦田,谓不为甽者也。"即所谓撒播。秦末田间已有陇,陈胜少时为人庸耕,就曾经"辍耕至陇上"(《史记·陈涉世家》)。但陈胜是耕作中间在地头上休息。陇上是地头上。田里是否有陇甽相间,单只《陈涉世家》这条材料还不能予以说明。不管怎样,《汉书·食货志》既然以代田的收获量和缦田的收获量相比,缦田在汉代一定还是存在的,而且不少田亩还是用缦田法播种。不然,这个相比便是毫无意义的。但缦田是比较原始的,汉代农业已相当发展,不大可能仍都是缦田。

隤陇土以附苗根,大约也是代田法中的一项进步措施。苗种在甽里,不断隤土附苗根,陇尽而根深,实际上起了深耕的作用。

赵过在农具方面的改进,主要是对耕犁和耧犁的改进,即《汉书·食货志》所说的"耕耘、下种田器皆有便巧"。耕耘的田器,主要是犁,下种的田器,就是耧。赵过改进后的耕犁是耦犁,耕作时需要二牛三人。赵过改进后的下种田器,大约是一种三脚耧。崔寔《政论》说:"武帝以过为搜粟都尉,教民耕殖。其法三犁共一牛,一人将之,下种挽耧,皆取备焉,日种一顷,至今三辅犹赖其利。今辽东耕犁,辕长四尺,回转相妨,既用两牛,两人牵之,一人将耕,一人下种,二人挽耧,凡用两牛六人,一日才种二十五亩,其悬绝如此。"(《齐民要术·耕田》)贾思勰以北魏三脚耧来解释赵过的耧犁,他说:"按三犁共一牛,若今三脚耧矣。未知耕法如何。今自济州以西,犹用长辕犁,两脚耧,长辕,耕平地尚可,于山涧之间则不任用。且回转至难,费力,未若齐人蔚犁之柔便也。两脚耧种垅概,亦不如一脚耧之得中也"(《齐民要术·耕田》)。

崔寔所说东汉辽东地区使用的辕长四尺的耧犁,大约就是贾思勰所说的北魏时济州以西所使用的长辕犁。这种长辕犁可能也就是赵过改革前关中所使用的耧犁。崔寔说辽东的长辕犁要用两牛六人,一天才能种二十五亩,而且辕长回转相妨。贾思勰说济州以西的长辕犁用于平地尚可,山地则使用不便,回转难而又费力。赵过改进后的耧犁,或如《汉书·食货志》所说是耦犁,二牛三人;或如崔寔《政论》所说三犁共一牛,一人将之,日种一顷,比起长辕犁来,都是既便巧省牛力人力,又大大提高了播种能力。

武帝末年,由于长期战争,弄得民穷财尽,农民暴动此起彼伏,政治十分危急。武帝为了稳定社会政治,停止战争,采取措施恢复生产。赵过的农业改革是在这时期提出来的,得到武帝的大力支持。在取得经验证明代田确能提高产量后,即先在公田后在郡县民田加以推行。关中和西北边郡都推行了代田法。《汉书·食货志》对此有如下记载:"过使教田太常、三辅,大农置工巧奴与从事,为作田器。二千石遣令长、三老、力田及里父老善田者受田器,学耕种养苗状。……过试以离宫卒田其宫壖地,课得谷皆多其旁田畮一斛以上。令命家田三辅公田,又教边郡及居延城。是后边城、河东、弘农、三辅、太常民皆便代田,用力少而得谷多。至昭帝时,流民稍还,田野益辟,颇在畜积。"

赵过的代田法,是武帝晚期农业生产技术很有意义的大进步。"用力少得谷多",就是最鲜明的表现。昭帝时的"流民稍还,田野益辟",虽然不能全都归功于代田法,代田法却是一条因素。

代田法之后约六十年,在关中地区又有人创立区田法。采用区田种植作物,生产量增加更多。

区田法是成帝时人汜胜之总结过去农业生产经验提出来的。汜胜之是我国古代杰出的农学家。《汉书》无传,关于他的事迹我们知道的很少。他可能是今山东定陶一带的人。《广韵》汜字条:"皇甫谧云:本姓凡氏,遭秦乱,避地于汜水,因改焉。汉有汜胜之,撰书言种植事。"汜水为古济水支流,在今定陶县南。汜胜之可能是定陶一带的人。(看万国鼎《汜胜之书辑释》序,中华书局1957年出版)成帝时,汜胜之作过议郎,他的著作被称为《汜胜之书》,久已逸,《齐民要术》等书里保存下来一部分。

所谓区田法,就是把土地分成区来种植。区田有两种形式,一是长条的,一是方块的。万国鼎《汜胜之书辑释》把长条的叫作带状区种法,方块的叫作小方形区种法。汜胜之把区田法讬始于伊尹,说"汤有旱灾,伊尹作为区田,教民粪种,负水浇稼"(《齐民要术》卷一《种谷》引),这当然是假讬。

区田法不挑拣土地,重要的是有好肥料。汜胜之说:"凡区种,不先治地,便荒地为之。"又说:"区田以粪气为美,非必须良田也。诸山陵近邑高危倾阪及丘城上,皆可为区田。"但视土地的肥垆,区种的方块有大小。"上农夫区"即肥沃的良田,每区方深各六寸,间相去九寸,一亩(当时的亩)三千七百区。中等土地,每区方九寸,深六寸,相去二尺,一亩一千二十七区。下等垆瘠田,每区方九寸,深六寸,相去三尺(依万国鼎说用金抄本《齐民要术》),一亩五百六十七区。

区种的收获量是很高的,据汜胜之书说:"区种,天旱常溉之,一亩常百斛。"这是上农夫肥沃土地的产量,中等土地是一亩收五十一斛,下田收二十八斛。这个数字,显然是夸大了的。

区田法是一种劳动力使用非常集约的耕作方法。土地既是分成长条或方块,就不适于牛耕,凡缺乏耕牛的地区和时代,就可以区种。区种既是以小块田为单位,不需要大块平原土地,山陵地区、高陂地等,都可以开荒区种。区种能充分利用水利,不浪费水,干旱地区和时代,最利于区种。区田大约有些像菜园地。有句农谚:"一亩园,十亩田。"菜园靠施肥和浇水,产量比一般农田高得多。区种能够高产,大约是这个原因。区种法,使用劳动力多。

成帝时,氾胜之曾指导过关中三辅地区的农业生产。《汉书·艺文志》《氾胜之十八篇》条颜师古注曰:"刘向《别录》云,使教田三辅,有好田者师之。"他指导过种麦,《晋书·食货志》说:"昔汉遣轻车使者氾胜之督三辅种麦,而关中遂穰。"两条记载,可能说的是同一件事。史书虽然没有说他怎样指导生产,指导种麦,很可能就是推行区种法。在缺少耕牛和干旱时期,就常常采用区田法。如东汉明帝永平末年,各地连年发生牛疫,耕牛死亡极多,又加旱灾,垦地多荒,明帝下诏郡国"使区种增耕"(《后汉书·刘般传》)。魏晋时期,我们还看到邓艾在陇右"值岁凶旱"遂"为区种"(《三国志·魏志·邓艾传》)。十六国前秦苻坚"以境内旱,课百姓区种"(《晋书·苻坚载记上》)。这时苻坚的境内,主要是关中。看来,区种法起于关中,逐渐向外地扩展,但推行区种法多的地区仍是关陇地区。区种使用劳动力多而且强度很大,主要又靠水靠肥。区种最适宜于干旱地区和在山坡、高原地区推行。这里,水肥都来之不易,推行区种可以节约用水和增强肥料的效益。氾胜之之后,推广区种法的人如邓艾和苻坚都是在关陇地区。

这样看来,区种的劳动是非常集约的。它需要劳动者作细致的劳动。这种形式,适宜于高高下下的丘陵地带。它不能使用牛耕。

第 三 章

小农和小农经济

（一）小　　农

西周春秋时期,一方面我们看到血缘纽带氏族组织还维持着;另一方面看到这种关系毕竟是随着时间的推移而逐渐松弛、解体,氏族成员逐渐突破氏族组织的躯体而以个体小农的面貌出现了。《诗经》里所反映的农民活动,一般都是独立的个体小农。时代越后的诗,主人翁的个体性质也越鲜明。

《周礼》讲到当时的社会,都反映家是基层单位。《大司徒之职》条:"凡造都鄙制其地域而封沟之,以其室数制之。不易之地家百亩,一易之地家二百亩,再易之地家三百亩。""令五家为比,使之相保;五比为闾,使之相使;四闾为族,使之相葬。……"《小司徒之职》条:"掌建邦之教法,以稽国中及四郊都鄙之夫家九比之数,以辨其贵贱老幼废疾。""乃均土地以稽其人民而周知其数。上地家七人,而可任也者家三人;中地家六人,可任也者家五人;下地家五人,可任也者家五人。凡起徒役,毋过家一人,以其余为羡。"这里举这几条为例。凡给土地、起役徒等,都是以家为单位来进行的。《周礼》中所反映的社会情况的时代性是有争议的。《周礼》的成书时代一般都同意是战国时期,它使用的材料有春秋以前的,但很可能已加进去一些战国时代的色彩。《周礼》中的以家为社会单位,可能反映了春秋战国时代的情况。

《管子·权修》:"天下者,国之本也;国者,乡之本也;乡者,家之本也;家者,人之本也。"《立政》:"分国以为五乡,乡为之师;分乡以为五州,州为之长;分州以为十里,里为之尉;分里以为十游,游为之宗。十家为什,五家为伍,什伍皆有长。"《小匡》:"圣王之治其民也,参其国而伍其鄙。……制国以为二十一乡。……制五家为轨,轨有长;十轨为里,里有司;四里为连,连有长;十连为乡,乡有良人。……五鄙……制五家为轨,轨有长;六轨为邑,邑有司;十邑为率,率有长;十率为乡,乡有良人。"管子所反映的社会,也是家是基层单位。尽管国与鄙的组织系统不同,但国与鄙都是以家为基层。《管子》一般也认为是战国时代的著作,它里面有春秋时代齐国的材料,但基本上反映的也是战国时代的情况。从《管子》看,也看出战国时代是个以个体家庭为单位的小农社会。

战国时期,五口之家或八口之家的个体小农家庭在社会上已是普遍存在的了。战国初期,李悝在魏国协助文侯进行改革尽地力之教,当时的农民是"一夫挟五口,治田百亩"(《汉书·食货志上》)。可以想象这个五口之家,是社会上普遍存在的不是个别现象。稍后的孟子的理想社会生活是"百亩之田勿夺其时,八口之家可以无饥矣"(《孟子·梁惠王上》)。孟子也是以个体小家庭来看当时的社会的。

五口之家、八口之家的个体小农突破氏族躯壳成为社会单位的划时代标志,是商鞅变法。商鞅变法,奖励耕战,鼓励小家庭。他以立法为手段,强迫人民分户组成小家庭,"民有二男以上不分异者,倍其赋"(《史记·商君列传》)。有二男以上就要分家,这是小农中的小农家庭了。

由氏族解体演化出来的个体小家庭,都是小土地所有者。他的小土地来源,主要是由氏族沿袭下来的份地。氏族的份地,原来要定期收回重新分配,后来分到一家长期为一家使用,最后成为一家私有。西周春秋时期,我们看到贵族间的土地转让,个别例子也看到贵族间通过交易进行土地转让,但还没有看到农民间的土地买卖转让。农民买卖土地,战国时期出现了而且还比较盛行。长平之战前,赵国主帅赵括从赵王那里领了金帛赏赐就"归藏于家,而日视便利田宅可买者买之"(《史记·赵奢列传》)。《韩非子·外储说左上》:"王登一日而见二中大夫,予之田宅。中牟之人弃其田耘卖宅圃而随之文学者邑之半。"赵括买的土地,不可能都是从贵族手里买来的,恐怕绝大部分是个体小农出卖的土地。中牟人卖田,可能是韩非在讲故事,但这类事却是社会现实,韩非只是加以集中概括而已。这些卖田圃而随文学的半邑中牟人,自然也都是个体小农。这都说明一家百亩的个体小农和小农经济在战国时代已是普遍存在的。至于像苏秦那样,"使我有雒阳负郭田二顷,吾岂能佩六国相印?"(《史记·苏秦列传》)。有田二顷恐怕已是小地主了。这样的小地主,当时要靠经营商业,但也是从个体小农演化出来的。

秦统一后,个体小农称为"黔首"。黔是黑的意思。农民在暴日下劳动把脸都晒黑了,得了个黔首的名称。秦始皇对待农业和农民的政策,仍是商鞅政策的继续:重农抑末,奖励耕战,秦始皇一直以重农使农民安居乐业自豪。他在东巡各地的刻石中一再说:"皇帝之功,勤劳本事,上农除末,黔首是富。""黔首安宁,不用兵革,六亲相保,终无寇贼。""黎庶无繇,天下咸抚,男乐其畴,女修其业,事各有序,惠被诸产"(见《史记·秦始皇本纪》)。

始皇三十一年,"使黔首自实田"(见《史记·秦始皇本纪》注引徐广曰)。有人认为这是中国历史上土地私有制的开始。这是对"黔首自实田"这句话的曲解。自实田就是自己呈报自己所有的土地。既如此,那就是私有在前呈报在后。不能说原来没有土地所有权,自实以后私有权才成立。"自实田"引申不出来这个意思。因此,不能用此证明土地私有制的开始。这句话,以解释为在此之前农民已私有着他的土地,自实田,只是要求农民确实的无隐瞒的呈报他所有的田地的数量。自实田,是以土地私有为前提的。当然,自实田后就更加巩固了土地私有权。

战国秦汉时期的农民,是自由平民。他们可以自由地出卖他们的劳动力。《韩非子·外储说左上》说:"夫卖庸而播种者,主人费家而美食,调布而求易钱者,非爱庸客也,曰:如是,耕者且深,耨者熟耘也。庸客致力而疾耘耕者,非爱主人也,曰:如是,羹且美,钱布且易云也。"庸客是自由的出卖他的劳动力。庸客和主人的关系,是自由的雇庸关系,没有强制性。主人只有用美食钱布买着他努力耕耘,没有任何强力或权力强迫他卖命耕耘。庸客是自由人。

陈涉是我们熟知的人物。《史记·陈涉世家》说:"陈涉少时尝与人佣耕,辍耕至陇上,怅然久之,曰:'苟富贵,勿相忘。'庸者笑而应曰:'若为佣耕,何富贵也?'陈涉太息曰:'嗟乎!燕雀安知鸿鹄之志哉!'"后来,他在大泽乡领导起义时又说了一句:"王侯将相宁有种乎?"陈涉和跟他一块佣耕的人,智力是有高低的,胸怀也有不同。但他们在身份上都是一样的,可以说都是自由平民,都一样是在自由的出卖他们的劳动力,身份上没有高低之分。就是和王侯将相来比,在身份上也没有高低。"宁有种乎?"种就是血缘关系。他们是不承认贵族身份的世袭关系,即血缘关系的。大家的出发点是一样的,都是自由平民。自由平民有才智就可以作王侯将相。这正是战国以来,自由平民的写照。《孟子·滕文公上》:"成覸谓齐景公曰:彼丈夫也,我丈夫也,吾何畏彼哉!颜渊曰:舜何人也?予何人也?有为者亦若是。"孟子的话,反映战国时人只承认人和人只有聪明才智上的差异,成就上大小高低的差异,而不承认身份上的差异。大家都是大丈夫,只要有条件都能作舜。

战国初年,魏文侯的儿子子击和贫士田子方有这样一段故事:"子击出,遭田子方于道,下车伏谒。子方不为礼。子击怒,谓子方曰:富贵者骄人乎?贫贱者骄人乎?子方曰:亦贫贱者骄人耳!富贵者安敢骄人!国君而骄人则失其国,大夫而骄人则失其家,失其国者未闻有以国待之者也,失其家者未闻有以家待之者也。夫士,贫贱者,言不用,行不合,则纳履而去耳,安往而不得贫贱哉!子击乃谢之"(《史记·魏世家》)。

田子方是个平民,国君的养士。他可以对国君的儿子不礼貌,而且还振振有理。国君不可骄,大夫不可骄。国君骄则失国,大夫骄则失家。士有的是贫贱,哪里待我不好就走着,走到哪里都不过是贫贱。这是大丈夫的气概,是自由民的气概。

战国时期,出现了一些游侠,还有四公子养士。这些游侠和士,多半已离开劳动,有些成为社会上的流氓无产者。这些人虽然依附于主人,靠为主人卖命、献策、献计来生活。但在人格上却不能受辱,只要使他们感到受辱他们就会自由的离开。四公子中的赵平原君就有这样一段故事:"平原君家楼临民家,民家有躄者槃散行汲,平原君美人居楼上,临见,大笑之。明日,躄者至平原君门语曰:'臣闻君之喜士,士不远千里而至者以君能贵士而贱妾也。臣不幸有罢癃之病,而君之后宫临而笑臣,臣愿得笑者头。'平原君笑应曰诺。躄者去,平原君笑曰:'观此竖子乃欲以一笑之故杀吾美人,不亦甚乎?'终不杀。居岁余,宾客、门下、舍人稍稍引去者过半。平原君怪之。……门下一人前对曰:'以君之不杀笑躄者,以君之爱色而贱士,士即去耳。'平原君乃斩笑躄者美人头,自造门进躄者,因谢焉。其后,门下乃复稍稍来"(《史记·平原君列传》)。此等事,在今天看来是荒唐的,怎能为一笑就杀人!但在战国,在古代社会,这是重然诺,重义气,尊重自由人的人格的时代所养成的一种社会风气。战国时代,尊重自由人的人格、重然诺、轻生命的风气是极盛的。这种风气,说明自由平民中地位有高低、富贵有差异,人格都是平等的。人格不能受辱。士可杀不可辱和大丈夫气概,也正是反映的战国以来养成的自由平民的人格和自尊心理。

两汉的郡县人民,称为编户齐民。他们都有户籍,称为名数。《汉书·万庆传》:"元封四年,关东流民二百万口,无名数者四十万。"颜师古注说:"名数,若今(指唐朝)之户籍。"齐民,谓身份无贵贱之分。《汉书·食货志下》"所忠言,世家子弟、富人或斗鸡走狗马弋猎博戏乱齐民",颜师古注引如淳曰:"齐,等也;无有贵贱,谓之齐民。若今言平民矣。"汉代的编户齐民,身份是平等的,无贵贱之分。汉代虽丞相之子,都要服役戍边。如淳说:"虽丞相子,亦在戍边之调"(《汉书·昭帝纪》元凤四年条颜师古注引)。盖宽饶"身为司隶,子常步行,自戍北边"(《汉书·盖宽饶传》)。

两汉时期,和战国时期一样,社会上盛行着雇佣劳动形式。"栾布,梁人也。穷困,卖庸于齐,为酒家保"(《史记·栾布列传》)。有些人一面作雇佣劳动,一面读书,后来都作了大官或学者。如"丞相匡衡者,东海人也。好读书，从博士受诗。家贫，衡佣作以给食饮。"（褚少孙补《史记·丞相匡衡传》）。"倪宽，千乘人也。治《尚书》，事欧阳生。以郡国选诣博士，受业孔安国。贫无资用，尝为弟子都养，时行赁作，带经而锄，休息，辄读诵。其精如此。"（《汉书·倪宽传》）。东汉时的公沙穆"东游太学，无资粮，乃变服客佣为（吴）祐赁春"（《后汉书·吴祐传》）。"卫飒，河内修武人也，家贫好学，随师无粮，常佣以自给"（《后汉书·卫飒传》）。"第五访，京北长陵人，司空伦之族孙也。少孤贫，常佣耕以养兄嫂，有闲暇则以学文"（《后汉书·第五访传》）。看得出来，这些雇佣劳动者都是自由出卖自己的劳动力的。

战国秦汉时期雇佣劳动的盛行，这正是恩格斯对古代社会的论证的。恩格斯说："包含着整个资本主义生产方式的萌芽的雇佣劳动是很古老的，它个别地和分散地同奴隶制度并存了几百年"（《反杜林论》，见《马克思恩格斯全集》中文版第二十卷第296页）。

就是佃耕农民，身份上也是自由平民。中国历史上有名的大儒东汉末年的郑玄（字康成），就是一佃农。他并不是先作佃农后作学者，而是"游学周秦之都，往来幽、并、兖、豫之域"学成之后，回故乡授徒讲学的同时仍作佃农的。用他自己的话说："年过四十，乃归供养，假田播殖，以娱朝夕"（《后汉书·郑玄传》）。郑玄很可能是有雇工的，雇人替他耕田。不然他不可能一面著书、教学，一面却又下田种地。但无论怎样说，他是个佃农，而佃农是自由人。他自己说"假田播殖"，不会假。

《史记》、《汉书》里刻画了许多起家编户齐民作了大官的人。可以看得出，他们虽然家贫，却都是自由平民，有战国以来的国人、游侠自由平民的气质。举两个例子：

刘敬。《史记·刘敬、叔孙通列传》："刘敬者，齐人也。汉五年戍陇右，过洛阳，高帝在焉。娄敬脱辂辂，衣其羊裘见齐人虞将军曰：'臣愿见上言便事。'虞将军欲与之鲜衣，娄敬曰：'臣衣帛衣帛见，衣褐衣褐见，终不敢易衣。'于是虞将军入言上，上召入见，赐食。已而，问娄敬，娄敬曰：'……陛下入关而都之，山东虽乱，秦之故地可全而有也。'……上疑未能决，及留侯明言入关，便即日车驾西都关中。于是上曰：'本言都秦地者娄敬。'娄者,乃刘也。赐姓刘氏。拜为郎中,号为奉春君。"

娄敬,穿着旧羊皮衣推着小车去服役,过路洛阳要求见皇帝,皇帝也竟然见他,也就由此作了官。娄敬是个小农,是个自由平民。

《史记·平津侯·主父列传》:"丞相公孙弘者,齐菑川国薛县人也,字季。少时为薛狱吏,有罪,免。家贫,牧豕海上。年四十余,乃学春秋杂说。养后母孝谨。建元元年,天子初即位,招贤良文学之士。是时,弘年六十,征以贤良,为博士。使匈奴,还报不合上意,上怒以为不能,弘乃病免归。元光五年,有诏征文学,菑川国复推上公孙弘,弘让谢国人曰:'臣已尝西应命,以不能罢归,愿更推选。'国人固推弘。弘至太常,太常令所征儒士各对策。……策奏,天子擢弘对为第一。……拜为博士。……二岁中,至左内史。"

公孙弘家贫,牧猪海上,却能一再应贤良文学招,为博士,后位至丞相,封侯。他是个体小农,是个自由平民。

周代氏族贵族是讲究服饰的,从服装的质量、颜色等方面可以显示贵族的身份等级。商鞅变法时规定:"明尊卑爵制等级,各以差次名田宅臣妾。衣服以家次,有功者显荣,无功者虽贵无所芬华"(《史记·商君列传》)。(请注意我对这段话的标点与别人不同)

商鞅这条规定,是为了鼓励以军功取富贵,打击以血缘关系生下来就是贵族的旧氏族贵族。这是对旧氏族贵族特权的突破,但却又赋予军功新贵族以特权。

但贵族特权一经打破,人民都成了自由平民,人人都可以由自由平民起步上升为军功贵族,特权就很难限制在军功贵族阶层。到了汉代,我们便看到以服饰显示身份的规定便被打破了。贾谊曾说:"今之卖僮者,为之绣衣丝履偏诸缘,内之闲中,是古天子后服,所以庙而不宴者也,而庶人得以衣婢妾。白縠之表,薄纨之裏,捷以偏诸,美者黼绣,是古天子之服,今富人大贾嘉会召客者以被墙。……庶人屋壁得为帝服,倡优下贱得为后饰,然而天下不屈者,殆未有也"(《汉书·贾谊传》)。

贾谊反对庶人、天子衣服无贵贱之别,但这却是社会现实;反对,也无法改变。衣服无贵贱之别,只要有钱,愿意穿什么就穿什么,到东汉末年还是如此的。东汉末年的仲长统说："井田之变，豪人货殖，馆舍布于州郡，田亩连于方国；身无半通青纶之命，而窃三辰龙章之服"（《昌言·损益篇》见《后汉书·仲长统传》）。

衣服无贵贱之别，有钱就能自由穿戴，这是汉代编户齐民身份平等而又是自由民的反映。当然，仲长统"身无半通青纶之命，而窃三辰龙章之服"这句话里，已用了一个"窃"字，表示这是僭越，不应该的。这和东汉以来，贵贱之分又渐渐显著起来可能不无关系。

小农家庭的人口，战国西汉一般是五口。商鞅变法规定，"民有二男不分异者，倍其赋"。商鞅的规定，对秦朝小农家庭人口结构有影响。西汉初年的贾谊说："秦人家富子壮则出分，家贫子壮则出赘，借父耰鉏，虑有德色，母取箕帚，立而谇语"（《汉书·贾谊传》）。

战国时代，小农家庭一般是五口之家，李悝所谓"一夫挟五口，治田百亩。"西汉仍是如此。晁错谈到农家人口时，仍是说"今农夫五口之家"（《汉书·食货志上》）。西汉人口数是：12233062 户，59594978 人，平均每户 4.87 多人，接近五口。刘邦为亭长时，"常告归之田，吕后与两子居田中耨"（《史记·高祖纪》）。刘邦的小家庭，有四口人。陈平"少时家贫，好读书，有田三十亩，独与兄伯居。伯常耕田，纵平使游学。平为人长，美色。人或谓陈平曰：贫何食而肥若是？其嫂嫉平之不视家生产，曰：亦食糠覈耳。……及平长可娶妻，……久之，户牖富人有张负，女孙五嫁而夫辄死，人莫敢娶。……张负，……卒与女。负戒其孙曰：母以贫故事人不谨，事兄伯如事父，事嫂如母"（《史记·陈丞相世家》）。看来，陈平的家庭，也只有兄、嫂、陈平和新娶的妻四口人。

东汉时期，每家的人口数似略有增多。下面就《续汉志·郡国志》注引伏无忌所记东汉几个不同时代的户口数看东汉每户人口数：

年　代	户　数	口　数	每户口数
光武中元二年（公元 57 年）	4 279 634	21 007 820	5⁻
明帝永平十八年（公元 75 年）	5 860 573	34 125 021	5.8⁺
章帝章和二年（公元 88 年）	7 456 784	43 356 367	5.8⁺

年　代	户　数	口　数	每户口数
和帝元兴元年(公元 105 年)	9 237 112	53 256 229	7.3$^+$
安帝延光四年(公元 125 年)	9 647 838	48 690 789	5$^-$
顺帝建康元年(公元 144 年)	9 946 918	49 730 550	5$^-$
冲帝永嘉元年(公元 145 年)	9 937 680	49 524 183	5$^-$
质帝本初元年(公元 146 年)	9 348 227	47 566 772	5$^+$

从上表看,东汉和帝以前,每户平均超过五口,安帝以后大体五口稍弱。我们知道东汉后期户口、垦田多有不实,虚报的多。安帝以后每户的平均口数,可靠性是差的。

影响东汉每户口数增多的,有两个因素可以考虑:一是儒家的影响。儒家讲求孝。父母在世而分居,被视为不孝。当时有条谚语:"举孝廉,父别居"(《抱朴子·外篇·审举》)。姜肱"家世名族,肱与二弟仲海、季江,俱以孝行著闻,及各娶妻,兄弟相恋,不能别寝"(《后汉书·姜肱传》)。姜肱事继母笃孝。继母年少,肱兄弟同被而寝,不入房室,以慰母心(注引谢承书)。又如李充,"家贫,兄弟六人,同食递衣。妻窃谓充曰:……妾有私财,愿思分异。充……于坐中前跪白母曰:此妇无状,而教充离间母兄,罪合遣斥。便呵叱其妇,逐令出门"(《后汉书·独立·李充传》)。李充有母在,兄弟六人同籍不分居。

兄弟不分居的另一因素,可能是为了使用牛犁耕田。东汉耕犁趋于重大,这是土地集中的结果。土地集中,大土地所有者有财力使用多牛大犁,以深耕增加生产。小农家庭为了抗衡土地兼并和增加生产,出现兄弟共居的家庭形式。这样才能有较多的劳动力和资金(参看于琨奇博士论文《秦汉小农与小农经济》第二章"秦汉小农的家庭结构")。

总之,战国秦汉时期的小农家庭,一般是有五口左右的人口,有田百亩。他们是自由民,或耕豪民之田的佃户如郑玄和为人佣耕的雇农陈涉,都是自由民。"王侯将相宁有种乎?"这是他们的自觉意识。他们不承认贵族是天生的,有为者亦若是。

（二）二十等爵

周代官爵是不分的。自天子以下诸侯、公、卿、大夫，是爵位同时也是官位。它是贵族阶级内的等级关系，不关平民。商鞅始制二十等爵，战斩一首，赐爵一级。后世始有"首级"之称。据《汉书·百官公卿表》，二十等爵为：

一级曰公士。师古曰(以下注皆引师古曰)：

言有爵命异于士卒，故称公士也。

二上造。造，成也，言有成命于上也。

三簪袅。以组带马曰袅。簪袅，言籫此马也。

四不更。言不豫更卒之事也。

五大夫。列位从大夫。

六官大夫。

七公大夫。加官、公者，亦稍尊也。

八公乘。言其得乘公家之车也。

九五大夫。大夫之尊也。

十左庶长。

十一右庶长。庶长，言为众庶之长也。

十二左更。

十三中更。

十四右更。更言主领更卒，部其役使也。

十五少上造。

十六大上造。言皆主上造之士也。

十七驷车庶长。言乘驷马之车而为众长也。

十八大庶长。又更尊也。

十九关内侯。言有侯号而居京畿无国邑。

二十彻侯。言其爵位上通于天子。

这是《汉书·百官公卿表》的记载。《表》说："皆秦制,以赏功劳。彻侯,金印、紫绶,避武帝讳曰通侯,或曰列侯。"

汉朝建立,继承了秦的二十等爵制。但在刘邦初年,继承秦制还有一个短期小过程。刘邦楚人,他初起时称"沛公"就是楚制。楚汉战争以前,他是秦楚制度杂用的。他初期对夏侯婴"赐爵执帛"、"赐爵执圭"。这执帛、执圭,就是楚制。《汉书·灌婴传》最可以看出汉初秦楚制同时杂用的情况。"高祖为沛公,……婴以中绢从,击破东郡尉于臧武及秦军于杠里,疾斗,赐爵七大夫。又从攻秦军亳南、开封、曲遇,战疾力,赐爵执帛,号宣陵君。……西入武关,战于蓝田,疾力,至霸上,赐爵执圭,号昌文君。沛公为汉王,拜婴为郎中。从入汉中,十月,拜为中谒者。从还定三秦。……击项羽将龙且、魏相项佗军定陶南,疾战,破之。赐婴爵列侯,号昌文侯。"

这里七大夫、列侯是秦制,执帛、执圭是楚制。

还定三秦之后,大约就专用秦制了。刘邦二年,"令民除秦社稷,立汉社稷,施恩德,赐民爵"(《汉书·高祖纪上》)。汉承秦制,大约从此时才明确开始了。

秦始皇时,有伦侯。二十六年东巡,在琅邪刻石颂功德,列名的有:列侯武成侯王离、列侯通武侯王贲、伦侯建成侯赵亥、伦侯昌武侯成、伦侯武信侯冯毋择、丞相隗林、丞相王绾、卿李斯、卿王戊、五大夫赵婴、五大夫杨樛等十一人,其中有伦侯三人。《索隐》解释伦侯说:"爵卑于列侯无封邑者。伦,类也,亦列侯之类"(《史记·秦始皇本纪》二十六年条)。伦侯,当即汉之关内侯。

二十等爵是普通自由平民由平民爬向贵族的阶梯。二十等爵的历史意义是以军功贵族代替氏族贵族。商鞅变法规定:"有军功者,各以率受上爵。""宗室,非有军功论不得为属籍"(《史记·商君列传》)。没有爵位的称作士伍。《史记·秦本纪》,秦昭襄王五十年。"武安君白起有罪,为士伍。"注引如淳的话说:"尝有爵以罪夺爵,皆称士伍。"汉景帝时曾规定:吏有脏罪,"夺爵为士伍"(《汉书·景帝纪》)。

爵位就像佛头上的金光，是有很多好处的。

第一，爵是身份荣誉，爵越高身份荣誉越高，而且可以得到田宅。第一级的公士，就是"言有爵命，异于士卒"。刘邦很重视爵位，即帝位后不久即下诏："民前或相聚保山泽，不书名数。今天下已定，今各归其县，复故爵田宅。吏以文法教训辨告，勿笞辱。"又曰："七大夫、公乘以上，皆高爵也，诸侯子及从军归者甚多高爵，吾数诏吏先予田宅及所当求于吏者亟与。爵或人君，上所尊礼；久立吏前曾不为决，甚亡谓也。异日秦民爵公大夫以上，令丞与亢礼。今吾于爵非轻也，吏独安取此！且法以有功劳行田宅。今小吏未尝从军者多满，而有功者顾不得。背公立私，守尉长吏教训甚不善。其令诸吏善遇高爵，称吾意"（《汉书·高祖纪下》）。

第二是可以免除徭役负担。第四级的不更，就是"不豫更卒之事"。刘邦曾明令规定，第七级公大夫是一个线，"七大夫以上皆令食邑，非七大夫以下皆复其身及户勿事"（《汉书·高祖纪下》）。

第三是可以免罪或减罪。如惠帝初规定，"爵五大夫、吏六百石以上及宦皇帝而知名者，有罪当盗械者皆颂系。上造以上及内外公孙耳孙，有罪当刑及当为城旦舂者，皆耐为鬼薪、白粲"（《汉书·惠帝纪》）。又规定"民有罪，得买爵三十级以免死罪。"（同上）应劭曰：一级直钱二千，凡为六万。若今（东汉）赎罪入三十匹缣矣。师古曰：令出买爵之钱以赎罪。但爵的价钱随时不等，成帝鸿嘉三年曾"令吏民得买爵，贾级千钱"（《汉书·成帝纪》）。

汉代没有爵的编户民似乎是不多的。《汉书》高、惠、文、景、武等《纪》中多有"赐民爵一级"、"赐民爵户一级"、赐天下"民当为父后者爵一级"的记载。东汉赐爵更多，常常是一次就赐两级、三级，而且是普遍的赐。像"赐天下男子爵二级"、"爵三级"这样的记载，在《后汉书》的《明帝纪》、《章帝纪》、《和帝纪》以及其他帝纪里都多次出现。男子，指的是一户之主。《后汉书·明帝纪》李贤注引《前书音义》说："男子者，谓户内之长也。"称男子，是说他还没有爵位。汉代户籍，登记姓名、郡县、乡里、年龄等。有爵位的都登记爵位。举几个居延汉简名籍类简为例：《居延汉简甲编》释文第20页439号："戍卒淮阳郡苦中都里公士薛宽年廿七。"第 33 页 759 号:"戍卒张掖郡居延当益里大夫段则,年卅五。"第 48 页 1122 号:"戍卒魏郡繁阳宜岁里公乘李广宗。"第 65 页 1558 号:"戍卒张掖郡居延昌里簪褭司马骏年廿二。"《史记·太史公自序》司马谈"卒三岁而迁为太史令"句下《索隐》引《博物志》:"太史令茂陵显武里大夫司马(迁)年二十八。"公士是二十等爵的第一爵,簪褭是第三爵,大夫是第五爵,公乘是第八爵。

男子为户主的户,是没有爵位的户。赐天下男子为户以爵位,没有爵位的编户民就很少了。

编户齐民由自由平民起步,可以上升为高级贵族——列侯。如前面说的公孙弘,家贫,牧猪海上,以贤良征,拜博士,一岁至左内史,官至丞相封侯。当然,编户齐民封侯只是法理上有此可能,事实上只有极少数人可能。但即使如此,也可以说明编户齐民的自由平民身份。秦汉二十等爵制,说明战国秦汉的自由平民的身份是自由民。

(三) 农民对国家的负担

1. 租

编户齐民是战国秦汉时代国家统治的基础,编户民对国家有租赋徭役负担。商鞅变法时奖励耕战。一个"耕",一个"战",反映了国家对编户民的要求,也说出了农民对国家的负担。

田租是从周代什一之税演化下来的。周王、各国诸侯把田分赐给属下的贵族,什一之税也就由得到田地的贵族征收,周王、诸侯不再征收。贵族对周王、诸侯有贡纳,但和田地无直接关系。贡纳是贵族对周王、诸侯的义务,但不是按田地征收的租税。

春秋末到战国时期,贵族对于他所持有的田地是征收田租的。下面是几个例证:

《墨子·贵义篇》:"今农夫入其税于大人,大人为酒醴粢盛以祭上帝鬼神,岂曰贱人之所为而不享乎?"《辞过篇》:"[以其常]役,修其城郭,则民劳而不伤;以其常正(征),收其租税,则民费而不病。"

这里税和租税,都是说的田租。大人,自然是贵族。

《左传》哀公二年,"初,周人与范氏田,公孙龙税焉。赵氏得而献之。吏请杀之,赵孟曰:为其主也,何罪? 正而与之田。"杜预注说:"龙,范氏臣,为范氏收周人所与田之税。"公孙龙是"为其主"收税,税当然是归范氏。

《韩非子·外储说右下篇》:"赵简主出,税吏请轻重,简主曰:勿轻勿重。重则利入于上,若轻则利归于民。吏无私利而正矣。"税吏,是赵简子下面收税的人。赵简子的田,由税吏替他收田租。

春秋后期,由于农业生产力的发展,单位产量的提高,国君、贵族对田亩的税收恐怕已慢慢不只什一,鲁哀公就"二吾犹不足"。赵简子的税吏请简子定税的轻重。轻重既可以由田主人来定,什一之税的税制就一定是打破了。

不过,战国初年李悝为魏文侯尽地力之教,田租仍是征什一的。《汉书·食货志上》:"今一夫挟五口,治田百亩,岁收亩一石半,为粟百五十石,除什一之租十五石,余百三十五石。"这可能说明什一之税,仍是国家征收的正常的税率。

自汉朝以来,重视秦汉间制度的沿革关系的,多认为是"汉承秦制"。今天看来,汉朝总结秦亡经验,其统治思想是和秦相反的,非承秦制;典章制度则多为秦制的延续,我们仍然可以说"汉承秦制"。

刘邦自汉中回师关中,曾"留萧何收巴蜀租,给军粮食"(《汉书·高祖纪上》)。这当然是田租。这田租大约仍是按秦朝制度征收的。刘邦五年(公元前202年),灭项羽取天下,政府和民间都很穷困,"民亡盖臧,自天子不能具醇驷,而将相或乘牛车"(《汉书·食货志上》)。于是刘邦"约法省禁,轻田租,什五而税一,量吏录,度官用,以赋于民"(同上)。什五而税一,是按产量征收,是先秦"什一之税"一条线上发展下来的。既然说"轻田租,什五而税一",秦朝可能也是按产量收;只是比什五而税一重,可能是什一,或者更多。董仲舒说秦朝"田租、口赋、盐铁之利二十倍于古"(同上),那是总计非只田租。

惠帝即位,"减田租,复什五税一"(《汉书·惠帝纪》)。注引邓展曰:"汉家初十五税一,俭于周十税一也。中间废,今复之也。"如淳曰:"秦作阿房之宫,收泰半之赋,遂行至此(指景帝时)乃复十五而税一。"师古说:"邓说是也。"邓展所说"汉家初十五税一",就是指的刘邦五年初灭项羽时的"轻田租,什五而税一"。如淳所说,应该是无稽之谈了。

文帝前元二年(公元前 178 年)诏曰:"农天下之大本也,民所恃以生也。而民或不务本而事末,故生不遂。……其赐今年田租之半"(《汉书·文帝纪》)。十二年又诏曰:"农民甚苦,而吏莫之省,将何以劝焉!其赐农民今年租税之半"(同上)。田租、租税,意思是一样的,都是说的田租。这两次都是只免除当年田租之半,即原是十五而税一,现在改为三十税一。

一年之后,十三年(公元前 167 年)六月又有如下诏书:"农天下之本,务莫大焉。今瘟(勤)身从事,而有租税之赋,是谓本末者无以异也,其于劝农之道未备。其除田之租税"(同上)。

这年之后,未再见文帝减免田租的记载。直到文帝死景帝即位,景帝元年(公元前 156 年)才又见到"令田半租"(《汉书·景帝纪》)的记载。因此,这里产生一个问题,即文帝前元十三年"其除田之租税"是免除这一年的田租呢?还是从这年起就免除田租了?那就是十二年间(公元前 167—前 156 年)未收田租。

文帝减免田租,是由晁错建议富人入粟拜爵、除罪引起的。晁错说:"欲民务农,在于贵粟,贵粟之道,在于使民以粟为赏罚。今募天下入粟县官,得以拜爵,得以除罪。如此,富人有爵,农民有钱,粟有所漯。夫能入粟以受爵,皆有余者也,取于有余以供上用,则贫民之赋可损。"于是文帝听从晁错的话,令民入粟边地买爵。晁错又说:"陛下幸使天下入粟塞下,拜爵,甚大惠也。窃恐塞卒之食,不足用大漯天下粟。边食足以支五岁,可令入粟郡县矣;足支一岁以上,可时赦勿收农民租。"文帝又接受了晁错的意见,而有十二年、十三年的减免田租。《汉书·食货志上》是把文帝免田租和景帝收田租之半连起来的。"乃下诏赐民十二年租税之半;明年,遂除民田之租税。后十三岁,孝景二年(《景帝纪》作元年),令民半出田租,三十而税一也。"

由此看来,解释为十二年不收田租大概是合理的。如果是只免一年,不是继续免下去,这之后文帝很可能还有免"今年田租"或"田租之半"的诏令,但却没有。在前十三年中,文帝三次下诏赐或除民田租,前两次都是"赐今年田租之半",只有第三次即前十三年这次是"除民之田租",诏文的语味是不同的。前两次是为了劝农,第三次于劝农之外,提出农民勤身耕作,不当再有租税之赋,说农民"而有租税之赋,是谓本末者无以异也,其由于劝农之道未备!"因此才除田之租税。因此,"除"就不是一年两年的事。而且如果这次"其除田之租税"不是长期而只是一年,那么在这次除田之租税以后的十年中竟未再有减免田租的诏令,也不甚合情理。

还有一条材料,使我倾向于认为文帝后十年中未收田租。文帝十五年诏有司举贤良文学士。在对策中,晁错赞扬文帝"配天象地,覆露万民","所为天下兴利除害,变法易故,以安海内者,大功数十,皆上世之所难"。他所说的大功数十中,有一条就是"农民不租"(《汉书·晁错传》)。文帝诏有司举贤良文学士,是十五年九月,在十三年"遂除民田之租税"后二三年。遂除民田之租税后二三年,晁错还强调"农民不租",这条材料增强了使我们想:文帝十三年"除田之租税",不是只免这一年。十三年后到景帝元年是免收田租的。

认为十年不收田租是不可能的人,总是以为统治者不收田租是不可想象的。这里有一些条件要考虑:文帝时官僚机构尚简单,官吏人数不多;田租在政府财政收入中,地位不如后世之重要。最重要的是:晁错建议边食足以支五岁,郡县足以支一岁以上,才可以勿收农民租。晁错既如此建议,可知边地支五岁郡县支一岁以上是可能的。不收农民田租是建立在这个条件也可以说这个基础之上的。当然,晁错也只是说富人入粟,"贫民之赋可损","可时赦勿收农民租",并未说可长期不收农民田租。如果有人认为文帝只是免一年田租而不是一直免下去,也举不出材料说一定不对。

三十税一的田租制,一直维持到西汉末年没有变动。东汉光武初年以用度不足曾改为十一,但不久就又恢复三十税一的旧制。《后汉书·光武帝纪》载:建武六年二月诏曰:"顷者师旅未解,用度不足,故行十一之税。今军士屯田,粮储差积。其令郡国收见田租三十税一,一如旧制。"三十税一制的改变,是在曹操时代。献帝建安年间,曹操实行户调田租制,三十税一制被代替。

因田而出的税租,于田租之外还有稾税。元帝时,贡禹说:"农夫父子,暴露中野,不避寒暑,捽草把土,手足胼胝,已奉谷租,又出稾税。乡部私求,不可胜供。"(《汉书·贡禹传》)

稾税,不起于汉,先秦已有。《国语·鲁语下》孔子对冉有说:"其岁收,田一井出稯禾、秉刍、缶米。不是过也,先王以为足。"秦时有刍、稾税,《淮南子·氾论训》:"秦之时,……发谪戍,人刍、稾。"高诱注:"入刍稾之税,以供国用。"秦二世时,以"度用不足,下调郡县转输菽粟刍稾"(《史记·秦始皇本纪》)。《睡虎地秦墓竹简》,多处出现禾、刍、稾的记载(文物出版社 1978 年版)。

西汉继承了刍、稾税的征收。《史记·萧相国世家》:"相国因为民请曰:长安地狭,上林中多空地,弃,愿令民得入田,毋收稾,为禽兽食。"《索隐》:"苗子还种田人,留稾入官"。颜师古注《汉书》此句:"言恣人田之,不收稾税也。"两注相较,似以《索隐》为胜,盖民得入田收禾,稾留入官为禽兽食。

关于稾税,西汉记载不多,东汉稾税记载多起来。如:

建武二十二年,诏曰:"日者地震,南阳尤甚。……其令南阳勿输今年田租、刍稾"(《后汉书·光武帝纪下》)。

"中元元年,复嬴、博、梁父、奉高,勿出今年田租、刍稾"(同上)。

章帝建初二年,诏曰:"复博、奉高、嬴,无出今年田租、刍稾。"

和帝永元十三年,诏曰:"其令天下半入今年田租、刍稾。有宜以实者,如故事。"

永元十四年,"七月,诏复象林县更赋、田租、刍稾二岁。……十月,诏兖豫荆州,今年雨水淫过,多伤农功。其令被害什四以上皆半入田租、刍稾;其不满者,以实除之"。

刍稾大概是和田租同时征收的。

汉代田租,是用实物交纳。贡禹所说"已奉谷租",可知租是用谷交纳。《汉书》、《后汉书》诸传,记载田租是用实物交纳的很多。刍稾税,西汉时期纳实物。江陵凤凰山十号汉墓简牍里有刍稾的记载。如三号简:里户刍廿七石,田刍四石三斗七升;凡卅一石三斗七升。……稾上户刍十三石,田刍一石六斗六升,凡十四石六斗六升。凤凰山汉墓大约是文景时墓。据此简,刍税是征实物,还分户刍和田刍。西汉后期,稾税则似是改为纳钱。《东观记》载有一条:"(光武)为季父故春陵侯诣大司马府讼地皇元年十二月壬寅前租二万六千斛,刍稾钱若干万。"(《后汉书·光武帝纪上》注引)这条材料可证王莽时期或更早刍稾是纳钱的。

按产量征收的三十税一,后来变为按顷亩征收,税额也固定在一定的一个数量上而不是年年按产量征收。在小国寡民时代,按亩产量收税是可以的。国家大了,按产量收就不行了。税额也固定下来,在执行上,这样作简单,免得年年一块块的计算土地的产量。《盐铁论》里有条记载,就说明武、昭时期三十税一就是按顷亩出固定的田租。《盐铁论·未通篇》载:"文学曰:什一而藉民之力也,丰耗美恶与民共之。……故曰:什一者,天下之中正也。田虽三十,而以顷亩出税,乐岁粒米狼戾而寡取之,凶年饥馑而必求足。"以顷亩出税,起自何时,已难考。

桓帝时曾按亩税钱。《后汉书·桓帝纪》:永寿八年,"初令郡国有田者,亩敛税钱。"李贤注:"亩十钱也。"征收的不是实物而是钱。从"初令郡国"亩敛税钱看,这年是开始,以后是要征收下去的。但灵帝中平二年又载:"二月己酉,南宫大灾,火半月乃灭。己亥,广阳门外屋自坏。税天下田,亩十钱。"注云:"以修宫室。"好像桓帝的初令郡国亩敛税钱并没有延续下去。不然灵帝只要照旧税天下田亩收十钱就是了,用不着特别记载"税天下田"。李贤注说"以修宫室",更似为修宫室而开征,而不是从桓帝开始年年征收亩税的延续。抑或桓帝亩税十钱之外,灵帝又以火灾亩加十钱耶?

田租是汉代诸种租赋中主要的一种交纳五谷食物的租税。汉代大部分租税,是由货币支付的。

赋是汉代人民比较重的负担。如果再加上免役钱的更赋(详下节),赋就更重了。于琨奇同志在他的博士论文《秦汉小农与小农经济》里,对汉代的赋有细致的论述。他认为:从征赋税的量来看,田租三十取一的税率,并不算重,小农如果耕种五十大亩土地,亩产三大石,需纳田租五石,实际只按亩四升的规定纳二石,每石粟以百钱计,合二百钱。而算赋人纳一百二十钱,户有二人纳二百四十钱,口赋二十三钱,户有三人纳六十九钱,更赋三百钱,户有二人计纳六百钱,共九百零九钱,几乎是田租的五倍。于琨奇同志的这个估计,只是个大略。需纳田租五石,又按二石计租也无必要。每石粟以百钱计价,似又偏高。但实际数字,赋比租高的多是没有问题的。因此于琨奇同志提出的:"秦汉政府对小农所征的租税赋役,有两大特点,这就是:以税人为主,税产为辅,征货币为主,征实物为辅",是有意义的。

2. 赋

赋和租是两种不同性质的征收。《汉书·食货志上》说:"(周)有赋有税。税谓公田什一及工商衡虞之入也。赋共车马兵甲士徒之役,充实府库赐予之用;税给郊社宗庙百神之祀,天子奉养,百官禄食,庶事之费。"颜师古注:"赋谓计口发财,税谓收其田入也。"《周礼·地官·小司徒》郑玄注:"赋,谓出车徒给徭役也。"《天官·太宰》条,郑玄注:"赋,口率出泉(钱)也。今之算泉,民或谓之赋。此其旧名。"赋是按口征收的,赋的内容为出车徒给徭役,即出车打仗。

赋的这种性质,春秋时期还是比较明显的。《左传》的记载可证:

成公二年:"孙桓子,遂如晋乞师。臧宣叔亦如晋乞师。皆主郤献子。晋侯许之七百乘。郤子曰:此城濮之赋也。……请八百乘,许之。"

襄公二十五年:"楚蒍掩为司马,子匠使庇赋,数甲兵。甲午,蒍掩书土,度山林,鸠薮泽,辨京陵,表淳卤,数疆潦,规偃豬,町原防,牧隰皋,井衍沃,量入修赋,赋车藉马,赋车兵、徒兵、甲楯之数。"

昭公十二年，"楚子次于乾溪……右尹子革夕，王见之……与之语，曰：……昔诸侯远我而畏晋，今我大城陈、蔡、不羹，赋皆千乘，子与有劳焉，诸侯其畏我乎？"

昭公十三年，"晋侯使叔向告刘献公曰：……。对曰：……天子之老请帅王赋，元戎十乘，以先启行，迟速唯君。"

昭公十六年，"子产怒曰：孔张……执政之嗣也……有录于国，有赋于军。……"

哀公七年，"秋，伐邾……师遂入邾，处其公宫。……邾茅夷鸿以束帛乘韦自请救于吴，曰：鲁弱晋而远吴，冯负其众……以陵我小国……四方诸侯其何以事君？且鲁赋八百乘，君之贰也；邾赋六百乘，君之私也。以私奉贰，唯君图之。"

从这些材料看，赋都是和军事有关系的，而且主要的是赋兵车，因之有赋十乘、赋八百乘、赋六百乘的说法。

赋和租（税）的不同，可能和商周两族地位不同，负担不同有关系。在"灭商后商周两族的关系"一节里，我们曾讲到周灭商后商周两族仍是各自聚族而居的，周族居住地区居中称为国，商族居住边区称为野。《孟子·滕文公上》说："请野九一而助，国中什一使自赋。"除去居住成周的殷人有"殷八师"外，一般殷人可能不服兵役。种田出租是殷人的负担，出赋打仗是周人的任务。这可能是赋、租（税）不同的来源，也是它的原始意义。

随着商周两族以及商周和其他各土著族的融合同化，各族界限的逐渐消失，商周两族分别负担的租和赋也渐渐失去依据。春秋以后，租和赋成为人民共同的两种负担。赋的含义也有了一些变化。

第一，赋的含义扩大，已不限于车马兵甲士徒之役。《说文解字》："赋，敛也。"（卷六下）。赋有了征收的意思。

《左传》昭公二十九年载："晋赵鞅、荀寅帅师城汝滨，遂赋晋国一鼓铁以铸刑鼎，著范宣子所为刑书焉。""赋晋国一鼓铁以铸刑鼎"这句话，有两种解释。一种解释是：赋晋国人民出役，鼓铁，以铸刑鼎。《左传》注者杜预就这样解释。他说："令晋国各出功力，共鼓石为铁，计令一鼓而足。"鼓是鼓囊扇火。另一种解释:鼓是量名,也是衡名,一鼓十二斛,四百八十斤(参看杨伯峻《春秋左传注》第四册1054页)。无论取何种解释,赋都不是军赋。

第二,赋渐渐和地区田土联系起来。

《春秋》成公元年,"三月,作丘甲。"《左传》,"为齐难,故作丘甲。……臧宣叔令修赋缮完,具守备,曰:……知难而有备,乃可以逞。"

昭公四年,"郑子产作丘赋。国人谤之曰:'其父死于路,已为虿尾,以令于国,国将若之何。'子宽以告,子产曰:'何害?苟利社稷,死生以之。'"

哀公十一年,"陈辕颇出奔郑。初,辕颇为司徒,赋封田以嫁公女;有余,以为己大器。国人逐之,故出。"

"季孙欲以田赋,使冉有访诸仲尼。仲尼曰:'丘不识也。'……而私于冉有曰:'君子之行也,度于礼,施取其厚,事举其中,敛从其薄。如是,则以丘亦足矣。若不度于礼,而贪冒无厌,则虽以田赋,将又不足。且子季孙若欲行而法,则周公之典在;若欲苟而行,又何访焉?'弗听。"

哀公十二年,"用田赋"。

成公元年(公元前590年),鲁作丘甲。其后五十二年,昭公四年(公元前538年),郑子产作丘赋。古代的注家和近代学者,大都认为丘甲和丘赋内容大体相同。但其内容如何,今天已很难详知。从上面征引的几条材料看,我们只能推知的是:创立丘甲、丘赋后,人民的负担是加重了。鲁作丘甲,是惧齐楚来伐而预作准备。郑作丘赋,引起国人对子产的咒骂。但这样做,对国家是有利的,大约国家以此增加了收入。从子产所说"苟利社稷,生死以之"可知。"用田赋"比"作丘赋",人民的负担又重一步。孔子反对用田赋,一则说要"敛从其薄",再则说"则以丘亦足矣"、"虽以田赋,将又不足",可知行田赋,人民的负担又加重了,比丘赋还重。

第三,"作丘甲"、"作丘赋"、"用田赋",都和井田有联系。杜预注丘甲说:"《周礼》九夫为井,四井为邑,四邑为丘,四丘为甸。"(《左传》成公六年)九夫井田,主要是殷人。孟子所说:"请野九一而助,国中什一使自赋"可证。野中殷人出租,国中周人出赋,这是最初殷人、周人两家的分工。现在九一而助的野人（殷人）必要出赋了。所以作丘甲、作丘赋、用田赋，都是负担兵役的人的范围的扩大。在这个变化中，周人、殷人更融为一体。

赋和租延续下来，秦汉时期成为人民的两项重要负担。赋更演化而出现口赋、算赋、口钱、更赋等不同名称和项目。

秦自孝公开始有赋。《史记·六国年表》说，孝公十四年，"初为赋"。商鞅变法规定："民有二男以上不分异者，倍其赋。"（《史记·商鞅列传》）秦的赋与租也是分着的。董仲舒说："秦……用商鞅之法，……田租、口赋、盐铁之利，二十倍于古。"（《汉书·食货志上》）赋是以人征收的税，所以按人头敛收。秦末人民起义，张耳号召人民起事反秦时说："秦为乱政……数十年矣……百姓罢敝，头会箕敛，以供军费。"（《史记·张耳陈余列传》）箕敛，《淮南子》作"箕赋"。《氾论训》："秦之时……发适之谪戍，入刍稾，头会箕赋，输于少府。"高诱注："头会，随民口数，人责其税。"即按口征收。这也就是董仲舒所说的秦人的口赋。

汉代民年十五到五十六出的赋，称作算赋。《汉书·高帝纪》："四年八月，初为算赋。"注引如淳曰："《汉仪注》：民年十五以上至五十六出赋钱，人百二十为一算，为治库兵车马。"《惠帝纪》注引应劭曰："汉律：人出一算，算百二十钱。"这里看出：汉初的赋，仍是"为治库兵车马"，还保留着赋的古意。赋已经收钱，"为治"库兵车马。钱，代替了原来的"出车徒给徭役"。

但算赋并不始于汉高帝四年，秦已有算赋。文帝时晁错说："秦之发卒也，有万死之害而亡铢两之报，死事之后不得一算之复。"（《汉书·晁错传》）又据《后汉书·南蛮西南夷传》，秦昭襄王时曾因射杀白虎之功，复巴郡阆中夷人"顷田不租，十妻不算"。算与田租对称，且以人（十妻）为征收对象，明其已是算赋。故算赋不始于汉高帝四年（参看黄今言《秦汉赋役制度研究》第211页）。

十五岁以前，七岁到十四岁，也要出口赋称为口钱。《汉仪注》："民年七岁至十四，出口赋钱，人二十三，二十钱以食天子，其三钱者，武帝加口钱，以补车骑马。"（《汉书·昭帝纪》元凤四年"毋收四年、五年口赋"

条下注引如淳曰)《说文解字》赀字条："汉律,民不徭,赀钱二十三。"段玉裁注《说文》即根据如淳引《汉仪注》的话解释《汉律》"民不徭"为"然则不徭者,谓七岁至十四岁"。

《汉书·贡禹传》："禹以为古民亡赋算。口算起武帝征伐四夷,重赋于民,民产子三岁则出口钱,故民重困至于生子辄杀,甚可悲痛。宜令儿七岁去齿乃出口钱,年二十乃算。……天子下其议。令民产子七岁乃出口钱自此始。"

"口算起武帝征伐四夷",如果口算指的是算赋,显然是错误的。刘邦已"初为算赋"。文帝时曾减轻算赋,"民赋四十"。算赋并未停收过,不能说口算起于武帝。幼童的口钱,可能武帝时是三岁起征,元帝接受贡禹的建议改为七岁起征。但二十乃算的建议,却没有被采纳。

"民产子三岁则出口钱",这句话也只能理解为口钱在武帝时是三岁起征,不能理解为口钱起于武帝时。在江陵凤凰山十号汉墓出土的四号木简里已记载有口钱。"市阳二月为百一十二算,算十钱,千一百廿,正偃付西乡佐赐口钱卩。"又"郑里二月七十二算,算十钱,七百廿,正偃付西乡佐赐口钱卩。"(《文物》1974年第七期)。江陵凤凰山的墓主是文、景时人。口钱不起于武帝,武帝以前已有口钱,是很清楚的。

周代的赋,是"共车马兵甲士徒之役",人民要供给实物又要服役。秦汉的赋,是征收钱,"为治库兵车马"。钱,代替了供实物和服役。在汉代,赋,口钱、算赋是政府一项大宗收入。

口钱和算赋合起来,称为口赋。《汉书·昭帝纪》元凤四年:"毋收四年、五年口赋。三年以前逋更赋未入者,皆勿收。"这里所说的口赋,是包括口钱和算赋的。如淳引《汉仪注》"民年七岁至十四,出口赋钱,人二十三,二十钱以食天子,其三钱者,武帝加口钱,以补车骑马"来解"口赋"。照如淳的解释,口赋只是七岁到十四岁的口钱,不包括十五到五十六的算赋,似有问题。现在有人认为"口赋"只是七到十四岁人的赋,不包括成年人的算赋,证据就是如淳上面这段话。细读《汉书》、《后汉书》的有关记载,把"口赋"解释为包括口钱和算赋,比解释为只是指"口钱"似为好些。

董仲舒说，秦用商鞅之法，"田租、口赋、盐铁之利，二十倍于古。"口赋，显然不是只说的十五岁以前交纳的口钱，而主要是指成年人的赋。

东汉常因灾害而免除租赋，最多见的是"勿收田租、刍藁"或"除田租、刍藁"。或于田租、刍藁之外，加上更赋。如和帝永元六年三月庚寅诏："流民所过郡国，皆实禀之。其有贩卖者，勿出租税。又欲就贱还归者，复一岁田租、更赋。"(《后汉书·安帝纪》)九年六月蝗旱，诏："今年秋稼为蝗虫所伤，皆勿收租、更、刍藁。若有所损失，以实除之。余当收租者，亦半入。"(同上)十四年五月，初置象林，七月，诏："复象林县更赋、田租、刍藁二岁"(同上)。

也有多例是免收田租、口赋的，多半是灾情特重的时候和地区。例如：

建武二十二年九月戊辰，地震裂。制诏曰："日者地震，南阳尤甚。……其令南阳勿输今年田租刍藁。……其口赋，逋税而庐宅尤破坏者勿收责"(《后汉书·光武帝纪下》)。

安帝元初六年四月，"会稽大疫，遣光录大夫将大医循行疾病，赐棺木，除田租、口赋"(《安帝纪》)。

建光元年，"郡国三十五地震或坼裂。诏三公以下各上封事陈得失。遣光录大夫案行，赐死者钱，人二千。除今年田租；其被灾甚者，勿收口赋"(同上)。

顺帝永建三年正月，"京师地震，汉阳地陷裂。甲午诏实核伤害者赐年七岁以上钱，人二千。……诏勿收汉阳今年田租、口赋"(《顺帝纪》)。

阳嘉元年，"诏……冀州尤贫民勿收今年更租、口赋"(同上)。

顺帝永和三年，"金城、陇西地震。二郡山岸崩地陷。……遣光录大夫案行金城、陇西，赐压死者年七岁以上钱，人二千。……除今年田租，尤甚者勿收口赋"(同上)。

从以上几例，可以看出：一般多是只免田租、刍藁，灾情特重时才兼免口赋。赐死者钱只有七岁以上才能得到。这样情况下才免除的口赋，其内容应该是包括算赋和口钱两者。口赋，大约和安帝元初元年"诏除三辅三岁田租、更赋、口算"中的口算是同义语。口赋者，口钱加算赋也。

如果像如淳所解释的那样,口赋只是七到十四岁未成年者的口钱,对以上所引材料所述的情况是不好解释的。灾情特重,才于田租、刍稾和更赋之外免去的口赋,不会只是七岁以下的口钱而不包括成年人的算赋。

3. 役(徭役、兵役)

汉代成年男子,一生要服兵役两年;一年在郡,称为材官、骑士和楼船士;一年在京师作卫士或戍边。《汉官仪》载:

> 民年二十三为正,一岁以为卫士,一岁为材官、骑士,习射御、骑驰、阵战。八月,太守、都尉、令长、相、丞、尉,会都试,课殿最。水家为楼船,亦习战射行船。过(依《大典》本《汉旧仪》,"过"应作"边")郡太守各将万骑行障塞烽火追虏。……卫士、材官、楼船,年五十六老衰乃得免为民(《续汉志·百官志五》注引)。

《汉仪注》有大体相同的一段记载:

> 民年二十三为正,一岁为卫士,一岁为材官、骑士,习射御、骑驰、战阵……年五十六衰老,乃得免为庶民,就田里(《汉书·高帝纪》二年注引)。

汉朝的兵役和徭役制度是从秦制继承下来的。董仲舒说:

> 至秦则不然,用商鞅之法,改帝王之制。……又加月为更卒,已复,为正一岁,屯戍一岁,力役三十倍于古。……汉兴,循而未改(《汉书·食货志上》)。

这几条记载,可以看作汉代兵制和徭役的大纲,成年人起役和免役年龄,兵役、徭役内容,都讲出来了。汉代的兵制、兵役和徭役,大体如是。我们就以此为纲,对汉代兵制、兵役和徭役再作些必要的叙述,对有些有争论的问题也给以辨析。

"民年二十三为正"。"正"字何意?

《周礼·地官·小司徒》:"凡起徒役,毋过家一人,以其余为羡。"注:"郑司农云,羡,饶也。"贾疏:"一家兄弟虽多,除一人为正卒,正卒之外其余皆为羡卒。"孙诒让:"三十以上,受田为正夫。……正夫受役,则为正徒;……受兵,则为正卒。"看来,"正"表示成年人。"民年二十三为正",就是说民年二十三成为成年人,要开始服役。成年人称作正夫,受役则为正徒,受兵则为正卒。正,是开始服兵役和徭役的年龄。

开始服役,秦汉称作"傅"、"始傅"。《汉书·高帝纪》二年"五月,汉王屯荥阳,萧何发关中老弱未傅者,悉诣军。"这时刘邦和项羽作战,大败而归,退守荥阳,故萧何发关中老弱未傅者悉诣荥阳。颜师古注:"傅,著也,言著名籍给公家徭役也。"用现在的话说,就是在服役的名册上登记。

"民年二十三为正",就是民年二十三始傅,开始服役。《汉官仪》和《汉仪注》这条所记,大约是昭帝时的规定。《盐铁论·未通篇》:"御史曰:古者十五入大学,与小役;二十而冠成人,与戎事。……今陛下哀怜百姓,宽力役之政(征),二十三始傅,五十六而免,所以辅耆壮而息老艾也。""二十三始傅"就是"民二十三为正",傅、正,都说的是著名籍开始服役。

二十三始傅,这是昭帝时开始的,一直到东汉没有变化。但昭帝以前,并非是二十三始傅或始为正。《汉书·景帝纪》二年冬十二月,"令天下男子年二十始傅。"二十三开始服役,比二十开始服役把开始服役的年龄向后推迟了三年,这对人民当然是好事。昭帝这样做,所以御史就说,"陛下哀怜百姓,宽力役之政。"

其实,景帝"令天下男子年二十始傅",对当时的百姓来说也是惠政,而非苛政。景帝以前,傅的年龄要早于二十。颜师古在这条下注曰:"旧法二十三,今此二十,更为异制也。"颜师古错了。景帝以前的旧法不是二十三始傅,而是不到二十已傅。景帝的二十始傅,是推后开始服役的年龄,而不是提前。对这问题,可从战国说起。从战国开始,服役(即始傅)的年龄是逐步推后的。

战国时,秦是十七始傅。《睡虎地秦墓竹简》中的《编年纪》(文物出版社1978年版),记载了秦昭王元年(公元前306年)到秦始皇三十年(公元前217年)九十年间秦国的大事,也记载了墓主喜的出生和经历。喜生于秦昭王四十五年(公元前262年),秦始皇元年(公元前246年)喜傅。算来是十七岁(参看黄今言教授《秦汉赋役制度研究》第259页)。

　　而十五岁开始服役,在战国也是常见的。《史记·白起列传》,秦昭王四十七年,秦大将白起攻赵,赵军在长平被围,粮道断绝。秦王为了支援白起,"自至河内,赐民爵各一级,发年十五以上悉诣长平,遮绝赵救及粮食。"项羽攻外黄,数日不下。后降,项羽怒,"悉令男子年十五已上诣城东,欲坑之"(《史记·项羽本纪》)。吴楚七国反时,吴王濞令国中曰:"寡人年六十二身自将,少子年十四,亦为士卒先"(《史记·吴王濞列传》)。项羽欲坑外黄男子年十五以上者,大约和十五可以从军有关。吴王濞以少子年十四从军,也和十四五可以从军有关,他令的下文就说:"诸年上与寡人比下与小子等者皆发"(同上)。《战国策·楚策二》楚使昭常对齐使说:"我典主东地,且与死生,悉五尺至六十,三十余万。襒甲钝兵,愿承下尘。"五尺似比十五还要年幼。《周礼·地官·乡大夫》条:"以岁时登其夫家之众寡,辨其可任者。国中,自七尺以及六十;野,自六尺以及六十有五,皆征之。"贾公彦疏:"七尺谓年二十。……六尺谓年十五。故《论语》云可以托六尺之孤。郑玄云:六尺之孤,年十五以下。彼六尺,亦谓十五。"六尺已谓年十五以下,五尺自然比十五还要年轻。又《后汉书·班超传》,超妹班昭上书和帝说:"妾闻古者,十五受兵,六十还之。"又前引《盐铁论·未通篇》:"御史曰:古者十五入大学,与小役;二十而冠成人,与戎事。"战国时代,各国间战争频繁,由十五岁起役就不足为奇了。

　　由此看来,男子开始服役的年龄,战国时曾早到十五岁,通常是十七岁。汉高帝刘邦二年,萧何"发关中老弱未傅者悉诣军",当时所行的大约仍为秦制,即十七岁始傅,而"弱未傅者"可能早到十五岁了。汉景帝定为二十始傅。昭帝时又改为二十三岁,遂为汉常制。

　　至于免役年龄,《汉官仪》所谓"年五十六老衰乃得免为民",也是昭帝以后的规定。御史对昭帝所说:"今陛下哀怜百姓,宽力役之政,二十三始傅,五十六而免",可以为证。由《战国策·楚策》"悉五尺至六十"和《周礼·地官·乡大夫》"国中,自七尺以及六十;野,自六尺以及六十有五"观之,战国时的免役年龄是六十和六十五。对人民来说,兵役、徭役负担是极惨重的了。

依照《汉官仪》等的说法，"民年二十三为正，一岁以为卫士，一岁为材官、骑士"，卫士和材官、骑士都是正卒。但照董仲舒所说，"已复，为正一岁，屯戍一岁"，似乎只有材官、骑士一年是正卒，屯戍不是正卒。多数学者都认为卫士和屯戍的戍卒，都包括在材官、骑士以外的一年服役里，作卫士就不作戍卒，作戍卒就不作卫士。因为如果卫士和戍卒各为一年，成年人服兵役的时间将是三年而不是二年。卫士和戍卒是不是正卒，古今的学者间有不同的意见。有的同意《汉官仪》的说法，认为卫士、戍卒和材官、骑士一样是正卒；有的同意董仲舒的说法，认为卫士、戍卒不是正卒。

我同意《汉官仪》的说法，在地方作材官、骑士和在京师作卫士或在边疆作戍卒，都是正卒。正卒应包括一年卫士或戍卒和一年材官、骑士。既然卫士和戍卒特别是卫士和材官、骑士一样，都是在兵营服役当兵，为什么要把卫士、戍卒排斥在正卒以外呢？

中国古代的史学家，大多认为卫士、戍卒是正卒。颜师古："正卒，谓给事中都官者也"（《汉书·食货志上》。董仲舒："为正一岁"句注）。宋钱文子："正卒，为卫士一岁，为材官、骑士一岁"（《补汉兵制》）。马端临同意颜师古、钱文子的意见，给中都官一岁，是正卒（《文献通考卷150兵考二兵制》）。这三家都认为卫士是正卒。这三家都认为卫士、戍卒和材官、骑士、楼船士一样，都是正卒。正卒有两年，一年作材官、骑士、楼船士，在地方；一年作卫士或戍卒，在京师或边地。当代一些学者如劳榦在《汉代兵制及汉简中的兵制》（国立中央研究院历史语言研究所《集刊》第十本）一文中和黄今言在《秦汉赋役制度研究》（1988年4月江西教育出版社出版）中认为材官、骑士、楼船士是正卒，卫士、戍卒不是正卒。劳榦教授没有明说卫士、戍卒不是正卒。但他一则说"正卒，一生服役一年，按地方性质分为骑士、军士、材官（步兵）、楼船"，"戍卒也是一生服役一年，一种是在京师屯戍，称作卫士，另一种是在边郡屯戍，称为戍卒"；再则说"人民二十三岁以后，要服两年的兵役，其一为正卒，其一为屯戍"。显然，他是不把卫士、戍卒看作正卒的。黄今言教授则说："依照当时制度，男子到了一定年龄，需服兵役两年，一年任地方兵，称为正卒，另一年任禁卫军或边防兵,称为卫士或戍卒。""正卒是指不包含卫士或戍卒在内的郡国兵。"

究竟如何来理解"正卒"好,这问题还可以进一步研究。

在地方服兵役的材官、骑士,是汉代兵中的主力军。材官是步兵;骑士是骑兵;楼船士是水兵。平时习御射、骑驰、战陈,楼船士亦习战射行船。会都试,课殿最。郡兵平时由郡尉管理,有事由郡守率领出征。材官、骑士、楼船士的区分,来源于地区分布,大略地说,西北边郡多骑士,西起巴蜀以及中原地区多材官,淮水以南沿海地区多楼船。钱文子《补汉兵制》云:"大抵金城、天水、陇西、安定、北地、河东、上党、上郡多骑士,三河、颍川、沛郡、淮阳、汝南、巴蜀多材官(《高纪》十一年,《武纪》元鼎六年,《宣纪》神爵元年,《赵充国传》),江淮以南多楼船士(《武纪》元鼎五年,《食货志》元鼎五年,《朱买臣传》,《严助传》)。"这是对的。当然这种区分,也是大体而言的。边地多骑士,也不是无步兵;江淮多楼船,也有步兵。

周秦时期,华夏族多用车战。步卒为主要兵力,但战车却是重要兵种。车比步兵快,在战争中起主导作用。赵武灵王胡服骑射,从北方游牧民族学来骑兵战,赵成为强国。秦汉都有骑兵。楚汉战争时,项羽有骑兵、骑将,刘邦也有骑兵骑将。项羽退到乌江时只有骑兵了,追项羽到乌江的汉兵也是骑兵。但骑兵在战争中不是主力。汉武帝以前,汉家尚有车兵。《汉书·冯唐传》载,文帝时,冯唐"为车骑都尉,主中尉及郡国车士"。《汉书·匈奴传》:"文帝以中尉周舍、郎中令张武为将军,发车千乘、十万骑,军长安以备胡寇。"景帝时吴楚七国反,吴少将桓将军还对吴王濞说:"吴多步兵,步兵利险;汉多车骑,车骑利平地。"(《汉书·吴王濞传》)骑兵发展的关键时刻是武帝时,武帝对匈奴作战必须以骑兵对骑兵;不然,匈奴以骑兵入犯,打了抢了就跑,步兵毫无办法。在古代战争中,骑兵起着近代战争中机械化部队的作用。

卫士是由外郡番上的,服役期是一年。《汉书·盖宽饶传》:"宽饶为卫司马……躬案行士卒,甚有恩。及岁尽交代,上临飨罢卫士,卫卒数千人,皆叩头自请,愿复留更一年以报宽饶德。"《汉书·王尊传》:"正月临曲台临饷罢卫士,丞相衡与中二千石大鸿胪常等地殿门下。"《汉书·魏相传》:"后人有告相贼杀不辜,事下有司,河南卒戍中都官者二三千人,遮大将军自言愿留作一年以赎太守罪。"《汉旧仪》:"正月五日,上置酒饷卫士。"

从这几条材料可以看到:卫士是由地方郡县来服役的,期限是一年,一年一更,时间是在正月(正月五日),皇帝亲临饷罢,他们被称作卫士,也称为戍卒、卫卒。

卫士人数不多,武帝前后,约为一万人到两万人。《汉书·武帝纪》:建元元年七月诏曰:"卫士转置送迎二万人(注引郑氏曰:去故置新常二万人),其省万人。"卫士服役期限为一年,二万就是常在卫士的全部人数。武帝省万人,常在卫士人数是一万人。

在地方作正卒以外的一年兵役,一部分人作卫士,大部分人则在边地作戍卒。卫士也可以称作戍卒。如前引《魏相传》"河南卒戍中都官者"。所以《汉官仪》说是"一岁以为卫士",而董仲舒却说"屯戍一岁了"。戍卒,在情况需要时,可以延长半年。《汉书·沟洫志》建始四年注引如淳曰:"律说:戍边一岁当罢,若有急,当留守六月。"

离开本地到外地服役,称作外徭。《汉书·贾山传》:"减外徭卫卒。"向来的注家,都认为外徭包括戍卒。《沟洫志》注引孟康曰:"外徭,谓戍卒也。"《卜式传》注引苏林也说:"外徭,谓戍边也。"

于琨奇同志在他的博士论文《秦汉小农与小农经济》中提出外徭不包括卫士和戍卒。他的理由是:秦律中既有徭律,也有戍律(云梦睡虎地出土秦律),汉有尉律和戍卒令。徭役和兵役各有法律。徭役每年一个月,戍卒一生一年。徭役失期,不过罚款,戍边失期则是死刑。如《史记·陈涉世家》陈胜、吴广谪戍渔阳,屯大泽乡。"会天大雨,道不通,度已失期,失期法皆斩。"外徭是在本郡本县以外的秦律所谓的"上之所兴"之徭和"邦中之徭"。

于琨奇同志的意见,有道理。如果他的意见能够成立,《贾山传》"减外徭卫卒"中的外徭和卫卒应断开作"减外徭、卫卒"。

贾谊给文帝的一个上疏里曾说到远地人到长安服徭役,他说:"今淮南地远者,或数千里越两诸侯而县属于汉。其吏民徭役往来长安者,自悉而补中道衣敝,钱用诸赏称此。其苦属汉而欲得王至甚,逋逃而归诸侯者已不少矣"(《汉书·贾谊传》)。服役者要自己负担服役中的费用。这是从远地到长安的。这是一般徭役还是兵役不清楚。娄敬路过洛阳到关中服役,明言"戍陇西,过洛阳"(《汉书·娄敬传》)。娄敬是戍边。贾谊所说"吏民徭役往来长安者"则不明确是徭役还是兵役。

文帝时,另一智谋大臣晁错曾建议徙民实边以代替一年一更的戍卒。这是文帝一朝的大事。现录晁错的建议于下。晁错说:

"陛下幸忧边境,遣将吏发卒以治塞,甚大惠也。然令远方之卒守塞,一岁而更,不知胡人之能。不如选常居者,家室田作,且以备之。以便为之高城深堑,具蔺石,布渠答。复为一城其内,城间百五十步。要害之处,通川之道,调立城邑,毋下千家,为中周虎落。先为室屋,具田器,乃募罪人及免徒复作令居之;不足,募以下奴婢赎罪及输奴婢欲以拜爵者;不足,乃募民之欲往者。皆赐高爵,复其家。予冬夏衣,廪食,能自给而止。郡县之民,得买其爵,以自增至卿。其亡夫若妻者,县官买予之。人情非有匹敌,不能久安其处。塞下之民,禄利不厚,不可使久居危难之地。胡人入驱而能止其所驱者,以其半予之,县官为赎其民。如是,则邑里相救助,赴胡不避死。非以德上也,欲全亲戚而利其财也。此与东方之戍卒不习地势而心畏胡者,功相万也。以陛下之时,徙民实边,使远方无屯戍之事,塞下之民父子相保,亡系虏之患,利施后世,名称圣明,其与秦之行怨民,相去远矣"(《汉书·晁错传》)。

文帝接受了晁错的建议,募民徙塞下。

晁错这段建议,内容是相当丰富的,谈到许多问题。募徙边地的有几种人:一是罪人;二是免徒复作,刚刚走出罪人边线的人;三是主人用以赎罪的丁壮男女奴隶;四是主人用以买爵而输官的奴隶;五是自愿徙边的人。对于这五种徙边的人,皆赐高爵,复其家。而且还给衣食,到能自给而止。这里面,包括罪人的免罪,也包括奴隶的解放。用以赎罪的奴隶和用以拜爵的奴隶,原都是奴隶,但徙边以后都成为守边的戍民,不仅成为自由平民,而且可以受"高爵,复其家"。这是汉代奴隶解放的一个途径。

晁错的话,"胡人入驱而能止其所驱者,以其半予之,县官为赎其民",说明汉代匈奴入塞虏掠人民是掠去作奴隶的,而汉人虏掠匈奴人也是作为奴隶的。不但俘虏的匈奴人要作奴隶,就是汉人被匈奴人驱去而被汉人夺回来的,也要作为奴隶,因为他们一被匈奴所掠驱,就决定了他们的奴隶命运。他们被驱夺回来,也就成了驱夺者的奴隶。要想改变他们的奴隶身份,须要由政府用钱来赎。这对理解汉人和匈奴作战是否俘虏匈奴人作奴隶,是很好的材料。它说明汉和匈奴是互以俘虏为奴隶的。

服役的男子,并不是从二十三开始服役之年起连续服役两年,从居延汉简里可以看到从内地到边疆作戍卒的有各种年龄的人。

两年兵役以外,成年男子每年要服一个月的更繇,也称更役。去服更繇役的人称作更卒,犹之作卫士的称卫士、戍边的称戍卒一样。董仲舒就说"又加月为更卒"。颜师古注说:"更卒,谓给郡县一月而更者"(《汉书·食货志上》),都是对更卒的说明。

应该服更役就亲自去服役的叫作践更。自己不去,出钱由别人代替去的称作过更。《汉书·吴王濞传》"其居国以铜盐故百姓无赋,卒践更辄予平贾。"颜师古注这句话时,引服虔的话说:"以当为更卒出钱三百,谓之过更;自行为卒,谓之践更。"服虔的解释,清楚、明白、简要。对于践更、过更,古来的注释就很混乱,近代学者的解释更是纷纭莫衷一是。我认为服虔对过更、践更的注释最为得其真意。践,实践也;践更就是自己亲自去服役。过,转移也;过更就是自己该去服役而不去,出钱把更役转移给别人。

服虔又注释"卒践更辄予平贾"这句话说:"吴王欲得民心,为卒者顾其庸,随时月与平贾也。"这对"卒践更"的注释也是正确的。自己应服更役而不去服把更役转移给谁呢?大概汉代的习惯上亲自服更役的人,一般不是按期一月一更,而是延长服更役的时间,其延长的时间就是代替别人去服役,这就是过更。他可以拿到过更的钱,等于被雇。但他并不是直接从过更人手里拿钱,过更人出钱交给政府,由政府统一把过更的钱支给践更的人。吴王濞为了收买人心,总是按市场劳力价格支给过更钱,而不是按低于市场价格给钱,所以称作"辄予平价"。当时更卒拿到的过更钱,一定偏低于平价。平价就一定是优惠之价了。

秦汉时期,成年人都要负担更赋。成年人一年要在政府服役一月,称作更卒,不去服役的要出钱,就叫作更赋。这犹之隋唐租庸调制下的庸。依服虔所说,所出的钱是三百。《汉书·平帝纪》元始元年,"天下女徒已论归家,顾出钱月三百。"颜师古注说:"谓女徒论罪既定,并放归家,不亲役之,但令月出钱三百以雇人也。"一月三百钱,大约是当时更赋数额。编户齐民成年人的算赋是一百二十钱,更赋三百也不算少了。李悝估计当时粟的价钱是"石,三十"(《汉书·食货志上》)。司马迁估计武帝时的粟价是"粜二十病农,九十病末。……上不过八十,下不减三十,则农末俱利"(《史记·货殖列传》)。以三十钱一石计,三百钱是十石粟价。"食,人月一石半"(《汉书·食货志上》)。十石是六个人一个多月的食粮。以五十钱一石计,三百钱是六石粟价,是四个人一月的食粮。一个人一月的所得能够4—6人的吃食,是合理的。

这个三百钱,大约就是汉代更赋的数额。更赋本来是有服役资格的人才负担的,但既然是按人头交纳,结果汉代有残疾的人也要出更赋。王莽一个诏书说:"汉代减轻田租,三十而税一,常有更赋,罢癃咸出。"王莽责汉家苛政。

要提一下如淳的更三品说。

《汉书·昭帝纪》元凤四年正月"勿收口赋、更赋"条下,师古注引如淳曰:"更有三品,有卒更、有践更、有过更。古者正卒无常,人皆当迭为之。一月一更,是为卒更。贫者欲得顾更钱者,次直者出钱顾之,月二千,是为践更也。天下人皆直边戍三日,亦名为更,律所谓繇戍也。虽丞相子亦在戍边之调。不可人人自行三日戍,又行者当自戍三日,不可往便还,因便住一岁一更,诸不行者出钱三百入官,官以给戍者,是为过更也。律说:卒践更者,居也。居更县中,五月乃更也。后从尉律,卒践更一月,休十一月也。"

如淳这段话,是常常被引用的。这段话问题最多。一、汉代的更,只有两品,没有三品。应服更役到时就去的,这叫"践更"。自己不亲去服更役而是出钱由政府雇别人去应役的,叫作"过更"。这正是服虔所说的

"以当更卒出钱三百,谓之过更;自行为卒,谓之践更"。服虔的话是对的。卒,是服役的人;更,是轮换。服役有期限,到期更换。只有更卒,无所谓"卒更"这一品。二、"贫者欲得顾更钱者,次直者出钱顾之,月二千,是为践更也。"这话也不对。次直者出钱雇贫者代服更役,这是过更。贫者得人之雇钱代人服役,这是过更中的两造之一,不是更有二品中的践更。他是得到别人过更的钱代别人去践更,不是应更人"自行为卒"的践更。三、"天下人皆直边戍三日,亦名为更。"这话也不对。汉代的兵役是两年,一年守卫京师或戍边,一年在地方为材官、骑士或楼船士。根本无边戍三日的制度。古时小国寡民时代"使民不过三日"已是理想,秦汉大帝国,边地远在数千里外,役期三日,没有人这样蠢,也根本没有戍边三日的记载。四、如淳这段话,一开头就说"古者",好像他下面讲的都是古代的制度。不知如淳的"古者"指的是什么时候。先秦商周似都无此制度。春秋时期,服役戍边已是一年了。前引《左传》庄公八年:"齐侯(襄公)使连称、管至父戍葵丘,瓜时而往,瓜时而代。期戍,公问不至;请代,弗许。"瓜时而往,瓜时而代,就是一年。《史记·齐公世家》就说:"初,襄公使连称、管至父戍葵丘,瓜时而往,瓜时而代,往戍一岁。"战国时也是一年,《尉缭子》:"兵戍过一岁,遂亡;不候代者,法比亡军。"秦时戍期,如董仲舒所说,"屯戍一岁"已很清楚是一年(参看黄今言同志《秦汉赋役制度研究》第277页)。总之,如淳的更三品说,多无足取者。

无论是兵役或徭役,都只是编户民的任务,贵族是不服役的。战国时期,贵族的尊贵地位动摇,军功新贵起而代之,军功贵族仍有免役的特权。秦国商鞅变法对旧贵族的打击比较彻底,法令规定,"宗室非有军功论,不得为属籍"(《史记·商君列传》)。不得为属籍,就是不得为贵族。汉朝宗室有属籍皆得免役。文帝一个诏书说:"复诸刘有属籍,家无所与。"

秦汉有二十等爵,规定军功贵族到了一定爵位就可以免役。"不更"爵第四。颜师古注:"不更",言不豫更卒之事也。(《汉书·百官奉》)不更就是免作更卒。爵第七上、下特权更多。高帝五年一个诏书说:"其七大夫以上皆令食邑,非七大夫以下皆复其身及户勿事。"(《汉书·高帝纪》)注引如淳曰:"事,谓役事也。"师古曰:"复其身及一户之内,皆不徭赋也。"但颜师古在另一处却说:"五大夫,旧二十等爵之第九级也。至此以上,始免徭役。"(《汉书·食货志下》注)《居延汉简》中发现爵第八公乘服役的。或者"勿事"与"免徭役"含义不同?

除去皇帝宗室和有高爵者外,还有一些人可以得到复除。宋人徐天麟曾经指出:"汉之有复除,犹《周官》之有施舍,皆除其赋役之谓也。西京时,或以从军,或以三老,或以孝悌、力田,或以明经,或以博士弟子,或以功臣后以至民产子者,大父母、父母之高年者,给崇高之崇者,莫不得复。"免役者之多,致使政府感到力役不足。《史记·平准书》说:武帝时,"兵革数动,民多买复及五大夫,征发之士益鲜。"《汉书·元帝纪》:"以用度不足,民多复除,无以给中外徭役。"

从徭役方面看,汉代一方面有"虽丞相子亦在戍边之调",这反映编户齐民的平等精神;另一方面又有贵族、军功贵族、有德者、受崇敬者等等,有免除徭役的特权,又反映贵族与平民的对抗。历史的发展常常和人民开玩笑。战国开始的古代社会,本有反特权主张平等的精神,但西周春秋氏族贵族的特权思想和特权制度却部分的保留下来。何以故? 新贵需要它。

(四) 小农经济的繁荣和不稳定

战国秦汉时期的小农经济,在中国社会经济发展史的长河中,是属于比较繁荣的时期。但小农经济是不稳定的,政治条件和经济条件都使小农居于被动、被吞并的境地而无力抗拒。尽管从整个历史长河中看,可以说战国秦汉时期是小农经济的繁荣时期,而被兼并、破产现象却是自小农在历史上出现之日,即与之同来的,东汉时期尤为显著。

《管子》一书虽非管仲作品,但书中的材料反映春秋晚期到战国时期齐地的情况。其中《问》一篇书就有多问是涉及个体小农的。

问死事之孤其未有田宅者有乎? 问少壮而未胜甲兵者几何人?

问死事之寡其伉廪何如？……问独夫寡妇孤寡疾病者几何人也？问国之弃人何族之子弟也？问乡之良家其所收养者几何人矣？问邑之贫人债而食者几何家？问理园圃而食者几何家？人之开田而耕者几何家？士之身耕者几何家？问乡之贫人何族之别也？问宗子之收昆弟者、以贫从昆弟者几何家？……士之有田而不使者几何人？吏恶何事？士之有田而不耕者几何人？身何事？……外人之来从而未有田宅者几何家？国子弟之游于外者几何人？贫士之受责于大夫者几何人？……外人来游在大夫之家者几何人？乡子弟力田为人率者几何人？国子弟之无上事、衣食不节、率子弟不田、弋猎者几何人？……问人之贷粟未有别券者几何家？……问士之有田宅身在陈列者几何人？余子之胜甲兵有行伍者几何人？……处女操工事者几何人？冗国所开口而食者几何人？问一民有几年之食也？

这里所抄下的都是关于小农的。最关心的是小农的生活。父兄战死，家里有没有田宅？弟子遗孤怎样生活？邑中贫民有多少人是举债过日子？士民亲自耕田的多少家？依靠宗子收养的有多少家？有没有有田而不自己耕种的？他们自己干什么？外地人失业而来的有多少人？等等。从这些问里，我们看到有的小农已陷于贫困，生活发生了问题。

战国初年，李悝在魏国尽地力之教时，魏国小农和小农经济也已经不很理想。《汉书·食货志上》载李悝的话说：

今一夫挟五口，治田百亩，岁收亩一石半，为粟百五十石。除十一之税十五石，余百三十五石。食，人月一石半，五人终岁为粟九十石，余有四十五石。石，三十，为钱千三百五十。除社闾、尝新、春秋之祠用钱三百，余千五十。衣，人率用钱三百，五人终岁用千五百，不足四百五十。不幸疾病死丧之费及上赋敛，又未与此。此农夫所以常困有不劝耕之心，而令籴至于甚贵者也。

一家五口治田百亩，这是战国以来政治家思想家常常提出的一个理想的小农社会。但是，照李悝的计算，在正常的条件下，这样一个小农家庭的生活已是困难的了。

战国时期的小农和小农经济情况，《孟子》书里也有些论述。孟子就

常常提到五亩之宅百亩之田的小农家庭,他对梁惠王和齐宣王都讲过下面一段话。他说:

> 五亩之宅树之以桑,五十者可以衣帛矣。鸡豚狗彘之畜,无失其时,七十者可以食肉矣。百亩之田,勿夺其时,八口之家可以无饥矣。谨庠序之教,申之以孝悌之义,颁白者不负戴于道路矣。老者衣帛食肉,黎民不饥不寒,然而不王者未之有也。(《孟子·梁惠王上》)

然而这只是孟子的理想,他所看到的社会并不是如此的。他对齐宣王说:

> 今也制民之产,仰不足以事父母,俯不足以畜妻子,乐岁终年苦,凶年不免于死亡。此惟救死而恐不赡;奚暇治礼义哉!(同上)。

战国各国中,只有西方的秦国个体小农经济是比较安定的。荀卿曾去过秦国。应侯范雎问他入秦何见?荀卿回答所见中有一条是关于秦国小农社会生活的。他说:

> 入境观其风俗,其百姓朴,其声乐不流污,其服不佻,甚畏有司而顺,古之民也。(《荀子·强国篇》)

西汉初年,小农和小农经济也出现一些困难。文帝时贾谊上疏曾有如下描述:

> 管子曰:仓廪实而知礼节。民不足而可治者,自古及今未之尝闻。古之人曰:一夫不耕或受之饥,一女不织或受之寒。生之有时而用之亡度,则物力必屈。古之治天下,至纤至悉,故其畜积足恃。今背本而趋末,食者甚众,是天下之大残也;淫侈之俗日日以长,是天下之大贼也。残贼公行,莫之或止;大命将泛,莫之振救。生之者甚少,而靡之者甚多,天下财产何得不蹶!汉之为汉,几四十年矣,公私之积犹可哀痛。失时不雨,民且狼顾,岁恶不入,请卖爵子,既闻耳矣,安有为天下阽危者若是而上不惊者!(《汉书·食货志上》)

晁错对文帝的上疏也说:

> 今农夫五口之家,其服役者不下二人,其能耕者不过百亩。百亩之收,不过百石。春耕夏耘秋获冬藏,伐薪樵,治官府,给繇役。春不得避风尘,夏不得避暑热,秋不得避阴雨,冬不得避寒冻。四时之间

亡日休息。又私自送往迎来,吊死问疾,养孤长幼在其中。勤苦如此,尚复被水旱之灾,急政暴赋,赋敛不时,朝令而暮改。当具,有者半贾而卖,亡者取倍称之息。于是有卖田宅鬻子孙以偿责者矣。(同上)

以上所引材料,都是对战国秦汉时期小农经济生活的概括说明,下面再举两个具体的个体小农家庭作例。一是陈平:

> 陈丞相平者,阳武户牖乡人也。少时家贫,好读书。有田三十亩,独与兄伯居。伯常耕田,纵平使游学。平为人长、美色。人或谓陈平曰:贫,何食而肥若是?其嫂嫉平之不视家生产,曰:亦食糠覈耳!有叔如此,不如无有。伯闻之,逐其妇而弃之。(《史记·陈丞相世家》)

一是贡禹:

> (贡)禹上书曰:臣禹年老贫穷,家訾不满万钱,妻子糠豆不赡,裋褐不完。有田百三十亩,陛下过意徵臣,臣卖田以供车马。至,拜为谏大夫,秩八百石,奉钱月九千二百,廪食太官。(《汉书·贡禹传》)

陈平一家,有兄有嫂,至少有三口人,有田三十亩,生活上已是贫而食糠覈了。贡禹有田百三十亩,超过理想的"百亩之田",他也年老贫穷,妻子糠豆不赡,裋褐不完,吃不饱穿不暖。大概他家缺乏劳动力,贡禹八十一岁只有一个十一岁的小儿子(《汉书·贡禹传》)。陈平、贡禹的家庭,反映一般小农家庭的经济情况。

小农家庭经济生活的能够维持,耕田种地之外,一部分靠经营副业。《管子·禁藏篇》载:"夫民之所生,衣与食也,食之所生,水与土也。所以安民有要,食民有率,率三十亩而足以卒岁。岁兼美恶,亩收一石,则人有三十石。果蓏素食当十石,糠秕六畜当十石,则人有五十石。布帛麻丝,旁入奇利,未在其中也。"《孟子·梁惠王上》:"五亩之宅,树之以桑,五十者可以衣帛矣。鸡豚狗彘之畜,无失其时,七十者可以食肉矣。百亩之田,勿夺其时,数口之家可以无饥矣。"这两条材料,说明家庭副业对小农经济生活的重要性。有田三十亩的家庭,副业收入可抵二十亩田,畜养鸡豚狗彘,七十者可以食肉、种桑养蚕,五十者可以衣帛。

此外,《居延汉简》和山东临沂银雀山汉墓出土的竹书中的《守法》、《守令》等书篇都有关于副业对于小农家庭经济的重要性的记载。陈平、贡禹生活困难,大约和他们缺少劳动力,没有搞家庭副业大有关系。

战国西汉时期,小农和小农经济虽然出现这样那样的问题和困难,但大体说来,这一时期仍然是小农经济繁荣发展的时期,农民生活基本还是过得去的。一个时间,一个地区,一部分农民出现一些困难,但从历史发展的长河来看,战国西汉时期的小农经济,是小农经济的黄金时代,它以新生事物方兴未艾的精神努力成长着,健康的存在着。

小农经济是社会健康的基础,是政治稳定的基础。因此,战国秦汉的统治者,对于小农经济总是采取保护政策的。

李悝在魏国尽地力之教的措施,现在知道的只有《汉书·食货志上》记下来的平籴政策了。《汉书·食货志上》述李悝的话:

> 籴甚贵伤民,甚贱伤农。民伤则离散,农伤则国贫。故甚贵与甚贱,其伤一也。……是故善平籴者,必谨观岁有上、中、下孰。上孰其收自四,余四百石。中孰自三,余三百石。下孰自倍,余百石。小饥则收百石,中饥七十石,大饥三十石。故大孰则上籴三而舍一,中孰则籴二,下孰则籴一。使民适足,贾平则止。小饥则发小孰之所敛,中饥则发中孰之所敛,大饥则发大孰之所敛而粜之。故虽遇饥馑水旱,籴不贵而民不散,取有余以补不足也。

李悝的平籴,使民、农都不伤,但重点是保护了小农和小农经济。小农和小农经济保持健康发展,使国家社会的发展有了保证。李悝平籴法施行的结果是:“行之魏国,魏以富强”(《汉书·食货志上》)。

商鞅变法的根本精神在奖励耕战之士,即保护和奖励小农和小农经济。变法令规定:“民有二男以上不分异者,倍其赋。”这是奖励一夫一妇个体小农家庭。“修力本业耕织致粟帛多者,复其身。事末利及怠而贫者,举以为收孥。”这是奖励农业。班固写《汉书·食货志》,虽然站在儒家立场,批判商鞅变法“坏井田,开阡陌,急耕战之偿”是离开了“古道”,却不能不承认变法仍是“务本”的,变法的结果使得秦国“倾邻国而雄诸侯"。

秦始皇统一后,全国的小农和小农经济是比较安定的。他到处以此自夸。二十八年他东巡到琅邪,刻石颂功说:"皇帝之功,勤劳本事,上农除末,黔首是富。"三十二年在碣石刻石:"黎庶无繇,天下咸抚,男乐其畴,女修其业。"秦始皇帝的失败,失败在他违背了这些政策。秦始皇的失败,主要不是失败在农民手里,而是失败在六国贵族残余势力手里,失败在二世、赵高之乱。二世、赵高引起的统治者内部之乱,削弱了统治者的力量,给六国旧贵以可乘之机。当然小农的徭役重也是一个重要因素,但这一因素似乎被汉人夸大了。汉初士大夫把秦朝对他们的打击说成是对小农的打击,把他们对秦的仇恨说成是小农对秦的怨恨了。

汉初的政策是清静无为,清静无为的主要目的是使小农和小农经济有一个安定、恢复发展的机会。这是行之有效的。《汉书·高后纪》赞曰:"孝惠、高后之时,海内得离战国之苦,君臣俱欲无为。故惠帝拱己,高后女主制政不出房闼,而天下晏然,刑罚罕用,民务稼穑,衣食滋殖。"这是赞歌,但也确实反映了高惠时期社会各方面的真实情况。农民生活安定,小农经济繁荣,是衣食滋殖的基础。

文帝、景帝时期,社会是安定的,经济是繁荣的。旧史家歌颂为"文景之治"。《汉书·景帝纪》赞曰:"汉兴,扫除烦苛,与民休息。至于孝文,加之以恭俭,孝景遵业,五、六十载之间,至于移风易俗,黎民醇厚。周云成康,汉言文景,美矣!"我们对历史要作清醒的分析,对任何帝王不作摩顶崇拜。但我们也不须要因此而完全否定文景时期社会安定、人民生活安定的一面。文景时期重要的成就在于重视农业,以农为本,保护小农和小农经济,认识到小农生活安定和小农经济繁荣是国家统治安定的基础。据《汉书·文帝纪》,文帝不止一次下诏指出农为天下之本。重要的如:

> 二年春正月丁亥诏曰:夫农天下之本也,其开藉田,朕亲率耕以给宗庙粢盛。民讁作县官及贷种食未入入未备者,皆赦之。

> 二年九月诏曰:农天下之大本也,民所恃以生也,而民或不务本而事末,故生不遂。朕忧其然,故今兹亲率群臣农以劝之。其赐天下

民今年田租之半。

十二年三月诏曰:"道民之路在于务本,朕亲率天下农十年于今,而野不加辟,岁一不登民有饥色,是从事焉尚寡而吏未加务。吾诏书数下,岁劝民种树,而功未兴,是吏奉吾诏不勤而劝民不明也。且吾农民甚苦而吏莫之省,将何以劝焉。其赐农民今年租税之半。"又曰:"孝悌,天下之大顺也;力田,为生之本也;三老,众民之师也;廉吏,民之表也。朕甚嘉此二、三大夫之行。今万家之县云无应令,岂实人情?!是吏举贤之道未备也。其遣谒者劳赐三老、孝者帛人五匹,悌者、力男二匹,廉吏二百石以上率百石者三匹,及问民不便安,而以户口率置三老、孝悌、力男常员,令各率其意以道民。"

十三年六月诏曰:农天下本,务莫大焉。今厪身从事而有租税之赋,是谓本末者无以异也,其于劝农之道未备。其除田之租税。

后元元年冬十月诏曰:……夫度田非益寡,而计民未加益,以口量地其于古犹有余,而食之甚不足者,其咎安在? 无乃百姓之从事于末以害农者蕃,为酒醪以靡谷者多,六畜之食焉者众? 与细大之义,吾未能得其中。其与丞相、列侯、吏二千石、博士议之,有可以佐百姓者率意远思无有所隐也。

我们这里抄引了文帝的几个诏令,并不是想为汉文帝歌功颂德,说汉文帝如何爱护人民,而只是想通过这些诏书来显示在西汉初年统治者眼里小农经济的地位,统治者为了巩固他们的统治而如何重视作为他们统治基础的小农经济。

为了保护小农,文帝于二年和十二年两次下诏"赐天下民今年田租之半",或"赐农民今年租税之半"。从前后文意上看,田租之半和租税之半,大概是同义的,都是指的田租。而十三年又下诏"其除田之租税"。这次除的不是"今年"的田租,而是"除田之租税",从这年开始直到景帝前元元年"五月,令田半租",十二年间,似乎没有征收过田租。

文帝之所以除民田租是为了保护小农经济,对抗商人资本的兼并。但保护小农,不是有爱于小农,而是为了保护统治者的社会经济基础,这是不言而喻的。

荀悦作《汉纪》，曾对文帝三十税一有所指责。在文帝十三年"诏除民田租"下荀悦说：

> 古者什一而税，以为天下之中正也。今汉民或百一而税，可谓鲜矣。然豪强富人占田逾侈，输其赋太半。官收百一之税，民收太半之赋。官家之惠优于三代，豪强之暴酷于亡秦，是上惠不通威福分于豪强也。今不正其本而务除租税，适足以资富强。

这话似是通论有汉一代，然"今不正其本而务除租税，适足以资富强"是指的文帝除民田租税则是无疑。这是不公正的。荀悦指责的是文帝，他心里所存的却是整个汉朝的问题，特别是西汉后期所出现的问题，"官家之惠优于三代，豪强之暴酷于亡秦"，这是西汉后期出现的局面。这是王莽令曰："汉氏减轻田租三十而税一，常有更赋罢癃咸出，而豪民侵陵，分田劫假，厥名三十，实什税五也"（《汉书·食货志上》）的翻版。如果在此时提出减收田租或除民田租税，才真是"适足以资富强"，只对豪强有利。但文帝时情况并不如此。豪强商人兼并农人的形势虽然已露了苗头，但还没有到严重的程度。小农和小农经济虽然已受到威胁，出现破产贫穷，但小农和小农经济还比较健康，而且是比较普遍的存在。此时文帝采取措施保护小农和小农经济，是有意义的，而且是行之有效的。当时的政治家思想家贾谊、晁错都是如此主张的。到了西汉后期，形势就变了。这时汉家的田租仍是三十税一，就是只对豪强有利了。王莽在这时提出指责说，"汉氏减轻田租三十而税一，……而豪民侵陵，分田劫假，厥名三十，实什税五也"，那就非常中肯了。王莽指责的是西汉末年的情况，他就对了。荀悦指责的是文帝时的情况，那就不全对。当然，从发展上看，文帝帮助小农，也救不了小农，小农仍是要走向衰落，豪强富人总是一天天地兼并掉小农的土地。不收田租对他们自然是有利的，更助长了他们对小农的兼并，更有利于大土地所有制的发展。我们总要看到问题的全面性，文帝减轻田租，最终会是对大土地所有者有利，而在当时对小农和小农经济还是有利的。

西汉初年政府重农的结果，小农和小农经济发展的结果，到武帝初年公私经济都出现繁荣昌盛的形势。《汉书·食货志上》载：

至武帝之初,七十年间国家无事,非遇水旱则民人给家足,都鄙廪庾尽满,而府库余财。京师之钱累百钜万,贯朽而不可校。大仓之粟陈陈相因,充溢露积于外,腐败不可食。众庶街巷有马,仟佰之间成群,乘牸牝者摈而不得聚会。守闾阎者食粱肉,为吏者长子孙,居官者以为姓号。人人自爱而重犯法,先行谊而黜愧辱焉。

有人说武帝时的富庶只是富有阶级的富庶。这话当然是有道理的。一个社会富庶了,首先当然是这个社会的富有阶级富庶了。但也不能不看到,历史上任何一个繁荣富庶的社会,对社会各阶级、阶层都是有利的,各个阶级、阶层都生活上过得去。

战国西汉几百年间是小农和小农经济的繁荣时期,武帝时期达到它的顶点。武帝以后,小农和小农经济日渐走上下坡之路。

第 四 章

战国秦汉的城市经济

（一） 交换经济的发展

战国时期交换经济的发展已如前述。秦汉之间虽然经受了几年战乱,时间究竟是比较短的。它也和战国时期的战争一样,在生产力兴旺发展的时代,它对社会经济发展所起的阻碍和破坏作用是不大的,是暂时的,很容易的就恢复过来了。秦亡汉兴,在统一的大帝国中,城市经济、交换经济是继续发展的。《史记·货殖列传》说:

> 汉兴,海内为一,开关梁,弛山泽之禁,是以富商大贾周流天下,交易之物莫不通得其所欲。

关卡、津梁开放,山泽之禁废除,海内成为一家,在这条件下,富商大贾才能周流天下,货物才能流通全国。事实正是如此。到文帝时,民间已出现"背本趋末","淫侈之俗日日以长"(《汉书·食货志上》)的情势了。有先见的大思想家贾谊,已为此深忧了。

经过汉初高惠文景几十年的生养休息,到汉武帝时期,汉帝国的经济已由恢复跨进繁荣时期。交换经济更加发展。"天下侈靡趋末,百姓多离农亩"(《汉书·东方朔传》)。古代的大史学家司马迁生长在这时代。

他的史学著作《史记》,反映了当时交换经济的发展和城市经济的繁荣。同时,反转过来看,司马迁的思想和他对当时经济情态和经济问题的看法,也充分反映了当时城市交换经济的发展在意识形态领域的影响。

老子的"小国寡民"、"邻国相望,鸡犬之声相闻,老死不相往来"思想,反映受战争苦害、受商品货币关系侵剥的小农对往古氏族制度的怀念。司马迁批判了老子这种复古思想。他认为有了城市交换经济和跟着而来的生活上的多方面享受,是人类社会经济生活中必然的发展,是大势所趋,是不可抗拒的。他说:

> 老子曰:"至治之极,邻国相望,鸡犬之声相闻,民各甘其食,美其服,安其俗,乐其业,至老死不相往来。"必用此为务,挽近世涂民耳目,则几无行矣。……夫神农以前,吾不知已,至若《诗》、《书》所述虞夏以来,耳目欲极声色之好,口欲穷刍豢之味,身安逸乐,而心夸矜势能之荣使。俗之渐民久矣,虽户说以眇论,终不能化。故善者因之,其次利道之,其次教诲之,其次整齐之,最下者与之争(《史记·货殖列传》)。

邻国相望,鸡犬之声相闻,老死不相往来,这样的小国家,自古以来都是很少的,老子这里说的只是些氏族部落而已。"与之争",是和社会历史发展的必然趋势争。司马迁认为和社会历史发展必然趋势争,是最下的办法。你就是挨门挨户苦口婆心的去说以妙论,也是枉费心机的,是"终不能化"的。

司马迁这种思想,不是天上掉下来的。司马迁这种思想观点是他所处的、生活于其中的客观社会现实在他头脑里的反映。司马迁这种思想观点帮助我们来认识商品货币关系、城市经济在当时整个社会日常生活中的地位、现实意义和重要作用。

《史记·货殖列传》有大段材料概括地描绘了西汉前期的社会经济面貌,记录下来各个地区的重要物产、贸易关系、城市和经济生活。这使我们看到汉帝国在汉武帝时期,各地区交换经济的活跃和交换在各个地区经济生活中的重要性。

> 夫山西饶材、竹、榖、纑、旄、玉石;山东多鱼、盐、漆、丝、声色;江

南出柟、梓、姜、桂、金、锡、连、丹沙、犀、瑇瑁、珠玑、齿革;龙门、碣石
北多马、牛、羊、旃裘、筋角;铜、铁则千里往往山出棊置。此其大较
也。皆中国人民所喜好,谣俗被服饮食奉生送死之具也。故待农而
食之,虞而出之,工而成之,商而通之,此宁有政教发徵期会哉?人各
任其能,竭其力,以得所欲。故物贱之徵贵,贵之徵贱,各劝其业,乐
其事,若水之趋下,日夜无休时,不召而自来,不求而民出之。岂非道
之所符,而自然之验耶?《周书》曰:"农不出则乏其食,工不出则乏
其事,商不出三宝绝,虞不出则财匮少。"财匮少而山泽不辟矣。
此四者,民所衣食之原也。

就司马迁所看到的,西汉初年的汉帝国在经济上可以分作四个大区
域:西部,今山西南部以西,包括陕西、甘肃、四川一带,产材竹、穀纑、旄、
玉石;东部,今河北南部、山东江苏北部等地,产鱼、盐、漆、丝;长江以南出
产柟、梓、姜、桂、金、锡、连、丹沙、犀、瑇瑁、珠玑、齿(象牙)、皮革;北方,
今山西北部、河北北部以北,产马、牛、羊、旃裘、筋、角。司马迁没有谈农
业生产,他主要是从商品交换的角度而谈的一些土特产。所以他接着说
"此其大较也,皆中国人民所喜好,谣俗被服饮食奉生送死之具也。故待
农而食之,虞而出之,工而成之,商而通之。"这都是从商业交换说的。

在司马迁眼里,在人民生活中,农工虞商四者是同等重要的,同样都
是人民生活中不可或缺的。四者同是"民所衣食之原"。如果客观上没
有发达的交换经济现实,不会产生司马迁这种思想。

《史记·货殖列传》写了各地区许多大小城市,其中以"一都会也"来
指名的大城市就有邯郸、燕、临淄、陶、睢阳、吴、寿春、番禺、宛等地。每一
个城市都是一个地区的商业交换中心,它集中了一个或大或小地区的货
物运转各地,它也承接外地区的货品再分运各处。自然,西汉前期各地交
换经济情况,不是一天突然出现的,它是战国以来经济发展的结果,这是
不待言的。司马迁在论述各地区经济情况时,就常常是从历史的角度来
叙述的。

关中地区。以长安为中心,南通巴蜀,西通天水、陇西、北地、上郡。
这地区"自汧雍以东至河华,膏壤沃野千里,自虞夏之贡以为上田"。这

地区的人民，"好稼穑，殖五谷"，"有先王之遗风"。"及秦文、孝、缪居雍，隙陇、蜀之货物而多贾。献、孝公徒栎邑，栎邑北郤戎翟，东通三晋，亦多大贾。武、治咸阳，因以汉都，长安诸陵，四方辐凑，并至而会。地小人众，故其民益玩巧而事末也。"

关中之南为巴蜀地区。"巴蜀亦沃野，地饶卮，姜丹沙石铜铁竹木之器。南御滇僰，僰僮，西近邛笮，笮马旄牛。然四塞，栈道千里，无所不通，唯褒斜绾毂其口，以所多易所鲜。"

关中之西，为天水、陇西地区。"天水、陇西、北地、上郡与关中同俗。然西有羌中之利，北有戎翟之畜，畜牧为天下饶。"

巴蜀和天水、陇西、北地、上郡的货物，都要通过关中才能和中原各地交易。在地理上关中居于重要的地位。"故关中之地，于天下三分之一，而人众不过什三，然量其富，什居其六。"自战国以来，关中成为富庶的地区。关中的富庶，并不完全靠关中本地区的生产，甚至可以说主要不是靠关中本地区的生产。关中的富庶和它控制着巴蜀地区、陇西地区和中原地区的交通要道是有关系的，巴蜀、陇西的土特产和商品通过关中才得和中原地区交易。关中成为四方辐凑的地区，货物集中的地区，因之关中富起来了。使这个地为天下三分之一，人为天下什三的地区，却富居天下之什六了。关中之富由于"商"而不是由于"农"。

关以东是三河地区。三河指河东、河内、河南，大约相当于今天的山西南部、河北南部和河南的西部、北部。这地区是夏、商、周三代都邑所在之地，汉时仍是土地狭小人民众多的地区。《货殖列传》所举汉代这地区的城市有杨、平阳和温轵。"杨、平阳、陈西贾秦翟，北贾种代。种代，石北也，……迫近北夷，师旅亟往，中国委输，时有奇羡。……故杨、平阳、陈椽其间得所欲。""温轵西贾上党，北贾赵、中山。"

三河以北，是燕赵地区。赵、中山（今河北中部），"民俗懁急，仰机利而食。"这里是纺织业发达的地区。邯郸是这地区的都会。"邯郸，亦漳河之间一都会也。北通燕涿，南有郑卫。"赵之北是燕（今北京市和河北北部）。"夫燕，亦勃碣之间一都会也。南通赵，东北边胡。""有鱼盐枣栗之饶。北邻乌桓、夫馀，东绾秽貉、朝鲜、真番之利。"到今天，良乡的板栗,密云的小枣,仍是远近驰名的。

三河以东黄河南岸是洛阳、齐鲁梁宋地区。这地区的大都会有洛阳、临淄和陶。洛阳的交易网,可以东贾齐鲁,南贾梁楚。齐地的大城市是临淄。"齐带山海,膏壤千里,宜桑麻,人民多文绵布帛鱼盐。临淄亦海岱之间一都会也。"自周代以来,齐就是以出产纺织品和鱼盐著名的。它的鱼盐运往各地,它的冠带衣履天下。各国各地敛袂而往朝。邹鲁地区,原是儒家的老窝,民"俗好儒"。但至迟到西汉时期,这地区已是"好贾趋利,甚于周人",即比洛阳人还喜欢经营商业的。陶是梁宋地区(今山东西部、河南东部、安徽、江苏北部)春秋战国以来的大都会。刘邦在乌江打败项羽,却回到济水之上陶这地区来即皇帝位,很难说这和陶的繁荣的吸引力没有关系。

淮水、长江地区是原来的吴、越、楚地区。淮北、沛、陈、汝南、南郡是西楚。江陵是这地区的有名城市。"江陵,故郢都,西通巫巴,东有云梦之饶。""陈在楚夏之交,通鱼盐之货,其民多贾。"彭城以东,东海、吴、广陵,是东楚。吴是这地区的大都会。"夫吴,自阖庐、春申、王濞三人招致天下之喜游子弟,东有海盐之饶,章山之铜,三江五湖之利,亦江东一都会也。"衡山、九江、江南、豫章、长沙这一广大地区是南楚。这地区的都会有寿春。而合肥"受南北潮",是"皮革鲍木"运输集中的地方。

此外,番禺(今广州),"亦一都会也",是珠玑、犀、瑇瑁、果、布的集散地。颍川、南阳是夏人的旧居。"南阳西通武关、郧关,东南受汉、江、淮。"南阳的宛,"亦一都会也,俗杂,好事业,多贾。"

这是《史记·货殖列传》对于武帝时期商业城市和各地贸易交换网的描述。西汉时期城市经济比战国时期又有发展,战国时临淄有七万户,照主父偃所说,武帝时"临淄十万户,市租千金,人众殷富,巨于长安"(《汉书·济北王兴居传》)。赵之邯郸也很富庶。武帝时,"赵王擅权,使使即县为贾人权会,人多于国租税。以是赵王家多金钱"(《汉书·景十三王、赵王彭祖传》)。由此观之,赵地商业交换的发展不局限于邯郸一地。西汉城市经济的发展,终西汉一代无大变化。《盐铁论·通有篇》所举昭宣时的名都为:

燕之涿、蓟,赵之邯郸,魏之温、轵,韩之荥阳,齐之临淄,楚之宛邱,郑之阳翟,三川之二周,富冠海内,皆为天下名都。

《盐铁论·力耕篇》:

自京师东西南北,历山川,经郡国,诸殷富大都,无非街衢五通,商贾之所臻,万物之所殖者。

阳翟即颍川,三川即洛阳,《盐铁论》所举除多一荥阳外,和《货殖列传》所举大体是一样的。至西汉末年王莽时期,成都始与洛阳、邯郸、临淄、宛并为五都会之一。

交换经济的发展,改变了整个社会各个阶层的生活。商人阶级积聚了大量财富在自己手里,过着侈奢豪华的生活。官僚、贵族、地主阶级也在商品交换经济给创立的经济条件下,亦步亦趋的效法商人,疯狂的积累财富和过着豪华的生活。而农民则在交换经济支配下,把自己和自己所有的土地都卷入交换过程中去,破产流亡麇集城邑,或则自卖或被卖为奴隶。

西汉户口统计,都是区域郡县的户口统计,这些人口中多少是城市户口、多少是农村户口则没有统计。从一些记载看,城市人口在总人口中的比例可能是不小的。照贡禹所说,"故民弃本逐末,耕者不能半",城市人口应占总人口的一半。可注意的是:当时人说到人民流亡都是去城郭。如贾捐之对元帝说:"民众久困,连年流离,离其城郭,相枕席于道路"(《汉书·贾捐之传》)。鲍宣也说:"流民亡去城郭。盗贼并起"(《汉书·鲍宣传》)。成帝赐翟方进也说:"间者郡国谷虽颇熟,百姓不足者尚众,前去城郭,未能尽还"(《汉书·翟方进传》)。民众离亡,按常势应是农民流亡,离其农村,而贾捐之却说"离其城郭",鲍宣说"亡去城郭",成帝也说"前去城郭"。是否可以说,贾捐之、鲍宣和成帝的话,反映西汉后期,城邑是集中了大量人口的。城邑人口和农村人口对比,不会像王符所说到一百比一,也或者不会是一半一半,但百分之四十左右大约是会有的。如果我们不囿于中国自古以来是农业国家,绝大部分人口的百分之八九十是农村人口的成见,而从贡禹所说的"民弃本逐末,耕者不能半"和王符所说"今察洛阳,资末业者什于农夫,虚伪游手什于末业。天下百郡千县、市邑万数,类皆如此"的角度来思考问题,或者就会同意汉代大量人口是居于城邑的,说百分之四十居于城邑和近郊,大约是不为过的。

（二）商 品 生 产

春秋战国以前,社会生产的自给自足性很强,交换在生产和生活中占不重要的地位。男耕女织,满足一个家庭的衣食需要,是比较典型的。《墨子·非乐上》:"使丈夫为之,废丈夫耕稼树艺之时;使妇人为之,废妇人纺绩织纴之事。"《孟子·梁惠王上》:"五亩之宅,树之以桑,五十者可以衣帛矣。鸡豚狗彘之畜,无失其时,七十者可以食肉矣。"有了粮食和肉可吃,有衣服穿,一家生活就基本满足了。

春秋战国以来,交换经济发展;在交换经济影响下,商品生产发展起来。有地方色彩的土特产,原由交换才变成商品,逐渐转为为出卖而生产的商品。

汉代交换经济的发展,使大量土特产生产商品化。对此,司马迁有锐敏的观察。他曾指出:

安邑千树枣,燕秦千树栗,蜀汉·江陵千树橘,淮北常山以南、河济之间千树萩,陈夏千亩漆,齐鲁千亩桑麻,渭川千亩竹,及名国万家之城带郭千亩亩钟之田,若千亩卮茜,千畦姜韭,此其人皆与千户侯等(《史记·货殖列传》)。

司马迁说这些话,重点在说:有这些收入的人都是和千户侯一样的富了。我们的注意点是:到汉代中叶司马迁时候,商品生产已很盛行。为了自己的消费,是用不着千树枣、千亩卮茜、千畦姜韭的。正因为他们是为了出卖,他们的收入才会和千户侯相等的。这些物产,于土特产之外,已是商品生产了。

司马迁还列举了一些"通都大邑"之中可以"比千乘之家"的大商人手中的财货或商品。这些财货和商品中,显然有些也是商品生产,它们是为出售才这样生产的。

夫用贫求富,农不如工,工不如商,刺绣文不如倚市门,此言末业,贫者之资也。通邑大都,酤一岁千酿,醯酱千瓨,酱千甔,屠牛羊彘千皮,贩谷粜千锺,薪稾千车,船长千丈,木千章,竹竿万个,其轺车百乘,牛车千两,木器髤者千枚,铜器千钧,素木铁器若卮茜千石,马蹄躈千,牛千足,羊彘千双,僮手千指,筋角、丹沙千斤,其帛絮、细布千钧,文采千匹,榻布、皮革千石,漆千斗,糵麴盐豉千答,鲐鮆千斤,鲰千石,鲍千钧,枣栗千石者三之,狐貂裘千皮,羔羊裘千石,旃席千具,佗果菜千钟,子贷金钱千贯,节驵会,贪贾三之,廉者五之,此亦比千乘之家(同上)。

这里所举的,除子贷金钱和节驵会外,大多是为出售而生产的。酤一岁千酿,醯酱千瓨,酱千甔,这些都是商品生产,而且是都要经过手工业加工制作的。

商品生产中的最大项目是盐铁和纺织品。盐是人民生活中不可缺少的调味物品,铁器更是农民的命脉。

汉武帝以前,盐铁是私营的。春秋末战国,"倚顿用鹽盐起"(《史记·货殖列传》)。"而邯郸郭纵以铁冶成业,与王者埒富"(同上)。秦汉之际,以盐铁起家的有卓氏、程郑、孔氏、邴氏,都致大富。《史记·货殖列传》载:"蜀卓氏之先,赵人也,用铁冶富。秦破赵,迁卓氏。卓氏见虏略,独夫妻推辇行诣迁处。……乃求远迁,致之临邛,大喜。即铁山鼓铸,运筹策,倾滇蜀之民,富至僮千人。……程郑,山东迁虏也,亦冶铸,贾椎髻之民。富埒卓氏。俱居临邛。宛孔氏之先,梁人也,用铁冶为业。秦伐魏,迁孔氏南阳。大鼓铸,规陂池,连车骑,游诸侯,因通商贾之利。……家至富数千金。……鲁人……曹邴氏……以铁冶起,富至巨万。……齐俗贱奴虏,而刁间独爱贵之。……使之逐渔盐商贾之利……终得其力,起富数千万"。这几家,都是私营盐铁起家至巨富的。

齐国产盐最有名。西周初年,太公望封于营丘,地泻卤,人民寡。于是太公劝其女功,极技巧,通鱼盐,则人物归之,襁至而辐凑(《史记·货殖列传》)。晋国河东的鹽盐,也是有名的。《史记·货殖列传》说:"山东食海盐,山西食盐卤,岭南沙北固往往出盐。"山东食的海盐,是齐国盐;山西食的盐卤,就是晋国河东产的鹽盐。春秋末的"倚顿用鹽盐起",他所在的蒲州,就是河东。此外,战国时代,产盐的地区有:燕国的辽东、幽州和益州广都的井盐。盐是人民日常生活所需,全国对盐的需要量是大的。各产盐区的盐,通过交换运输送往全国各地。

战国秦汉的大宗商品生产还有纺织业。

纺织一般是农家妇女的工作,所谓"男耕女织"就是对农家生产和生活的概括写照。但精致的纺织品则是商品生产。

根据《禹贡》的记载,九州中就有兖州、青州、徐州、扬州、荆州、豫州六州是生产丝织品的。齐、鲁地区,特别是齐自周以来就是以纺织业闻名的。齐的建国,桓公的称霸,都和纺织业、渔业、盐业的发达这一物质基础有关系。秦汉时代,齐地的纺织品仍是驰名全国的。纺织品的原料是麻桑,齐鲁地区就盛产桑麻。《史记·货殖列传》所谓"山东多丝","齐宜桑麻","邹鲁颇有桑麻之业","沂泗水以北,宜五谷桑麻","齐鲁千亩桑麻"。能种千亩桑麻,这桑麻也是商品生产的。

陈留襄邑,是另一以纺织品著名的地区。东汉时期,齐和襄邑的纺织品仍是极有名的。王充说:"齐郡世刺绣,恒女无不能。襄邑俗织锦,钝妇无不巧"(《论衡·程材篇》)。《后汉书·章帝纪》永平二年春正月"帝及公卿列侯始服冠冕衣裳"条下注引董巴《舆服志》说:"乘舆刺绣,公卿以下皆织成,陈留襄邑献之。"也见出襄邑纺织业的地位。

齐、襄邑之外,以纺织业著名的有蜀。文翁为蜀郡守时,曾购蜀刀、蜀布送京师博士,可见景帝时蜀布已是珍品了(《汉书·循吏·文翁传》)。武帝时,张骞使西域,曾在大夏见到蜀布。《汉书·张骞传》:"骞曰:臣在大夏时,见邛竹杖、蜀布。问安得此?大夏国人曰:吾贾人往市之身毒国。"身毒即印度。蜀布传入身毒的路线,虽然还有待研究,但蜀布能远通异国,必然亦如丝绸之西输中亚各国一样,是因受欢迎才输出的。《盐铁论·本议篇》亦以"蜀汉之布与齐陶之缣"并提。全国有名又能远输异国的物品,必是大量生产的,必是商品生产。即使是分散的家庭手工业,也必然是在商人组织下的商品生产。

东汉晚期,蜀锦是全国驰名的珍品。曹操曾派人到蜀购买蜀锦。刘备入蜀,军用不足,赖蜀锦以济(《后汉书·方技·左慈传》)。左思《蜀都赋》云:"阛阓之里,伎巧之家,百室离房,机杼相和,贝锦斐成,濯色江波,黄润比筒,籝金所过。"李善注云:"阛,市巷也;阓,市外内门也。贝锦,锦文也。谯周《益州志》云:成都织锦既成,濯于江水,其文分明,胜于初成。他水濯之,不如江水也。黄润,谓筒中细布也。司马相如《凡将篇》曰:黄润纤美宜制裈。扬雄《蜀都赋》曰:筒中黄润,一端数金(见李善注《文选》)。伎巧之家,这是纺织专业户,不是副业。蜀锦是商品生产。既说"百室离房",不是一房。很多机房的机杼之声相和。蜀锦是精致产品,价值是"一端数金"。金,万钱,是很贵的了。

蜀地还是有名的釦器和刀、带的产地。蜀刀、布,景帝时已是特产。如上所述,文翁作蜀郡守时曾买刀布蜀物赍计吏以遗博士。东汉时,蜀汉釦器和佩刀仍是上调物品。《后汉书·和帝邓皇后纪》载:"蜀汉釦器、九带、佩刀,并不复调。"上调的物品,必是制作细致的。

宛,从战国以来就是以炼钢制作利器出名的地方。《荀子·议兵篇》:"楚人宛钜铁鉇,惨如蠭虿。"杨倞注:"徐广曰:大刚曰钜,鉇与鏂同,矛也。《方言》云:自关而西谓之矛,吴杨之间谓之鏂。言宛地出钢铁为矛。"这些产品,自然也是商品生产。

商品生产也侵蚀到农业经济中去,破坏了农民自给自足经济。东汉赵岐作《蓝田赋》,在序中他说了下面一段话:"余就医偃师,道经陈留。此境人皆以种蓝染淀为业,蓝田弥望,黍稷不植。慨其遗本念末,遂作赋"(《全后汉文》卷62)。道经陈留,当然是一路所见。蓝田弥望,黍稷不植。蓝田是大面积的,商品生产破坏了农民的自给自足农业经营。

崔寔《四民月令》所记述的,是一个大土地所有者的田庄的生产和生活。这个田庄生产粮食之外,还生产瓜、瓠、葵、韰、韭、芥、大小葱、蒜、苜蓿、蓼、苴麻、胡麻等。有人说,这是一个自给自足的大庄田。这是对的。但就是这样一个自给自足的庄田,它有许多物品要买进卖出,它频繁的加入到交换中去。它记载:二月,"可粜粟黍、大小豆、麻、麦子等"。三月,"可粜黍买布"。四月,"可籴穬(大麦之无皮毛者)及大麦"。五月,"可枲大小豆、胡麻、籴穬、大小麦","籴萆蒭(可养马)"。七月,"籴大小麦、豆,收缣练。"八月,"韦履贱,好豫买,以备冬寒","籴种麦,粜黍"。十月,"卖缣帛、敝絮,籴粟、豆、麻子"。十一月,"籴杭稻、粟、豆、麻子"(见《全后汉文》卷47)。交换已侵入一个自给自足的庄田。它的产品中,已有一部分是为出售而生产的,是商品生产。

汉代城市人口是相当多的。即使我们不能接受贡禹农民弃农作末耕者不能半,和王符一夫耕百人食之的说法,但总可承认汉代城市人口是大量的。汉代临淄十万户,一户以五口计,已是五十万人口。百郡千县市邑万数,全国城市的人口总数,一定很多。

城市人口是不种粮食的,但他一日三餐却不能少。贾谊说:"今背本而趋末,食者甚众,是天下之大残也"(《汉书·食货志上》)。晁错说:"人情一日不再食则饥"(同上)。不生产又要吃,只能通过交易购买粮食。所以虽然文献不足,我们没有材料可以说明城市粮食供应情况,我们会想城市中粮食交易是大量的。必然有许多人卖粮,有许多人运粮,城市里会有许多粮店供应粮食。城市人口大量粮食需要,很可能影响城市附近农民的粮食生产,出现粮食的商品生产,为出卖粮食而生产粮食。

(三) 官 工 业

经营盐铁业的大商人,都成为富人,这引起了政府的垂涎。盐铁都是人民生产、生活上的必需品,政府也有干涉的理由。汉武帝为了解决财政问题,决定盐铁官营。

全国产铁的地方是很多的。《史记·货殖列传》说:"铜铁则千里往往山出棊置。"因此,冶铁业也散布在全国各地。据《汉书·地理志》所载:全国设铁官的地方有四十四处。手工业产品和原料出产地,一般是关系密切的,原料产地往往就是产品加工制造比较集中的地方。全国有铁官的四十四处地方如下:

京兆	郑	有铁官
左冯翊	夏阳	有铁官
右扶风	雍	有铁官
	漆	有铁官
弘农郡	黾池	有铁官
河东郡	安邑	有铁官
	皮氏	有铁官
	平阳	有铁官
	绛	有铁官
太原郡	大陵	有铁官
河内郡	隆虑	有铁官
河南郡		有铁官
颍川	阳城	有铁官
汝南	西平	有铁官
南阳	宛	有铁官
庐江	皖	有铁官
山阳		有铁官
沛郡	沛	有铁官
魏郡	武安	有铁官
常山	都乡	有铁官
涿郡		有铁官
蜀郡	临卬	有铁官
犍为	武阳	有铁官
	南安	有铁官
辽东	平郭	有铁官
膠东国	郁秩	有铁官
东平国		有铁官
楚国	彭城	有铁官
千乘	千乘	有铁官
济南	东平陵	有铁官
泰山	嬴	有铁官
齐郡	临淄	有铁官

东莱	东牟	有铁官
琅琊		有铁官
东海	下邳	有铁官
临淮	盐渎	有铁官
	堂邑	有铁官
汉中	沔阳	有铁官
陇西		有铁官
渔阳	渔阳	有铁官
中山国	北平	有铁官
城阳国	莒	有铁官
鲁国	鲁	有铁官
广陵国		有铁官

据《史记·货殖列传》所载:汉代全国最著名的产盐地区是齐和吴,即今山东和江苏北部沿海地区,这里产的是海盐。齐地产盐自周代以来就是有名的。齐、吴两地的盐运销内陆各地。内地食盐也不全靠海盐,内陆也有产盐的地方。山西有解池,产盐卤。岭南、沙北也往往出盐(《史记·货殖列传》)。

《汉书·地理志》载:全国设盐官的地方有三十多处,分布如下:

河东:安邑。	东莱:曲城、当利、东牟。
巨鹿:堂阳。	犍为:南安。
北海:寿光。	陇西
东莱:昌阳。	上郡:龟兹。
琅琊:计门、长广、海曲。	五原:成宜。
蜀郡:临卬。	辽西:海阳。
巴郡:朐忍。	苍梧:高要。
上郡:狄乐。	南郡:巫县。
朔方:沃野。	千乘
渔阳:泉州。	会稽:海盐。
南海:番禺。	越巂:定莋。
太原:晋阳。	安定:三水。
渤海:章武。	鹰门:楼烦。

西河:富昌。　　　　　　　　辽东:平郭。

这些设置铁官、盐官的地方,都是一方面是产铁产盐的地方,一方面也都是煮盐业和冶铁业、铁器制造业比较发达的地方。如南阳的宛,从战国以来就是以炼钢出名的地方。汉武帝时,赵国仍是"以冶铸为业"(《汉书·张汤传》)。

汉代的官营工业,盐铁之外还有重要的器物制造业,如金银釦器等。汉朝政府在全国一些地方,设立工官。《续汉志·百官志》云:"其郡有工多者,置工官,主工税物。"据,《汉书·地理志》,设有工官的地方有下列郡县:

河内郡	怀县	有工官
河南郡	荥阳	有工官
颍川郡	阳翟	有工官
南阳郡	宛县	有工官
泰山郡	奉高	有工官
济南郡	东平陵	有工官
广汉郡	雒	有工官
蜀郡	成都	有工官

八地之中,宛是制刀矛武器的已如上述。广汉、蜀郡,以制作金银釦器和蜀刀著名。《汉书·贡禹传》:"蜀、广汉主金银器,岁各用五百万。"

纺织业也有官营。汉代在齐地设有三服官,供营皇室的衣冠。春冠、冬服、夏服,谓之三服。《汉书·元帝纪》:"初元五年四月,罢齐三服官。"这大约是接受贡禹的建议的结果。李斐注:"齐国旧有三服之官,春献冠绩继为首服,纨素为冬服,轻绡为夏服,凡三。"颜师古注说:"继与纚同,……即今之方目紫也。纨素,今之绢也。轻绡,今之轻纱也。"《哀帝纪》绥和二年六月诏曰:"齐三服官诸官织绮绣,难成,害女红之物,皆止无作输。"但诏书不过是自欺欺人之谈,只要这地区的织品精致,皇帝是不会放过的。东汉时期,齐地仍是精美纺织品的产地。《后汉书·章帝纪》,建初二年四月:"诏齐相省冰纨、方空縠、次纶絮",李贤注说:纨,素也。縠,纱也,……即今日之方目纱也。纶似絮而细,亦纱也。"《前书》所载:元帝已罢"齐三服官",哀帝又诏齐三服官诸官织绮绣,难成,皆止无作输。但东汉时期,齐仍以纺织品著名,仍有三服官。"罢"、"止无作输",不过是空话。

国家经营的三服官和工官,规模是相当大的。贡禹对元帝说:

> 故时,齐三服官输物不过十笥,方今齐三服官作工各数千人,一岁费数巨万。蜀广汉主金银钿器,岁各用五百万。三工官(颜注谓为少府之属官,即考工室、右工室、东园工匠也。)费五千万。西织室亦然(《汉书·贡禹传》)。

东汉时的官府工场,规模也不小。《后汉书·和熹邓皇后纪》云:

> 旧大官、汤官经用岁二万万。太后敕止,曰:杀省珍费,自是裁数千万。……其蜀汉钿器、九带、佩刀并不复调。止画工三十九种。又御府尚方织室锦绣、冰纨、绮縠、金银、珠玉、犀象、瑇瑁瑠、彫镂翫弄之物,皆绝不作。

官工业的规模都是相当大的。如齐三服官作工各数千人,一岁费数万万。官工业规模之大,在社会上决不是孤立的。社会上决不会只有这样规模的官工业,而没有同样规模或稍小一些的私营工业存在。所以官工业的规模水平,也反映私营工业的规模水平。

有些官工业的生产,如三服官的纺织品,是专供皇室使用的,不是商品生产,有些如盐铁工业则是商品生产,他们的产品主要是供给社会上各阶层的食用和使用,铁器物主要是供给手工业者和农民使用。

官营盐铁业既然是商品生产,主要是供给广大人民的,这就有个供应问题和质量问题。铁农具由于是统一生产,型号有一定规格,缺少因地制宜的适应性,这就使这些农具不适于一定地区的使用。私营私造时期,商人可以运到农村运到地头出售,官营了就没有这些方便。农民不得不放下农活到市上去购买,自然带来很多不方便,而官造农具的质量多粗略、脆弱、笨重不合用。《盐铁论》里有反映。文学、贤良是代表农村说话的。文学说:"秦、楚、燕、齐,土力不同,刚柔异势,巨小之用,居局之宜,党殊俗易,各有所便。县官笼而一之,则铁器失其宜,而农民失其便"(《禁耕篇》)。贤良说:"铁器,民之大用也。器用便利,则用力少而得作多,农民乐事劝功。用不具,则田畴荒,谷不殖,用力鲜,功自半。器便与不便,其功相什而倍也。县官鼓铸铁器，大抵多为大器，务应员程，不给民用。民用钝弊，割草不痛。是以农夫作剧，得获者少，百姓苦之矣"（《水旱篇》）。又说："今县官作铁器，多苦恶，用费不省，卒徒烦而力作不尽。家人相一，父子戮力，各务为善器，器不善者不集。农事急，挽运衍之阡陌之间，民相与市买，得以财货五谷新弊易货，或时赊。民不弃作业，置田器，各得所欲。……今总其原，一其贾，器多坚硗，善恶无所择。吏数不在，器难得。家人不能多储，多储则镇生。弃膏腴之田，远市田器，则后良时。盐铁贾贵，百姓不便，贫民或木耕手耨，土耰啖食。铁官卖器不售，或颇赋与民"（同上）。

三服官的纺织品，是供皇家使用的，一般可以保证质量。因为如果产品质量粗劣或下降，管理人员和工匠有被杀头的危险。卖给民间使用的器物，无人负责任，制作的器物好坏都无人管，甚至强制人民购买。苦的是人民。

（四）货币和商人

战国时期，随着交换经济的发展，货币有了划时代的发展。作为货币、刀、布、圆钱、爰金分别在几个地区流通，在社会生活中起着重大作用。

秦始皇二十六年，并灭六国，随即进行一系列统一后的建制工作，其中一项，即统一币制。秦始皇废弃了刀、布和爰金，专用圆钱，另以黄金为上币。《汉书·食货志下》载："秦兼天下，币为二等。黄金以溢为名，上币；铜钱质如周钱，文曰：'半两'，重如其文。"秦制一两二十四铢，半两钱重十二铢。

汉兴，黄金改为以斤为单位，金一斤等于铜钱一万。汉初以秦钱重，曾进行改革。经过几次变换，到武帝时稳定在五铢钱上。五铢钱一直流通使用了三百多年，到东汉末年为谷帛所代替。曹魏明帝，北魏孝文帝恢复钱币使用时，都是恢复使用五铢钱。

货币的发明和使用,对社会发展进步起了莫大的促进作用,也对社会起了莫大的破坏作用;它像魔鬼一样干扰着人们的社会生活。恩格斯在《家庭私有制和国家的起源》一书中,谈到货币产生后在社会上所起的作用时说:"随着金属货币的出现就出现了非生产者统治生产者及其生产的新手段。商品的商品被发现了。这种商品以隐蔽的方式包含着其他一切商品,它是可以任意变为任何随心所欲的东西的魔法手段。谁握有它,谁就统治了生产世界。但是谁首先握有了它呢? 商人。……除了表现为商品和奴隶的财富以外,除了货币财富以外,这时还出现了表现为地产的财富。……完全的、自由的土地所有权,不仅意味着毫无阻碍和毫无限制地占有土地的可能性,而且也意味着把它出让的可能性。……和土地私有权同时被发明出来的货币,向他作了说明,土地现在成为可以出卖和抵押的商品了。……随着贸易的扩大,随着货币和货币高利贷,土地所有权和抵押制的产生,财富便迅速地积聚和集中到一个人数很少的阶级手中,与此同时,大众日益贫穷化,贫民的人数日益增长"(《马克思恩格斯全集》中文版第二十一卷,人民出版社出版 1965 年 9 月第 1 版第 190—191 页)。

恩格斯这里所论述的是在人类古代社会早期货币被发明以后它对社会发展所起的深刻作用。恩格斯这段话,是从欧洲希腊、罗马早期古代社会的历史推绎出来的。但它对我们研究春秋战国秦汉时期,货币在社会中所起的作用,很有启迪意义。我们对这段话,应该深刻的加以思考。

从春秋时代开始,我们就看到商人手中的财富膨胀起来。陶朱公经商,曾三致千金,晚年手中的财富积累到巨万。倚顿靠盐起家,郭纵以铁冶成业,都与王者等富。秦末汉初,蜀卓氏以冶铁致富,有奴隶千人;程郑埒卓氏,宛孔氏用冶铁为业,家致富数千金;曹邴氏以冶铁起家,富至巨万;齐刁间使用奴隶逐渔盐之利,起富数千万;洛阳居齐秦楚赵之中,师史洛阳街居,久贾诸国,致千万;宣曲任氏,买贱卖贵,富者数世;无盐氏放高利贷,用此富埒关中。司马迁还指出,"关中富商大贾,大抵尽诸田,田啬、田兰,韦家栗氏,安陵杜杜氏,亦巨万。"(《史记·货殖列传》)

这些手中掌握货币的富商大贾中,盐铁业者是一个类型。他们是商人,却又兼营着手工业。他们的财富依靠对消费者的剥削,又依靠对他们自己控制的手工业者的剥削。例如齐地大商人刀间,使用奴隶"逐渔盐商贾之利,或连车骑交守相,然……终得其力"。他就是一面作渔业、盐业,一面营商,运转各地。蜀卓氏,也是一面"即铁山鼓铸",一面"运筹策倾滇蜀之民",即到各地营商。宛孔氏也是一面"用铁冶为业,大鼓铸",一面"连车骑,游诸侯,因通商贾之利"。

又一种类型是靠买贱卖贵囤积居奇。通过交换,一面剥削生产者,一面剥削消费者。陶朱公就是"以为陶天下之中,诸侯四通,货物所交易也,乃治产、积居、与时逐,而不责于人。"又如白圭。"乐观时变。故人弃我取,人取我予。夫岁孰取谷,予之丝漆。蚕出,取帛絮与之食。"如果有条件垄断,高价出售,利润更大。如宣曲任氏。"任氏之先,为督道仓吏。秦之败也,豪杰皆争取金玉而任氏独窖仓粟。楚汉相距荥阳也,民不得耕种,米石至万,而豪杰金玉尽归任氏,任氏以此起富。"

又一种类型是靠放高利贷。如无盐氏。"吴楚七国兵起时,长安中列侯封君行从军旅,赍贷子钱,子钱家以侯邑国在关东,关东成败未决,莫肯与。唯无盐氏出捐千金贷,其息十之。三月吴楚平,一岁之中则无盐氏之息什倍。因此富埒关中。"

富商大贾取利剥削的对象,一方面是农民、手工业者劳动阶级,一方面是贵族官僚地主阶级。但贵族官僚地主阶级的财富乃取之劳动者,富商大贾剥削对象最终仍是农民等劳动者。随着商业的扩大,随着货币和货币高利贷业的发展,随着土地所有权及典当业的发生,财富迅速的积累及集中在人数很少的一个阶级手里,同时,大众的赤贫化与贫农的数量也都增加了。

两汉的农民在商人货币经济的剥削下,是日趋破产流亡。晁错已看到这种形势,他指出农民受租税和高利贷的压迫,不得不"卖田宅鬻子孙以偿责",并指出"此商人所以兼并农人,农人所以流亡者也"(《汉书·食货志上》)。

晁错是文景时期的人,正是西汉的早期,社会正是向上发展的,农民虽在商人货币经济的剥削下出现破产流亡现象,尚不严重。晁错是大政治思想家,观察锐敏,已看出商人兼并农民,农民破产的苗头。但农民受商人货币经济的兼并而流亡破产,却是两汉四百年中农民的命运。

商人资本对农民的压迫,到西汉后期元帝时就很明朗了。有些有头脑的大官和学者已看出"钱"是社会问题的根源。如贡禹对元帝上疏说:"自五铢钱起以来,七十余年。民坐盗铸钱被刑者众。富人积钱满室,犹亡厌足,民心动摇。商贾求利东西南北,各用智巧,好衣美食,岁有十二之利,而不出租税。农夫父子暴露中野,不避寒暑,摔少杷土,手足胼胝。已奉谷租,又出稾税,乡部私求,不可胜供。故民弃本逐末,耕者不能半。贫民虽赐之钱,犹贱卖以贾。穷则起为盗贼。何者?末利深而惑于钱也。是以奸邪不可禁,其原皆起于钱也"(《汉书·贡禹传》)。

贡禹这段话,很见出钱在社会中所起的作用。人民坐盗铸钱被刑者众,何者,利之所在虽死不顾也。人民疯狂盗铸钱,无他,有了钱便可以有了一切。富人不需要盗铸,但他们也是积钱满室犹不满足,犹继续东西求利。

对钱的追求,影响最严重的是使农民弃农从商。"民弃本逐末,耕者不能半",我们思想上大概不能接受。一个农业社会,耕者不能半是不可想象的。但东汉中叶的王符却更进一步说:"今察洛阳浮末业者什于农夫,虚伪游手者什于浮末。……天下百郡千县,市邑万数,类皆如此。""是则一夫耕百人食之,一妇桑百人衣之"(《潜夫论·浮侈篇》,见《后汉书·王符传》引)。我们就更不能相信了。贡禹是儒家,是西汉后期的名臣;王符是东汉中叶的思想家。他们都在说谎不成?他们或对皇帝讲话,或著书立说,而是在说谎,如何取信于人?我想夸大是有的,但夸大是为了说出问题的严重性,目的仍在取信于人。耕者即使不能半,而数量必然是很大的。据我估计,汉代人口大约有40%居住在城邑和近郊。钱,使得农民"惑于钱",弃农从商,弃本逐末,足见货币和商人在社会中的威势了。

东汉一朝,货币和商人资本,比西汉更为活跃。更多的货币和财富积聚在商人手中。他们以高利贷钱,盘剥负债的人民。东汉初期的桓谭说:"今富商大贾,多放钱贷,中家子弟为之保役,趋走与臣仆等役,收税与封君比人"(《后汉书·桓谭传》)。钱使商人睥睨社会,"宾客待见而不敢去,车骑交错而不敢进。三牲之肉臭而不可食,清醇之酎败而不可饮。睇盼则人从其目之所胡,喜怒则人随其心之所虑"(《昌言·理乱篇》,见《后汉书·仲长统传》)。商人阶级,"身无半通青纶之命,而窃三辰龙章之服;不为编户一伍之长,而有千室各邑之役"(同上)。真是"汉兴以来,相与同为编户齐民而以财力相君长者,世无数焉"(同上)。

（五）海 外 贸 易

战国晚年,齐人邹衍创大九州说。他说:"儒家所谓中国者,于天下乃八十一分居其一分耳。中国名曰'赤县神州',赤县神州内自有九州,禹之序九州是也,不得为州数。中国外如赤县神州者九,乃所谓九州也。于是有裨海环之。人民禽兽莫能相通者如一区者乃为一州。如此者九,乃大瀛海环,其外天地之际焉"(《史记·孟子·荀卿列传》)。

齐地滨海,在交换发展人们的眼界大开之后,人们对内地的眼界扩大,因之对海外大加推想,也可能有海外来人,更加使人们推想海外世界,因之有邹衍大九州之说。总之,邹衍大九州说是战国人眼界扩大后的产物。

中国古代有两系文化,一是东方夷人文化,是海洋文化,后来的齐文化是这系文化的继承者和代表;一系是内陆文化,华夏文化,后来的周鲁文化是这系文化的继承、集结者和代表。内陆文化战胜了海洋文化,构成中国传统文化的主体,如果中国是齐文化、东方文化、海洋文化战胜周鲁文化、内陆文化,中国的传统文化主体将是另一种面貌出现在世界上。中国的历史,也将是另一种形态出现在世界上。

大九州说是中国人眼界开扩后的地理设想。见诸记载有史可徵的中国海外交通和海外贸易,现在暂由汉代讲起。

中国古代对外贸易,有两条路线,一是陆路,通过今天的甘肃、新疆通往中亚和更西的西方;一是水路,由南海出南洋。

新疆准噶尔盆地西端,天山有个缺口,叫作阿拉山口(即天山缺口)。从蒙古草原通过准噶尔盆地出阿拉山口通往中亚,这是古代媾通东西的一条大道。古代一些游牧民族通过这条道路,快马加鞭漂忽在中国北部和中亚地区。

在交通工具落后的古代,水路远比陆路方便。大江大海不但不阻碍交通反而是交通要道,而隔山隔岭却常使交通梗阻。这证之秦朝统一时的形势,问题是一目了然的。秦的郡县设置在南的日南郡深入现今越南沿海的中部,在西和西南却不出今天的甘肃、四川和湖南。何以故? 水路可通,山岭隔阻也。

汉代中国和海外的水路交通路程,《汉书·地理志》有如下一段记载:

> 自日南障塞徐闻合浦船行可五月,有都元国。又船行可四月,有邑卢没国。又船行可二十余日有谌离国。步行又十余日,有夫甘都卢国。自夫甘都卢国船行可二月余,有黄支国。民俗略与珠崖相类。其州广大,户口多,多异物。自武帝以来皆献见。有译长,属黄门与应募者俱入海,市明珠、璧、流离、奇石、异物,齎黄金,杂缯而往,所至国皆禀食为耦。蛮夷贾船,转送致之。亦利交易剽杀人。又苦逢风波溺死;不者,数年来还。大珠至围二寸以下。平帝元始中,王莽辅政,欲耀威德,厚遗黄支王,令遣使献生犀牛。自黄支船行可八月到皮宗,船行可二月到日南、象林界云。黄支之南有已程不国,汉之译使自此还矣。

都元国、邑卢没国、谌离国、夫甘都卢国、黄支国、皮宗和已程不国是现在什么地方,近代学者已进行了不少研究。他们用对音等方法,指出这些古地可能是现在某些地方。如岑仲勉氏认为都元国在马来半岛东岸,邑卢没国在苏门答腊,谌离在缅甸仰光附近,夫甘都卢国在仰光北缅甸河上,黄支国在印度东海岸等等。但这仅是一种研究成果,难说已是定论。

但汉朝和南洋各地虽有此海路可通,而贸易交往则远不如由陆路通西域之发达。原因可能是:当汉之时,中亚各国和更西的安息、罗马,都是文明古国，它一方面能向汉朝提供更多的物产商品，另一方面也需要东方向它提供更多的物产商品。这就决定了它们间的交通虽然是困难的，克服困难的欲望和行动都是强烈的。中国的丝绸就是西方各国各地强烈需要的。南洋各地当时文化程度还比较落后，除明珠奇石外它们提不出更多更需要的商品，而由于落后，丝绸还不是它们所需或大量所需。这就使得南道海上贸易，远远落后于西道陆路了。

通往中亚的陆上交通是逐渐发展起来的。彩陶文化就沿着这条路东西传布。秦始皇到处刻石记功，这和中亚古代的刻石有无联系也可以研究。张骞通西域，在大夏看到由身毒（印度）运去的蜀布、邛杖。《汉书·张骞传》："骞曰：臣在大夏时，见邛竹杖、蜀布，问安得此，大夏国人曰：'吾贾人往市之身毒国。身毒国在大夏东南可数千里，其俗土著，与大夏同，而卑湿暑热，其民乘象以战，其国临大水焉。'以骞度之，大夏去汉万二千里，居西南。今身毒又居大夏东南数千里，有蜀物，此其去蜀不远矣。今使大夏，从羌中，险，羌人恶之；少北，则为匈奴所得；从蜀，宜径，又无寇。"武帝听得张骞的话，很高兴。于是从蜀犍为间发使，四道西出，但皆不得通。又听得说昆明以西"可千余里，有乘象国名滇越，而蜀贾间出物者或至焉，于是汉以求大夏道，始通滇国"（同上）。这些蜀布、邛竹杖是怎样运输到身毒即印度去的？古代人的能力和冒险精神，有非现代人所能想象和理解的。蜀和身毒有交往则是完全可能的，当然这种交往贸易也可能是间接的。

汉武帝通西域之后，中国和中亚、西亚的交往和随之而来的贸易就更加频繁了。《汉书·张骞传》云：

> 自骞开外国……吏士争上书言外国奇怪利害，求使。天子谓其绝远，非人所乐，听其言，予节，募吏民……为具使人众遣之，以广其道。来还不能无侵盗币物……故妄言无行之徒，皆争相效。其使皆私县官赍物，欲贱市以私其利。

这些人虽然都假借汉朝使臣的名义，实际上都是商人，他们的目的是求利，他们的行为是营商，携带中国的货物以往，囊括外国的货物以归。买贱卖贵，从中牟利。他们得机会就"侵盗币物"。强盗和经商本来就是孪生兄弟。资本主义兴起殖民新大陆时,海上商人多是海上大盗。

自此西域各国竞求贸易,《汉书·西域传·罽宾传》云:

> 罽宾……数剽杀汉使。……孝元时……绝而不通。成帝时,复
> 遣使献,谢罪。汉欲遣使者报送其使,杜钦说大将军王凤曰:罽宾
> 王……前亲逆节,恶暴西域,故绝而不通。今悔过来而无亲属贵人,
> 奉献者皆行贾贱人,欲通货市买,以献为名。于是凤白后钦言。罽宾
> 实利赏赐贾市,其使数年而一至。

又《康居传》载:

> 成帝时,康居遣子侍汉贡献。然自以绝远,独骄嫚。……都护郭
> 舜数上言:……康居骄黠,讫不肯拜使者……以此度之,何故遣子入
> 侍? 其欲贾市为好,辞之诈也。

故《后汉书·西域传》末总论曰:

> 立屯田于膏腴之野,列邮置于要害之路。驰命走驿不绝于时月,
> 商胡贩客日款于塞下。

汉朝使臣和商人直接到达的最西的地方大约是安息(今伊朗)。东
汉章帝时在西域活动的使臣班超于公元 86 年派使者西通大秦(罗马帝
国),使者曾到达条支(今波斯湾)。《后汉书·西域传·安息国》载:

> (和帝永光)九年,都护班超遣掾甘英使大秦。抵条支,临大海,
> 欲度,而安息西界船人谓英曰:海水广大,往来者逢善风三月乃徐度。
> 若遇迟风,亦有二岁者,故入海人皆赍三岁粮。……数有死亡者。英
> 闻之,乃止。

但公元 166 年(桓帝延熹九年)大秦国的商人冒充大秦皇帝安敦的
使臣从海路经日南到达汉朝。《后汉书·西域传·大秦国》载:

> (大秦)王常欲通使于汉,而安息欲以汉缯练与之交市,故遮阂
> 不得自达。至桓帝延熹九年,大秦王安敦遣使自日南徼外献象牙犀
> 角瑇瑁,始乃一通焉。

安敦大约就是罗马帝国安敦尼王朝(公元 96—192 年)的安敦尼帝
(138—161 年),也许是马可·奥勒略帝(161—180 年)。马可·奥勒略
也属于安敦尼王朝。假冒安敦帝使臣的商人可能是在 161 年前安敦尼在

位时离开大秦,到166年才到中国。也可能是大秦边地商人于166年到中国时,还不知安敦帝已去位。

通过通往西域的大道,中国的丝绸运往中亚、西亚,并更远到罗马帝国。他们把中国的丝绸视作珍品。此外中国的铁器、漆器等也运往西方去。《史记·大宛列传》载:

> 自大宛以西至安息国,虽颇异言,然大同俗。……善市贾,争分铢。……其地皆无丝漆,不知铸钱(注徐广曰:又或作铁字)器。及汉使亡卒降,教铸作他兵器。

自汉以后,这条通往西方的大道就被叫作丝绸之路。

汉朝政府对于海外贸易是有管制的。有些商品是禁止出关的,而一般商品的出关也需要得到政府的允许,发给符传。《史记·汲黯列传》载:

> 及浑邪至,贾人与市者坐当死者五百余人,黯请间见高门,曰:……愚民安知市买长安中物而文吏绳以为阑出财物于边关乎?陛下纵不能得匈奴之资以谢天下,又以微文杀无知者五百余人,是所谓庇其叶而伤其枝者也。

"阑出财物于边关"句下注云:"应劭曰:阑,妄也。律:胡市,吏民不得持兵器出关,虽于京师市买,其法一也。赞曰:无符传出入为阑。"由此知道,按汉律兵器是不得出关的。

"对外"一词,从汉朝的角度来说和由我们今天的角度来说是不同的。汉朝把匈奴等少数民族都看成外,我们今天则认为匈奴等古民族凡生活在今天中华人民共和国国境以内的都是国内民族间的问题而不是对外。

汉朝和边疆各族间有互市,亦称作关市或合市。互市、关市、合市似有一定的地点和时间。各少数民族从互市中可以得到他们所希望得到的物品。汉朝政府却又常常以不绝互市来作为羁縻的手段,又以绝互市作为打击的手段。《史记·匈奴列传》云:"匈奴贪,尚乐关市,嗜汉财物,汉亦以尚关市不绝以中之。"《后汉书·南匈奴传》载:建武二十八年班彪奏曰:"今北匈奴见南单于来附,惧谋其国,故数亡和亲,又远驱牛马与汉合市。"同书传又载:元和元年,"武威太守孟云上言,北单于复愿与吏人合市。诏书听云遣驿使迎呼慰纳之。北单于乃遣夫且渠伊莫訾王等驱牛马万余头来与汉贾客交易。"同书《乌桓传》:"帝从班彪言,复置乌桓校尉于上谷甯城……并领鲜卑,赏赐质子,岁时互市焉。"同书《鲜卑传》:安帝永初中,"鲜卑大人燕荔汤诣阙朝贺……令止乌桓校尉所居甯城下通互市。"

但汉朝政府对边疆各少数族的互市所采取的控制措施,是否也施用于西方更远的地方,还不能完全确定。从上引《史记·大宛列传》所说,自大宛以西至安息国,不知铸铁器,汉使亡卒降,教铸作他兵器来看,似乎对西方国家的贸易,汉政府也是加以控制的。参与贸易的商贾并没有完全的自由。

(六)城 市 管 理

春秋时期开始,城邑显著的增多起来。《左传》里建城的记载,给我们留下深刻的印象。数目增加,规模也在扩大。春秋时期的城还是比较小的。战国时代的城,就逐渐扩大了。战国赵奢说:"古者四海之内分为万国,城虽大无过三百丈者,人虽众无过三千家者。今千丈之城万家之邑,相望也"(《战国策·赵策》)。万家,家以五口人计,万家的城邑有人口五万。这在战国,是一般的城市,虽或不能"相望也",总可说已相当多,相当普遍。

临淄是战国时代的大都市,有人口七万户。一户以五口计,有三十五万人。宜阳也是大城,东周君说:"宜阳城方八里,材士十万,粟支数年"(《战国策·东周策》)。宜阳也应有二三十万人口(每家出一至二兵士计)。

春秋以前的城,是贵族的居住点。春秋战国之际,交换经济兴起,城市同时成为商品货物积聚处,也是商人、手工业者的居住处。

汉代的城市规模,比战国又有发展。战国时临淄有七万户,汉代是十万户了。汉武帝时的主父偃说:"齐临淄十万户,市租千金,人众殷富,巨于长安"(《汉书·高五王传·齐厉王次昌传》)。文帝的儿子梁孝王都睢阳,"广睢阳城七十里"(《汉书·文三王·梁孝王传》)。师古曰:"晋太康地记云,城方十三里。梁孝王筑之。"方十三里,城周长五十二里。

秦汉时期,一般县城有五千户到三万户。《汉书·陈平传》:"高帝南过曲逆,上其城,望室屋甚大,曰:'壮哉县! 吾行天下,独见雒阳与是耳。'顾问御史,曲逆户口几何? 对曰:'始秦时三万余户,间者兵数起,多亡匿,今见五千余户。'"

东汉时期,城市人口空前膨胀。王符说,洛阳城居住着十倍于农民的浮末业者,和十倍于浮末业的游手为巧者,而且说天下百郡千县市邑万数,类皆如此。即使我们不相信这个人口百分比数,但我们应该相信,东汉城市人口量是很大的。

一个城市,主要由官府、居民区、市组成。都城又有皇宫。《国语·齐语》记管仲对齐桓公说:"昔先生之处士也,使就闲燕,处工就官府,处商就市井,处农就田野。"

市,春秋时期的城市已经出现,可能还要早。《左传》襄公三十年:"郑伯有死于羊肆。"杜预注说:"羊肆,市列。"《孟子·滕文公下》:"去关市之征。"这是春秋战国时代的市。

汉代长安有九市。《三辅黄图·长安故城》条:"《汉旧仪》曰:长安城中,经纬各长三十二里十八步,地九百七十二顷,(《续汉志·郡国·长安》条下注引《汉旧仪》曰:"长安城方亦十三里,经纬各长十五里,十二城门,九百七十三顷。"与此处所引有不同。)八街,九陌,三宫,九府,三庙,十二门,九市,十六桥。"《长安九市》条说:"《庙记》云,长安市有九,各方二百六十六步,六市在道西,三市在道东。凡四里为一市。致九州之人,在突门。……市楼皆重屋。"九市之说大概是可信的,班固《西都赋》也有"九市开场,货别隧分"。李善注引《汉宫阙疏》也说:"长安立九市,其六市在道西,三市在道东。"

市之名称见于记载的有:

一、大市。《史记·汉兴以来将相名臣年表》高帝六年,"立大市"。

二、西市。《史记·汉兴以来将相名臣年表》，惠帝六年，"立……西市"。《汉书·惠帝纪》，六年六月，"起长安西市"。

三、东市。《汉书·晁错传》："错衣朝衣斩东市"。《史记·日者列传·司马季主传》："卜于长安东市"。

长安以外各地城市，大约都有市，《史记》《汉书》中多有关于市的记载。例如，《史记·淮阴侯列传》载："淮阴屠中少年有侮信者曰：'若虽长大，好带剑刀，中情怯耳。'众辱之曰：'信能死，刺我；不能死，出我袴下。'于是信孰视之，俛出袴下，蒲伏。一市人皆笑信，以为怯。"是淮阴有市。《黥布列传》，随何说黥布说："言文而是邪，是大王所欲闻也，言之而非耶，使何等二十人伏斧质淮南市。"是淮南有市。（参看李剑农《先秦两汉经济史稿》，三联书店1957年版第207—208页）。

里有里门，市亦有市门。《史记·货殖列传》："刺绣文不如倚市门。"里有门监。《汉书·张耳·陈余传》："张耳、陈余乃变姓名俱之陈，为里门监。"《史记·郦生、陆贾列传》："郦生食其……家贫落魄无以为业，为里监门吏。"市门吏称卒。《汉书·梅福传》："变姓名为吴市门卒。"里监门吏和市门卒，职业都是比较下贱的。《战国策·齐策》所谓"夫监门闾里，士之贱也。"因为贱所以张耳、陈余等人才能以为里监门隐身。

市是完全置于地方官的管辖之下的。汉代政府对于市设有官署来管理。《三辅黄图·长安九市》条说："旗亭楼，在杜门大道南。又有当市楼。有令署，以察商贾货财买卖贸易之事，三辅都尉掌之。直市在富平津西南二十五里，秦文公造。物无二价，故以直市为名。"汉代县级长官，万户以上大县称令，万户以下称长。大城市的市官，一般称长，长安则称令。上引《长安九市》条就说"有令署"。令署就是市令的官署。商人的货财、买卖、贸易等事都要受市令长的监督。长安市的市令长大约由三辅都尉兼，故称"三辅都尉掌之"。都尉是武官，掌治盗贼。以都尉兼市令长，是加强对市的管理的缘故。市令长以下的市官有市啬夫，有丞。《汉书·何武传》："武弟显，家有市籍，租常不入，县数负责课。市啬夫求商捕辱显家。"《汉书·食货志下》："（王莽）遂于长安及五都立五均官。更名长安东、西市令及洛阳、邯郸、临淄、宛、成都市长皆为五均司市称师。东市称京,西市称畿,洛阳称中,余四都各用东西南北为称。皆置交易丞五人,钱府丞一人。"从"皆置交易丞五人,钱府丞一人"看,也许是王莽时新置,那么是否王莽前只有市啬夫就不能断定了。顾名思义,交易丞是掌管贸易的,钱府丞是主管货币的。既管物又管财,这就加强了政府对市的控制。

商人自有市籍。自商鞅变法以来,秦的政策是重农抑末的,商人受歧视。《汉书·晁错传》载:晁错上疏论秦时谪戍制说:"先发吏有谪及赘婿、贾人,后以尝有市籍者,又后以大父母、父母尝有市籍者,后入闾取其左。"

在市区内营业的商人,要纳市租。上引《何武传》,何武的弟弟显就因为家有市籍,租常不入而为市啬夫所捕辱。大城市的市租收入是相当可观的。汉武帝时的主父偃说:"齐临淄十万户,市租千金"(《史记·齐悼惠王世家》)。按《史记·货殖列传》,"千金之家,比一都之君。"临淄的租入千金,等于一个封侯的收入了。

城市交换经济的繁荣,于买卖时居间中人收入之多可以证之。《汉书·景十三王传·赵敬肃王彭祖传》:"赵王擅权,使使即县为贾人榷会,入多于国租税,以故赵王家多金钱。"榷会的收入,抵得过一国的租税收入,这问题是值得重视的了。

市的开闭都要受政府的干预。曹魏文帝时有这样一个故事。"车驾南巡。未到宛,有诏百官不得干预郡县。及驾到,而宛令不解诏旨,闭市门。帝闻之,忿然曰:吾是寇耶?乃收宛令及太守杨俊"(《三国志·魏志·杨俊传》注引《魏略》)。

战国秦汉的市和商人,手工业者,大约没有自治组织或行会组织,至少在文献里没有看到。墨家的组织,有点是市民和下层手工业者组织的样子,但它是社会性的,不是职业性的,更不是行政性的组织。

战国秦汉的市,是在官府管理和控制下的。层层的交易丞、钱府丞、市啬夫、市令、长,都属于政府系统而为其一个分支。由此,我们可以说中国古代——战国秦汉的市,是牢牢的控制在政府之下的。在重农抑末政策指导下,有市籍的人的身份比农民要低。尽管在经济上,商人已兼并农民使农民穷困了。商人的商业活动,完全在政府官吏的控制、管理下进行。商人没有自治权。

第 五 章

战国秦西汉的豪富家族

春秋以前,生产力低,经济不发展,社会生活以农业为主。农业生产,年复一年的循环着,长期停滞在同一个水平,没有改变,没有进步。建立在这样一种生产水平上的阶级关系,是相对稳定的。农民种田纳租,贵族收租生活,年复一年的如此。在这样的经济基础上,世袭制度就容易产生,贵族是世袭的贵族,农民是世袭的农民。

交换经济的发展,打破了世袭贵族的平静生活。远方奢侈产品进入贵族家庭,贵族家庭的财富平衡打破了,有的富,有的穷困下来。他们要从农民那里得到补偿,农民负担加重了。土地进入交换过程,贵族、农民的平衡和平静生活都被打乱。土地和贵族的黏着关系被打破了,土地和农民的黏着关系也被打破了。有才能就有条件作官,有钱就可购买土地。长平战前,赵括从赵王那里得到金帛,"归藏于家,而日视便利田宅可买者买之"(《史记·廉颇·蔺相如列传》)。也就有人出卖土地。《韩非子·外储说左上篇》:"故中章胥已仕,而中牟之民弃田圃而随文学者,邑之半。"农民无法生活,弃土地而依于豪家。韩非所谓"附托有威之门,以避徭赋"(《韩非子·诡使篇》)。

世袭旧贵族,在战国经济社会变化、阶级关系调整中并没有全下台,特别在东方六国,因变法不彻底,他们在政治上经济上仍维持着他们的特权,有官位,也有封户。

战国时期出现的新阶级关系是：世袭旧贵族、军功新贵族、无封爵邑的官，社会上的豪富人，包括商人和豪强；居于社会下层的是农民、小手工业者、奴隶，还有一部分宾客、游侠。

在交换经济发展的条件下，土地、财产乃至人格身份，都卷入交换过程中去。土地所有权是不稳固的，财富不稳定，政治地位也不稳定，阶级地位也不稳定。今日穷明日富，今日贱明日贵。他们的地位越不稳定，他们越会依靠才能向上挣扎，图求富贵，他们越会以合法的、不合法的手段去猎取财富。

下面讨论战国秦西汉有财有势的豪富家产就分为贵族、官和豪富民三类来论述。东汉外戚是一支重要的豪富家族，但西汉的外戚多起家微贱，还没有成为一支社会上的强大豪富家族。但一头一尾的两家外戚，一则几夺刘家天下，一则终代汉而建立新朝。亦不能忽视其存在，谨附在贵族后论述。

（一）　贵族——附外戚

战国以来，历史发展的总形势是旧的世袭贵族日趋没落，新的有才能的士的阶级兴起。战国时期，变法的不止秦国、魏国、赵国、楚国、韩国、齐国都有深度不等的变法或改革。比较起来，都不如秦国变法彻底。秦国旧贵族势力垮了，东方六国旧贵族势力保存下来。

战国时代的东方六国旧贵族，虽然保存下来他们的政治地位，也多是尸位素餐而已，庸庸碌碌的多，真能作事的少。《史记》列传中所收战国时代的人，绝大多数是新兴士阶级的人物。孟尝君、信陵君、平原君、穰侯、樗里子几人，可以说是出身旧贵族，但他们都是旧贵族中有革新思想知道要和新兴士阶级联合的人物，他们已不是妄自尊大、思想僵化的旧贵族了。

战国四公子中的孟尝、信陵、平原三人都是国君的宗室，都属于旧贵族。但这三人有共同的特点就是能和新兴的士这阶级的人结合,他们能以士之所长——才能来补足他们的不足,他们都养士数千,而都终得士之力而成就功名。

孟尝君,姓田名文,齐王宗室。父亲田婴为齐相,封于薛。孟尝君对他说:"君用事相齐至今三王矣,齐不加广而君私家富累万金,门下不见一贤者。文闻将门必有将,相门必有相。今君后宫蹈绮縠而士不得短褐,仆妾余梁肉而士不厌糟糠。今君又尚厚积余藏,欲以遗所不知何人,而忘公家之事日损"(《史记·孟尝君列传》)。

于是,田婴乃使孟尝君主家政,"待宾客,宾客日进,名声闻于诸侯。……孟尝君在薛,招致诸侯宾客及亡人有罪者皆归孟尝君。孟尝君舍业厚遇之,以故倾天下之士,食客数千人,无贵贱,一与文等"(同上)。

在社会大变动的时代,亡人有罪者中很多是有才能的人。孟尝君能够和这些人"无贵贱,一与文等",说明他能摆脱旧贵族身份架子的束缚和新兴阶级士结合在一起,把士的才能化为他的才能。

魏公子无忌,是魏安釐王异母弟,封为信陵君。信陵君"仁而下士,士无贤不肖,皆谦而礼交之,不敢以其富贵骄士,士以此方数千里争往归之,致食客三千人"(《史记·信陵君列传》)。

三公子中,平原君纨绔公子气息重些。他虽然慕养士之名而亦致宾客数千人,徒务虚名而不能真正"贵士",而且不善知人,毛遂在他门下三年,他不知其才。但他也终得宾客贤士的益。毛遂说服了楚王,使楚与赵合纵。楚魏救赵,退秦师,解邯郸之围。

樗里子,名疾,是秦惠王的异母弟。秦人号曰智囊,曾为将伐赵败楚,取汉中地。司马迁对樗里子是有赞词的,他说:"樗里子以骨肉重固其理,而秦人称其智,故颇采焉"(《史记·樗里子列传》)。所谓智,就是对时代新形势有理解。像樗里子这样的旧贵,所以能有地位,不是靠世袭身份而是靠才能智慧。

穰侯,姓魏名冉,是秦昭母宣太后之弟。秦武王死,昭王立,秦国发生争王位的内乱。魏冉平定了这次内乱,保住了昭王。《史记·穰侯列传》说:"昭王即位,以冉为将军,卫咸阳,诛季君之乱而逐武王后之魏,昭王诸弟不善者皆灭之,威振秦国。昭王少,宣太后自治,任魏冉为政。"穰侯封于陶。陶是经济大都市,居天下之中,极富庶。陶使"穰侯之富,富于王室"(同上)。秦之名将白起,是穰侯推举的。穰侯的政治势力,对昭王是极大威胁。范雎入秦,一席话打动了昭王,罢了穰侯的官。《穰侯列传》说:"范雎言宣太后专制,穰侯擅权于诸侯……富于王室。于是秦王悟,乃免相国。……穰侯出关,辎车千乘有余"(同上)。司马迁感慨地说:"穰侯,昭王亲舅也。而秦所以东益地,弱诸侯,尝称帝于天下,天下皆西乡(向)稽首者,穰侯之功也。及其贵极富溢:一夫开说,身折势夺,而以忧死"(《穰侯列传》太史公曰)。

穰侯之败,是他"震主之威"的地位使然,是他"富于王室"的结果。穰侯虽然是以王舅起家,但他的功业却是他的才能挣来的。

旧贵的权势基础,是他们的封邑。但封邑租税收入,只能供他们过着安适乃至奢侈豪华的生活。这一切可归之为没落生活。一些有革新气象的旧贵,如樗里子、穰侯、四公子,除靠封邑租税收入外,仍另有所靠,靠有人的支持。战国时期,不安于衣食租税过起享乐生活的贵族,多能养士,豢养着大批宾客。四公子是其突出的例子。到战国末年,韩非所谓:"悉租税,专民力,所以备难充仓府也,而士卒之逃事伏匿,附托有威之门以避徭赋而上不得者万数"(《韩非子·诡使篇》)。韩非所说的"有威"之门,当然不限于贵族,但包括贵族,而且主要是贵族。这些附托到有威者门下的逃亡士卒,自然是贵族有力的社会基础。

旧贵族毕竟是个过时的阶级了,分封制也是个过时的制度了。但刘邦总结秦亡的教训,却误以秦不分封同姓王侯为灭亡的原因。刘邦作了皇帝,于消灭异姓王后,大封子侄为王。"汉承秦制",这说法是没有错的,在官制、郡县制、法制等方面,汉都是继承秦制的。但在封国方面,汉没有继承秦制,他继承的是周制。同时,在治国思想方面,汉也没有继承秦制,秦是法家,汉是道家、杂家、儒家。

汉初的封国,疆土很大,政治上是半独立的。《汉书·诸侯王表》序说:"藩国大者,夸州兼郡,连城数十,宫室百官,同制京师。"如刘邦六年,立从父兄刘贾为荆王,"王淮东五十二城",立少弟刘交为楚王,"王淮西三十六城"(《史记·荆燕世家》);立庶长子刘肥为齐王,"食七十城,诸民能齐言者皆予齐王"(《史记·齐悼惠王世家》)。十一年,立兄子刘濞为吴王,"王三郡,五十二城"(《史记·吴王濞列传》)。晁错对景帝说:"昔高帝初定天下,……大封同姓。故孽子悼惠王王齐七十二城,庶弟元王王楚四十城,兄子王吴五十余城。封三庶孽,分天下半"(《汉书·荆燕吴传》)。

除丞相或相国外,诸侯王得自置百官。《汉书·高五王传赞》说:"以海内初定,子弟少,激秦孤立亡藩辅,故大封同姓以镇天下。时诸侯得自置御史大夫以下众官如汉朝,汉独为置丞相。"诸侯王国有自己的军队,也有自己的租税收入,正如刘邦一个诏书所说:"皆令自致吏,得赋敛"(《汉书·高祖纪下》)。

文景时期,是诸侯王势力最强大的时候。这就当然要引起诸侯王和皇帝间的矛盾。文帝时,贾谊上疏指陈时势,以为当时事势有可为痛哭者一,可为流涕者二,可为长太息者六。其可为痛哭者,就是诸侯王势力的强大。他向文帝建议,"欲天下之治安,莫若众建诸侯而少其力。力少则易使以义,国小则无邪心"(《汉书·贾谊传》)。景帝时,晁错建议削藩,结果引起吴楚七国之乱。

吴楚乱后,封国问题基本上解决。封国再也无对抗中央的力量。武帝时,又采取主父偃的建议。用"推恩"的办法,使封国逐渐由大变小。主父偃说:"愿陛下令诸侯得推恩分子弟以地侯之,彼人人喜得所愿,上以德施,实分其国,必稍自销弱矣"(《汉书·主父偃传》)。

对于诸侯王权力的削弱,《汉书·百官公卿表》有一段概括的论述说:"诸侯王,高帝初置,金玺,盭绶,掌治其国。有太傅,辅王;内史,治国民;中尉,掌武职;丞相,统众官。群卿大夫都官如汉朝。景帝中五年,令诸侯王不得复治国,天子为置吏。改丞相曰相,省御史大夫、廷尉、少府、宗正、博士官,大夫、谒者、郎、诸官长、丞皆损其员。武帝改汉内史为京兆尹,中尉为执金吾,郎中令为光录勋,故王国如故。损其郎中令秩千石。改太仆曰仆,秩亦千石。成帝绥和元年,省内史,更令相治民如郡太守,中尉如郡都尉。"

武帝以后，"诸侯惟得衣食租税，不与政事。至于哀平之际，皆继体苗裔，亲属疏远，生于帷墙之中，不为士民所尊，势与富室亡异。"（《汉书·诸侯王表序》）"诸侯贫者，或乘牛车也"（《史记·五宗世家》）。

说他们穷或乘牛车，可能是有的，但多数恐怕至少还是"与富室亡异"。武帝以后，他们的权势大减，没有和皇帝争天下的力量了，但就是衣食租税也还是很富有的。失之东隅，收之桑榆。他们没有了权势，还有经济。他们利用手中的财富和还有的点权，足够斗垮小农的。这正是开头所引哀帝的诏书所说，"诸侯王、列侯……多畜奴婢，田宅无限，与民争利，百姓失职，重困不足"了。他们敌不过皇帝，却敌得过小民。他们往往以高压手段，强夺人民土地财产，如衡山王赐，"数侵夺人田，坏人冢以为田"（《汉书·衡山王赐传》）。淮南王安"后荼、太子迁及女陵，擅国权，夺民田宅，妄致系人"（《汉书·淮南王安传》）。萧何是聪明人，他"置田宅必居穷处，为家不治垣屋。曰：后世贤，师吾俭，不贤，毋为豪家所夺。"（《史记·萧相国世家》）萧何所谓"豪家"，不只是贵族之家，但必然包括诸侯王、公主、列侯等贵族豪富家族。哀帝的诏书，正说明他们是和吏二千石及豪富民一起欺压百姓，使百姓失业的。"与富室亡异"之后，他们失之东隅与皇权斗，更要收之桑榆在经济财富方面从小民收得补偿。

《史记》有《外戚世家》，由汉高祖、吕后开始，说："秦以前尚略矣，其详靡得而记焉。"但他仍然指出，"夏之兴也以涂山，殷之兴也以有娀，周之兴也以姜原及大任"；他也指出，"桀之放也以末喜，纣之杀也嬖妲己，而幽王之禽也淫于褒姒。"把夏商周的兴亡都和外家联系起来。

外戚之兴，是和王权的发展有关系的。王权发展和世袭贵族大臣间产生矛盾，左右近臣和外戚权力乘时发展。战国以前，姬姜两姓是世婚。国君之得势，也有由外家之奥援的，但无所谓外戚。以外戚而掌权的，秦国的穰侯魏冉倒是第一人。但他是以功兴起的，司马迁没有把他当外戚看待。

我们现在就跟随司马迁，外戚由西汉高祖的皇后吕后说起。

吕后，单父人。父吕公，避仇依沛令为客遂移居沛。吕公善相人，他对刘邦说:臣少好相人,相人多矣,无如季相。遂把女儿嫁给刘邦,时刘邦为泗上亭长。

吕后比刘邦狠于杀戮。韩信、彭越,都死于吕后手下。"人彘"之惨,更是历史上出名的。

惠帝死后,吕后立惠帝后宫子为帝,吕后临朝称制,立兄子吕台、吕产、吕录及台子通四人为王,并封诸吕六人为列侯。吕后死前,以赵王吕录为上将军居北军,梁王吕产为相国居南军,戒录、产曰:"今王吕氏,大臣不平,我即崩,恐其为变,必据兵卫宫,慎毋送丧,为人所制"(《汉书·外戚传》)。

但吕录、吕产都是些庸人,缺乏雄才大略。刘姓诸侯王齐王、朱虚侯刘章和公卿大臣,太尉周勃、丞相陈平联合起来,夺了他们的兵权,"诸吕男女无少长,皆斩之"(同上)。

外戚诸吕只是政治上一阵显赫,还没有建立起豪富家族的基础就被消灭了。

文帝母薄姬,父吴人,与魏王宗女魏媪通生薄姬。秦末诸侯并起,魏媪内其女于魏王豹。豹败,薄姬输织室。刘邦入织室,见薄姬,有诏内后宫。后生文帝。文帝即帝位,尊为皇太后。太后弟薄昭,有功,为车骑将军,封轵侯。十年后,薄昭杀汉使者,被迫自杀。

薄氏家族,出身是微贱的,也没有发展到豪富就败下去了。薄昭死时,其姊太后尚在,没有记载说她对薄昭之死有何干预,这一家还是守法的。

文帝窦皇后,景帝母也。以良家子选入宫。有兄长君弟少君。少君年四五岁时,家贫为人所略卖。周勃、灌婴等议曰:"此两人所出微,不可不为择师傅,又复放(仿)吕氏大事也。于是乃选长者之有节行者与居,窦长君、少君由此为退让君子,不敢以富贵骄人"(《汉书·外戚传·孝文窦皇后传》)。

窦氏家族中称得起豪富家族的是窦婴。他是窦后的从昆弟子。吴楚七国反时,他出任大将军,破吴楚有功,封为魏其侯。不能说他的起家和外戚没有关系,但他的封侯确是靠军功,而不是靠外戚。武帝时,窦婴被杀,在西汉政治舞台上和社会上即未再见有窦家消息。

景帝王皇后,武帝母也。后母臧儿,先嫁王仲,生后;王仲死,又嫁长陵田氏,生田蚡。

武帝初,田蚡任丞相。"丞相入奏事,坐语移日,荐人或起家至二千石,权移人主"(《史记·魏其·武安侯列传》)。武帝有时说:"君除吏已尽未?吾亦欲除吏。"(同上)话已经不高兴。后又"请考工地益宅。上怒曰:君何不遂取武库!"(同上)。大约田蚡有点欺武帝年少,才这样迫人。但武帝不是弱者,碰了两次钉子,田蚡才收敛了些。

田蚡热中于治产业,他"治宅甲诸第,田园极膏腴"。他收养宾客,天下吏士趋势利者皆归武安,"武安日益横"。在武帝时收养宾客还敢横行霸道,是不会有好下场的。田蚡虽然是病死的,但死后武帝发现他的问题还说:"使武安侯在者,族矣!"(《史记·魏其·武安侯列传》)。

武帝鉤弋夫人生昭帝,时武帝已年老。于立昭帝为太子前,先赐鉤弋夫人死。武帝说:"往古国家所以乱也,由主少母壮也。"(《史记·外戚世家》褚少孙补)昭帝立时年八岁,由霍光、上官桀、桑弘羊等辅政。昭帝无外家,大权在霍光手。霍光长女为上官子安妻,生女为昭帝皇后。上官父子与霍光争权,为霍光诛杀。

昭帝死,昌邑王贺废,霍光又迎立宣帝。宣帝乃戾太子孙,武帝曾孙。戾太子在反江充巫蛊事件失败后,从卫皇后起一家全死,只留下一个皇曾孙养在掖庭,这就是宣帝。霍光的妻子毒死宣帝的许皇后,把自己的女儿送进宫去立为皇后。

上官桀的孙女即霍光的外孙女为昭帝后,霍光的女儿又为宣帝后。但霍光和上官桀的政治地位和权力不来自外戚身份而是来自他们的能力,他们以才能取得武帝的信任。

宣帝起自民间,毫无政治凭藉。霍光也正因为他政治上无凭藉才立他。鉴于霍光立了昌邑王贺二十七天又把他废掉,宣帝对霍光是很怕的。他和霍光在一起很不自安。《汉书·霍光传》说:"宣帝始立,谒见高庙,大将军光从,骖乘。上内严惮之,若有芒刺在背。后车骑将军张安世代光骖乘,天子从容肆体,甚安近焉。及光身死,而宗族竟诛。故俗传之曰:威震主者不畜,霍氏之祸,萌于骖乘。"

元帝王皇后,王莽姑母也。成帝时,为皇太后。太后兄王凤为大司马大将军领尚书事,辅政。王氏之兴,自此始。凤已继父为阳平侯,及增益五千户,又封太后同母弟崇为安成侯,食邑万户。成帝河平二年,又封诸舅谭为平阿侯、商成都侯、立红阳侯、根曲阳侯、逢时高平侯。五人同日而封,故世谓之五侯。王氏子弟,皆卿大夫侍中,诸曹分据势官满朝廷。郡国守相刺史,皆出其门。而五侯群弟,争为奢侈。赂遗珍宝,四面而至。后庭姬妾,各数十人,僮奴以千百数。大治第宅,起土山渐台,洞门、高廊、阁道,连属弥望。百姓歌之曰:"五侯初起,曲阳最怒,坏诀高都,连竟外杜,土山渐台西白虎。"(《汉书·元后传》)

王凤死后,王音、王商、王根、王莽相继为大司马、或为车骑将军、或为大将军、或为骠骑将军,辅政,前后二十余年。王家是西汉外戚中权势最大的一家大豪富家族。

西汉外戚的特点是,多半出身贫贱家庭,在皇室中丝毫没有身份门第观念,更无所谓礼法。

景帝王皇后,武帝母。皇后父王仲,母臧儿。王仲死,臧儿又嫁为田氏妇,田蚡就是她在田家生的儿子。臧儿在王家生的长女,嫁为金王孙妇,已生一个女儿。臧儿又把她女儿从金王孙家夺回来,送入太子宫,时景帝为太子,生武帝。武帝始立时,他的幸臣告诉他,皇太后微时所为金王孙生女仍在民间。武帝说:"何为不早言?"乃驾车自往迎之,直至其门。家人惊恐,女逃匿,扶将出拜,武帝下车曰:"大姊,何藏之深也。"载至长乐宫,与俱谒太后。帝奉酒为太后寿,钱千万,奴婢三百人,公田百顷,甲第,以赐姊。太后谢曰:"为帝费。"

武帝卫皇后,字子夫。子夫出身微贱,为平阳侯讴者。武帝过平阳主家,讴者进,独悦子夫,得幸。平阳公主送子夫入宫,后立为皇后。她的弟弟卫青也由骑奴积功至大将军,成为显赫家族。巫蛊事件中死。

司马迁在《史记》虽为外戚立世家,西汉的外戚还没有世家身份。然而,西汉一些皇后的出身微贱和她们家族的一些故事,却说明西汉时代的古代社会性质,春秋以前的世袭贵族等级制和南北朝的"土庶之分,本自天隔"的门阀等级制,汉代是没有的。

（二）官

官,这个不依血缘关系而依靠才能取得政治地位、取得财富的新兴阶级,是战国时代出现的。

春秋战国之际,世袭旧贵族走向没落,靠才能起家的人活跃起来。这些人中,主要有两种人,士人和商人。士人作政治活动,取得官位,官位又给他们财富。商人经商,在交换经济洪流里发家致富。士人和商人,是战国时代成长起来的新兴阶级,他们都成为富人。

士人作了官,有俸禄,有土地。商鞅变法规定,有军功的可以"名田宅、臣妾"。名田,就是占有土地,颜师古说:"名田,占田也。"（《汉书·食货志》"限民名田"句注）

他们也可以买土地。长平战前,赵括就把赵王所赐金帛,归藏于家,而日视美田宅可买者买之。

他们除买土地外,也可以从国君得到土地。王翦将六十万军队击楚,"始皇自送至灞上。王翦行请美田宅园池甚众……曰:……及时以请园宅为子孙业耳。始皇大笑。王翦既至关,使使还请美田者五辈。"（《史记·白起王翦列传》）王翦这样做,是怕始皇疑心他,为子孙请田宅使始皇认为他无大志,不会反叛。汉初萧何曾效法王翦的做法,买田宅以自污（《史记·萧相国世家》）。不同处,萧何是买,王翦是请。

土地买卖,是地主兼并农民土地的重要手段。董仲舒说:秦"用商鞅之法,改帝王之制,除井田,民得买卖,富者田连仟佰,贫者无立锥之地。"（《汉书·食货志上》）这里兼并土地的有商人,当然也有官僚。利用政治地位,利用经济手段,战国时代的官成为新兴起的富有阶级,特别成为大土地所有者。

秦汉之际,是政治上一大变局时代。刘邦起泗上亭长,灭秦而建立新帝国。但他也只是打倒旧人，换上一批新人，制度并没有变化。

刘邦起事时是泗上亭长，跟随起事的，多半是小商、小贩、小吏、小手工业者。

赵翼《二十二史札记·汉初布衣将相之局》条说："汉初诸臣，惟张良出身最贵，韩相之子也；其次则张苍，秦御史；叔孙通，秦待诏博士；次则萧何，沛主吏掾；曹参，狱掾；任敖，狱吏；周苛，泗水卒史；傅宽，魏骑将；申屠嘉，材官；其余陈平、王陵、陆贾、郦商、郦食其、夏侯婴等，皆白徒；樊哙则屠狗者，周勃则织薄曲、吹箫给丧事者，灌婴则贩缯者，娄敬则挽车者。一时人才皆出其中。致身将相，前此所未有也。"

刘邦是很注意对他手下人以报偿的。作了皇帝以后，一再下诏令让各地政府给从军将士以土地。《汉书·高帝纪》："（五年）五月，兵皆罢归家。诏曰：诸侯子在关中者，复之十二岁；其归者半之。民前或相聚山泽，不书名数，今天下已定，令各归其县，复故爵田宅。……其七大夫以上，皆令食邑；非七大夫以下，皆复其身及户勿事。"又曰："七大夫，公乘以上，皆高爵也。诸侯子及从军归者，甚多高爵，吾数诏吏先与田宅，及所当求于吏者亟与。爵或人君，上所尊礼，久立吏前，曾不为决，甚亡谓也。……且法以有功劳行田宅，今小吏未尝从军者多满，而有功者顾不得？背公立私，守尉长吏教训甚不善。其令诸吏善遇高爵，称吾意。且廉问有不如吾诏者，以重论之。"

这次给土地令食邑的，多是七大夫以上的中级爵位者，大约不包括列侯。依《汉书·高惠高后文功臣表》，刘邦十二年，"天下迺平，始论功而定封，讫十二年侯者百四十有三人。"昔日卖狗肉、贩缯、吹箫，今日皆庙堂将相公卿。不管当年他们出身多么贫贱，在取得权力，作了大官之后，不久就个个发家致富，成为百万、千万、万万的富翁。

陈平，只有三十亩薄田。从项羽处投奔刘邦时，穷的只有一身袴褚，别无长物。作了丞相，陆贾为他划策结好太尉周勃以抗诸吕的时候，为了酬谢陆贾，他一次就送陆贾"奴婢百人，车马五十乘，钱五百万"（《史记·陆贾列传》）。如果陈平是拿财产的十分之一送陆贾，他就有奴隶千人，钱五千万。即使陈平慷慨，是拿财产的五分之一或一半送陆贾，陈平的财产也应有奴隶二百人到五百人,钱一千万到二千五百万。也不是小数了。

吕后、惠帝时期,社会经济恢复,官僚们的财富发展膨胀起来。刘邦封功臣时,"时大城名都,民人散亡,户口可得而数裁什二三。是以大侯不过万家,小者五六百户。……逮文景四五世间,流民既归,户口亦息,列侯大者至三四万户、小国自倍,富厚如之"(《汉书·高、惠、高后、文功臣表》)。如曹参始封时,(高帝六年,公元前 201 年)有一万六百户,后嗣免侯时(武帝征和二年,公元前 91 年),有二万三千户。陈平,始封时(高帝六年,公元前 201 年),有五千户。到武帝元光五年(公元前 130 年)嗣侯陈何坐略人妻弃世,有一万六千户。

列侯封时以户计,实则都有一定的区域。如《汉书·匡衡传》载:"初衡封僮之乐安乡,乡本田提封三千一百顷,南以闽佰为界。郡图误以闽佰为平陵佰,积十余岁衡封,临淮郡遂封真平陵佰以为界,多四百顷。"封地既有已定区域,以后这个区域内的流民归还和户口繁息,都为封主所有。

依照司马迁的估计,"封者食租税,岁率户二百,千户之君则二十万,朝觐聘享出其中。庶民农工商贾,率亦岁万息二千,户百万之家则二十万,而更徭租赋出其中,衣食之欲恣所好美矣。"(《史记·货殖列传》)千户之封君,封入大约等于百万之家。万户之封,等于家产千万之富豪了。

官僚有封邑的食租税,没有封邑的靠俸禄。大官的俸禄,也是足以使其养尊处优的。以贡禹为例。贡禹是个好官,也是个穷官。他家有田一百三十亩,却是"妻子穅豆不赡,裋褐不完。"元帝叫他去作官,卖了一百亩田作制装和车马费。"拜为光录大夫,秩二千石,奉钱月万二千。录赐愈多,家日以益富,身日以益尊"(《汉书·贡禹传》)。光禄大夫,官不算大,收入不算最多,但已将等于一个一年有二十万收入的富人了。

更重要的是官僚们可以利用手中的权力,勾结商人并互相勾结,欺压黎民发财致富。董仲舒说:"身崇而载高位,家温而食厚禄,因乘富贵之资力以与民争利于下,民安能如之哉!是故众其奴婢,多其牛羊,广其田宅,博其产业,畜其积委,务此而亡已,以迫蹴民。民日削月朘,浸以大穷"(《汉书·董仲舒传》)。官僚用他们手中的富贵资力和小民竞争,小民是争他不过的。结果他们日富,小民日穷。所以尽管刘邦和他的手下人,在创业时期都是些布衣,但在他们取得将相以后不久,都富起来。高惠文景时期开始,一个握有雄厚财富、众多奴隶、大量土地的豪富官僚阶级,便在社会上出现。

官僚们的财产积累,主要有钱、奴隶、土地。奴隶、土地也可以用货币表现出来,折合货币来计算。

"文帝赏赐(邓)通巨万以十数。……赐邓通蜀严道铜山,得自铸钱。邓氏钱布天下,其富如此。……景帝立,邓通免,家居。居无何,人有告邓通盗出徼外铸钱。下吏验问,颇有之。遂竟案尽没入邓通家,尚负责数巨万"(《史记·佞幸列传·邓通传》)。

"武帝即位,徙(宁成)为内史。外戚多毁成之短,抵罪、髡钳。是时九卿罪死即死,少被刑,而成极刑。自以为不复收,于是解脱,诈刻传出关归家。称曰:仕不至二千石,贾不至千万,安可比人乎?乃贳贷买陂田千余顷,假贫民,役使数千家。数年,会赦,致产数千金。为任侠,持吏长短,出从数十骑。其使民,威重于郡守"(《史记·酷吏列传·宁成传》)。

假贫民,假大约是租佃给贫民。把土地租佃给贫民,役使数千家。宁成的农业,是为了更富。他的粮食生产是商品生产。他的目的是致产千万,他的手段是"贾"。致产数千金,超额完成了他的指标。邓通铸了钱也不是都藏在家里。他要藏一部分,大部分要用出去。用出去就要购回物品。土地也定是重要的一项。邓通钱布天下,也必然使邓通财产遍天下。

"杜周,初徵为廷史,有一马且不全。及身久任事,至三公列,子孙尊官,家訾累数巨万矣!"(同上《杜周传》)。

巨万,意为万万;数巨万,数万万。数千万的产业,在西汉已是大富,杜周家财到数万万,可见他富的程度。他这分家财,单靠作三公的俸禄是积累不起来的。杜周必然是靠经营商业、放高利贷,或购土地。不然就靠贪污行贿。《酷吏列传》后的太史公曰:"自郅都、杜周十人者,此皆以酷烈为声。……此十人中,其廉者足以为仪表,其污者足以为戒。"十人传中,于宁成指出其贪,"其治效郅都,其廉弗如。"后来宁成"致产数千金"。于张汤则指出其廉,"汤死,家产直不过五百金,皆所得奉赐,无他业"。

王温舒死,"家直累千金"。尹齐死,"家直不满五十金"。而于杜周,则指出"初徵为廷中,有一马且不全",而久任官以后,"家訾累数巨万矣"！从文字中,可见出他的资财来路不明。

武帝前期最显赫的两位大官僚就是窦婴和田蚡,还有一个灌夫,都是贪得无厌占有广大土地的大官。

田蚡"治宅甲诸第,田园极膏腴,而市买郡县器物相属于道。前堂罗钟鼓,立曲旃,后堂妇女以百数。诸侯奉金玉狗马玩好,不可胜数"(《史记·魏其·武安侯列传》)。

田蚡兼并土地,甚至兼并到另一大官贵族魏其侯窦婴的头上。

窦婴是文帝窦皇后的从兄之子。七国反时立过功,封为魏其侯。田蚡为丞相时,窦婴正不太得意。田蚡"尝使籍福请魏其城南田,魏其大望曰:'老仆虽弃,将军虽贵,宁可以势夺乎?'不许。灌夫闻,怒骂籍福。籍福恶两人有郄,乃谩自好谢丞相曰:'魏其老且死,易(宜?)忍且待之。'已而,武安闻魏其、灌夫实怒不予田,亦怒曰:'魏其子尝杀人,蚡活之,蚡事魏其无所不可,何忧数顷田?且灌夫何与也!吾不敢复求田。'"(同上)

魏其曾为丞相,且是外戚。魏其的田,田蚡都想取为己有,可知他的极膏腴的田园是以势强夺的。

灌夫是七国反时汉朝名将灌婴舍人张孟的儿子,冒姓灌。灌夫"不喜文学,好任使,已然诺,诸所与交通无非豪杰大猾,家累数千万,食客日数十百人。陂池田园宗族宾客为权利,横于颍川,颍川儿乃歌之曰:颍水清,灌氏宁,颍水浊,灌氏族"(同上)。

灌夫家累数千万,不知是怎样来的;但他的陂池田园,一定是"横"来的,所以颍川人才咒骂他"灌氏族"。

像田蚡样强夺贵戚窦婴的土地,在官僚广占土地的洪流中只能说是少数或例外,官僚的大土地占有主要靠兼并农民。灌夫家族,"陂池田园宗族宾客为权利横于颍川",这大概是官僚广占土地的正常途径。汉武帝征和二年,制诏御史:"故丞相(公孙)贺依旧故乘高势而为邪,兴美田以利子弟宾客,不顾元元。"(《汉书·刘屈氂传》)不顾元元,就是兼并农民了。像霍去病那样,为他父亲霍中孺"买田宅奴婢而去"(《汉书·霍光

— 235 —

传》),怕是大官中少有的了。

卫、霍两家,是西汉中叶两家显赫家族。武帝英明,大权独断。在武帝殿下为臣,上自丞相、将军无不战战兢兢。卫青、霍去病,贵为大将军、骠骑将军,都是安分守己规规矩矩的。司马迁说:"苏建语余曰:'吾尝责大将军至尊重而天下之贤士大夫毋称焉。愿将军观古名将所招选择贤者勉之哉!'大将军谢曰:'自魏其、武安之厚宾客,天子常切齿。彼亲附士大夫、招贤绌不肖者,人主之柄也。人臣奉法遵职而已,何与招士。'骠骑亦放此意。其为将如此。"(《史记·卫将军·骠骑列传》太史公曰)

霍去病的同父异母弟霍光,小心谨慎侍武帝二十余年。武帝死又辅佐少帝昭帝。"政事一决于光"(《汉书·霍光传》)。霍光外孙女为昭帝皇后。昭帝死,立昌邑王,昌邑废,又立宣帝。宣帝益封光万七千户,与故所食凡二万户。赏赐前后黄金七千斤,钱六千万,杂缯三万疋,奴婢百七十人,马二千匹,甲第一区。霍光的儿子禹和他的侄孙云都作中郎将,云弟山任奉车都尉、侍中,领胡越兵,光两女婿为东西宫卫尉,昆弟诸婿外孙皆奉朝请,为诸曹大夫、骑都尉、给事中。党与亲戚,连体盘根,布满朝廷,朝中事无大小,皆先关白霍光,然后再奏上皇帝。

西汉后期,官僚豪富之家财富积累更超过前期。他们作官又兼货殖,蚕食小民,无限地扩大他们的土地占有,利用政治势力,广积财货。

宣帝时,张安世"尊为公侯,食邑万户,然身衣弋绨,夫人自纺绩,家童七百人皆有手技作事,内治产业,累积纤微,是以能殖其货,富于大将军光"(《汉书·张汤传附子安世传》)。

杜延年,"为人安和,备于诸事,久典朝族,上(宣)帝任信之,出即奉驾,入给事中。居九卿位十余年,赏赐赂遗,訾数千万"(《汉书·杜周传附子延年传》)。

张禹"天子数加赏赐,前后数千万。禹为人谨厚,内殖货财,家以田为业。及富贵,多买田至四百顷,皆泾渭溉灌,极膏腴上贾。它财物称是"(《汉书·张禹传》)。

成帝时,王商为丞相,与大将军王凤不和,王凤使人上告商说:"商宗族权势,合赀巨万计,私奴以千数"(《汉书·王商传》)。

成帝时的宠臣淳于长"封为定陵侯,大见信用,贵倾公卿,外交诸侯牧守,赂遗赏赐,亦累巨万"(《汉书·佞幸传·淳于长传》)。

西汉官僚积财最多最富有的当推董贤。董贤年少,美姿容,得哀帝宠爱,"赏赐累巨万。……赏赐昭仪(贤女弟)及贤妻亦各千万数"(《汉书·佞幸传·董贤传》)。赏赐董贤土地,一次就是两千顷。大臣王嘉上奏说:"陛下(哀帝)又为贤治大第,开门向北阙,引王渠灌园池。……诏书罢苑,而以赐贤二千余顷。均田之制,从此堕坏。"(《汉书·王嘉传》)有的学者,以此证汉代仍行均田制,至此始坏。这看法大约是不对的。一,事实上我们没有看汉代曾行均田制。二,这句话的意思不过是说,均田制,人人的土地大略都是百亩,约略平均。现在赐董贤田二千顷,哪里还有均田!二千顷田,确是西汉私有土地的最高数字了。哀帝死,王莽上台。董贤本无大才,惶恐自杀。死后,"县官斥卖董氏财,凡四十三万万云"(《汉书·董贤传》)。西汉豪富之家,一般少者百万、千万,多者数千万、巨万(万万),少有过数万万者。董贤家赀,竟至四十三万万。惊人!

官僚家族财富的积累有几条道路:一条是依靠皇家的赏赐。这是很主要的一条,从上面征引的例子也可以看出。不大的中级官如贡禹,由于皇帝的赏赐便由穷人变成富人。得到赏赐钱千万、数千万的大官宠臣是很多的,董贤能得到赏赐累巨万,土地两千顷。但这条财富来路,有时并不稳固。安分守己,循规蹈矩的还好,赏赐太多而又招人忌恨的,往往不能保住他的产业。像邓通,能即山铸铜,钱物遍天下。文帝一死,景帝即位,没收了他的财产,最终不免饿死。董贤赏赐累巨万,哀帝一死,被迫自杀,财产没收。

二是靠强取豪夺。田蚡就强取豪夺到窦婴的头上。灌夫在颍川强取豪夺到老百姓诅咒他族诛。公孙贺兴美田利子弟不顾元元。官家强夺百姓的土地,恐怕自战国秦时期开始已经是常事了。前面说萧何强买民田以自污。其实,萧何还不是一个贪官,对于治产业有一套想法,不失为有眼光的人。《史记·萧相国世家》说:"何置田宅,必居穷处,为家不治垣屋,曰:后世贤,师吾俭;不贤,毋为势家所夺。"势家的土地,多是膏腴好地。田蚡的"田园极膏腴",张禹的土地,"皆泾渭溉灌,极膏腴上贾。"萧何买田,买在穷乡,为势家所不争处。萧何置田宅于"穷处",说明势家夺人田业是社会上常常发生的事了。

三是靠货殖、经营。这是一条正常的道路了。宁成有土地数千顷,租给贫人耕种,"役使数千家",富致数千金。张安世,家僮七百人皆有手技作业,是以能殖其货。张禹,内殖货财,多买田四百顷。杨恽免官以后,遂"家居治产业,起室宅,以财自娱"。过着"身率妻子,勠力耕桑灌园"的农家生活,同时却又"籴贱贩贵,逐什一之利",作"贾竖之事"(《汉书·杨敞传附子杨恽传》)。他们也放高利贷。孟尝君就在薛地放高利贷。一次就可收利息十万(《史记·孟尝君列传》)。官们还用公家的钱放高利贷。韩延寿"在东郡时,放散官钱千余万"、萧望之"在冯翊时,禀牺官钱放散百余万"(《汉书·韩延寿传》)。用公钱为自己放债,是非法的。秦法就有规定:"府中公金钱,私贷用之,与盗同罪。"(文物出版社:《睡虎地秦墓竹简》165页)萧望之和韩延寿也是因为用公钱放贷而互相纠揭。但非法归非法,事实归事实。官人用公钱放债收息,发家致富,却是事实。犯法者多,发家者多,受罚治罪者少。

晋南北朝盛行的"送故"习俗——主官去职或死亡要送钱送役使,西汉已出现。《汉书·游侠传·原涉传》:"涉父,哀帝时为南阳太守。天下殷富大郡二千石死官,赙敛送葬皆千万以上,妻子共通受之,以定产业。时又少行三年丧者。及涉父死,让还南阳赙送,行丧冢庐三年。繇是显名京师。"通过这条渠道,官僚家族也可以成为豪富。原涉算是例外了。

官僚家族在西汉豪富家族中是强大的,有势力的。手中有权,经济有基础,社会上有影响。手中有权,最能为所欲为。

官僚的财富,一般集中在土地。"用穷求富,农不如工,工不如商,刺绣文不如倚市门"。但守住财产,则靠土地。所谓"以末致财,用本守之"是也(《史记·货殖列传》)。《汉书·疏广传》的一段记载,可以看出汉代一般人是把土地看作最稳妥最保险的财产的。"广既归乡里,日令家共具设酒食,请族人故旧宾客与相娱乐。……居岁余,广子孙窃谓其昆弟老人广所爱信者曰:子孙几及君时颇立产业基阯。今日饮食费且尽,宜从大人所劝说君买田宅。老人即以闲暇时为广言此计。广曰:吾岂谬不念子孙哉！顾自有旧田庐，令子孙勤力其中，足以共衣食，与凡人齐。今复增益之以为赢余，但教子孙怠惰耳。"

买田宅，是最可靠的。

（三）豪 富 民

战国秦汉时期，贵族、官吏以外的豪富民，包括富商、游侠和地方豪族强宗。商人是经济领域里最活跃的社会阶级，他们组织生产，运输生产品，集中商品，又散布商品。他们为社会上各阶级的成员服务，把他们需要的物品，送到他们手里。他们也为生产者服务，他们把生产者制造的或手里多余的产品收买了去，他们甚至组织生产者进行生产，还供给生产者必要工具和资金。

他们这样做并不是为了利人而是为了利己。他们需要买贱卖贵，从中得到更多的金钱。他们以各种手段从生产者买得产品，又以各种手段以高价卖给消费者，国王、皇帝也好，贵族官僚也好，农民也好，都不例外。靠着买贱卖贵，他们扩大手中的资本成为富人。

晁错上文帝书，曾谈到商人的活动，是对商人在社会经济方面所起的作用的一篇很好的观察和分析的文章。

晁错的观察很深刻，分析也很精当有见地。照晁错所见，农民一年四季劳动，生活困苦。农民的灾难，来自三方面：（1）自然灾害。最经常的是水旱之灾。这是任何时候都免不了的。"禹有九年之水，汤有七年之旱"（《汉书·食货志上》），问题在灾害发生在什么时候。政治清明天下治的时代，预有储备，天灾之为害可小；政治腐败天下乱的时代，一有天灾可能引起大乱。对于农业，特别在古代，天灾之为害是不能低估的。（2）急政暴赋。这是来自人事，来自国家政府的租税的剥削。晁错称之为"治官府、给徭役，急政暴赋，赋敛不时。"（3）商人兼并。农民需要钱纳租赋，不得不出卖所有。因为需要急，商人故意压价不得不半价而卖。如果无物可卖,就不得不举债,举债到期还不上只好卖田宅卖儿女来还债。在农民的这三害中,晁错特别强调商人的兼并,他指出"此商人所以兼并农人,农人所以流亡者也。"他没有说:天灾、赋敛,此"农人所以流亡者也"。农民流亡,是汉代四百年里的大问题。晁错把农民流亡的原因归之于商人兼并,这是晁错非常有见地的观察。

对于皇帝和贵族官吏,商人也是要取利的。商人操其奇赢,日游都市,乘上之急,所卖必倍。看到皇帝急需何种物品了,就以一倍的高价钱出卖。商人"因其富厚,交通王侯,力过吏势,以利相倾"。这就是勾结官府,压榨人民。"以利相倾",里面包含着多少人民被倾的血泪。

人民被"倾",只有卖田宅卖子孙,最后流亡。皇帝、贵族官吏被"倾"就回过头来加深对农民的盘剥。在交换经济发展的社会里,站在后台阴影处剥削农民的仍是商人。此所以晁错的最后结论是"此商人所以兼并农人,农人所以流亡者也",而不是此官吏贵族所以兼并农民,农民所以流亡者也。

司马迁在《史记·货殖列传》里,写了一些战国秦汉的商人代表人物,班固在《汉书·货殖列传》里又作了点补充。班固的《货殖列传》十分之九是抄的司马迁,但两者的精神面貌却是完全不同的。司马迁把商人看作兴利的阶级,是生气活泼有利于社会经济生产的阶级。天下物资,"待农而食之,虞而出之,工而成之,商而通之"(《史记·货殖列传》)。这是"道之所符,而自然之验"(同上)。意思是:这是客观规律。他引《周书》说:"农不出则乏其食,工不出则乏其事,商不出则三宝绝,虞不出则财匮少,财匮少而山泽不辟矣。"他的结论是"此四者,民所衣食之原也"。他把商人和农民、工人同等看待,都是物资生产、分配中所需,缺一不可。缺了商人,物资分配不到消费者手里,生产过程就不算完成。

班固则和司马迁完全相反。班固推崇先王之制,"小不得僭大,贱不得踰贵"。"四民不得杂处",使他们"朝夕从事,不见异物而迁"。他认为商业之兴起是先王之制被破坏的结果。"周室衰,礼法堕","其流至乎士庶人莫不离制而弃本,稼穑之民少,商旅之民多,谷不足而货有余"。"桓文之后,礼谊大坏","僭差亡极,于是商通难得之货,工作亡用之器","富者木土被文锦,犬马余肉粟,而贫者裋褐不完,唅菽饮水","其为编户齐民,同列而以财力相君,虽为仆虏犹亡愠色。""饬变诈为奸轨者,自足乎一世之间;守道循理者,不免于饥寒之患。"班固的态度是轻商贱商的。他写《货殖列传》,是为了"列其行事,以传世变"(以上引句皆见《汉书·货殖列传》)。把商业之起,作为坏事以教训后人。

《史记·货殖列传》,除写交换经济发展史外,还写了从春秋末年计然、范蠡起,直到司马迁生时的一些有代表性的大商人。

战国时期,他写了白圭、倚顿、乌氏倮和巴蜀寡妇清。

白圭,周人,约当魏文侯、李悝时,是战国初年的人。《史记》说他的才能在"乐观时变。故人弃我取,人取我与"。"岁熟取谷,予以丝漆;蚕出取帛絮,与之食。"这是从长期经商经验中积累下来的经济思想。倚顿,"用盬盐起","邯郸郭从以铁冶成业",两家皆"与王者埒富"。这是两个盐铁业大商人。西汉河东郡有安邑、猗氏等二十四县。安邑西南有盐池,有盐官、铁官。倚顿,由猗氏得名,靠这里的盐池起家,富至与王者等。郭从是冶铁商,邯郸到现在还是产铁的地方。郭从也和王者等富。乌氏,汉属安定郡,这里是畜牧地区。乌氏倮以汉族的布帛、丝织品和戎王、少数民族交易,富至用山谷量马牛。巴寡妇的起家靠丹穴。徐广说"涪陵出丹"。张守节说:"《括地志》云:寡妇清,台山俗名贞女的,在涪州永安县东北七十里。"如注家可靠,寡妇清起家在涪陵,地在今四川涪陵。倚顿和巴寡妇,都以富取得皇帝的尊重,有了政治地位。秦始皇帝"令倮比封君,以时与列臣朝请"。对于寡妇清,"始皇帝以为贞妇而客之,为筑女怀清台"。使他们"礼抗万乘,名显天下"。司马迁感慨地说:他们能够如此,"岂非以富邪!"

对于西汉初年的商人,司马迁写了以下几个代表人物:蜀卓氏、程郑、宛孔氏、曹邴氏、齐刁间、师氏、宣曲任氏、桥姚和无盐氏。

这些大商人里,蜀卓氏、程郑、宛孔氏和曹邴氏四家都是以铁冶为业的。蜀卓氏、程郑都在临邛。蜀卓氏,其先原是赵人,用铁冶富。秦破赵,迁临邛。"即铁山鼓铸,运筹策,倾滇蜀之民,富至僮千人。田池射猎之乐,拟于人君。"程郑,也是秦灭六国,从东方迁到临邛的。"亦冶铸,贾椎髻之民,富埒卓氏。"椎髻之民是少数民族,滇蜀之民也多是少数民族。宛孔氏,原是梁人。"秦伐魏,迁孔氏南阳。大鼓铸,规陂池,连车骑,游诸侯,因通商贾之利。……家致富数千金。"孔氏是铁冶商人,同时又购买土地,又到处经商。曹邴氏,起家以冶铁,富至巨万。曹邴氏,兼营高利贷。他放的债,"遍郡国"。刁间齐人,齐国自古是产鱼盐的地方,刁间就是个大鱼盐商。他善于使用奴隶劳动,奴隶都愿为他卖力,起富数千万。师史是行商又是坐商。他"转毂以百数,贾郡国,无所不至。""洛阳街居,在齐、秦、楚、赵之中。"洛阳居中,可以东西南北的和齐秦楚赵交易,所谓"洛阳,东贾齐鲁,南贾梁楚"。师史氏致产七千万。任氏之先,为督道仓吏。"秦之败也,豪杰皆争取金玉而任氏独窖仓粟。楚汉相距荣阳也,民不得耕种,米石至万,而豪杰金玉尽归任氏,任氏以此起富。"任氏还投资在农业和畜牧业,他的农业和畜牧业当然是商品生产,"富者数世"。大约从秦末汉初直到武帝、司马迁时代,任家还是豪富家族。桥姚是畜牧家,也是农业家。司马迁没有提到他的籍贯,大约他是关中北方边郡人,他的畜牧靠"塞之斥也"。桥姚富"致马千匹,牛倍之,羊万头,粟以万锺计"。他有粟,就一定有田产。无盐氏是靠放高利贷起家的。他起家时放债的对象是长安贵族列侯。"吴楚七国兵起时,长安中列侯封君行从军旅,齎贷子钱。子钱家以为侯邑国在关东,关东成败未决,莫肯与。唯无盐氏出捐千金贷,其息什之。三月,吴楚平,一岁之中则无盐氏之息什倍,用此富埒关中。"由此也知,吴楚七国乱前,无盐氏也至少是有千金的高利贷者了。

司马迁指出:"关中富商大贾,大抵尽诸田,田啬、田兰,韦家栗氏,安陵杜杜氏,亦巨万。此其章章尤异者。"诸田,当然是齐地迁徙朱的齐国旧贵族。我们从关中富商大贾尽诸田,可以得到两种消息。(1)汉代的迁徙,只是使人们搬搬家,财产一般无损失,到了新地,仍可得到田宅(参看《汉书·陈汤传》)。富家仍是富家,这是靠交换经济的发展。由于交换发达,他们才可以把他们的不动产变为货币,土地、宅第都可变成钱携带而行。当然,迁徙一点损失不受是不可能的。(2)旧贵族可以变成商人。战国秦汉,是社会大变动的时代。在交换过程中,财富可以变形,可以易地,可以增殖,可以变小。人也可以变,旧贵族可以变成富商。

司马迁所称举的不过是战国秦汉时代商人中的代表人物,发家致富,势比封君者。作为一个阶级,汉代有钱有势的商人是非常众多的。司马迁就说:"此其章章尤异者也,皆非有爵邑奉录。……若至力农畜工虞商贾,为权利以成富,大者倾郡,中者倾县,下者倾乡里者,不可胜数"(《史记·货殖列传》)。武帝用杨可告缗打击商人,"乃遣御史廷尉正监分曹往往即治郡国缗钱,得民财物以亿计,奴婢以千万数,田大县数百顷,小县百余顷,宅亦如之。于是商贾中家以上大氐破"(《汉书·食货志下》)。这里所得的以亿计的财物,千万数的奴婢,百顷、数百顷的土地,都是郡国商人的财产。

西汉社会上有一种大土地所有者,家极富有,历史记载没有说到他们的起家原因,但极可能是靠货殖起家的。如南阳阴家:"宣帝时,阴子方者,至孝有仁恩。腊日晨炊,而灶神形见。子方再拜受庆。家有黄羊,因以祀之。自是以后,暴至巨富,田有七百余顷。舆马仆隶,比于封君"(《后汉书·阴识传》)。灶神形见,自然是荒唐不经,但富起来当是事实。

和阴子方同郡同时代稍后还有樊家。"樊宏,南阳湖阳人也,世祖之舅。……为乡里著姓。父重,字君云,世善农稼,好货殖。重性温厚,有法度,三世共财,子孙朝夕礼敬,常若公家。其营理产业,物无所弃,课役僮隶,各得其宜。故能上下勠力,财利岁倍,乃至开广田土三百余顷。其所起庐舍,皆有重堂高阁。陂渠灌注。又池鱼牧畜,有求必给。……赀至巨万。而赈赡宗族,恩加乡闾"(《后汉书·樊宏传》)。

樊重靠农业又靠货殖起家,兼营池鱼牧畜。他一方面生产自己所需,做到有求必给;一方面作农产品的商品生产和经营。豪富之家的阴子方,和樊家可能是一个类型的,也是以商贾起家,把资金投到购买土地上,为大土地所有者。

在交换经济影响下,财产主人常常是变动无常的。司马迁已看到这一点,他说:"由是观之,富无经业,财货无常主;能者辐凑,不肖者瓦解"(《史记·货殖列传》)。有田三百余顷的樊家,后来即为庚家所代替。《水经注·清水》条:"樊氏陂,陂东西十里,南北五里,亦谓之凡亭陂。

'凡',可能就是'樊'。民间传讹,就成了'凡'了。陂东有樊氏故宅。樊氏既灭,庾氏取其陂。故谚曰:陂汪汪,下田良,樊子失业庾公昌。"富贵无常,贫贱不居,这是交换发展下的必然现象。

战国秦汉豪富民中还有一种称作游侠的。《史记》有《游侠列传》。在交换经济发展中,有些人失掉产业,游荡城市。四公子养士,养的就是这些人。他们重然诺,守信义,舍己为人,救人之急,成为社会上有势力的阶层。他们中也有有很多土地财产的,但财富并不是决定他们势力的主要因素。

司马迁对于民间游侠,很称赞。他认为"孟尝、春申、平原、信陵之徒,皆因王者亲属,藉于有土卿相之富厚,招天下贤者,显名诸侯,不可谓不贤者矣。比如顺风而呼,声非加疾,其势激也"(《游侠列传》)。司马迁羡慕推崇的是民间的侠者。"至如闾巷之侠,修行砥名,声施于天下,莫不称贤,是为难耳!"(同上)。

西汉初年,游侠之风仍很盛,有如战国年间。贵族公卿,竞养宾客。游侠有很大的社会势力。剧孟的故事,足以说明问题。《史记·游侠列传·剧孟传》说:"雒阳有剧孟。周人以商贾为资,而剧孟以任侠显诸侯。吴楚反时,条侯为太尉,乘传车将至河南,得剧孟,喜曰:'吴楚举大事而不求剧孟,吾知其无能为已矣。'天下骚动,宰相得之若得一敌国云。"从周亚夫得剧孟如得一敌国一样的高兴,吴楚举大事而不求剧孟便知他们无能为矣,可知剧孟的社会势力之大。

游侠社会势力之大,还可以朱家、郭解为例予以说明。

朱家,鲁人,与刘邦同时。"鲁人皆以儒教,而朱家用侠闻。所藏活豪士以百数,其余庸人不可胜言。振人不赡,先从贫贱始,家无余财,衣不完采,食不重味,乘不过驹车。专趋人之急甚己之私。既阴脱季布将军之轭,及布尊贵,终身不见也。自关以东,莫不延颈愿交焉"(《史记·游侠·朱家列传》)。

郭解,轵人。"及解年长,更折节为俭,以德报怨,厚施而薄望。然其自喜为侠益甚。既已振人之命,不矜其功,其阴贼著于心发于睚眦如故云。而少年慕其行,亦辄为报仇不使知也。……邑中少年及旁近县贤豪夜半过门常十余车,请得解客舍养之。及徙豪富茂陵也,解家贫不中訾。吏恐,不敢不徙。卫将军为言'郭解家贫不中徙'。上曰:'布衣权至使将军为言,此其家不贫'。解家遂徙。诸公送者出千余万"(同上书传《郭解传》)。

朱家藏活豪杰之士以百数,其余不可胜数,关东人莫不延颈欲交。可见他的社会声望。郭解家贫,本不够徙关中的资格,官吏却因他势力强不敢不徙,卫青为他向皇帝求情,武帝却说:布衣而能使大将军说情,这不能说穷,决定徙。送行者送他的钱货在千万以上。这故事很说明郭解的势力。郭解是穷,但对于他来说,千万的家产是随手可得的。

西汉初年,社会上还有一种豪富家族,《史记》里称作豪猾或豪奸等。这是一些地方上的大族,一族往往数百家,横于乡里,不遵法度。如"济南瞯氏,宗人三百余家,豪猾;二千石莫能制"(《史记·酷吏·郅都传》)。

济南瞯氏,大约是旧社会遗留下来的豪族大宗,其社会地位不如齐之诸田、楚之景、屈、申,汉初徙关东豪族十万家于关中时尚不够格受徙的。但也是豪富家族中的一部分。

(四) 豪富家族的生活

战国秦西汉时期,交换经济在发展。远方的山珍海味,奇异珍品源源进入豪富家族的家门,他们的生活自然会跟着发生变化,日渐豪华奢侈。这正是司马迁所说,"虞夏以来,耳目欲极声色之好,口欲穷刍豢之味,身安逸乐,而心夸矜埶能之荣使。俗之渐民久矣,虽户说以眇论,终不能化"(《史记·货殖列传序》)。虞夏时代,是不是已经如此,当然是有问题的。但司马迁能从历史发展上看问题,却是对的。在交换经济影响下,人们生活追求美好这是谁也抵挡不住的。虽天天说教,也没有人听。

秦汉之际,打了几年仗,社会经济受到很大破坏,社会上所呈现的是:田园荒芜,人口减少,满目荒凉的现象。公私经济,都很穷困。《汉书·

食货志上》说:"汉兴,接秦之敝,诸侯并起,民失作业而大饥馑,凡米石五千,人相食,死者过半。高祖乃令民得卖子就食蜀汉。天下既定,民亡盖臧,自天子不能具醇驷,而将相或乘牛车。"

经过二三十年休养生息,孝惠、高后之间,已是"衣食滋殖"。文帝又提倡节俭,经济逐步恢复,虽然仍是"公私之积,犹可哀痛,失时不雨,民且狼顾",而"淫侈之俗",已是"日日以长"了。经济的完全恢复,在武帝时期。"至武帝之初,七十年间国家亡事,非遇水旱则民人给家足,都鄙廪庾尽满而府库余财。"而生活奢侈之风,也从此时开始了。"于是罔疏而民富,役财骄溢,或至并兼。豪党之徒,以武断于乡曲。宗室有土,公卿大夫以下争于奢侈,室庐车服僭上亡限。物盛而衰,固其变也"(以上引句皆见《汉书·食货志上》)。

武帝时,豪富家族生活的奢侈,举下列几人为例:

《汉书·田蚡传》:"由此滋骄,治宅甲诸第,田园极膏腴。市买郡县物,相属于道。前堂罗锺鼓立曲旃,后房妇女以百数。诸奏珍物狗马玩好,不可胜数。"

《汉书·严安传》,严安上书武帝说:"今天下人民用财侈靡,车马衣裘宫室,皆竞修饬。调五声使有节族,杂五色使有文章,重五味方丈于前,以观欲天下。"

《汉书·杨王孙传》,王孙给友人祁侯书曰:"古之圣王,缘人情不忍其亲,故为制礼。今则越之。吾是以裸葬,将以矫世也。夫厚葬诚无益于死者,而俗人竞以相高,靡财单币,腐之地下。"

武帝以后,就一路发展下去。

《汉书·王吉传》:"吉意以为,……古者衣服车马,贵贱有章,以褒有德而别尊卑。今上下僭差,人人自制,是以贪财诛利不畏死亡。"

"自吉至崇,世名清廉,然材器名称,稍不能及父而禄位弥隆。皆好车马衣服,其自奉养,极为鲜明。"

皇家生活豪侈,也自武帝始。《汉书·贡禹传》,元帝时,贡禹奏言:"高祖孝文孝景皇帝,循古节俭,宫女不过十余,厩马百余匹。孝文皇帝,衣绨履革,器亡金银之饬。后世争为奢侈,转转益甚。……故时齐三服官输物不过十笥。方今齐三服官作工各数千人,一岁费数巨万。蜀广汉主金银器,岁各用五百万。三工官官费五千万。东西织室亦然。厩马食粟将万匹。臣禹尝从之东宫,见赐杯案尽文画金银饬,非当所以赐食臣下也。……武帝时又多娶好女至数千人,以填后宫。及弃天下,昭帝幼弱,霍光专事,不知礼正,妄多臧金银财物鸟兽鱼鳖牛马虎豹生禽凡百九十物,尽瘗臧之。”

皇帝如此,臣下跟着仿效,贡禹接着说:“群臣亦随故事,甚可痛也。故使天下承化,取女皆大过度。诸侯妻妾或至数百人。豪富吏民畜歌者,至数十人。是以内多怨女,外多旷夫。及众庶葬埋,皆虚地上以实地下。”

《汉书·张禹传》:“禹性知音声,内奢淫,身居大第,后堂理丝竹筦弦。禹成就弟子尤著者淮阳彭宣至大司空、沛郡戴崇,至少府九卿。宣为人恭俭有法度而崇恺弟多智。二人异行。禹心亲爱崇,敬宣而疏之。崇每候禹,常责师宜置酒设乐与弟子相娱。禹将崇入后堂饮食,妇女相对,优人筦弦铿锵,极乐,昏夜乃罢。而宣之来也,禹见之于便坐,讲论经义。日晏赐食,不过一肉,卮酒相对。”

《汉书·史丹传》:“丹尽得父财,身又食大国邑,重以旧恩,数见褒赏,赏赐累千金,僮奴以百数,后房妻妾数十人。内奢淫,好饮酒,极滋味声色之乐”(成帝时人)。

成帝时,外戚王家掌权,王凤的五个弟弟同日封侯。王家生活豪侈是比较突出的。《汉书·元后传》:“公卿见凤,侧目而视。郡国守相刺史,皆出其门。又以侍中太仆音为御史大夫,列于三公。而五侯群弟,争为奢侈,赂遗珍宝,四面而至。后庭姬妾各数十人,僮奴以千百数。罗钟磬,舞郑女,作倡优,狗马驰逐,大治第室。起土山渐台,洞门高廊阁道,连属弥望。百姓歌之曰:‘五侯初起,曲阳最怒,坏决高都,连竟外杜,土山渐台西白虎。’其奢僭如此。”“成都侯商尝病,欲避暑,从上借明光殿。后又穿长安城引内灉水注第中大陂以行船,立羽盖,张周帷,辑濯越歌。上幸商第,见穿城引水,意恨,内衔之未言。后微行出过曲阳侯第,又见园中土山渐台,似类白虎殿。于是上怒。”

生活荒淫的要算皇家诸王侯及子弟。大凡文化水平低,愚昧无知者,突然进入高享受的衣食住行的生活环境中,腐化的最快而又最彻底。刘邦出身沛上农家,一旦据天下,子弟封侯封王,一人温柔舒适乡中,很快便腐化起来,腐败到不知如何是好,尽情的荒淫纵欲。如燕王"定国与父康王姬奸,生子男一人。夺弟妻为姬。与子女三人奸"(《汉书·荆燕吴传》)。齐厉王次昌,"母曰纪太后。太后取其弟纪氏女为王后,王不爱。纪太后欲其家重宠,令其长女纪翁主入王宫,正其后宫无令得近王,欲令爱纪氏女。王因与其姊翁主奸"(《汉书·高五王·高悼惠王肥传》)。菑川王"终古嗣。五凤中,青州刺史奏终古使所爱奴与八子及诸御婢奸,终古或参与被席,或白昼使裸伏,犬马交接,终古亲临观。产子,辄曰:'乱不可知。'使去其子。事下丞相御史,奏……终古禽兽行,乱君臣夫妇之别,悖逆人伦,请逮捕。有诏削四县"(同上)。

大体说来,汉代随着经济的恢复,人们生活日趋好转;在好转的基础上,也就慢慢走向奢侈豪华荒淫腐败。

第 六 章

中国古代社会中的奴隶

（一） 奴隶制、官奴和私奴

西周春秋的奴隶，前面已叙述过。战国秦汉时期，奴隶制更有发展。

战国秦汉的奴隶，大别之有官奴隶和私奴隶。官奴隶的来源，主要为罪人和战争俘虏。

所谓罪人，是有时代性的。违犯了当时政府的法律规章，就是犯罪，就是罪人。商鞅变法时有两条规定：一条"令民为什五，而相收司连坐。"一条"事末利及怠而贫者，举以为收孥"（《史记·商君列传》）。十家、五家为保，一家有罪九家连举发，若不纠举则十家连坐。十家连坐不一定都是举以为收孥，但包括举以为收孥，变成奴隶。末利，指工商。但不是所有经营工商都是事末利。秦汉时期所谓重农抑末，所打击的"末"，一定有个界限。依照商鞅变法后的法令，事末利及怠而贫者，本人以外，家人也要被谪为奴隶。

汉承秦制，尽管刘邦入关就约法三章，那是临时权宜之计，收买人心。天下已定，汉初是完全使用秦法的。秦律"敢有挟书者，族"。就连这样一条律条，汉也继承下来，到惠帝四年才"除挟书律"（《汉书·惠帝纪》)。连坐收孥法，汉更继承下来，汉律就有一条："罪人妻子没为奴婢，黥面"(《三国志·魏志·毛玠传》)。文帝即位，"尽除收孥相坐法"(《汉书·文帝纪》)。这是经过一番斗争才得来的。《汉书·刑法志》："文帝二年，诏丞相、太尉、御史：法者，治之正，所以禁暴而卫善人也。今犯法者已论，而使无罪之父母、妻子、同产坐之及收，朕甚弗取。其议。左右丞相周勃、陈平奏言：'父母妻子同产相坐及收，所以累其心使重法也。收之之道，所由来久矣。臣之愚计，以为如其故便。'文帝复曰：'……朕未见其便，宜孰计之。'平、勃乃曰：'陛下幸加大惠于天下，使有罪不收。无罪不相坐，甚盛德。臣等所不及也。臣等谨奉诏，尽除收律相坐法。'"

但文帝的"尽除收律相坐法"，实际上并未能执行。文帝以后，收孥律仍是存在的。景帝时吴楚七国之乱，罪人的家属即没人为官奴隶。武帝建元元年五月，才"赦吴楚七国孥输在官者"(《汉书·武帝纪》)。东汉安帝永初四年诏："自建初以来，诸祆言它过坐徙边者，各归本郡。其没入官为奴婢者，免为庶人"(《后汉书·安帝纪》)。依照这条诏令，是直到东汉罪人妻子仍是被收为奴的。其实收孥这条法律，曹魏时还是存在的。《三国志·魏志·毛玠传》："崔炎既死，玠内不悦。后有出玠者：出见黥面反者，其妻子没为官奴婢。玠言曰：'使天不雨者，盖此也。'太祖大怒，收玠付狱。"大理锺繇审理毛玠的案子。他问毛玠："自古圣帝明王，罪及妻子。……汉律：罪人妻子没为奴婢，黥面。……今真奴婢祖先有罪，虽历百世，犹有黥面供官。……此何以负于神明之意，而当致旱？"(同上)。可见曹魏时罪人的妻子还是没为官奴隶的。锺繇引汉律来责问毛玠，一似根本没有文帝"尽除收孥相坐律令"这回事。

秦汉时的徒，也是奴隶。奴隶是终身的，没有期限。徒是有期限的。《汉旧仪》："男为戍，罚作，女为复作，皆一岁。司寇，男为守，女为作，如司冠，皆作二岁。鬼薪者，男当为祠祀鬼神伐山之薪丞也；女为白粲者，以为祠祀择米也，皆作三岁。完城旦舂，四岁。男髡钳为城旦，女为舂，皆作五岁。"《汉书·刑法志》："其奴，男子入于罪隶，女子入舂槁。"是奴与徒无根本区别，区别在为奴期限，奴是终身为奴，徒有定期。犯法有罪，罚作奴。罪有轻重，作奴时间长短渐渐有规定。这是"徒制"出现的原因。徒是从奴演化出来的。司寇、鬼薪、白粲、城旦春,是徒的年限名称,也就是作定期奴的名称。五岁徒髡钳,奴隶也髡钳,这样五岁徒和奴隶就看不出区别了。

汉代有隶臣妾,隶臣妾是奴隶。如:

《汉书·高惠高后文功臣表·戚圉侯季必表》:"建元三年,侯信成嗣。……元狩五年,坐为太常纵丞相侵神道为隶臣。"

又《卤严侯张平表》:"高后五年,侯胜嗣……孝文四年,有罪为隶臣。"

又《南宫侯张买表》:"侯生嗣,孝武初有罪,为隶臣。"

又《襄城哀侯韩婴表》:"侯释之……元朔四年,坐诈疾不从,耐为隶臣。"

颜师古释隶臣说:"《刑法志》,罪人狱已决,完为城旦春,满三岁为鬼薪白粲,一岁为臣妾,一岁免为庶人。然则男子为臣隶,女子为臣妾也"(《戚圉侯季必表》)。

可证徒、隶臣妾、奴隶,还是不分的。

战争的俘虏是作为奴隶的。这是西周春秋的传统。《墨子·天志下》:大国攻伐无罪的小国,"民之格者,则劲拨之;不格者,则系操而归。大夫以为仆圉胥靡,妇人以为春酋。"这是春秋战国之际以战俘作奴隶。

战国时期的战争,好像以斩首杀戮为主,很少看到俘虏为奴的例。但秦是大规模的以罪人为徒奴的,很难想象它不以俘虏为奴。秦奖励耕战,"功赏相长,五家首而隶五家"(《汉书·刑法志》)。服虔说:"能得著甲者五人首,使得隶役五家也。"只有在战争中才能得著甲者首。"五家首而隶五家",是在战争中杀敌,即以五家俘虏作为他的奴隶。

汉代对外战争是以俘虏为奴隶的。

汉与匈奴作战,一打几十年,俘虏是不少的。仅从《史记·卫将军·骠骑列传》来看,俘虏匈奴人数就很不少。有一次,武帝称赞霍去病的功劳,就说他"执卤获丑七万有四百四十三级。"卤,可能是虏字通用。《汉书·卫青霍去病传》,"执卤"作"执讯"。古时作战,俘虏敌人,要从敌人口供中知敌虚实情况,谓之"执讯",仍是俘虏。"执卤获丑"的这几万俘虏,是要作奴隶的。元帝时陈汤,甘延寿破匈奴郅支单于,"凡斩阏氏太子名王以下千五百一十八级,生虏百四十五人,降虏千余人,赋予城郭诸国所发十五王"(《汉书·陈汤传》),也说明俘匈奴作奴隶。

汉对乌桓作战,也以俘虏为奴隶,称作生口。昭帝元凤四年诏曰:"度辽将军(范)明友,破乌桓,斩虏获生有功,其封明友为平陵侯"(《汉书·昭帝纪》)。师古曰:"既斩反虏,又获生口也。"生口,即以俘虏为奴。

研究汉史的学者中,有的认为汉和匈奴作战是不以匈奴俘虏为奴隶的。不仅不作奴隶,而且还备受优待。学者们常引《汉书·汲黯传》中汲黯对武帝的一段话来证明汉代不以俘虏为奴隶。但细读汲黯这段话,正好说明汉代俘虏是作为奴隶的。武帝与匈奴连年作战,士卒死亡,府库空乏。后"浑邪王率数万众来降,于是汉发车三万两迎之。……皆得厚赏,衣食仰给县官,县官不给"(《汉书·食货志下》)。汲黯对此极为不满。他对武帝说:"夫匈奴攻当路塞,绝和亲,中国举兵诛之,死伤不可胜计。而费以钜万百数。臣愚以为陛下得胡人,皆以为奴婢,赐从军死者家,卤获,因与之,以谢天下,塞百姓之心。今纵不能,浑邪帅数万之众来,虚府库赏赐,发良民侍养,若奉骄子。……臣窃为陛下弗取也"(《汉书·汲黯传》)。武帝弗许,说"吾久不闻汲黯之言,今又复妄发矣!"(同上)。

古时战争通例,对降者与俘虏的待遇是不同的。俘虏为奴隶,降者则否。但因为连年对匈奴作战,汉家伤亡重,府库为之空乏,因而使汲黯气愤地认为即使是降人如浑邪王之众,也应该作为奴隶赐将士死亡之家以谢天下。汲黯的话,正说明战争俘虏是作为奴隶,这是当时的常规。金日磾的故事可以为证。《汉书·金日磾传》:"金日磾字翁叔,本匈奴休屠王太子也。……单于怨昆邪、休屠居西方多为反所破,召其王欲诛之。昆邪、休屠恐,谋降汉。休屠王后悔,昆邪王杀之,并将其众降汉。封昆邪王为列侯。日磾以父不降见杀,与母阏氏、弟伦俱没入官,输黄门养马,时年十四矣。"休屠不降,家属都成为俘虏没入为官奴隶。这故事更可证被俘虏的匈奴人是作为奴隶的。

徒和官奴隶的衣食生活,都是由官家供给的。武帝时以杨可告缗,没入商贾奴隶"以千万数",于是"徒、奴婢众,而下河漕度四百万石及官自籴乃足"(《汉书·食货志下》)。又贡禹对元帝说:"诸官奴婢十万余人戏游亡事,税良民以给之,岁费五六巨万"(《汉书·贡禹传》)。宣帝时,丞相魏相奏太仆杜延年官职多奸,遣吏考案。查实的结果是"但得苑马多死,官奴婢乏衣食"(《汉书·杜周传附延年传》)。这说明太仆有苑马,有官奴婢,官奴婢是由政府供给衣食的。

官奴隶也可以通过买卖转为私奴隶。《汉书·毋将隆传》:"傅太后使谒者买诸官奴婢,贱取之。复取执金吾官婢八人。隆奏言贾贱,请更平直。"

官奴隶的总数量,没有统计数字留下来,贡禹对元帝上书说:"诸官奴婢十万余人,戏游亡事,税良民以给之,岁费五六钜万、宜免为庶人,禀食,令代关东戍卒"《汉书·贡禹传》。他说的只是诸官的奴隶,而不是官奴隶的总数。他说这十万余的官奴隶都是"戏游亡事",不免有些过。诸官的奴隶有的耕种官田,有的作一般劳务,不能说是"戏游亡事"。

另一数字是王莽时代的。《后汉书·隗嚣传》:"民坐挟涂炭,没入锺官,徒隶殷积,数十万人。"李贤注云:"莽时,关东大饥蝗,人犯铸钱,伍人相坐,没入为官奴婢。其男子槛车儿女子步。以铁锁其颈,传诣锺官,八十万数。到者易其夫妇,愁苦死者什六七。"

锺官是管铸钱的官府,八十万也不是官奴隶的总数。汉代不仅朝廷各部门有官奴隶,地方各级政府也都有官奴隶。官奴隶的总数,我们虽然不知道,但我们可以知道的元帝时决不止于十多万,王莽时也决不止于八十多万。全国各级政府官奴隶的总数要比几十万多。

官奴隶之外,有私奴隶。贫民因债务沦为奴隶,是战国秦汉时期私奴隶的主要来源。官府租税压迫、商人高利盘剥,人民贫困无法生活只好出卖儿女和出卖自身为奴。正像我们常常引用的晁错的话:农民五口之家,种田百亩,春耕夏耘,秋获冬藏,伐薪樵,治官府,给徭税,一年四季无日休息。加之以水旱之灾,急征暴敛,有者半价而卖,无者不得不取倍称之息。"于是有卖田宅鬻子孙以偿责者矣。"贾捐之对元帝也说:"人情莫亲父母,莫乐夫妇,至嫁妻卖子法不能禁,义不能止,此社稷之忧也"(《汉书·贾捐之传》)。在租赋徭役负担重压和商人兼并下,农民逃脱不了卖田宅鬻子孙的命运。农民破产流亡的情势越严重,沦为奴隶的就会越多。战国秦汉几百年间,等待农民的正是这种命运。楚汉战争时,人民有很多因战争因饥饿自卖为奴或被略卖为奴。项羽刚死,刘邦就下令"诸民略在楚者,皆归之"(《汉书·高祖纪下》)。及即帝位,又下诏:"民以饥饿自卖为人奴婢者,皆免为庶人"(同上)。自卖为人奴婢者,都是私家奴隶。免为庶人即成为国家编户,编户多,政府租税收入就多。

因贫穷饥饿自卖为奴,是两汉时的大问题。农民破产卖身为奴的情况,东汉崔寔《政论》里也曾谈道:"富者席余而日织,贫者蹑短而岁蹴。历代为虏,犹不赡于衣食。生有终身之勤,死有暴骨之忧。岁小不登,流离沟壑,嫁妻卖子。其所以伤心腐藏,失生人之乐者,盖不可胜陈"(《全后汉文》卷46)。

和自卖为奴隶的同时,略卖也成为私奴隶的一个来源。

《汉书·栾布传》:"栾布,梁人也。……为人所略卖为奴婢于燕。"

《汉书·外戚列传·文帝窦皇后传》:"窦后,……弟广国字少君,年四五岁时家贫为人所略卖,其家不知处,传十余家,至宜阳,为其主人入山作炭。"

东汉中叶,外戚梁冀依仗权势竟至公开掠人为奴,还名之曰:"自卖人"。《后汉书·梁冀传》载:"冀又起别第于城西,以纳奸亡,或取良人悉为奴婢,至数千人,名曰自卖人。"战乱时期,小民无靠,是掠人为奴的机会。东西汉之交,"吏人遭饥乱"及为"青徐贼所略为奴婢下妻"和益州民"被略为奴婢"的人很多,致使光武帝两次下诏书免为庶人(见《后汉书·光武纪》)。

汉族官吏、贵族,以本族人为奴隶也以外族人为奴隶。武帝时,江都王建有"越婢"。他曾"使越婢下神祝诅上"。(《汉书·景十三王·江都易王非传》,建,非子。)汉族豪富阶级除略卖汉族人外,也常常略卖四周少数民族人为奴。《史记·货殖列传》载:"巴蜀沃野。……南御滇僰,僰僮;西近邛笮,笮马旄牛。"

僰僮和笮马旄牛同列,都是汉族商人所需要的商品。《汉书·西南夷传》对这条记载就更明确了。"巴蜀民或窃出商贾,取其笮马、僰僮、旄牛,以此巴蜀殷富。"

南粤人也是略卖对象。《汉书·南粤传》:"(南粤相)吕嘉乃遂反,下令国中曰:'王年少,太后中国人,又与使者乱,专欲内属,尽持先王宝入献天子以自媚。'多从人,行至长安,虏卖以为僮。取自脱一时利,亡顾赵氏社稷。"

赘子、赘妻,是自卖为奴的一种形式。文帝时,贾谊上疏说:"秦人家富子壮则出分,家贫子壮则出赘"(《汉书·贾谊传》)。武帝时淮南王刘安上疏说:"间者数年,比岁不登,民待卖爵赘子以接衣食"(《汉书·严助传》)。如淳曰:"淮南俗,卖子与人作奴婢名为赘子。三年不能赎,遂为奴婢。"师古曰:"赘,质也。"赘子已是卖与人为奴,但赘子为奴在期限内可以赎回,期满不赎,则永远为奴。《淮南子·本经训》有:"末世之政,民力竭于徭役,财用殚于会赋,居者无食,行者无粮,老者不养,死者不葬,赘妻鬻子,以给上求,犹弗能澹。"赘妻、赘子、鬻子,都是卖作奴隶。

奴隶没有人格,他和牛马一样,是主人的财产。牛马可以买卖,奴隶也可以买卖。司马迁一则说:"马千蹄,牛千足,羊彘千只,僮手指千,此亦千乘之家。"(《史记·货殖列传》)把奴隶和牛马羊彘同样看待,是主人的财产;再则说:"巴蜀沃野。……南御滇僰,僰僮;西近邛笮,笮马旄牛"(同上)。把僰僮和笮马旄牛一样,看作商品。在汉代,奴隶和牛马其他货品一样可以放在栏里在市场上买卖。贾谊说:"今民卖僮者,为之绣衣丝履,编诸缘,内之闲中。"(《汉书·贾谊传》)服虔注:"闲,卖奴婢闲。"王莽说:"秦为无道……又置奴婢之市,与牛马同栏,制于臣民,颛断其命。"(《汉书·王莽传》)官奴隶也可买卖。前面已讲过了。

买卖奴隶,须立契约。王褒的《僮约》,虽系游戏之笔,但奴隶买卖有约,则是真实的。

奴隶是世代为奴的。奴隶的子女,所谓奴产子,仍是奴隶。曹魏锺繇所谓"今真奴婢,祖先有罪,虽历百年,犹有黥面"(《三国志·魏志·毛玠传》)。陈涉起事,"秦令少府章邯免郦山徒、人奴产子,悉发以击楚大军"(《史记·陈涉世家》)。服虔曰:"家人之产子也。"师古曰:"奴产子,犹今人云家生奴也。"奴产子、家生奴,仍是奴隶。奴隶是世代为奴的。

为了区别奴隶和良民。奴隶要髡钳,而且要穿赭色衣服。《史记·季布列传》:"高祖购求布千金,敢有舍匿,罪及三族。季布匿濮周氏,周氏曰:'汉购将军急,迹且至臣。……臣敢献计,即不能,愿先自刭。'季布许之。乃髡钳季布,衣褐衣,置广柳车中,并与其家僮数十人之鲁朱家所卖之。"又《史记·田叔列传》:"汉下诏捕赵王及群臣反者。……诏书赵有敢随王者罪三族。唯孟舒、田叔等十余人赭衣自髡钳称王家奴随赵王敖至长安。"奴隶比如牲畜,与牛马同栏。法律上没有人格。敢有随王者罪及三族,而髡钳作王家奴就不在诛三族的人的范围之内了。

秦朝开始,私杀奴隶是法所不许的。要杀奴隶,必先谒官,得官府允许。《史记·田儋列传》:"田儋者,狄人也。……陈涉之初起王楚也,使周市略定魏地,北至狄,狄城守。田儋详为缚其奴,从少年之廷,欲谒杀奴。见狄令,因击杀令。"注引服虔曰:"古杀奴婢,皆当告官,儋欲杀令,故诈缚奴以谒也。"颜师古说:"阳缚其奴,为杀奴之状。"服虔所谓"古杀奴婢",不知古到何时,知不始于秦也。董仲舒曾向武帝建议"去奴婢,除专杀之威"(《汉书·食货志上》)。废除奴隶制的建议,没有被接受,也不可能接受。但汉代杀奴是有罪的。《汉书·赵广汉传》:"地节三年七月中,丞相傅婢有过,自绞死。广汉闻之,疑丞相夫人妒杀之府舍。……遂自将吏卒突入丞相府,召其夫人跪庭下受辞,收奴婢十余人去,责以杀婢事。"杀奴隶有罪,虽丞相夫人也不能免。也就因此,赵广汉才敢于直入丞相府使丞相夫人跪庭下受辞。哀帝时,王莽中子获杀奴,王莽切责获,令自杀。(《汉书·王莽传上》)。也就因为私杀奴是有罪的,王莽才迫儿子自杀。除去不许杀奴隶外,在汉代法律上奴隶还有一些受保护的地方。《汉书·张安世传》:"郎淫官婢,婢兄自言。安世曰:'奴以忿怒,诬汗衣冠。'造署适(谪)奴。其隐人过失,皆此类也。"依此,奴隶的人身还受保护。当然,淫官奴婢有罪,这是法。实际上,官官相护,法也不得行了。有法等于无法。

奴隶解放,须有皇帝诏令赦免。刘邦二年,天下已定,下诏:"民以饥饿自卖为人奴婢者,皆免为庶人"(《汉书·高祖纪下》)。

文帝四年,"赦天下,免官奴婢为庶人"(《汉书·文帝纪》)。这里没有提免哪一类的官奴隶,也没有提到人数。一似免所有的官奴隶为庶人。但从以后官奴隶仍是很多看,文帝这条诏书大约没有起到实际作用,也不可能起到实际作用,解放所有的官奴隶在当时的历史条件下是根本不可能的。哀帝即位后,曾下诏:"官奴婢五十以上,免为庶人"(《汉书·哀帝纪》)。但这只是免官奴隶五十以上者,同一诏令中规定诸侯王、列侯及豪富民的限额为:"诸侯王奴婢二百人,列侯公主百人,关内侯、吏民三十人。年六十以上十岁以下,不在数中。"不在数中,就是六十岁以上十岁以下的奴隶不在限额之中。《汉书·刑法志》:"凡有爵者、与七十者、与未龀者,皆不为奴。"师古说:"龀,毁齿。男子八岁,女子七岁而毁齿矣。"六十岁以上十岁以下,比《刑法志》所规定的七十、八岁、七岁要更轻些了。

奴隶主也可以放免自己的奴隶。

被解放的奴隶,和自由平民一样可以作官,也可以封侯成为贵族。张骞出使西域,堂邑氏奴甘父随从前往。十余年后回到汉朝,"汉拜骞为太中大夫,堂邑父为奉使君"(《汉书·张骞传》)。卫青原是平阳侯家奴隶,后来官居大将军封侯,更不用说了。

刑徒除到期可以免刑外,中间也可以由皇帝赦免。宣帝、成帝和哀帝曾多次下诏,"赦天下徒"(参看《汉书》宣帝、成帝、哀帝纪,并看《奴隶在中国古代社会中的地位》节)。

奴隶也可以自赎免。《汉书·景武昭宣元成功臣表·蒲侯苏昌表》:"侯夷吾嗣,鸿嘉三年坐婢自赎为民后略以为婢,免。"奴隶自赎为民后,再略为奴就和略卖良人为奴一样是有罪的。

(二) 奴隶使用和奴隶劳动

奴隶的工作,是多方面的:凡是可以由人做的工作,都可以使用奴隶去做。具体地说,战国秦汉时期,宫殿、陵墓、城池、戍边从军、工业、商业、矿业、农业以及家庭役使,无处不有奴隶的劳动。

秦始皇修宫殿,治陵墓,大多是使用奴隶刑徒劳动。《史记·秦始皇本纪》:"始皇初即位,穿治郦山。及并天下,天下徒送诣七十余万人。穿三泉下铜而致椁,宫观百官,奇器珍怪,徙藏满之。"

这个七十万人,除治坟郦山外,还兼修宫殿。《秦始皇本纪》:"三十五年,徒刑者七十余万人,乃分作阿房宫或作郦山。"郦山陵墓在始皇即秦王位时,即已开始修建。二十六年统一全国,天下徒七十余万来参加陵墓的修建,大约到三十五年修治阿房宫时,又由郦山徒七十万人中调出一部分修治阿房宫。

汉朝帝王陵墓也多是使用刑徒奴隶的劳动兴建的。见诸记载的如:景帝阳陵、宣帝杜陵、成帝初陵,都有徒参加劳动(参看《汉书》、《景帝纪》、《宣帝纪》和《成帝纪》)。我们能知道阳陵、杜陵、初陵营建中有徒参与劳动,是由于三帝都有赦陵墓作徒的诏令,其他皇帝没有赦作徒的记载,却不等于没有徒奴参加他们的陵墓的修建。

奴隶刑徒也用于城池建筑。秦修长城就有刑徒劳动。《史记·蒙恬传》:"乃使蒙恬将三十万众,北逐戎狄,收河南。筑长城,因地形用制险塞,起临洮,至辽东,延袤万余里。"依《史记·秦始皇本纪》,北逐戎狄收河南在始皇三十二年,筑城塞在三十三年。蒙恬将的三十万兵。不知出身如何,《秦始皇本纪》说是"发兵三十万",可能是平民。但始皇三十四年,曾"適(谪)治狱吏不直者筑长城"(《秦始皇本纪》),是长城的修建是有刑徒参加的。

西汉也用奴徒治城。惠帝三年春,"发长安六百里内男女十四万六千人城长安,三十日罢"(《汉书·惠帝纪》)。这年六月,"发诸侯王列侯徒二万人城长安"(同上)。五年正月,"复发长安六百里内男女十四万五千人城长安,三十日罢"(同上)。九月,"长安城成"(同上)。三十日罢,这是更役。即董仲舒所说"月为更卒"(《汉书·食货志上》)。长安城自惠帝三年春起修到五年九月成,共修了两年又三个月。三年春,发长安六百里内民城长安,三十日罢。但民工罢后,长安城不会停修,即两次发长安六百里内男女十四万六千和十四万五千更卒服役期满而罢后,仍然有人继续在那里筑城。什么人？大约即三年六月所发的诸侯王、列侯的徒隶二万人。长安六百里内男女作了两个三十日,诸侯徒隶作了二年又三个月。计算一下,徒隶二万人大约作了16360000个劳动日,长安六百里内男女十四万五、六千人作了大约8730000个劳动日。长安城所使用的劳动,徒隶是编户民的两倍。

汉代徒隶筑城的又一例证是玄菟城。《汉书·昭帝纪》:元凤六年正月,"募郡国徒筑辽东玄菟城。"

刑徒奴隶也用于戍边和实边。秦始皇三十三年,"发诸尝逋亡人、赘婿、贾人,略取陆梁地为桂林、象郡、南海,以適遣戍。西北斥逐匈奴,自榆中并河以东属之阴山,以为三十四县。城河上为塞。又使蒙恬渡河取高阙、陶山北假中,筑亭障以逐戎人。徙謫实之初县"(《史记·秦始皇本纪》)。

据徐广注:在桂林、象郡、南海"以適遣戍"是以"五十万人守五岭"。据《索引》在北方,"徙謫实之初县"是"徙有罪而謫之以实初县,即上自榆中属阴山以为三十四县是也"。未提人数,估计也不会少于几十万人。

以刑徒从军,是秦汉的传统,以刑徒戍边实边,也是秦汉的传统。从秦末统一前,到两汉时期,以刑徒从军打仗、戍边、实边一直是存在的。有时三者又是合一不分的。

秦昭襄王时期,曾多次赦免罪人并把这些赦免了的人迁到新占领的地方去。《史记·秦本纪》载有如下几条:

昭襄王二十二年,司马"错攻魏河内,魏献安邑。秦出其人,募徙河东,赐爵。赦罪人,迁之。"

"二十五年,拔赵二城。……二十六年,赦罪人迁之。"

"二十七年,错攻楚,赦罪人,迁之南阳。"

"二十八年,大良造白起攻楚,取鄢邓,赦罪人迁之。"

"三十四年,秦与魏、韩上庸地为一郡,南阳免臣迁居之。"

赦罪人又是和修先王功臣等联系起来的。《史记·秦本纪》有两条:

"孝文王元年,赦罪人。修先王功臣,褒厚亲戚,施苑囿。"

"庄襄王元年,大赦罪人。修先王功臣,施德厚骨肉,而布惠于民。"

这里还出现了"免臣"。臣是奴隶。秦用赦免罪人、臣的办法。即免奴隶刑徒为平民的办法使他们心情高兴地迁到新地方而又高兴地在那里安居。

秦有七科谪，以犯有七科的人为兵。晁错说："胡貉之地，积阴之处也。木皮三寸，冰厚六尺，食肉而饮酪，其人密理，鸟兽毳毛，其性能寒。杨粤之地少阴多阳，其人疏理，鸟兽希毛，其性能暑。秦之戍卒不能其水土，戍者死于边，输者偾于道。秦民见行，如往弃市，因以谪发之，名曰'谪戍'。先发吏有谪及赘婿、贾人，后以尝有市籍者，又后以大父母、父母有市籍者，后入闾，取其左"（《汉书·晁错传》）。

汉承秦制，也继承了这个七科谪。武帝天汉四年春，"发天下七科谪"（《汉书·武帝纪》）。张晏解释七科谪说："吏有罪一，亡命二，赘婿三，贾人四，故有市籍五，父母有市籍六，大父母有市籍七。凡七科也。"

汉七科和秦七科不同之处是：缺了闾左，多了亡命。

秦统一前，兵多是农家子，战斗力是强的。荀子曾称赞秦的兵是"功赏相长也，五家首而隶五家，是最为众疆长久"（《荀子·议兵篇》）。统一以后，秦始皇似不再用农民兵，而是用刑徒七科谪兵。他几次东巡的刻石，总是喜欢说："黔首安宁，不用兵革"、"菑害绝息，永偃戎兵"、"黎庶无繇，天下咸抚"（《史记·秦始皇本纪》）。他不征农民服兵役，他对匈奴对岭南用兵，都是以刑徒为兵。

陈胜、吴广起事，秦首先使用的兵是郦山徒和奴产子。《史记·陈涉世家》："奏令少府章邯免郦山徒、人奴产子，悉发以击楚军"。随后才发的关中农家子弟兵。

楚汉相争时，刘邦的军队里也有刑徒兵。广武相距时，项羽向刘邦挑战，刘邦对项羽说："吾以义兵从诸侯诛残贼，使刑余罪人击公。何苦乃与公挑战"（《汉书·高祖纪上》）。

以刑徒奴隶为兵，而汉一直不断。

刘邦十一年，淮南王英布反。"上赦天下死罪以下皆令从军。征诸侯兵。上自将以击布"（《汉书·高祖纪下》）。

"武帝元鼎五年夏四月，南越王相吕嘉反，杀汉使者及其王、王太后。……遣伏波将军路博德出桂阳下湟水。楼船将军杨仆出豫章下浈水、归义越侯严为戈船将军出零陵下离水、甲为下濑将军下苍梧,皆将罪人江淮以南楼船十万人;越驰义侯遗,别将巴蜀罪人发夜郎兵下牂柯江,咸会翻禺。"(《汉书·武帝纪》)。

这是汉武帝征南粤的一场大战,所遣兵除夜郎兵外都是罪人。

元封二年,"朝鲜王攻杀辽东都尉。乃募天下死罪击朝鲜。……遣楼船将军杨仆、左将军荀彘将应募罪人击朝鲜"(同上)。

元封六年,"益州昆明反,赦京师亡命,令从军,遣拔胡将军郭昌将以击之"(同上)。

太初元年,"遣贰师将军李广利发天下谪民西征大宛"(同上)。

天汉四年,"发天下七科谪及勇敢士,遣贰师将军李广利将六万骑、步兵七万出朔方,因杆将军公孙敖万骑、步兵三万出雁门,游击将军韩悦步兵三万人出五原,强弩都尉路博德步兵万余人,与贰师会"(同上)。

发天下七科谪征匈奴,不能无将,贰师将军等四路将军所帅领的兵大约都是这"天下七科谪及勇敢士",至少一部分是。

昭帝元凤元年,"武都氐人反。遣执金吾马适建、龙額侯韩增、大鸿胪广明将三辅太常徒皆免刑击之"(《汉书·昭帝纪》)。

宣帝神爵元年,"西羌反。发三辅中都官徒弛刑及应募佽飞射士,羽林孤儿、胡越骑、三河颍川、沛郡、淮阳、汝南材官、金城、陇西、天水、安定、北地、上郡骑士、羌骑、诣金城。……遣后将军赵充国、彊弩将军许延寿击西羌"(《汉书·宣帝纪》)。

王莽始建国二年十二月,征匈奴,十道并出,"募天下囚徒丁男甲族三十万人转众郡委输"(《汉书·王莽传》)。

王莽天凤六年,"乃大募天下丁男及死罪囚、吏民奴名曰'猪突豨勇,以为锐卒"(同上)。

私家奴隶,也随主人从军作战。《汉书·灌夫传》:"夫被甲持戟,募军中壮士所善愿从者数十人。及出壁门,莫敢前,独两人及从奴十余骑驰入吴军。至戏下,所杀伤数十人。"

政府也常发私家奴隶戍边。如前所征引,晁错为文帝划守边之策说:

"远方之卒守塞,一岁而更,不知胡人之能。不如选常居者,家室作田,且以备之。……先为室屋,具田器,乃募罪人及免徒复作令居之;不足,募以丁奴婢赎罪及输奴婢欲以拜爵者;不足,乃募民之欲往者。皆赐高爵,复其家,予冬夏衣,廪食,能自给而止。"文帝"从其言,募民徙塞下"(《汉书·晁错传》)。

晁错的建议,分募三类人守边。一类是罪人及免徒复作,这是刑徒奴婢。二类是以丁奴隶赎罪及输奴隶以求拜爵,这是奴隶。三类是民之欲往者,这是自由平民。三类中,两类是刑徒和官私奴隶,一类是自由平民。文帝从其言,募"民"徙塞下。不知这个"民"字内容如何。晁错的建议,最好是官刑徒够了,不足,才募私家奴隶,再不足,才募平民之欲往者。看来文帝募民徙塞下的"民"字,应该是包括官刑徒和私奴隶的,而且刑徒、奴隶占多数。

受募戍边的刑徒奴隶,身份、地位可能得到改善或奴隶身份有所解脱。"皆赐高爵,复其家,予冬夏衣,廪食,能自给而止",应是包括刑徒奴隶的。秦昭襄王迁罪人于新地,都是赦其罪。章邯请发郦山徒人奴产子从军时就说:"盗已至,众疆,今发近县不及矣。郦山徒多,请赦之,授兵以击之。"(《史记·秦始皇本纪》)昭帝元凤元年,武都氏人反。汉朝政府遣将军将三辅太常徒皆免刑往征。如果像晁错建议的那样,应募去戍守边地的都可以得高爵,复其家,那么,这些刑徒奴隶被赦免,身份地位得到提高就是很自然的了。奴隶、刑徒乐于被发遣出征边远之地,一个重要条件恐怕就是从征可以获得身份解放还可得高爵。

以上所说,主要是官奴隶,而且主要是官府刑徒。刑徒、奴隶,自然还有区别,但在古代区别不大,越古他们越合一。战国秦汉时代,刑徒和奴隶的区别还只在定期奴和终身奴的阶段。把刑徒放在奴隶的范畴内,还是可以的。官府使用刑徒奴隶无区别,刑徒、奴隶的待遇也无大区别,都是髡钳、赭衣。

秦汉官手工业,多是使用刑徒和奴隶劳动。秦始皇二十七年戈铭文:"二十七年,上[郡]守趞造,漆工师遒,丞恢,工隶臣积。"(故宫博物院藏)工隶臣积,就是官奴隶。《汉书·淮南王安传》:"乃令官奴入宫中作皇帝玺,丞相、御史大夫、大将军、吏二千石,都官令丞印及旁近郡太守都尉印汉使节法冠。"《汉书·食货志上》:"大司农置工巧奴与从事,为作田器。"元帝时,贡禹上疏言:"今汉家铸钱及诸铁官皆置吏卒徒,攻山取铜铁,一发功十万人已上。"(《汉书·贡禹传》)都说明官工业使用奴隶劳动。铁官徒工作劳累生活困苦,成帝时不断暴发铁官徒暴动。如阳朔三年,"颍川铁官徒申屠圣等百八十人,杀长吏,盗库兵,自称将军。经历九郡"(《汉书·成帝纪》)。永始三年十二月,"山阳铁官徒苏令等二百二十八人,攻杀长吏、盗库兵,自称将军,经郡国十九,杀东郡太守、汝南都尉。遣丞相长史,御史中丞持节督趣逐捕"(同上)。两次暴动,最初的人数都不过二三百人,乃能经历郡国,攻杀郡守、都尉,说明他们是有社会基础的。在这前后,成帝有几次诏令"赦天下徒"(参看上节)。这和当时徒奴的不稳想是有关系的,山雨欲来风满楼的形势迫得皇帝下诏书赦免刑徒和铁官徒。

少府属下有东西织室,是使用刑徒奴隶劳动的。文帝的生母、刘邦的薄姬,早年在魏王豹后宫,豹叛汉归楚被击灭后,"薄姬输织室"(《汉书·外戚传上·高祖薄姬传》)。

官家的牧场,是使用奴隶的。西汉政府在西北边地有三十六处牧场。使用奴隶来牧养马匹。《汉仪注》载:"太仆牧师诸苑三十六所,分布北边西边,以郎为苑监,官奴婢三万人,养马三十万头。"(《汉书·景帝纪》注引如淳曰)

官奴隶也使用于农业,用来耕种官田。《秦律仓律》:"隶臣田者,以二月月廪二石半石,到九月尽而止其半石。"隶臣是官奴隶,依此律,官奴隶是作农业劳动的。武帝时杨可告缗结果,"得民财物以亿计,奴婢以千万数,田:大县数百顷,小县百余顷。"于是"水衡、少府、太仆、司农各置农官,往往即郡县比没入田田之。其没入奴婢,分诸苑养狗马禽兽及与诸官,官益杂置多"(《汉书·食货志下》)。如淳曰:"水衡、少府、太仆、司农皆有农官,是为多也。"师古不同意如淳的解释,说:"此说非也,谓杂置官员分掌众事耳,非农官也。"我认为,如淳说和师古说比较,似乎如淳说比师古说好。既言水衡、少府、太仆、司农各置农官,其没入奴婢既已分诸苑养狗马禽兽,则"及与诸官"的诸官,自然是以解为农官为好。这问题且搁置不究。诸官总应包括农官。官奴隶用于官田耕种,应是无问题的。

私奴隶的使用,更是多方面的。奴隶主对于奴隶是任意使用的,只要奴隶主认为这样使用是有利的,无害的。王褒《僮约》是写到纸上的,是游戏之笔。奴隶所承担的工作,比他写出来的要多得多。而且奴隶没有人格,根本没有什么"约"。约是对雇工用的,从王褒《僮约》也可以看到一个私家奴隶所要工作的方面。《僮约》:

> 蜀郡王子渊,以事到湔,止寡妇杨惠舍。惠有夫时奴,名便了。子渊使奴行酤酒。便了拽大杖,上夫冢岭曰:"大夫买便了时,但要守家,不要为他人男子酤酒。"子渊大怒曰:"奴宁欲卖耶?"惠曰:"奴大忤人,人无欲者。"子渊即决买券云云。奴复曰:"欲使,皆上券。不上券,便了不能为也。"子渊曰:"诺。"券文曰:"神爵三年正月十五日,资中男子王子渊从成都安志里女子杨惠买亡夫时户下髯奴便了,决买万五千。奴当从百役使,不得有二言。晨起早扫,食了洗涤。当居,穿白缚帚,截竿凿斗,浚渠缚落,锄园斫陌,杜埤地,刻大枷。屈竹作杷,削治鹿卢。出入不得骑马载车,跂坐大呶,下床振头。捶钩刈刍,结苇躐垆,汲水络,任酤釀。织履作粗,黏雀张乌。结网捕鱼,缴雁弹凫。登山射鹿,入水捕鱼。后园纵养,雁鹜百余。驱逐鸱鸟,梢收猪。种姜养芋,长育豚驹。粪除堂庑,喂食马牛。鼓四起坐,夜半益刍。二月春分,被堤杜疆,落桑皮棕。种瓜作瓠,别落披葱。焚槎发芋,垄集破封。日中早觉,鸡鸣起春。调治马户,兼落三重。舍中有客,提壶行酤,汲水作铺。涤杯整桉,园中拔蒜。断苏切脯,筑肉臛芋。脍鱼炰鳖,烹茶尽具。已而盖藏,关门塞窦,喂猪纵犬。勿与邻里争斗。奴但当饭豆饮水,不得嗜酒。欲饮美酒,唯得染唇渍口,不得倾盂复斗。不得辰夜出入,交关伴偶。舍后有树,当裁作船。上至江州,下到湔主。为府椽求用钱,推访垩贩棕素。绵亭买席,往来都洛。当为妇人来脂泽。贩于小市,归都担枲。转出旁蹉,牵犬贩鹅。武都买茶,杨氏担荷。往聚市,慎护奸偷。入市不得夷蹲旁卧,恶言丑骂,多作刀矛,持入益州,货易羊牛。奴自教精慧,不得痴愚。持斧

入山，断藓作辕。若有余残，当作俎几木屐及犬彘盘。焚薪作炭，垒石薄岸。治舍盖屋，削书代牒。日暮欲归，当送乾柴两三束。四月当披，九月当获，十月收豆，穞麦窖芋，南安拾栗采橘，持车载辕。多取蒲苇，益作绳索。雨堕无所为，当编蒋织薄。种植桃李，梨柿柘桑。三丈一树，八尺为行。果类相从，纵横相当。果熟收敛，不得吮尝。犬吠当起，惊告邻里。枨门杜户，上楼击鼓。荷盾挟矛，还落三周。勤心疾作，不得遨游。奴老力索，种莞织席。事讫休息，当舂一石。夜半无事，浣衣当白。若有私钱，主给宾客。奴不得有奸私，事事当关白。奴不听教，当笞一百。"读券文适讫，词穷咋索。仡仡叩头，两手自搏。目泪下落，鼻涕长一尺。审如王大夫言，不如早归黄土丘。丘蚓钻额。早知当尔，为王大夫酤酒，真不敢作恶。（《全汉文》卷42）

工作开的像是很全，便了被吓的哭起来。其实，工作一条列出来，使用便受了限制。如果除此之外什么也不作，奴隶主反而不便了。

看来，这是个家内使用奴隶。虽然可以外出购买，仍是家内性质。他不离开家到作坊去，也不到农舍去。

汉代的奴隶，很多是家内奴隶。特别是达官贵族，奴隶众多，家内奴隶更多。成帝永始四年一个诏书说："方今世俗奢僭罔极，靡有厌足。……或乃奢侈逸豫，务广第宅，治园池，多畜奴婢，被服绮縠，设钟鼓，备女乐，车服嫁娶，葬埋过制，吏民慕效，浸以成俗。"（《汉书·成帝纪》）。这里所说的"多畜奴婢"，大约都是家内奴隶，因为她们都是"被服绮縠"的，作坊、矿场、田园劳动的奴隶，不会有此待遇。

东汉安帝元初五年诏："至有走卒奴婢，被绮縠，著珠玑。京师尚若斯，何以示四远？"（《后汉书·安帝纪》）。这里被绮縠著珠玑者，也多是家内奴隶。

家内奴隶，由于多在主人左右，接近主人，生活待遇大约是比较好的，幸运的，如讨得主人的喜爱也易于得到解放。卫子夫、卫青一家可以说是最幸运的了。卫子夫、卫青的母亲卫媪是平阳侯家奴。且看这家奴隶的生活和际遇。《汉书·卫青传》："卫青字仲卿。其父郑季，河东平阳人

也,以县吏给事侯家。平阳侯曹寿尚武帝姊阳信长公主。季与主家僮卫媪通,生青。青有同母兄卫长君及姊子夫,子夫自平阳公主家得幸武帝,故青冒姓为卫氏。卫媪长女君孺,次女少儿,次女则子夫。子夫男弟步、广,皆冒卫氏。青为侯家人,少时归其父,父使牧羊。民母之子皆奴畜之,不以为兄弟数。青尝从人至甘泉居室,有一钳徒相青曰:'贵人也,官至封侯。'青笑曰:'人奴之生,得无笞骂即足矣!安得封侯事乎?'青壮,为侯家骑,从平阳主。建元二年,青姊子夫得入宫幸上。皇后,大长公主女也,无子,妒。大长公主闻卫子夫幸,有身,妒之,乃使人捕青。青时给事建章,未知名。大长公主执囚青,欲杀之。其友骑郎公孙敖与壮士往篡之,故得不死。上闻,乃召青为建章监、侍中。及母昆弟贵,赏赐数月间累千金。君孺为太仆公孙贺妻。少儿故与陈掌通,上召贵掌,公孙敖由此益显。子夫为夫人,青为大中大夫。"

这家人家,很有意思。卫媪是家僮即奴隶,她的儿女都是奴隶。她生了几个儿女,大约都是同母不一定同父。卫青自称"人奴",他到他父亲家去,诸兄弟"皆奴畜之,不以为兄弟数。"他的姊子夫作了皇帝夫人,他给事建章,大约已从奴隶群中解放出来了。他的长姊为太仆妻,次姊少儿与陈掌通,武帝即"召贵掌"。这不是普通奴隶所能遇到的幸运,也不是一般奴隶的生活、经历的常规。但它却也反映汉代家内奴隶的生活的一面。有些奴隶,特别是家内奴隶,因和主人接近,会得到解放,还可以作官封侯为贵族。

家内劳动之外,奴隶也使用于经济部门。司马迁《史记·货殖列传》中列举通都大邑中工商业者的富财中有一条是"僮手指千"。《汉书言义》说:"僮,奴婢也。古者无空手游日,皆有作务,作务须手指,故曰手指。"所谓"作务",就是参加生产作业。

商业活动中是使用奴隶的。战国前期和魏国李悝同时代的白圭,很会作生意。他的生意经很有辩证法思想。他作生意的办法是:"人弃我取,人取我与。岁熟取谷,予之丝漆;蚕出取帛絮,与之食"(《史记·货殖列传》)。他的商业活动,主要是靠奴隶来完成的。白圭本人能"与用事僮仆同苦乐"(同上)。白圭发家致富,成为历史上出名的大商人。

鱼盐业使用奴隶。汉初齐地的大商人刁间,用奴隶经营鱼盐之利。"齐俗贱奴虏,而刁间独爱贵之。桀黠奴,人之所患也,唯刁间收取,使之逐鱼盐商贾之利,或连车骑、交守相。然愈益任之,终得其力,起富数千万"(同上)。

工矿业也使用奴隶。秦末赵地的大铁冶商人卓氏被迁到蜀临邛,"即铁山鼓铸,运筹策,倾滇蜀之民,富至僮千人"(《史记·货殖列传》)。和卓氏同住在临邛的程郑,也以冶铸起家"富埒卓氏"(同上)。这里虽然没有说蜀卓氏和程郑使用奴隶即铁山鼓铸,按理推想,他不会用别的劳动者去开山鼓铸,而却养起这一千奴隶游手清闲。又《汉书·外戚传·孝文窦后传》:"窦后……弟广国字少君,年四五岁时,家贫,为人所略卖,其家不知处。传十余家至宜阳,为其主人入山作炭。暮卧岸下,百余人。岸崩,尽压杀卧者,少君独脱不死。"现在不知道这一百多人是否都是奴隶,即使不都是奴隶,恐怕也不会只少君一人是奴隶,其他人都是自由人。

即使看来是家内奴隶,他们也多有作业,参加生产劳动。宣帝时,大官僚张安世"尊为公侯,食邑万户,然身衣弋绨,夫人自纺织,家僮七百人。皆有手技作业,内治产业,累积纤微,是以能殖其货。富于大将军光"(《汉书·张汤传》附子《安世传》)。东汉初的郭况,乃光武郭皇后之弟。"家僮四百人,黄金为器,功冶之声,震于都鄙。时人谓郭氏之室,不雨而雷。言铸锻之声也"(《太平御览》卷833引《拾遗记》)。

农业方面是否使用奴隶劳动?这是一个有争议的问题。但是,材料显示,奴隶被使用在农业劳动是没有问题的。云梦出土秦简材料是极可贵的,它补足文献材料的不足,而又是确绝可信。前面引用的一条"隶臣田者",确绝的说明秦朝官奴隶是使用于农业劳动的。治狱案例中《告臣》爰书中有一条:"某里士五(伍)甲缚诣男子丙,告曰:丙,甲臣,桥(骄)悍,不田作,不听甲令。"按照秦法,奴隶主要治奴隶的罪,需要告官(《史记·田儋列传》)。这里从秦治狱案例中又得到有力的证实。奴隶丙的过错在于"不田作"不好好种田,不听奴隶主的命令。秦汉时期,奴隶用于农业劳动,还不是小规模的个别地区的现象,而是比较普遍的。材料都是大家熟知的,问题在我们如何去理解这些材料。

《史记·季布列传》:"迺髡钳季布,衣褐衣,置广柳车中,并与其家僮数十人之鲁朱家所卖之。朱家心知是季布,乃买而置之田,诫其子曰:'田事听此奴,必与同食。'"

《风俗通》:"河南平阴庞俭,本魏郡邺人。遭仓卒之世……流传客居。庐里中凿井,得钱千余万,遂富。俭作府吏,躬亲家事,行求老仓头谨信老属任者年六十余,值二万钱,使主牛马耕种"(《太平御览》卷472引)。

《湖北江陵凤凰山一六八号汉墓发掘简报》:"墓中的《遣册》还记有:'田者男女各四人,大奴大婢各四人。'它是与其他奴婢分别记载的。它说明在西汉初(墓主人是文帝时期的五大夫)不仅有家内奴隶的存在,而且还有从事农业生产的奴隶存在。"(《文物》1975年第九期)

《后汉书·樊宏传》:"(樊重)世善农稼,好货殖……其营理产业,物无所弃,课役童隶,各得其宜。故能上下勠力,财利岁倍,至乃开广田土三百余顷。"

《襄阳记》:"杨颙……丞相诸葛亮主簿。亮尝自校簿书,颙直入谏曰:'为治有体,不可上下相侵,请为明公以作家譬之。今有人使奴执耕稼,婢典炊爨,鸡主司晨,犬主吠盗,牛负重载,马涉远路,私业无旷,所求皆足,雍容高枕,饮食而已。忽一旦尽欲以身亲其役,不复付任。劳其体力,为此碎务,形疲神困,终无一成。岂其智之不如奴婢鸡狗哉?失为家主之法也'"(《三国志·蜀志·杨戏传》注引)。

朱家买下季布而置之田,朱家的儿子是田舍的直接管理人。朱家嘱付儿子田里劳动不要过于迫这个奴隶;劳动与否,听他。季布参加的是农业劳动。从"置之田"、"田事听此奴"看,在朱家田庄劳动的奴隶不止季布一人。

庞俭买奴,使之"主牛马耕种"这当然是奴隶用在农业劳动的。这段记载的后面,说到庞俭家有喜庆大宴,买来的老奴曾在厨下帮厨,后来认出是失散的父亲。但这无碍于说明汉代使用奴隶于农业劳动。老奴在厨下帮忙,可能是临时调用,不能就此说他是家内奴隶。

江陵凤凰山墓中《遣册》的发现,更是汉代农业上使用奴隶劳动的铁证。在农田劳动的男女和大奴大婢是分着写的。墓主田地里劳动着的共是十六人。八个男女自由民,八个大男女奴隶。家内奴隶是另外写着的。墓主是个五大夫,二十等爵中的第九级。刘邦即帝位后,即下诏:"七大夫(七级)、公乘(八级)以上,皆高爵也"(《汉书·高祖纪下》)。五大夫是九级,当然是高爵。在整个汉代社会中,算得上是中等家庭。这样一个家庭,可能有八个奴隶使用于农业劳动。

樊重是"世善农稼"又"好货殖",是一家以农为主兼营工商业的家族。他"课役童隶,各得其宜"。从这段材料不能说明他一定使用奴隶于农业劳动,但也很难说他不使用于农业劳动。细想这样一个家族,倒是使用奴隶于农业劳动的可能性大些。既说课役童隶,"各得其宜",宜于使用于农业的奴隶自然要被使用于农业劳动了。

杨颙对诸葛亮的话,更是战国秦汉数百年来奴隶使用于农业劳动的事实所得出总结性语言。用奴隶作农业劳动,是天经地义的,就像鸡司晨、犬吠盗、牛负重、马致远一样,是人人天天看见的通常现象。没有奴隶耕田种地的现实,就不会产生奴隶耕田就和鸡司晨、犬吠盗等一样这种语言。

总之,战国秦汉时代,奴隶是使用于农业劳动的。这时代的奴隶,不只是家内奴隶,也是生产劳动者,使用于工商业,也使用于农业。没有理由怀疑这时期的奴隶使用于工商业,也没有理由怀疑奴隶使用于农业劳动。

（三）奴隶在中国古代社会中的地位

在原始社会氏族公社解体时期,各民族的历史上大约都出现过奴隶和奴隶制。不过奴隶的数量和奴隶劳动在随后出现的社会中所占的地位,是有很大差别的。有的奴隶数量多些,在社会经济生活中所处的地位重要些,所起的作用大些;有的不那么重要,不那么大。

我们通常认为希腊、罗马是奴隶制发展的典型,奴隶数量之多、作用之大,以至于希腊、罗马社会被认为是奴隶社会。

几十年来,对中国有没有奴隶社会、中国奴隶社会的起迄时期,讨论的非常热闹。五种生产方式说一出,奴隶社会更成为各个民族都必经的一个阶段,不许再有二说。

我认为战国秦汉时期,是中国历史上奴隶数量最多的时期,也是在社会经济生活中起作用最大的时期。但战国秦汉时期能否叫作奴隶社会,我现在却有怀疑。"奴隶社会"这个词汇,我想最好束之高阁。我这样想这样做的主要原因是用奴隶社会来替代古代社会是否合适,大可研究。就是马克思本人在《〈政治经济学批判〉导言》中罗列社会发展的几个顺序时代也没有用"奴隶社会"一词。现在我对几个具体问题,奴隶在战国秦汉社会经济生活中的作用、奴隶数量问题,说一点自己的想法。

战国秦汉时期,是交换经济比较发达的时期。所谓比较发达是和前此的西周春秋比,和后此的魏晋南北朝比。不是和资本主义社会比。它比前于它和后于它的时代交换经济都发达。

对这个交换经济比较发达的社会,奴隶劳动是它发达的一个支柱。如前所述,在这时期的商业、手工业、渔业、矿业和农业中,都有奴隶劳动。越是大的产业经营,奴隶劳动的作用越显著。

秦朝对官私奴隶劳动的发展,都是采取推动和鼓励态度的。商鞅变法,事末业和贫而怠者举以为收孥,五甲首而隶五家,都是政府推动奴隶制发展的政策。在这种政策下,秦朝的刑徒、奴隶数量猛烈增长。如董仲舒所说,"赭衣半道,断狱岁以千万数"。"汉兴循而未改。"

奴隶问题成为问题,是在汉初出现的。这大约和陈涉、吴广领导的农民暴动有关系。不少学者认为陈涉、吴广暴动是奴隶暴动。贾谊就说陈涉是:"瓮牖绳枢之子,甿隶之人而迁徙之徒"(《过秦论》见《史记·秦始皇本纪》)。章邯率领的镇压农民暴动的最初一支秦军就是用免奴产子和郦山徒组成的。刘邦领导的反秦军队中也有刑徒。他对项羽说:"吾以义兵从诸侯诛残贼,使刑余罪人击公,何苦与公挑战!"总之,秦末这场农民暴动队伍中和反暴动的队伍中都有刑徒奴隶参加。这自然会引起人们对奴隶问题的重视。

首先注意奴隶问题的是大思想家贾谊。贾谊观察当时事势,认为可为痛哭者一,可为流涕者二,可为长太息者六。奴隶问题,就是可为长太息者六中之一。他说:"今民卖僮者,为之绣衣丝履偏诸缘,内之闲中。是古天子后服,所以庙而不宴者也,而庶人得以衣婢妾。白縠之表,薄纨之里,缘以偏诸,美者黼绣,是古天子之服,今富人大贾嘉会召客者以被墙"(《汉书·贾谊传》)。

贾谊还只是从僭越上看问题,只是长太息的六项问题之一。但晁错已从商人兼并,农民流亡沦为奴隶方面,看待奴隶问题了。晁错看到农民在政府、商人双重压榨下,"有卖田宅鬻子孙以偿责者矣","此商人所以兼并农人,农人所以流亡者也"(《汉书·食货志上》晁错对文帝说的话)。这已抓住了汉代社会问题的核心。

武帝时,奴隶主大商人大土地所有者兼并农民使小农破产的形势更发展更清楚。董仲舒已看到了问题,他说:贵族官僚们,"众其奴婢,多其牛羊,广其田宅,博其产业,畜其积委,务此而无已,以迫蹴民,民日削月朘,浸以大穷"(《汉书·董仲舒传》)。他又说:"井田法虽难卒行,宜少近古。限民名田,以澹不足,塞并兼之路,盐铁皆归于民,去奴婢。除专杀之威"(《汉书·食货志上》)。

武帝以后,货币交换经济发展,土地兼并,农民流亡沦为奴隶,一路发展下去。在这个社会里,小农、罪人、奴隶是一体的。小农受兼并而破产,作了罪人,沦为奴隶,是小农的必然命运。

这是政府和思想家们所面对的问题。货币、土地、奴隶三位一体。从贾谊、晁错、武帝到贡禹、哀帝、师丹,都绞尽脑汁,想解决这个问题。王莽是西汉末期希图全面解决这个问题的人。

奴隶问题的严重性,反映奴隶制对战国秦汉社会经济干扰的严重。

秦汉时期,官私奴隶的数量都是相当大的。秦统一前,曾多次赦罪人,把他们派到新得的地区去。秦统一后,北逐匈奴以为三十四县,徙谪以实之。南征南粤,设南海、象郡、桂林三郡,以谪遣戍五十万人。刑徒奴隶修阿房宫和郦山陵墓七十万人。

汉代刑徒奴隶，数量也是很大的。如前所述，西汉政府也是大量使用刑徒戍边和对外作战，使用刑徒修城池，治陵墓。西汉后期，皇帝一次次的赦免天下刑徒。如：

宣帝元康元年，"赦天下徒"（《汉书·宣帝纪》）。

成帝建始三年，"赦天下徒"（《成帝纪》）。

　　河平四年，"赦天下徒"（同上）。

哀帝建平二年，"赦天下徒"（《哀帝纪》）。

平帝元始元年，"赦天下徒"（《平帝纪》）。

　　二年，"赦天下徒"（同上）。

把这一次次的赦天下徒和成帝时的铁官徒暴动联系起来看，徒已威胁到汉家政权，这说明刑徒的数量不在少数。

战国秦汉私奴隶的数量也是不少的。贵族、官僚、商人，保有百数、千数甚至上万的奴隶。现在把有关秦汉时期私家奴隶数字的记载，抄录如下：

《西京杂记》："茂陵富人袁广汉，藏强万亿，家僮八九百人。于芒山下筑园，东西四里，南北五里"（《太平御览》卷472引）。

《史记·吕不韦列传》："吕不韦者，阳翟大贾人也。往来贩贱卖买，家累千金。……庄襄王元年，以吕不韦为丞相，封为文信侯，食河南洛阳十万户。……太子政立为王，尊吕不韦为相国，号称仲父。……不韦家僮万人。"

《史记·留侯世家》："韩破，良家僮三百人，弟死不葬，悉以家财求客刺秦王为韩报仇，以大父、父五世相韩故。"

《史记·吕不韦列传》："（嫪毐）遂得侍太后……赏赐甚厚，事皆决于嫪毐，缪毐家僮数千人。"

《史记·货殖列传》："蜀卓氏……即铁山鼓铸，运筹策，倾滇蜀之民，富致僮千人。"

《汉书·司马相如传》："临邛多富人，卓王孙僮客八百人，程郑亦数百人。"

《水经注·谷水注》："汉元鼎三年，楼船将军杨仆，数有大功，耻居关外,请以家僮七百人筑塞,徙关于新安。"

《汉书·张汤传》附子《安世传》:"安世家僮七百人,皆有手技作事。"

《汉书·武五子传·昌邑王贺传》:"山阳太守张敞……条奏贺居处,著其废亡之效曰:臣敞地节三年五月视事,故昌邑王居故宫,奴婢在中者百八十三人。"

《汉书·王商传》:"王商宗族权势,合资巨万计,私奴以千数。"

《汉书·史丹传》:"丹尽得父财,身又食大国邑……赏赐累千金,僮奴以百数,后房妻妾数十人。"

《汉书·元后传》:"五侯群弟,争为奢侈,赂遗珍宝,四面而至,后庭姬妾,各数十人,僮奴以千百数。"

《后汉书·窦融传》:"窦融自祖及孙,官府邸第,相望京师,奴婢以千数。"

《后汉书·马援传》:"马防兄弟贵盛,奴婢各千人以上。"

《后汉书·光武十五列传·济南安王康传》:"康遂多殖财货,大修宫室,奴婢至千四百人,厩马千二百匹,私田八百顷。奢侈恣欲,游观无节。"

《后汉书·方术列传·折像传》:"其先张江者封折侯。曾孙国为郁林太守,徙广汉,因封,氏焉。国生像。国有赀财二亿,家僮八百人。"

《三国志·蜀志·糜竺传》:"糜竺字子仲,东海朐人也。祖世货殖,僮客万人,赀产巨亿。先主转军广陵海西,竺于是进妹于先主为夫人,奴客二千、金银货币以助军资。"

《昌言》:"豪人之室,连栋数百,膏田满野,奴婢千群,徒附万计"(《后汉书·仲长统传》引载)。

这些人物中,有贵族,有官僚,有富商。只就这些材料所表现看,占有奴隶数量最高的是商人。吕不韦有奴隶万人,糜竺也有僮客万人。豪人之室,是"奴婢千群,徒附万计。"其次是贵族,济南王康有奴隶一千四百人。官僚杨仆有奴隶至少七百人,张安世有奴隶八百人。又是贵族外戚又是官僚的王商、元帝王皇后家五侯,各有奴隶以千数。

蓄养奴隶,是战国秦汉时期社会上极为普遍的现象。家有奴隶多至上万,或数千或千或数百,这些是战国秦汉时期的高层奴隶主。我们再看看中下家族占有的情况。

湖北江陵凤凰山出土汉墓的墓主是个五大夫,是个中层小贵族。说他是个小贵族,因为他这个五大夫只是二十等爵的第九级,中间偏下。但总算是社会上的中层。他有四个男奴和四个女奴,另外还有小奴隶。汉朝作小官的,总是要有个奴隶的。崔寔说,百里长吏,"虽欲崇约,犹当有从者一人。假令无奴,当复取客"(《政论》,见《全后汉文》卷46)。"假令无奴",说明百里之长有个奴隶是正常现象。崔寔说一个百里之长的俸禄,取一个客,已经困难,更无力量养父母蓄妻子。从收入说,百里之长吏属于穷人。但百里之长可以卖官鬻狱,不是真穷,真正穷人,自然是无力养奴隶的。但奴隶是劳动力,有了奴隶可为他劳动,不是吃闲饭。庞俭淘井得了些钱,首先就是去买奴隶,"主牛马耕种"。所以也不能低估普通家庭可以有奴隶的可能性。秦朝奖励耕战,功赏相长,五甲首而隶五家的,就正是普通农家。

根据当时大小奴隶主所保有的奴隶数量形势来估计,我们可不可以说:社会的上层高层如京师的大贵族、大官僚,各地的大商人、大手工业、矿业、渔业家,各有成千甚至上万的奴隶。社会的中产阶级、中等贵族、官僚、工商业家等,可能有十几、几十和上百的奴隶。中产阶级的下层家庭,可能有一个两个奴隶。如百里之长,已是"假令无奴",这样的家庭一般有奴隶,但也常无。贡禹有田一百三十亩,自说是"年老贫穷,家赀不满万钱,妻子糠豆不赡,裋褐不完"(《汉书·贡禹传》)。他没说他家有无奴隶,姑假定他家没有奴隶。

根据上面一些情况,我们可以作一个平均数的估计:汉代什之七八的家没有奴隶,什之二三的家庭(把有成百上千奴隶的大奴隶主家的奴隶和有一个以上奴隶家庭的奴隶都平均到这个什二三的家庭)每家平均有两个奴隶,那么,汉代的户数,只有平帝元始二年的统计,约为一千二百万有奇,这是"汉之极盛"(《汉书·地理志下》)。以一千万户计,什分之二三即二百万到三百万户。一家有两个奴隶,汉代社会的私家奴隶约为四百万到六百万人。官奴隶官刑徒以五十万计,汉代的奴隶总数约为四百五十万人,或六百五十万人左右。

这个估计,可能是偏低的。最多不超过一千万。

这个四百五十万到六百五十万或一千万的奴隶,比起五千多万的编户齐民来是少多了。但如前所述,他们的能量却不能低估。除一部分家内奴隶外,他们所参加的产业一般是商品生产,是大产业,在交换经济中起着重要的作用。因此,我们不用奴隶社会这个名词,但对奴隶在社会中所起的作用,也不能过分低估,说什么战国秦汉只有家内奴隶,奴隶不参加生产劳动。

第 七 章

国家和社会

（一） 皇帝和皇权

西周春秋是城邦国家，虽有"普天之下莫非王土，率土之滨莫非王臣"之说，实际上，周天子完全没有这样的权威。天子、诸侯间的关系也不过是：天子五年一巡狩，诸侯几年一朝贡而已。就是这种关系，也不能维系，天子很少巡狩，诸侯很少朝贡。

春秋战国之际，城邦国家向领土国家转化。小邦聚成大邦，战国时期出现了七国的区域性小统一。这种小统一，有两方面的含义：一是领土的统一，一个区域内的领土属于一个国君；二是行政的统一，一个区域内属于国君的郡县制逐渐代替贵族的封邑制。这第二方面，秦通过商鞅变法，比东方六国作的比较彻底些。但也未能彻底消灭封邑制，穰侯魏冉封于陶就是例证，就是商鞅也是封于商的，所以才称作商君。

秦统一六国，这是中国历史上一大变局。统一的大局面，是前所未有的。古时有皇有帝，为了显示自己的崇高地位，秦始皇称起皇帝。《史记·秦始皇本纪》称："秦初并天下，令丞相、御史曰：'……寡人以眇眇之身，兴兵诛暴乱，赖宗庙之灵，六王咸伏其辜，天下大定。今名号不更，无以称成功,传后世。其议帝号。'丞相绾、御史大夫劫、廷尉斯等皆曰:'昔者五帝地方千里,其外侯服夷服诸侯或朝或否,天子不能制。今陛下兴义兵,诛残贼,平定天下,海内为郡县,法令由一统,自上古以来未曾有,五帝所不及。臣等谨与博士议曰:古有天皇有地皇有泰皇,泰皇最贵。臣等昧死上尊号,王为泰皇,命为制,令为诏,天子自称曰朕。'王曰:'去泰著皇,采上古帝位号,号曰:'皇帝'。他如议。'制曰:可。"

就在这一年,经过一番激烈争论,确定了郡县制,统一文字,统一度量衡制,使统一的大帝国初具规模。《史记·秦始皇本纪》称:"丞相绾等言:'诸侯初破,燕、齐、荆地远,不为置王,毋以填之。请立诸子,唯上幸许。'始皇下其议于群臣。群臣皆以为便。廷尉李斯曰:'周文武所封子弟同姓甚众,然后属疏远,相攻击如仇雠。诸侯更相诛伐,周天子弗能禁止。今海内赖陛下神灵,一统皆为郡县,诸功臣以公赋税重赏赐之,甚足,易制,天下无异意,则安宁之术也。置诸侯不便。'始皇曰:'天下共苦战斗不休,以有侯王;赖宗庙,天下初定,又复立国,是树兵也,而求其宁息,岂不难哉! 廷尉议是。'分天下以为三十六郡,郡置守尉监。……一法度衡石丈尺,车同轨,书同文字。地东至海暨朝鲜,西至临洮羌中,南至北向户,北据河为塞并阴山至辽东。"

这是个新帝国,新皇帝。新皇帝是新帝国的首领,在他手里握有至高无上各种大权。汉承秦制,对这个帝国的结构虽然作了一些修整,但大体维持着原来形式。

皇帝是最高的政治首领,对全国的行政事务,他有最后决定权,大事都由皇帝裁决。如秦始皇时,"天下之事无大小皆决于上,上至以衡石量书,日夜中呈,不中呈不得休息"(《史记·秦始皇本纪》)。

秦汉时期,皇帝大权还有些制约。有廷议制度。国有大事,皆由朝臣讨论向皇帝提出意见,由皇帝裁度。秦始皇二十六年令丞相、御史等议帝号。三十四年,博士齐人淳于越请封立子弟,"始皇下其议"。这种廷议制度,汉朝一直维持着。皇帝的废立、国家大事、立法、官爵封赠等皆可廷议提出意见或由廷议作出决定。廷议由皇帝诏令招集,意见由皇帝最后裁决。这种制度,乃是氏族社会民主制和周代内外朝的遗迹,对皇帝权力不无限制作用。

春秋时期,晋铸刑书郑铸刑鼎,开始有向民间公布的法。秦有法,汉有九章律,都是法律。秦汉的法,来源于氏族部落社会的习惯。对沿袭下来的习惯给予总结,遂出现了法。另一来源是皇帝的意旨。汉武帝说:"法令者,先帝所造也。"(《汉书·东方朔传》)武帝时廷尉杜周说:"三尺安出哉?前主所是著为律,后主所是疏为令。"(《汉书·杜周传》)但尽管法令出自皇帝,皇帝的权力在法庭判决方面,有时也不得不受约束。《汉书·张释之传》:"上(文帝)行出中渭桥,有一人从桥下走,乘舆马惊。于是使骑捕之,属廷尉。释之治问……释之奏当:'此人犯跸,当罚金。'上怒曰:'此人亲惊吾马,马赖和柔,令它马,固不败伤我乎?而廷尉乃当之罚金!'释之曰:'法者,天子所与天下公共也。今法如是,更重之,是法不信于民也。且方其时,上使使诛之则已,今已下廷尉,廷尉,天下之平也,壹倾,天下用法皆为之轻重,民安所措其手足?唯陛下察之。'上良久曰:'廷尉当是也。'"

皇帝要重重惩罚,执法官廷尉据法判轻,皇帝最后不得不让步。

秦汉皇帝是最大的土地所有者。皇帝的土地称作公田,公田收入由皇帝的私账房少府主管。

皇帝的公田,主要有三部分:一是皇家苑囿,二是山林川泽,三是荒地。

皇家苑囿,面积是很大的。长安城南的上林苑占地就很多。《汉书·扬雄传上》:"南至宜春、鼎湖、御宿、昆吾,旁南山而西,至长扬、五柞,北绕黄山,濒渭而东,周袤数百里。"皇家苑囿甚多,散在各地,上林是大的。

《礼记·王制》:"名山大泽不以封。"名山大泽不以封,则留作周王的公田。这条传统,保存下来,秦汉时期全国山川林泽都是皇帝的私产,收入都归皇帝所有。《盐铁论·复古》:"古者名山大泽不以封,为下之专利也。山海之利,广泽之畜,天下之藏也,皆宜属少府。陛下不私、以属大司农,以佐助百姓。"《汉书·食货志下》:"大农上盐铁丞、孔仅、咸阳言:山海天地之藏,宜属少府,陛下弗私,以属大农佐赋。"《续汉志·百官志·

少府》注引《汉官》："王者以租税为公用,山泽陂池之税以供王之私用。"引《汉官仪》："田租刍槀以给经用凶年,山泽鱼盐市税少府,以给私用也。"《续汉志·百官·少府》条注也说:"凡山泽陂池之税,名曰禁钱,属少府,世租改属司农。"

未垦地、草地、荒地,都属于皇帝,是皇帝的私产。仲长统《昌言·损益篇》:"地有草者,尽曰官田。为堪农事,乃听受之。"(《后汉书·仲长统传》)《汉书·孙宝传》:"红阳侯王立(成帝舅),使客因南阳太守李尚占垦草田数百顷,颇有民所假少府陂泽,略皆开发。上书愿以入县官。有诏郡平田予直,钱有贵一万万以上。"草田,是属于少府的皇帝私田。

在全国范围内,山林川泽和未垦田的面积远远超过已耕垦土地。《汉书·地理志下》记汉之疆域土地:"地东西九千三百二里,南北万三千三百六十八里。提封田一万万四千五百一十三万六千四百五顷。其一万万二百五十二万八千八百八十九顷,邑居、道路、山川、林泽,辟不可垦;其三千二百二十九万九百四十七顷,可垦不可垦;定垦田八百二十七万五百三十六顷。"为了使看起来更清易于了然,作表和百分比如下:

提封田	145136405 顷	100%
山川、林泽、邑居、道路	102528889 顷	70%多
可垦不可垦(荒地)	32290947 顷	22%多
定垦田	8270536 顷	6%弱

提封田为一百,山川林泽占70%多,荒地占22%多,已耕田占6%不到。占全国92%以上山川林泽和未垦田为皇帝的私有财产公田,只有6%不到的耕地为地主和农民所有。西汉到东汉前期,皇帝一批批地把公田赐或假给农民,条件就是他们手中掌握着大量的草地荒地。

皇帝权力的来源,周朝人说来自天。《周书·泰誓上》:"天佑下民,作之君,作之师。"《左传》文公十三年:"天生民而树之君。"襄公十四年:"天生民而立之君。"秦始皇说来之祖宗。他统一六国,说是,"赖宗庙之灵"(《史记·秦始皇本纪》)。秦朝短暂,影响不大,汉朝的思想意识仍是两周系统。周人眼里国君、人民、天三者间的关系是相互的。天生民而立之君,君的责任在养民。国君如不能养民,民可以出之。《左传》襄公十四年,"师旷侍于晋侯,晋侯曰:'卫人出其君,不亦甚乎?'对曰:'或者其君实甚。良君将赏善而刑淫,养民如子,盖之如天,容之如地,民奉其君,爱之如父母,仰之如日月,敬之如神明,畏之如雷霆,其可出乎?夫君,神之主也,民之望也。若困民之主,匮神之祀,百姓绝望,社稷无主,将安用之!弗去何为?'"激烈一点,就像孟子的思想,"民为贵,社稷次之,君为轻"(《孟子·尽心下》),"贼仁者谓之贼,贼义者谓之残?贼之人谓之一夫。闻诛一夫纣矣,未闻弑君也"(《梁惠王下》)。

汉武帝时,儒家董仲舒把先秦的阴阳五行灾异思想移接到儒家思想体系中来。他倡导天命说,以天为有意志的,天人是相通的。天靠祥瑞和灾异来表示它对人君政治好坏的评价。董仲舒说:"灾者,天之谴也;异者,天之威也。谴之而不知,乃畏之以威。……凡灾异之本,尽生于国家之失。国家之失,乃始萌芽,而天出灾害以谴告之。谴告之而不知变,乃见怪异以惊骇之,惊骇之尚不知畏恐,其殃咎乃至。"(《春秋繁露》第三十)五德终始思想,西汉后期到东汉非常盛行。儒生谷永甚至对成帝说:"建始元年以来,二十年间,群灾大异,交错烽起……隆德积善,惧不克济。"(《汉书·谷永传》)

我们看到战国秦汉时期的国君或皇帝,还有天来管制,国君或皇帝不好,天将降灾异来警告他,再不改,殃咎乃至。甚至像西汉后期五德终始说所论,该换德了,就是隆德积善,也不能改变改朝换代的命运。国君或皇帝不能养民,民也可以出之,逐他下台。

天是什么?天有没有思想、意志?天人之际关系如何?这是自古及今一直存在的一个问题。司马迁写《史记》,提出"究天人之际,通古今之变,成一家之言"。"通古今之变,成一家之言"他做到了,但"究天人之际",他并没有究出个究竟来。对天人之际他所达到的境界,也只是"天乎?天乎!"而已。

秦汉皇帝的身上,还多少保存一点氏族部落长的遗迹。氏族部落时代,一部分土地平均分配给氏族成员耕种,这也可以说是井田制的最早形态。大部分土地山川林泽和未垦荒地、草地,仍是氏族公社的财产,即所谓公田。秦汉的皇帝,继承了氏族长的地位和权力,一切原来归氏族部落长掌握的公有土地财产,现在都成了皇帝的私有财产。

皇帝不仅篡夺了氏族公社遗存下来的公有土地和财产,而且还继承公社的权力,代表公社对分配给公社成员的一分土地连同耕种这些土地的农民都要求有支配权。这是国君皇帝对人民征收租税、兵赋、徭役权力的渊源。皇帝继承公社的权力,有了向人民征租赋徭役的权力。但他也就有了关注人民生活的义务。

中国史学家中,不少人持土地国有或国有土地说。如果说土地国有或国有土地是说国家或皇帝占有一部分或一大部分土地,那是事实,如果说土地国有或国有土地是说中国历史上只有土地国有或国有土地而没有土地私有,那就有问题了。应该说中国历史上有土地国有,也有土地私有。虽然国有影响了土地私有权,但土地私有仍是主流。

秦汉的社会,已是阶级分裂和对立的社会,皇帝是这个阶级社会中的剥削阶级、统治阶级的代表,同时也要看到他的权力是由氏族长权力演化下来的,在他身上还有氏族长性格的遗存。这一属性,使皇帝有时看来是和人民站在一边的。皇帝要爱民如子。皇帝和人民如父子关系。

我们由此也可以理解,秦汉的帝国是统一的,只勉强可以说是集权的。我说勉强,因为公卿和地方长吏都可以通过辟召、察举自选僚属,一郡之守,就是一郡之君。这只能勉强地说是集权的,还谈不到专制主义或绝对皇权。明清的皇帝,才是专制主义了,绝对皇权了。

(二) 重农、抑末

西周春秋社会,是平静的农业社会。几乎全部社会上存在的人口,都依农业而生存。氏族解体,公社成员成为独立的个体小农,但人们赖以生存的产业仍然是农业。商业交换经济起来后,瓦解了氏族公社,使公社成员成为个体小农。但商品交换经济并不停止在这里,它继续发展,又破坏了小农经济促使小农破产。农业和小农经济是国家的经济基础,小农是租赋徭役的负担者。商业交换经济对农业和小农经济的破坏,引出国家的重农抑末政策。

商鞅变法,就奖励耕战,重农轻商。"勠力本业耕织致粟帛多者,复其身;事末利及怠而贫者,举以为收孥",把事末利即经营商业和怠而贫同样看待,妻子儿女要没入官府为奴隶。商鞅主张"使商无得籴","贵酒肉之价,重其租"、"重关市之赋"、"以商之口数使商"、使"农逸而商劳"。(见《商君书·垦令》)凡此种种,皆是打击商人的。秦始皇二十八年东巡,在琅邪刻石颂功德,还说:"皇帝之功,勤劳本事。上农除末"(《史记·秦始皇本纪》)。仍是重农轻商。

汉朝继续执行重农抑末政策。刘邦"乃令贾人不得衣丝乘车,重税租以困辱之"(《汉书·食货志下》)。惠帝、高后时,以"天下初定,复弛商贾之律,然市井子孙亦不得为官吏"(同上)。

文帝即位,农民"背本趋末"的趋势出现了,贾谊为文帝划策,提出重农。他说:"管子曰:仓廪实而知礼节。民不足而可治者,自古及今未之尝闻。"又说:"今背本而趋末,食者甚众,是天下之大残也。淫侈之俗日日以长,是天下之大贼也。残贼公行,莫之或止,大命将泛,莫之振救。生之者甚少,而靡之者甚多,天下财产何得不蹶?"又说:"今欧(驱)民而归之农,皆著于本,使天下各食其力,末技游食之民转而缘南亩,则畜积足而人乐其所矣。可以为富安天下。"(《汉书·食货志上》)

贾谊之后,又有晁错,也向文帝提出重农抑商的建议。商业交换破坏小农经济,这是根,这是客观事实。有了这个客观事实作基础,文帝就很高明地接受了他的建议。

文帝不止一次的下诏,说:"农,天下之本也,民所恃以生也。而民或不务本而事末,故生不遂。朕忧其然,故今兹亲率群臣农以劝之。"(《汉书·文帝纪》)

但交换经济的发展,是当时历史发展的大趋势,这是人力所不能抑得住的。正像晁错所说,"今法律贱商人,商人已富贵矣,尊农夫,农夫已贫贱矣"(《汉书·食货志上》)。在官府租赋徭役和交换经济双重压迫下,农民是一路衰落下去。

为了使农民在交换经济的侵蚀下站得住,能对国家出租赋负徭役,皇帝采取了各种办法扶助农民。

早在战国初年,李悝相魏文侯尽地力之教,就采取措施扶助农民。他主要采取了两种办法:一是使农民"一夫挟五口,治田百亩",生活上能够基本稳定。二是采取平籴政策,在丰收之年也不致"谷贱伤农"。岁有丰歉。李悝把丰年分为上中下,歉年亦分为上中下。丰年谷贱,依上中下丰收情况以平价收购农民的多余粮食。使谷贱不得伤农。歉年谷贵,依上中下歉收情况以平价卖出粮食,使谷贵不得伤民。此之谓平籴。他认为"善为国者,使民毋伤而农益劝"(《汉书·食货志上》)。

梁惠王对孟子说:"寡人之于国也,尽心焉耳矣!河内凶则移其民于河东,移其粟于河内。河东凶亦然。察邻国之政,无如寡人之用心者,邻国之民不加少,寡人之民不加多,何也?"(《孟子·梁惠王上》)梁惠王的希望在富国强兵,但他知道只有农民生活过得去才能富国强兵,他不得不注意农民生活而采取对农民有利的政策。

随着小农经济的日趋困难,汉朝政府更是努力扶助农民。文帝时,晁错提出贵粟、减赋的办法。晁错说:"欲民务农,在于贵粟,贵粟之道,在于使民以粟为赏罚。今募天下入粟县官,得以拜爵,得以除罪。如此,富人有爵,农民有钱,粟有所渫。夫能入粟以受爵,皆有余者也,取于有余以供上用,则贫民之赋可损。"(《汉书·食货志上》)他建议先入粟边地,后又建议"边食足以支五岁"后,"可令入粟郡县,足支一岁以上",就可以"勿收农民租"。文帝接受晁错的建议,令民入粟边,又入粟郡县。乃下诏赐民十二年租税之半。十三年,"遂除民田之租税"。

经过汉初数十年生养休息,武帝即位之初全国上下一片富庶景象。这时期北方的匈奴强大起来。汉初帝国国力弱,社会穷,对匈奴只好采取忍辱和亲办法。武帝时富起来,对匈奴入侵边境,遂发动反击。长期对匈奴作战,战胜了匈奴,也消耗了自己的国力。社会内部,也问题丛生。"罔疏而民富,役财骄溢,或至并兼,豪党之徒,以武断于乡曲。"(《汉书·食货志上》)"而富商贾,或滞财役贫,转毂百数,废居邑,封君皆低首仰给

焉。冶铸鬻盐,财或累万金而不佐公家之急。黎民重困。"(《汉书·食货志下》)

一方面要筹划扩大财政收入,一方面要抑制商人豪党的兼并,武帝对商人采取了严厉的打击政策。除官铸钱和盐铁专卖外,有以下一些措施。

筹缗。即资财税。"诸贾人、末作、贳贷、卖买、居邑、贮积诸物及商以取利者,虽无市籍,各以其物自占。率缗钱二千而筹一,诸作有租及铸,率缗钱四千筹一;非吏比者,三老、北边骑士,轺车一筹;商贾人,轺车二筹,船五丈以上,一筹。匿不自占,占不悉,戍边一岁,没入缗钱。有能告者,以其半畀之。"(《汉书·食货志下》)

禁商人名田。"贾人有市籍及家属,皆不得名田,以便农。敢犯令,没入田货。"(同上)按:田货,《史记·平准书》作田僮。于意为长。

置平准均输官垄断货物运输。"桑弘羊为治粟都尉,领大农,尽代(孔)僅斡天下盐铁。弘羊以诸官各自市相争,物以故腾跃,而天下赋输或不偿其僦费,迺请置大农部丞数十人,分部主郡国,各往往置均输、盐铁官。令远方各以其物如异时商贾所转贩者为赋,而相灌输。置平准于京师,都受天下委输。召工官治车诸器,皆仰给大农。大农诸官,尽笼天下之货物,贵者卖之,贱则买之。如此,富商大贾亡所牟大利则反本,而万物不得腾跃,故抑天下之物,名曰平准。天子以为然而许之。"(同上)

告缗钱,商人多呈报不实。于是揭发大兴。杨可告缗编天下,中家以上大抵皆遇告,杜周治之,狱少反者。迺分遣御史廷尉正监分曹往,即治郡国缗钱,得民财物以亿计,奴婢以千万数,田,大县数百顷,小县百余顷,宅亦如之。于是商贾中家以上大氐破。

平准均输施行的结果,武帝北至朔方,东封泰山,巡海上,旁北边以归。所过赏赐用帛百余万匹,钱金以巨万计,皆取足大农。一岁之中,太仓、甘泉仓满,边余谷,诸均输帛五百万匹。民不益赋,而天下用饶。

武帝征伐四方,特别对匈奴的长期作战,最终受害者仍是农民。对商人的打击,本是要"摧浮淫并兼之徒"的,其灾害最终也落在农民身上。"官作盐铁器苦恶(师古曰:盐味既苦,器又脆恶,故总云苦恶也),贾贵,或彊令民买之"(《汉书·食货志上》),农民固受其害,官商代私商,农民亦未受其利。《盐铁论·本议》："文学曰:古者之赋税于民也,因其所工,不求所拙。农民纳其获,女工效其功。今释其所有,责其所无,百姓贱卖货物以便上求。间者,郡国或令民作布絮,吏恣留难,与之为市。……行奸卖平,农民重苦,女工再税,未见输之均也。县官猥发,阖门擅市,则万物并收。万物并收,则物腾跃,腾跃,则商贾牟利,自市,则吏容奸豪,而富商积货储物以待其急,轻贾奸吏收贱以取贵,未见准之平也。"盐铁、酒榷、均输三者官营,固然打击了商人,但却滋长了官僚资本和官商的腐败。《盐铁论·刺权》文学曰:"自利官之设,三业之起,贵人之家,云行于途,毂击于道,攘公法,申私利,跨山泽,擅官市,非特巨海鱼盐也;执国家之柄以行海内,非特田常之势陪臣之权也;威重于六卿,富累于陶卫,舆服僭于王公,宫室溢于制度,并兼列宅,隔绝闾巷。……是以耕者释末而不勤,百姓冰释而懈怠。何者?已为之而彼取之,僭侈相效,上升而不息,此百姓所以滋伪而罕归本也。"

过去常把武帝末百姓穷困和社会动乱不安的原因归之穷兵黩武,这只说明了问题的一半,另外,官营盐铁业和平准均输,控制了商业交易,也破坏了社会生产。它阻碍了人们生产的积极性,促使耕者释末,百姓懈怠。这更是一条重要的经济本身的原因。

昭帝时,不断采取措施协助农民渡过难关。时霍光辅政,他采取的措施有:一是贷给或赐给贫民种粮和食粮,二是减免租税,三是赐给公田或假给公田。

始元二年"三月,遣使者振贷贫民毋种食者。秋八月诏曰:往年灾害多,今年蚕麦伤,所振贷种食勿收责,毋令民出今年田租"(《汉书·昭帝纪》)。

四年秋七月诏曰:"比岁不登,民匮于食,流庸未尽还。往时令民共出马,其止勿出。诸给中都官者,且减之。"(同上)

元凤二年六月诏曰:"其令郡国毋敛今年马口钱,三辅太常郡得以菽粟当赋。"(同上)师古曰:"诸应出赋算租税者,皆听以菽粟当钱物也。菽,豆也。"

三年正月,"罢中牟苑,赋贫民。诏曰:迺者民被水灾,颇匮于食。朕虚仓廪使使者振困乏,其止四年毋漕,三年以前所振贷,非丞相、御史所请边郡受牛者,勿收责。"

四年,"勿收四年、五年口赋,三年以前逋更赋未入者,皆勿收"(同上)。

六年正月,诏曰:"夫谷贱伤农,今三辅太常谷减贱,其令以叔粟当今年赋。"(同上)

元平元年二月,"诏曰:天下以农桑为本。日者省用,罢不急官,减外徭,耕桑者益众,而百姓未能家给,朕甚悯焉,其减口赋钱。有司奏请减什三,上许之"(同上)。

昭帝年幼,政务一决于霍光。靠了霍光的安集措施,使得社会经济稍得复苏,"流民稍还,田野益辟,颇有畜积"(《汉书·食货志上》)。

宣帝继续以公田赐、假农民和减租赋。

本始三年,"大旱,郡国伤旱甚者民毋出租赋。三辅民就贱者且毋收事。尽四年。"师古曰:"收,谓租赋也;事,谓役使也。尽本始四年而止。"(《汉书·宣帝纪》)

地节元年三月,"假郡国贫民田"(同上)。

三年诏曰:"前下诏假公田贷种食,其加赐鳏寡孤独高年帛。"(同上)

三年又诏:"池籞未御幸者,假与贫民。郡国宫馆,勿复修治。流民还归者,假公田贷种食。且勿算事。"师古曰:"不出算赋及给徭役。"(同上)

元凤三年,"减天下口钱"(同上)。

四年,"以边塞亡寇,减戍卒什二"(同上)。

甘露二年,"赦天下,减民算三十"(同上)。

宣帝"用吏多选贤良,百姓安土,岁数丰穰"(《汉书·食货志上》)。昭宣时代成为西汉中兴时代。但随着经济复苏,交换经济发展,元帝以后,农民破产流亡的情势更加严重。其实,宣帝末年社会问题即已显露。宣帝死之年,一个诏书说:"方今天下少事,繇役省减,兵革不动,而民多贫,盗贼不止,其咎安在?"(《汉书·宣帝纪》)

其咎安在?其咎在于富商豪强的土地兼并。宣帝晚年的情况,更鲜明的显示汉代社会出现危急的原因是交换经济的发展,而不是租赋徭役的征收。昭宣时期,租赋徭役是轻的。在"天下少事、繇役省减、兵革不动"的时代,而民贫了,盗贼不止了。

元帝多次给民公田,减免租赋,贷给种食。

初元元年,"以三辅、太常郡国公田及苑可省者,振业贫民。赀不满千钱者,赋贷种食"(《汉书·元帝纪》)。

又曰:"关东今年谷不登,民多困乏。其令郡国被灾害甚者毋出租赋。江海陂湖园池属少府者以假贫民,勿租赋"(同上)。

二年,"诏罢黄门乘舆狗马,水衡禁囿,宜春下苑。少府佽飞外池,严篽池田,假与贫民"(同上)。

永光元年三月诏曰:"其赦天下,令厉精自新,各务农亩,无田者皆假之,贷种食如贫民"(同上)。

但这些办法,假或赐公田、贷种食、减租赋等已不能解决问题,根本无救于贫民的困苦。元帝时农民的生活情况是:"元元大困,流散道路,盗贼并兴。"(《汉书·元帝纪》)"元元之民,劳于耕耘,又亡成功,困于饥馑,亡以相救。"(同上)赐公田是没有用的,正如贡禹上元帝书所说:"故民弃本逐末,耕者不能半。贫民虽赐之田犹贱卖以贾,穷则起为盗贼。"(《汉书·贡禹传》)

重农抑末政策,没有救了农民,也没有抑得住末。

(三) 打 击 豪 强

商人兼并农民使农民破产,危害皇帝的统治基础,皇权就重农抑末,扶助农民抑制商人。商人之外,皇帝还打击豪强,因为社会上那些有势力的豪强对皇权也是不利的。

危害皇权的社会上有势力的豪强,秦和西汉时期有几种人,他们是:旧贵族、地方豪族、游侠和官吏家族。皇帝打击这些豪强的手段和措施,有:迁徙、镇压。

战国时期,各国国君对于世家贵族的态度各不相同。大别之,六国基本上是维护的态度,秦国是打击的态度。东方六国,一方面推行郡县制加强国君的权力,一方面对世家贵族采取妥协的态度,仍然承认他们在政治上经济上的权力和地位。孟子所说:"为政不难,不得罪于巨室。巨室之所慕,一国慕之;一国之所慕,天下慕之。故沛然德教溢乎四海。"(《孟子·离娄上》)可作东方六国世家贵族地位的说明。六国也有过变法,如吴起在楚,但多以失败告终。商鞅变法对秦国的世家贵族是很大的打击。如商鞅变法规定:"有军功者,各以率受上爵。""宗室非有军功论,不得为属籍。""有功者显荣,无功者虽富无所芬华。"(《史记·商君列传》)

秦统一后,对豪强势力一般是打击的。楚国的项氏家族逃隐在吴,张耳、陈馀隐名埋姓为里门监。他们对秦是仇视的,反抗的。张良有家僮三百人,弟死不葬,结客刺始皇。

秦始皇打击豪强的办法,是把关东豪族徙到关中去。始皇三十六年,"徙天下豪富于咸阳十二万户"(《史记·秦始皇本纪》)。

但留在关东的似乎还有很多。陈涉、吴广一起兵,齐之诸田、楚之项、景、燕、赵、魏之强族都出来了。张耳、陈馀奉陈涉之命到了河北就号召说"于此时而不成封侯之业者,非人豪也"(《史记·张耳陈馀列传》)。他所号召的就是六国旧贵族和士。像齐之田儋,还有奴隶可以谒杀,足证六国旧贵族在关东者势力还是很大的,是一个不可轻视的威胁皇权的势力。

刘邦取得天下后,娄敬对刘邦说:"诸侯初起时,非齐诸田楚昭屈景莫能兴。今陛下虽都关中,实少人,北近胡寇,东有六国之族宗强,一日有变,陛下亦未得高枕而卧也。"(《史记·娄敬列传》)娄敬的话,反映汉初旧贵族家族势力的强大。没有齐楚旧贵族的起兵,大暴动可能就起不来。汉家虽已取得天下,关东六国旧贵族势力仍强大得使天子不得高枕而卧。娄敬向刘邦建议,把关东这些旧贵族中的豪富家族迁徙到关中去。他说:"臣愿陛下徙齐诸田、楚昭、屈、景、燕、赵、韩、魏后及豪杰名家居关中,无事可以备胡,诸侯有变亦足以率以东伐。此彊本弱末之术也。"刘邦采纳了娄敬的建议，"使娄敬徙所言关中十余万口。"（同上）。

武帝对武断乡曲、欺压小民的豪族强宗，也是采取打击态度。和对待六国旧贵族一样，把他们迁徙到关中去。主父偃说："茂陵初立，天下豪杰并兼之家，乱众之民，皆可徙茂陵，内实京师，外销奸猾。此所谓不诛而害除。"（《史记·主父偃列传》）

为了分散豪族强宗的势力，武帝还限制豪族强宗的聚族而居。《后汉书·郑弘传》注引谢承书云："郑弘曾祖父本济国临淄人，官至蜀郡属国都尉。武帝时选强宗大姓不得族居，将三子移居山阴，因遂家焉。"

迁徙豪族强宗于关中的政策，武帝后一直在执行。徙豪强有两个标准，一是财产，一是政治地位。武帝时的财产标准是从三百万起。《汉书·武帝纪》："元朔二年夏，徙郡国豪杰及訾三百万以上于茂陵。"宣帝时，为一百万。《汉书·宣帝纪》：本始元年正月，"募郡国吏民訾百万以上徙平陵。"成帝时，改为五百万。《汉书·成帝纪》：鸿嘉二年夏，"徙郡国豪杰訾五百万以上五千户于昌陵。"政治地位是吏二千石以上的官。《汉书·宣帝纪》："元康元年春，以杜东原上为初陵，更名杜县为杜陵，徙丞相、将军、列侯、吏二千石訾百万者杜陵。"

以家资中徙的，可以平当、郑崇为例：

《汉书·平当传》："平当字子思，祖父以訾百万自下邑徙平陵。"

《汉书·郑崇传》："郑崇字子游，本高密大族，世与汪家相嫁娶。祖父以訾徙平陵。"

以二千石中徙的，可以马援等家为例：

《后汉书·马援传》："马援字文渊，扶风茂陵人也。……武帝时，以吏二千石自邯郸徙焉。"

《汉书·杜邺传》："杜邺字子夏，本魏郡繁阳人也。祖父及父积功劳皆至郡守，武帝时徙茂陵。"

《后汉书·耿弇传》："耿弇字伯昭，扶风茂陵人也。其先，武帝时以吏二千石自巨鹿徙焉。"

《后汉书·窦融传》："窦融字周公，扶风平陵人也。融高祖父宣帝时以吏二千石自常山徙焉。"

《后汉书·鲁恭传》:"鲁恭字仲康,扶风平陵人也。……世吏二千石,哀平间自鲁而徙。"

《汉书·何并传》:"何并字子廉,祖父以吏二千石自平舆徙平陵。"

无论是以吏二千石的政治原因徙,或是以訾财过百万的经济原因徙,都是为了打击地方势力的发展。只要在地方上有势力,都要徙。原涉,祖父是武帝时人,就"以豪杰自阳翟徙茂陵"(《汉书·游侠·原涉传》)。这从武帝徙郭解可以看得更清楚。如前所谓,徙豪富茂陵时,解家贫不中訾。但吏不敢不徙,卫将军又为言。武帝却曰:"布衣权至使将军为言,此其家不贫。"解家遂徙。郭解是大游侠,当时社会上的流氓无产者头子。虽无经济势力和政治势力,却有社会势力。

汉代游侠社会势力是很大的,这从剧孟的故事可以显示出来。吴楚之乱时,周亚夫领兵到了洛阳,看到当时的大游侠剧孟没有跟吴楚一块造反,大为高兴地说:"吴楚举大事而不求孟,吾知其无能为已矣。"(《史记·游侠列传·剧孟传》)天下骚动,宰相得之若得一敌国云!(司马迁语)。郭解家贫,地方官仍不敢不徙他。大将军卫青替他说话,英明的武帝却知道"布衣权至使将军为言,此其家不贫",仍要徙他了。皇帝打击的是地方势力,訾财、官位不过是个标准,没有钱、没有官,只要有势,仍是中徙的。

西汉后期,迁徙关东豪强到关中去的目的除去强化皇权削弱地方外,还有一层就是解决东方土地兼并问题。成帝时陈汤建议徙民时说的很清楚,他上封事说:"初陵,京师之地,最为肥美,可立一县。天下民不徙诸陵三十余年矣,关东富人益众,多规良田,役使贫民。可徙初陵,以彊京师,衰弱诸侯,又使中家以下,得均贫富。汤愿与妻子家属徙初陵,为天下先。"(《汉书·陈汤传》)

对于一般豪强采取徙的政策,对于怙恶不悛的豪强,则施行残酷的镇压。景帝、武帝时的酷吏,打击、镇压的对象都是豪猾强宗。济南瞷氏,宗人三百余家,豪猾,二千石莫能制,景帝拜郅都为济南太守,至则族灭瞷氏首恶,余皆股栗。居岁余,郡中不拾遗。(《史记·酷吏·郅都列传》)长安左右,宗室多暴犯法,景帝以宁成为中尉,宗室豪杰皆人人惴恐。(同上书卷《宁成传》)武帝时,义纵为长安令,直法行治,不避贵戚。迁为河内都尉,至则族灭其豪穰氏之属,河内道不拾遗。(同上书卷《义纵传》)王温舒为广平都尉,齐、赵之郊盗贼不敢近广平。广平道不拾遗。迁为河内太守。捕郡中豪猾,郡中豪猾相连坐千余家,上书请,大者至族,小者乃死,流血十余里。(同上书卷《王温舒传》)

宣帝时,又有一批地方官,以能打杀豪猾强族为能。"赵广汉守京兆尹。昭帝死,新丰杜建为京兆掾,护作平陵土方。杜建素豪侠,宾客为奸利,广汉收案致法。宣帝立,广汉迁颍川太守,郡大姓原褚宗族横恣,宾客犯为盗贼,前二千石莫能禽制。广汉既至,数月,诛原褚首恶,郡中震栗。"(《汉书·赵广汉传》)后广汉坐法当斩,长安"吏民守阙号泣者数万人。或言生无益县官,愿代赵京兆死,使牧养小民"(同上)。赵广汉杀的是豪猾强族,得益的是小民,所以小民数万人为他请愿。《赵广汉传》说:"广汉为京兆尹,廉明,威制豪强,小民得职,百姓追思,歌之至今。"尹翁归为东海太守。东海大豪郯许仲孙,为奸猾,乱吏治,郡中苦之。翁归弃仲孙市。一郡怖栗,莫敢犯禁。(《汉书·尹翁归传》)最严酷的要算严延年。延年"为涿郡太守。时郡比得不能太守,涿人毕野白等,由是废乱。大姓西高氏、东高氏,自郡吏以下皆畏避之,莫敢与牾。咸曰:宁负二千石,无负豪大家。宾客敢为盗贼,发辄入高氏,吏不敢追。浸浸日多,道路张弓拔刃,然后敢行,其乱如此。延年至,遣掾蠡吾赵绣按高氏,得其死罪。……即收送狱。夜入晨将至市,论杀之。先所按者死,吏皆股弁。更遣吏分考两高,穷竟其奸,诛杀各数十人。郡中震恐,道不拾遗。三岁迁河南太守,赐黄金二十斤。豪强胁息,野无行盗,威震旁郡。其治务在摧折豪强,扶助贫弱。贫弱虽陷法,曲文以出之,其豪杰侵小民者,以文内之。"(《汉书·酷吏·严延年传》)

景帝、武帝、宣帝时期的酷吏打击的对象都是欺压人民武断乡曲的豪猾强宗而不是老百姓。社会安宁,路不拾遗,对人民有好处。这也就无怪有的酷吏因罪被处死刑,老百姓在他赴刑场的路上设香案酒肉为之送行了。

（四）王莽改革

社会上政治经济出现问题的时候,就会出现改革要求,出现改革家和改革活动。

中国古代社会时期,前后出现过两次大的社会改革,一次是战国中期的商鞅变法,一次是西汉末年的王莽改制。两次改革,一次是成功的,一次是失败的。对两次的改革家,却又都是悲剧。

商鞅变法是成功的。他得到国君的信任,推行他的抱负和政治主张,基本上行所欲行了。但结局是悲剧性的,他被车裂了。

王莽是又一类型。他之代汉取天下,可谓应天命顺人心的。针对当时所存在的问题,提出一系列改革计划。他是个主观理想主义者,是位幻想家,他到死都不知道他为什么会死的。他的失败,是一个改革家的悲剧,一个必然的悲剧。

中国古代社会,存在着三个大势力:一、国君或皇帝,二、掌握土地和财富的豪富集团,三、农民。官僚多半出身于掌握土地和财富的豪富集团。社会改革的成败,这个集团往往起很大作用。改革就要动到他们的利益,他们拼死反对。商鞅变法虽成功,商鞅死在他们手里。王莽改革,一半失败在这个集团手里。

1. 王莽身世

王莽的上台,是应天命顺人心的,他的失败,又是天怒人怨的结果。在古代人的思想里,天心是顺应人心的。

王莽上台之前,汉朝统治者已统治不下去了。

宣帝被称为西汉中兴之主,但就是宣帝时期已是问题重重。前面引用过宣帝晚年就有个诏书说:"今天下事少,繇役省减,兵革不动,而民多贫,盗贼不止,其咎安在?"(《汉书·宣帝纪》)他已经尽心尽力了,而仍是"民多贫,盗贼不止。"这真使他不明白。元帝时的情况,由他的几个诏书可以了解:"元元大困,流散道路,盗贼并兴","暴猛之俗弥长,和睦之道日衰,百姓愁苦,靡所措躬。""连年不收,四方咸困,元元之民,劳于耕耘,又亡成功,困于饥馑,亡以相救。""百姓屡遭凶咎,加以边境不安,师旅在外,赋敛转输,元元骚动,穷困亡聊,犯法抵罪。"(同见《汉书·元帝纪》)

元帝时人民生活情况,大臣的上疏中也多谈及。贡禹曾经指出:"民弃本逐末,耕者不能半。""今民大饥而死,死又不葬,为犬猪食,人至相食。"(《汉书·贡禹传》)

这种民不聊生的情势,成帝时继续发展。成帝罢免丞相薛宣的策说:"朕既不明,变异数见。岁比不登,仓廪空虚。百姓饥馑,流离道路。疾疫死者以万数。人至相食,盗贼并兴。"(《汉书·薛宣传》)谷永也说:"百姓财竭力尽,愁恨感天,灾异屡降、饥馑仍臻,流散冗食,馁死于道,以百万数。公家无一年之畜,百姓无旬日之储,上下俱匮,无以相救。"(《汉书·谷永传》)铁官徒暴动,农民暴动,在成帝时是不断发生的。参加暴动的人数和地区,在不断扩大。

哀帝时,鲍宣上书说,凡民有七亡,七亡尚可,又有七死。他把这归之于公卿贪污、腐败,说这些官员们,"志但在营私家,称宾客为奸利而已","岂有肯加恻隐于细民"者。(《汉书·鲍宣传》)

如前所述,昭、宣、元、成都曾以赐贫民和假贫民公田以及贷给种粮等措施来帮助农民,度过困难,成帝还多次赦免天下徒,皆不能解决问题。

人民对汉政权已失去信心。人心惶惶不安,社会上一有流言蜚语,极容易轻信。成帝时,关东大水,流杀人民多至千人。而京师却无故讹言"大水至",吏民惊恐,奔走乘城。(《汉书·成帝纪》)哀帝时,关东民传行西王母筹,经历郡国,西入关至京师。民又会聚,祠西王母,或夜持火上屋,击鼓号呼相惊恐。(《汉书·哀帝纪》)这种谣言流传和相信谣言,都是人民对当代政治、社会失去信心的表现。

董仲舒已开始大讲灾异。昭宣以后,灾异思想和五德终始思想大盛,成为在政治社会上占支配地位的时代思潮。当时人的政治信仰是宇宙间有五种德在轮流,对宇宙的运转进行统治,人间统治也是和宇宙一样,五德轮流进行统治,皇朝亦如"四时之运,成功者去"。这时忠于一家一姓的思想是不强的,拥护刘家政权的刘向说:"王者不可不明三统,明天帝所受者博,非独一姓也。"(《汉书·刘向传》)谷永对成帝说:"臣闻天生烝民,不能相治。为立王者以统理之,方治海内非为天子,列土封疆非为诸侯,皆以为民也。天下乃天下之天下,非一人之天下也。"(《汉书·谷永传》)这是先秦民主思想的继续,这是反专制反暴君的优良思想传统。

昭帝时,泰山有大石自立,上林苑中大柳树断枯卧地,亦自立生。有虫食树叶成文字曰"公孙病已立"。儒生眭弘以为:石柳皆阴类,下民之象,泰山者岱宗之狱,王者易姓告代之处。大石自立,僵柳复起,非人力所为,此当有从匹夫为天子者。他说:"先师董仲舒有言,虽有继体守文之君,不害圣人之受命。汉家尧后,有传国之运。汉帝宜谁差天下,求索贤人。禅以帝位。……以承顺天命。"(《汉书·眭弘传》)眭弘以妖言惑众,大逆不道:伏诛。但问题在人民已根据自己的思想信仰,敢于大胆的提出要刘家皇帝求贤让位。

宣帝时,关东四十九郡同日地动,或山崩,坏城郭室屋。宣帝下诏说:"盖灾异者,天地之戒也。朕承洪业,托士民之上,未能和群生。曩者地震北海、琅邪,坏祖宗庙,朕甚惧焉。"(《汉书·夏侯胜传》)皇帝接受灾异论了。

成帝时,灾异屡见,成帝也很害怕。他问儒生谷永,谷永说:"建始元年以来,二十年间,群灾大异,交错蜂起。……兵乱作矣,厥期不久,隆德积善,惧不克济。"(《汉书·谷永传》)这是说,汉家该让位了,就是再作好也已无济于事了。

哀帝时,有人建议"再受命"。这是皇帝可以接受的。再受命,表示已经改朝换代了。哀帝接受这一建议,下诏改元易号,"大赦天下,以建平二年为太初元年,号曰陈圣刘太平皇帝。"(《汉书·哀帝纪》)

这种汉家当求贤让位的思想,汉家运数已尽的思想,使得王莽取帝位有着广泛的舆论基础,人民基础。它大大地有助于王莽取代汉家政权。

王莽家族的地位和王莽个人生活经历,也是王莽爬上皇帝宝座的重要条件。

王莽的姑母王政君,为元帝皇后,生子成帝。成帝时,王莽的伯父王家兄弟王凤、王音、王商、王根相继辅政。世谓四大司马。王谭、王商、王立、王根、王逢兄弟五人同日封侯。王氏子弟,皆卿大夫侍中诸曹分据势官满朝廷。王氏在朝廷上的专横,举一事以为例。"光禄大夫刘向少子歆,通达有异材。上召见歆,诵读诗赋,甚悦之,欲以为中常侍。召取衣冠。临当拜,左右皆曰:'未晓大将军。'上曰:'此小事,何须关大将军。'左右叩头争之。上于是语凤,凤以为不可。乃止,其见惮如此。"(《汉书·元后传》)

王莽出身这个家庭,但他的幼年遭遇却不同于他这些伯叔兄弟们。王莽的父亲王曼,早死,未得封侯。莽群兄弟,皆将军五侯子,生活侈靡,以舆马声色逸游相高。莽独孤贫,因抵节为恭俭,受礼经,师事沛郡陈参。勤身博学,被服如儒生。事母及寡嫂,养孤兄子,行甚诚备。

王莽这段早年遭遇,对他以后在政治上的发展,却很有关系。他的外戚家族,使他有了政治凭借,他早年的"孤贫"和折节读书,使他接近社会中层和知识界,了解当日的社会问题,并能了解一般中下层阶级的问题和要求,取得社会的拥护。

王莽伯父大司马王凤病,莽侍疾,亲尝药,蓬首垢面,衣不解带连月。王莽的行为,和他王家众兄弟纨袴玩乐者不同,王凤很受感动。王凤将死,特向王莽的姑母皇太后及成帝推荐王莽。遂拜为黄门郎,迁射声校尉。

靠了这些,王莽在官僚、士大夫阶层取得很好的声誉。当世名士,咸为莽言。成帝很器重王莽,封莽新都乡侯,迁骑都尉、光禄大夫、侍中。宿卫谨诚。爵位益尊,节操愈谦。

王根因乞骸骨,荐莽自代。成帝遂以王莽为大司马,拔出同列,继四父而辅政。王莽为了使名望超过前人,克己不倦。生活愈加俭约。"母病,公卿列侯遣夫人问疾。莽妻迎之,衣不曳地,布蔽膝。见之者以为僮使,问知其夫人,皆惊。"(《汉书·王莽传上》)

成帝死,哀帝即位。成帝无子,哀帝是成帝的弟弟定陶王的儿子,不属于王皇后这一支。随着成帝之死,王莽也下台。哀帝时期,王家的政治地位相当紧张。哀帝的祖母傅太后(元帝妃)和他的母亲(定陶恭王丁妃)都很想抓权,王莽和王氏家族自然在被排斥之列。王莽辞官后,不久即被"遣就国"回封邑新都。这段时间,王莽是很紧张的。傅、丁两家,如果是比较成熟的政治斗争者,有可能把王莽除掉。但傅、丁两家不是这种人物。王莽在新都侯邑,小心谨慎,韬光隐晦,杜门不出,其子获杀奴,莽切责获,令自杀。杀奴是犯罪的。王莽怕因此引出问题,不得不迫令儿子自杀。

王莽就国三年,官"吏上书冤讼莽者以百数"(同上)。哀帝征莽回长安。

一年多,哀帝死,这时傅、丁两太后皆已死。掌权的大司马董贤,只是哀帝宠爱的一个少不更事的庸才。王莽姑母皇太后,"即日驾之未央宫,收取玺绶,遣使者驰召莽。诏尚书,诸发兵符节、百官奏事、中黄门、期门兵皆属莽。莽白:'大司马高安侯董贤年少,不合众心,收印绶。'贤即日自杀。"(同上)

王太后拜莽为大司马,立年仅九岁的平帝,太后临朝称制,委政于王莽。

从此,政权落在王莽手里,由安汉公而宰衡、居摄、假皇帝而真皇帝。

王莽代汉,不但得到整个官僚系统的支持,也得到民间士大夫的支持。推荐他为宰衡时,"民上书者八千余人"(《汉书·王莽传上》)。后来"吏民以莽不受新野田而上书者,前后四十八万七千五百七十二人,及诸侯王公列侯宗室见者皆叩头言宜亟加赏于安汉公"(同上)。这里面很可能有王莽的授意群下的奉迎,但近代史以前,很少人搞这种"民意测验"。这是中国古代社会里一次民意的反映,也是中国古代社会里"民主"意识的残迹。重要的是它反映王莽得到士大夫阶层的广泛支持。

2. 王莽改革

王莽是在社会矛盾尖锐化的严重局势下取得政权的。拥护他的人,把他看作救星。王莽上台以后,形势要求他必须拿出一套改革办法。如前所述,当时的问题是:商人大土地所有者兼并土地,农民破产流亡沦为奴隶。商人资本操纵社会经济。王莽改革,就集中在这三个问题:土地问题、奴隶问题和货币问题。

这三个问题,是西汉初年即开始成为问题的问题,而且是越来越严重的问题。贾谊已经指出他的时代"背本而趋末,食者甚众,是天下之大残","淫侈之俗日日以长,是天下之大贼","岁恶不入,请卖爵子。"他希望文帝及早注意,及早解决。解决之道,他提出"殴民而归之农,皆著于本,使天下各食其力,末技游食之民,转而缘南亩。"晁错更指出:"今法律贱商人,商人已富贵矣;尊农夫,农夫已贫贱矣","于是有卖田宅鬻子孙以偿责者矣"。他指出商人阶级"大者积贮倍息,小者坐列贩卖,操其奇赢,日游都市。""因其富厚,交通王侯,力过吏势,以利相倾。"指出"此商人所以兼并农人,农人所以流亡者也。"他指出"方今之务,莫若使民务农。"他提出解决问题的办法是"贵粟","募天下入粟县官,得以拜爵,得以除罪","如此富人有爵,农民有钱,粟有所渫"。如此,"可时赦,勿收农民租"。文帝接受他们的建议,采取了重农、贵粟,减田租的措施。

到武帝时,已是"罔疏而民富,役财骄溢,或至并兼"。董仲舒建议"限民名田,以澹不足,塞并兼之路,盐铁皆归于民,去奴婢,除专杀之威,薄赋敛,省徭役,以宽民力。"武帝虽然没有直接采纳董仲舒的意见,他打击商人豪强所采取的办法,超过了董仲舒的建议。他没收了商人的土地、奴隶和资本。虽然如此,仍然没有解决问题。昭宣以后,土地兼并,农民流亡、徒奴暴劫一路发展下去,愈演愈烈。

元帝时,人们对社会问题产生的根源,认识逐渐深刻,摸到其源皆在于钱。贡禹已看到"富人积钱满室,犹亡厌足","商贾求利,东西南北,各用智巧",农民"弃本逐末,耕者不能半。贫民虽赐之田犹贱卖以贾,穷则起为盗贼"。何以至此呢?他说:"末利深而惑于钱也","是以奸邪不可禁,其原皆起于钱也"。贡禹建议,罢"铸钱之官,亡复以为币、市井勿得贩卖","租税禄赐皆以布帛及谷。使百姓一归于农"。又建议诸官奴婢十万余人,"宜免为庶人"。

贡禹建议赦免奴隶，元帝没有施行。但成帝却一再"赦天下徒"。哀帝更提出一个限田限奴的思想。他的一个诏书，我们前面已引用过。大臣师丹等根据诏书旨意提出限田、限奴办法，"诸侯王、列侯……公主……及关内侯吏民名田皆无过三十顷，诸侯王奴婢二百人，列侯、公主百人，关内侯、吏、民三十人。"但由于哀帝的傅、丁两太皇太后、皇太后的反对而未能施行。

为社会问题所困扰而又渴求解决问题的人，把希望寄托在王莽身上，眼望着王莽拿出办法来。

王莽的改革是从钱币开始的。居摄二年："更造货，错刀一直五千，契刀一直五百，大钱一直五十，与五铢钱并行。"（《汉书·王莽传上》，《食货志下》云"凡四品并行"）"民多盗铸者。禁列侯以下不得挟黄金，输御府受直，然卒不与值。"（《汉书·王莽传上》）。

始建国元年："更作小钱，径六分，重一铢，文曰'小钱直一'，与前大钱五十者为二品，并行。欲防民盗铸，乃禁不得挟铜炭。"（《汉书·王莽传中》）

"二品并行"，依《食货志下》，"莽即真（即始建国元年），以为书刘字有金刀，乃罢错刀、契刀及五铢钱。"云"二品并行"者，罢错刀、契刀、五铢钱，而只行大钱、小钱也。

这一年，在改革币制的同时，对田制和奴隶制也提出改革。他批评秦汉的田制奴制说：

"古者，设庐井八家，一夫一妇田百亩，什一而税，则国给民富而颂声作。此唐虞之道，三代所遵行也。秦为无道，厚赋役以自供奉，罢民力以极欲，坏圣制，废井田，是以兼并起，贪鄙生，强者规田以千数，弱者曾无立锥之居。又置奴婢之市，与牛马同栏，制于民臣，颛断其命。奸虐之人，因缘为利，至略卖人妻子，逆天心，悖人伦，缪于天地之性人为贵之义。《书》曰：'予则奴戮女！'唯不用命者，然后被此辜矣。汉氏减轻田租，三十而税一。常有更赋，罢癃咸出，而豪民侵陵，分田劫假。厥名三十税一，实什税五也。父子夫妇，终年耕耘，所得不足以自存。故富者犬马余菽粟，骄而为邪；贫者不厌糟糠、穷而为奸，俱陷于辜，刑用不错。"（同上）

这个诏书是王莽对秦汉社会问题的概括,也是一个声讨书。

他提出改天下田曰王田,奴婢曰私属的办法,来解决土地兼并和奴隶问题。他说:"今更名天下田曰王田,奴婢曰私属,皆不得卖买。其男口不盈八而田过一井者,分余田予九族邻里乡党。故无田今当受田者,如制度。敢有非井田圣制无法惑众者,投诸四裔以禦魑魅。"(同上)

土地曰王田,奴婢曰私属,王和私是对称的。土地属于王有,所以称为王田,奴隶仍属于私人所有,所以称为私属。但已不许卖买。这对于奴隶身份待遇有很大提高。当时的奴隶是和牛马同栏出卖的,改奴隶曰私属,不许卖买,至少把奴隶从与牛马同栏中提出来了。但奴隶并没有解放,仍然属于主人,所以叫私属。改天下田曰王田,这是王莽所向往的古代圣王井田制的恢复。

为了防止商人兼并农民,王莽又设赊贷、五均、六筦。目的在抑制兼并。他下诏说:"今开赊贷,张五均,设诸斡者,所以齐众庶抑并兼也。"(《汉书·食货志下》)

张五均的办法是:"于长安及五都立五均官,更名长安东西市令及洛阳、邯郸、临淄、宛、成都市长,皆为五均司市称师。东市称京,西市称畿,洛阳称中,余四都各用东西南北为称。皆置交易丞五人,钱府丞一人。""诸司市,常以四时中月实定所掌,为物上中下之贾,各自用为其市平,毋拘它所。众民卖买五谷、布帛、丝绵之物,周于民用而不雠者,均官有以考检厥实,用其本贾取之,毋令折钱。万物卬贵过平一钱,则以平贾卖与民,其贾低贱减平者,听民自相与市,以防贵庾者。"(同上)

赊贷是民有急需,由官家贷与钱,低收利息,以免受高利贷剥削。赊贷的办法是:"民欲祭祀、丧纪而无用者,钱府以所入工商之贡,但赊之。祭祀毋过旬日,丧纪毋过三月。民或乏绝,欲贷以治产业者,均授之,除其费,计所得受息,毋过岁什一。"(同上)十分之一的利息,比当时一般商人高利贷的利息低了好多。私人放债,一般的利息是十分之三四,高的到十分之五六和十分之十。

六筦是:名山大泽、盐、铁、钱、布帛五均赊贷,斡在县官。后来,又加上酒。

王莽实行六筦的用意,可以用他自己的话来说明。他的一个诏书说:"夫盐,食肴之将。酒,百药之长,嘉会之好。铁曰农之本。名山大泽,饶衍之臧。五均、赊贷,百姓所取平,卬以给澹。铁布铜冶,通行有无,备民用也。此六者,非编户齐民所能家作,必卬于市,虽贵数倍,不得不买,豪民富贾,即要贫弱。先圣知其然也,故斡之。"(《汉书·食货志下》)

用王莽自己的话说,六筦的目的在:"齐众庶,抑并兼。"(同上)

这是王莽的全部改革措施。为了解决商人兼并农民,农民流亡破产沦为奴隶问题,王莽的设想,不能说不是针对性很强的,想解决问题的。但实行的结果,却是事与愿违的,全都以失败告终。

3. 改革的失败

王莽改革失败的原因是多方面的,主要的原因,我想可以归纳为三。

一、首先是这些改革都是空想的,没有物质基础的,而且是违反历史发展趋势的。

把土地收为王有,恢复古井田制度,由国家平均分配给农民耕种,这是王莽的理想。如果真能如此,那当然是最好不过。但这是不可能的。氏族公社时期的井田制,固已早就消失,就是西周春秋以来的王有土地下的井田制也早已破坏了。商业发展,交换发展,土地私有制的确立,这是人类社会必然的发展趋势。这趋势是不可抗拒的,谁要反其道而行,谁就要受历史的惩罚。王莽规定敢有非井田圣制无法惑众者,投诸四裔以禦魑魅,但王田命令发布不久,"坐卖买田宅奴婢铸钱,自诸侯卿大夫至于庶民抵罪者不可胜数"(《汉书·食货志下》)。

始建国四年二月,中郎区博对王莽说:"井田虽圣王法,其废久矣。周道既衰,而民不从。秦知顺民之心可以获大利也,故灭庐井而置阡陌,遂王诸夏。讫今,海内未厌其敝。今欲违民心追复千载绝迹,虽尧舜复起,而无百年之渐,弗能行也。天下初定,万民新附,诚未可施行。"(《汉书·王莽传中》)区博还是有些历史眼光的。他知道井田虽是圣王法,但其废久矣。秦之灭庐井而置阡陌,是"顺民之心的"。现在行井田,是"违民心"的,虽"尧舜复起,弗能行也"。

王莽知道人民怨恨,遂下书:"诸名食王田,皆得卖之,勿拘以法。犯私买卖庶人者,且一切勿治。"(同上)

从下诏书更天下田曰王田,奴婢曰私属,到诸名食王田皆得卖之,不到三年。王莽的井田究竟实行到什么程度,已无从详考。但无论实行到什么程度,其不得民心是定了的。大土地所有者固然不愿意放弃他们土地的所有权,小农也乐于土地私有,不愿土地王有。土地王有也违犯了小农私有观念,影响他们的生产积极性。

二、制度的本身有问题。以钱币的改革来说,他不知道钱币的价值是要由它所包含的劳动量来决定的,而不是法令可以决定的。有一次币制改革时的大钱与小钱重量是十二比一。大钱重十二铢,小钱重一铢。而价钱却是五十比一。这就必然引起盗铸。王莽币制改革一次,盗铸情况就严重一次。大钱、小钱,二品并行的法制一规定,盗铸钱者即不可制止。王莽乃重其法,一家铸钱五家坐之,没入为奴隶。(《汉书·王莽传中》)于是"坐邻伍铸钱挟铜,奸吏因以愁民,民穷悉起为盗贼"(《汉书·王莽传下》)。"每一易钱,民用破产而大陷刑。莽以私铸钱死及非沮宝货投四裔犯法者多,不可胜行,乃更轻其法。私铸作帛布者,与妻子没入为官奴婢。吏及比伍知而不举告,与同罪。非沮宝货,民罚作一岁,吏免官。犯者愈众。及五人相坐,皆没入。郡国槛车铁锁,传送长安锺官,愁苦死者什六七。"(《汉书·食货志下》)

钱币大小比价的不合理,引起盗铸,盗铸引起千百万人的犯罪、罚作、死亡。

三、官僚机构的坏事。王莽的改革政策,都是对大商人大土地所有者不利的。但是,政府官吏来自这两个阶级,绝大多数来自土地所有者阶级,一部分是商人。商人地主阶级,利在土地私有,农民有出卖土地的自由,商人兼并之家有收买土地的自由。出身商人兼并之家的官僚,如何会推行一种对它不利的政策?王莽的政策,即使本身是好的,如五均、赊贷、六筦,但一经官僚机构去推行,好的也就变成坏的了,官僚们的贪污腐败,什么好东西在他们手里一过都变了质。后世王安石的改革,也有很大成分是失败在官僚机构的腐败。王安石的改革变法,制度本身、思想境界都是好的。他和王莽一样,有伟大的抱负,想对社会问题有所解决。改革总要有人去执行,徒法不足以自行。不能不依靠官僚机构。但一到官僚手里,事情就变质了,好事变成坏事。

王莽在位,从平帝元始元年任大司马掌权算起,共二十三年(公元后1年到公元后23年)。他以绝大部分统治阶级的代表人物——官僚、士大夫的支持上台,又以士大夫地主的反对和人民暴动而告终。诚如当时一个卜者王况所说:"新室即位以来,民田奴婢不得卖买,数改钱货,征发烦数,军旅骚动,四夷并侵,百姓怨恨,盗贼并起。"(《汉书·王莽传下》)他侵犯了社会各阶级的利益,在世家豪族反对和农民暴动下垮台。

王莽是位泥古不化愚而自用的改革家。在汉兵入长安,火焚宫殿,死在临头的时候,他还"绀袀服,带玺韨,持虞帝匕首。天文郎桉栻于前,日时加某,莽旋席随斗柄而坐,曰:'天生德于予,汉兵其如予何?'"(《汉书·王莽传下》)王莽被乱兵害杀。

一代改革家,落了个悲剧下场。

第 八 章

东 汉 帝 国

（一）汉帝国的再建

两汉之际,农民和豪族强宗是社会上有势力的两大阶级。农民人数众多,豪族强宗活动能量大。王莽末年,这两个阶级都起来造反。

王莽初起时,豪族强宗本来是支持他的。王莽谦让不受新野田时,有四十八万多人上书要他接受。在西汉后期,社会矛盾尖锐,农民、奴徒一次次起来暴动,在朝廷束手无策情况下,社会上各个阶级阶层都把王莽看作解决问题的救星,支持他的上台。居摄元年安众侯刘崇起兵讨莽,因为他认为王莽"专制朝政,必危刘氏"(《汉书·王莽传上》)。二年东郡太守翟义起兵反莽,用翟义自己的话说是因为"吾幸得备宰相子,身守大郡,父子受汉厚恩,义当为国讨贼"(《汉书·翟方进传》)。这两次起兵,虽然一时也声势很大,使王莽震惧,但很快就被扑灭了。绝大多数豪族强宗官僚士大夫,都是支持王莽的,就是大多数刘氏宗室也是支持王莽的。

王莽末年的农民暴动,即山东的赤眉、荆州的绿林和河北的铜马,可以看作西汉后期农民、奴徒暴动的继续,是土地兼并农民贫困无法生活铤而走险的结果,而更直接的导火线则是王莽时期的连年灾荒。《后汉书·刘玄传》:"王莽末,南方饥馑,人庶群入野泽,掘凫茈而食之,更相侵夺。"《后汉书·光武帝纪》:"莽末,天下连岁灾蝗,寇盗蜂起。地皇三年,南阳荒饥。"《汉书·王莽传下》:"赤眉力子都、樊崇等以饥饿相聚,起于琅邪,转钞掠,众皆数万。"《后汉书·刘盆子传》:"时青徐大饥,寇贼蜂起,群盗以崇勇猛皆附之。"《东观记》:"王莽末年,天下大旱,蝗虫蔽天,盗贼群起,四方溃畔。"(《后汉书·刘缤传》注引)他们是饥饿所迫,铤而走险,目的只在抢劫吃食,并没有攻城略地反对王莽夺取天下的大志。《后汉书·刘盆子传》:"初崇等以穷困为寇,无攻城徇地之计……泛相称曰巨人。"

中国历史上历次的农民暴动都是由于连年灾荒农民无法生存的结果。暴动、起义都是为了填饱肚子。

豪族起事的目的是非常明确的。他们一起兵就是有野心的,力量大的要取天下作天子,力量小的也要割据一方,占一块地方,称霸称王。

以刘缤、刘秀为例,他们是汉朝宗室,是南阳豪族强宗,一起事就是要恢复汉家皇业。《后汉书·齐武王缤传》:"莽末,盗贼群起,南方尤甚。伯升召诸豪杰计议曰:'王莽暴虐,百姓分崩。今枯旱连年,兵革并起,此亦天亡之时,复高祖之业,定万世之秋也。'""于是分遣亲客,使邓晨起新野,光武与李通、李轶起于宛,伯升自发舂陵子弟合七八千人,部署宾客,自称柱天都部。"《后汉书·光武帝纪》:"宛人李通等以图谶说光武云:'刘氏复起,李氏为辅。'光武初不敢当。然独念兄伯升,素结轻客,必举大事。且王莽败亡已兆,天下方乱,遂与定谋。于是,乃市兵弩。十月,与李通从弟轶等起于宛。"

对于这两股力量,王莽不怕人数众多的农民暴动而怕豪族强宗的起兵,他认为农民只是乌合之众,流窜求食,成不了大事,而豪族强宗是要取天下的。《汉书·王莽传下》说:"初,京师闻青、徐贼众数十万人,讫无文号旌旗表识,咸怪异之。……莽亦心怪,以问群臣,群臣莫对,唯严尤曰:'此不足怪也。自黄帝、汤、武行师,必待部曲旌旗号令,今此无有者,直饥寒群盗,犬羊相聚,不知为之耳。'莽大说,群臣尽服。及后汉兵刘伯升起,皆称将军,攻城略地。既杀甄阜,移书称说。莽闻之忧惧。"

班固东汉初人,记载刘縯事迹可能有夸大的成分。但这大体上是符合历史事实的。王莽末年的农民暴动,其起因是经济性大而政治性小。他们是为饥饿所迫而起,不是为了反对统治者,不是为了要夺取政权。绿林推刘玄作皇帝,是因为绿林自始就是农民和豪族强宗的混合体;赤眉推出刘盆子,是因为樊崇等曾归附刘玄到朝廷上待过几天,要效法绿林;而铜马则始终留在地方,为衣食而战,未建旗号,未尝称帝。

尽管豪族大宗的能量很大,但在政局安定的时代它是难以成事的。刘崇、翟义两次起事的失败可以为证。豪族大宗能量的发挥,往往有待于农民暴动这股东风。秦末各阶级各阶层起兵反秦可作很好的说明。没有陈胜、吴广领导的农民暴动,那些六国贵族、英雄豪杰之士恐怕只有隐名埋姓在民间谋些小的生活之路,或为人主丧事切肉,如项梁、陈平,或看守大门如张耳、陈馀,或如刘邦作个泗上亭长。但有了陈胜、吴广领导的农民暴动开路,这些人就都活跃起来了,纷纷起来逐鹿中原建立功业。司马迁评价陈胜、吴广为"陈胜虽已死,其所置遣侯王将相竟亡秦,由涉首事也"(《史记·陈涉世家》),并为之立《世家》,是有见识的。

刘縯、刘秀起兵后不久,就和绿林农民军结合起来。刘玄、刘縯、刘秀起家的第一步,都是依靠绿林军,刘玄还靠绿林军被立为天子。

从王莽短命帝国瓦解到东汉帝国建立,中间几年出现的是群雄纷立、割剧称雄的局面。势力强大的,在西南有公孙述,西北有隗嚣,东方有刘永、张步、董宪等。这些人没有能取天下的原因,有的是见事迟,失去逐鹿的时机;有的是地处边区,鞭长莫及中原;有的是志在划地自守,观望时机而终无时机。最后都被刘秀一个个地消灭。

刘秀成功的原因很多,主要的原因:一、是有河北作根据地,坐山观虎斗,到绿林、赤眉两败俱伤的时候,出来收拾局面;二、是得到豪族强宗的支持;三、是收铜马农民军,有了一支强大军队。此三者,是刘秀胜利的基础,也是他胜利的原因。

更始定都长安,派刘秀渡河征服河北。从此刘秀脱离了绿林集团的羁绊,也避免了他哥哥刘縯被杀的命运。

刘秀在河北遇到两个敌对力量,一是王郎,一是铜马农民军。王郎在邯郸称帝,自称是成帝的儿子,得到河北大部分郡县的支持,刘秀一时陷于极端困境。他靠上谷、渔阳豪族强宗和豪杰之士的支持才转危为安。

上谷、渔阳的突骑,是天下有名的精锐劲旅。《后汉书·吴汉传》:"王郎起,北州扰惑。汉素闻光武长者,独欲归心,乃说太守彭宠曰:渔阳、上谷突骑,天下所闻也。君何不合二郡精锐附刘公击邯郸,此一时之功也。"《后汉书·耿弇传》:"弇曰:……渔阳太守彭宠,公(指刘秀)之邑人,上谷太守即弇父也。发此两郡控弦万骑,邯郸不足虑也。"突骑大约多乌桓人,《后汉书·吴汉传》说:"建、茂出兵围汉,汉选四部精兵黄头、吴河等及乌桓突骑三千余人,齐鼓而进,建军大溃。"

突骑不仅上谷、渔阳有,幽州十郡都有。刘秀"将发幽州兵","即拜(吴)汉大将军持节北发十郡突骑"。(《后汉书·吴汉传》)十郡突骑,就是幽州兵,当时幽州属下有十郡。

刘秀征服铜马军,也靠的是上谷、渔阳突骑。《后汉书·光武帝纪上》:"(更始二年)秋,光武击铜马于鄡,吴汉将突骑来会清阳。……贼食尽,夜遁去。追之馆陶,大破之。受降未尽,而高湖、重连从东南来,与铜马余众合。光武复与大战于蒲阳,悉破降之。封其渠帅为列侯。"

刘秀对铜马军的政策是以收降编为自己的军队为主。这支农民军比较淳朴,刘秀对之也以诚信为主,以取得他们的忠心。《后汉书·光武帝纪上》:"降者犹不自安。光武知其意,敕令各归营勒兵,乃自乘轻骑按行部陈。降者更语曰:'萧王推赤心置人腹中,安得不投死乎?'由是皆服。悉将降人分配诸将,众遂数十万。故关西号光武为铜马帝。"

败王郎,降铜马,刘秀大体稳住了河北。

河北成了刘秀逐鹿中原争夺天下的基础。在河北地区内,又有两个地区是重要的,一是北州十郡,特别是上谷、渔阳大郡,这地区向刘秀提供突骑精兵。在古代战争中,骑兵有机械部队的作用,它可以由两翼迂回包抄出敌之后方,消灭敌人。刘秀击败王郎,收降铜马,平定河北,主要靠这支突骑兵。这在《后汉书》的《吴汉传》《耿弇传》《寇恂传》里,记载的是很清楚的。可以参看。另一地区是河内,河内被比作楚汉战争时刘邦的关中。《后汉书·寇恂传》:"光武南定河内,而更始大司马朱鲔等盛兵据洛阳,又并州未安,光武难其守,问于邓禹曰:'诸将谁可使守河内者.'禹曰:'昔高祖任萧何于关中,无复西顾之忧,所以得专精山东,终成大业。今河内带河为固,户口殷实,北通上党,南迫洛阳。寇恂文武备足,有牧人御众之才,非此人莫可使也.'乃拜恂河内太守,行大将军事。光武谓恂曰:'河内完富,吾将因是而起。昔高祖留萧何镇关中,吾今委公以河内,坚守转运,给足军粮,率厉士马,防遏它兵勿令北度而已.'光武于是复北征燕、代。恂移书属县,讲兵习射,伐淇园之竹,为矢百余万,养马二千匹,收租四百万斛,转以给军。"《后汉书·冯异传》:"光武将北恂燕赵,以魏郡河内独不逢兵,而城邑完,仓廪实,乃拜寇恂为河内太守,异为孟津将军,统二郡军河上,与恂合势以拒朱鲔等。"河内与关中不同的是:刘邦与项羽相峙于广武,关中是后方;而对刘秀说,河内则是前方,面对着更始的洛阳。形势虽异,而为征服全国的基础则一也。河内、上谷、渔阳皆在河北,上谷、渔阳足兵,河内给粮。河北成为刘秀统一全国足兵足粮的基地。

刘秀胜利的另一条件是豪族强宗的支持。

刘秀家族就是南阳大家豪族,有宗族、宾客。刘缤是带领春陵子弟合七八千人起兵的,他还派亲客到南阳附近各地联络各地豪族共同起事。刘秀就先和南阳豪族李通、李轶等于宛起兵,然后"将宾客还春陵"的。他家有膏腴良田,在"南阳荒饥"的时候,他可以"卖谷于宛"。(引句见《后汉书·光武帝纪上》)《东观记》说:"时南阳旱饥,而上田独收。"不是膏腴美田,有水利灌溉,何能独收?

刘秀家族,不但自己是豪族强宗,他家的亲戚朋友也都是豪族强宗。外祖樊家是南阳湖阳豪族,为乡里著姓。"世善农稼,好货殖",他外祖樊重,"课役童隶,各得其宜","开广田土,三百余顷"。(《后汉书·樊宏传》)他姐丈邓晨,"南阳新野人,世二千石"。刘秀起兵,邓晨"将宾客会棘阳"。(《后汉书·邓晨传》)刘秀阴皇后,新野人。豪族大家。刘缤起事,后兄阴识"率子弟宗族宾客千余人往诣伯升"。(《后汉书·阴识传》)和刘秀一块起兵于宛的李通,"南阳宛人也,世以货殖著姓","居家如宫廷"。李通起事后,"兄弟门宗六十四人"被诛。(《后汉书·李通传》)绿林系统头领议立天子时,(王)"常与南阳士大夫同意欲立伯升"。

（《后汉书·王常传》）这是绿林系统中的豪强派,这一派支持刘秀家族。农民派支持刘玄。

豪族强宗既然是社会上一有势力阶层,刘秀家族起事后,所到之处即留意争取当地豪族强宗的支持。各地豪族强宗对刘秀结纳豪强的态度也是有所听闻的。刘秀到河北后,上谷郡功曹寇恂对太守耿况说:"今闻大司马刘公伯升母弟尊贤下士,士多归之,可攀附也。"（《后汉书·寇恂传》）寇恂上谷昌平人,"世为著姓"（同上）。他和耿况之子耿弇率先带领上谷突骑归附刘秀。耿弇家族原是巨鹿大姓,武帝时"以世二千石,自巨鹿徙"茂陵。（《后汉书·耿弇传》）《后汉书·吴汉传》说吴汉"南阳宛人也,家贫给事县为亭长"。但是他在"王莽末,以宾客犯法,乃亡命至渔阳,资用乏,以贩马为业,往来燕、蓟间。所至皆交结豪杰"。有宾客,还以贩马为业,往来燕蓟间,此其人不得谓为家贫。盖魏晋以下,以世家门第为荣,耻贫贱出身;战国秦汉以自贫贱起为荣,不以贫贱为耻。此时代风尚不同。吴汉率渔阳突骑归附刘秀。吴汉为人质朴少文,甚得刘秀亲信。《后汉书·刘植传》:"刘植,巨鹿昌城人也。王郎起,植与弟喜从兄歆率宗族宾客聚兵数千人据昌城。闻世祖从蓟还,乃开门迎。世祖以植为骁骑将军,喜、歆偏将军,皆为列侯。"《后汉书·耿纯传》:"耿纯,巨鹿宋子人也。……巨鹿大姓。……世祖自蓟东南驰,纯与从昆弟诉、宿、植共率宗族宾客二千余人,老病者皆载木自随奉迎于育。拜纯为前将军,封耿乡侯,诉、宿、植皆偏将军。"耿弇、刘植、耿纯,都是河北豪族强宗。

刘秀对于河北豪族强宗,倾心交结。他对耿弇说:"当与渔阳、上谷士大夫共此大功。"（《后汉书·耿弇传》）刘秀的郭后,真定人,"为郡著姓"（《后汉书·光武郭皇后纪》）。是真定王刘扬的外甥女。刘秀娶郭为后,就是为了结纳河北大族和真定王刘扬。刘扬本是支持刘玄的,由刘植的牵线和联姻郭氏,刘扬转而支持刘秀。

在征服各地的割据势力时,无不注意争取豪族强宗的支持。例如吴汉平定平原时,"鬲县五姓共逐守长据城而反。诸将争欲攻之,汉不听,曰:使鬲反者,皆守长罪也。敢轻冒进兵者,斩。乃移檄告郡,使收守长,而使人谢城中。五姓大喜,即相率归降。"注说:"五姓,盖当土强宗豪右也。"

总观刘秀之胜利,可以看出:他对当时社会上两大势力阶级,皆能笼络为我用。铜马的降附,构成他的军力基础;豪族强宗之支持,构成他的政治社会基础。王莽因失掉农民和豪族强宗士大夫的支持而亡,刘秀因得到农民和豪族强宗士大夫之支持而兴。

（二）东 汉 政 治

东汉统一后,所面对的形势是:豪族强宗的势力已遍布全国。上自朝廷,下至郡县,公卿守长绝大多数出自这个阶级。农民是国家安定的支柱,农民生活过得去国家就安定,农民生活穷困起为盗贼,社会就要乱。东汉是在取得这两大阶级的支持下建立起来的。它还得做好对这两个阶级的安抚,才能使政权稳定和维持下去。

还有一个当前的问题,众多的将军都为取天下出了汗马功劳,都是功臣。他们手中都有兵权,或为一地区之长。如何做好功臣的安抚工作,又是首先要解决的问题。

如何解决这些问题,处理好这些问题,是东汉朝廷面对的大问题,也是长治久安的大问题。

刘秀子孙三代,处理这些问题的大计,大体说来是成功的。

《后汉书·马武传》:"帝虽制御功臣,而每能回容,宥其小失。远方贡珍,必先遍赐列侯,而太官无余。有功辄增邑赏,不任以吏职。故皆保其福禄,终无诛谴者。"

《后汉书·贾复传》:"朱祐等荐复宜为宰相。帝方以吏事责三公,故功臣并不用。"

《东观记》:"上以天下既定,思念欲完功臣爵士,不以吏职为过,故皆以列侯就第也。"(《后汉书·贾复传》注引)

《后汉书·光武帝纪》:"(建武)二年春正月……庚辰,封功臣,皆为列侯,大国四县,余各有差。下诏曰:人情得足,苦于放纵,快须臾之志,忘慎罚之义。惟诸将业远功大,诚欲传于无穷。宜如临深渊,如履薄冰,战战栗栗,日慎一日。……博士丁恭议曰:古帝王封诸侯,不过百里,故利以建侯,取法于雷。强干弱枝,所以为治也。今封诸侯四县,不合法制。帝曰:古之亡国,皆以无道,未尝闻功臣地多而灭亡者。乃遣谒者,即授印绶。策曰:在上不骄,高而不危,制节谨度,满而不溢。敬之戒之。传尔子孙,长为汉藩。"

这几条材料,大体上概括了刘秀对待功臣所取的办法。多给封邑,优礼有加,不任以吏职。使他们保其福禄,终无诛谴。

光武时期,功劳大地位高的有二十八人。二十八人中除早死者外,都是调回京师解除兵权,以特进或奉朝请居京养尊处优。如:

《后汉书·邓禹传》:"以特进奉朝请。禹内文明,笃行淳备,事母至孝。天下既定,常欲远名势,有子十三人,各使守一艺,修整闺门,教养子孙。皆可以为后世法。资用国邑,不修产利,帝益重之。"盖邓禹知刘秀意,亦以退自保。

《后汉书·贾复传》:"复知帝欲偃干戈修文德,不欲功臣拥众京师,乃与高密侯邓禹并剽甲兵敦儒学。帝深然之,遂罢左右将军。(时邓禹为右将军,贾复为左将军)。复以列侯就第,加位特进。……复为人刚毅、方直,多大节,既还私第,阖门养威重。……是时列侯唯高密(邓禹)、固始(李通)、膠东(贾复)三侯与公卿参议国家大事,恩遇甚厚。"

《后汉书·陈俊传》:"乃徙俊为琅邪太守,领将军(行大将军事)如故。……(建武)十四年,增邑定封祝阿侯。明年,征奉朝请。"

《后汉书·臧宫传》:"(建武)十五年,征还京师,以列侯奉朝请,定封朗陵侯。"

《后汉书·耿弇传》:"(建武)十三年,增弇户邑,上大将军印绶,罢,以列侯奉朝请。每有四方异议,辄召入内筹策。"

《后汉书·任光传》:"(建武)五年,征诣京师,奉朝请。"

《后汉书·朱祐传》:"(建武)十五年,朝京师,上大将军印绶,因留奉朝请。"

《后汉书·刘隆传》:"隆为骠骑将军行大司马事。隆奉法自守,视事八岁,上将军印绶,罢,赐养牛上樽酒十斛,以列侯奉朝请。"

刘秀对待功臣的做法,大概是从刘邦杀戮功臣的经验教训中总结出来的。韩信、彭越、英布都为刘邦立下偌大功劳,到头却不免族诛。刘秀找到了一条好办法。范晔在《后汉书》卷二十三《论》中,就曾拿刘秀和刘邦比。他说:"议者多非光武不以功臣任职,致使英姿茂绩委而勿用,然原夫深图远算,固将有以焉尔。"他说:"秦汉世资战力,至于扶翼王运皆武人崛起,亦有鬻缯屠狗轻猾之徒。或崇以连城之赏,或任以阿衡之地。故势疑则隙生,力侔则乱起。萧、樊且犹缧绁,信、越终见菹戮,不其然乎?"不仅此也,他接着指出:"自兹以降,迄于孝武,宰辅五世,莫非公侯,遂使缙绅道塞,贤能蔽壅,朝有世及之私,下多抱关之怨。其怀道无闻,委身草莽者,亦何可胜言。"他这样指出西汉之敝,接着就推崇刘秀说:"故光武鉴前事之违,存矫枉之志。虽寇、邓之高勋,耿、贾之鸿烈,分土不过大县数四,所加特进朝请而已。……故高秩厚礼,允答元功,峻文深宪,责成吏职。建武之世,侯者百余。若夫数公者(指邓禹、贾复、李通),则与参国议,分均休咎。其余并优以宽科,完其封录,莫不终以功名,延庆于后。"

刘秀的做法,既不伤害功臣又把兵权收归中央,比刘邦高明多了。比起后代如朱元璋者残酷杀戮功臣,也人道多了。

做好对功臣的安排,是比较简单的。如何对待豪族强宗的问题,则比较复杂。战时,为了争取他们的支持,可以多方拉拢,以宽纵对待。政权已经建立,国家已经统一,则对豪族强宗之放纵不法,又不能不从维护社会安定和国家统治而予以抑制和打击。豪族强宗权势之大,又已遍布全国,尤不能不小心对待。

针对这种情况,刘秀对待豪族强宗,要求有宽严两手。宽,安抚他们,给他们利益,保护他们的利益;严,抑制甚至打击他们危害社会治安、作奸犯法的行为。尊重他们的利益,给他们荣誉,惩治他们的不法、越轨行动。其实,历代皇帝对待豪强势力都是这两手,只是侧重而轻重各有不同而已。东汉重轻掌握的比较平衡。东汉前期,皇权和豪族强宗势力,基本上是相互尊重,互不过分干扰,两种势力相安无事平行发展。

《后汉书·第五伦传》载:章帝时第五伦上疏云:"光武承王莽之余,颇以严猛为政,后代因之,遂成风化。"

《续汉志·刑法志》:"自建武、永平,民亦新免兵革之祸,人有乐生之虑,与高惠之间同。而政在抑强扶弱,朝无威福之臣,邑无豪杰之侠。"

说建武、永平间,"政在抑强扶弱",还勉强可以,刘秀父子确有这方面的政策。要说"朝无威福之臣,邑无豪杰之侠",就有点溢美了。光武出身豪家,又由豪族强宗的支持而取得天下,而且从西汉后期起,豪族势力已大发展,王莽末年各地豪强多拥兵自守,豪族强宗已遍布国中,要说"朝无威福之臣,邑无豪杰之侠"是不可能的。事实上是有的。他们在继续兼并农民,武断乡曲。《后汉书·刘隆传》:"是时天下垦田多不以实。又户口年纪互有增减。十五年,诏下州郡检核其事,而刺史太守多不平均,或优饶豪右侵刻羸弱,百姓嗟怨,遮道号呼。时诸郡各遣使奏事,帝见陈留吏牍上有书,视之,云:'颍川、弘农可问,河南、南阳不可问。'帝诘吏由趣,吏不肯服,抵言于长寿街上得之。帝怒。时显宗为东海公,年十二,在幄后言曰:'吏受郡敕,当欲以垦田相方耳。'帝曰:'即如此,何故言河南、南阳不可问?'对曰:'河南帝城,多近臣;南阳帝乡,多近亲。田宅逾制,不可为准。'帝令虎贲将诘问吏,吏乃实首服如显宗对。于是遣谒者考实,具知奸状。"

为了打击地方官优饶豪右,侵刻羸弱的情况,刘秀曾实行度田。《后汉书·光武帝纪下》:"十五年六月,诏下州郡检核垦田顷亩及户口年纪。又考实二千石长吏阿枉不平者。……十六年九月,河南尹张伋及诸郡守十余人坐度田不实,皆下狱死。"

度田引出一些社会问题。在上面这段记载后,注引《东观记》说:"刺史太守,多为诈巧,不务实核,苟以度田为名,聚人田中,并度庐屋里落,聚人遮道啼呼。"

度田对豪富家族是不利的。豪强承势起来反对。《后汉书·光武帝纪》接着记载:"郡国大姓及兵长群盗,处处并起,攻劫所在,害杀长吏。"度田也就不了了之。

刘秀和明帝,对外戚和诸王的不法,也采取抑制的政策。《后汉书·樊宏传》附子《儵传》:"建武中,禁网尚阔,诸王既长,各招引宾客,以儵外戚,争遣致之,而儵清静自保,无所交接。及沛王辅事发,贵戚子弟多见收捕。儵以不豫得免。"《后汉书·冯衍传》:"卫尉阴兴,新阳侯阴就,以外戚贵显,深敬重衍,衍遂与之交结。由是为诸王所聘请。寻为司隶从事。帝(刘秀)惩西京外戚宾客,故皆以法绳之,大者抵死徙,其余至贬黜。衍由此得罪。"注引衍与阴就书有云:"前送妻子还淄县,遭雨逢暑,以七月还。至阳武,闻诏捕诸王宾客,惶怖诣阙,冀先事自归。"《后汉书·虞延传》:"(建武二十四年)迁洛阳令。是时阴氏有客马成者,常为奸盗,延收考之。阴氏屡请,获一书辄加榜二百。信阳侯阴就乃诉帝,谮延多所冤枉。帝乃临御道之馆,亲录囚徒。延陈其狱状可论者在东,无理者居西。成乃回欲趋东。延前执之,谓曰:'尔,人之巨蠹,久依城社,不畏熏烧。今考实未竟,宜当尽法。'成大呼称枉。陛戟郎以戟刺延,叱使置之。帝知延不私,谓成曰:'汝犯王法,身自取之。'呵使速去。后数日伏法。于是外戚敛手,莫敢犯法。"按:光武在直臣执法制裁外戚诸王大臣宾客犯法时,往往依违两端,有时祖外戚,有时祖直臣,但又私恩难割。对于虞延,这是祖直臣例。

但皇帝有时又不能按王法办事,遇强有力的贵戚作梗或求情时,就又律可以枉了。《后汉书·赵憙传》:"拜怀令。大姓李子春,先为琅邪相,豪猾并兼,为人所患。憙下车,闻其二孙杀人事未发觉,即穷诘其奸,收考子春,二孙自杀。京师为请者数十,终不听。时赵王良疾病将终,车驾亲临王,问所欲言。王曰:'素与李子春厚,今犯罪,怀令赵憙欲杀之,愿乞其命。'帝曰:'吏奉法,律不可枉也。'更道它所欲。王无复言。既薨,帝追感赵王,乃贳出子春。"这是祖宗亲豪强的例。

豪族强宗有个关系网。李子春,怀之六姓也,犯罪后,京师为请者数十。赵王刘良临死尚为之请命。刘秀虽云"律不可枉也",但最后仍是枉法出之。治豪强,难。马成,阴氏一客耳,故可以"汝犯王法"杀之;李子春,大姓也,京师为请者数十,刘良临死还为之求情,"律不可枉"而终枉之。治豪强难,皇帝依违其间,亦有难言者。

明帝察察,对王侯、外戚都是很严的。章帝长者,就宽得多了。

《后汉书·第五伦传》:"肃宗初立,擢自远郡(蜀郡),代牟融为司空。帝以明德太后故,尊崇舅氏马廖,兄弟并居职任。廖等倾身交结,冠盖之士争赴趣之。伦以后族过盛,欲令朝廷抑损其权,上疏曰:'……近代光烈皇后,虽友爱天至,而卒使阴就归国,徙废阴兴宾客;其后梁、窦之家,互有非法,明帝即位,竟多诛之。自是洛中无复权戚,书记请托一皆断绝。……而今之议者,复以马氏为言。窃闻卫尉廖以布三千匹,城门校尉防以钱三百万,私赡三辅衣冠,知与不知,莫不毕给。又闻腊日亦遗其在洛中者钱各五千,越骑校尉光,腊用羊三百头,米四百斛,肉五千斤。臣愚以为不应经义,惶恐不敢不以闻。'……及马防为车骑将军,当出征西羌,伦又上疏曰:'……'并不见省用。"

在拉拢豪族强宗方面,东汉皇家采取的最突出的办法是和豪族强宗联姻。东汉的皇后,大都出自豪强大家。《后汉书·皇后纪》有传者十七人,有十人出自郭、阴、邓、马、梁五家。五家女作贵人者有数人。东汉皇帝以联姻的形式,巩固皇家和豪族强宗的关系。

刘秀不以吏事任功臣,但朝廷三公九卿仍多出身豪族强宗。为了巩固皇权,政治上采取集权制,大权集中在皇帝手中。东汉学人仲长统说:"光武皇帝愠数世之失权,忿强臣之窃命,矫枉过直,政不任下,虽置三公,事归台阁。自此以来,三公之职,备之而已。"(《昌言·法诫篇》,见《后汉书·仲长统传》)

夺三公权,可看《后汉书·朱浮传》。传云:"旧制,州牧奏二千石长吏不任位者,事皆发下三公,三公遣掾史案验,然后黜退。帝时用明察,不复委任三府,而权归刺举之吏。浮复上疏曰:……窃见陛下疾往者上威不行,下专国命,即位以来,不用旧典,信刺举之官,黜鼎辅之任,至于有所劾奏,便加免退,覆案不关三府,罪谴不蒙澄察。陛下以使者为腹心,而使者以从事为耳目,是为尚书之平,决于百石之故吏。群下苛刻,各自为能。"又《后汉书·陈宠传附子忠传》:"时三府任轻,机事专委尚书,而灾责变咎,辄切免公台。忠以为非国旧体,上疏谏曰:……汉典旧事,丞相所请,靡有不听。今之三公,虽当其名而无其实,选举诛赏,一由尚书,尚书见任,重于三公,陵迟以来,其渐久矣。"

尚书是皇帝近臣,权势虽然很重要,但品级并不高,多从低级官中选拔。《后汉书·韦彪传》:"彪以世承二帝吏化之后,多以苛刻为能,又职官选职,不必以才,……上疏谏曰:……天下枢要,在于尚书,尚书之选,岂不重?而闻者多从郎官超升此位,虽晓习文法,长于应对,然察察小慧,类无大能。"韦彪不懂得,尚书的品级越低,越不敢和皇帝对抗,皇帝越指挥自如。正如《后汉书·申屠刚传》所说:"时内外群官,多帝自选举,加以法理严察,职事过苦,尚书近臣,至乃捶扑牵曳于前,群臣莫敢正言。"

由上所述,可以看到:东汉前期政治上是皇权和豪族强宗两种力量平行发展的时代。皇帝尊重豪族强宗,但不给他们实权,大权直接掌握在皇帝手里。

(三) 东 汉 经 济

王莽末年的战乱中,社会经济遭受破坏比较严重的是中原地区。这地区东起青、兖,西到关中,南自荆州,北到河北。青、兖有赤眉,荆州有绿林,河北有铜马,关中遭到绿林、赤眉的混战。

这地区经济社会的破坏是很清楚的。

《汉书·王莽传下》:天凤五年,"以大司马司允费兴为荆州牧,见,问到部方略。兴对曰:荆扬之民,率依阻山泽,以渔采为业。间者国张六筦,税山泽,妨夺民之利。连年久旱。百姓饥穷,故为盗贼。兴到部,欲令明晓告,盗贼归田里假贷犁牛种食,阔其租赋,几可以解释安集。莽怒,免兴官。"

又,天凤六年,"青徐民多弃乡里流亡,老弱死道路,壮者入贼中。"

又,地皇三年,"莽曰:……枯旱霜蝗,饥馑荐臻,百姓困乏,流离道路。"

又,"赤眉遂烧长安宫室、市里,害更始。民饥饿相食,死者数十万,长安为虚,城中无人。"

另外,公孙述的一个功曹李熊对他说:"今山东饥馑,人庶相食,兵所屠灭,城邑丘墟。"(《后汉书·公孙述传》)窦融给隗嚣的信说:"自起兵以来,转相攻击,城郭皆为丘虚,生人转于沟壑。"(《后汉书·窦融传》)当时的一位学者冯衍说:"元元无聊,饥寒并臻,父子流亡,夫妇离散,庐落丘墟,田畴芜秽,疾疫大兴。……死亡之数,不啻太半。"(《后汉书·冯衍传》)

边疆地区,战乱波及少,破坏比较小。

《后汉书·公孙述传》:"蜀地肥饶,兵力精强,远方士庶多往归之,邛笮君长皆来贡献。李熊复说述曰:今山东饥馑,人庶相食,兵所屠灭,城邑丘墟。蜀地沃野千里,土壤膏腴,果实所生,无谷而饱。女工之业,覆以天下。名材竹干,器械之饶,不可胜用。又有鱼盐铜银之利,浮水转漕之便。北据汉中,杜褒、斜之险;东守巴郡,拒扞关之口。地方数千里,战士不下百万。见利则出兵而略地,无利则坚守而力农。东下汉水,以窥秦地;南顺江流,以震荆、扬。所谓用天因地,成功之资。"

这是西南蜀地。

《后汉书·窦融传》:"融,……累世在河西,知其土俗,独谓兄弟曰:'天下安危未可知。河西殷富,带河为固,张掖属国,精兵万骑。一旦缓急,杜绝河津,足以自守,此遗种处也。'兄弟皆然之。"

又,"帝闻河西完富,地接陇、蜀,常欲招之以逼嚣、述。……赐融玺书曰:制诏行河西五郡大将军事、属国都尉:劳镇守边五郡,兵马精强,仓库有蓄,民庶殷富,外则折挫羌胡,内则百姓蒙福。"

《后汉书·马援传》:"朝廷以金城破羌之西,涂远多寇,议欲弃之。援上言:破城以西,城多完牢,易可依固。其田土肥壤,灌溉流通。如今羌在湟中,则为害不休,不可弃也。帝然之。于是诏武威太守,令悉还金城客民。归者三千余口,使各反旧邑。援奏为置长吏,缮城郭,起坞候,开导水田,劝以耕牧,郡中乐业。"

《后汉书·孔奋传》:"时天下扰乱,唯河西独安,而姑臧称为富邑,通货羌胡,市日四合。"

这是西北陇上地区。

《后汉书·贾琮传》:"旧交阯土多珍产,明玑、翠羽、犀、象、瑇瑁、异香、美木之属,莫不自出。前后刺史,率多无清行,上承权贵,下积私赂,财计盈给,辄复求见迁代。"

《后汉书·钟离意传》:"显宗即位,征为尚书。时交阯太守张恢,坐臧千金,征还伏法。以物资簿入大司农,诏班赐群臣。意得珠玑,悉以委地而不拜赐。"

这是南疆交阯地区。

巴蜀、陇上、交阯,战乱所不及,故得保其富饶。从全国形势看,遭受破坏的地区是大于保持安定的地区的。

中原地区破坏大,但也多少解决了一点社会问题。中国历史上往往是这样情况在改朝换代时期反复出现:土地兼并集中,农民穷困再也生活不下去,便起来暴动。一场大乱之后。人口死亡,土地荒芜成为无主之田,或土地虽然有主人却极需要劳动力去垦辟。这样农民又安定下来,也就松动了些,可以生活下去。这就是所谓的农民起义多多少少推动了生产力的发展。其实,生产工具没有改进,生产力没有提高,出现的只是人口死亡,劳动力减少,土地荒芜,缺人耕种,相对地解决了土地集中的问题而已。

东汉初年,就是如此。在战乱中,生命难保,谁也没有致力耕稼的情绪。《后汉书·淳于恭传》:"初遭贼寇,百姓莫事农桑。恭常独立耕田。乡人止之曰:'时方淆乱,死生未分,何空自苦为?'恭曰:'纵我不得,它人何伤!'垦耨不辍。"淳于恭的独耕是难得的,"莫事农桑",却是百姓中的普通情况和普遍情绪。但不耕作,便不能生产出粮食,就要挨饿。不耕稼的情绪和情况,是不能持久的。饥饿迫使人人希望恢复农业生产。

大乱之后,土地兼并问题松动了,农民需要安定下来生产,存留下来的一些大土地所有者也需要安定下来恢复生产,政府也需要安定下来恢复生产,于是出现东汉初期的安定时代。

东汉初年,编户齐民大为减少。"百姓虚耗,十有二存。"(《续汉志·郡国志一》注)为了增加户口,增加生产,政府在修整水利、鼓励农垦,保护农民等方面,作了不少工作。

刘秀在位三十多年,前后曾七次下诏释放奴隶(详后)。这些奴隶,大部分本来是国家编户,遭难为奴。解放他们,说是出于人道,也就增加了国家的户口。刘秀还几次下诏把官徒和罪人免为庶人。如建武五年诏:"其令中都官、三辅、郡国出系囚,罪非犯殊死,一切勿案。见徒免为庶人。"这项措施,也应从增加劳动力以恢复生产来理解。

大乱之后,土地失主,豪族强宗必然强占了小民的土地。为了检查土地占有情况,刘秀曾实行度田。这在前面已经论述过。由于豪族强宗"田宅逾制",执行度田的官吏"优饶豪右,侵刻羸弱",使度田未能贯彻执行。

明帝曾先后五次下诏:"流人无名数欲自占者,人一级。"(《后汉书·明帝纪》)章帝也下过几次同样的诏书。东汉前期,荒地还有很多。明帝、章帝乃至稍后的和帝、安帝,都曾多次效法西汉把国有土地(公田)假给或赐给贫民。

明帝永平九年四月甲辰:"诏郡国以公田赐贫人,各有差。"(《后汉书·明帝纪》)

章帝建初元年七月辛亥:"诏以上林池籞田赋与贫人。"(《后汉书·章帝纪》)

元和元年二月甲戌诏曰:"其令郡国募人无田欲徙它界就肥饶者,恣听之。到在所赐给公田,为雇耕佣,赁种饷,贳与田器。勿收租五岁,除筭三年。其后欲还本乡者,勿禁。"(同上)

元和三年正月乙酉诏曰:"今肥田尚多,未有垦辟。其悉以赋贫民,给与粮种,务尽地力,勿令游手。"(同上)

和帝永元五年九月诏:"令郡县劝民蓄蔬食,以助五谷。其官有陂池,令得采取,易收假税二岁。"十五年六月诏令:"百姓鳏寡,渔采陂池,勿收假税二岁。"

东汉前期,顺应时代要求,也出现了一些好地方官。他们都注意增垦土地,招抚流民,在恢复农业生产方面作了一些有益于民的工作。建武五年,郭伋"转为渔阳太守。……匈奴畏惮远迹,不敢复入塞,民得安业。

在职五岁,户口倍增。"(《后汉书·郭伋传》)李忠于建武三年任"丹阳太守。……垦田增多,三年间流民占著者五万余口"。(《后汉书·李忠传》)杜诗,(建武)七年,"迁南阳太守。性节俭而政治清平,以诛暴立威,善于计略,省爱民役。造作水排,铸为农器,用少见功多,百姓便之。又修治陂池,广拓土地,郡内比室殷足,时人方于召信臣。故南阳为之语曰:前有召父,后有杜母。"(《后汉书·杜诗传》)张堪,建武二年,"拜渔阳太守。……乃于狐奴开稻田八千余顷,劝民耕种,以致殷富。百姓歌曰:桑无附枝,麦穗两歧,张君为政,乐不可支。"(《后汉书·张堪传》)张纯,建武二十三年,"代杜林为大司空。在位慕曹参之迹,务在无为,选辟掾史,皆知名大儒。明年,上穿阳渠、引洛水为漕。百姓得其利。"(《后汉书·张纯传》)马棱,章和元年,"迁广陵太守。时谷贵民饥,奏罢盐官,以利百姓。赈贫赢,薄赋税,兴复陂湖,溉田二万余顷,吏民刻石颂之。"(《马援传·附族孙棱传》)

汝郁,和帝初陈国汝郁,"累迁为鲁相。以德教化,百姓称之,流人归者八九千户。"(《后汉书·贾逵传》)

张禹,元和三年,"迁下邳相。徐县北界有蒲阳坡(同陂),旁多良田,而埋废莫修。禹为开水门,通引灌溉,遂成熟田数百顷。劝率吏民,假与种粮,亲自勉劳,遂大收谷实。邻郡贫者归之千余户。室庐相属,其下成市。后岁至垦千余顷,民用温给。"注引《东观记》曰:"(蒲阳)坡,水广二十里,径且百里,在道西,其东有田可万顷。"又曰:"邻国贫人来归之者,茅屋草庐千户,屠酤成市,垦田千余顷,得谷百万余斛。"(《后汉书·张禹传》)

何敞,和帝时,"迁汝南太守。……修理鲖阳旧渠,百姓赖其利,垦田增三万余顷。吏人共刻石颂敞功德。"注引《水经注》云:"葛陂东出为鲖水,俗谓之三丈陂。"(《后汉书·何敞传》)

好官良吏,对人民大有好处。一个好官出现,一片地区人民受益。对于挣扎在死亡线上的人民,是救命的大事。简单地说清官、好官都是统治阶级的工具,迷惑了人民对统治阶级的认识,麻醉了人民,这是非历史之义之论。

东汉前期政府,也注意水利。明帝永平十三年,决口六十多年的河水,在大水利工程家王景的督导下得到治理。《后汉书·王景传》:"永平十二年,议修汴渠,乃引见景,问以利水形便。景陈其利害,应对敏给。帝善之。……夏,遂发卒数十万遣景与王吴修渠筑堤,自荥阳东至千乘海口千余里。景乃商度地势,凿山阜,破砥绩,直裁沟涧,防遏冲要,疏决壅积。十里立一水门,令更相洄注,无复溃漏之患。景虽简省,役费然犹以百亿计。明年夏,渠成,帝亲自巡行。"

汴渠之外,各地也多修起或修复了一些灌溉水渠和陂池。在古代,水利灌溉是增加农业生产的重要条件。建武年间,张纯任大司空,建议在洛阳城南修造阳渠,"引济水为漕,百姓得其利"。(《后汉书·张纯传》)"马援在金城,缮城郭,起坞候,开导水利,劝以耕牧,郡中乐业。"(《后汉书·马援传》)邓晨为汝南太守,在郡"兴鸿郤陂,数千顷田,汝土以殷,鱼稻之饶,流衍它郡"。(《后汉书·邓晨传》)汝南陂池很多,年年修整,用费不少。明帝时,鲍昱作汝南太守,"作方渠石洫,水常饶足,溉田倍多。"(《后汉书·鲍昱传》)杜诗在南阳,"修治陂池,广拓土地,郡内比室殷足。"(《后汉书·杜诗传》)张堪任渔阳太守,"于狐奴开稻田八千余顷,劝民耕种,以致殷富。"(《后汉书·张堪传》)章帝时,张禹任下邳相,"徐县北界有蒲阳陂,旁多良田,而堙废莫修。禹为开水门,通引灌溉,遂成熟田数百顷,劝率吏民,假与种粮,亲自劳勉,遂大收谷实,邻郡贫者归之千余户。"(《后汉书·张禹传》)《东观记》说:"垦田千余顷,得谷百余万斛"。(注引)其他地方,如三辅、河内、河东、上党、赵国、太原、东郡、广陵等处,修复了不少陂塘、河渠,灌溉不少土地。章帝以后的和帝、安帝时期,是东汉由盛到衰的过渡时期,水利灌溉事业还能有所兴造。

在修复、修建灌溉河渠时,政府还注意不使豪强侵占沿水公私良田。永平十三年修整汴渠后下诏说:"滨渠下田,赋与贫人,无令豪右得固其利。"(《后汉书·明帝纪》)

明帝时,以郡国"牛疫水旱,垦田多减",曾下令各郡国区种,以增进顷亩。但实行的效果并不佳。"吏举度田,欲令多前,至于不种之处亦通为租。"(《后汉书·刘般传》)

在官民共同努力下,东汉前期社会经济逐渐恢复发展,人口逐渐增长。刘秀作了三十三年皇帝,到他在位最后一年,有户四百二十七万九千六百三十四,口二千一百万七千八百二十,约等于西汉末人口最盛时的五分之三左右。明帝到和帝时期,人口一直有增加。现在留下来的东汉户口最高统计数字,是桓帝永寿二年的数字,户一千六百零七万九百六,口五千零六万六千八百五十六。垦地最高数字是和帝末年的数字,七百三十二万零一百七十顷。(见《续汉志·郡国一》注引《帝王世纪》)

东汉户口、垦田,都是有虚报的,是不实的。殇帝延平元年的一个诏书说:"郡国欲获丰穰虚饰之誉,遂覆蔽灾害,多张垦田,不揣流亡,竟增户口。"(《后汉书·殇帝纪》)但尽管有虚报,户口有增加也是事实。

东汉社会经济的恢复发展,南方特别显著。有些地区大大超过西汉水平。西汉还不知牛耕的地方,东汉以来逐渐推广牛耕。王景作庐江太守,就把牛耕引到这一地区。他还把养蚕和纺织技术推广到这一带。《后汉书·王景传》,章帝建初八年,"迁庐江太守。先是百姓不知牛耕,致地力有余而食常不足。郡界有楚相孙叔敖所起芍陂稻田,景乃驱率吏民,修起芜废,教用犁耕。由是垦辟倍多,境内丰给。……又训令蚕织,为作法制。"

东汉时期,开发珠江流域最有功的应是卫飒和任延。《后汉书·卫飒传》:"河内修武人也,家贫好学问,随师无粮,常佣以自给。……建武二年,迁桂阳太守。郡与交州接境,颇染其俗,不知礼则。飒下车修庠序之教,设婚姻之礼。期年间,邦俗从化。先是含洭、浈阳、曲江三县,越之故地。武帝平之,内属桂阳。民居深山滨溪谷,习其风土,不出田租。去郡远者,或且千里,吏事往来,辄发民乘船,名曰:'传役',每一吏出,徭及数家,百姓苦之。飒乃凿山通道五百余里,列亭传,置邮驿,于是役省劳息,奸吏杜绝,流民稍还,渐成聚邑,使输租赋,同之平民。又耒阳县山铁石,它郡民庶常依因聚会,私为冶铸,遂招来亡命,多致奸盗。飒乃上起铁官,罢斥私铸,岁所增入,五百余万。"(《后汉书·循吏·卫飒传》)

卫飒在郡十年,建武二十五年征还。继任茨充在桂阳也有政绩,他"教民种桑柘麻纻之属,劝令养蚕织屦,民得利益焉"。(同上)

任延,建武初为九真太守。"九真俗以射猎为业,不知牛耕,民常告籴交阯,每致困乏。延乃令铸作田器,教之垦辟,田畴岁岁开广,百姓充给。"(《后汉书·循吏·任延传》)

九真是越人区域,社会落后。"民无嫁娶礼法","不识父子之性",似乎还在杂交阶段,任延教他们"皆以年齿相配","其产子者,始知种姓。咸曰:使我有是子者,任君也。多名子为任。"(同上)始知有种姓,有父子。

牛耕常常是伴随铁农具同时使用的。在当时广大北方早已知使用牛耕和铁农具的条件下牛耕和铁农具的推广更会是如此。牛耕和铁农具的使用,水利灌溉的利用,就使得广大南方以前人力不能垦辟的荒野,可以垦殖起来。东汉时期,南方长江流域人口比西汉时期大有增加。下面数字可以说明:

地区	西汉人口数	东汉人口数
扬	3 027 547	4 308 538
荆	3 597 358	6 268 952
益	4 628 654	7 242 028

注:数字根据《汉书·地理志》和《续汉志·郡国志》。

两汉的疆域,在荆益两州之南还有交州,辖境有现在的广东、广西等地。两汉在交州都设有南海、苍梧、郁林、合浦、交阯、九真和日南七个郡。县的设置也大体相同。但东汉时这七郡的户口比西汉时大有增加。户,增十五万;口,增五十六万七千多。现依《汉书·地理志》和《续汉志·郡国志》记载,列表如下:

	县 数		户 数		口 数	
	西汉	东汉	西汉	东汉	西汉	东汉
南海	6	7	19 613	71 477	94 253	250 280
苍梧	10	11	24 319	111 395	146 160	466 975
郁林	12	11	12 415	0	71 162	0

	县 数		户 数		口 数	
	西汉	东汉	西汉	东汉	西汉	东汉
合浦	5	5	15 398	23 121	78 980	78 980
交阯	10	12	92 440	0	746 237	746 237
九真	7	5	35 743	46 513	166 013	709 894
日南	5	5	15 460	18 263	69 485	100 676

交州和中原的交通来往,旧时多由海路。章帝时,郑弘任大司农遂开零陵、桂阳峤道。陆路的开辟,以交州的开发为基础;陆路开辟以后,又有利于交州的开发。《后汉书·郑弘传》:"建初八年,代郑众为大司农。旧交阯七郡贡献转运,皆从东冶,泛海而至,风波艰阻,沈溺相系。弘奏开零陵、桂阳峤道,于是夷通,至今遂为常路。"

东汉城市交换经济,比西汉似有发展。东汉中期的学者王符说:"今举俗舍本农趋商贾,牛马车舆填塞道路,游手为巧充盈都邑,务本者少浮食者众,商邑翼翼,四方是极。今察洛阳,资末业者什于农夫,虚伪游手什于末业。是则一夫耕百人食之,一妇桑百人衣之。以一奉百,孰能供之。天下百郡千县,市邑万数,类皆如此。"(《潜夫论·贵忠篇》见《后汉书·王符传》)

王符的话,是很说明问题的。当时人都舍弃本农而去务商。牛马车舆,填塞道路,说的是商品运输之盛。游手为巧,充盈都邑,说的是城市小商小贩之多。他所看到的是:大部分人口云集在城市。他以为城市经商的人口十倍于农民,而虚伪游手即城市无业游民又十倍于正当经商的人。照王符的估计,东汉人口百分之九十是无业游民。这当然是不可能的。但,十分之九不可能,多少可能? 城市人口和农村人口各半如何? 无论打多少折扣,城市人口很多,大约是没有问题的。

东汉末年,学者仲长统又谈到商业之盛。他说:豪人之室,"船车商贾,周于四方;废居积贮,满于都城。琦赂宝货,巨室不能容;马牛羊豕,山谷不能受。"(《昌言·理乱篇》,见《后汉书·仲长统传》)货物运输之盛,堆积之多,是惊人的。

司马迁《货殖列传》描述战国秦汉的商品生产、货物运输、城市分布、交换网络，是非常细致的。但没有王符、仲长统所说惊人。对比之下，使我们感到东汉城邑中人口集中比西汉高。

盐铁专卖问题，东汉有反复，有争议。

章帝时，国家财政渐有问题，国用常感不足，废钱，盐专卖等兴利之议又起。《后汉书·朱晖传》："是时谷贵，县官经用不足，朝廷忧之。尚书张林上言：谷所以贵，由钱贱放也。可尽封钱，一取布帛为租，以通天下之用。又：盐，食之急者；虽贵，人不得不须，官可自鬻。又宜因交阯、荆州上计吏，往来市珍宝，收采其利，武帝时所谓均输者也。于是诏诸尚书通议。晖奏据林言不可施行，事遂寝。后陈事者复重述林前议，以为于国诚便。帝然之，有诏施行。晖复独奏曰：'王制，天子不言有无，诸侯不言多少，禄食之家，不与百姓争利。今均输之法与贾贩无异，盐利归官，则天下穷怨，布帛为租，则吏多奸盗，诚非明主所当宜行。'帝卒以林等言为然，得晖重议，因发怒，切责诸尚书。……诸尚书不知所为，乃共劾奏晖。帝意解，寝其事。"

按：朱晖所言，引据王制，儒家之论也。此仍前汉盐铁之争。请废钱，亦仍贡禹之论。

参加这次争论的还有郑众，也是大儒。《后汉书·郑兴传附子郑众传》："建初六年，（众）代邓彪为大司农。是时肃宗议复盐铁官，众谏以为不可。诏数切责，至被奏劾，众执之不移。帝不从。"

汉帝国和周边各民族，经济联系是很多的。西南方面民族众多，比较分散，政治组织不强，汉族和他们的人民多是直接贸易。卓氏、程郑氏以冶铁起，居临邛之地，即直接"贾椎髻之人"，取财富。与政治组织强的大民族如南方之南粤，北方之匈奴，贸易往往受政府的管制，有定时定地的贸易，称为"互市"。铁可以制造兵器和各种工具，汉政府常以禁止铁的出口，控制他们的兵器的改进，也就控制了他们生产工具的改进，阻碍了他们生产的发展。东汉和鲜卑族的互市，可为一例。

《后汉书·应奉传附子劭传》载：中平二年应劭的话："鲜卑隔在漠北，犬羊为群，无君长之帅，庐落之居，而天性贪暴，不拘信义，故数犯障塞,且无宁岁。唯至互市,乃来靡服。苟欲中国珍宝,非为畏威怀德。计获事足,旋踵为害。是以朝家外而不内,盖为此也。"

和少数民族的互市,铁是禁止出卖的。应劭说鲜卑族在边境"劫居人,钞商旅,噉人牛羊,略人兵马","复欲以物买铁。边将不听,便取缣帛聚欲烧之"。(同上)

在和少数民族交通线上作官,是发财的好机会,也无不发家致富。像李恂那样,任使持节领西域副校尉。"西域殷富,多珍宝,诸国侍子及督使贾胡数遗恂奴婢、宛马、金银、香罽之属,一无所受"(《后汉书·李恂传》),确是很少的。

第 九 章
东汉的豪富家族

（一）世 家 豪 族

　　东汉豪族和西汉豪族比较,其突出处是:宗族间关系更为密切,豪族主的身份性渐渐成长。他们常是累世居官而又有文化。他们也可以称作世家豪族。

　　中国氏族社会解体之后,氏族组织却以宗族形式在阶级社会中保存下来。刘邦徙齐楚大族昭氏、屈氏、景氏、怀氏、田氏五姓关中。这五姓是旧氏族贵族残余,是五个大宗族。徙大族关中,原本是娄敬的建议,徙东方人于关中的理由是"关中,实少人",更重要的是"徙齐诸田、楚昭、屈、景、燕、赵、韩、魏后及豪杰名家居关中,无事可以备胡,诸侯有变,亦足率以东伐"。因人少而徙人,徙来的人可以备胡,可以东伐,可知受徙的人不在少数。齐诸田宗族众多,故以次第为氏,第五伦就是诸田之一支(《后汉书·第五伦传》)。他们是大宗族,不是少数几家人。秦汉之际,氏族组织残遗的宗族关系似不只在屈、景、昭、田这些大贵族中存在,大贵族之外,宗族关系在社会上似乎也是存在的。刘邦一次对群臣说:"诸君独以身从我,多者三两人,萧何举宗数十人皆随我,功不可忘也。"(《汉书·萧何传》)萧何为沛主吏掾,是个小官。小官也有宗族。不过无论是项羽集团还是刘邦集团,多是个人从军,举宗从军的不多,这也是事实。

从萧何的举宗数十人跟随刘邦来看,旧贵族以外,在社会上富有阶层中,宗族关系也是存在的。景帝、武帝时用酷吏打击的对象,也是地方上的豪猾宗族。《史记·酷吏·郅都传》:"济南瞷氏,宗人三百余家,豪猾,二千石莫能制。"瞷氏宗人三百余家,有共同的活动即豪猾不法。武帝时规定刺史以六条察郡,第一条就是"强宗豪右,田宅逾制,以强凌弱,以众暴寡"(《汉书·百官公卿表上》颜师古注引《汉官典职仪》),也说明强宗大姓在西汉时已是强大的。

西汉后期,豪富家族的财富膨胀,宗族间休戚与共的关系有显著发展。昭帝末,赵广汉守京兆尹,新丰杜建为京兆掾。杜建素豪侠,宾客为奸利,广汉"于是收案致法……宗族宾客谋欲篡取"(《汉书·赵广汉传》)。后广汉迁颍川太守。"郡大姓原、褚,宗族横恣,宾客犯为盗贼,前二千石莫能禽制。广汉既到,数月,诛原、褚首恶,郡中震栗。"(同上)颍川郡大族强宗不止原、褚两家。颍川的"豪杰大姓,相与为婚姻,吏俗朋党,广汉患之"(同上)。他用离间计,使他们互相猜疑。"其后,强宗大族家家结为仇雠,奸党散落"(同上)。

原始氏族是同财共活的,过的是原始共产主义生活。氏族贫富分化后,宗子仍有收养赡给同宗族贫穷者的义务。西汉晚年,同宗中这种关系又显露出来。事例见于《汉书》的如:

《杨恽传》:"受父财五百万,及身封侯,皆以分宗族。"

《循吏·朱邑传》:"身为列卿,居处俭节,禄赐以分九族乡党,家亡余财。"

《鲍宣传》:"邳越散其先人赀千万以分施九族州里。"

《张汤传》:"临(张汤玄孙)亦谦俭。……且死,分施宗族故旧,薄葬不起坟。"

西汉后期,各地这些大族强宗已构成各地一些大大小小的地方势力。到王莽末年,赤眉、绿林农民一发难,各地豪族强宗也都纷纷起来。势力小的,拥众自守;势力大的,就划地称雄。《后汉书·叙传上》:"世祖即位于冀州,时隗嚣据陇拥众,招辑英俊;而公孙述称帝于蜀汉。天下云扰,大者连州郡,小者据县邑。"薛莹《光武赞》:"王莽之际,天下云乱,英雄并发,其跨州据郡僭制者多矣。"(《艺文类聚》十二、《御览》九十引薛氏《后汉书》)

隗嚣、公孙述,这是势力大的,都割地称雄,后来公孙述还称帝。王莽末划地称雄的不只这两人,还有好多。

势力小,拥众自保的更是遍地都有。

《汉书·王莽传下》:"大姓栎阳申砀,下邦王大皆率众随(王)宪。属县黢严春,茂陵董喜、蓝田王孟、槐里汝臣、盩厔王扶、阳陵严本、杜陵屠门少之属,众皆数千人,假号称汉将。"

《后汉书·冯异传》:"赤眉、延岑暴乱三辅,郡县大姓各拥兵众。延岑据蓝田,王歆据下邦,芳丹据新丰,蒋震据霸陵,张邯据长安,公孙守据长陵,扬周据谷口,吕鲔据陈仓,角闳据汧,骆盖延据盩厔,任良据鄠,汝章据槐里,各称将军,拥兵多者万余,少者数千人。"

《后汉书·郭伋传》:"更始新立,三辅连被兵寇,百姓震骇,强宗右姓,各拥众保营,莫肯先附。"

《后汉书·刘盆子传》:"盆子居长乐宫,诸将日会论功,争言灌呼,拔剑击柱,不能相一。三辅郡县营长,遣使贡献,兵士辄剽夺之,又数虏吏民。百姓保壁,由是皆复固守。"

《后汉书·第五伦传》:"京兆长陵人也。其先齐诸田。诸田徙园陵者多,故以次第为氏。……王莽末,盗贼起,宗族闾里争往附之。伦乃依险固,筑营壁,有贼辄奋厉其众,引强持满以拒之。铜马赤眉之属,前后数十辈,皆不能下。"

《后汉书·樊宏传》:"南阳湖阳人也,世祖之舅。……更始立,欲以宏为将,宏叩头辞曰:书生不习兵事,竟得免。归与宗家亲属作营堑自守,老弱归之者千余家。时赤眉贼掠唐子乡,多所残杀。欲前攻宏营,宏遣人持牛酒米谷劳遗赤眉。赤眉长老闻宏仁厚,皆称曰:樊君素善,且今见待如此,何心攻之!引兵而去,遂免寇难。"

《后汉书·冯鲂传》:"冯鲂字孝孙,南阳湖阳人也。其先魏之支别,食菜冯城,因以氏焉。秦灭魏,迁于湖阳,为郡族姓。王莽末,四方溃畔,鲂乃聚宾客,招豪杰,作营堑,以待所归。是时湖阳大姓虞都尉反城称兵,先与同县申屠季有仇,而杀其兄,谋灭季族。季亡归鲂,鲂将季欲还其营,道逢都尉从弟长卿来,欲执季。鲂叱长卿曰:我与季虽无素故,士穷相归,要当以死任之,卿为何言? 遂与俱归。季谢曰:蒙恩得全,死无以为报,有牛马财物,愿悉献之。鲂作色曰:吾老亲弱弟皆在贼城中,今日相与,尚无所顾,何云财物乎? 季憨不敢复言。鲂自是为县邑所敬信,故能据营自固。时天下未定,而四方之士拥兵矫称者甚众,唯鲂自守,兼有方略。"

《后汉书·酷吏·李章传》:"光武即位,拜阳平令。时赵魏豪右往往屯聚,清河大姓赵纲遂于县界起坞壁,缮甲兵,为在所害。"

《后汉书·赵熹传》:"更始即位,舞阴大姓李氏,拥城不下。"

就是大的地方势力集团,也是以宗族为核心的。隗嚣在河西的割据,就是一个豪族强宗联盟。《后汉书·隗嚣传》:"嚣既立……遂立庙邑东,祀高祖、太宗、世宗,嚣等皆称臣,执事史奉璧而告。祝毕……遂割而盟曰:'凡我同盟,三十一将,十有六姓,允承天道,兴辅刘宗。如怀奸虑,明神殛之。'高祖、文皇、武皇,俾坠厥命,厥宗受兵,族类灭之。"

拥众自守的豪族强宗,全宗族的人都是生死与共的。如果起事失败,全族人都要被杀。《后汉书·隗嚣传》:"季父崔,素豪侠,能得众。闻更始立而莽兵连败,于是乃与兄义及上都人杨广、冀人周宗谋出兵应汉,嚣止之曰:'夫兵,凶事也,宗族何辜?' 崔不听。"这是隗嚣起事以前的事。隗嚣怕起事失败全宗族都要连坐被诛。全宗族被诛,在当时是常事。如《后汉书·李通传》:李通随光武起事,南阳"诛通兄弟门宗六十四人"。又同书《李忠传》:"王郎遣将攻信都,大姓马宠等开门内之,收太守宗广及忠母妻。……更始遣将攻破信都,忠家属得全。世祖因使忠还,行太守事。收郡中大姓附邯郸者,诛杀数百人。"

形势和命运,使宗族间关系更加密切。在王莽末年群雄割据的时代,各地割据的人物为了取得本地区内拥兵自守的豪族强宗的支持,对他们已经存在的宗族关系,只有尊重。

东汉建立,社会安定下来,豪族强宗的势力也固定下来。社会上到处是豪族强宗。在这些豪族强宗内部,各家经济都是独立的,也就有贫有富。富庶的家族对于贫弱的家族虽然没有收养的责任和义务,但为了加强宗族内部的凝聚力,保持宗族间的团结,有财有势的家族就在和平时期也形成一种风气:他们要拿出钱财赡养贫穷的宗人。而能够倾家好施的,也就成为一种受尊重的品德了。《后汉书》里这种记载很多。如:

《宋弘传》:"(建武)二年,代王梁为大司空,封栒邑侯。所得租奉,分赡九族,家无资产,以清行致称。"

《韦彪传》:"彪清俭好施,录赐分与九族,家无余财。"

《宣秉传》:"(建武)四年,拜大司徒。所得俸禄,辄以收养亲族。其孤弱者,分与田地。自无担石之储。"

《郭伋传》:"(建武)二十二年,徵为太中大夫,赐宅一区及帷帐钱谷,以充其家。伋辄散与宗亲九族,无所遗余。"

《廉范传》:"在蜀数年,坐法免归乡里。范世在边,广田地,积财粟,悉以赈宗族朋友。"

在宗族关系更趋密切的发展中,依附性也在暗暗滋长。宗族间的关系,也和宾客一样,从西汉到东汉,关系的性质隐约中正在走向转化。战国西汉的宾客,与主人是敌体的,是自由关系,合则来,不合则去。东汉的宾客,和主人的关系慢慢增长着依附性(详后)。宗族中的关系也是如此,慢慢生长着依附关系。这也是很自然的。既然各家财产是独立的,政治社会地位有高低,自然会滋长不平等。战乱中依附性就更会滋长。

宗族关系的密切,依附性的滋长,也反映在政治的连带关系上。宗族荣辱与共。宗人,特别是宗族中的主要家族,如果犯了罪,全宗族都要受累,或死或废。

《后汉书·邓骘传》:"遂废西平侯广宗、叶侯广德、西华侯忠、阳安侯珍、都乡侯甫德,皆为庶人。骘以不与谋,但免特进,遣就国。宗族皆免官归故郡。"

《后汉书·寇恂传》:"恂曾孙荣,……桓帝时为侍中,……见害于权宠。……延熹中,遂陷以罪辟,与宗族免归故郡。"

《后汉书·傅俊传》:"颍川襄城人也。世祖徇襄城,俊以县亭长迎军,拜为校尉。襄城收其母弟宗族,皆灭之。"

《后汉书·窦宪传》:"收宪大将军印绶,……宪及笃、景、瓌皆遣就国。……宪、笃、景到国,皆迫令自杀。宗族宾客以宪为官者,皆免归本郡。"

他们不仅在社会上有势力,经济上是豪富,而且还独占政府的官位,中央大官一般出自豪族强宗,地方官出自地方的豪族强宗。而且慢慢地形成了一些世代为官的家族。西汉时,已多有世二千石的家族。

东汉时,世代为官的家族更为显著。

弘农杨家,安帝时杨震为司徒。桓帝时,子秉为太尉。兄弟子侄,布满朝廷。秉子赐灵帝时任司徒。子彪献帝时为司徒。"自震至彪,四世太尉,德业相继,与袁氏俱为东京名族。"(《后汉书·杨震传》)

所谓袁氏,乃汝南袁家。章帝时,袁安为司徒。安孙汤,桓帝时为司空、司徒、太尉。汤子逢,献帝时为司空。逢弟隗,先逢为三公。安子敞,和帝时司空。自袁安到袁逢、隗,四世为三公者四人。灵帝时,"中常侍袁赦,隗之宗也,用事于中。以逢、隗世宰相家,推崇以为外援。故袁氏贵宠于世,富奢,甚不与他公族同"。(《后汉书·袁安传》)

东汉世代为官的世家豪族,往往是可以追溯到西汉或更早时期的,他们的先人在西汉或者更早已经作官了。如:

《后汉书·韦彪传》:"扶风平陵人也。高祖贤,宣帝时为丞相;祖赏,哀帝时为大司马。"

《后汉书·窦融传》:"扶风平陵人也。七世祖广国,孝文皇后之弟,封章武侯。融高祖父,宣帝时以吏二千石自常山徙焉。"

《后汉书·马援传》:"扶风茂陵人也。其先赵奢为赵将,号曰马服君,子孙因为氏。武帝时,以吏二千石自邯郸徙焉。曾祖父通,以功封重合侯。"

《后汉书·鲁恭传》:"扶风平陵人也。其先出于鲁倾公,为楚所灭,迁于下邑,因氏焉。世吏二千石,哀平间自鲁而徙。祖父匡,王莽时为羲和,有权数,号曰智囊。父某,建武初为武陵太守。"

《后汉书·廉范传》:"京兆杜陵人,赵将廉颇之后也。汉兴,以廉氏豪宗,自苦陉徙焉。世为边郡守。"

《后汉书·苏章传》:"扶风平陵人也。八世祖苏建,武帝时为右将军。祖父纯,字桓公,有高性,性强切而持毁誉,士友咸惮之……三辅号为大人。"

《后汉书·法雄传》:"齐襄王法章之后。秦灭齐,子孙不敢称田氏,故以法为氏。宣帝时,徙三辅,世为二千石。"

东汉豪族强宗进入仕途,一般通过选举。豪族强宗垄断选举,使选举不能真正选拔人才。这情况西汉已经出现。《汉书·于定国传》,元帝以条诏责丞相于定国说:"二千石选举不实,是以在位多不任职。"东汉建立,豪族强宗的势力越发发展,更加操纵选举垄断仕途。明帝即位即下诏说:"今选举不实,邪佞未去,权门请托,残吏放手,百姓愁怨,情无告诉,有司明奏罪名,亦正举者。"(《后汉书·明帝纪》)诏书是明帝下的,讲的是光武时事。开国第一个皇帝,选举不实的情况已是如此了。明帝打击豪强不法是比较严厉的。但他对选举不实,却是毫无办法。章帝初年一个诏书说:"选举乖实,俗吏伤人。……乡举里选,必累功劳,今刺史守相,不明真伪,茂才孝廉,岁以百数,既非能显,而当授之政事,甚无谓也。每寻前世举人贡士,或起甽亩,不系阀阅。敷奏以言,则文章可采;明试以功,则政有异迹。文质彬彬,朕甚嘉之。"(同上)

所谓"选举不实",就是选举为豪族强宗所"垄断"。起于甽亩的贫民,在选举面前是无分的。选举由阀阅家族独占了。

这是东汉开国初期三位皇帝时的情况,已是如此。此后政治日趋腐败,豪族强宗垄断选举的情况就更严重了。

东汉世家豪族的一重要突出的特性是知识化,或更确切地说是儒化。此亦不自东汉始,西汉后期,儒家已渐渐在政治上进取。班固《汉书·儒林传》赞说:"自武帝立五经博士,开弟子员,设科射策,迄于元始,百有余年,传业者寝盛,支叶藩滋,一经说至百余万言,大师众至千余人。盖利录之路然也。"

儒者依经术断事,就不是不学非儒之人所能及者。昭帝时即有下述一故事:

《汉书·隽不疑传》:"勃海人也。治《春秋》,为郡文学。进退必以礼,名闻州郡。……(暴)胜之遂表荐不疑,征诣公车,拜为青州刺史。……昭帝即位……擢为京兆尹。……始元五年,……有一男子……自谓卫太子。公车以闻。诏使公卿将军中二千石杂识视。……丞相、御史、中二千石至者,并莫敢发言。京兆尹不疑后到,叱从吏收缚。或曰:'是非未可知,且安之。'不疑曰:'诸君何患于卫太子!昔蒯聩违命出奔,辄距而不纳,《春秋》是之。卫太子得罪先帝,亡不即死,今来自诣,此罪人也。'遂送诏狱。天子与大将军霍光闻而嘉之,曰:'公卿大臣当用经术明于大谊。'繇是名称重于朝廷。"

元帝后儒术之盛,儒者多以儒学取大官位。例如:

《汉书·疏广传》:"东海兰陵人也。少好学,明《春秋》,家居教授,学者自远方至。征为博士太中大夫。地节三年,立皇太子,选丙吉为太傅,广为少傅。数月,吉迁御史大夫,广徙为太傅。"

《汉书·薛广德传》:"沛郡相人也。以鲁《诗》教授楚国,龚胜、舍师焉。萧望之为御史大夫,除广德为属……荐广德经行宜充本朝。为博士,论石渠,迁谏大夫,代贡禹为长信少府、御史大夫。"

《后汉书·乔玄传》:"七世祖仁,从同郡戴德学,著《礼记章句》四十九篇,号曰'乔君子'。成帝时为大鸿胪。祖父基,广陵太守。父肃,东莱太守。"

东汉儒学世家更盛,儒学、世家、豪族强宗结合为一体。豪族强宗子弟读书成为儒学士族,儒学士族作官扩大家族财产成为豪族强宗。(参看余英时教授《东汉政权之建立与士族大姓之关系》,见台湾联经出版事业公司出版余著《中国知识阶层史论》第 115 页。)

光武是南阳豪族,光武就是读书人,儒家。《后汉书·光武帝纪上》:"王莽天凤中,乃之长安,受尚书,略通大义。"《东观记》:"受尚书于中大夫庐江许子威。"光武读过尚书,到过长安,他自己是个儒者。东汉开国功臣中,多为儒者,赵翼《廿二史札记》有《东汉功臣多近儒》条,说:"西汉开国功臣,多出于亡命无赖;至东汉中兴,则诸将帅皆有儒者气象。亦一世风会不同也。"他举出邓禹、寇恂、冯异、贾复、耿况耿弇父子、祭遵、李忠、朱祐、郭凉、窦融、王霸、耿纯、刘隆、景丹为例。他指出"光武诸功臣，大半多习儒术"，这是历史事实，是对的。但他认为出现这种历史情况的原因是"盖一时之兴，其君与臣本皆一气所钟，故性情嗜好之相近，有不期然而然者，所谓有是君即有是臣也"，就有些问题。就该说，东汉初年出现这种情况的原因是：西汉以来，儒学盛，豪族大家的子弟大都读书治学。这是一。其二是：东汉反莽集团，大别之有二，一是农民集团，如赤眉、绿林、铜马是，一是豪家大族集团，如光武、公孙述、隗嚣等是，而光武又为这一大集团中势力最大者。反莽胜利的是豪族大家中的光武集团而不是赤眉、绿林。"东汉功臣多近儒"，背景如此，原因也在此。这不是"一气所钟"、"嗜好相近"、"不期然而然者"所能解释的。这是历史演化使然。

西周春秋时期，文武一途，无论贵族和士都是身兼文武。孔子以六艺教授，六艺礼、乐、射、御、书、数，就包括文武两方面的技能。学而优则仕，仕兼文武。孔子弟子就多能文能武。

战国时开始，文武有点分途而进了。孙膑、庞涓、白起、王翦、项燕，都是名将。苏秦、张仪，一些纵横家、策士都是些文臣。孟轲想作官，大约也只能作相，不能作将。西汉初年，创天下之际，布衣将相，说不上什么文武。文帝以后，文武似已分途，朝廷有一批文臣也有一批武将。班固在《汉书·赵充国传》后《赞曰》中说："秦汉以来，山东出相，山西出将。"山西出将的原因是："天水、陇西、安定、北地，处势迫近羌胡，民俗修习战备，高上勇力鞍马骑射。"（同上）山东、山西将相之分，实以文武已分途为前提。故文武分途，大体可以战国始。但西汉郡守二千石，仍是职兼文武的。平时治民，战时领兵出征，虽有郡尉，乃太守之副职，非与太守分领文武的。郡守身兼文武，可能与郡之起源有关。春秋开始有县，战国开始有郡。郡多在边境，守边是主要职务，非如秦汉以郡统县。相传下来，郡守仍有武职，故沿称郡将。

东汉文武分途，更趋明显。当然，就是后世，身兼文武，文武全才，出将入相，仍是历代不乏其人的。

（二）地　方　豪　族

东汉豪族势力发展的另一突出的情势是地方豪强势力的增长。

西汉地方豪强,多武断乡曲,还没有发展到把持地方政权。政府对武断乡曲的豪强,是严予打击的。武帝派刺史以六条察郡,其中一条是"强宗豪右,田宅逾制,以强凌弱,以众暴寡",一条是"二千石违公下比,阿附豪强,通行货赂,割损正令"(《汉书·百官公卿表》注引《汉官典职仪》)。这两条都是针对地方豪强的,防止地方豪强势力强大田宅逾制以强凌弱,也防止地方官和地方豪强勾结,形成地方割据势力。

除了就地防范、抑制外,就是采取迁徙政策,把他们迁到关中去。从刘邦迁徙关东六国旧贵族齐田氏、楚景、昭、屈开始,到西汉后期都执行这种政策。地方豪强资财到一定数额和作到二千石,就要被迁徙到关中去。这在前面讲西汉政府打击豪强的政策一节,已讲过了。

西汉政府的着眼点在:收社会上强大的势力在关中,在京师,在自己的眼下。它一方面迁地方势力到关中;另一方面朝廷贵族和地方到朝廷作官的地方人致仕,免官后一般也都仍留居京师不回原籍。例如:

《汉书·万石君传》:"其父赵人也,赵亡,徙温。……孝景季年,万石君以上大夫录归老于家,以岁时为朝臣。……建元二年……以长子建为郎中令,少子庆为内史。建老白首,万石君尚无恙,每百日沐浴归谒亲。"

《汉书·窦婴传》:"御史大夫赵绾请毋奏事东宫,窦太后大怒,……乃罢逐赵绾、王臧,而免丞相婴、太尉蚡。……婴、蚡以侯家居。蚡虽不任职,以王太后故,亲幸,数言事,多效。"

《汉书·灌夫传》:"颍阴人也。……夫为郎中将。数岁,坐法去。家居长安中。……复为代相。武帝即位,……徙夫为淮阳太守。入为太仆。二年,……徙夫为燕相。数岁,坐法免,家居长安。"

万石君石奋、温人,老致仕后,即居长安。窦婴、田蚡罢官后,居长安,尚可以说他们是外戚,灌夫则纯一官僚。前为郎中将,坐法免,居长安,后为燕相,坐法免官,却回长安居住。可证朝臣去官,无论是致仕、免官皆住在长安不回原籍。

官吏似乎只有罪大的才遣回乡里,而列侯也只有罪大的才遣就国。大官免官归故郡的如景帝时的郅都。他逼死临江王,"窦太后闻之,怒,以危法中都,都免归家。景帝乃使即拜都为雁门太守,便道之官"(《汉书·酷吏传·郅都传》)。郅都,河东大阳人。便道之官,即不经长安也。西汉后期,因罪免官归故里的渐多起来。如元帝时的石显,专权擅势。成帝即位,"迁显为长信中太仆,秩中二千石。显失倚。离权数月,丞相、御史条奏显旧恶,及其党牢梁、陈顺皆免官。显与妻子徙归故郡,忧满不食,道病死"(《汉书·佞幸传·石显传》)。又如哀帝时的薛宣"(宣)子况竟减罪一等,徙敦煌。宣坐免为庶人,归故郡"(《汉书·薛宣传》)石显是元帝的幸臣,害人很多,萧望之就死在他手。薛宣,成帝时丞相。

坐别人罪,免官归故里的也是不多。这在西汉,虽不是法律却是习惯法。成帝时,杜业上书就说:"故事、大逆、朋友坐免官,无归故郡者,今坐长(定陵侯淳于长)者归故郡,已深一等;红阳侯立坐子受长货赂故就国耳,非大逆也,而方进复奏立党友后将军朱博、巨鹿太守孙宏、故少府陈咸,皆免官,归咸故郡。刑罚无平,在方进之笔端。……众人皆言国家假方进权太甚。"(《汉书·杜周传附孙杜业传》)

西汉后期,大臣致仕归乡里的渐渐多起来。

《汉书·疏广传》:"广谓受曰:'……今仕官至二千石,宦成名立,如此不去,惧有后悔,岂如父子相随出关,归老故乡,以寿命终。不亦善乎?'受叩头曰:'从大人议。'即日父子俱移病,满三月赐告,广遂称笃,上疏乞骸骨。上以其年笃老,皆许之。……公卿大夫故人邑子设祖道,供张东都门外,送者车数百两,辞决而去。……广既归乡里,日令家共具设酒食,语族人故旧宾,与相娱乐。"

《汉书·薛广德传》:"广德沛郡相人也。……为御史大夫,凡十月免。东归沛,太守迎之界上。"

《汉书·两龚传》:"两龚皆楚人也。胜字君宾,舍字君倩。……少皆好学明经。……舍、胜既归乡里,郡二千石长吏初到官皆至其家,如师弟子之礼。"

《汉书·陈万年传》:"红阳侯(王)立举咸(万年子)方正,为光录大夫给事中。方进复奏免之。后数年,立有罪就国,方进奏归咸故郡,以忧死。"

大臣致仕免官归故里,列侯就国,可能和儒学之盛有关系。《汉书·窦婴、田蚡传》说:"婴、蚡俱好儒术。推毂赵绾为御史大夫,王藏为郎中令,迎鲁申公,欲设明堂,令列侯就国,除关,以礼为服制,以兴太平。……诸外家为列侯,列侯多尚公主,皆不欲就国。以故毁日至窦太后。太后好黄老言,而婴、蚡赵绾等务隆推儒术,贬道家言,是以窦太后滋不悦。"

由前举诸例来看,疏广叔侄、两龚、薛广德自请归乡里者都是儒家,迫使陈咸归故郡的翟方进也是儒家。我们或可从中得到大臣归故里列侯遣就国和儒家关系的一点消息。

王莽主政时,列侯就国的比较多。《汉书·彭宣传》:"宣上书,……愿上大司空、长平侯印绶,乞骸骨归乡里。……莽白太后,策宣曰:'惟君视事日寡,功德未效,迫于老眊昏乱,非所以辅国家,绥海内也。使光禄勋丰册诏君,其上大司空印绶,使就国。'"彭宣并无大过失,只以年老昏眊,就罢官使就国,这可能有王莽和彭宣间的政治矛盾,彭宣是由鲍宣推荐给哀帝任用的官,也可能王莽贯彻的是儒家"列侯就国"思想。《汉书·鲍宣传》:"喻麋郭钦,哀帝时为丞相司直……平帝时迁南阳太守。而杜陵蒋诩为兖州刺史,亦以廉直为名。王莽居摄,钦、诩皆以病免官,归乡里,卧不出户,卒于家。"二千石原是要迁徙关中的。王莽却使归乡里。《后汉书·隗嚣传》:"天水成纪人。……王莽国师刘歆引嚣为士。歆死,嚣归乡里。"总起来看,西汉后期和王莽时期,列侯、京官遣就国归乡里者日多。把贵族大官吏二千石豪富家族徙居关中的政策,已有些松弛了。

东汉的政策,和西汉相反,除外戚家族和特许者外,一般大臣去官就要回归乡里原籍,而且还不得私归京师。《后汉书·苏章传》附族曾孙《苏不韦传》:"不韦……父谦,初为郡都邮。时魏郡李暠为美阳令,与中常侍具瑗交通,贪暴为民患,前后监司,畏其势援,莫敢纠问。及谦至部,案得其臧,论输左校。谦累迁至金城太守,去郡归乡里。汉法:免罢守令,自非诏徵,不得妄到京师。而谦后私至洛阳。时暠为司隶校尉,收谦诘掠,死狱中。"

苏谦就是去郡后归乡里的。东汉的法律是非诏徵不得妄到京师。苏谦私到京师,司隶校尉李暠正好官报私仇把他逮捕入狱,以至诘掠死狱中了。其他罢官免官后归乡里的例如:

《后汉书·苏章传》:"(章)扶风平陵人也。……为并州刺史,以摧折权豪忤旨,坐免,隐身乡里,不交当世。"

《后汉书·邓禹传》附孙《邓骘传》:"帝……令有司奏悝等大逆无道,遂废……皆为庶人。骘以不与谋,但免特进,遣就国;宗族皆免官归故郡。……唯广得兄弟以母阎后戚属,得留京师。"

《后汉书·王符传》:"后度辽将军皇甫规解官归安定,乡人有以货得雁门太守者,亦去职还家。"

西汉用人,多通过选举、辟召和徵。而地方县令长,又多经过"郎"这一经历。从郎到地方官,东汉仍然走这条路。《后汉书·明帝纪》:"馆陶公主为子求郎,不许,而赐钱千万。谓群臣曰:郎官上应列宿,出宰百里,有非其人,则民受其殃。"郎是皇帝的近臣,经过郎这一历程加强地方官和皇帝的关系,也就加强了国家的统一和集权。东汉地方官多经过尚书历程。尚书也是皇帝的近臣。经过尚书,和西汉经过郎是一样,都是要通过这一制度增强地方和皇帝的关系。

西汉后期,渐有以地方属吏起家者。

《汉书·陈万年传》:"沛郡相人也。为郡吏、察举,至县令,迁广陵太守,以高第入为右扶风,迁太仆。"万年,元帝时人。

《汉书·于定国传》:"定国亦为狱吏,郡决曹,补廷尉史,……以材高举侍御史,迁御史中丞。……定国由是为光录大夫,……迁水衡都尉,超为廷尉。……为廷尉十八岁,迁御史大夫。甘露中,代黄霸为丞相。"

东汉的官,多先起家任地方属吏,如功曹之类,再由地方属吏经选举辟召而出任地方长官或朝廷官员。这和东汉地方豪强势力的增长可能大有关系,东汉地方豪强就多先任郡县属吏,再通过选举辟召出仕。

《后汉书·寇恂传》："上谷昌平人也,世为著姓。恂初为郡功曹,太守耿况甚重之。"

《后汉书·苏章传》："(苏)谦(苏章兄之孙),初为郡督邮,……累迁至金城太守。"

《后汉书·袁安传》："汝南汝阴人也。祖父良,习孟氏易,平帝时举明经,为太子舍人,建武初,至成武令。安少传良学。为人严重有威,见敬于州里。初为县功曹。……后举孝廉,除阴平长,任城令。"

《后汉书·郭躬传》："颍川阳翟人也。家世衣冠。父弘,习小杜律,太守寇恂以弘为决曹掾。……躬少传父业,讲授徒众常数百人。后为郡吏,辟公府。"

《后汉书·李恂传》："安定临泾人也。少习韩诗,教授诸生常数百人。太守颍川李鸿请署功曹,未及到而州辟为从事。会鸿卒,恂不应州命,而送鸿丧还乡里。既葬,留起冢坟,持丧三年。"

《陈禅传》："巴郡安汉人也。仕郡功曹,举善黜恶,为邦内所畏。察孝廉,州辟治中从事。"

《庞参传》："河南缑氏人也。初仕郡,未知名,河南伊庞奋见而奇之,举为孝廉,拜左校令。"

《后汉书·乔玄传》："梁国睢阳人也。……玄为县功曹。……举孝廉,补洛阳左尉。"

我曾粗略地统计了一下。除去皇后、诸侯王,《汉书》有传的,包括附传,有 250 人,《后汉书》有传的有 423 人。西汉 250 人中,由地方属吏起家的约有 45 人,占有传人数的 18%。东汉 423 人中,由地方属吏起家的约有 138 人,占有传人数的 32.6%。东汉官由地方属吏起家的大大超过西汉。这些出任地方属吏,多是地方豪强,把持地方官府,也是东汉地方豪强势力增长的一个原因。

郎、尚书是天子近臣。地方官出身郎、尚书,加强了地方与皇帝的关系,加强了集权。官吏出身地方属吏,强化了地方属吏与地方郡县长官的关系。两汉时期,郡县属吏由郡县守相令长任用,不关中央。这制度本身也培育地方属吏与地方长官间的特殊关系。东汉时期,地方长官与属吏之间渐渐增长一种皇帝与臣下君臣关系之外的另一种君臣关系。故吏关系。

　　这一切,都增强了地方分裂的倾向,不利于帝国的统一。东汉顺帝以后,出现了地方驱逐长吏的现象。《后汉书·质帝纪》,本初元年正月丙申诏曰:"顷者,州郡轻慢宪防,竞逞残暴,造设科条,陷入无罪。或以喜怒驱逐长吏,恩阿所私,罚枉仇隙,至令守阙诉讼,前后不绝。送故迎新,人离其害,怨气伤和,以致灾眚。"《桓帝纪》:建和元年四月壬辰,"诏州郡不得迫胁驱逐长吏。长吏臧满三十万而不纠举者,刺史、二千石以纵避为罪。若有擅相假印绶者,与杀人同弃市论。"

　　这显然是指的地方人士驱逐地方官。所谓长吏,可能还不包括刺史、二千石太守。但既谓长吏,显然包括县令长。这现象,反映地方势力的抬头和皇权的衰落。这是古代向中世纪过渡的历史长环中的政治趋势。这是中央皇权势力的衰微和地方分割势力的显露。一叶知秋,它显示我们时代在变化了。

（三）　皇室和外戚

　　东汉封国制度,是西汉制度的延续,封国有王侯两等。王国一般相当于郡,国相地位相等于郡守。所以有"郡国"、"郡国守相"之称。

　　封王只食租税,大国租税岁收有八千万左右。范晔在《后汉书》列传卷四十明帝诸子传《论曰》中说:"明帝封诸子,租岁不过两千万,马后为言而不得也。"注引《东观·明纪》:"皇子之封,皆减旧制。尝案舆地图,皇后在旁言:巨鹿、乐成、广平各数县,租谷百万。帝令满两千万止。诸小王皆当略与楚、淮阳相比,什减三四。'我子不当与先帝子等'者也。"但这是明帝初封各王时的情况。章帝建初四年又有改定。《后汉书·陈敬王羡传》:"肃宗……案舆地图,令诸国户口皆等,租入岁各入千万。"看来,岁租八千万是最高的了。

东汉封国国王,是毫无政治权力的。甚至生活都要受国相的干涉。《后汉书·河间孝王开传》:"开立四十二年薨,子惠王政嗣。政憸很,不奉法宪。顺帝以侍御史吴郡沈景有强能称,故擢为河间相。景到国谒王。王不正服,箕踞殿上。侍郎赞拜,景峙不为礼。问王所在。虎贲曰:'是非王邪?'景曰:'王不服,常人何别? 今相谒王,岂谒无礼者邪?'王惭而更服,景然后拜。出住宫门外,请王傅责之曰:'前发京师,陛下见受诏以王不恭,使相检督。诸君空受爵禄,而无训导之义。'因奏治罪。诏书让政而诘责傅。景因捕诸奸人,上案其罪。杀戮尤恶者数十人,出冤狱百余人,政遂为改节,悔过自修。"

国相对于国王,毫无尊重畏惧之心;国王对于国相,毫无上下之义。从这故事,大可玩味国王之政治地位了。

列侯所食县为侯国,功大者食县,小者食乡亭。国置相一人,主治民如令长。相不为侯臣,但纳租于侯,以户数为限。

光武尊崇开国功臣,食邑有到四县的。《后汉书·光武纪上》:"(建武)二年,封功臣皆为列侯,大国四县,余各有差。"如邓禹即食四县。

东汉开国初期三代皇帝,都是服膺儒学的,极重亲亲之道。对诸侯王都是赏赐极丰沃的。其中东平王苍是明帝同母兄弟,赏赐之多,待遇之厚,更是破格的。《后汉书·东平宪王苍传》:"永平五年,听就国。加赐钱五千万布十万匹。七年,皇太后崩,既葬,苍乃归国,特赐宫人奴婢五百人,布二十五万匹。永平十五年,明帝行幸东平,赐苍钱千五百万,布四万匹。章帝即位,又特赐苍钱五百万。建初六年冬,苍上疏求朝明年正月,帝许之。特赐装钱千五百万,其余诸王各千万。苍在京城数月,归国时复赐乘舆服御、珍宝、舆马、钱布以亿计。东平王死。赐钱前后一亿,布九万匹。"

对于东平王苍的赏赐是特多的,但其他王的赏赐也并不少。对东平王苍赏赐一千五百万时,对其他诸王也各不下一千万。诸侯王食租税外,皇帝的赏赐是一大收入。

为了显示东汉皇帝对诸侯王赏赐之优厚,以下就《后汉书》记载再举几例:

《阜陵质王传》:"以阜陵下湿,徙都寿春,加赐钱千万,布万匹。"

《中山简王焉传》:"自中兴至和帝时,皇子始封薨者,皆赙钱三千万,布三万匹。嗣王薨,赙钱千万,布万匹。是时窦太后临朝,窦宪兄弟擅权,太后及宪等东海出也,故睦于焉而重于礼,加赙钱一亿。"

《济北惠王寿传》:"自永初以后,戎狄叛乱,国用不足,始封王薨减赙钱为千万,布万匹。嗣王薨,五百万,布五千匹。时唯寿最尊亲,特赙钱三千万,布三万匹。"

皇帝对于封国又有君臣的一面,皇帝是君,诸侯王是臣,为了维持帝国的统一,君权的稳固,凡诸侯王的活动、行为对皇权不利时,是要受到皇帝的限制和制裁的。

皇子封王后,到一定年龄就要出就国,离开京师。这是西汉就已建立起来的制度,东汉继续实行。但在实行上,皇帝往往以友于之情为理由,推迟诸侯王的就国时间。下面是《后汉书》诸王传的几条记载。

《东海恭王彊传》:"(建武)十九年,封为东海王,二十八年就国。"

《沛献王辅传》:"(建武)十五年封右冯翊公。十七年郭后,(沛王生母)废为中山太后,徙辅为中山王,并食常山郡。二十年复徙封沛王。……二十八年,就国。"

《楚王英传》:"以建武十五年封为楚公,十七年进爵为王,二十八年就国。"

《东平宪王苍传》:"(建武)十五年封东平公,十七年进爵为王。……显宗甚爱重之,及即位拜为骠骑将军,……位在三公上。……帝每巡狩,苍常留镇,侍卫皇太后。……苍在朝数载,多所隆益,而自以至亲辅政,声望日重,意不自安,上疏归职曰:'……自汉兴以来,宗室子弟无得在公卿位者。……乞上骠骑将军印绶,退就藩国。'……帝优诏不听。其后数陈乞,辞甚恳切。(永平)五年,乃许还国。"

就举这几条。封王就国是通例,因年龄幼小留在京师,也是常规。若留京师过久,臣下就要上书请求遣就国了。

《后汉书·宋均传附族子意传》:"肃宗性宽仁,而亲亲之思笃,故叔父济南、中山二王每数入朝,特加恩宠,及诸昆弟并留京师,不遣就国。

意……乃上疏谏曰:'……今康、焉亲以支庶享食大国,……男女少长,并受爵邑,恩宠逾制,礼敬过度。……又西平王羡等六王,皆妻子成家,官属备具,当早就藩国,为子孙基阯。而室第相望,久磐京邑,婚姻之盛,过于本朝,仆马之众,充塞城郭,骄奢僭拟,宠录隆过。今诸国之封……道路夷近,朝聘有期,行来不难,宜……发遣康、焉,各归藩国,令羡等速就便时,以塞众望。'"

《后汉书·孝明八王陈敬王羡传》:"(建初)三年,有司奏遣羡与巨鹿王恭,乐成王党俱就国。肃宗性笃爱,不忍与诸王乖离,遂皆留京师。明年,案舆地图,令诸国户口皆等,租入岁各八千万。"

《后汉书·清河孝王庆传》,和帝时,"有司以日食阴盛,奏遣诸王侯就国。"

东平王苍能留在京师,且以骠骑将军辅政,明帝巡狩则命苍留守,这确实是自汉兴以来所没有的。其所以出现这种形势,大约是因为苍是明帝的同母兄弟,永平初年明帝欲稳固皇权,必先抓住同母兄弟作为自己的羽翼。但东平王苍总是心不自安的,所以一再恳辞,要求出就国。对此,范晔极赞东平王苍的明智,他说:"东平宪王,可谓好礼者也。若其辞至戚,去母后,岂欲苟立名行而忘亲遗义哉,盖位疑则隙生,累近则丧大,斯盖明哲之所为叹息。呜呼,远隙以全忠,释累以成孝,夫岂宪王之志哉!"(《后汉书·东平宪王苍传论曰》)

封国诸侯王留在京师,有政变夺权的危险,越是关系亲的王,危险越大。两汉政策都是诸王到一定年龄就要出就国,不得留在京师。但对有些不利留在地方的势力,又采取调集京师的办法。西汉徙地方二千石及豪族强宗家族于关中诸陵,东汉初调功臣入京,都是如此。大概凡不利皇权的势力,其基础如在京师,则由京师调往地方,如在京师有势力的诸侯和外戚是:凡势力在地方的,如光武的功臣皆领兵在外或还兼任地方官,其基础在地方,则调进京师,任以闲散高位养起来。

公卿大臣,豪族强宗招揽宾客,自西汉就为皇帝所憎恶,常常加以打击。东汉自光武始,对封国国王收引宾客就是打击的。《后汉书·沛献王辅传》:"(建武)二十年复徙封沛王。时禁网尚疏,诸王皆在京师,竞修名誉,争礼四方宾客。寿光侯刘鲤,更始子也,得幸于辅。鲤怨刘盆子害其父,因辅结客报杀盆子兄故式侯恭。辅坐系诏狱,三日乃得出。自是后诸王宾客,多坐刑罚。"

《后汉书·樊宏传附子儵传》:"建武中,禁网尚阔,诸王既长,各招引宾客,以儵外戚,争遣致之,而儵清静自保,无所交结。及沛王辅事发,贵戚子弟多见收捕,儵以不豫得免。"

《后汉书·郅恽传》:"(恽子寿)迁冀州刺史。时冀部属郡多封诸王,宾客放纵,类不检节,寿案察之,无所容贷。乃使部从事专住王国,又徙督邮舍王宫外,动静失得,即时骑驿上奏王罪及劾傅相。于是藩国畏惧,并为遵节。视事三年,冀土肃清。……肃宗……擢为京兆尹。郡多强豪,奸暴不禁。三辅素闻寿在冀州,皆怀震竦,各相检勒,莫敢干犯。"

在摧折诸侯王时,明帝在他们父子(光武、明帝、章帝)三代中,是最下得狠手的。他治楚王狱,株连最广,杀人最多。《后汉书·楚王英传》:"楚狱遂至累年,其辞语相连自京师亲戚、诸侯、州郡豪杰及考案吏阿附相陷,坐死徙者以千数。"

楚王英的"生母许氏无宠,故英国最贫小",自明帝"为太子时,英常独归附太子,太子特亲爱之。及即位数受赏赐"(同上)。楚王英少年时虽曾"好游侠,交通宾客",但"晚节更喜黄老学,为浮屠斋戒祭"(同上)。永平八年"诏令天下死罪,皆入缣赎"时,楚王英"遣郎中令奉黄缣白纨三十匹诣国相曰:托在藩辅,过恶累积,欢喜大恩,奉送缣帛,以赎愆罪。"国相报给皇帝。明帝下诏曰:"楚王诵黄老之微言,尚浮屠之仁祠,洁斋三月,与神为誓,何嫌何疑,当有悔吝? 其还赎以助伊蒲塞、桑门之盛馔。"(同上)

就是这样一个楚王英,不几年却要"招聚奸猾,造作图谶,擅相官秩,置诸侯王公将军二千石"(同上),图谋不轨,大逆不道了。英遭废后,徙丹阳。不久,英自杀。

很明显,楚王英是个冤案。他成了皇权与封国矛盾中的牺牲品。楚王英大约是光武诸子中的一个有才华的,少年时好游侠,交通宾客,晚年更喜黄老浮屠,一听到入缣赎罪就拿出缣纨来赎愆罪,这都暴露了他的痛苦心迹。《后汉书·北海靖王兴传附子睦传》一段故事，很可启发我们来了解楚王英的遭遇。传说："睦少好学，博通书传。光武爱之，数被延纳。显宗之在东宫，尤见幸待，入侍讽诵，出则执辔。中兴初，禁网尚阔，而睦性谦恭好士，千里交结，自名儒宿德，莫不造门。由是声价益广。永平中，法宪颇峻。睦乃谢绝宾客，放心音乐。然性好读书，常为爱玩。岁终，遣中大夫奉璧朝贺，召而谓之曰：'朝廷设问寡人，大夫将何辞以对？'使者曰：'大王忠孝慈仁，敬贤乐士，臣虽蝼蚁，敢不以实。'睦曰：'吁！子危我哉！此乃孤幼年进趣之行也。大夫其对以孤袭爵以来，志意衰惰，声色是娱，犬马是好。'使者受命而行。其能屈申若此。"

北海王睦的行径、思想，和楚王英有些相似。北海王睦逃过了关，楚王英未闯过去。这大约是因为睦少好学，博通书传，是文的；而楚王英却少好游侠，交通宾客，有作乱细胞。

一般来说，东汉诸王行为出格的少，叛逆的少，荒淫的少。《后汉书·光武十王传》十王加附传一王共十一王中，无子国绝的五家，传国到汉亡的四家，因罪国除的两家。明帝八王，无子国绝的四家，传国到汉亡的两家，因罪国除的两家。（《明帝八王传》）章帝七王和帝一王，八家中无子国绝的六家，传国到汉亡的一家，因罪国除的一家。（《章帝七王和帝一王传》）范蔚宗在《明帝八王传》后论曰："明帝封诸子，租岁不过二千万，马后为言而不得也。贤哉！岂徒俭约而已乎？知骄贵之无厌，嗜欲之难极也。故东京诸侯，鲜有至于祸败者也。"范晔的话，是有见地的，是有道理的。

前已言之，东汉外戚，多出豪家。《后汉书·皇后纪》立纪的有十七个皇后，其中除一二家如灵帝何皇后出身贫贱外，大多出自豪富家族。

光武帝郭皇后，真定槀人，为郡著姓。父昌，让田宅财产数百万与异母弟，国人义之。母，真定恭王的女儿。光武和郭后的婚姻，是政治婚。光武到河北，以各种手段谋取河北豪族强宗的支持。光武娶郭后，就是为了取得郭家特别是后的舅家真定侯刘杨的支持。

光武阴皇后，南阳新野人，是一家豪富强宗。光武弟兄起事后，阴后的前母兄阴识，"率子弟宗族宾客千余人往诣伯升"（《后汉书·阴识传》)。有宗族宾客千余人,这当然是豪族强宗。

郭、阴两家在东汉社会政治上影响不大,政治上没有掌握过大权。东汉外戚,政治上威势大,社会上影响大的,要推马、窦、邓、梁四大家族。

明帝马皇后,出自马家,是开国元勋马援的女儿。马援,扶风茂陵人。这家的家世可以上推到战国。其先赵奢为赵将,号曰马服君。子孙因以为氏。武帝时,以吏二千石自邯郸徙茂陵。论起血缘来,马家是六国旧贵族之后。

马援在平定隗嚣和交趾时,立了大功。女为明帝皇后。马家最盛时期,是在章帝时。马援子马防,拜车骑将军,城门校尉如故,掌兵又有权。"贵宠最盛,与九卿绝席"(《后汉书·马援传附子防传》)。"防兄弟贵盛,奴婢各千人以上,资产巨亿,皆买京师膏腴美田。又大起第观,连阁临道,弥亘街路,多聚声乐,曲度比诸郊庙。宾客奔凑,四方毕至。京兆杜笃之徒数百人,常为食客,居门下;刺史、守令,多出其家。岁时赈给,乡间故人,莫不周洽。防又多牧马畜,赋敛羌胡。"(同上)马后(时为太后)死,"马氏失势"。章帝对马防兄弟的豪盛本不喜欢,数加谴勒。由是"权势稍损,宾客亦衰"。后"有司奏防兄弟奢侈逾僭,浊乱圣化,悉免就国"(同上)。后来,几经兴衰,到安帝初平七年,以邓太后诏"诸马子孙还京师,随四时见会如故事。"(同上)

章帝窦皇后和桓帝窦皇后都出自窦家。

东汉窦家之兴,由窦融始。窦融,扶风平陵人。七世祖广国,文帝窦皇后弟,封章武侯。融高祖父于宣帝时以二千石自常山徙平陵。高祖父尝为张掖太守,从祖父为护羌校尉,从弟亦为武威太守。窦家是从西汉文帝时起延续下来的世二千石,世家豪族。

更始时,窦融任张掖属国都尉,受河西五郡太守的推举为行河西五郡大将军事监五郡。在公孙述、隗嚣割据称雄时,窦融率先以河西归光武。所以窦氏在东汉也是功臣元勋之属,备受尊崇。融长子穆尚内黄公主,为城门校尉,穆子勋尚东海王疆女沘阳公主,融弟友之子固亦尚光武女涅阳公主。明帝即位,又以融从兄子林为护羌校尉。"窦氏一公、两侯、三公主,四二千石,相与并时。自祖及孙,官府邸第相望京邑,奴婢以千数,于

亲戚功臣中,莫与为比。"(《后汉书·窦融传》)

明帝抑制豪族,窦林以罪诛。明帝给窦融诏书,"戒以窦婴、田蚡祸败之事"(《后汉书·窦融传》)。融年老,"子孙纵诞,多不法。穆等遂交通轻薄,属托郡县,干乱政事"(同上)。明帝大怒,"乃尽免穆等官,诸窦为郎吏者皆将家属归故郡,独留融京师"。后穆与子宣又犯罪死,窦勋亦死。窦家威势一落。

明帝后期,窦固击匈奴有功。章帝时,历任大鸿胪、光录勋、卫尉。"甚见尊贵,赏赐租录,赀累巨亿"(同上附《窦固传》)。

章帝建初二年,窦勋之子窦宪妹立为皇后。"窦宪为侍中,虎贲中郎将,弟笃为黄门侍郎,兄弟亲幸,并侍宫省,赏赐累积,宠贵日盛。自王主及阴、马诸家,莫不畏惮。"(同上附《窦宪传》)和帝立,窦太后临朝,窦宪以侍中,入幹机密,出宣诰命。弟笃为虎贲中郎将,笃弟景、瑰并为常侍。于是兄弟皆在亲要之地。窦宪征匈奴有功。"斩名王已下万三千级,获生口马牛羊橐驼百余万头,……降者前后二十余万人。宪、秉(耿秉)遂登燕然山,去塞三千余里。于是拜宪大将军,封武阳侯,食邑二万户,位在三公上。"窦氏家族中,窦宪、窦笃、窦瑰、窦景"四家竞修第宅,穷极工匠"(同上)。"权贵显赫,倾动京都。虽俱骄纵,而景尤甚。奴客缇骑,依倚形势,侵凌小人,强夺财货,篡取罪人,妻略妇女,商贾闭塞,如避寇雠。"(同上)

这一大家,虽然中间几有起伏。但却维持家门一直到东汉末年,窦武为三公,还和宦官进行过一场斗争。

和帝邓皇后、桓帝邓皇后,出自邓家。

邓禹,南阳新野人,是刘秀的智囊人物,随刘秀于河北,任前将军。光武即帝位,策拜为大司徒,时年二十四。但邓禹并不是将才,他和赤眉作战,狼狈大败。东汉初年,邓禹又是功臣,又是南阳人,特受尊重。光武时为司徒,明帝即位为太傅。

邓家在豪富家族中,是比较守法的。有家教,有文化。邓禹"常欲远名势","修整闺门,教养子孙,皆可以为后世法"。(《后汉书·邓禹传》)邓氏家族,"自祖父禹教训子孙,皆尊法度,深戒窦氏,检勒宗族,阖门静居"(同上附《邓骘传》。骘,邓禹孙)。

出自梁家的皇后,有顺帝梁皇后和桓帝梁皇后。东汉外戚四大家族中,权势最大的是窦氏和梁氏两家,梁家尤为骄纵。

东汉梁氏之兴,起自安定乌氏梁统。梁氏家族来自春秋时期,晋大夫梁益耳。梁统高祖子都自河东迁居北地。子都子桥,以赀千万徙茂陵。西汉末哀平之际迁安定。更始时为酒泉太守,与河西诸郡共起保境安民,共谋推统为帅,统固辞,推让窦融。

统子竦二女为章帝贵人,小贵人生和帝,为窦皇后所养,两贵人被窦后诬害死。窦太后死后,和帝始知为梁贵人所生。赏赐贵人姊梁嫕"衣被、钱帛、第宅、奴婢,旬月之间累资千万"(《后汉书·梁统传》)。封帝诸舅"棠为乐平侯,棠弟雍乘氏侯,雍弟翟单父侯,各五千户,位皆特进,赏赐第宅、奴婢、车马、兵弩什物以巨万计,宠遇光于当世,诸梁内外以亲疏并补郎、谒者"(同上)。

顺帝又选梁商(梁统之孙)女及妹入宫,女立为皇后,妹为贵人。商死,顺帝赐钱二百万,布三千匹,皇后赐钱五百万,布万匹。

顺帝死,冲帝立。梁皇后以皇太后临朝。后兄梁冀以大将军辅政。梁冀侈暴骄横。冲帝死,冀立质帝。质帝年八岁,"少而聪慧"。尝朝群臣,以目送冀说:"此跋扈将军也。"(同上附《梁冀传》)梁冀遂害质帝而立桓帝。桓帝时,梁冀食封三万户,两弟一子封侯各食邑万户,妻孙寿封为襄城君兼食阳翟租,岁入五千万。"又多拓林苑,禁同王家,西至弘农,东界荥阳,南极鲁阳,北达河淇,包含山薮,远带丘荒,周旋封域,殆将千里。"(同上)宾客横行,道路以目。有不顺其意者,即时遣客刺杀之。梁冀强"取良人悉为奴婢至数千人,名曰自卖人"(同上)。

梁冀一门"前后七封侯,三皇后,六贵人,二大将军,夫人、女食邑称君者七人,尚公主者三人,其余卿将尹校五十七人。在位二十余年,穷极满盛,威行内外,百僚侧目,莫敢违命"(同上)。

梁冀的豪侈专横,残忍暴虐,为害朝野,在东汉外戚中算是第一家了。

婚姻关系是个桥梁,通过婚姻关系,皇帝和豪富家族结为一体。所谓外戚,实即豪富家族的代表家族。这些家族,不但与皇家结婚姻,他们自己间互相通婚。他们的女嫁与皇帝为皇后、贵人,他们家族的男又尚公主。如邓乾(邓禹孙)尚明帝女沁水公主,邓褒(邓禹玄孙)尚安帝妹舞阴长公主,邓藩(邓禹孙)尚明帝女平皋长公主。(参看《邓禹传》)。窦穆(窦融长子)尚内黄公主,窦勋(穆子)尚东海恭王彊女沘阳公主,窦固(窦融弟子)尚光武女涅阳公主。梁松(梁统子)尚光武女舞阴长公主。

他们自己间的互相通婚姻,梁竦女嫁南阳樊调(光武舅家人),即是一例。

皇帝和豪富家族是有矛盾的。婚姻关系本是为了协调两者的关系,缓和矛盾。但婚姻关系,实际上并不能解决问题。当然也不是完全不能解决问题,如果完全不能解决问题,他们也就不采取这一办法了。东汉前期,光武、明帝、章帝时期,皇权强大,皇帝和豪富家族的矛盾直接表现为皇权对豪富家族的抑制、打击。外戚都是豪富家族,皇帝和外戚的矛盾也就直接表现为皇帝对豪家的打击。皇权和外戚的矛盾是不显著的。和帝以后,皇帝年幼,太后临朝,外戚辅政,待皇帝年长,皇帝和外戚的矛盾突出。皇帝为了和外戚斗争,用自己左右的人宦官。皇权和外戚的矛盾,以外戚宦官之争的形式表现出来。

(四) 富 商

王莽货币改革和五均六筦的实施,对商业和商人成为严重的打击。隗嚣三十一将、十六家大族在陇西结盟反莽时,照告郡国的檄文中历数王莽的罪状,其中一条就是:"货币岁改,吏民昏乱,不知所从,商旅穷窘,号泣市道,设为六筦,增重赋敛。"(《后汉书·隗嚣传》)

王莽的改革,助长了商业资本的两种趋向,一种趋向是加强了商人向土地投资,促使商人和土地所有者的更加合一,另一种趋向是大土地所有者庄园除自给自足外,又作多种经营。

如果说，在西汉前期商人和豪族强宗的区分还是比较显著的，东汉时期，我们看到商人、豪族强宗甚至官僚家族已经逐渐走向混合了。

这趋势应该说是西汉后期已经开始了。刘秀的外祖樊家，在西汉已为"乡里著姓"，他的外祖父樊重就是"世善农稼"，又"好货殖"。他"营理产业，物无所弃"，"上下勠力，财利岁倍"。（《后汉书·樊宏传》）樊家既是乡里著姓即豪族强宗，又是商人货殖。刘秀起事集团中不少人和商业有关系。李通就是"以货殖著姓"（《后汉书·李通传》）。李通的父亲李守"初事刘歆，好星历谶记，为王莽宗卿师。通亦为五威将军从事"（同上）。刘秀且以"士君子"来看待李通。这都说明李通这个家族，是商人、豪族也是士君子了。吴汉"以贩马自业"，是个马贩子。

社会上，商人已和豪族强宗混合，而且商人也成了士大夫。政治上，也没有贱视商人和打击商人的政策措施。

在东汉初年，我们已看到商人已是备受尊敬的。桓谭上书光武说："今富商大贾，多放钱贷，中家子弟为之保役，趋走与臣仆等勤，收税与封君比入。是以众人慕效，不耕而食，至乃多通侈靡以淫耳目。"（《后汉书·桓谭传》）

西汉初年，政府政策是明显的贱商的。刘邦曾令"贾人毋得衣锦绣绮縠絺紵罽，操兵乘马"（《汉书·高祖纪》）。商人在事实上虽然已是"因其富厚，交通王侯，力过吏势"（晁错的话，见《汉书·食货志上》）。法律上却是"法律贱商人"（同上）。武帝打击商人，却不能不用商人，桑弘羊是洛阳贾人之子，东郭咸阳是齐地大盐商，孔仅是南阳大冶（《汉书·食货志下》）。他不得不用商人打击商人。打击商人，是贱商政策的继续；用商人作官，商人的境地比"交通王侯"又进了一步。

桓谭是个儒者。他"博学多通，徧习五经，皆诂训大义，不为章句"（《后汉书·桓谭传》）。他不信谶。他有重农抑末思想。他对刘秀说："夫理国之道，举本业而抑末利。是以先帝禁人二业，锢商贾不得宦为吏。此所以抑并兼长廉耻也。"他向刘秀建议："今可令诸商贾自相纠告，若非身力所得，皆以臧畀告者。如此，则专役一己，不敢以货与人。事寡力弱，必归田亩，田亩修，则谷入多而地力尽矣。"（同上）

光武没有理会桓谭这些意思。他这套思想，在刘秀思想里已没有地位。他这些想法，在东汉初年是根本无法施行的。王莽改革失败之后，人们对这一套限制、禁止思想，正在受到厌恶。但他所说的，商人受到尊敬，"中家子弟为之保役，趋走与臣仆等勤"却是可注意的。和西汉初的商人比较，东汉初的商人不是受歧视，而是受尊敬了。

仲长统看到的商人的神气是："宾客待见而不敢去，车骑交错而不敢进。三牲之内，臭而不可食，清醇之酎，败而不可饮。睋盼，则人从其目之所视；喜怒，则人随其心之所虑。此皆公侯之广乐，君长之厚实也；苟能运智诈者，则得之焉。苟能得之者，人不以为罪焉。源发而横流，路开而四通矣。"（《昌言·理乱篇》，见《后汉书·仲长统传》）他又说商人："身无半通青纶之命，而窃三辰龙章之服；不为编户一伍之长，而有千室名邑之役。荣乐过于封君，势力侔于守令。财赂自营，犯法不坐；刺客死士，为之投命。"（《昌言·损益篇》，见《后汉书·仲长统传》）

东汉富商的气派，严然封君。

东汉末年的大商人东海麋竺，"祖世货殖，僮客万人，赀产钜亿"（《三国志·蜀志·麋竺传》）。徐州牧陶谦辟他为别驾从事。后来他跟随刘备。在吕布袭下邳，虏备妻子，刘备困难时期，"竺于是进妹于先主为夫人、奴客二千，金银货币以助军资"（同上）。刘备"于时困匮，赖此复振"（同上）。刘备感激他，取益州称帝后，以麋竺为安汉将军，班在军师将军诸葛亮之右。

麋家是商人，以经商积累起巨亿财富，但他们已是官商合一的家族了。

东汉政府似无打击商人和商业的政策，我们看到和帝时有这样一个诏令："商贾小民，或忘法禁，奇巧靡货，流积公行。其在位犯者，当先举正，市道小民，但且申明宪网，勿因科令加虐赢弱。"（《后汉书·和帝纪》）

像前汉那样，把一切社会经济不安、土地兼并、农民流亡，都归罪于钱币流通和商人活动的言论、指责、打击，在东汉是看不见的。即有，在政治上、社会上影响都不大。

（五）豪富家族的财富积累和土地兼并

两汉之际,虽然出现十来年的战乱,但豪族强宗的财产所受损失不大;相反他们的财产还有所扩大。前面已经说过,王莽末年有两种势力起来造反。一是农民势力,为饥饿所迫起而暴动;一是豪族强宗势力,他们在战乱中起而自保,他们中的一部怀抱野心起来争天下或割地称雄。这些豪族强宗,一般达到了他们起而自保的目的,他们抗住了农民暴动的袭击,保住了他们的坞堡和财产。当然,豪族强宗中的一部分,一般是势力小的豪族或他们势力虽强大但敌对势力更强大,在战乱中失败了,营堡被击破,财产流散。但他们的失败,财产的流散,更利于另外一部分势力大的豪族强宗。对整个豪族强宗来说,两汉之际是他们的发展时期。

东汉统一后,社会安定下来,豪族强宗又疯狂地进行财富扩大和土地兼并。战乱中一些豪族强宗失败,家破人亡,一些农民流亡死伤,这情况正好为那些得势的豪族强宗提供掠夺和兼并的条件。光武初年的检覈垦田户口推行不下去的情况就是很好的说明。

豪族强宗积累财富中表现比较疯狂的是皇帝的宗室和外戚。他们权势大,通过赏赐取得大量国家财富,因之有钱有势来进行强迫性掠夺。

刘秀的儿子康,封为济南王。"康在国不循法度,交通宾客"(《后汉书·济南王康传》),明帝时为人告发,受到削地处分。章帝时,他少年时的豪气没落了,转而置产业生活侈恣。"康遂多殖财货,大修宫室,奴婢至千四百人,厩马千二百匹,私田八百顷。奢侈恣欲,游观无节。"(同上)刘康的财富或土地兼并是突出的,但不是唯一的。东汉诸侯王都会如此。

东汉是外戚势力强大的时代,外戚家族的财富积累和土地掠夺也是疯狂的。刘秀的母舅樊家有田土三百余顷,在西汉后期就是一家世家豪族。刘秀阴皇后家,自西汉宣帝时家暴至巨富,田有七百余顷,舆马仆隶,比于邦君。明帝外戚马皇后家,"(马)防兄弟贵盛,奴婢各千人以上,资产巨亿。皆买京师膏腴美田。又大起第观,连阁临道,弥亘街路"(《后汉书·马援传》附子防传》)。邓禹是知道仗势力增值财产没有好处,常常教育子弟"资用国邑,不修产利"(《后汉书·邓禹传》)。但到他孙子邓骘得罪遣就国时,"没入骘等赀财田宅"(同上)。可证邓骘已有田土。

最恃势豪夺别人财产土地的是窦、梁两家外戚。窦宪强夺土地,夺到公主头上。《后汉书·窦宪传》:"宪恃宫掖声势,遂以贱直请夺沁水公主园田(公主,明帝女),主逼畏不敢计。后肃宗驾出过园,指以问宪,宪阴喝不得对。后发觉,帝大怒,召宪切责曰:'深思前过,夺主田园时,何用愈赵高指鹿为马。久念使人惊怖。昔永平中,常令阴党、阴博、邓叠三人更相纠察,故诸豪戚莫敢犯法者,而诏书切切,犹以舅氏田宅为言。今贵主尚见枉夺,何况小人哉!国家弃宪,如孤雏腐鼠耳!'"

但章帝长者,并没有治窦宪的罪,仅"使以田还主"而已。和帝时,窦宪一家更为不法。他们家"奴客缇骑,依倚形势,侵凌小人,强夺财货,篡取罪人,妻略妇女,商贾闭塞,如避寇雠"(同上)。时"窦氏专政,外戚奢侈,赏赐过制,仓帑为虚"(同上)。浩大的赏赐,加速了东汉皇朝的财政破产,也扩大了外戚豪族的财富积累,使他们更加有力去兼并农民土地。

外戚中最不法的是梁冀和他老婆孙寿。《后汉书·梁冀传》:"冀用寿言,多斥夺诸梁在位者,外以谦让,而实崇孙氏宗亲。冒名而为侍中、卿、校尉、郡守、长吏者十余人,皆贪叨凶淫,各遣私客籍属县富人,被以它罪,闭狱掠拷,使出钱自赎,赀物少者至于死徙。扶风人士孙奋居富而性吝,冀因以马乘遗之,从贷五千万,奋以三千万与之,冀大怒,乃告郡县,认奋母为其守臧婢,云盗白珠十斛,紫金千斤以叛,遂收考奋兄弟,死于狱中,悉没赀财亿七千余万。"

他还封闭洛阳周围地近千里作为他的林苑,强取自由人作他的奴隶。传云:

"又多拓林苑,禁同王家,西至弘农,东界荥阳,南极鲁阳,北达河淇,包含山薮,远带丘荒,周旋封域,殆将千里。又起免苑于河南城西,经亘数十里,发属县卒徒,缮修楼观,数年乃成。……或取良人,悉为奴婢,至数千人,名曰自卖人。"

顺帝诛梁冀，"收冀财货，县官斥卖，合三十余万万，以充王府，用减天下税租之半。散其苑囿，以业穷民"（同上）。《史记》、《汉书》所载西汉豪族富商的财产，一般是千万，几千万，最多的是巨万、万万，而梁冀的财产竟多到三十万万，是西汉豪富最高财产的数十倍了。

官到封侯的有俸禄还有租税收入，没有取得封侯的就只有俸禄收入。但只要作官，土地财产就会跟着而来。他们的土地财产，形式上可能来自购买，而"购买"之中也必然隐藏着一些"侵枉"的内容。《后汉书·陈龟传》，顺帝时，"拜京兆尹，时三辅强豪之族，多侵枉小民。龟到，厉威严，悉平理其怨屈者，郡内大悦。"权势大到像外戚窦宪，连公主的田园，"尚见枉夺，何况小人哉！"侵夺小民的土地，是很平常的。

东汉的豪族强宗，多数是世家。一部分大世家豪族，政治斗争失败，自然家破人亡失掉产业。一般世家豪族，都能世代为官，世代保其产业。如郑兴，更始时曾任凉州刺史，东汉初大儒，子郑众亦名儒，章帝时任大司农（《后汉书·郑兴及子众传》）。到灵帝末他的曾孙郑太时还是"家富于财，有田四百顷"（《后汉书·郑太传》）。郑家的产业和东汉一代同始终。四世三公的汝南袁家和弘农杨家，膏腴田土，一定会保持不堕。

东汉富商大贾手里也积累了大量财富。我们已经引述过，仲长统有两段很好的描述商人的财富和土地兼并。说："豪人之室，连栋数百，膏田满野，奴婢千群，徒附万计。船车贾贩，周于四方；废居积贮，满于都城。琦赂宝货，巨室不能容；马牛羊豕，山谷不能受。"（《昌言·理乱篇》，见《后汉书·仲长统传》）又说："井田之变，豪人货殖。馆舍布于州郡，田亩连于方国。"（《昌言·损益篇》）

宦官在东汉时是一个政治上有势力的阶层。他们有了势力，也侵占人财产，夺人土地。大宦官侯览，"前后请夺人宅三百八十一所，田百一十八顷"（《后汉书·宦者·侯览传》）。"京畿诸郡数百万膏腴美田，皆属让等。"（董卓表语，见《三国志·魏志·董卓传》注引《典略》。）桓帝延熹九年，刘瑜上书说宦官"第舍增多，穷极奇巧。……民无罪而复入之，民有田而复夺之"（《后汉书·刘瑜传》）。

财富积累，特别是土地占有，是豪富家族的经济基础。

　　豪富家族的土地兼并和土地集中的另一方面是农民失掉土地,破产流亡。西汉中叶以来,农民流亡问题就日趋严重,东汉尤为严重。这是社会危机中的最严重最根本的危机。农民流亡,土地就失耕,就荒芜,其最后结果必然是走上农业衰落、人口减少。这正是汉末三国时期出现的情况。(参看下篇第一章《城乡经济的衰落》之《土荒民流大地萧瑟》节)

第 十 章

社会危机的孕育和发展

东汉二百年间,和、安之际是一分界线,和帝以前,可谓东汉的前期。前期的社会政治是比较安定的,经济大体上是稳定繁荣的。安帝开始,进入后期,后期的社会经济政治,都走向衰落。这样分为两期,范晔已经说到。他在《和帝纪》后论曰:"自中兴以后,逮于永元,虽颇有弛张,而俱存不扰。是以齐民岁增,辟土世广。偏师出塞,则漠北地空;都护西指,则通译四万。岂其道远三代,术长前世,将服叛去来,自有数也。"

范晔一方面肯定和帝时的繁荣和武功;另一方面也看到一些问题,提出所以能如此,大概是运气,他慨叹说,"自有数也"。

他在《安帝纪》的论曰中说:"孝安虽称尊享御,而权归邓氏。至乃损撤膳服,克念政道。然令自房帷,威不逮远。始失根统,归成陵敝。遂复计金授官,移民逃寇。……既云哲妇,亦惟家之索矣。"

范晔的分期,是有道理的。我们也是沿着这条分线,来谈东汉后期社会危机的孕育和发展的。对蔚宗的一些史识,我是越来越佩服了。

(一) 外戚、宦官斗争

东汉政治舞台上有两种力量并存着。一种力量是集权的皇权;另一种力量是利在权力分散的世家豪族。刘秀在世家豪族的支持和拥护下重建汉家皇朝。刘秀的政策是:一面把大权紧紧地掌握在皇帝手里,一面尊重世家豪族的政治地位。东汉前期,更确切地说是光武、明帝、章帝祖孙三代,皇权是强大的。政治上的这两种势力基本上是平行发展而又相安无事。和帝以后,两者间的矛盾逐渐发展起来。皇权和世家豪族的矛盾,以外戚和宦官的斗争表现出来。外戚都出身于世家豪族,宦官则是皇帝的近臣。外戚的利益大体和世家豪族是一致的,宦官的利益是跟皇帝的地位一致的,皇帝有权,宦官就可以有权,皇帝无权,宦官值不了一文钱。

从和帝到献帝以前,外戚、宦官间的大博斗一共发生过六次。权力就在外戚、宦官间滚来滚去。

第一次是和帝、宦官与外戚窦氏的斗争。

章帝死,子十岁,立为皇帝,是为和帝。章帝窦后为皇太后。太皇太后临朝听政,任用兄窦宪为侍中,弟笃为虎贲中郎将,领禁兵,弟景、瓌为中常侍,兄弟并在亲要之地,朝廷兵、政大权都在窦家人手里。一门兄弟子侄都作大官,地方刺史、守令多出其门,官僚士大夫也多依附窦宪。《汉书》作者班固,就是窦宪幕府中人物。和帝和这样一位外戚,权臣当然会有矛盾的,这是皇权与权臣的矛盾。和帝与宦官郑众合谋诛宪。《后汉书·宦者·郑众传》:"时窦太后秉政,后兄大将军宪等并窃威权,朝臣上下莫不附之,而众独一心王室,不事豪党,帝亲信焉。及宪兄弟图谋不轨,众遂首谋诛之。"范晔在《宦者传》序中说:"和帝即祚幼弱,而窦宪兄弟专总权威,内外臣僚,莫由亲接,所与居者唯阉官而已,故郑众得专谋禁中,终除大憝。"

"众独一心王室",即郑众和皇帝一个立场;"不事豪党",即郑众与豪党外戚对立。这都说明宦官、外戚矛盾的表面下面有皇权和世家豪族权矛盾的本质。

第二次是安帝、宦官与外戚邓氏的斗争。

和帝死,皇后邓氏立一生下三月的皇子为帝,一年就死了。又立安帝,邓太后临朝听政(后兄)邓骘任车骑将军辅政,后转大将军,弟悝城门校尉,弘虎贲中郎将,皆领禁兵。邓骘还谦虚节俭,能推进天下贤士,当时名士何熙、段讽、羊浸、李郃、陶敦等列于朝廷,杨震、朱宠、陈禅,置之幕府。邓骘是以大世家豪族外戚身份,率领世家豪族中的贤能人物共同尊崇皇室。但,结果仍然难弥合皇权与权臣的矛盾。邓太后听政十五年死,安帝亲政,宦官李润、江京等诬邓氏曾谋废立,于是邓氏宗族皆免官,邓骘自杀。

邓骘和世家豪族的关系是调整的。邓骘死,大司农朱宠肉袒舆榇上疏讼邓骘冤。邓骘等还葬洛阳北邙,"公卿皆会丧,莫不悲伤"。

第三次是顺帝、宦官与外戚阎氏的斗争。

安帝的皇后阎氏和阎家兄弟捏造罪名废了太子。安帝死,阎后和阎氏弟兄立了章帝一个孙子作皇帝。阎氏为太后,以阎显为车骑将军,阎景为卫尉,阎耀为城门校尉,阎晏为执金吾,掌握兵政大权。不到一年,小皇帝死了。宦官孙程等十九人,迎立废太子,是为顺帝,诛阎氏兄弟。孙程等十九人皆封侯。宦官在政治上的地位,渐渐高起来。

这次外戚、宦官斗争,相当复杂。阎氏出身不是世家豪族。她祖父阎章明帝时为尚书,那时尚书是小臣,非世家豪族甚明。阎氏为皇后时与宦官江京等合谋废太子为济阴王。宦官分为两派,一派保皇后,与阎氏家族合作,一派保太子,与皇后外戚为敌。朝廷群臣世家豪族在这次斗争中大体是中立的。

第四次是桓帝、宦官单超等与外戚梁冀的斗争。

顺帝立,皇后梁氏,后父梁商,兄梁冀,相继任大将军辅政。顺帝死,梁后和梁冀立太子为帝,一年死,又立质帝。质帝八岁,颇聪颖。一次散朝后,他目送梁冀下殿,说:"此跋扈将军也!"梁冀怕他长大难制,用毒药将质帝害死,又立了桓帝。梁冀专肆贪叼,顽嚣凶暴,已见前述。梁冀在职二十余年,穷极满盛,威行内外,百僚侧目,莫敢违命。(参看《后汉书·梁冀传》)东汉外戚之盛,达到极点。梁太后死,桓帝和宦官单超等五人合谋杀梁冀。梁冀和他老婆孙氏两族中外宗亲老少都被杀,其他所连及的公卿、列校、刺史、二千石死者数十人,故吏宾客免黜者三十余人,朝廷为空。

单超五人,同日封侯食邑。

桓帝时期,权归宦官。他们通过桓帝控制政治,"兄弟姻戚皆宰相临郡,辜较百姓","宗族宾客,虐遍天下"。(《后汉书·宦者·单超传》)他们到处掠夺土地。宦官侯览在家乡山阳郡夺人宅三百八十一所,田一百一十八顷。他们在洛阳"起第宅,楼观壮丽,穷极技巧"(同上)。

宦官的势力越出了宫墙,发展到了朝廷,到了地方,他们和世家豪族的矛盾就渐渐尖锐了。世家豪族以及和世家豪族有联系的士大夫、太学生都起来反对宦官。桓帝延熹九年,平时和宦官素有勾结的方士张成的儿子杀人,被司隶校尉李膺处死。宦官主使张成的弟子给皇帝上书,诬告李膺"养太学游士,交结诸郡生徒,共为部党,诽讪朝廷"(《后汉书·党锢传序》)。诽讪朝廷就是大罪,何况又是结党。桓帝下令逮捕党人。这次被捕的有李膺等二百多人,都是出身世家豪族,儒家名门的大小官僚。宦官遭到官僚世家豪族的群起反对,害了怕,请桓帝赦出李膺等人,禁锢终身不得为官。这是第一次党锢。

第五次是灵帝时宦官和外戚窦氏的斗争。

桓帝死,无子,皇后窦氏和后父窦武定策,立了十二岁的灵帝。窦太后临朝,窦武任大将军辅政。这时宦官已成为千夫所指人物。

窦武既辅政,常有诛翦宦官之意,太傅陈蕃亦素有此谋,二人结为同心。"于是引同志尹勋为尚书令,刘瑜为侍中,冯述为屯骑校尉,又征天下名士废黜者前司隶李膺、宗正刘猛、太仆杜宏、庐江太守朱寓等列于朝廷,请前越隽太守荀昱为从事中郎,辟颍川陈寔为属,共定计策。于是天下雄俊,知其风旨,莫不延颈企踵,思奋其智力。"(《后汉书·窦武传》)当时宦官肆虐,上下群情望治,都把希望放到窦武身上是可以想象和理解的。

窦武是窦融的玄孙。窦宪虽败,窦氏未绝。窦氏仍是世家豪族中的名家,在当时朝臣和世家大族中是有地位的。他得到当时世家豪族和名节之士的支持,莫不延颈企踵思奋其智力。

窦武作事犹豫不决,宦官则果断地发动宫廷政变,挟持小皇帝下诏逮捕窦武等。窦武、陈蕃率众抗拒,失败被杀。灵帝建宁二年,宦官又发动对官僚豪族的进攻,捕杀李膺等一百多人,附从他们的同党,锢及五属。

这是第二次党锢。

第六次是灵帝死后,宦官和外戚何进的斗争。

灵帝死,皇后何氏和兄何进立少帝,太后临朝,何进以大将军辅政。

何进,南阳宛人,出身贫家。他这家族是靠宦官的提携才得进入宫廷的。在他想诛灭宦官时,他弟弟何苗劝他不要这样做。何苗说:"始共从南阳来,俱以贫贱,依省内以致贵富。国家之事亦何容易!覆水不可收,宜深思之,且与省内和也。"(《后汉书·何进传》)省内,指宦官,由"且与省内和也"可证。宦官"张让子妇,太后之妹也"。(同上)何进与宦官且属姻亲,何皇后早年之得入宫省为贵人,可能即出于张让之引进。

何进引太傅袁隗辅政录尚书事。"以袁氏累世宠贵,海内所归,而(袁)绍素善养士,能得豪杰用。其从弟虎贲中郎将术,亦尚气侠,故并厚待之。"(同上)

何进欲诛宦官,何后念宦官的好处,不同意。何进因何后不同意,也犹豫不决。何进"外收大名而内不能断,故事久不决"(同上)。宦官乘何进向太后奏事的机会,把他杀死。

但这时已是黄巾暴动之后,东汉帝国已陷于困难之境,皇权已衰落不振,世家豪族权力大张。世家豪族已不把皇帝放在眼里,更不把宦官放在眼里。袁绍遂联合何进的部下攻入宫内,一网打尽,把宦官两千多人全都杀死。

这是东汉后期外戚宦官斗争的概况。造成这种斗争局面的一个因素是东汉后期皇帝即位时都很幼小。和帝是十岁,安帝十三岁,顺帝十一岁,质帝八岁,桓帝十五岁,灵帝十二岁。皇帝幼小,故多母后临朝,母后临朝,就依靠外戚。小皇帝长大成人,便和母后、外戚发生矛盾。小皇帝所依靠的人,就是他左右的宦官。于是皇帝和母后的矛盾,演化为宦官和外戚的斗争。

但这只是表面现象,没有说明外戚宦官斗争的本质。如前所述,东汉外戚宦官斗争的本质是皇权和反皇权势力世家豪族的斗争。东汉前期,皇权、世家豪族权相安无事平行发展,且通过联婚,维系了权力平衡。东汉后期,世家豪族政治社会势力更加强大,时时对皇权构成威胁,打破了平衡。皇权和世家豪族矛盾了，出现宦官、外戚间的斗争。皇权、世家豪族权的斗争以宦官、外戚斗争形式表现出来。黄巾暴动以后，皇权衰落，世家豪族权大张，袁绍对于宦官，一如摧枯拉朽一样，一网打尽了。宦官之势，是狐假虎威，有虎在，狐之神气如虎；虎不在，狐就露相了，它不过是狐而已。

（二）政 治 腐 败

顺帝时，尚书仆射虞诩上疏说："臣见方今公卿以下，类多拱默，以树恩为贤，尽节为愚。至相戒曰：'白璧不可为，容容多后福。'"（《后汉书·左雄传》）

尚书令左雄上疏说："汉初至今，三百余载。俗浸凋敝，巧伪滋萌。下饰其诈，上肆其残。……谓杀害不辜为威风，聚敛整辨为贤能；以理己安民为劣弱，以奉法循理为不化。髡钳之戮，生于眦睚；覆尸之祸，成于喜怒。视民如寇雠，税之如豺虎。监司项背相望，与同疾疢，见非不举，闻恶不察。……虚诞者获誉。拘检者离毁。或因罪而引高，或色斯以求名。州宰不覆，竞共辟召。踊跃升腾，超等逾匹。……乡官部吏，职斯录薄。车马衣服，一出于民，廉者取足，贪者充家。特选横调，纷纷不绝。迎送烦费，损政伤民。和气未洽，灾眚不消。咎皆在此。"（同上）

政论家崔寔说："自汉兴以来，三百五十余岁矣。政令垢翫，上下怠懈，风俗雕敝，人庶巧伪，百姓嚣然，咸复思中兴之救矣。"（《政论》，见《全后汉文》卷46）

这三个人，都是东汉中叶的人。他们所看到所谈论的，已透露出东汉政治的腐败。从此走向下坡路了。此后愈来愈甚，以至于亡。

章帝建初五年三月诏曰："孔子曰，刑罚不中，则人无所措手足。今吏多不良，擅行喜怒，或案不以罪，迫胁无辜，致令自杀者一岁且多于断狱，甚非为人父母之意也。有司其议纠举之。"（《后汉书·章帝纪》）在古代,就是最清廉的时代贪污腐败也是难免的。章帝时代一般讲仍是东汉的好时代。

东汉后期政治腐败大体可以说表现在选举不得人,官吏贪污,吏治腐败,赋敛繁重等方面。现在就暂从这几方面加以叙述。

世家豪族把持选举,在章帝甚至明帝时已显露出来。前引章帝即位后的诏书"前世举人贡士或起畎亩,不系阀阅",可知在明帝时选举已经"系阀阅"了。章帝时,马严上封事曰:"选举不实,曾无贬坐。是使臣下得作威福也。故事,州部所举,上奏司直,察能否以惩虚实。今宜加防检式,式遵前制。……宜敕正百司,各责以事,州郡所举,必得其人。若不如言,裁以法令。"(《后汉书·马援传附严传》)

马严的意思,选举不实,当归罪于州郡。当时不少人是持这种看法的。《后汉书·韦彪传》:"是时陈事者,多言郡国贡举率非功次,故守职益懈而吏事寝疏,咎在州郡。有诏下公卿朝臣议。彪上议曰:……士宜以才行为先,不可纯以阀阅。然其要归在于选二千石,二千石贤,则贡举皆得其人矣。帝深纳之。"

把选举能否得人归之于二千石是否得人,这话对也不对。地方郡守贤良,自然能选举得人。但政治腐败的时代,朝廷大权常在外戚、宦官之手,二千石多出于这些权门,如何保证二千石贤良?我们看到:东汉初年,光武、明帝、章帝时期,皇帝是有权的。皇帝选人虽也受到世家豪族的牵制,用人不能不照顾阀阅的利益,但基本上还能用到人才。章帝以后,中央政权多数时间掌握在外戚手里,地方二千石多出自外戚豪门,这就难保二千石是有贤才的人。

东汉初直到安帝时,选举权似归尚书台掌握。《后汉书·陈宠传附子忠传》:"(安帝)时三府任轻,机事专委尚书。……今之三公,虽当其名,而无其实,选举诛赏,一由尚书,尚书见任,重于三公。陵迟以来,其断久矣。"《后汉书·左雄传》顺帝时左雄任尚书和尚书令,即掌选举的。传后《论曰》:"雄在尚书,天下不敢妄选,十余年间,称为得人。"但依《后汉书·朗顗传》顺帝时选举权又似在三公手。朗顗说:"今选举皆归三司。非有周召之才,而当则哲之重,每有选用,辄参之掾属,公府门巷,宾客填集,送去迎来,财货无己。其当迁者,竞相荐谒,各遣子弟,充塞道路,开长奸门,兴致浮伪,非所谓率由旧章也。尚书职在机衡,宫禁严密,私曲之意,羌不得通;偏党之恩,或无所用。选举之任,不如还在机密。臣诚愚戆,不知折中,斯固远近之论,当今之宜也。"

依传所载,左雄任职尚书和朗颛拜举言事,都在顺帝初年,左雄任尚书且有十年左右之久。不知差错出在何处。《后汉书·王龚传附子畅传》:"是时政事多归尚书,桓帝特召三公,令高选庸能。"可能选举权在尚书,有一短暂时间,曾归三公,这由朗颛所说"不如还在机密"可证。无论权在尚书或权在三公,而真正把持选举的仍是豪族强宗、阀阅之家。这由河南洛阳的选举可见一斑。《后汉书·种暠传》:"河南洛阳人。……始为县门下吏。时河南尹田歆外甥王谌名知人,歆谓之曰:'今当举六孝廉,多得贵戚书命,不宜相违,欲自用一名士以报国家,尔助我求之。'明日,谌送客于大阳部,遥见暠,异之,还白歆曰:'为尹得孝廉矣,近洛阳门下史也。'"洛阳可举六人,五人是贵戚的推荐,不能违背的。遇到好官如田歆,也只能推举一个。这可以看到豪门贵戚把持选举到何等程度。

东汉后期政治的大趋势是日趋腐败,贵戚豪门权重,选举归谁掌握都难免出问题。虽有一二好官希望改政选举,也终无益于事。东汉后期选举情况之坏,王符的一段话是讽刺又是写实了。王符说:"群僚举士者,或以顽鲁应茂才,以桀逆应至孝,以贪饕应廉吏,以狡猾应方正,以谀谄应直言,以轻薄应敦厚,以空虚应有道,以嚣闇应明经,以残酷应宽博,以怯弱应武猛,以顽愚应治剧。名实不相符,求贡不相称。富者乘其财力,贵者阻其势要。以钱多为贤,以刚强为上。凡在位所以多非其人,而官听所以数乱荒也。"(《潜夫论·考绩篇》见《后汉书·王符传》)当时就流行着两首讽刺选举腐败的歌谣:"古人欲达勤诵经,今世图官勉治生。"又说:"举秀才,不知书;察孝廉,父别居;寒素清白浊如泥,高第良将怯如鸡。"(葛洪《抱朴子·外篇·审举》)范晔也说:"汉初诏举贤良、方正,州郡察孝廉、秀才,斯亦贡士之方也。中兴以后,复增敦朴、有道、仁(?)、贤能、直言,独行、高节、质直、清白、敦厚之属。荣路既广,觖望难裁。自是窃名伪服,浸以流竞,权门贵仕,请谒繁兴。"(《后汉书》列传卷51 论曰)

外戚宦官之争,争的是权,但有权就有利,争权也就争利。权利之争使已经腐败的东汉政治更加腐败。他们"亲其党类,用其私人,内充京师,外布列郡,颠倒贤愚,贸易选举,疲驽守境,贪残牧民"(《昌言·法戒篇》,见《后汉书·仲长统传》)。政治腐败,归根结蒂受其害的是人民。桓帝时侍御史朱穆说:"顷者,官人(政府和人民)俱匮,加以水虫为害,京师诸官费用增多,诏书发调,或至十倍。各言官无见财,皆得出民,榜掠割剥,强令充足。公赋既重,私敛又深。牧守长吏,多非德选,贪聚无厌,遇人如虏。或绝命于箠楚之下,或自贼于迫切之求。"(《后汉书·朱穆传》)

贪污腐败,仗势狂为,外戚中最严重的要算外戚窦、梁两家。如前所述,和帝时窦太后临朝,窦家威势极盛。窦宪为大将军,弟笃为特进,景为执金吾,瓌为光禄勋,权贵显赫,倾动京都。奴客缇骑,依倚形势,侵凌小人,强夺财货,篡取罪人,妻略妇女,商贾闭塞,如避寇雠。有司畏懦,莫敢举奏。

梁冀的不法胡为,欺君欺官欺压人民更是严重。

梁冀时,其四方调发,发时贡献,皆先输上第于冀,乘舆乃其次焉。吏人赍货求官请罪者,道路相望。冀又遣客出塞,交通外国,广求异物。因行道路,发取使女御者,而使人复乘势横暴,妻略妇女,殴击吏卒,所在怨毒。

元嘉元年,顺帝以梁冀有拥立之功,欲崇以殊典,乃大会公卿,共议其礼。于是有司奏冀入朝不趋,剑履上殿,谒讚不名,礼仪比萧何;悉以定陶,城阳余户增封为四县,比邓禹;赏赐金钱、奴婢、彩帛、车马、衣服、甲第,比霍光,以殊元勋。每朝会,与三公绝席,十日一入,平尚书事。宣布天下,为万世法。

但梁冀犹以所奏礼薄,意不悦。专擅威柄,凶恣日积,机事大小,莫不谘决之。百官迁召,皆先到冀门牋檄谢恩,然后敢诣尚书。

下邳人吴树为宛令,之官辞冀,冀宾客布在县界,以情托树。吴树说:"宛为大都,士文渊薮,自侍坐以来,未闻称一长者,而多托非人,诚非敢闻"(冀传)。梁冀听了"嘿然不悦"。吴树到县,遂诛杀冀客为人害者数十人。由是冀深怨之。后,吴树为荆州刺史,临去辞冀,冀为设酒,因鸩之,树出,死车上。看来,吴树还是想亲近梁冀的,或是梁冀一党中之好的,或是愿曲予求全者。但也逃不出毒手。

地方官吏,不是贵戚,就是宦官亲属,率多贪污腐败。梁氏未败时,"诸梁秉政,竖宦充朝,……卿校牧守之选,皆出其门"(《后汉书·黄琼传》)。梁家既败,宦官上台。"宦官方炽,任人及子弟为官,布满天下,竞为贪淫,朝野嗟怨。……或年少庸人,典据守宰。上下忿患,四方愁毒。"(《后汉书·杨震传附子秉传》)宦官单超帮助桓帝杀了梁冀,五宦官同日封侯。他们的兄弟姻亲都作了州牧、郡守,"辜较百姓",宗族宾客到处作恶,使得"民不堪命"。宦官侯览有了权,强夺人民田宅财产,"仆从宾客侵犯百姓,劫掠行旅。"灵帝时,"十常侍多放父兄子弟姻亲宾客典据州郡,辜榷财利"(《后汉书·宦者·张览传》)。

梁冀专横时,他还拉拢一部分宦官,构成外戚宦官联合把持政权的局面。《后汉书·朱穆传》:"冀……放纵日滋,遂复赂遗左右,交通宦者,任其子弟宾客以为州郡要职。"

光和五年,"诏公卿以谣言举刺史二千石为民蠹害者。时太尉许馘、司空张济,承望内官,受取货赂,其宦者子弟宾虽贪污秽浊,皆不敢问,而虚纠边远小郡清修有惠化者二十六人。吏人诣阙陈诉"(《后汉书·刘陶传》)。

桓帝时,刘瑜上书言:"今第舍增多,穷极奇巧,掘山攻石,不避时令,促以严刑,威以法正。民无罪而覆入之,民有田而覆夺之。州郡官府,各自考事,奸情赇赂,皆为吏饵。民愁郁结,起入贼党,官辄兴兵诛讨其罪。贫困之民,或有卖其首级以要酬赏。父兄相代残身,妻帑相见分裂。穷之如彼,伐之如此,岂不痛哉!"(《后汉书·刘瑜传》)政治腐败,人民穷困到自卖首级,人间惨象,竟至如此!

盖勋,"初举孝廉,为汉阳长史。时武威太守倚恃权势,恣行贪横,从事武都苏正和案致其罪。凉州刺史梁鹄,畏惧贵戚,欲杀正和以免其负。"(《后汉书·盖勋传》)

《后汉书·盖勋传》:"灵帝召见,问天下何苦而反乱如此。勋曰:'幸臣子弟扰之。'时宦者上军校尉蹇硕在坐,帝顾问硕,硕惧不知所对。……拜京兆尹。时长安令杨党，父为中常侍，恃势贪放，勋案得其臧千余万。贵戚咸为之请。勋不听，具以事闻，并连党父。有诏穷案，威震京师。"

《后汉书·刘祐传》："迁祐河东太守。时属县令长，率多中官子弟，百姓患之。祐到，黜其权强，平理冤结。"《魏朗传》："迁彭城令。时中官子弟为国相，多行非法。朗与更相章奏。幸臣忿疾，欲中之。会九真贼起，乃共荐朗为九真都尉。"

好官虽有，但为数甚少。在贪污腐败之汪洋大海中起不了什么作用，有功者反多见诬。范晔在《张法滕冯度杨列传》论中慨叹之曰："安顺以后，风威稍薄，寇攘寝横，缘隙而生，剽人盗邑者不阕时月，假署皇王者盖以十数。或托验神道，或矫妄冕服。然其雄渠魁长，未有闻焉。犹至垒盈四郊，奔命首尾。若夫数将者，并宣力勤虑，以劳定功，而景风之赏未甄，肤受之言互及。以此而推，政通难乎以免。"例如苏章，"顺帝时，迁冀州刺史。故人为清河太守，章行部案其奸臧。乃请太守，为设酒肴，陈平生之好甚欢。太守喜曰：'人皆有一天，我独有二天。'章曰：'今夕苏孺文与故人饮者，私恩也；明日冀州刺史案事者，公法也'。遂举正其罪。州境知章无私，望风畏肃。换为并州刺史，以摧折权豪，忤旨，坐免。隐身乡里，不交当世。"（《后汉书·苏章传》）

摧折权豪，竟忤旨，竟坐免官。

地方政治为权门贵亲子弟所把持，贪污腐败如狼牧羊。朝廷也是一样。大权握在外戚宦官手里，三公群卿多为贪生畏死之人，贪恋地位、俸禄。对权臣中官，只知唯唯听命。顺帝时，朗颛上书说："三公上应台阶，下同元首，政失其道，则阴阳反节。……而今之在位，竞托高虚。纳累钟之奉，忘天下之忧。栖迟偃仰，寝疾自逸。被策文，得赐钱，即复起矣。何疾之易，而愈之速！以此消伏灾眚，兴致太平，其可得乎？"（《后汉书·朗颛传》）三公如此，朝廷大官无不如此。正如前面所引述顺帝时，"大臣懈怠，朝政多阙"，尚书仆射虞诩上疏说：方今公卿以下类多拱默。以树恩为贤，尽节为愚。至相戒曰：白璧不可为，容容多后福。

在这皇帝昏庸，外戚宦官当道，忤违宦官外戚的被杀害，一批批志节之士被冤死的环境和时代,在群众中产生以"尽节为愚"也就是很自然的了。在某些方面说,这也是个性的觉醒。反传统思想意识的思想意识,于焉滋生。

贪污得来的钱拿去贿赂大官,就可受推荐更加升官。顺帝时,有个"邵陵令任嘉,在职贪秽,因迁武威太守。后有司奏嘉臧罪千万。征考廷尉。其所牵染将相大臣百有余人。伦乃上书曰:'臣闻《春秋》诛恶及本,本诛则恶消。……今任嘉所坐狼藉,未受辜戮。猥以垢身,改典大郡。自非案坐举者,无以禁绝奸萌。'"(《后汉书·儒林·杨伦传》)

皇帝也公开卖官卖爵。安帝令"吏人入钱谷得为关内侯、虎贲、羽林郎、五大夫、官府吏、缇骑营士,各有差"(《后汉书·安帝纪》)。灵帝的生母董皇后,"窦太后崩,始与朝政,使帝卖官求货,盈满堂室"(《后汉书·皇后·孝仁董皇后纪》)。安帝卖的官,还是小官,灵帝就公开卖大官了。灵帝假借助重修宫殿的名义公开卖官。公卿二千石,皆有定价。公千万,卿五百万,大郡郡守至二三千万。专开西邸作卖官议价的地方。被任用的官,须先到西邸议价,才能上任。《后汉书·灵帝纪》:"是时,段颍、樊陵、张温等,虽有功勤名誉,然皆先输财货,而后登公位。崔烈因傅母入钱五百万,得为司徒。及拜日,天子临轩,百僚毕会。帝顾谓亲倖者曰:'悔不小斳,可至千万。'程夫人于旁应曰:'崔公冀州名士,岂肯买官,赖我得是,反不知姝邪?'于是声誉衰减。"

桓帝时,出现政府发不出官俸的现象。皇帝不是采取精简政府部门沙汰冗员办法,而是不发官俸。《后汉书·桓帝纪》:延熹三年九月丁亥,"诏无事之官权绝俸,丰年如故。"第二年七月,又"减公卿以下俸,貣王侯半租。"并"占卖关内侯、虎贲、羽林、缇骑营士,五大夫钱各有差。"五年八月,又"诏减虎贲、羽林住寺不任事者半俸,勿与冬衣;其公卿以下给冬衣之半。"注引《东观记》说:"以京师水旱疫病,帑藏空虚,虎贲、羽林不任事者住寺,减半俸。据此,谓简选疲弱不胜军事者,留住寺也。"这年冬天,以武陵蛮叛,出兵征讨,又"假公卿以下俸,又换王侯租以助军粮,出濯龙中,藏钱还之。"

（三）社会生活和意识的堕落

东汉豪富家族生活的豪华奢侈,是在西汉后期奢侈风气的基础上向前发展的。西汉武帝以前,豪富家族尚在以强凌弱,以富役贫积累财富和为奸猾乱吏治阶段,他们的生活大多如所忠所言,"世家子弟、富人,或斗鸡走狗马,弋猎博戏,乱齐民。"(《汉书·食货志下》)而尚不至骄奢淫逸,腐朽堕落。这样的生活,不能说社会上不存在,但尚未至成为整个社会中富人的生活风气。

豪富家族生活的奢侈成风,在宣帝以后。宣帝以前,豪富家族生活面貌的特点在奸猾乱治,宣帝以后走向腐败堕落。贡禹对元帝说:"诸侯妻妾或至数百人,豪富吏民畜歌者至数十人。是以内多怨女,外多旷夫。及众庶葬埋,皆虚地上以实地下。其过自上生,皆在大臣循故事之咎也。"(《汉书·贡禹传》)成帝时,张禹为丞相,前后赏赐数千万,有田四百顷。他"习知音声,内奢淫。身居大第,后堂理丝竹筦弦。"(《汉书·张禹传》)。

我们前面已说到过张禹这个道貌岸然的伪君子。他有两个弟子,都作高官。彭宣官至大司徒,也是个大儒。彭宣来看张禹,禹见之于便坐,讲论经义,日晏赐食,不过一肉,卮酒相对。戴崇官至少府九卿,来看老师,禹便引入后堂饮食,妇人相对,管弦铿锵,昏夜乃罢。以大儒作大官而从生活到意识都是腐朽的。

在西汉豪富家族生活奢侈的基础上,东汉豪富家族从一开始就是奢侈的。这情况光武帝就已经注意到了。厚葬的风俗已渐渐形成。建武七年诏曰:"世以厚葬为德,薄终为鄙。至于富者奢僭,贫者单财。法令不能禁,礼仪不能止。"(《后汉书·光武纪下》)章帝建初二年三月诏曰:"今贵戚近亲,奢纵无度,嫁娶送终,尤为僭侈。"(《后汉书·章帝纪》)章帝以身作则,于四月就诏罢"齐相省冰纨、方空縠、吹纶絮"。(同上)。

王符在提到贵族生活的奢侈时曾说:"今京师贵戚,衣服、饮食、车舆、庐第,奢过王制,固亦甚矣。且其徒御仆妾,皆服文组彩牒、锦绣绮纨、葛子升越、筒中女布、犀象、珠玉、虎魄、玳瑁、石山、隐饰、金银错镂。穷极丽靡,转相夸咤。"

嫁娶则竞相夸耀。"其嫁娶者,车軿数里,缇帷竞道。骑奴侍僮,夹毂并引。富者竞欲相过,贫者耻其不逮。一飨之所费,破终身之业。"

丧葬亦如此,"今者京师贵戚,必欲江南檽梓,豫章之木。边远下土,亦竞相仿效。夫檽梓豫章,所出殊远。伐之高山,引之穷谷,入海乘淮,逆河泝洛,工匠雕刻,连累日月。会众而后动,多牛而后致。重且千斤,功将万夫。而东至乐浪,西达敦煌,费力伤农于万里之地。""今京师贵戚,郡县豪家,生不极养,死乃崇丧,或至金镂玉匣檽梓楩枏,多埋珍宝,偶人车马,造起大冢,广树松柏,庐舍祠堂,务崇华侈。"(《潜夫论·浮侈篇》)

仲长统谈到豪家的生活时说:"妖童美妾填乎绮室,倡讴妓乐列乎深堂。室客待见而不敢去,车骑交错而不敢进。三牲之肉,臭而不可食;清醇之酎,败而不可饮。"(《昌言·理乱篇》,见《后汉书·仲长统传》)

豪富家族生活奢侈腐败堕落,社会低层的人也麇集在城市,游手好闲,无所事事。生活上毫无出路。王符曾经指出:"今人奢衣服,侈饮食,事口舌而习调欺,或以谋奸合任为业,或以游博持掩为事。丁夫不扶犁锄而怀丸挟弹,携手上山遨游,或取好土作丸卖之,外不足御寇盗,内不足禁鼠雀。或作泥车瓦狗诸戏弄之具以巧诈小儿,此皆无益也。"(《潜夫论·浮侈篇》,见《后汉书·王符传》)

他这里所谈,一方面反映交换经济发展下都市中的生活情况,物质的引诱使人好奢侈;另一方面也反映人民生活情绪不是积极的而是消沉没落。加之政治腐败,使人们对社会现实丧失信心,丧失理想,内心空虚。丧失信心,丧失了理想,生活上意识上都易于陷于没落,消沉、堕落。

大儒马融的遭遇就是一例。大将军邓骘,显赫人物,召融为舍人。初非所好,遂不应命。"客于凉州武都汉阳界中,会羌虏飙起,边方扰乱,米谷踊贵,自关以西道殣相望。融既饥困,乃悔而叹息,谓其友人曰:'古人有言,左手据天下之图,右手刿其喉,愚夫不为。所以然者,生贵于天下

也。今以曲俗咫尺之羞,灭无赀之躯,殆非老庄所谓也。'故往应骘召。"(《后汉书·马融传》)

马融往应邓骘之召,表面上好像是由于战乱无法生活,实际上是受邓骘的压迫不敢不应命。"以曲俗咫尺之羞,灭无赀之躯,殆非老庄所谓也",说的是很清楚的。如不应召,扫了邓骘的面子,是有生命危险的。

后来,马融"惩于邓氏,不敢复违忤势家,遂为梁冀草奏李固,又作大将军西第颂,以此颇为正直所羞。"(同上)

马融这样做,内心并不愉快而是内疚、痛苦。马融在学问上虽为一代大儒,生活上意识上,却是消沉的,堕落的。

"融才高博洽,为世通儒,教养诸生,常有千数。涿郡卢植,北海郑玄,皆其徒也。善鼓琴,好吹笛,达生任性,不拘儒者之节。居宇器服,多存侈饰。常坐高堂,施绛纱帐,前授生徒,后列女乐。弟子以次相传,鲜有入其室者。"(同上)

马融自是一代通儒高人,但已不是纯儒,思想里渐渐滋长着玄学老庄意识。时代创造的矛盾,在他的思想意识反映出来。

东汉时,迷信很盛,人们容易轻信。他说:"妇人不修中馈,休其蚕织,而起学巫祝,鼓舞事神,以欺诬细民,荧惑百姓。妻女羸弱疾病之家,怀忧愤愤,易为恐惧,致使奔走便时,去离正宅,崎岖路侧,风寒所伤,奸人所利,盗贼所中,或增祸重祟,至于死亡而不知巫所欺误,反恨事神之晚。此妖妄之甚者也。或刻画好缯,以书祝辞;或虚饰巧言,希致福祚;或糜折金采,令广分寸;或断裁众缕,绕带手腕;或裁切绮縠,缝缀成幡;皆单费百缣,用功千倍,破牢为伪,以易就难,坐食嘉谷,消损白日。"(同上)

迷信,轻信产生的社会根源是对现世生活理想的幻灭。现实生活的苦难不合理,使人们把希望寄托于神灵,他们生活太苦了,他们希望神灵能给他们幸福。一切宗教都从这里产生。东汉人民几百年的失业、流亡、苦难生活,给宗教以产生的机会。东汉是创建宗教或接受外来宗教的时代。迷信、轻信如王符所谈的,是宗教产生的前驱。

东汉有为的皇帝,曾想对社会上的奢侈腐败生活风气有所整顿。建武七年,光武曾下诏书提倡薄葬。"世以厚葬为德,薄终为鄙。至于富者奢僭,贫者单财。法令不能禁,礼义不能止。仓卒乃知其咎。其布告天下,令知忠臣孝子慈兄悌弟薄葬送终之义。"(《后汉书·光武帝纪下》)章帝建初二年三月诏:"比年阴阳不调,饥馑屡臻。深维先帝忧人之本,诏书曰'不伤财,不害人',诚欲元元去末归本。而今贵戚近亲,奢纵无度,嫁娶送终,尤为僭侈。有司废典,莫肯举察。春秋之义,以贵理贱。今自三公,并宜明纠非法,宣振威风。……其科条制度,所宜施行,在事者备为之禁。先京师而后诸夏。"章帝以身作则,于四月又诏:"齐相省冰纨、方空縠、吹纶絮。"(同上)

魏文帝曹丕评明、章两帝说:"明帝察察,章帝长者。"范蔚宗也说:"章帝素知人厌明帝苛切,事从宽厚。……平徭简赋,而人赖其庆。又体之以忠恕,文之以礼乐,故乃藩辅克谐,群后德让。谓之长者,不亦宜乎?"(《后汉书·章帝纪》论曰)但在奢侈成俗世风日下的大潮流中,章帝这位长者即使欲扶大厦之将倾,也是扶不起来的。

章帝以后,禁奢侈、禁厚葬的诏令,还是常见的。如和帝永元十一年诏:"吏民逾僭,厚死伤生。……顷者贵戚近亲,百僚师尹,莫肯率从,有司不举,怠散日甚。"(《后汉书·和帝纪》)安帝永初元年诏:"三公明申旧令,禁奢侈,无作浮巧之物,殚财厚葬。"(《后汉书·安帝纪》)元初五年七月诏曰:"旧令制度,各有科品,欲令百姓务崇节约,遭永初之际,人离荒厄,朝廷躬自菲薄,去绝奢饰,食不兼味,衣无二采。比年虽获丰穰,尚乏储积。而小人无虑,不图久长,嫁娶送终,纷华靡丽,至有走卒奴婢,被绮縠,著珠玑。京师尚若斯,何以示四远!设张法禁,恳恻分明。而有司惰任,讫不奉行!秋节既立,鸷鸟将用,且复重申,以观后效。"(同上)

皇帝越是下诏令禁侈奢,禁厚葬,越说明社会上奢侈厚葬风气的严重。富豪家族,手中积累财富无处可用,自然要在生活上把它挥霍掉。政治腐败黑暗,人民生活不安定,又看不见前途希望,对现世丧失了信心,对未来丧失了理想。人们的思想意识,自然会走向空虚、没落、堕落。

这是东汉一朝的悲剧!

（四）羌战对社会经济的破坏

东汉初建武九年，司徒掾班彪上言："今凉部皆有降羌，羌胡被发左衽，而与汉人杂处，习俗既异，言语不通，数与小吏黠人所见侵夺，穷恚无聊，故致反叛。夫蛮夷寇乱，皆为此也。"（《后汉书·西羌传》）

班彪这段话，说的是老实诚朴的。他说出了事实，也道出了真理。羌人的反叛，是汉族统治者和豪富官僚压迫、奴役羌人的结果。不仅羌人，所有历史上少数民族的反抗暴动，多半是汉族统治者官僚豪贵压迫、奴役的结果。这些民族，受压迫剥削，走投无路，不得已起来反抗。当然，有些民族还没有生活在汉人政治区域以内，如秦汉之际的匈奴，又当别论。

汉人古代传说，羌人"出自三苗，姜姓之别也，其国近南岳。及舜流四凶，徙之三危，河关之西南羌地是也"（《后汉书·西羌传》）。

说羌人的原居地在南岳，出自三苗，舜徙之三危，大约是不可靠的。有史以来，羌人所居的地方就在"滨于赐支，至乎河首，绵地千里。……南接蜀汉徼处蛮夷，西北鄯善车师诸国"（同上）。这块地方，大约就是以今天的青海为中心，北到甘肃、新疆，南到四川西部，西与藏族为邻的一大块地方。羌与西周以前的姜可能同源。一部分随周人而东，成为姜姓诸国，大部分仍留原地，成为以后的羌族。傅斯年先生似持此说，我信此说。

羌族最早时期是游牧民族，"所居无常，依随水草，地少五谷，以产牧为业"（同上）。大约到两汉时期，仍在氏族部落阶段。"其俗，氏族无定，或以父名母姓为种号，……不立君臣，无相长一。强则分种为酋豪，弱则为人附落。更相抄暴，以力为雄。杀人偿死，无它禁令。"（同上）但经济生活上，两汉时期已是半牧半农逐步由牧向农转化了。

安帝以前，羌人对于东汉帝国，时降时叛；东汉对于羌人，叛则出兵征讨，降则加以奴役，或则虏为生口奴隶。如和帝永元十四年，"安定降羌烧何种胁诸羌数百人反叛,郡兵击灭之,悉没入弱口为奴婢"(《后汉书·西羌传》)。

和帝晚期,是羌族居住地区短时间安定的时期。东汉帝国恢复了西海郡县的建制,在金城一带开置屯田,列屯夹河合三十四部。(同上)

这时,"诸降羌布在郡县,皆为吏人豪右所徭役,聚以愁怨"(同上)。安定的表面下,隐藏着不平定的愤怒火种。

安帝永初元年,遣骑都尉王弘发金城、陇西、汉阳羌数百千骑征西域。王弘迫促发遣,群羌惧远屯不还,行到酒泉,多有散叛。诸郡各发兵邀遮,或覆其庐落,于是各地羌人,一时俱起。时诸羌归附既久,无复器甲,或持竹竿木枝以代戈矛,或负板案以为盾。郡县畏懦,不能敌御。

以此为始,战争延续了十年。东汉政府兵几乎每战必败。羌人东犯赵魏,南入益州。河东、河内、魏郡、赵国、常山、中山、上党、汉中、巴郡,都成为羌人所及的地方。

西部各郡县二千石令长,多内郡人,并无守战意,皆争求内徙以避寇难。朝廷从之。但人民恋土,不乐去旧。官吏遂乃刈其禾稼,发彻室屋,夷营壁,破积聚,强迫迁徙。时连年旱蝗饥荒,而驱蹴劫略,流离分散,随道死亡,或弃捐老弱,或为人仆妾,丧其大半。

《后汉书·西羌传》说:"自羌叛十余年间,兵连师老,不暂宁息。军旅之费,转运委输,用二百四十余亿,府帑空竭,延及内郡,边民死者,不可胜数。并凉二州,遂至虚耗。"这可以说是对这十年羌战的小结。

这次战争的起因是东汉政府征发金城、陇西羌人服役,去西域。羌人不愿远行,起来反抗。战争的远因是居住在这一带郡县的羌人,平素被"吏人豪右所徭役,积以愁怨"。官兵出征,腐败无能的军队,却不堪一击,被手无寸铁、拿着竹竿木棒的羌人打得落花流水,溃不成军。边地官吏,害怕羌人,争求内徙。人民不愿内徙,他们就破坏人民的财产,推倒房屋,割掉庄稼,强迫迁徙。流离上路,死亡大半。汉族人民也被迫起来反抗。汉、羌人民联合起来与东汉统治者斗争。羌人的反抗,本来就是在民族外衣的掩盖下的阶级斗争,在汉人起来反抗之后,民族斗争就更进一步地融合在阶级斗争之中。

顺帝永和年间,羌战再起。到冲帝永嘉元年,差不多又是十年《后汉书·西羌传》说:"自永和羌叛,至乎是岁(永嘉元年),十余年间,费用八十余亿。诸将多断盗牟粟,私自润入,皆以珍宝货赂左右上下,放纵不恤军事,士卒不得其死者白骨相望于野。"(同上)

这是羌战比较集中的两个十年,其实自东汉开国至国亡,羌战很少停息。长期战争结果,受苦的是人民,东汉帝国亦为之耗破。凉州西汉时有人口一百五十多万,东汉只有十余万,所存仅十五分之一。人口消耗原因就是羌战。现将东西汉之凉州各郡户口,列表如下:

		西汉户口		东汉户口	增减额和%	
武都	户	51 376	户	20 102	−31 274	60.9%
	口	235 560	口	81 728	−153 832	65.3%
陇西	户	53 964	户	5 628	−48 336	89.6%
	口	236 824	口	29 637	−207 187	87.5%
金城	户	38 470	户	3 858	−34 612	89.9%
	口	149 630	口	18 947	−130 683	87.3%
天水	户	60 370	户	27 423	−32 947	54.6%
	口	261 348	口	130 138	−131 210	50.2%
(东汉改名汉阳)						
武威	户	17 581	户	10 042	−7 539	42.9%
	口	76 419	口	34 226	−42 193	55.2%
张掖	户	24 352	户	6 552	−17 800	73.1%
	口	88 731	口	26 040	−62 691	70.7%
酒泉	户	18 147	户	12 706	−5 441	30%
	口	76 726	口			
敦煌	户	11 200	户	748	−10 452	93.3%
	口	38 335	口	29 170	−9 165	23.9%
安定	户	42 725	户	6 094	−36 631	85.7%
	口	143 294	口	29 060	−114 234	79.7%

	西汉户口		东汉户口		增减额和%	
北地	户	64 461	户	3 120	-61 341	95.2%
	口	210 688	口	18 637	-192 051	91.2%
张掖属国	户		户	4 656		
	口		口	16 952		
张掖居延属国	户		户	1 560		
	口		口	4 733		

羌族人民死伤更为严重。段颎为护羌校尉,率兵征讨。他主张灭绝羌人,说羌人"狼子野心,难以恩纳,势穷虽服,兵去复动,唯当长矛挟胁,白刃加颈"。(《后汉书·段颎传》)"臣奉大汉之威,建长久之策,欲绝其本根,不使能殖。"(同上)段颎此心此志,实在太狠毒了。范晔称道段颎之征羌,"若乃陷击之所歼伤,追走之所崩籍,头颅断落于万丈之山,支革判解于重崖之上,不可校计。其能穿窜草石,自脱于锋镝者百不一二。"(同上)。另一征羌将领张奂,认为"戎狄一气所生,不宜诛尽,流血汗野,伤和致妖。"(同上)。范晔不同意,说:"是何言之迂乎? 羌虽外患,实深内疾。若攻之不根,是养疾痾于心腹也。"(同上书卷论曰)是何言之忍也。蔚宗《后汉书》《论曰》,时见其豪气纵横,智慧过人,而其蔽在偏激,颇不容物。此亦一例耳。

《后汉书·庞参传》:"永初元年,凉州先零种羌反畔,遣车骑将军邓骘讨之。参于徒中使其子俊上书曰:'方今西州流民扰动,而征发不绝,水潦不休,地力不复。重之以大军,疲之以远戍,农功消于转运,资财竭于征发。田畴不得垦辟,禾稼不得收入,搏乎困穷,无望来秋。百姓力屈,不复堪命。'……四年,羌寇转盛,兵费日广,且连年不登,谷石万余。参奏记于邓骘曰:'比年羌寇特困陇右,供徭赋役为损日滋,官负人责数十亿万。今复募发百姓,调取谷帛,衒卖什物,以应吏求,外伤羌虏,内困征赋。遂乃千里转粮,运给武都西郡。……县官不足,辄贷于民。民已穷矣,将从谁求? 名救金城,而实困三辅,三辅既困,还复为金城之祸矣。参前数言宜弃西域，乃为西州士大夫所笑。今苟贪不毛之地，营恤不使之民。暴军伊吾之野，以虑三族之外，果破凉州，祸乱至今。……三辅山原旷远，庶民稀疏，故县丘城，可居者多。今宜徙边郡不能自存者，入居诸陵，田成故县。孤城绝郡，以权徙之；转运远费，聚而近之；徭役烦数，休而息之。此善之善者也。'暨及公卿以国用不足，欲从参议，众多不同，乃止。"

东汉中叶以后，国穷民困，兵力日衰，已无力经营西域，放弃西域的意见逐渐出现而抬头，政策由攻转守矣。此亦如罗马帝国后期对待日耳曼人政策之转变，形势使然。直接促使这种意见抬头的是羌战，从庞参的言论可知。这是羌战对东汉人政策思想的影响，故附及之。

（五）士大夫的呼吁和活动

中国知识分子，有关心国家大事的历史传统。有的人面对政治实际问题，考虑解决的理想和办法；有的人投身政治实际中去，献身政治斗争。

东汉后期的知识分子，面对政治腐败，社会动乱，经济衰退这些严峻的现实，思想上自然不能不起波动，他们要考虑这些问题，探讨出路。

东汉知识分子中，王符、崔寔、仲长统的政治思想是有代表性的。他们对当时政治提出过批评，也提出了解决设想。

王符，安定临泾(今甘肃镇原)人，生卒年月不详，他的活动主要在和帝、安帝时期(公元89—125年左右)。他和当时的学者马融、窦章、张衡、崔瑗都有友好往来。他的著作有《潜夫论》三十多篇，基本上保存下来了。他的书我们前面不止一次地引用过。在他的书里，王符深刻地揭露和批判了东汉社会政治的黑暗和腐败。

对东汉的豪门政治、吏治腐败、选举不实、用人不当等现象，王符是极为不满的。针对东汉政治腐败，任人唯亲，他提出贤人政治，认为只有贤人被任用，国家才能得治。他说："身之病，待医而愈；国之乱，待贤而治。"(《潜夫论·思贤篇》)又说："凡有国之君，未尝不欲治也，而治不世见者,所任不贤故也。"(《潜夫论·潜叹篇》)他看到东汉的地方官多是无能无德,"所治多荒乱"(《潜夫论·三式篇》),他强调"牧守大臣者,诚盛衰之本原也"(同上)。他极为赞扬西汉宣帝的"明选守相","重其刑赏"。(同上)。他赞扬宣帝,正是对东汉地方政治腐败、官吏贪污的批判。

针对东汉政治的腐败、官僚贵戚的无法无天,王符主张法治。他说:"法令赏罚者,诚治乱之枢机也,不可不严行也。"(同上)又说:"法者,君之命也。"(《潜夫论·哀制篇》)但他的思想核心仍是正统的儒家思想,理想仍是德教,主张法治与德教不可偏废。他引用孔子的话说:"昔者仲尼有言,政宽则民慢,慢则纠之以猛。猛则民残,残则施之以宽。宽以济猛,猛以济宽,政是以和。"(《潜夫论·三式篇》)东汉政治现实需要猛,需要法治。就德与法两者的关系说,王符认为德教高于法治,最理想的政治是德教而不是法治。他说:"法令赏罚者,乃所以治民事而致整理尔,未足以兴大化而升太平也。"(《潜夫论·本训篇》)他说:"上圣不务治民事,而务治民心。"(《潜夫论·德化篇》)"圣人甚尊重德礼,而卑刑罚。"(同上)这些话都反映王符主张法治是针对东汉的政治而言的,他的理想仍是德化。

崔寔的时代稍晚于王符。他的生年不详,死于灵帝建宁中(公元170年前后)。他的著作有《政论》。

崔寔的父亲是东汉中叶的"宿德大儒"(《后汉书·崔瑗传》)。范晔把崔寔和他的祖父崔骃、父亲崔瑗合为一个传,说:"崔氏……儒家之林。"(同上)他祖父和父亲分别作过外戚窦宪、梁冀的属吏。但在思想上,他却突破了世家豪族显赫权势对他的影响,成为大胆批判当时腐朽社会政治的进步思想家。范晔论《政论》这部书时还说:"言当世理乱,虽晁错之徒不能过也。"(《后汉书·崔瑗传》)范晔看到崔寔思想里有法家的影响,所以又拿西汉"学申商刑名"之子的政治家晁错来比他。《隋书·艺文志》就把《政论》列作法家。

把崔寔说成法家是错误的。崔寔的思想受有法家影响,受有东汉腐败政治现实的影响,所以他的法治思想好像比较突出。但他更受有儒家的影响。崔寔和王符一样,是主张霸王道杂用的。这是汉代进步思想家的共同特点。

崔寔认为政治是要随着时代客观环境的变化而变化的。他批评"俗人拘文牵古,不达权制"(《政论》见《后汉书·崔寔传》),动不动就要效法尧舜。他说:"圣人执政,遭时定制,步骤之差,各有云设。"(同上)就是说圣人执掌政权,要按照当时条件、需要,制定政策。

如何整治东汉的腐败政治? 崔寔是主张法治的。他说:"今既不能纯法八世,故宜参以霸政,则宜重赏深罚以御之,明著法术以检之。自非上德,严之则理,宽之则乱。……孝宣皇帝……严刑峻法,破奸轨之胆,海内清肃。……元帝即位,多行宽政,卒以堕损。……政道得失,于斯可见。"(同上)崔寔的时代晚于王符,正是桓灵时期东汉政治最坏的时代。宦官已上台,宗亲子弟布满地方,贪污不法。生于斯时,目睹斯政,所以他的法治思想,比王符更强烈。但从思想深处看,他是儒家而不是法家。他用养身来比喻治国。他说:"为国之道,有似理身,平则致养,疾则攻焉。夫刑罚者,治乱之药石也;德教者,兴平之梁肉也。夫以德教除残,是以梁肉理疾也。以刑罚理平,是以药石供养也。"(同上)德教刑罚,应该并用,何时用德教,何时用刑罚,应该依照当时社会政治客观条件来定。针对当时东汉社会政治情况,就要用法治。在东汉当时社会政治腐败情况下,要奢谈尧舜三皇五帝,结果只不过"多为累而已"(同上)。即都是废话,是多余的。

但在崔寔的思想体系里,德教与法治还是有轻重的。从上所引他的话,"今既不能纯法八世,故宜参以霸政"和"自非上德,严之则理,宽之则乱"来看,按形式逻辑推理,如果条件达到能够纯法八世,达到上德,也就应该纯法八世,实行德教了。所以他的思想核心是霸王道杂用,而又以德教为最高理想。

仲长统生于灵帝光和二年(公元179年),死于献帝建安二十五年(公元220年)。这年汉献帝被迫让位给曹丕,东汉结束。

仲长统的主要著作为《昌言》,有十二卷,流传下来的不过十之一二,十之八九已佚失。仲长统对东汉外戚,宦官专政之害,非常痛恨。他说自刘秀把权力集中在皇帝和尚书台以后,"权移外戚之家,宠被近习之竖。亲其党类,用其私人。内充京师,外布列郡。颠倒贤愚,贸易选举。疲驽守境,贪残牧民。挠扰百姓,忿怒四夷。招致乖叛,乱离斯瘼。……此皆戚宦之臣所致然也。"(《昌言·法诫篇》,见《后汉书·仲长统传》)

仲长统和王符、崔寔一样,认为应当德教、刑罚霸王道杂用。他说:"德教者,人君之常任也;而刑罚为之佐助焉。古之圣帝明王,所以能亲百姓,训五品,和万邦,藩黎民,……实德是为,而非刑之攸致也。至于革命之朝运,非征伐用兵则不能定期业;奸宄之成群,非严刑峻法则不能破其党。时势不同,所用之数亦宜异也。"(《群书治要》卷45《仲长子·昌言》)

东汉几个思想家,王符、崔寔、仲长统有一个共同的特点,就是他们的政治思想,在最高理想上都是德教,而具体到他们的时代——东汉,又都主张要法治才能解决问题。

汉代儒家正统思想,阴阳五行,灾异祥瑞那一套说教,对仲长统有影响。如他认为东汉"阴阳失和,三光亏缺,怪异数至,虫螟食稼,水旱为灾,此皆戚、宦之臣所致然也"(《昌言·法诫篇》,见《后汉书·仲长统传》)。

仲长统虽然受有这套思想的影响,他却强调"人事为本,天道为末"(《仲长子·昌言》见《群书治要》卷45)。他骂那些"知天道而无人略者,是巫医卜祝之伍,下愚不齿之民也。信天道而背人事者,是昏乱迷惑之主,复国亡家之臣也"(同上)。他说,王者只要把政治弄好,"则天地将自从我而正矣,休祥将自应我而集矣,恶物将自舍我而亡矣"。如果政治腐败,"虽五方之兆,不失四时之礼;断狱之政,不违冬日之期,著龟积于庙门之中,牺牲群于丽碑之间,冯相坐台上而不下,祝史伏坛旁而不去,犹无益于败亡也。"(同上)

王符、崔寔、仲长统出身都不是世家豪族,崔寔以外都没有作过大官,在政治上都是不得意的,没有机会实行他们的政治思想。他们对外戚、宦官政治都有强烈的反感。他们的霸王道杂用思想和对儒家的批判,是对外戚、宦官腐败政治的抗议和批判。但在东汉世家豪族统治时期,这只是微弱的呼声而已,并没有引起大的反响。

这些高级知识分子——思想家,一般都是置身于实际政治生活之外的,他们批判外戚、宦官政治的腐败、黑暗,到此为止,他们没有参加政治活动。但在他们书房纱窗之外,一些激进的知识分子和政治活动家们,都要于呼喊说教之外,投身实际政治活动了。

上述三位思想家之外,面对东汉末年的政治腐败,东汉后期知识分子的思想行径,大体可以分为三派。一派是行动派,激昂慷慨,投身反黑暗统治的斗争中,杀身成仁,舍生取义。范滂可谓此派代表人物。一派有救国之志。却知时不可救,忧国忧民,欲动且止。郭林宗是此派领袖。另一派则知时不可救,救则自取杀身无益时事。申屠蟠、徐稺可谓此派代表。

《后汉书·徐稺传》:"(徐稺)谓(茅)容曰:为我谢郭林宗,大树将颠,非一绳所维,何为栖栖,不遑宁处?"

《后汉书·申屠蟠传》:"京师游士汝南范滂等,非讦朝政,自公卿以下皆折节下之。太学生争慕其风,以为文学将兴,处士复用。蟠独叹曰:'昔战国之世,处士横议,列国之王至为拥篲先驱,卒有坑儒烧书之祸,今之谓矣。'乃绝迹于梁砀之间,因树为屋,自同佣人。"

徐稺、申屠蟠都不仕。两人都多次被公卿辟、皇帝征,都不就。两人都不是个人主义隐逸者,而是看透了政治的不可为。观徐稺所谓"大树将颠,非一绳所维";申屠蟠所谓"坑儒烧书之祸,今之谓矣",对政治的无前途都是很清楚的。时代没落,使人意志消沉。

郭林宗也和徐稺一样,深知大树将颠。有人劝林宗仕进,林宗说:"吾夜观乾象,昼察人事,天之所废,不可支也。遂并不应。"(《后汉书·郭太传》)但他对世事似又未能完全绝情。徐稺让茅容告诉郭林宗,"大树将颠,非一绳所维。何为栖栖,不遑宁处?"从这里可证郭林宗还是有意"栖栖"的,不能忘情世事。葛洪批评郭林宗,虽恨酷谑,但观察是深刻的。他说郭林宗是:"盖欲立朝则世已大乱,欲潜伏则闷而不堪。或跃则畏祸害,确尔则非所安。彭徨不定,载肥载臞。而世人逐其华而莫研其实。"(《抱朴子·正郭篇》)此种批评,未免诛心过苛。葛洪曾引稽生对郭林宗的评价。稽生认为,郭林宗"知人则哲,盖亚圣之器也。及在衰世,栖栖惶惶,席不暇温,志在乎匡断行道,与仲尼相似"。此稽生可能是稽康。他对郭林宗的评价,我认为是深知林宗之心的。知识分子自古多悲剧,郭林宗虽然得保首领以殁,但报国无门,对知识分子来说也是悲剧了。

消沉的总是少数,东汉末年的士大夫阶层的主流是反对政治黑暗,以澄清时局为己任的。他们之中,有的已作了官,有的是太学生。

西汉武帝为博士官置弟子五十人,这可以说是太学的开始。元、成时期太学弟子有一千人,一度到三千人。东汉顺帝以后,发展到三万多人。知识分子总是敏感的,他们目睹政治腐败,愤懑忧虑,发而为激烈的政治活动。这时正是桓、灵时期,宦官专政。士大夫知识分子反对的矛头,直指宦官。

太学生的政治要求,得到官僚世家豪族的支持,也得到外戚集团的支持,因为外戚本来就是世家豪族中的一部分,末期的外戚如窦武、何进都是在世家豪族支持下反对宦官的。太学生反对宦官的活动,和他们的利益是一致的。桓帝时的外戚窦武,官僚世家豪族集团中的陈蕃、李膺,都和太学生合作。

桓帝永兴元年,"衣冠世家"的朱穆为冀州刺史。宦官赵忠在冀州界内违制葬埋他的父亲。朱穆发棺检验,并收捕其家属。桓帝大怒,下诏以朱穆输作左校。

此事激怒了太学生。太学生刘陶等数千人诣阙上书,他们说:"施刑徒朱穆,处公忧国,拜州之日,志清奸恶,诚以常侍贵宠,父兄子弟布在州郡,竞为虎狼,噬食小人。故穆张理天网,补缀漏目,罗取残祸,以塞天意。由是内官咸共恚疾,谤讟烦言,谗隙仍作,极其刑谪,输作左校。天下有识,皆以穆同勤禹,稷而被共。鲧之戾,若死者有知,则唐帝怒于崇山,重华忿于苍墓矣!当今中官近习,窃持国柄,手握王爵,口含天宪,运赏则使饿隶富于季孙,呼嚧则令伊、颜化为桀、跖。而穆独亢然不顾身害,非恶荣而好辱,恶生而好死也,徒感王纲之不摄,惧天网之久失,故竭心怀忧,为上深计。臣愿黥首系趾,代穆校作。"(同上)

桓帝览其奏,乃赦免朱穆。

朱穆乘机建议废除宦官,选用士人。他上疏说:"案汉故事,中常侍参选士人。建武以后,乃悉用宦者。自延平以来,浸益贵盛,假貂珰之饰,处常伯之任。天朝政事,一更其手,权倾海内,宠贵无极,子弟亲戚,并荷荣任。故放滥骄溢,莫能禁御。凶狡无行之徒,媚以求官;恃势怙宠之辈,渔食百姓。穷破天下,空竭小人。愚臣以为可悉罢省,遵复往初,率由旧章。更选海内清淳之士明达国体者,以补其处。"(同上)

桓帝当然不会采纳朱穆的意见。

桓帝延熹五年,在凉州和羌人作战的将军皇甫规因拒绝和宦官来往,被诬入狱,论输左校。朝廷官僚和太学生三百余人到朝廷为皇甫规申冤,皇甫规被赦出。

太学生和官僚反对宦官的活动越来越激烈,他们相互以名节相砥砺,以名节相标榜。社会上出现一种评论政治的风气。《后汉书·党锢列传序》说:"桓灵之间,主荒政缪,国命委于阉寺,士子羞与为伍。故匹夫抗愤,处士横议,遂乃激扬名声,互相题拂,品覈公卿,裁量执政,婞直之风,于斯行矣。"

在当时政治人物中,声望最高最受尊崇的有李膺、陈蕃、王畅三个人。太学中流行着三句话:

> 天下模楷李元礼,
>
> 不畏强御陈仲举,
>
> 天下俊秀王叔茂。

元礼、仲举、叔茂,是他们三人的字。评论政治,评论人物,形成一种风气。他们不避豪强,谁都批判。李膺的声名高,能得到李膺的接待,就被称为"登龙门",一下就身价十倍。

桓帝延熹九年,李膺和太学生二百多人以互相交结,诽谤朝廷,图谋不轨的罪名被捕。虽然由于窦武等人的营救,得到释放归田里,却终身禁锢,不得为官。

桓帝死,灵帝即位,窦武、陈藩辅政。他引用李膺、杜密等人到朝廷作官。他们想诛杀宦官,谋计泄露,反为宦官杀害。宦官大兴党狱,李膺、杜密、范滂等一百多人,都死在狱中。妻子徙边,附从者和五服内亲属都被禁锢,不得作官。

窦武、陈藩死后,郭林宗哭之于野,恸,叹曰:"人之云亡,拜国殄瘁。瞻乌爰止,不知于谁之屋耳。"(《后汉书·郭泰传》)

次年,郭林宗死。汉末士大夫,砥砺名节,抱有以天下为己任的雄心壮志。他们把希望寄托在窦武、陈藩的主政上。依当时的政治条件,他们不是没有胜利的可能。但书生造反,三年不成。他们没有政治斗争的经验,他们失败了。

这次斗争失败后,知识分子由激昂变为消沉,但也还没有完全消沉。此后,清谈之风兴起。清谈有两种趋势,一面是不无积极因素的人物品评,一面却是为魏晋清谈玄学开路了。

下 篇

古代到中世纪

汉魏之际,宽一点来说,由东汉后期到魏晋时期,是中国历史由古代进入中世纪的时期。这时期的历史变化是多方面的,但主要的变化我认为是下述三个方面:一、城乡经济的衰落。战国以来,发达的交换经济转化为自然经济占优势。二、自由平民、奴隶向依附民的转化。三、积极的面对现世的思想、世界观,转化为消极的面向来生的宗教世界观。这些都是由古代向中世纪转化的特征。我是基于这些认识,来讲中国历史由古代到中世纪的。

　　在中国历史上,历次改朝换代都有一番大混乱,社会经济都会出现倒退。会有人认为:魏晋时期社会经济的混乱和倒退不过是改朝换代的通常现象。为了消解这种误会,我把讲述的问题的时间拉长了些,使用了一部分南北朝甚至隋唐的材料。这样,就更能鲜明地反映社会转化的面貌。自然经济、依附关系、宗教组织和思想在几百年里大盛,就不是改朝换代后社会一时混乱的问题了。

第 一 章

城乡经济的衰落

（一）土荒民流大地萧瑟

光武到和帝，这是东汉的前期，是东汉的安定繁荣时期。范晔评这时期说："自中兴以后，逮于永元（和帝年号），虽颇有弛张，而俱存不扰，是以齐民岁增，辟土世广。"（《后汉书·和帝纪论曰》）

就是这段好时代，社会问题仍是重重的。《后汉书·明帝纪》说当时，"吏称其官，民安其业，远近肃服，户口滋殖。"但明帝永平十二年一个诏书却说："田荒不耕，游食者众。"（同上）明帝在位十八年中，曾于永平三年、十二年、十七年和十八年四次下诏"赐天下流人无名数欲占者，人一级"（同上）。这一方面表示皇帝希望流民占籍。一方面说明流民的存在。在皇帝眼里，当时还是"田荒不耕，游食者众"的。

明帝永平和章帝建初之际，发生几次大的牛疫。章帝即位尚未改元（公元75）就"是岁牛疫"（《后汉书·章帝纪》）。而建初元年（公元76）正月的诏书却说："比年牛多疾疫，垦田减少，谷价颇贵，人以流亡"（同上）。可见这以前牛疫已不是一次，而是"比年"。四年又"牛大疫"（同上）。牛疫对于章帝时的农业生产是大有影响的，上引诏书已说，比年牛多疾疫,垦田减少,谷价颇贵,人以流亡。到元和元年(公元84),七八年之后,诏书还说:"自牛疫已来,谷食连少,良由吏教未至,刺史二千石以为负。其令郡国募人无田欲徙它界就肥饶者,恣听之。到在所,赐给公田,为雇耕佣,赁种饷,贳与田器。勿收租五岁,除算三年。其后,欲还本乡者勿禁。"(同上)三年又诏:"今肥田尚多,未有垦辟,其悉以赋贫民,给与粮种,务尽地力,勿令游手。"(同上)章帝时,是东汉盛世之颠。材料说明,就是这盛世之颠,仍是肥田尚多未垦,垦田减少,人民流亡的。

和帝以后,农村经济一路衰落下去。农业失调,土地失耕,灾荒屡见,农民流亡,是东汉一代史不绝书的。到了东汉末年黄巾暴动和董卓之乱之后,东汉整个社会经济便出现空前的大衰落,由交换经济比较繁荣的社会退回到自然经济为主的社会。

下面先按时代顺序,看一看东汉后期农业失调、土地失耕、灾荒屡见的史实:

> 和帝永元十三年(公元101),荆州雨水,诏曰:荆州比岁不节,今兹淫水为害,余虽颇登,而多不均浃。其令天下半人今年田租刍稾。又诏:幽并凉州,户口率少,边役众剧。(《后汉书·和帝纪》)

> 十六年春,正月诏:贫民有田业而以匮乏不能自农者,贷种粮。二月诏:兖、豫、徐、冀四州,比年雨多伤稼,禁沽酒。四月,遣三府掾分行四州,贫民无以耕者为雇犁直。秋,诏令天下皆半入今年田租刍稾。其被灾害者,以实除之。贫民受贷种粮及田租刍稾,皆勿收责。(同上)

> 殇帝勅司隶校尉、部刺史曰:间者郡国或有水灾,妨害秋稼。而郡国欲获丰穰虚饰之誉,遂覆蔽灾害,多张垦田,不揣流亡,竞增户口。掩匿盗贼,令奸恶无惩。自今以后,二千石长吏其各实核所伤害,为除田租刍稾。(《后汉书·殇帝纪》)

户口流亡,而奸吏尚竞增户口。东汉户口记载,大有问题。

> 殇帝延平元年(公元106)九月,六州大水。十月,四州大水。(《安帝纪》,安帝立,未改元)

> 永初元年(公元107),是岁郡国十八地震,四十一雨水或山水暴

至,二十八大风雨雹。(同上)六月,京师及郡国四十大水大风雨雹。诏曰:朕以不德,遵奉大业,而阴阳差越,变异并见,万民饥流。(同上)二年,是岁,郡国十二地震。(同上)三年,三月京师大饥,民相食。诏曰:朕不能宣流风化,而感逆阴阳,至令百姓饥荒,更相啖食。(同上)七月,诏长吏案行在所,皆令种宿麦蔬食,务尽地力,其贫者给种饷。十二月,郡国九地震。(同上)是岁,京师及郡国四十一雨水雹。并凉二州大饥,人相食。(同上)

四年,郡国九地震,六州蝗。(《东观记》曰:司隶、豫、充、徐、青、冀。)(同上)

五年,郡国十地震。诏曰:灾异蜂起。寇贼纵横,夷狄猾夏,戎事不息,百姓匮乏,疲于征发,重以蝗虫滋生,害及成麦,秩稼方收,甚可悼也。是岁,九州蝗,郡国八雨水。(同上)

六年,三月,十州蝗。(同上)

七年二月,郡国十八地震。八月,京师大风,蝗虫飞过洛。诏郡国被蝗伤稼十五以上勿收今年田租,不满者以实除之。(同上)

元初元年(公元114)四月,京师及郡国五旱蝗。是岁,郡国十五地震。(同上)

二年,三月,京师大风。五月,京师旱,河南及郡国十九蝗。诏曰:被蝗以来,七年于兹,而州郡隐匿,裁言顷亩。今群飞蔽天,为害广远,所言所见,宁相融邪?(同上)十一月,郡国十地震。(同上)

三年二月,郡国十地震。四月,京师旱。十一月,郡国九地震。(同上)

四年六月,三郡雨雹。七月,京师及郡国十雨水。诏曰:今年秋稼茂好,垂可收获,而连雨未霁,惧必淹伤。是岁,郡国十三地震。(同上)

五年三月,京师及郡国五旱。七月诏曰:遭永初之际,人离荒厄。(同上)是岁,郡国十四地震。(同上)

六年二月,京师及郡国四十二地震或坼裂,水泉涌出。(同上)

永宁元年(公元120),自三月至十月,京师及郡国三十三大风雨

水。是岁,郡国二十三地震。(同上)

建光元年(公元121),是秋京师及郡国二十九雨水。十一月,郡国三十五地震或坼裂。(同上)

延光元年(公元122)四月,京师郡国二十一雨雹。六月,郡国蝗。七月,京师及郡国十三地震。九月,郡国二十七地震。是岁,京师及郡国二十七雨水大风杀人。(同上)

三年,是岁京师及诸郡国二十三地震,三十六雨水疾风雨雹。(同上)

四年十一月,京师及郡国十六地震。(《顺帝纪》,顺帝即位未改元)

顺帝永建三年(公元128)正月,京师地震,汉阳地陷裂。(同上)

永建五年四月,京师旱。诏郡国贫人被灾者,勿收责今年过更。京师及郡国十二蝗。(同上)

阳嘉元年(公元132)二月,京师旱。(同上)

二年四月,京师地震。六月,洛阳地陷。是月旱。(同上)

三年二月,诏以久旱,京师诸狱无轻重,皆且勿考竟。(同上)

三年五月制诏曰:朕秉事不明,政失厥道,天地谴怒,大变仍见,春夏连旱,寇贼弥繁,元元被害,朕甚愍之。(同上)

四年十二月,京师地震。(同上)

永和元年(公元136)七月,偃师蝗。(同上)二年夏四月,京师地震。十一月,京师地震。三年二月,京师及金城陇西地震,二郡山岸崩,地陷。四月,京师地震。四年三月,京师地震。五年二月,京师地震。(同上)

腐败的东汉政府,财政穷困,也举债了。

顺帝永和六年正月,诏贷王侯国租一岁。七月诏假民有赀者户钱一千。(同上)

汉安二年(公元143)十月,减百官俸,禁沽酒,又贷王侯国租一岁。(同上)是岁,地百八十震。次年,(建康元年)正月,诏曰:陇西、汉阳、张掖、北地、武威、武都,自去年九月以来,地百八十震,山谷坼

裂,坏败城寺,杀害民庶,夷狄叛逆,赋役重数,内外怨旷。(同上)

桓帝建和元年(公元147)二月,荆扬二州,人多饿死。四月,京师地震。六月,郡国六地裂水涌井溢。九月,京师地震。(《后汉书·桓帝纪》)

三年八月,京师大水。九月己卯,地震;庚寅,地又震。(同上)按:庚寅,应作庚辰。十一月诏曰:今京师厮舍,死者相枕,郡县阡陌,处处有之。(同上)

元嘉元年(公元151)正月,京师疾疫。二月,九江、庐江大疫。四月,京师旱。任城、梁国,饥民相食。十一月,京师地震。(同上)

二年正月,京师地震。十月,京师地震。(同上)

永兴元年(公元153)七月,郡国三十二蝗,河水溢。二年二月,京师地震。六月,彭城泗水增长逆流。诏司隶校尉、部刺史曰:蝗灾为害,水变仍至,五谷不登,人无宿储,其令所伤郡国,种芜菁以助人食。京师蝗。(同上)

永寿元年(公元155)二月,司隶、冀州饥,人相食。勒州郡赈给贫弱。若王侯吏民有积谷者,一切贷十分之三,以助廪贷。其百姓吏民者,以见钱雇直,王侯须新租乃偿。三年六月,京师蝗。七月,河东地裂。(同上)

延熹元年(公元158)五月,京师蝗。(同上)

三年九月诏:无事之官,权绝俸,半年如故。(同上)

按:政府穷的发不出俸禄,可知廪贷如何如何,都是一派胡言。俸禄都发不出,那有余钱去廪食贫民?!

四年六月,京兆、扶风及凉州地震。(同上)七月,减公卿以下俸,贷王侯米租。占卖关内侯、虎贲、羽林、缇骑营士五大夫钱各有差。五年五月,京师地震。(同上)

五年八月,诏减虎贲羽林住寺不任事者米俸,勿与冬衣。其公卿以下,给冬衣之半。(同上)

按:住寺不任事的虎贲羽林的俸钱都发不出了,冬衣发不起了。真是民穷财尽。

五年十月,假公卿以下俸,又换王侯租以助军粮,出濯龙中巨钱还之。(同上)

八年九月,京师地震。(同上)

九年正月诏曰:比岁不登,民多饥穷,又有水旱疾疫之困,盗贼征发,南州尤甚。(注:谓长沙、桂阳、零陵等郡。)(同上)

三月,司隶、豫州饥死者什四五,至有灭户者。遣三府掾赈禀之。(同上)

灵帝建宁四年(公元171),大疫,使中谒者巡行致医药。熹平二年(公元173)正月,大疫,使使者巡行致医药。

熹平四年(公元175)四月,郡国七大水。(《灵帝纪》)六年四月,大旱,七州蝗。十月,京师地震。

光和元年(公元178)二月,地震;四月,地震。光和二年春,大疫,使侍中谒者巡行致医药。(《灵帝纪》)三年六月,表是地震(表是县,属酒泉郡)。五年二月,大疫。六年夏,大旱;秋,金城河水溢。(《灵帝纪》)

中平二年(公元185)正月,大疫。七月,三辅螟。(同上)

从以上材料可以看出,东汉一代灾荒很多,水灾、旱灾、蝗灾频仍。地震的次数特多。从安帝延光三年(公元124)到桓帝延熹五年(公元162),三十八年间仅京师洛阳就发生了二十次地震。一个地区地震如此频繁出现,不知是否可能,或是记载有误。地震非人力所能控制,水灾、旱灾、蝗灾和人为是有关系的。政治清明,水利兴修,就可以减少水、旱、蝗的发生,发生了也可以减低为害程度。东汉后期,是个政治黑暗,吏治腐败的时期,官吏贪污,勒索小民,商人兼并,人民失业,久已陷于穷困,无隔宿之粮。在此情况下,不遇天灾人祸已难度日,一遭天灾人祸,只有流离逃亡。所以流民问题,在东汉前期已常常发生,而后期更是连连不断。流亡仍不能解决生活问题,最后遂起而暴动。东汉后期的人民流亡和暴动,请看表一:"东汉农民流亡表"和表二:"东汉农民暴动表"。

东汉政府不断地给贫民禀食,如前面所指出的,东汉政府已穷到发不出官僚俸禄,它所谓禀给流民只不过是纸上谈兵,实际上是拿不出这钱财粮食的。而所谓廪给流民和贫民,也不会像皇帝们诏书上所说的是为了农民。皇帝廪给流民、贫民,是怕他们铤而走险。有识之士都会看到,在人民无法生活下去迟早他们会起而作乱的。贾谊在西汉初年就曾对文帝说:"即不幸有方二三千里之旱……卒然边境有急……兵旱相乘,天下大屈,有勇力者聚徒而衡击……远方之能疑者,并举而争起矣!"(《汉书·食货志上》)东汉后期所发生的,正是贾谊所担心和指出的。

流民走向的第一步是流落城市,王符所说"今察洛阳,资末业者什于农夫,虚伪游手什于末业。……天下百郡千县,市邑万数,类皆如此",正说明这种情况。农民先流落到都城里去。东汉城市人民多,原因在此。但到了城市亦无法容纳,生活无法解决,只有走向第二步,到处游荡。再进一步,就是作盗贼起而暴动了。

黄巾暴动是东汉流民暴动的总爆发。它参加的人数多,覆盖的地区广。除中原地区外,北到冀州,西到益州,南到荆州,都有黄巾党人先后起来暴动。

黄巾暴动,是流民暴动,或者说是以流民发其端的。这由《后汉书·杨赐传》的记载可以说明:"先是,黄巾帅张角等执左道称大贤以诳耀百姓,天下襁负归之。赐时在司徒,召掾刘陶告曰:'张角等遭赦不悔,而稍益滋蔓。今若下州郡捕讨,恐更骚扰速成其患。且欲切勒刺史、二千石,简别流人,各护归本郡,以孤弱其党,然后诛其渠帅,可不劳而定,何如?'陶对曰:'此孙子所谓不战而屈人之兵,庙胜之术也。'"

东汉末的农民暴动有两个特点,一是以宗教信仰和宗教组织作为聚合群众的核心力量,一是有均平和共产的思想意识。

东汉后期的农民暴动,多有被称为"妖贼"、"妖巫"的,说明这些暴动中都有宗教活动和宗教组织。宗教思想和宗教组织,从原始社会就有。但整个社会思潮,由现实社会转向来世社会,由人文转向宗教,却是反映人类社会由古代向中世纪的转变。

东汉末年的太平道、五斗米道,都有均平和共产的思想。张鲁在汉中传布五斗米道,就有义米由和义舍,行路者可以量腹取足,但不能多取(《三国志·魏志·张鲁传》)。这是农民对古代公社生活的反思和幢憬,也是宗族关系的扩大，同时也是依附关系发展下的产物。

黄巾暴动没有打垮东汉帝国，却使东汉帝国成了一具僵尸，再也没有活力。世家豪族势力活跃起来。接着有董卓之乱。世家豪族以打董卓为名，实际上撕破了东汉统一帝国这块招牌，出现了分裂割据的局面。新的局面，有如曹丕《典论·自叙》中所说："初平之元，董卓杀主鸩后，荡覆王室。是时四海既困中平之政，兼恶卓之凶逆，家家思乱，人人自危。山东牧守，……大兴义兵，名豪大侠，富室强族，飘扬云会，万里相赴。兖、豫之师战于荥阳，河内之甲军于孟津。卓遂迁大驾，西都长安。而山东大者连郡国，中者婴城邑，小者聚阡陌，以还相吞灭。"（《三国志·魏志·文帝纪》注引）

董卓之乱，使社会经济遭受严重破坏。放眼观看大乱前后，完全是两个世界。这以前是城市繁荣，交换频繁，交通发达，车舆填塞道路，熙熙攘攘，热热闹闹。这以后是：城市一片废墟，荒野无人，百里无烟，土地荒芜，人口稀少，整个社会一片荒凉景象。

把东汉末年社会经济大破坏，归罪于董卓是不可以的；归因于董卓，就把问题看得太简单了。三国开始，社会经济衰落，一直几百年直到中唐没有恢复到战国秦汉时期的繁荣。这是不能简单地说是董卓破坏的。原因，以后再作解释。现在不妨率由旧章，看看董卓乱后的社会经济情况。

献帝初平元年（公元190），董卓敌不过关东各路郡国兵势的压力，携带天子百官徙往长安。一火把洛阳焚毁。"尽徙洛阳人数百万口于长安……饥饿寇掠，积尸盈路"，使得洛阳附近"二百里内，无复孑遗"（《后汉书·董卓传》）。董卓死后，长安大乱，李傕、郭汜互相屠杀，关中大被破坏。"初帝入关，三辅户口尚数十万。自傕汜相攻，天子东归后，长安城空四十余日，强者四散，羸者相食，二三年间，关中无复人迹。"（同上）王粲《七哀诗》："西京乱无象，豺虎方遘患。复弃中国去，远身适荆蛮。亲戚对我悲，朋友相追攀。出门无所见，白骨蔽平原。路有饥妇人，抱子弃草间。顾闻号泣声，挥泪独不还。未知身死处，何能两相完。驱车弃之去，不忍听此言。南登霸陵岸，回首望长安。悟彼下泉人，喟然伤心肝。"这是诗人笔下的长安惨象。

董卓乱后,全国陷入军人割据、互相争战的混乱局面。人民到处迁徙流亡。司马朗对董卓说:"兵难日起,州郡鼎沸,郊境之内,民不安业,捐弃居产,流亡巨觊,虽四关设禁,重加刑戮,犹不绝息。"(《三国志·魏志·司马朗传》)献帝初平四年前后的一个诏书说:"今海内扰攘,州郡起兵。……侵侮黎民,离害者众。……今四民流移,托身他方,携白首于山野,弃稚子于沟壑,顾他乡而哀叹,向阡陌而流涕,饥陋困苦,亦已甚矣。"(《三国志·魏志·陶谦传》注引《吴书》)

材料中记载到各地人民流徙的,如《三国志·魏志·卫觊传》:"关中膏腴之地,顷遭荒乱,人民流入荆州者十余万家。"《蜀志·刘璋传》注引《英雄记》:"先是南阳、三辅人,流人益州数万家。"《魏志·张鲁传》:"韩遂之乱,关西民从子午谷奔之(汉中)者数万家。"《魏志·荀彧传》注引《曹瞒传》:"自京师(洛阳)遭董卓之乱,人民流移东出多依彭城间。"

汉末三国初年,人口大量死亡。一是死于兵灾。《三国志·魏志·司马朗传》:"关东诸州郡起兵,众数十万,皆集荥阳及河内。诸不能相一,纵兵抄略,民死者且半。"《曹瞒传》:"自京师遭董卓之乱,人民流移东出多依彭城间。遇太祖至,坑杀男女数万口于泗水,水为不流。陶谦帅其众军武原,太祖不得进,引兵从泗南攻取虑、睢陵、夏邱诸县,皆屠之,鸡犬亦尽,墟邑无复行人"(《三国志·魏志·荀彧传》注引)。《后汉书·董卓传》:"初,卓以牛辅子婿,素所亲信,使以兵屯陕。辅分遣其校尉李傕、郭汜、张济将步骑数万击破河南尹朱儁于中牟,因掠陈留、颍川诸县,杀略男女,所过无复遗类。"二是死于饥饿,人吃人成为多见的现象。前引《后汉书·董卓传》已说李傕、郭汜在长安相攻击时,强者四散,弱者相食。原有数十万人口的关中,竟至二三年间无复人迹。《三国志·魏志·董卓传》把"无复人迹"的原因,完全归之兵灾和饥饿人相食上,说:"时三辅民尚数十万户,傕等放兵劫略,攻剽城邑,人相饥困,三年间相啖食略尽。"《后汉书·董卓传》亦说:"时长安中,盗贼不禁,白日虏掠。……是时,谷一斛五十万,豆麦二十万。人相食啖,白骨委积,臭秽满路。"《魏书》:"自遭荒乱,率乏粮谷。诸军并起,无终岁之计。饥则寇抄,饱则流离,无敌而自破者不可胜数。袁绍之在河北,军人仰给桑椹;袁术在江淮,取给蒲蠃。民人相食,州里萧条。"(《三国志·魏志·武帝纪》注引)《三国志·魏志·袁术传》:"江淮间空尽,人民相食。"

多年荒乱的结果,人口减少,土地荒芜。洛阳、关中的情况,已如前述。当时人谈到亲眼所见的地荒人稀的情况,更给人以深刻印象。仲长统说:"以及今日,名都空而不居,百里绝而无民者不可胜数。"(《昌言·理乱篇》见《后汉书·仲长统传》)又说:"今者土广民稀,中地未垦。"(《昌言·损益篇》,见同书)朱治说:"今曹公阻兵,倾覆汉室,幼帝流离,百姓元元未知所归。而中国萧条,或百里无烟,城邑空虚,道殣相望。"(《三国志·吴志·朱治传》注引《江表传》)魏文帝时,王旭为洛阳典农,兴治屯田,"时都畿树木成林"(《三国志·魏志·王旭传》)。直到魏明帝时,卫觊上疏还说:"当今千里无烟,遗民困苦。"(《三国志·魏志·卫觊传》)

人口大量减少,建安年间,"天下户口减耗,十裁一在。"(《三国志·魏志·张绣传》)魏明帝太和年间(公元227—232)杜恕上疏说:"今大魏奄有十州之地,而承丧乱之弊,计其户口不如往昔一州之民。"(《三国志·魏志·杜恕传》)青龙年间(公元233—236)陈群上疏说:"今丧乱之后,人民至少,比汉文景之时,不过一大郡。"(《三国志·魏志·陈群传》)景初中(公元237—240)蒋济上疏说:"今虽有十二州,至于民数不过汉时一大郡。"(《三国志·魏志·蒋济传》)

这都是当时人的话,当然是最可信的。曹魏陈留王景元四年(公元263),魏灭蜀。这年魏氏"有户六十六万三千四百二十三,口有四百四十三万二千八百八十一"(《通典·食货七》)。汉时最盛时有人口五千九百五十九万四千九百七十八,魏时口数也就只是汉代的十分之一。人口是大量的减少了。蜀亡时,领户二十八万,口九十四万,将士十万二千,吏四万人。(《三国志·蜀志·后主传》注引王隐《蜀记》)蜀汉的统治地区约有今四川省和陕西南部,当时只有人口一百多万,可谓少矣。吴亡时,有户五十二万三千,吏三万二千,兵二十三万,男女口二百三十万(《三国志·吴志·三嗣主传》注引《晋阳秋》),比蜀的人口约多一倍左右。魏蜀吴三国人口总数加起来,仍是远不能和汉相比的。

表一：东汉农民流亡表

公元	中国纪年	流亡活动	材料出处
93	和帝永元五年	遣使者分行贫民,举实流冗,开仓赈廪三十余郡。	《和帝纪》
94	和帝永元六年	诏流民所过,郡国皆实廪之。诏曰:济河之域,凶殣流亡。	（同上）
100	和帝永元十二年	郡国流民,听入陂池渔采以助蔬食。诏曰:比年不登,百姓虚匮,京师去冬天宿雪,今春天澍雨,黎民流离。困于道路。	（同上）
102	和帝永元十四年	赈贷张掖、居延、敦煌、五原、汉阳、会稽流民下贫谷、各有差。	（同上）
103	和帝永元十五年	诏流民欲还归本而无粮食者,过所实廪之,加致医药,其不欲还归者勿强。	（同上）
105	和帝元兴元年	赐鳏寡孤独笃癃贫不能自存者粟人三斛。	（同上）
107	安帝永初元年	勑司隶校尉冀并二州刺史,民讹言相惊,弃捐旧居,老弱相携,穷困道路。其各勑所部长吏,躬亲晓喻,若欲本郡,在所为封槛,不欲勿强。	《安帝纪》
108	安帝永初二年	正月,时州郡大饥,……老弱相弃道路。	《安帝纪》注引《古今注》
		二月,遣光禄大夫樊准吕仓分行冀兖二州,廪贷流民。	（同上）
		时饥荒之余,人庶流进,家户且尽。	《后汉书·樊宏传》
		七月诏曰:朕以不德,遵奉大业,而阴阳差超,变异并见,万民饥流。	（同上）
109	安帝永初三年	正月。赐流民欲占者,人一级。	《安帝纪》
110	安帝永初四年	正月。诏以三辅比遭寇乱,人庶流冗。	（同上）
		青徐之人,流亡万数。	《后汉书·虞诩传》
114	安帝元初元年	正月,赐民脱无名数及流民欲占者人一级。	《安帝纪》
115	安帝元初二年	正月,诏三辅及廪并凉六郡流冗贫人。	（同上）
127	顺帝永建二年	二月,诏廪贷荆豫兖冀四州流冗贫人,所在安业之。	《顺帝纪》
129	顺帝永建四年	正月,赐流人欲占者人一级。	（同上）
131	顺帝永建六年	十一月诏曰:连年灾潦,冀部尤甚,比蠲实伤,赡恤穷匮,而百姓犹有弃业,流亡不绝。	（同上）
		百姓流亡,盗贼并起。	《后汉书·陈宠子忠传》
132	顺帝阳嘉元年	正月立皇后,赐民无名数及流民欲占者人一级。	《顺帝纪》
139	顺帝永和四年	八月,太原郡旱,民庶流冗。	（同上）

续表

公元	中国纪年	流亡活动	材料出处
146	质帝本初元年	民多流亡,皆虚张户口,户口既少,而无赀者多,当复割剥公赋重重。	《质帝纪》
148	桓帝建和二年	诏民有不能自赈及流移者,廪谷如科。	《桓帝纪》
153	桓帝永兴元年	七月,郡国三十二蝗,河水溢,百姓饥穷,流冗道路,至有数十万户,冀州尤甚,诏在所赈给乏绝,安慰居业。	(同上)

表二：东汉农民暴动表

公元	中国纪年	事件	材料出处
110	安帝永初四年	正月,海贼张伯路复与勃海平原剧贼刘文河,周文光等攻厌次,杀县令。	《安帝纪》
111	安帝永初五年	九月。汉阳人杜琦、王信叛,与先零诸种羌攻陷上邽城。	(同上)
132	顺帝阳嘉元年	二月,海贼曾旌等寇会稽杀句章、鄞、鄮三县长,攻会稽东部都尉。	《顺帝纪》
		三月,扬州六郡妖贼章河等寇四十九县,杀长吏。	(同上)
134	顺帝阳嘉三年	三月,益州盗贼劫质令长,杀列侯。	(同上)
138	顺帝永和三年	四月,九江贼蔡伯流寇郡界及广陵,杀江都长。	(同上)
142	顺帝汉安元年	九月,广陵盗贼张婴等寇郡县。	(同上)
143	顺帝汉安二年	十二月,扬徐盗贼攻烧城守,杀略吏民。	(同上)
144	顺帝建康元年	三月,南郡江夏盗贼寇掠城邑,州郡讨平之。	(同上)
		八月,扬徐盗贼范容周生等寇掠城邑。	(同上)
		九月,京师及太原,雁门地震,三郡水涌地裂。	《冲帝纪》(即位未改元)
		十一月,九江盗贼徐凤、马勉等称无上将军,攻烧城邑。十二月,九江贼黄虎等攻合肥。是岁,群盗发宪陵。	(同上)
145	冲帝永嘉元年	正月,广陵贼张婴等复反,攻杀堂邑,江都长。九江贼徐凤等攻杀曲阳,东城长。三月,九江贼马勉称黄帝。四月,丹阳贼陆宫等围城烧亭寺。七月,庐江盗贼攻浔阳,又攻盱台。十一月,历阳贼华孟自称黑帝,攻杀九江太守。	《质帝纪》(即位未改元)
146	质帝本初元年	二月,诏曰:九江、广陵二郡,数离(罹)寇害,残夷最甚,生者失其资业,死者委尸原野。其调比郡见谷,出廪穷弱。	(同上)
147	桓帝建和元年	十一月,陈留盗贼李坚自称皇帝,伏诛。《东观记》曰:江舍及李坚等。	《桓帝纪》
148	桓帝建和二年	十月,长平陈景自号黄帝子,署置官属。又南顿管伯,亦称真人,并图举兵。悉伏诛。	(同上)

公元	中国纪年	事　件	材料出处
150	桓帝和平元年	二月,扶风妖贼裴优自称皇帝,伏诛。	(同上)
154	桓帝永兴二年	十一月,太山琅邪贼公孙举等反叛,杀长吏。	(同上)
156	桓帝永寿二年	七月,太山贼公孙举等寇青、兖、徐三州。	(同上)
160	桓帝延熹三年	九月,太山琅邪贼劳丙等复叛,寇掠百姓。	(同上)
162	桓帝延熹五年	四月,长沙贼起,寇桂阳苍梧。五月,长沙、零陵贼起,攻桂阳、苍梧、南海、交阯。	(同上)
163	桓帝延熹六年	七月,桂阳盗贼李研等寇郡界。十一月,南海贼郡界。	(同上)
164	桓帝延熹七年	五月,桂阳胡兰、朱盖等复反,攻没郡县,转寇零陵。	(同上)
165	桓帝延熹八年	十月,勃海妖贼盖登等称大上皇帝,有玉印珪璧铁券,相署置。	(同上)
166	桓帝延熹九年	正月,沛国戴异得黄金印无文字,遂与广陵人龙尚等共祭井作符书,称太上皇。	(同上)
167	桓帝永康元年	五月,京师及上党地震,庐江贼起,寇郡界。	(同上)
172	灵帝熹平元年	十一月,会稽人许生自称越王寇郡县。	《灵帝纪》
178	灵帝光和元年	正月,日南民攻没郡县。	(同上)
184	灵帝中平元年	二月,巨鹿人张角自称黄天,其部帅有三十六万,皆著黄巾同日反叛。	(同上)
		七月,巴郡妖巫张修反,寇郡县。	(同上)
185	灵帝中平二年	二月,黑山贼张牛角等十余辈并起,所在寇钞。	(同上)
		三月,北宫伯玉等寇三辅。	(同上)
186	灵帝中平三年	二月,江夏兵赵慈反,杀南阳太守秦颉。	(同上)
187	灵帝中平四年	二月,荥阳贼杀中牟令。	(同上)
		六月,渔阳人张纯与同郡张举举兵叛,杀右北平太守刘政,辽东太守杨终,护乌桓校尉公綦稠等。举兵自称天子,寇幽冀二州。	(同上)
		十月,零陵人观鹄自称平天将军,寇桂阳。	(同上)
188	灵帝中平五年	二月,黄巾余贼郭大等起于西河、白波谷,寇太原河东。	(同上)
		四月,汝南葛陂黄巾攻没郡县。	(同上)
		六月,益州黄巾马相攻杀刺史郗俭,自称天子,又寇巴郡,杀郡守赵部。	(同上)
		十月,青徐黄巾复起,寇郡县。	(同上)
		十一月,凉州贼王国围陈仓。	(同上)

（二）昔日繁华如梦的城邑

中国古代社会中城市经济发展的轮廓大体是：战国是兴起时期，两汉是发展兴盛时期，东汉后期是衰落时期。所谓东汉后期，包括建安时代。中原地区城市经济的衰落是一直继续下去的，直到唐中叶以后才又恢复发展起来。

城市经济的衰落，是和东汉时期整个社会经济的衰落联系在一起的。战国以来，交换经济的发展，牵动着整个社会。交换经济发展，使社会大量财富集中在少数人阶层手里。这时期没有机器，扩大再生产受到限制，对手中积累的财富通常有两条路来使用，一条是过起豪华奢侈的生活，一条是购买土地。汉代豪富阶级的生活一般是向豪华、铺张浪费的路上走的。为活着而用，还要为死后用，金缕玉匣出现了。购买土地是比较保险的。土地兼并的盛行，人口大量离开农村，离开土地，农业生产必然要衰落。在当时的生产力水平条件下，农业是社会盛衰的基础，农业生产的衰落必然影响到城市经济的衰落。

王符论述东汉城市经济的一段话，我们作为城市经济繁荣的论证已引用过。但这段话于说明城市经济的繁荣以外，已包含着整个社会经济衰落的暗影。请再看他的话："今举俗舍本农趋商贾，牛马车舆填塞道路，游手为巧充盈都邑。务本者少，浮食者众。……今察洛阳资末业者什于农夫，虚伪游手什于末业。是则一夫耕百人食之，一妇织百人衣之，以一奉百，孰能供之！天下百郡千县，市邑万数，类皆如此。本末不足相供，则民安得不饥寒？饥寒并至，则民安能无奸轨？"

王符这段话，说明人口大量集中在城市使城市繁荣，也说明人口大量离开农村，务农者少，土地必然荒芜，农业生产必然减少。像王符所说，城邑人口与农村人口九十九与一之比，自然是他的夸大之词，但即使是五十比五十，乃至六十比四十，城市人口占总人口数的百分之四十、五十，在古代也是不得了的。东汉的流民是大量的，而且是长期如此的。农民在农村无法生活，才离开农村成为流民。流民就是城市人口的预备军。流民众多，城市人口膨胀，必然是农业衰落；农业衰落，城市也必然跟着衰落。东汉后期，在城市经济繁荣表面下面掩盖着的经济危机和倒退，在汉末一场流民大暴动和军人割据混战之后，一切都暴露出来了。

黄巾农民大暴动，是被各地豪族和政府军队的联合势力镇压下去的。大暴动之后，各地豪强势力膨胀，皇权一落千丈。外戚何进反对宦官，反为宦官所杀。但宦官虽然胜利，而世家豪族再也不像过去一样，俯首帖耳任人宰割。汝南世家豪族袁绍，一司隶校尉耳，敢于杀进宫去把宦官一网打尽，斩尽杀绝。这是形势使然。皇权衰落已不足以保护宦官，宦官已无虎威可假。世家豪族势力强大，已不畏皇权，杀宦官直如摧枯拉朽了。

董卓废了少帝另立献帝，他的势力也只在洛阳。各地世家豪族地方长官所希望的机会来了，他们以清除董卓为名，各占一块地盘，联合向洛阳进攻。在董卓之乱中，洛阳、长安所遭受的破坏，前面已叙述过。待献帝逃出长安又回到洛阳时，洛阳的情况是"宫室烧尽，街陌荒芜，百官披荆棘，依丘墙间。州郡各拥兵自卫，莫有致者。饥穷稍甚，尚书郎以下自出樵采，或饥死墙壁间。"（《三国志·魏志·董卓传》）

长安、洛阳，是两汉的帝都。东汉末年兵燹之后，成为一片瓦砾惨无人居了。长安、洛阳以外的城市，命运也不比长安、洛阳好。前面叙述农村经济的衰落时所引述的一些材料，都说到过城市的情况。仲长统用"城邑空虚"，朱治用"名都空而不居"来描述当日城邑破坏的情况。他们所说的"城邑"、"名都"，是和"百里无烟"、"百里绝而无民"联在一起叙述的，他们所指的，是包括长安、洛阳在内的全国各地的城邑。长安、洛阳以外的城邑，也和长安、洛阳一样，都是"空虚"、"空而不居"的。

三国后期和西晋时期，城市有恢复。像洛阳、建业、成都这些三国分立时各国的都邑，都聚集了一些人口。一些手工业恢复了，商业又现活跃。西晋人左思，写了《三都赋》，这虽是文学之笔并非写实的历史文献。但从《三都赋》所写三国都城的情景来看，总可以说已是熙熙攘攘、货物流通了。长江是东西交通的大动脉，楼船上下，交通相当频繁。石崇为荆州刺史，"劫远使商客，致富不赀"（《晋书·石苞传》附子《石崇传》）。西晋豪官贵族生活之豪华奢侈，腐朽没落，比起东汉的豪富家族来可以说伯仲之间，大臣何曾，"性奢豪，务在华侈"，"厨膳滋味，过于王者"，"食日万钱，犹曰无下箸处"（《晋书·何曾传》）。他的儿子何劭，骄奢超过乃父，"一日之供，以钱二万为限"（《晋书·何曾传》附子《何劭传》）。石崇和王恺斗富和家庭生活的腐朽，是著名的。

所有这些西晋人生活豪华奢侈的基础，都在当日交换经济的恢复。恢复虽然是部分的，不是全社会的，已足以支持他们的豪华生活了。

从曹丕代汉称帝（公元220）到西晋灭亡（公元316），是九十六年，其中西晋统一（公元281—316年）只有三十五年。魏晋之际，豪富阶层的生活，是醉生梦死的，一部分人是清醒的，但内心生活是痛苦的。极少几个人是救世的积极的人生态度。

好景不长，永嘉之乱一来，稍稍恢复的一点商业和城市，又遭一次彻底破坏。洛阳又成了一片废墟。"旧都宫室，咸成茂草。"（《晋书·刘曜载记》）其他城市也难逃此种命运。所谓"中原板荡，一时横流，百郡千城，曾无完郭者。"（《晋书·孙楚传》）洛阳是"咸成茂草"，长安则是"城中户不盈百，墙宇颓废，蒿棘成林。"（《晋书·愍帝纪》）

中原地区出现了坞堡，黄河流域到处是坞堡组织。这些坞堡名称不一，也有称垒壁的。刘曜在梁、陈、汝、颍之间"陷壁垒百余"（《晋书·刘聪载记》）。曹嶷在齐鲁之间，"郡县垒壁降者四十余所"（同上）。石勒"寇魏郡顿丘，诸垒壁多陷之。……陷冀州郡县堡壁百余。……屯黎阳，分命诸将攻诸未下及叛者，降三十余壁"（《晋书·石勒载记》）。就这些例子看，可见当时各地坞堡组织之多。在社会荒乱生产大破坏的时代，每一个坞堡就是一个生产和生活单位，就是一个自给自足的单位。坞堡一般是以一家豪强为主，附近的人民投附在坞堡里求得保护。坞堡主组织这些依附人口占有附近的土地，组织生产。庾衮的坞堡就是一个很好的例子。庾衮在禹山立坞，众人推他为主，"于是峻险阸，杜蹊径，修壁坞，树藩障，考功庸，计丈尺，均劳役，通有无。"（《晋书·庾衮传》）后来又率众在林虑大头山立坞，而"田于其下"（同上）。

在人类历史上,城市总是有破坏又有重建的。一次大乱,城市破坏了,大乱之后,社会安定城市又慢慢重建起来。永嘉乱后,北方出现十六国长期分裂割据的局面,一国的都邑,如洛阳、长安、邺、襄国等,都会重新聚集一些人口,恢复一些商业交换。但整个社会一直是自然经济占优势的时代。一些州郡的治邑,都是在坞堡的旧址上草草建立的。一直到北魏后期,北方的情况仍是如此。它是一个军事要塞,经济意义是很小的。北魏后期华州城可以作为一个典型来看一看。《魏书·安定王休传》附子《爕传》:"世宗初,袭(爵),拜太中大夫,除征虏将军、华州刺史。爕表曰:'谨惟州治李润堡,虽是少梁旧地,晋、芮锡壤,然胡夷内附,遂为戎落。城非旧邑先代之名。爰自国初,护羌小戍。及改镇立郡,依岳立州,因籍仓府,未刊名实。窃见冯翊古城,羌魏两民之交,许洛水陆之际,先汉之左辅,皇魏之右翼,形胜名都,实惟西藩奥府。今州之所在,岂唯非旧,至乃居冈饮涧,井谷秽杂,升降劬劳,往还数里。噂諮明昏,有亏礼教。未若冯翊,面华渭,包原泽,井浅池平,樵牧饶广。采材华阴,陆运七十,伐木龙门,顺流而下。陪削旧雉,功省力易,人各为己,不以为劳。'"华州是北魏西陲重镇,这却原是一个叫作李润堡的坞堡。城居山谷之间,居民饮水要到山下去取。北魏后期的华州城,只是一个堡垒,全无经济意义。冯翊是自古名都,北魏时却是"樵牧饶广"、"陪削旧雉,功省力易"而已。也是残破不像样子了。整个魏晋南北朝的城市经济生活比起战国秦汉来一落千丈。

(三) 金属货币的萎缩

战国到魏晋,货币发展走了三步。1.战国西汉,黄金、铜钱为币,金一斤等于一万钱。2.东汉仍是以黄金、铜钱为币,但黄金的使用已渐少。布帛虽然不是货币,但在赏赐、赎罪等方面,已渐渐部分的代替货币或全部代替货币。3.魏晋以后一直到唐中叶,布帛代替铜钱成为社会上流通使用的主要货币。

这是中国历史上由交换经济活跃的古代社会走向自然经济的中世纪的大事。下面论述一下这个发展变化过程。为了能鲜明地显示这一发展变化的全貌,西汉货币的使用应该放在前面讲的,我也拉在这里讲了。

1. 西汉金属货币的活跃

西汉时期,国家的财政收入,大项是赋和租两项。算赋、更赋,都是收钱,田租收实物而市租也是收钱。我在前面已将田租折成钱用它和赋的收入作对比,指出租的收入比赋的收入少得多。钱是政府收入的大项。

政府支出主要是官吏俸禄和战士戍卒的廪食等。俸禄中,大部分给钱,一部分给粮食。(参看《汉书·百官公卿表上》师古注)。《汉书·东方朔传》:"朱儒长三尺余,奉一囊粟,钱二百四十;臣朔长九尺余,亦奉一囊粟,钱二百四十。朱儒饱欲死,臣朔饥欲死。"《汉书·贡禹传》,禹上书说:"至,拜为谏大夫,秩八百石,奉钱月九千二百,廪食太官,又蒙赏赐四时杂缯絮衣服酒肉诸果物。……又拜为光禄大夫,秩二千石,俸钱月万二千。"

国家府库所有,来自租赋收入。府库所存,自然不外钱、谷二者。如《汉书·食货志上》所记,武帝初,"七十年间,国家亡事,非遇水旱,则民人给家足,都鄙廪庾尽满,而府库余财。京师之钱累百巨万,贯朽而不可校;大仓之粟,陈陈相因,充溢露积于外,腐败不可食。"元帝时,"都内钱四十万万,水衡钱二十五万万,少府钱十八万万。"(《汉书·王嘉传》)王莽失败前夕,"时省中黄金万斤者为一匮,尚有六十匮。黄门钩盾藏府中尚方,处处各有数匮。长乐、御府、中御府及都内平準帑藏钱帛珠玉财物,甚众。"(《汉书·王莽传下》)

梁孝王武,只是一个诸侯王国,"府库金钱且百巨万,珠玉宝器多于京师。""藏府余黄金尚四十余万斤"。(《汉书·梁孝王武传》)

西汉有赎刑,有罚金,有罪可以用钱赎买免刑,犯法可以罚金免罪。西汉赎刑、罚金都是用金或钱的。例如:

《汉书·淮南王安传》:"其非吏它赎死,金二斤八两,以章安之罪。"

《汉书·张释之传》注引:"如淳曰:宫卫令:诸出入殿门、公车司马门者,皆下,不如令,罚金四两。"

《汉书·张释之传》:"上行出中渭桥,有人从桥下走,乘舆马惊,于是使骑捕之,属廷尉。……释之奏当此人犯跸,当罚金。注:如淳曰:乙令,跸先至而犯者,罚金四两。"

《汉书·东方朔传》:"隆虑主病困,以金千斤、钱千万为昭平君豫赎死罪。上许之。"

如淳曰:"律主守而盗直十金弃世。"(《汉书·陈万年传附子陈咸传》)

《汉书·丙吉传》:"显(丙吉子)为太仆十余年,与官属大为奸利,臧千余万。"

《汉书·萧望之传》:"闻天汉四年常使死罪人入五十万钱,减死罪一等。"

《汉书·惠帝纪》:"元年冬十二月,……民有罪,得买爵三十级以免死罪。"注:"应劭曰:一级直钱二千,凡为六万,若今赎罪入三十匹缣矣。师古曰:令出买爵之钱以赎罪。"

"汉律:三人以上无故群饮酒,罚金四两。"(《汉书·文帝纪》注引文颖曰)

《汉书·景帝纪》:"受其故官属所将、监、治送财物,夺爵为士伍免之。无爵,罚金二斤。"

《汉书·武帝纪》,太始二年九月,"募死罪入赎钱五十万,减死一等。"

《汉书·昭帝纪》:"律:如当占租者,家长、身各以其物占,占不以实,家长不身自书皆罚金二斤,没入所不自占物及贾钱县官也。"(注引如淳曰)

《汉书·江充传》:"贵戚子弟惶恐,皆见上叩头求哀,愿得入钱赎罪。上许之,令各以秩输钱北军,凡数千万。"

货币在社会经济生活中的作用是:货物交易的媒介,货物的价值标准和财富多寡的衡量尺度,三者之中又以交易媒介为主。物品的价值多少是在交换中被规定出来的,衡量财富的尺度又是物品先有了价格才能计算出来。

西汉的物品交易,就我们看到的材料都是以金、钱为媒介的,也可以举些例:

《汉书·陆贾传》:"(贾)以好畤田地善,往家焉。有五男,乃出所使越橐中装卖千金,分其子,子二百金令为生产。贾常乘安车驷马从歌鼓瑟侍者十人,宝剑直百金,谓其子曰:与女约,过女,女给人马酒食,极欲。十日而更,所死家得宝剑车骑侍从者。"

《汉书·冯唐传》:"臣窃闻魏尚为云中守,军市租尽以给士卒,出私养钱五日一杀牛,以飨宾客、军吏、舍人。"

《汉书·李广传》:"李蔡以丞相坐诏赐冢地阳陵得二十亩,蔡盗三顷,颇卖得四十余万。"

《汉书·司马相如传》:"卓王孙不得已,分与文君僮百人,钱百万及其嫁时衣被财物。文君乃与相如归成都,买田宅,为富人。"

《汉书·朱买臣传》:"(买臣)入吴界,见其故妻……令后车载其夫妻到太守舍,置园中给食之。居一月,妻自经死,买臣乞其夫钱令葬。"

《汉书·杨敞传》:"郎官故事,令郎出钱市财用,给文书,乃得出,名曰山郎。"

用金、钱作交易媒介,这是几个例。西汉材料中没有见到以金、钱以外的物品,譬如布帛,作交易媒介的。

金、钱为各种物品的价值标准。下面也举几例:

《汉书·梁孝王传》附子《平王襄传》:"初,孝王有罍尊,直千金,戒后世善宝之,毋得以与人。"

《汉书·东方朔传》:"丰镐之间,号为土膏,其价亩一金。"

西汉时期,各种物品的价格,都用金和钱来作标准,没有看到用金、钱以外如布帛作标准的。

金钱是计算财产的尺度,有多少家产往往是用金钱来衡量。

《汉书·张良传》:"良乃称曰:家世相韩,及韩灭,不爱万金之资为韩报仇彊秦。"

《汉书·张汤传》："汤死，家产直不过五百金，皆所得奉赐，无它赢。"

《汉书·张安世传》："子延寿嗣。延寿已历位九卿，既嗣，侯国在陈留，别邑在魏郡，租入岁千余万。"按：侯国食租，或有实物，但也以货币来计算收入。

《汉书·杜周传》："始周为廷史，有一马，及久任事，列三公而两子夹河为郡守，家訾累巨万矣。"

《汉书·李广利传》："士卒赐直四万钱。师古曰：或以它财物充之，故云直。"

《汉书·杨敞传附子杨恽传》："初恽受父财五百万，及身封侯，皆以分宗族。后母无子，财亦数百万，死皆予恽，恽尽复分后母昆弟。再受訾千余万，皆以分施。"

《汉书·杨王孙传》："杨王孙者，孝武时人也，学黄老之术，家业千金，厚自孝养。"

《史记·酷吏·王温舒列传》："温舒死，家直累千金。后数岁，尹齐亦以淮阳都尉病死，家值不满五十金。"

《汉书·王章传》："（王商）辅政，白还章妻子故郡。其家属皆完具，采珠，致产数百万……令赎还故田宅。"

《汉书·酷吏·宁成传》："乃贳贷陂田千余顷，假贫民役使数千家。数年，会赦，致产数千万。"

《汉书·游侠·万京传》："（石）显訾巨万。当去，留床席器物数百万直，欲以与章。"

《汉书·董贤传》："县官斥卖董氏财，凡四十三万万。"

《汉书·吴王濞传》，吴王说："吴国虽贫，寡人节衣食用积金钱，修兵革，聚粮食，夜以继日，三十余年矣！凡皆为此。"

《汉书·梁孝王武传》："孝王未死时，财以巨万计，不可胜数。及死，藏腐余黄金尚四十余万斤，他财物称是。"

《汉书·王嘉传》：成帝宠臣史育，"育数贬退，家訾不满千万"（王嘉哀帝时奏封事语）。

《汉书·王嘉传》：哀帝对董贤"赐及仓头奴婢，人十万钱"（同上）。

《汉书·扬雄传》：扬雄"家产不过十金，乏无儋石之储，晏如也。"

《汉书·佞幸·邓通传》："文帝赏赐通巨万以十数。……邓氏钱布天下，其富如此。"

皇帝的赏赐，多是赏赐金、钱，偶尔也赏赐布帛杂物，多是附属的，金、钱是主。

这方面的材料是大量的。请看附表一。

除此之外，社会上各种经济财务活动，如送礼、行贿、交游、收买等，无不通过金、钱来体现。

送礼的例：

《汉书·萧何传》："高祖以吏繇咸阳，吏皆送奉钱三，何独以五。"（师古曰：出钱以资行，他人皆三百，何独五百。）

《汉书·东方朔传》："主大喜，使偃以黄金百斤为爰叔寿。"

《汉书·儒林·欧阳生传》："地余（生曾孙高之孙）死，少府官属共送百万，其子不受，天子（元帝）闻而嘉之，赐钱百万。"

《汉书·游侠·原涉传》："涉父，哀帝时为南阳太守。天下殷富大郡二千石死官，赋敛送葬皆千万以上，妻子通共受之，以定产业。"

《汉书·陆贾传》："（陈）平用其计，乃以五百金为绛侯寿，具乐饮太尉，太尉亦报如之。两人深相结，吕氏谋益坏。陈平乃以奴婢百人车马五十乘钱五百万遗贾为饮食费，贾以此游汉廷公卿间，名声籍甚。"

《汉书·朱建传》："建母死，贫未有以发丧。辟阳侯乃奉百金税（师古曰：赠终者之衣被曰税，言以百金为衣被之具）。列侯贵人以辟阳侯故，往赙凡五百金。"

《汉书·燕王刘泽传》："齐人田生，游乏资，以画奸泽，泽大说之，用金二百斤为田生寿。……太后赐张卿千金，张卿以其半进田生。"

《汉书·季布传》："辩士曹丘生数招权顾金钱。"

受贿、行贿、贪污用金钱：

《汉书·陈平传》："或谗平曰：……臣闻平使诸将，金多者得善处，金少者得恶处。……平曰：……臣居楚，闻汉王之能用人，故归大王，赢身来,不受金无以为资。……"

《汉书·公孙贺传》:"贺子敬声,……以皇后姊子骄奢不奉法,征和中擅用北军钱千九百万,发觉下狱。"

《汉书·萧望之传》:"受所监臧二百五十以上,请逮捕系治。"

《汉书·冯奉世传附子野王传》:"入为左冯翊。岁余,池阳令并素行贪污。……野王部督邮掾役祤赵都案验,得其主守盗十金,罪收捕。并不首吏,都格杀并。"

《汉书·薛宣传》:宣为左冯翊,高陵令杨湛贪猾不逊,宣"手自牒书,條其奸臧,封与湛曰:吏民条言君如牒,或议以为疑于主守盗(孟康曰:法有主守盗,断官钱自人。)冯翊敬重令,又念十金法重,不忍相暴章,故密以手书相晓,欲君自图进退。"

《汉书·王尊传》:"五官掾张辅怀虎狼之心,贪污不轨,一郡之钱尽入辅家。"

《汉书·何并传》:"颍川锺元为尚书令领廷尉,用事有权,弟威为郡掾,臧千金。"

《汉书·薛宣传》:"栎阳令(谢)游,自以大儒有名,轻宣,宣独移书顯责之曰:告栎阳令,吏民言令治行烦苛,适罚作使千人以上,赋取钱财数十万,给为非法,卖买听任富吏贾数不可知,证验以明白。"

《史记·酷吏·王温舒列传》:"人有告温舒受员骑钱他奸利事,罪至族,自杀。"

《汉书·周勃传》:"人有上书告勃欲反,下廷尉逮捕勃治之。……勃以千金与狱吏。"

《汉书·宣元六王·淮阳王钦传》:"(张)博复遗王书曰:……赵王使谒者持牛酒黄金三十斤劳博,博不受,复使人愿尚女聘金二百斤,博未许。"

又张博"欲诳耀淮阳王,……诈言已见中书令石君求朝,许以金五百斤。"

又王"报博书曰:……求朝义事也,奈何行金钱乎?博报曰:已许石君,须以成事。王以金五百斤予博。"

《汉书·邹阳传》:"及梁事败,胜、诡死,孝王恐诛,乃思阳言,深辞谢之,赍以千金,令求方略解罪于上者。"

《汉书·田蚡传》:"淮南王大喜,厚遗金钱财物。"

《汉书·韩安国传》:"安国坐法失官家居。……安国以五百金遗(田)蚡,蚡言安国。太后、上素闻安国贤,即召以为北地都尉,迁为大司农。"

《汉书·韩安国传》:"于是下(王)恢廷尉,廷尉当恢逗桡,当斩。恢行千金丞相蚡,蚡不敢言上而言于太后。"

《汉书·景十三王·河间献王德传》:"(王)修学好古,实事求是,从民得善书,必为好写与之,留其真,金帛赐以招之。"

《汉书·景十三王·江都王建传》:"建异母弟定国为淮阳侯,易王最小子也,其母幸立之,具知建事,行钱使男子荼恬上书告建淫乱,不当为后。"

又"及淮南事发,治党与,颇连及建,建使人多推金钱绝其狱。"

《汉书·主父偃传》:"大臣皆畏其(主父偃)口,赂遗累千金。"

又"(赵王)使人上书告偃受诸侯金,以故诸侯子多以得封者。"

《汉书·东方朔传》:"主大喜,使偃以黄金百斤为爰叔寿。"

《汉书·东方朔传》:"主疾愈起谒,上以钱千万从主饮。"

《汉书·东方朔传》:"主乃请赐将军、列侯,从官金钱杂帛各有数。于是董君贵宠,天下莫不闻。"

《汉书·杨敞传附子杨恽传》:"其豪富郎,日出游戏或行钱得善部。货赂流行,传相仿效。"

《汉书·陈汤传》:"汤明法令,善因事为势,纳说多从,常受人金钱作章奏,卒以此败。"

《汉书·陈汤传》:"皇太后同母弟苟参为水衡都尉,死,子伋为侍中,参妻欲为伋求封,汤受其金五十斤,为求比上奏。弘农太守张匡坐臧百万以上,狡猾不道,有诏即讯。恐下狱,使人报汤,汤为讼罪,得逾冬月,许谢钱二百万。"

《汉书·薛宣传》:"池阳令举廉吏狱掾王立。府未及召,闻立受囚家钱。宣责让县,县案验狱掾,乃其妻独受系者钱万六千。受之再宿,狱掾实不知,掾慙恐自杀。"

又"宣为相府辞讼,例不满万钱,不为移书。后皆遵用薛侯故事。"

《汉书·朱博传》:"(博)召见功曹闭阁数责以禁等事,与笔札使自记,积受取一钱以上无得有所匿,欺谩半言断头矣。"

《汉书·翟方进传》:"是时起昌陵,营作陵邑,贵戚近臣子弟宾客多辜榷为奸利者。方进部掾史覆案发大奸臧数千万。上以为任公卿。"

又"定陵侯淳于长有罪,……有司奏请遣长就国,长以金钱与立,立上封事为长求留。"

《汉书·循吏·文翁传》:"县邑吏民见而荣之,数年争欲为学官弟子,富人至出钱以求之。"

《汉书·循吏·黄霸传》:"武帝末,以待诏入钱赏官补侍郎谒者。"

以金钱离间、收买、悬赏缉拿为例:

《汉书·张耳陈余列传》:"秦灭魏,购求耳千金,余五百金。"

《汉书·韩信传》:"信乃令军毋斩广武君,有生得之者购千金。"

《汉书·陈平传》:"大王能出捐数万斤金行反间,间其君臣,以疑其心……破楚必矣。汉王以为然,乃出黄金四万予平,恣所为不问。"

《汉书·高祖纪》:"又问陈平,乃从其计,与平黄金四万斤,以间疏楚君臣。"

《汉书·吴王濞传》,吴王濞说:"愿诸王勉之,能斩捕大将者,赐金五千斤,封万户;列将三千斤,封五千户;裨将二千斤,封二千户;二千石,千斤,封千户;皆为列侯。"

《汉书·赵充国传》:"天子告诸羌人,犯法者能相捕斩除罪;斩大豪有罪者一人,赐钱四十万;中豪,十五万;下豪,二万;大男,三千;女子及老小,千钱。"

《汉书·高祖纪上》:"豨将皆故贾人。上曰:吾知与之矣。乃多以金购豨将,豨将多降。"

《汉书·淮南王安传》:"(安)积金钱赂遗郡国游士,妄作妖言阿谀王,王喜,多赐予之。王有女陵,慧有口。王爱陵,多予金钱为中诇长安,约结上左右。"

《汉书·衡山王赐传》:"王奇孝材能,乃佩之王印,号曰将军。令居外家,多给金钱,招致宾客。"

《汉书·爰盎传》:"景帝即位,晁错为御史大夫,使吏案盎受吴王财物抵罪,诏赦以为庶人。吴楚反闻,错谓丞史曰:爰盎多受吴王金钱,专为蔽匿,言不反。今果反,欲请治盎。"

《汉书·爰盎传》:"梁王以此怨盎,使人刺盎。刺者至关中……乃见盎曰:臣受梁王金,刺君。君长者,不忍刺。"

以钱雇佣劳工和车马为例:

《汉书·酷吏·田延年传》:"先是,茂陵富人焦氏、贾氏以数千万阴积贮炭苇诸下里物。昭帝大行,时方上事暴起,用度未办。延年奏言商贾或豫收方上不祥器物,冀其疾用,欲以求利,非民臣所当为,请没入县官。奏可。富人亡财者皆怨,出钱求延年罪。初,大司农取民牛车三万两为僦,载沙便桥下,送致方上。车直千钱。延年上簿诈增僦直车二千,凡六千万,盗取其半。焦、贾两家告其事,下丞相府,丞相议奏延年主守盗三千万,不道。……延年……自刭死。"

《汉书·周亚夫传》:"亚夫子为父买工官尚方甲楯五百被,可以葬者。取庸苦之,不与钱,庸知其盗买县官器而上变告。"

《汉书·武五子·昌邑王贺传》:"以王家钱取卒迥宫清中备盗贼。"

另外看到的,捐助、报恩、放债等活动,也无不通过金钱来实现,综合举例如下:

《汉书·卜式传》:"贫民大徙,皆卬给县官,无以尽赡。式复持钱二十万与河南太守,以给徙民。河南上富人助贫民者,上识式姓名曰:是因前欲输其家半财助边。乃赐式外徭四百人。式又尽复与官。"

《汉书·杜周传》:"元帝初即位,谷贵民流。永光中,西羌反,缓(杜周孙)辄上书入钱谷以助用,前后数百万。"

《汉书·成帝纪》,永始二年二月诏曰:"关东比岁不登,吏民以义收食贫民,入谷物助县官振贷者,已赐直。其百万以上加赐爵右更,欲为吏,补三百万,其吏也迁二等。三十万以上,赐爵五大夫,吏亦迁二等,民补郎。十万以上，家无出租赋三岁。万钱以上，一年。"捐助的即使是谷物，也折为钱来计算。

《汉书·韩信传》："信至国，召所从食漂母，赐千金，及下乡亭长钱百，曰：公小人，为德不竟。"

《汉书·宣帝纪》："时掖庭令张贺，尝事戾太子，思顾旧恩，哀曾孙，奉养甚谨，以私钱供给，教书。"

《汉书·田叔传》："数年，以官卒（鲁相），鲁以百金祠。少子仁不受，曰义不伤先人名。"

《汉书·韩延寿传》："延寿在东郡时，放散官钱千余万。……（萧）望之在冯翊时，廪牺官钱放散百余万。……延寿……又取官钱帛私假繇使吏及治饰车甲三百万以上。"

《汉书·宣元六王·淮阳王钦传》："（张）博至淮阳，王赐之少。博言负责数百万，愿王为偿。……王报博书曰：今遣有司为子高偿责二百万。"

《汉书》包括《史记》汉史部分中关于金、钱使用的材料，上面大体都引用了。金、钱之外，没有任何东西起过货币作用。布帛、谷物，在后代或历史的早期曾被用作货币的，在西汉时期也没有起过货币的作用。

在皇帝赏赐臣下的金、钱、帛表中，看到皇帝于赏赐金、钱的同时有时赏赐布帛，（此外从略的有田地、绵絮等物品）。

布帛的赏赐中，数量最多的是宣帝一次赏赐霍光缯三万匹，一次赏赐匈奴呼韩邪单于杂帛八千匹，王莽一次赏赐孝单于缯一千匹。这都是特殊情况下的特例。赏赐丞相、列侯、中二千石、二千石、大夫，最多是一百匹。次数也不多。赏赐丞相、列侯等五十匹到一百匹帛的，共有六例。昭帝对于留困匈奴十九年，历尽艰难辛苦的苏武，赏赐钱二百万，而常惠以下帛二百匹也是特例了。西汉一朝，赏赐布帛多是小量的，一般是一匹、二匹、三匹、五匹，赏赐对象是鳏寡孤独、高年、三老、孝弟力田等人。显然，赏赐布帛都是为了直接使用，这些鳏寡孤独高年们，可以用来作衣蔽体，即使可以卖出得钱使用，却没有见过一例布帛可以直接用作货币去购买物品的。

《汉书》里,支出用帛还有三例比较显著:

《食货志下》:"天子(武帝)北至朔方,东封大山,巡海上,旁北边以归。所过赏赐用帛百余万匹,钱金以巨万计。皆取足大农。"

《东方朔传》:"馆陶公主令中府曰:董君所发,一日金满百斤,钱满百万,帛满百匹乃白之。"

《游侠·楼护传》:"为谏大夫,使郡国护假贷,多持币帛。过齐,上书求上先人冢,因会宗族故人,各以亲疏与束帛,一日散百金之费。"

三例中,支出用帛的,皇帝一例,贵族一例,官一例。帛虽然都是与金、钱同用,显然都是以财货付出的,不能据以说帛和金、钱地位相同,都是货币。

总之,西汉的货币只是金和钱,金、钱以外没有任何东西作过货币来使用。

附表一:西汉赏赐用金、钱、帛表 （金、钱、帛以外赐从略）

序号	赏赐人	受赐者	赏赐金、钱、帛			材料来源	备注
			黄金（金）	钱	帛		
	高祖	田肯	500斤			《汉书·高祖纪》	
	惠帝	外郎		1万		《汉书·惠帝纪》	
	惠帝	给丧事者:				《汉书·惠帝纪》	
		二千石		2万		（同上）	
		六百石以上		1万		（同上）	
		六百石以下		5千		（同上）	
		视作斥上者:					
		将军	40金			（同上）	
		二千石	20金			（同上）	
		六百石以上	6金			（同上）	
		五百石以下	2金			（同上）	
	吕太后	诸侯王	各1000金			《汉书·高后纪》	
	文帝	太尉周勃	5000斤			《汉书·文帝纪》	
		丞相陈平	2000斤			（同上）	

序号	赏赐人	受赐者	赏赐金、钱、帛			材料来源	备注
			黄金（金）	钱	帛		
		将军窦婴	2000 斤			（同上）	
		朱虚侯刘章	1000 斤			（同上）	
		襄平侯刘通	1000 斤			（同上）	
		典客揭	1000 斤			（同上）	
		九十以上			帛 2 匹絮 3 斤	（同上）	
		三老孝者			帛 5 匹	（同上）	
		悌者力田			帛 2 匹	（同上）	
		吏二百石以上			帛 3 匹	（同上）	
		诸侯王以下至孝悌力田	金	钱	帛田	（同上）	各有差
	景帝	吏二千石	2 斤			《汉书·景帝纪》	遗诏赐
		吏民户		100 钱		（同上）	
	武帝	徙茂陵户		20 万		《汉书·武帝纪》	
		县三老孝者			5 匹	（同上）	
		乡三老悌者力田			3 匹	（同上）	
		年九十以上鳏寡			2 匹	（同上）	
		孤独			絮 3 斤		
		八十以上			米 3 石	（同上）	
	武帝	丞相以下至二千万	100 金			《汉书·武帝纪》	
		千石以下至乘从者			帛	（同上）	
	景帝	徙阳陵户		20 万		《汉书·景帝纪》	
	武帝	七十以上孤寡			2 匹	《汉书·武帝纪》	
		行所过户		5000 钱		（同上）	
		鳏寡孤独			1 匹	（同上）	
	昭帝	诸侯王、列侯、宗室	金	钱		《汉书·昭帝纪》	各有差
		隽不疑		100 万		（同上）	
		长公主、丞相下至郎吏宗室		钱	帛	（同上）	各有差
		三辅富人徙云阳每户		10 万		（同上）	
		苏武		100 万		（同上）	

序号	赏赐人	受赐者	赏赐金、钱、帛			材料来源	备注
			黄金(金)	钱	帛		
		郡国所选有行义者,涿郡韩福等五人			人50匹	(同上)	
		郎从官			帛	(同上)	
		宗室子		20万		(同上)	
		吏民献牛酒者			1匹	(同上)	
		诸侯王、丞相、大将军下至吏民	金		帛	(同上)	各有差
		广陵王	200斤	2000万		(同上)	
	宣帝	丞相以下至郎吏从官	金	钱	帛	《汉书·宣帝纪》	各有差
		鳏寡孤独高年			帛	(同上)	
		广陵王	1000斤			(同上)	
		诸侯王15人	各100斤			(同上)	
		列侯在国者87人	各20斤			(同上)	
		鳏寡孤独三老孝弟力田			帛	(同上)	
		丞相以下至郎从官		钱	帛	(同上)	各有差
		鳏寡孤独高年			帛	(同上)	
		诸侯王、丞相、将军、列侯、二千石	金			(同上)	
		郎从官			帛	(同上)	各有差
		鳏寡孤独高年			帛	(同上)	
		三老孝弟力田			2匹	(同上)	
		鳏寡孤独			1匹	(同上)	
		尹翁归子	100斤			(同上)	
		功臣适(嫡)后	人20斤			(同上)	
		鳏寡孤独高年			帛	(同上)	
		故大司农朱邑子	100斤			(同上)	
		鳏寡孤独高年			帛	(同上)	
	宣帝	贞妇顺女			帛	《汉书·宣帝纪》	

序号	赏赐人	受赐者	赏赐金、钱、帛			材料来源	备注
			黄金（金）	钱	帛		
		丞相、列侯、中二千石			人100匹	（同上）	⎫
		大夫			人80匹	（同上）	⎬ 五凤元年
		夫人			60匹	（同上）	⎭
		鳏寡孤独高年			帛	（同上）	
		诸侯王、丞相、将军、列侯、中二千石	金	钱		（同上）	各有差
		鳏寡孤独高年			帛	（同上）	
		汝南太守			100匹	（同上）	
		新蔡长、三老孝弟力田鳏寡孤独			⎫帛⎬	（同上）	各有差
	元帝	诸侯王、公主、列侯	金			《汉书·元帝纪》	各有差
		吏二千石以下		钱	帛	（同上）	各有差
		三老孝者			5匹	（同上）	
		弟者力田			3匹	（同上）	
		鳏寡孤独			2匹	（同上）	
		列侯		各20万		（同上）	
		五大夫		各10万		（同上）	
		鳏寡孤独高年			帛	（同上）	
		宗室子有属籍者、三老孝弟者			5匹	（同上）	
		弟者力田			3匹	（同上）	
		鳏寡孤独			2匹	（同上）	
		高年			帛	（同上）	
		鳏寡孤独高年			帛	（同上）	
		鳏寡孤独高年老孝弟力田			帛	（同上）	
		诸侯王、公主、列侯	金			（同上）	
		中二千石以下至中都官长吏				（同上）	各有差。⎫按:各字⎬上应是漏⎭"钱"或"钱帛"字。
		三老孝弟力田			帛	（同上）	

序号	赏赐人	受赐者	赏赐金、钱、帛			材料来源	备注
			黄金(金)	钱	帛		
	成帝	诸侯王、丞相、将军、列侯、王太后、公主、王主、吏二千石	金			《汉书·成帝纪》	各有差
		宗室诸官吏千石以下至二百石及宗室子有属籍、者三老、孝弟力田鳏寡孤独		钱	帛	(同上)	
		为水所流,压死不能自葬,已葬者		2000钱		(同上)	
		鳏寡孤独高年			帛	(同上)	
		广汉太守赵护	100斤			(同上)	
		常侍(王)闳	100斤			(同上)	
		鳏寡孤独高年			帛	(同上)	
		汝南太守严䜣	100斤			(同上)	
	哀帝	诸侯王、列侯	金			(同上)	各有差
		三老孝弟力田			帛	(同上)	
		三老孝弟力田鳏寡孤独			帛	(同上)	此条为"赐宗室王子有属者,马各一驷,吏民爵,百户牛酒,三老鳏寡孤独。"说明帛是使用非货币。
		诸侯王、公主、列侯、丞相、将军、中二千石、中都官郎吏	金	钱	帛	(同上)	各有差
	平帝	鳏寡孤独高年			帛	《汉书·平帝纪》	
		诸侯王、列侯、宗室子	金		帛	(同上)	各有差
		郡国宗师			各10匹	(同上)	
	项羽	陈平	20镒			《汉书·陈平传》	
	文帝	陈平	1000斤			(同上)	
		周勃	5000斤			《汉书·周勃传》	

续表

序号	赏赐人	受赐者	赏赐金、钱、帛			材料来源	备注
			黄金（金）	钱	帛		
		灌婴	1000斤			《汉书·灌婴传》	
		朱虚侯	1000斤			《汉书·高五王·齐悼惠王传》	
		东牟侯	1000斤			（同上）	
	二世	叔孙通			20匹	《汉书·叔孙通传》	
	高祖	叔孙通	500斤			（同上）	
	文帝	吏卒劳苦者			50匹	《汉书·淮南王长传》	
	皇太后（景帝王后）	卫青	金	钱		《汉书·伍被传》	
	梁孝王武	公孙诡	1000斤			《汉书·梁孝王武传》	
	文帝慎夫人	爰盎	50斤			《汉书·爰盎传》	
	景帝	窦婴	1000斤			《汉书·窦婴传》	
	梁孝王武	韩安国	1000斤			《汉书·韩安国传》	直千余金
	昭帝	苏武		200万		《汉书·苏武传》	
	昭帝	常惠、徐圣、赵终根其余60人		人10万	200匹	（同上）	
	武帝	卫青	1000斤			《汉书·卫青传》	
	武帝	浑邪王		数十巨万		《汉书·霍去病传》	
	武帝	遂成	100斤			（同上）	
	武帝	赵食其	100斤			同上附《赵食其传》	
	武帝	卜式	40斤			《汉书·卜式传》	
	成帝	张放（张汤玄孙）		千万数		《汉书·张汤传》附《张放传》	
	成帝	张放		500万		（同上）	
	宣帝	杜延年（周子）	20斤 100斤	数千万		《汉书·杜周传》附子《延年传》	
	昭帝	燕王旦		3000万		《汉书·武五子·燕刺王旦传》	
	昭帝	广陵王胥	5000斤	2000万		《汉书·广陵厉王胥传》	
	武帝	吾丘寿王	10斤			《汉书·吾丘寿王传》	
	宣帝	何武等			帛	《汉书·王褒传》	

序号	赏赐人	受赐者	赏赐金、钱、帛			材料来源	备注
			黄金（金）	钱	帛		
	武帝	东方朔	100斤 30斤		10匹	《汉书·东方朔传》	
	昭帝	蔡义	200斤			《汉书·蔡义传》	
	昌邑 王贺	(侍中)君卿	1000斤			《汉书·霍光传》	
	宣帝	霍光	7000斤	6000万	缯 30000匹	（同上）	
	宣帝	徐福			10匹	（同上）	
	武帝	金日磾	1000斤			《汉书·金日磾传》	
	宣帝	赵充国	60斤			《汉书·赵充国传》	
	元帝	陈汤	100斤			《汉书·陈汤传》	
	昭帝	隽不疑		100万		《汉书·隽不疑传》	
	元帝	疏广	20斤			《汉书·疏广传》	
	元帝	于定国	60斤			《汉书·于定国传》	
	元帝	薛广德	60斤			《汉书·薛广德传》	
	哀帝	彭宣	50斤			《汉书·彭宣传》	
	宣帝	韦贤	100斤			《汉书·韦贤传》	
	宣帝	夏侯胜	100斤	200万		《汉书·夏侯胜传》	
	景帝	郅都	100斤			《汉书·酷吏·郅都传》	
	窦太后		100斤				
	宣帝	则		10万		《汉书·丙吉传》	
	宣帝	尹翁归	100斤			《汉书·尹翁归传》	
	宣帝	张敞	30斤			《汉书·张敞传》	
	成帝	王尊	20斤			《汉书·王尊传》	
	成帝	孙宝	30斤			《汉书·孙宝传》	
	哀帝	萧育	20斤			《汉书·萧望之传》附子《萧育传》	
	元帝	冯奉世	60斤			《汉书·冯奉世传》	
	成帝	冯野王	100斤			同上附子《冯野王传》	
	淮阳 王钦	张博	50斤			《汉书·宣元六王·淮阳王钦传》	

续表

序号	赏赐人	受赐者	赏赐金、钱、帛			材料来源	备注
			黄金（金）	钱	帛		
	成帝	张禹	100斤 100斤	数千万		《汉书·张禹传》	
	元帝	孔光	200斤	钱	帛	《汉书·孔光传》	
	成帝	孔光	100斤			（同上）	
	元帝	史丹	1000斤 50斤			《汉书·史丹传》	
	哀帝	傅喜	100斤			《汉书·傅喜传》	
	宣帝	何武			帛	《汉书·何武传》	
	成帝	王嘉	金			《汉书·王嘉传》	
	元帝	王嘉		5万		（同上）	
	宣帝	黄霸	100斤			《汉书·循吏·黄霸传》	
	宣帝	朱邑子	100斤			《汉书·循吏·朱邑子传》	
	宣帝	龚遂	金			《汉书·循吏·龚遂传》	
	元帝	召信臣	40斤			《汉书·循吏·召信臣传》	
	宣帝	严延年	20斤			《汉书·酷吏·严延年传》	
	文帝	邓通		巨万以十数		《汉书·佞幸·邓通传》	
	元帝	石显		1万万		《汉书·佞幸·石显传》	
	成帝	淳于长		巨万		同上《淳于长传》	
	许后	淳于长		1000万		（同上）	
	哀帝	董贤		巨万		《汉书·董贤传》	
	哀帝	董贤妹及妻		各千万数		（同上）	
	宣帝	呼韩邪单于	20斤	20万	杂帛8000匹	《汉书·匈奴传下》	钱帛外,赐有刀、剑、衣被、锦绣、马、絮等
	王莽	孝单于	1000斤		缯1000匹	（同上）	
		助(孝单于子)	500斤			（同上）	
		歙		200万		（同上）	

2. 东汉的布帛使用

布帛本身有使用价值,西汉赏赐布帛,多是为了直接使用。纸币出现以前,凡可以作交换媒介使用的物品,本身都是有使用价值的。这种情况,越在早期货币初起时代越是显著。

战乱时期,谷帛的使用价值最高,有吃有穿是最重要的事。在人类历史上,谷帛曾被用作货币,原因在此。

王莽末年到东汉初,谷帛就一时被用作货币。《后汉书·光武纪下》,建武十六年:"初,王莽乱后,货币杂用布帛金粟。是岁,始行五铢钱。"所谓"始行",不是开始使用,而是恢复使用。自王莽末到建武十六年,是谷帛和钱都用作货币的。

建武十六年虽然恢复五铢钱,但东汉一朝帛的使用和作用仍是大大提高了。五铢钱恢复了,它是主要货币,但布帛始终没有被排除掉。如果说,西汉的赏赐大量的是使用金和钱,东汉却是代之以钱和帛了。还很难说,东汉是钱帛杂用,但布帛的广泛使用,确实亦渐渐向作货币的路上走了。

西汉皇帝赏赐多用金和钱,已见前表。西汉的黄金似乎很多。梁孝王及死,藏府余黄金尚四十余万斤。王莽末年,省中黄金万斤者为一匮,尚有六十匮。皇帝赏赐黄金,常是千斤,或多于千斤。吕后死,遗诏赐诸侯王各千金。文帝即位,诸大臣有迎立之功的,太尉周勃赐金五千斤,丞相陈平、将军窦婴各金二千斤,朱虚侯章、襄平侯通、典客揭各赐金千斤。宣帝对霍光赏赐前后黄金七千斤,钱六千万。昭帝赐广陵王胥黄金前后五千斤。刘邦使陈平行反间计,给黄金四万斤。此外,赐黄金一百斤以上的有很多(见前表)。

进入东汉,黄金陡然减少。皇帝对诸侯王巨僚的赏赐,一般是钱布杂用,黄金少见。

《后汉书·光武十王·东平王苍传》:"永平五年,乃许还国。……加赐钱五千万,布十万匹。(七年)皇太后崩。既葬,苍乃归国,特赐宫人奴婢五百人,布二十五万匹。……十五年春,行幸东平,赐苍钱千五百万,布四万匹。……建初元年,地震,……特赐王钱五百万。……建初六年冬,苍上疏求朝,……特赐装钱千五百万,其余诸王各千万。……有司复奏遣苍,……复赐钱布以亿万计。明年正月薨。……赐钱前后一亿,布九万匹。"

这是赐给贵族的,也是最高的。

《后汉书·章八王·济北惠王寿传》:"自永初已后,戎狄叛乱,国用不足,始封王薨,减赙钱为千万,布万匹;嗣王薨,五百万,布五千匹。时唯寿最尊亲,特赐钱三千万,布三万匹。"

这是常规,但比东汉前期已降低。

《后汉书·韦彪传》:"永元元年卒。诏尚书……其赐钱二十万,布百匹,谷三千斛。"

《后汉书·刘般传》:"建武十九年……乃赐般绶,钱百万,缯二百匹。……卒于家……赐……钱五十万,布千匹。"

这是对大官僚的。

《后汉书·明帝纪》:"赐天下男子爵人三级;郎、从官(视事)二十岁已上帛百匹,十岁已上二十匹,十岁已下十匹;官府吏五匹;书佐、小吏三匹。"

《后汉书·章帝纪》元和二年诏曰:"其赐天下吏爵,人三级;高年、鳏、寡、孤、独帛,人一匹。……赐公卿以下钱帛各有差;及洛阳人当酺者布,户一匹,城外三户共一匹。赐博士员弟子见在太学者布,人三匹。"

《后汉书·和帝纪》永元三年,"赐京师民酺布,两户共一匹。"

又,永元十二年三月,"赐博士员弟子在太学者布,人三匹。"

这是赐给小吏、老年人和知识阶层的。

从以上事例来看,对高级贵族的赏赐一般钱在千万,布在万匹以上。对官员的赏赐,一般钱在数十万到百万左右,布在百匹上下。对小官吏民,布在数十匹、数匹左右。赐钱的也有,如对灾荒之后,为了掩埋尸骨,七岁以上给钱二千(参看《后汉书·顺帝纪》)、五千(参看《安帝纪》)。

整部《后汉书》中,使用黄金作赏赐的似只有以下诸例:

《后汉书·和帝纪》永元三年正月甲子,"皇帝加元服,赐诸侯王、公、将军、特进、中二千石、列侯、宗室子孙在京师奉朝请者黄金,将、大夫、郎吏、从官帛。"

《后汉书·安帝纪》永初三年正月,"皇帝加元服。大赦天下。赐王、主、贵人、公卿以下金帛各有差。"

《后汉书·桓帝纪》建和二年正月甲子,"皇帝加元服。庚午,大赦天下。赐河间、勃海二王黄金各百斤,彭城诸国王各五十斤,公主、大将军、三公、特进、侯、中二千石、二千石、将、大夫、郎吏、从官、四姓及梁邓小侯、诸夫人以下帛,各有差。"

《后汉书·献帝纪》建安九年十二月,"赐三公以下金帛各有差。自是三年一赐,以为常制。"

又,建安十年九月,"赐百官尤贫者金帛各有差。"

《后汉书·皇后·明德马皇后纪》:"诸贵人当徙居南宫……各赐……白越三千端,杂帛二千匹,黄金十斤。"

《后汉书·皇后·和熹邓皇后纪》:"太后赐周、冯贵人策四曰:……其赐贵人……黄金三十斤,杂帛三千匹,白越四千端。"

《后汉书·皇后·桓帝梁皇后纪》:"于是悉依孝惠皇帝纳后故事,聘黄金二万斤。"

《后汉书·光烈阴皇后纪》附《贾贵人传》:"建武末选入太子宫,中元二年生肃宗,而显宗以为贵人。帝既为太后所养,专以马氏为外家。……及太后崩,乃策书加贵人……御府杂帛二万匹,大司农黄金千斤,钱二千万。"

从这些例子来看,东汉黄金只用于皇帝加元服、聘皇后、赐给贵人。比起西汉来,黄金使用的量和次数都太小太少了。只有桓帝梁皇后的聘礼黄金二万斤,是特殊出格高的。看附表"东汉皇帝赏赐金钱帛表"。

西汉赎罪用钱,东汉改用缣。《汉书·惠帝纪》:"(元年)民有罪,得买爵三十级以免死罪。"注引应劭说:"一级直钱二千,凡为六万。若今赎罪入三十匹缣矣。"应劭,东汉末年人,是东汉末年赎死罪用缣三十匹。

赎罪用缣多少,东汉初年有规定。明帝即位后下诏:"天下亡命殊死以下,听得赎论。死罪入缣二十匹,右趾至髡钳城旦舂十匹,完城旦至司寇作三匹。其未发觉,诏书到先自告者,半入赎。"(《后汉书·明帝纪》)

赎罪用缣多少,以后有变动。永平十五年二月诏:"亡命自殊死以下赎,死罪缣四十匹,右趾至髡钳城旦舂十匹,完城旦至司寇五匹,犯罪未发觉,诏书到日自告者,半入赎。"(同上)

这次变动在死罪,赎缣由原来的二十匹提高为四十匹。但似乎提的高了。永平十八年诏书又变为三十匹。诏曰:"其令天下亡命自殊死已下赎,死罪缣三十匹,右趾至髡钳城旦舂十匹,完城旦至司寇五匹。吏人犯罪未发觉,诏书到自告者,半入赎。"

这次变动之后,可能一直到东汉末年未再变动。如应劭所说,赎死罪是三十匹缣。从建宁元年(公元 168)到中平四年(公元 187),十九年间,灵帝曾七次"令天下系囚罪未决,入缣赎",虽然有时也说"各有差",但赎缣似未有变动。

无论变动多少次,始终是用缣赎罪,没有改用过钱。

这是很重要的。赎罪用缣,虽然不能说明布帛已有货币的作用,但至少说明在法律上布帛在赎罪上已可以代替金钱,也就多少使布帛具有了一些货币作用。

建武十六年,只是恢复五铢钱,并没有废除或禁止使用谷帛。而且以谷帛为币,是经济本身的需要,也不是行政命令所能限制或禁止的。因此,不排除东汉时期某些时间某些地区除使用钱币外仍继续使用谷帛作交换媒介。有些材料也使我们这样想。

《后汉书·朱晖传》:"是时谷贵,县官经用不足,朝廷忧之。尚书张林上言:'谷所以贵,由钱贱故也。可尽封钱,一取布帛为租,以通天下之用。'……于是诏诸尚书通议。晖奏据林言不可施行,事遂寝。后陈事者重复述林前议,以为于国诚便。帝(章帝)然之,有诏施行。晖复独奏曰:'……布帛为租,则吏多奸盗,羞非明主所当宜行。'……帝意解,寝其事。"尚书张林之议,似欲以布帛代金钱。

《后汉书·东夷·高句骊传》:"安帝诏曰:自今以后,不与县官战斗而自以亲附送生口者,皆与赎直,缣人四十匹,小口半之。"东汉赎罪用布

帛,前已言之。今此以缣赎生口而直言为赎直,缣的货币性又比较鲜明了
一步。

《后汉书·党锢传·夏馥传》:"乃自翦须变形入林虑山中,隐匿姓名
为治家佣,亲突烟炭,形貌毁瘁。积二三年,人无知者。后馥弟静,乘车马
载缣帛,追之于涅阳市中,遇馥不识,闻其声乃觉。……静追随至客舍共
宿。夜中密呼静曰:'吾以守道疾恶,故为权宦所陷。且念营苟全,以庇
性命。弟奈何载物相求,是以祸见追也。'"按常理,夏静应携带金钱来追
寻他兄长,但他却带的是缣帛,使人想缣帛大约可作货币用。(参看李剑
农教授《先秦两汉经济史稿》,生活·读书·新知三联书店 1957 年版第
193 页)。

从皇帝赏赐布帛的记述里,也可以看到布帛有货币作用的一点消息。

《后汉书·和帝纪》:永元三年,"赐京师民酺布,两户共一匹。"

《后汉书·章帝纪》:章和元年秋,"令是月养衰老,授几杖行,糜粥饮
食,其赐高年二人共布、帛各一匹,以醴酪。"

《后汉书·章帝纪》元和二年诏曰:"赐天下吏爵,人三级;高年、鳏、
寡、孤、独帛,人一匹。……及洛阳人当酺者布,户一匹,城外三户共
一匹。"

布帛是不能吃的。赐布帛"以为醴酪",称作"酺布"或"酺者布",可
能是把布帛卖掉再购买醴酪等食物。考虑到王莽末东汉初和魏晋南北朝
时期,布帛都曾代替铜钱长期作为货币,可以认为或至少可以怀疑酺布是
可以直接购买食品的,是作货币用的。果如此,光武帝虽然在建武十六年
恢复了五铢钱的使用,但布帛仍未能从货币职能中排除。东汉可能是以
钱为主的、钱布杂用时期。

附表:东汉皇帝赏赐金、钱、帛表

年代	公元	黄金、钱、布帛使用情况	材料来源
和帝永元二年	90	现公卿以下至佐史钱布各有差。	《和帝纪》
三年	91	皇帝加元服,赐诸侯王、公、将军、中二千石、列侯、宗室子孙在京师奉朝请者黄金,将、大夫、郎、吏从官帛,赐民爵及粟布,各有差。	(同上)

年代	公元	黄金、钱、布帛使用情况	材料来源
		郡国中都官系囚死罪赎缣至司寇及亡命者,各有差。	（同上）
		赐京师民酺布,两户共一匹。	（同上）
		赐行所过二千石长吏以下及三老官属钱帛各有差。鳏寡孤独笃癃贫不能自存者粟,人三斛。	（同上）
四年	92	赐公卿以下至佐史钱谷各有差。	（同上）
八年	96	赐鳏寡孤独笃癃贫不能自存者粟,人五斛。	（同上）
十二年	100	赐鳏寡孤独笃癃贫不能自存者粟,人三斛。赐博士员弟子在太学者布人三匹。	（同上）
		赐被水灾尤贫者谷人三斛。	（同上）
十五年	103	赐所过二千万长吏以下三老官属及民百年者,钱布各有差。	（同上）
		赐从臣及留者公卿以下钱布各有差。	（同上）
十六年	104	赐百官从臣布各有差。	（同上）
安帝永初三年	109	正月,皇帝加元服,大赦天下,赐王、主贵人、公卿以下金帛各有差。	《安帝纪》
		三公以国用不足,奏令吏人入钱谷,得为关内侯、虎贲、羽林、郎、五大夫、官府吏、缇骑营士。各有差。	（同上）
元初元年	114	正月,赐鳏寡孤独笃癃不能自存者谷人三斛。贞妇帛人一匹。	（同上）
二年	115	二月,遣中谒者收葬京师客死,有家属尤贫无以葬者赐钱人五千。	（同上）
六年	119	诏曰:赐人尤贫困孤弱单独谷人三斛,贞妇有节义十斛。	（同上）
永宁元年	120	四月,赐王、主、王公、列侯下至郎吏、从官金帛,又赐民爵及布粟各有差。	（同上）
建光元年	121	赐诸国贵人、王、主、公卿以下钱布各有差。	（同上）
延光元年	122	三月,赐鳏寡孤独笃癃贫不能自存者粟人三斛,贞妇帛人二匹。	（同上）
		是岁,京师及郡国二十七雨水大风杀人。诏赐压溺死者年七岁以上钱人二千,其坏败庐舍失亡谷食粟人三斛。	（同上）
三年	124	二月,济南上言凤皇集台县丞霍收舍树上。赐台长帛五十匹,丞二十匹,尉半之,吏卒人三匹。	（同上）

年代	公元	黄金、钱、布帛使用情况	材料来源
三年	124	三月,祀孔子及七十二弟子于阙里。赐褒成侯以下帛各有差。	(同上)
		十一月,赐公卿以下钱谷各有差。	《顺帝纪》(即位未改元)
		诏尚书令以下从辇幸南宫者皆增秩,赐布各有差。	(同上)
顺帝永建元年	126	正月,诏曰:鳏寡孤独笃癃贫不能自存者粟人五斛,贞妇帛人三匹。	《顺帝纪》
		二月,赐百官随辇宿卫及拜除者,布各有差。	(同上)
		十二月,赐王公贵人公卿以下布各有差。	(同上)
三年	128	正月,京师地震,汉阳地陷裂。诏实覈伤害者,赐年七岁以上钱人二千。	《顺帝纪》
四年	129	正月,帝加元服:赐王、主、贵人、公卿以下金帛各有差。鳏寡孤独笃癃不能自存帛一匹。	(同上)
阳嘉元年	132	十一月,诏赐狼所杀者钱二千。	(同上)
三年	134	五月,赐民年八十以上米一斛、肉二十斤、酒五斗,九十以上,加赐帛人二匹、絮三斤。	(同上)
永和二年	137	十月,行幸长安,所过鳏寡孤独贫不能自存者赐粟人五斛。	(同上)
三年	138	四月:遣光禄大夫案行金城、陇西,赐压死者年七岁以上人二千,一家皆被害,为收敛之。除今年田租,尤甚者勿收口赋。	(同上)
四年	139	四月,大赦天下,赐民爵及粟帛各有差。	(同上)
汉安二年	143	十月,令郡国中都官系囚殊死以下出缣赎各有差。其不能入赎者,遣诣临羌县居作二岁。	(同上)
质帝本初元年	146	六月,大赦天下,赐民爵及粟帛各有差。	《质帝纪》
桓帝建和元年	147	正月,赐鳏寡孤独笃癃贫不能自存者粟人五斛,贞妇帛人三匹。	《桓帝纪》
建和二年	148	正月,皇帝加元服,大赦天下。赐河间、勃海二王黄金各百斤,彭城诸国王各五十斤,公主大将军、三公、特进、侯、中二千石、二千石、将、大夫、郎吏、从官、四姓及梁邓小侯、诸夫人以下帛,各有差。年八十以上赐米酒肉,九十以上加帛二匹,绵三斤。	《桓帝纪》
三年	149	十一月,地震之后诏曰:其有家属而贫无以葬者给直,人三千,丧主布三匹。	(同上)

年代	公元	黄金、钱、布帛使用情况	材料来源
永兴二年	154	十一月,校猎上林苑,遂至函谷关,赐所过道旁九十以上钱各有差。	(同上)
永寿元年	155	二月,司隶冀州饥人相食。敕州郡赈给贫弱。若王侯吏民有积谷者一切贷十分之三,以助廪贷。其百姓吏民者,以见钱雇直(雇,优酬也)。王侯须新租乃偿。	(同上)
		六月,洛水溢,南阳大水,诏被水死及所唐突压溺物故七岁以上赐钱人二千。坏败庐舍亡失谷食尤贫者粟人二斛。	(同上)
延熹二年	159	十二月,至自长安赐长安民粟人十斛,园陵人五斛,行所过县三斛。	(同上)
永康元年	167	八月,广州大水,渤海海溢。诏州郡赐溺死者七岁以上钱人二千。其亡失谷食廪人三斛。	《桓帝纪》
灵帝建宁元年	168	二月,大赦天下,赐民爵及帛各有差。	《灵帝纪》
		十月,令天下系囚罪未决入缣赎各有差。	(同上)
熹平三年	174	十月,令天下系囚罪未决入缣赎。	(同上)
四年	175	十月,令天下系囚罪未决入缣赎。	(同上)
六年	177	十月,令天下系囚罪未决入缣赎。	(同上)
光和元年	178	十二月,初,开西邸卖官,自关内侯虎贲羽林入钱各有差。私令左右卖公卿,公千万,卿五百万。注引《山阳公载记》曰:时卖官二千石二千万,四百石四百万。其以德次入选者半之,或三分之一,于西园立库以存之。	(同上)
二年	179	二月,税天下田,亩十钱。	(同上)
三年	180	八月,令系囚罪未决入缣赎,各有差。	(同上)
四年	181	正月,初置骡骥厩丞,领受郡国调马。豪右辜榷,马一匹至二百万。是岁卖关内侯假金印紫绶传世,入钱五百万。	(同上)
		七月,赐新城令及三老力田帛各有差。	(同上)
五年	182	七月,令系囚罪未决入缣赎。	(同上)
中平四年	187	九月,令天下系囚罪未决入缣赎。	(同上)

3. 实物货币——谷帛取代金、钱

东汉末年开始,实物取代了黄金、铜钱的地位,成为主要的货币。谷帛为货币,一直行到唐中叶。玄宗天宝以后,谷帛为币才又渐渐为钱币所代替。实物货币使用了五六百年。

铜钱废谷帛始用,一般归之于汉献帝初平元年(公元190)董卓坏五铢钱改铸小钱。《三国志·魏志·董卓传》:"初平元年……(董卓)悉椎破铜人,钟虡及坏五铢钱,更铸为五铢钱,大五分,无文章,肉好,无轮郭,不磨鑢。于是货轻而物贵,谷一斛至数十万。自是后钱货不行。"

不能把钱货不行,归之于董卓废五铢行小钱。钱货不行和谷帛使用,有历史根源也有现实条件。我们从上节可以看到,王莽末东汉初社会上已杂用布帛金粟为货币。东汉一朝,谷帛不断地被用来代替金钱使用。既用来作价值标准也用来作交换媒介。它一直未完全被从货币场地排斥出去。董卓乱后,汉代几百年积累下来的社会问题总的爆发出来。社会生产衰落,交换经济衰落,城市破坏,农民流亡死伤,人民大量减少。千里无人,百里无烟,城邑空而不居,成为普遍现象。东汉末年以后的社会比起西汉来,完全进入另外一个世界。金钱虽然携带储存方便适宜于作货币使用,却不适于一个生产衰落、交换衰落、一切多依靠自给的新时代,它的地位就自自然然地被既可作交换媒介本身又有使用价值的谷帛所代替了。东晋末孔琳之的话是有道理的。孔琳之说:"钱之不用,由于兵乱,积久自至于废,有由而然,汉末是也。"(《宋书·孔琳之传》)孔琳之指出:汉末钱废谷用一是由于兵乱;一是由于积久自至于废。他的观察和理解是深刻的。

把汉末金属货币的废止系在战乱或政府的某一政治措施上,这显然是浅浮之论,是不正确的。汉末金属货币的废止,是东汉经济衰落的必然结果,特别是城市交换经济衰落的必然结果。战争对于社会经济自然会有破坏,但东汉末年战争的规模、地区、时间,并不比秦末、西汉末以及后来的隋末、唐末等时期战争的规模大、地区广、时间长,秦末、隋末、唐末战争之后,经济不是衰落不起,而是很快就从战争的破坏中恢复过来并快速的发展起来。战国和唐末五代,都是动乱比较多的时期,而恰恰是这两个时代和在它之后,都是中国历史上经济发展比较突出和显著的时期。

　　三国分立局面稳定下来以后,魏文帝曹丕曾想恢复钱币的使用。他于黄初二年(公元 221)三月,董卓废五铢钱后三十一年,"复五铢钱"(《三国志·魏志·文帝纪》)。但只过了半年,这年十月就又"以谷贵,罢五铢钱"了。(同上)

　　又过了六年,魏明帝太和元年(公元 227),又"行五铢钱"(《三国志·魏志·明帝纪》)。上距献帝初平元年(公元 190)董卓废五铢行小钱钱货不行近四十年。这近四十年间,社会上使用的货币是谷帛。下面两段记载,可以为证。

　　《三国志·魏志·王昶传》注引《任嘏别传》:"嘏,乐安博昌人,世为著姓。……嘏八岁丧母,……年十四始学。……三年中诵五经,皆研其义。……遂遇荒乱,家贫卖鱼,会官税鱼,鱼贵数倍,嘏取直如常。又与人共买生口,各雇八匹。后生口家来赎,时价直六十匹。共买者欲随时价取赎,嘏自取本价八匹。共买者惭,亦还取本价。……会太祖创业,召海内至德,嘏应其举,为临菑侯庶子、相国东曹属、尚书郎。文帝时,为黄门侍郎。"

　　由任嘏的经历看,他买生口的时间大约在初平或建安初年。买生口,用布帛。

　　魏文帝诏曰:"今与孙骠骑和通商旅,当日食而至,而百贾偷利,喜贱其物平价,又与其绢。故官逆为平准耳,官岂少此物倍耶!"(《太平御览卷 817 布帛部·绢》)

　　孙骠骑,孙权也。孙权附依曹操,取荆州,害关羽,曹操以权为骠骑将军。魏商人以绢为货币,购买吴物。

　　谷帛为币,是经济形势使然。交换不发达,人们贪谷帛本身都有使用价值,乐得以谷帛为交易媒介,总比没有一个客观的物价标准以物易物为方便。但谷帛笨重,不便携带,一有远距离交易的需要,谷帛的不适宜于作货币就显露出来。而且谷帛作货币,本身也容易出弊病,商人可以湿谷薄绢以要利。到了魏明帝时期,社会和平安定了几十年,洛阳又日趋繁华,金属货币的需要,又被提出。

　　《晋书·食货志》:"至明帝世,钱废谷用既久,人间巧伪渐多,竞湿谷以要利,作薄绢以为市,虽处以严刑,而不能禁也。司马芝等举朝大议,以为用钱非徒丰国,亦所以省刑。今若更铸五铢钱,则国丰刑省,于事为便。魏明帝乃更立五铢钱。至晋用之,不闻有所改创。"

《宋书·孔琳之传》:"(太)尉桓玄时议欲废钱用谷帛,琳之议曰:……谷帛为宝,本充衣食。今分以为货,则至损甚多,又劳毁于商贩之手,耗弃于割截之用。此之为敝,著于自曩。故钟繇曰:巧伪之民,竞湿谷以要利,制薄绢以充资。魏世制以严刑,弗能禁也。……魏明帝时,钱废谷用三十季矣。(《通典》卷 8 作"四十年矣"。按明帝太和元年(公元 227)上距初平元年(公元 190)为三十七年),以不便于民,乃举朝大议,……舍谷帛而用钱,足以明谷帛之弊著于已试。"

魏明帝是在这种情况下,恢复钱币的使用的。魏和西晋时期,钱又成为贵族、商贾的追求目标,西晋时还出现了鲁褒的《钱神论》讽刺嘲笑他们对钱的崇拜追求(参看《晋书·隐逸·鲁褒传》)。

但细绎魏西晋时期社会情况,商业发达也主要是两个地区,一是洛阳,一是长江流域。石崇在荆州做官发了大财,西晋亡后,东晋建在建康,都是有因的。鲁褒所讽刺的钱神,主要是谈的这些地区。所以他说"洛中朱衣当途之士,爱我家兄皆无已已"(《钱神论》)。是洛中,不是别的地方。

魏和西晋时期,钱币虽已使用,使用似乎并不广大。除洛阳等大城市外,社会上广大地区仍是使用谷帛交易的。

《三国志·魏志·夏侯玄传》注引《魏略》:"护军总统诸将,任主武官选举,前后当此官者,不能止货赂。故蒋济为护军时,有谣言:欲求牙门,当得千匹;百人督,五百匹。宣王与济善,闲以问济,济无以解之,因戏曰:洛中市买,一钱不足则不行。遂相对欢笑。"

《三国志·魏志·胡质传》注引《晋阳秋》:"质之为荆州也,威自京都省之。家贫,无车马童仆,威自驱驴单行。拜见父,停厩中十余日,告归。临辞,质赐绢一匹,为道路粮。"为道路粮,就是作路费。

孙吴虽也铸钱,社会上却也是以布帛为货币的。《三国志·吴志·孙休传》注引《襄阳记》:"(李)衡每欲治家,妻辄不听。后密遣客十人于武陵龙阳汛洲上作宅,种柑橘千株。临死,救儿曰:汝母恶吾治家,故穷如是。然吾州里有千头木奴,不责汝衣食,岁上一匹绢,亦可足用耳。……吴末,衡甘橘成,岁得绢数千匹,家道殷足。"《晋书·羊祜传》:"祜出军行吴境,刈谷为粮,皆计所侵,送绢偿之。"绢为货币。《羊祜别传》所记更清楚,"祜周行贼境七百余里,往返四十余日,刈贼谷以为军粮,皆计顷亩送绢还直,使如谷价。"(《太平御览》卷837引)

布帛是交换的媒介,也是物价的标准。《三国志·吴志·孙皓传》注引《江表传》:"(何)定,……本孙权给使也,后出补吏。……皓以为楼下都尉,典知酤糴事。……定又使诸将各上好犬。皆千里远求,一犬至直数千匹,御犬率具缨,直钱一万。"

蜀国有铸钱,但社会上也以帛作货币。

《华阳国志·后贤志》:"何随字季业,……除安汉令。蜀亡,去官。时巴土饥荒,所在无谷。送吏行乏,辄取道侧民芋。随以绵系其处,使足所取直。民视芋见绵,……因为语曰:汉安吏取粮,令为之偿。"

永嘉之乱,使洛阳恢复起来的一点经济繁荣,又遭破坏。社会混乱,道路不通,各地间交换断绝,使得自然经济一直占优势。

买卖交易主要以布帛为媒介。石勒曾想恢复钱币,结果是失败了。"人情不乐"而"钱终不行"。(《晋书·石勒载记)》

北魏孝文帝时,拓跋氏统治北方已一百多年,在社会安定、交换增长的条件下,孝文帝乃下令使用钱币。太和十九年,铸五铢钱,文曰:"太和五铢",诏京师及诸州镇皆通行之(《魏书·食货志》)。但事实上,太和五铢仍只在洛阳地区行使,此外各地各行各的旧钱,社会上的商业交换仍是微弱的。河北州镇,钱货不用,用的仍是布帛(看《魏书·食货志》)。北周、北齐,也是钱币和布帛杂用。特别是冀州一带,仍是钱皆不行,交易者皆用布帛(《隋书·食货志》)。实际上,使用布帛的地区绝不限于冀州,《北齐书·后主纪》说:当时"一裙直万匹"。后主曾以三万匹锦彩派胡商去北周市买珍珠(《北齐书·穆后传》)。北周武帝所颁布的刑书,赃物价值仍是以布帛匹数来计算的(《周书·武帝纪》)。北周、北齐时期,至多是钱币、布帛杂用,官家想用钱,社会上仍是使用布帛。

　　隋唐是用钱的,铸钱多起来。但中唐以前,社会上仍是使用布帛。唐太宗贞观初年"绢一匹,易米一斗"(《新唐书·食货志》)。贞观五六年以后,"频岁丰稔,一匹绢得粟十余石"(《唐会要》卷83)。武则天时,凉州、陇右一带,"数年丰稔,乃至一匹绢粟数十斛"(《旧唐书·郭元振传》)。

　　东晋南朝时期的南方,钱币比较流通,而且不断发展。这当别论。我们说自然经济盛行,主要是指中原地区。中原地区是先秦以来中国历史的中心地区,经济的发展变化自应以中原地区为准。

第 二 章
依附关系的发展

在人际关系方面,魏晋南北朝到唐中叶和战国秦汉比较起来,显著的变化是自由平民、奴隶向依附民的转化。如果细致深入地加以探讨,这个自由平民、奴隶向依附民转化的大潮又可以看到它是由几种变化构成的:

一是依附关系的发展。战国秦汉时代,人有三种,身份最高的是皇家贵族、诸侯王、列侯。这是前代制度的残存。商鞅变法,以军功贵族代替氏族世袭贵族,但未能彻底成功。两汉时期贵族制仍被保留下来,但人数是少量的了。其次是编户齐民。社会上所有的人口(除去一小部分不占名数的逃亡户)都被纳入编户民之中。齐,表示编户民是平等的。在汉代,虽丞相也是编户,虽丞相之子也要负役。第三是奴隶。严格讲,奴隶不是人,是财产。但奴隶可以解放,解放了便是人。战国秦汉,奴隶是大量存在的。奴隶是奴隶主的财产,可以和牲畜一样编诸栏中出卖。奴隶可以解放,解放即为编户民,一同民伍。自由平民,可以经由犯罪、被掠、家贫出卖等途径变为奴隶。身份变化,只有两者:自由平民变为奴隶,奴隶变为自由平民。魏晋南北朝时期,依附身份和依附关系成为显著的社会现象。依附民是社会上大量存在的。自由平民通过投靠、赐与等途径降为豪族强宗的依附民。奴隶解放,一般也不是直接解放为自由平民,而是解放为依附民,通常被称作部曲客。依附民代替自由平民和奴隶,成为突出的社会阶层。当然,这时期自由平民和奴隶还是存在的。

二是人口分割。战国开始，通过郡县的设立，西周春秋以来的人口被大小贵族分而有之的制度，逐渐被打破。到了秦汉，全国人口都被编籍归郡县管辖。受豪族强宗役使的贫民和或耕豪民之田见税什五的佃户，都是国家的编户民。被豪强隐匿的人口是不占民数的逃亡户，是非法的，犯罪的。没有任何公开的制度化的人口分割制。奴隶除外，因为奴隶是财产，不是人。魏晋南北朝时期，由于依附关系的发展，人口被公开的合法化的分割，一部分属于国家政府，一部分为豪族强宗所分割。政府承认这种制度，并把它法典化，由法规定下来。

三是身份等级化。首先是社会分成士庶两大阶层，实即贵族和平民。这不是贫富之分而是贵贱之分。士庶是不相交接的，不通婚、不交接。用当时人的话说："士庶之分本自天隔"。其次魏晋南北朝时期的编户齐民，也已经不齐。郡县领民已经不是政府领民的全部，而只是政府领导中的一部分。编户之外，至少魏晋时期出现的有屯田客、士家；南北朝时期出现的有：军户、营户、屯田户、杂户、番户等，除此之外，唐代还有官户。他们多半是由职务不同而分出的，同时又有身份等级的区别。如唐代法律就规定，奴隶一免为番户，再免为杂户，三免才成为自由平民。不像秦汉，奴隶一解放就成自由民。

这是魏晋南北朝时期和战国秦汉比起来，人际关系的大变化。我认为，所有这些变化都反映中国社会由古代进入了中世纪。

下面分而述之。

（一）客或宾客身份地位的演变

春秋战国时期，是贫富贵贱大变动的时期。在这个大变动中，出现了士这一阶层。这是一个自由民阶层，它的地位在贵族之下，庶人之上。古籍中有好多记载可以说明这一点。这个阶层中的人，一部分来自贵族。《左传》昭公三年，晋国贵族叔向和齐国贵族晏婴有一段对话，两人都感慨齐、晋已是"季世"。叔向论到晋国贵族的没落说:"栾、郤、胥、原、狐、续、庆、伯,降在皂隶。……胖之宗十一族,唯羊舌氏在而已。"杜注:"八姓,晋旧臣之族也;皂隶,贱官也。"皂隶应释作奴隶。旧贵族中有降为奴隶的,不会都降为奴隶,最可能的是降为士这一阶层。《左传》昭公三十二年,史墨对赵简子说:"社稷无常奉,君臣无常位。自古以然。故《诗》曰:'高岸为谷,深谷为陵。三后之姓,于今为庶。'"杜注:"三后,虞、夏、商。"史墨的话,说明一个历史事实。贵族之家,有降在下层的。不必虞、夏、商三代之后,春秋时期这种变化就很显著。

这个阶层的另一来源是庶人地位的上升。《左传》哀公二年,"克敌者,上大夫受县,下大夫受郡,士田十万,庶人工商遂,人臣隶圉免。"杜注:释"遂"为"得遂进仕";"免"为"去厮役"。得遂进仕,就是进入士的阶层。《韩非子·外储说左上》:"中牟有士曰中章、胥已者……(中牟令)王登……予之田宅。中牟之人弃田圃而随文学者邑之半。"庶人,春秋战国时期多指农民。农民弃田圃随文学而仕,犹庶人得遂进仕。

这个阶层的人数,是逐步扩大的。孔子的弟子,大部分属于这个阶层。他们学而优则仕。当时贵族属下有很多私属,大多属于这个阶层。他们可以作邑宰,也可以是陪臣。他们是允文允武,也可以跟着打仗。孔子的弟子有若就是季孙氏的私属徒,他们被称作国士,可见他们的身份地位不低。

战国时期,这个阶层的人是很多的。他们中一些比较穷的,须要依靠人生活。苏秦披六国相印,回到洛阳家中感慨地说:"使我有雒阳负郭田二顷,吾岂能佩六国相印乎?"(《史记·苏秦列传》)可见他家不富。但这个阶层的人的能量很强。他们中的强者,有知识,有才能,了解天下形势,可以靠才能取得高位。弱者也可以以一技之长,为贵族们效命。

战国时期的贵族,对士尊敬成风,养士也成风。客的任务是为主人作事,为主人出谋划策,乃至为主人作刺客,拼命,卖命。

客有三六九等。地位有高有低。孟尝君、信陵君等四公子各养客数千人。客或宾客,虽然都是要为主人服务的,甚至为主人卖命,但主客间是敌体的。客或宾客,是自由人。客的自尊心很强,《史记·魏世家》载田子方的故事:"子击(魏文侯子)逢文侯之师田子方于朝歌,引车避下谒。田子方不为礼,子击因问曰:'富贵骄人乎?且贫贱者骄人乎?'子方曰:'亦贫贱者骄人耳!夫诸侯而骄人则失其国,大夫而骄人则失其家,贫贱者行不合,言不用则去之楚越,若脱躧然,奈何其同之哉!'"《战国策·齐策》记齐宣王和颜斶的故事:"齐宣王见颜斶,曰:'斶前,'斶亦曰:'王前。'宣王不说。左右曰:'王,人君也;斶人臣也。王曰斶前,斶亦曰王前,可乎?'斶对曰:'夫斶前为慕势,王前为趋士。'与使斶为慕势,不如使王为趋士。王忿然作色曰:'王者贵乎,士贵乎?'对曰:'士贵耳,王者不贵。'王曰:'有说乎?'斶曰:'有。'昔者秦攻齐,令曰:'有敢去柳下季垄五十步而樵采者,死不赦。'令曰:'有能得齐王头者,封万户侯,赐金千镒。'由是观之,生王之头,曾不若死士之垄也。'宣王曰:'嗟乎!君子焉可侮哉!'"

战国时代反映士的自尊的故事有很多。当然这是士的自我夸说,有夸大和自我抬高地位处。但从时代背景来看问题,不能不承认它反映了时代精神。士是自由人,在战国社会变化急剧一不小心就会有亡国灭家的危险的时代,能得到有才能的人为用,是关系重大的,关系到一国一家的兴亡,因此战国时代的国王和贵族无不争着招客养士,得其人则兴,无其人则亡。士以此自骄,王以此自卑了。王、贵族以此养客,客以此傲人了。

战国和战国以前,主和客的关系,王、贵族和养士的关系,是建立在以义为基础的关系上。主对客好,客对主好。你敬我八尺,我敬你一丈。客受主的供养,客对主有依靠。但这种依附、依靠,是义的结合,是自由的结合。合则留,不合则去。前面所引平原君杀掉了那个笑躄者的美人以谢客的故事,就是一个典型例子。这个故事,一方面反映古代士的自尊心,一方面反映士的自由身份。平原君爱色而贱士,士即稍稍引去。客和他之间,除义的义务外,没有一定的依附关系、隶属关系,更没有因依附、隶属而产生的没有离开的自由的关系。

秦统一后,对招引食客的风气是打击的。对统一集权的帝国来说,这是必然的。从张耳的遭遇也可以看到一些消息。张耳少时曾为魏公子毋忌食客,后来自己曾致千里客。秦灭魏,"购求,有得张耳千金,陈余五百金"(《史记·张耳、陈余列传》)。刘邦为布衣时,"尝数从张耳游,客数月"(同上)。秦购求张耳,可能和张耳招引宾客有关系。

西汉初年,招引宾客的风气,继承战国而仍盛。刘邦,楚人。西汉初年的布衣将相,多数是东方人。"汉承秦制",指的是国家典章制度,而社会风气、思想意识反而继承东方的东西要多。刘邦虽然迁东方贵族豪家于关中,但是给土地给钱财对他们是优厚的。西汉初年,豪家和政府公卿还是争养宾客。

皇家贵族争养宾客的例如:

《汉书·淮南王安传》:"招致宾客方术之士数千人。"

《汉书·衡山王赐传》:"闻淮南王作为畔逆具,亦心结宾客以应之。"

《汉书·戾太子传》:"及冠就宫;上为立博望苑,使通宾客,从其所好,故多以异端进者。征和二年七月壬午,乃使客为使者收捕充等。……遂部宾客为将率,与丞相刘屈牦等战。"

朝廷公卿养宾客的例:

《汉书·窦、田、灌、韩传》:"婴父世观津人也,喜宾客。……七国破,封(婴)为魏其侯。游士宾客争归之。……(田)蚡新用事,卑下宾客。……上所填抚,多蚡宾客计策。……(灌)夫不好文学,喜任侠,已然诺。诸所与交通,无非豪杰大猾。家累数千万,食客日数十百人。陂池田园,宗族宾客为权利,横颍川。"

《汉书·郑当时传》:"当时以任侠自喜……请谢宾客,夜以继日。……戒门下:客至,亡贵贱亡留门(下)者。执宾主之礼,以其贵下人。性廉,又不治产,卬奉赐给诸公。"

《汉书·公孙弘传》:"(弘)起徒步,数年至宰相封侯,于是起客馆,开东阁以延贤人,与参谋议。弘身食一肉、脱粟饭,故人宾客仰衣食,俸禄皆以给之。"

《汉书·主父偃传》:"偃方贵幸时,客以千数。及族死,无一人视,独孔车收葬焉。上闻之,以车为长者。"

《汉书·赵广汉传》:"昭帝崩,新丰杜建为京兆掾,护作平陵方上。

建素豪侠,宾客为奸利。广汉(时为守京兆尹)闻之,先风告,建不改,于是收案致法。中贵人豪长为请无不至,终无所听,宗族宾客欲谋篡取,广汉尽知其计议主名起居,使吏告曰:'若计如此,且并灭家。'令数吏将建弃市,莫敢近者。京师称之。"

即此数例,已可以说明西汉早期豪强和公卿大臣招引宾客之盛。

宾客和主人的关系,仍一如战国时代,两者间是平等的。客为主人助势,主人为客供衣食。主人对客执谦虚之礼。像郑当时,客至,无贵贱无留门下者,到即接待,执宾主之礼,不敢以贵骄人。主人有势力,宾客蜂拥而至,主人势衰,又一拥而去。窦婴、灌夫盛时,"游士宾客争归之",失势,"宾客益衰"。汲黯、郑当时"两人中废,宾客益落"。当时,有个翟公"为廷尉,宾客填门,及废,门外可设雀罗。后复为廷尉,客欲往,翟公大署其门曰:一死一生,乃知交情;一贫一富,乃知交态;一贵一贱,交情乃见。"司马迁说:"夫以汲、郑之贤,有势则宾客十倍,无势则否,况众人乎?"(《史记·汲黯郑当时列传》)

豪强和公卿招引宾客,这是统一国家皇权所不能容的。景帝、武帝对此就大加打击。这和景帝、武帝打击豪强是分不开的。景帝、武帝打击豪强,也就是打击他们招引宗族宾客。大将军卫青是深懂此中的道理的。下面一段故事,前面已经引述过。司马迁说:"苏建语余曰:'吾尝责大将军,至尊重而天下之贤大夫毋称焉。愿将军观古名将所招选择贤者,勉之哉!'大将军谢曰:'自魏其、武安之厚宾客,天子常切齿。彼亲附士大夫,招贤绌不肖者,人主之柄也。人臣奉法遵职而已,何与招士?'骠骑亦放此意。其为将如此。"(《史记·卫将军骠骑列传》)

皇权和私家养宾客是对立的。皇权盛,私家养宾客就受限制;皇权弱,养客之风就盛。西汉后期,招引宾客之风就又盛行。王莽末年大乱,豪族大宗多率宾客起兵。宾客之盛,再次显露出来。例如:

《后汉书·齐武王缜传》:"莽末,盗贼群起,南方尤甚。伯升……于是分遣亲客,使邓晨起新野,光武与李通、李轶起于宛。伯升自发舂陵子弟合七八千人,部署宾客,自称柱天都部。"

《后汉书·邓晨传》:"邓晨,南阳新野人也。世二千石。……及汉兵起,晨将宾客会棘阳。"

《后汉书·王霸传》:"汉兵起,光武过颍阳,霸率宾客上谒。……从度河北,宾客从霸者数十人,稍稍引去。"

《后汉书·刘植传》:"王郎起,植与弟喜,从兄歆率宗族宾客,聚兵数千人据昌城。"

《后汉书·耿纯传》:"会王郎反,世祖自蓟东南弛,纯与从昆弟诉、宿、植共率宗族宾客二千余人,老病者皆载自随,奉迎于育。"

《后汉书·窦融传》:"诸郡太守,各有宾客,或同或异。……及陇、蜀平,诏融与五郡太守奏事京师,官属宾客相随,驾乘千余两,马牛羊被野。"

《后汉书·马援传》:"援务开恩信,宽以待下,任吏以职,但总大体而已。宾客故人,日满其门。"

《后汉书·阴识传》:"及刘伯升起义兵,识时游学长安,闻之,委业而归,率子弟、宗族、宾客千余人往诣伯升。伯升乃以识为校尉。"

《后汉书·王丹传》:"客初有荐士与丹者,因选举之。而后所举者陷罪,丹坐以免。客惭惧自绝,而丹终无所言。寻复征为太子太傅,乃呼客谓曰:子之自绝,何量丹之薄也! 不为设食以罚之,相待如旧。"

看来,东汉之宾客,仍如战国西汉,客的地位是相当平等的,来去自由的,但总的看来,宾客地位已渐渐有低落趋势。王丹的客因荐人出了问题,"惭惧自绝"。可以自绝,说明他们仍是来去自由的,但已是惭而且"惧"了。主人可以不为设食以罚,还是相待如初。这几层关系都反映主客间不十分平等了。同为食客,平原君的邻人躄者可以因美人笑之而要求取美人的头,食客可因平原君爱色贱士而去者半。看来平原君是不敢不为设食以罚之的。东汉初年的桓谭曾说:"今富商大贾,多放钱货,中家子弟,为之保役,趋走与臣仆等勤,收税与封君比入。是以众人慕效,不耕而食,至乃多通侈靡,以淫耳目。"(《后汉书·桓谭传》)这些"不耕而食"的人,显然就是豪富家族的宾客。他们已是"趋走与臣仆等勤"了,宾客的地位显然已低于主人。

当然,东汉的宾客也是有三六九等的。东汉后期,如前所述,外戚宦官家族的宾客往往在地方作郡县长吏,鱼肉人民。这宾客在主人面前虽然已不是敌体,到了外边仍是作福作威,在万民之上。

但总的趋势,宾客的地位已渐渐低落。贵贱产生贫富,贫富亦产生贵贱。东汉末年的仲长统说:"汉兴以来,相与同为编户齐民而以财力相君长者,世无数焉。而清洁之士,徒自苦于茨棘之间,无所益损于风俗也。"(《昌言·理乱篇》,见《后汉书·仲长统传》)又说:"宾客待见而不敢去,车骑交错而不敢进。"(同上)又说:"身无半通青纶之命,而窃三辰龙章之服;不为编户一伍之长,而有千室各邑之役。……刺客死士,为之投命。"(同上)仲长统的话,反映东汉末年宾客地位之低。

宾客地位的低落,加强了主客间的依附关系,加强了主客间荣辱与共的关系。主人作高官,宾客随之荣升;主人犯罪遇祸,宾客轻则免官归乡里,重则同被诛戮。反过来,宾客犯法主人也要连带受惩治。这情况,西汉已存在。大儒戴圣曾毁何武于朝。"而圣子宾客为群盗,得,系庐江。圣自以子必死。武平心决之,卒得不死。自是后,圣惭服"(《汉书·何武传》)。

《后汉书·刘玄传》:"刘玄字圣公,光武族兄也。弟为人所杀,圣公结客欲报之。客犯法,圣公避吏于平林。"

《后汉书·光武帝纪》:"诸家宾客多为小盗,光武避吏新野。"注引《续汉书》曰:"伯升宾客劫人,上避吏于新野邓晨家。"

《后汉书·和熹邓皇后传》:"诏告司隶校尉、河南尹、南阳太守曰:每览前代外戚宾客,假借威权,轻薄謥詷,至有浊乱奉公,为人患苦,咎在执法怠懈不辄行其罚故也。今车骑将军骘等,虽怀敬顺之心,而宗门广大,姻戚不少,宾客奸猾,多干禁宪。其明加检敕,勿相容护。自是亲属犯罪,无所假贷。"

主人犯罪,宾客连坐免官的例,可举东汉外戚窦、梁两客为例:

《后汉书·窦宪传》:"宪及笃、景、瓌,皆遣就国。……宪、笃、景到国,皆迫令自杀。宗族宾客以宪为官者,皆免归本郡。"

《后汉书·梁冀传》:"冀及妻寿即日皆自杀。……故吏、宾客免黜者三百余人,朝廷为空。"

宾客地位低落,客对主人荣辱与共关系的强化,主客关系渐渐由自由来去的依附关系向身份性的隶属性依附关系转化。

武帝后,"客"和"奴"开始联称起来。《汉书·胡建传》:"(盖主私夫丁)外人骄恣,怨故京兆尹樊福,使客射杀之。客臧公主庐,吏不敢捕。渭城令建将吏卒围捕。盖主闻之,与外人、上官将军多从奴客往,犇射逐吏,吏散走。"《汉书·尹翁归传》:"大将军霍光秉政,诸霍在平阳,奴客持刀兵入市斗变,吏不能禁。"

这所谓"奴、客"当然是奴隶和宾客,不会是奴隶样的宾客。但奴客联称,也反映客渐渐和奴靠近了。三国时期,奴客、僮客,客与奴、僮联用,就更常见了。见于《三国志》的:

《魏志·文德郭皇后传》:"(黄初六年)帝东征吴,至广陵,后留谯宫。时表(后从兄)留宿卫,欲遏水取鱼,后曰:水当通运漕,又少材木,奴客不在目前,当复私取官竹木作梁遏。今奉车所不足者,岂鱼乎?"

《吴志·孙讨逆(策)传》注引《江表传》"策请(吴郡太守许)贡相见,以责让贡。贡辞无表,策即令武士绞杀之。贡奴客潜民间,欲为贡报仇。"

《魏志·曹爽传》注引《魏略·丁谧传》:"太和中,(谧)常住邺,借人空屋,居其中。而诸王亦欲借之,不知谧已得,直开门入。谧望见王,交脚卧而不起,而呼其奴客曰:此何等人?促呵使去。"

《吴志·甘宁传》注引《江表传》:"宁将僮客八百人就刘表。"

《吴志·虞翻传》:"(徐)陵卒,僮客土田,或见侵夺。骆统为陵家讼之。"

《蜀志·糜竺传》:"糜竺,……东海朐人也。祖世货殖,僮客万人,赀产巨万。……先主转军广陵海西,竺于是进妹于先主为夫人,奴客二千,金银货币以助军资。"

汉末大乱,豪族强宗多拥众自保。这些豪族强宗都筑有坚固的堡壁,一般称作坞。东汉中期以后,为了防御羌人的攻击,西起凉州经关中到并州各地的豪族强宗多建坞自守。坞的建筑形式当然不会千家一样。董卓的郿坞可作为上好的典型来看。《三国志·魏志·董卓传》:"筑郿坞,高与长安城垺,积谷为三十年储,云事成雄据天下,不成,守此足以毕老。"

个体小农荒乱中无法自存,便投靠豪族强宗的坞堡求取保护。如田畴"入徐无山中,营深险平敞地而居。……数年间,至五千余家"(《三国志·魏志·田畴传》)。许褚"聚少年及宗族数千家,共坚壁以御寇"(《三国志·魏志·许褚传》)。

个体小农对豪族强宗的投靠,强化了农民对豪强的人身依附关系。当时形势是帝国政权瓦解,豪族强宗势力强大。豪族强宗的气势大起来,他们要求庇护他们的宾客免除对国家的赋役负担。《三国志·魏志·王修传》:"时胶东多贼寇,复令修守胶东令。胶东人公沙卢宗强,自为营堑,不肯应发调。"这事发生在初平年间,时孔融为北海相。建安初年,曹操迎汉献帝都许,逐步恢复社会秩序,恢复汉朝制度时,我们还看到一些豪族强宗不肯负担租税赋役。《三国志·魏志·贾逵传》注引《魏略·杨沛传》:"及太祖辅政,迁沛为长社令。时曹洪宾客在县界,征调不肯如法。"《三国志·魏志·司马芝传》有如下一个故事:"太祖平荆州,以芝为营长。时天下草创,多不奉法。郡主簿刘节,旧族豪侠,宾客千余家,出为盗贼,入乱吏治。顷之,芝差节客王同等为兵,掾史据白:'节家前后未尝给徭,若至时藏匿,必为留负。'芝不听,与节书曰:'君为大宗,加股肱郡,而宾客每不与役,既众庶怨望,或流声上闻。今条同等为兵,幸时发遣。'兵已集郡,而节藏同等,因令督邮以军兴诡责县。县掾史穷困,乞代同行。芝乃驰檄济南,具陈节罪。太守郝光素敬信芝,即以节代同行。青州号芝以郡主簿为兵。"

这个故事说明,汉末豪族强宗的宾客事实上已不服兵役了。司马芝发豪族的宾客为兵,是国家和豪族强宗间的斗争。汉末大乱后,豪族强宗的宾客已不服役了。曹操再建汉室权力,和豪族强宗多有斗争。

但宾客对豪强人身依附关系的强化,乃是大势所趋,时代潮流。曹操强化国家权力的政策,并不能改变历史发展的方向。到曹魏末年,已不得不正式承认客的依附性,承认客或宾客是豪族的人,免除他们对国家的课役。《晋书·王恂传》:"魏氏给公卿以下租牛客户,数各有差。自后小人惮役,多乐为之,贵势之门,动有数百。又太原诸部,亦以匈奴胡人为田客,多者数千。"

　　依附关系的强化,东吴更为显著。孙权在江东建国,靠的是大江南北豪族强宗的支持。从一开始,东吴的豪族强宗就取得一些特权。东吴将领的兵,都是世代承袭的(详见下节)。东吴又有给客制度。曹操在庐江屯田,吕蒙破曹兵取庐江。孙权嘉蒙功,即"赐寻阳屯田六百人,官属三十人"给吕蒙。(《三国志·吴志·吕蒙传》)蒋钦死,孙权"以芜湖民二百户、田二百顷,给钦妻子"。(《三国志·吴志·蒋钦传》)陈武"所受赐复人得二百家,在会稽新安县"。(《三国志·吴志·陈表传》)潘章死,"赐田宅,复客五十家"。(《三国志·吴志·潘章传》)

　　所谓赐、复,大约是免除这些户人对国家的负担。东吴的给客制度和曹魏给公卿以下租牛客户制一样,都是国家正式承认豪族强宗的户口分割。通过"给"和"赐",这些人口便从国家户口中分割出去成为豪族强宗的人口,他们不再向政府出租赋徭役,却要向豪族强宗出这些负担。

　　随之而来的是客或宾客身份降低这一事实的被正式承认。他们一般被称作客,"宾"字逐渐被取消了。客的身份的降低,可以陈武的二百户复客为例来说明。"嘉禾三年,诸葛恪领丹阳太守,讨平山越,以表(陈武子)领新安都尉,与恪参势。初,表所受赐复人得二百家,在会稽新安县。表简视其人,皆堪好兵,乃上疏陈让,乞以还官,充足精锐。诏曰:'先将军有功于国,国家以此报之,卿何得辞焉?'表乃称曰:'今除国贼,报父之仇,以人为本。空枉此劲锐以为僮仆,非表志也。'皆辄料取以充部伍。所在以闻,权甚嘉之。下郡县,料正户赢民以补其处。"(《三国志·吴志·陈武传附子表传》)

　　陈表称此二百户赐复户为"僮仆"。不能说"僮仆"就是真实意义的奴隶;但他们不是自由民是可以肯定的。这些赐复户,被赐予和又被归还国家,都是身不由己,任人支配的。

　　西晋统一全国,遂颁布户调式、公卿占田和荫庇佃客、衣食客制度。西晋规定,"官品第一第二品者,佃客无过五十户。……品第六以上得衣食客三人"(《晋书·食货志》)。东晋时期,"都下人多为诸王公贵人左右佃客、典计、衣食客之类,皆无课役。……其佃谷,皆与大家量分。……

客皆注家籍。"(《隋书·食货志》)豪族强宗得分割人口为自己的依附民，得到制度化。

永嘉乱后，北方人口大量逃往南方，为了生活问题，他们大多投依豪族强宗为客。《南齐书·州郡志·兖州志》："时(指永嘉乱时)百姓遭难，流移此境，流民多庇大姓以为客。元帝大兴四年，诏以流民失籍，使条名上有司为给客制度。而江北荒残，不可检实。"

从曹魏给公卿租牛客户到东晋，都有给客制度。这制度化一方面是政府对私客人数的限制，一方面是对私家依附民的承认。客是皆注主人家籍的，国家户籍中无名。

客的身份降低，东晋初年已更为明确。我们已有明确的文献，说明客是身份性的依附于主人的，他们是半自由人，身份高于奴隶而低于自由人。东晋第一个皇帝元帝建武四年一个诏书说："昔汉二祖及魏武，皆免良人。武帝时凉州覆败，诸为奴婢亦皆复籍。此累代成规也。其免中州良人遭难为扬州诸郡僮客者，以备征役。"(《晋书·元帝纪》)僮是奴隶，客和奴隶一样需要诏书放免才能取得良人身份，可见客的身份已是半自由人了。

王敦以诛刘隗为名，给元帝的上疏，更使我们了解魏晋之际客的身份变化的一些情况。王敦上疏说："陛下践阼之始，投刺王官本以非常之庆使豫荣分，而更充征役。复依旧名，普取出客。从来久远，经涉年载，或死亡灭绝，或自赎得免，或见放遣，或父兄时事，身所不及。有所不得，辄罪本主。百姓哀愤，怨声盈路。"(《晋书·王敦传》)

王敦这个上疏，是在元帝永昌元年，东晋之初期。这时客的身份低贱已是很固定的了。客要取得自由，须通过自赎或经主人放遣。这已成为制度。从"从来久远，经涉年载"和"或父兄时事，身所不及"看，客的身份低贱的制度化，是远在东晋建立之前。三十年为一代，父兄时事，大约在西晋时期了。从王敦的上疏，可以确知大约在西晋时，客已是半自由身份了。

南北朝时期，奴客更是常常联用。对奴客有时单称奴，有时又单称客。严格地说，奴客身份是不同的。但在现实中，往往被不加区别同样对待。南朝刘宋初年,有一次奴客要不要押符的讨论。在讨论者的发言中,反映在他们的意识里(这意识又反映社会现实),奴客是不大区分的。这次讨论,见《宋书·王弘传》。且看殿中郎谢元和左丞江奥的意见:

殿中郎谢元说:"奴不押符,是无名也;民众资财,是私贱也。以私贱无名之人,豫公家有实之任,公私混淆,名实非允。"

左丞江奥说:"符伍虽比屋而居,至于士庶之际,实自天隔,舍藏之罪,无以相关。奴客与符伍交接,有所藏蔽,可以得知。是以罪及奴客,自是客身犯愆,非代郎主受罪也,如其无奴,则不应坐。"

这次议论,是在司徒王弘征询意见时,属下提出来的。王弘最后说:"寻律令既不分别士庶,又士人坐同伍罹罪者无处无之,多为时恩所宥,故不尽亲谪耳。……罪其奴客,庸何伤邪? 无奴客,可令输赎。又或无奴僮为众所明者,官长二千石便当亲临列上,依事遣判。"

这里所引三人的议论,都是把奴客混淆一起同样看待的。这里奴客地位大体相等。

下面一段故事,更显示奴客地位的混同。《晋书·华廙传》:"初表(廙父)有赐客在鬲,使廙因县令袁毅录名三客各代以奴。及毅以贿赂致罪,狱辞迷谬,不复显以奴代客,直言送三奴与廙……遂于丧服中免廙官。"可以以客换奴,奴客身份在一般人心目中是混淆不清了。

但法律地位,奴与客自是不同的。客的身份地位,介乎自由平民和奴隶之间,是半自由人。又《晋书·翟汤传》:"建元初,安西将军庾翼北征石季龙,大发奴客以充戎役。敕有司特蠲汤所调。汤悉推仆使,委之乡吏。吏奉旨一无所受。汤依所调限,放免其仆使,令编户为百姓。"此亦证仆使,按即客或包括奴,须经放免,方得为编户百姓。

北朝也有客。身份地位,一同魏晋南朝的客。现只举北周武帝一个诏书为证。诏曰:"自永熙三年七月以来去年十月以前,东土之民被抄略在化内为奴婢者,及平江陵之后良人没为奴婢者,并宜放免,所在附籍,一同民伍。若旧主人犹须共居,听留为部曲及客女。"(《周书·武帝纪》)

奴隶放免,则附籍一同民伍。若旧主人犹须共居的,可留作部曲和客女。部曲、客女,其身份地位不同于奴隶,高于奴隶。

直到唐代,客的身份是主人的依附民,是半自由的,和部曲一样,是身系于主的。(详见部曲节)

(二) 部曲的演变

部曲一词,最早见于《汉书》。《李广传》:"程不识故与广俱以边太守将屯。及出击胡,而广行无部曲行陈,就善水草顿舍,人人自便,不击刁斗自卫,莫府省文书,然亦远斥候,未尝遇害。程不识正部曲行伍营陈,击刁斗,吏治军簿至明,军不得自便。"《赵充国传》:"充国奏曰:……今留步士万人屯田,地势平易,多高山远望之便,部曲相保,为堑垒木樵,校联不绝,便弓弩,饬斗具,烽火幸通,势及并力。"

从这两条材料看,部曲是部队或军队或兵的意思。但它的原意,却是军队中的编制。《续汉志·百官志》:"其领军皆有部曲。大将军营五部,部校尉一人,比二千石;军司马一人,比千石。部下有曲,曲有军侯一人,比六百石。曲下有屯,屯长一人,比二百石。"是部曲者,军队中之编制也,如今之师、旅、团、营。它慢慢成为部队或兵的代词了。

东汉初年,部曲仍指部队,指战士。

《后汉书·耿纯传》:"贼(指河北农民军)忽夜攻纯,雨射营中,士卒多伤。纯勒部曲,坚定不动。"

《后汉书·耿弇传》:"弇与吴汉击富平获索贼于平原,大破之,降者四万余人。因诏弇进讨张步。弇悉收集降卒,结部曲置将吏,率骑都尉刘歆……引兵而东。"

《后汉书·马武传》:"世祖……复使(武)将其部曲至郏。武叩头辞以不愿。"

《后汉书·窦融传》:"融以兄弟并受爵位,久长方面,惧不自安,数上书求代。诏报曰:吾与将军如左右手耳!数执谦退,何不晓人意。勉循士民,不擅离部曲。"

这些材料里,"勒部曲"、"结部曲,置将吏"、"将其部曲"、"无擅离部曲",部曲皆指部队,其意甚明。盖王莽末年各地起事之豪强所领人众,多称宗族、宾客,《后汉书》二十八将各传,《刘缤传》、《窦融传》、《马援传》乃至《光武纪》等可以为证。兹不俱引。

部曲之私兵化,大约在东汉末年。东汉末起事的各地豪族强宗所率以起事的人众,除称宗族、宾客外,亦称部曲。例如:

《三国志·魏志·李典传》:"典从父乾,有雄气,合宾客数千家在乘氏。初平中,以众随太祖。……(吕)布别驾薛兰、治中李封召乾,欲俱叛,乾不听,遂杀乾。太祖使乾子整将乾兵。……整卒,典徙颍阴令,为中郎将,将整军。迁离狐太守。时太祖与袁绍相拒官度,典率宗族部曲输谷帛供军。……典宗族、部曲三千余家,居乘氏,自请愿徙诣魏郡。……遂徙部曲宗族万三千余口居邺。"

《三国志·蜀志·先主传》:"先主表刘琦为荆州刺史,又南征四郡。武陵太守金旋、长沙太守韩玄、桂阳太守起范、零陵太守刘度皆降。庐江雷绪率部曲数万口稽颡。"

《三国志·吴志·朱桓传》:"孙权为将军,桓给事幕府,除余姚长。……迁荡寇校尉,授兵二千人,使部伍吴、会二郡,鸠合遗散,期年之间,得万余人。……黄龙元年,拜桓前将军。……(桓)兼以强识,与人一面,数十年不忘,部曲万口,妻子尽识之。……赤乌元年卒。……子异嗣。……代桓领兵。"

《三国志·吴志·韩当传》:"(韩当)幸于孙坚,……为别部司马。及孙策东渡,从讨三郡,迁先登校尉,授兵二千,骑五十匹。……病卒,子综袭侯领兵,……使守武昌。综淫乱不规,权虽以父故不问,综内怀惧,载父丧,将母家属部曲男女数千人奔魏。"

《三国志·魏志·邓艾传》:"艾言于景王(司马师)曰:孙权已没,大臣未附,吴名宗大族,皆有部曲,阻兵仗势,足以建命。"

《三国志·魏志·明帝纪》注引《魏略》:"孟达以延康元年率部曲四千家归魏。"

上面举了魏蜀吴三国的材料。李典的部曲最初是他从父李乾纠合宾客组织起来的,这是私兵,比较明确。孙吴有给兵制度,军队已给了将领,将领就可世袭领有这些兵。这就造成了"吴名宗大族,皆有部曲"。这些部曲,也就成了他们的半私家部曲,"阻兵仗势,足以建命"。雷绪的部曲,是公是私不明确。孟达的部曲,是公(国家的)又是私(他个人的)。总之,汉末三国时期,是部曲由公向私的转化时期。部曲成为私家的依附民,私家的武装组织。

私家部曲的来源,一是来自奴隶解放(详"奴隶的依附民化"节),一是来自国家编户民的投靠。

汉末三国时期,帝国瓦解,全国陷于分崩离析的荒乱局面。国家已无力量维护社会治安,更无力保护人民。人民为了求生存,多投靠豪族强宗,求取保护。汉末三国初期,这种情况极为普遍。

《三国志·魏志·许褚传》:"许褚,谯国谯人也。……容貌雄毅,勇力绝人。汉末聚少年及宗族数千家共坚壁以御寇。"

《三国志·魏志·田畴传》:"畴得北归,率举宗族他附从数百人……入徐无山中,营深险平敞地而居,躬耕以养父母,百姓归之,数年间至五千余家。"

《三国志·魏志·邴原传》:"原以黄巾方盛,遂至辽东,与同郡刘政俱有勇略雄气。……原在辽东,一年中往归原居者数百家。"

永嘉之乱,晋朝瓦解,中原地区陷于无政府混乱状态,各地豪强大多筑坞自守,势力孤单的小农,只有投附这些强者求得保护。坞壁组织成为小民的避难场所。

《晋书·苏峻传》:"永嘉之乱,百姓流亡,所在屯聚。峻纠合得数千家,结垒于本县。于是豪杰所在屯聚,而峻最强。"

《晋书·郭默传》:"永嘉之乱,默率遗众自为坞主……流民依附者甚众。"

《晋书·李矩传》:"刘元海攻平阳,百姓奔走。矩素为乡人所爱,乃推为坞主,东屯颍阳。……矩招怀离散,远近多附之。"

《晋书·魏浚传》:"及洛阳陷,屯于洛北石梁坞……归之甚众。"

《晋书·郗鉴传》:"京师不守……鉴得归乡里,举千余家避难于鲁之峄山。……三年间,众至数万。"

这里是举的几个例子。当时大河流域中原地区到处是汉人聚众组织起来以自卫的坞堡组织。

《晋书·刘聪载记》:"(刘)曜等率众四万,长驱入洛川,遂出辕辕,并周旋梁、陈、汝、颖之间,陷垒壁百余。……其青州刺史曹嶷攻汶阳关公丘,陷之。……齐、鲁之间,郡县壁垒降者四十余所。"

《晋书·石勒载记》:"元海命勒与刘零……等七将,率众三万寇魏郡顿丘诸垒壁,多陷之。……简强壮五万为军士。……进军攻巨鹿、常山,害二郡守将,陷冀州郡县堡壁百余,众至十万。……王浚使其将祁弘帅鲜卑……十余万骑讨勒……勒退屯黎阳,分命诸将攻诸未下及叛者,降三十余壁。"

就从这两条材料,也可看出当时中原地区坞壁组织之多了。

永嘉之乱,汉族中一、二等的豪族强宗,大部分在东海王越和王衍率领下撤离洛阳后在路上被石勒杀害。一部分像王氏家族,王敦、王导,逃往江南,留在北方结垒壁筑坞堡自守的,多是些二三等以下的豪强或地方雄杰。他们有的一开始便是坞堡主,众人来投;有的则是聚众以后被推为坞堡主。这些坞堡组织,是军事组织,他们要组织起来防御敌人的攻袭。这就加强了投靠者和坞堡主之间的隶属关系。汉末的田畴,可以作例来说明。

《三国志·魏志·田畴传》:"畴谓其父老曰:'诸君不以畴不肖,远来相就。众成都邑,而莫相统一,恐非久安之道,愿推择其贤长者以为之主。'皆曰:'善。'同佥推畴。畴曰:'今来在此,非苟安而已,将图大事,复愿雪耻。窃恐未得其志,而轻薄之徒自相侵侮,愉快一时,无深计远虑。畴有愚计,愿与诸君共施之,可乎?'皆曰:'可。'畴乃为约束,相杀伤、犯盗、诤讼之法,法重者至死,其次抵罪,二十余条。又制为婚姻嫁娶之礼,兴举学校讲授之业,班行其众,众皆便之。"

战争中发展起来的这种互相依靠的关系,成为以后的客或部曲的来源。他们需要防御外来的侵掠,这就使他们需要军事化,而成为新主人的部曲;他们又要参加生产,这就使他们逐渐成为新主人的客。祖逖的事例,给我们一些消息。《晋书·祖逖传》:"京师大乱,逖率亲党数百家避地淮泗,以所乘车马载同行老弱,躬自徒步,药物衣粮,与众共之。又多权略,是以少长咸宗之,推逖为行主。……居丹徒之京口……宾客义徒(从?)皆暴杰勇士,逖遇之如子弟。时扬土大饥,此辈多为盗窃。……帝乃以逖为奋威将军、豫州刺史,给千人廪布三千匹,不给铠仗,使自招募,仍将本流徙部曲百余家渡江。"这里看到,跟随祖逖的人,始为"亲党",继则成为"宾客义从",最终成了"本流徙部曲"了。

南北朝时期,部曲关系继续发展。豪族强宗多有部曲。东晋南朝的例如:

《晋书·姚光载记》:"(桓)谦江右贵族,部曲遍于荆楚。"

《南齐书·刘善明传》:"泰始初……善明密契收集门寄部曲三千人,夜斩关奔北海。"

梁末侯景乱后,南方的部曲尤多:

《陈书·荀朗传》:"侯景之乱,京师大饥,百姓皆于江外就食,朗更招致部曲,解衣推食,以相赈赡,众至数万人。……梁承圣二年率部曲万余家济江入宣城界立顿。"

《陈书·鲁广达传》:"鲁广达,吴州刺史悉达之弟也,少慷慨立功名。时江表将帅各领部曲,动以千数,而鲁氏尤多。"

北朝的例:

《晋书·姚苌载记》:"苌寝疾……召太子兴诣行营。征南姚方成言于兴曰:'今寇贼未灭,上复寝疾,王统、苻胤等皆有部曲,终为人害,宜尽除之。'兴于是诛苻胤、王统、王广、徐成、毛盛。"

《晋书·姚兴载记》:"苌死……硕德将佐言于硕德曰:'公威名宿重,部曲最强,今丧代之际,朝廷必相猜忌,非永安之道也。'"

《魏书·夏侯道迁传》:"仇池镇将杨灵珍阻兵反叛,战败南奔,(萧)衍以灵珍为征虏将军,假武都王,助戍汉中,有部曲六百余人。道迁惮之。"

《魏书·李元护传》:"景明初……元护为辅国将军、齐州刺史。……志存隐恤,表请赈贷,蠲其赋役,但多有部曲,时有侵扰,城邑苦之。"

有关北魏部曲的记载,还有一些。但就像上面引征的,部曲是公家兵还是私兵却不十分明确。可能北魏时期部曲正由公向私转化中,公私之分还不明确。

北齐时,部曲已显然私兵化了。

《北齐书·高乾传》:"乾弟慎……太昌初,迁光州刺史,加骠骑大将军,仪同三司。时天下初定,听慎以本乡部曲数千人自随。……昂,乾第三弟。……父翼常谓人曰:'此儿不灭我族,当大吾门,不直为州豪也。'……随高祖(高欢)讨尔朱兆于韩陵,昂自领乡人部曲王桃汤、东方老、呼延族等三千人。……所将部曲,练习已久,前后战斗,不减鲜卑。……季式,乾第四弟也。……兄弟贵盛,并有勋于时,自领部千余人,马八百匹,戈甲器仗皆备。"

首先,我们从这些材料中看到的是:南北朝的部曲,军事性质仍是主要的。部曲都是兵,要随主人打仗。其次,他们是私兵,他们和主人的关系是私属关系。北魏末的高乾一家,数千家私有部曲是他们权力地位的基础。有了"本乡部曲"、"乡人部曲"、"自领部曲",他们才被高欢看得起,有官做。他们做的是政府的官,他们所领的部曲却公开被称作"私军"。如高季式以所领部曲追破濮阳、阳平豪党作乱后,就有客对季式说:"濮阳、阳平,乃是畿内,既不奉命(不受季式管辖),又不侵境,而有何急遣'私军'远战?"(同上)。部曲仍是私军。

战乱时期,部曲要随主人打仗。非战乱时期,部曲大约就得和其他依附人口一样,参加劳动,或作其他劳务,或耕田种地。

曹魏时期,已看到部曲参加军事性以外的劳务。曹操消灭高干取得并州后,以梁习为领并州刺史。梁习到任,礼召其豪右,发疆丁以为义从。吏兵已去之后,稍移其家,前后送邺,凡数万口。其不从命者,兴兵致讨,降附者万计。于是:"部曲服事供职,同于编户。边境肃清,百姓布野,勤劝农桑,令行禁止。"(《三国志·魏志·梁习传》)服事供职同于编户,就是说部曲也和编户民一样参加劳动生产,出租税徭役,不然就不能说是服事供职同于编户。

东晋有送兵制度。方镇长官去职,官府以兵为力送给去职长官。这种制度,谓之送故,东汉时已出现,但所送系金钱财物,不是人力。《晋书·范汪传》附子《范宁传》,宁上疏说:"方镇去官,皆割精兵器仗,以为送故,米布之属不可称计。监司相容,初无弹纠。其中或有清白,亦复不见甄异。送兵多者至有千余家,少者数十户。既力入私门,复资官廪布。兵役既竭,枉服良人。牵引无端,以相充补。若是功勋之臣,则已享裂土之祚,岂应封外复置吏兵乎?谓送故之格,宜为节制,以三年为断。"

被送故的兵,未送之前是国家的兵户,既送之后即成为私门的兵家,大约即成为私家部曲。魏晋南北朝时,平时兵户是屯田种地的。送故之后成为私家部曲,想来也要耕田种地。《晋书·桓宣传》:"宣与(竟陵太守李)阳遂平襄阳,(陶)侃使宣镇之。以其淮南部曲立义成郡。宣召怀初附,劝课农桑。"桓宣前为谯国内史,与祖约战,遂将数千家南投陶侃,攻取襄阳。所谓淮南部曲,大约即桓宣为谯国内史率以南投的数千家。宣镇襄阳"劝课农桑"的生产者,包括初附当然也包括立义成郡的淮南部曲。《梁书·张孝秀传》:"为建安王别驾。顷之,遂去职归山林,居于东林寺。有田数十顷,部曲数百人,率以力田,尽供山众。远近归慕之,赴之如市。"这是南北朝史籍中,以部曲耕田种地的一条最典型的材料。

部曲参加生产,使部曲于军事性质以外具有了生产性。部曲的地位越来越和客接近。于是部曲和客常常联用了。如北周武帝建德六年一个诏书说:"自永熙三年七月以来去年十月以前,东土之民被抄略在化内为奴婢者,及平江陵之后良人没为奴婢者,并宜放免。所在附籍,一同民伍。若旧主人犹须共居,听留为部曲及客女。"(《周书·武帝纪》)部曲和客,成为一家人。留为部曲及客女,大约男为部曲女为客女。

和客一样,魏晋南北朝的部曲是依附民,是半自由人,不得离开主人。依唐律:"奴婢部曲,身系于主。"(《唐律疏义》卷十七《疏义·答曰》)。唐朝大和尚释道宣也说:"部曲者,谓本是贱品,赐姓从良而未离本主。"(《量处轻重仪》卷上)身系于主,未离本主,是部曲和奴隶的相同处,不同处是奴隶是主人的财产,部曲不是财产。《唐律名例》《疏义》曰:"奴婢贱人,律比畜产"(卷六),"其奴婢同于资财"(卷四),而《唐律·盗贼律》《疏义》曰:"部曲不同资财。"(卷十七)

唐朝前期的社会,承继南北朝无大变化。唐律也继承了南北朝的律。唐律也大体反映了南北朝的社会现实。唐律关于部曲身份的规定,大体也是南北朝部曲的身份写照。

东晋时豪族强宗的客、佃客、衣食客,都是"皆注家籍"的,即在主人家注籍,不注编户籍。部曲和客一样,也是皆注家籍。《唐律·户婚律》释文云:"此等(部曲)之人,随主属贯,又别无户籍。"(卷十二)。部曲对于主人是历代相属的。《南齐书·张瓌传》:"诸张世有豪气,瓌宅中常有父时旧部曲数百。"《陈书·沈众传》:"家代所隶义故部曲,并在吴兴。"和客世代为客一样,部曲也是世代为部曲的,世世代代属于主人,不得离开主人。

两汉的部曲,是军队的建制,随后成为部队的代词。魏晋时期部曲私兵化,成为主人的依附民,身份上部曲是高于奴隶而低于良人和客大体相同的半自由人。

(三) 部曲、客外的私家依附民

部曲、客,是魏晋南北朝隋、唐中叶以前私家依附民中人数最多的两大类,而且流长源远,部曲、客身份的演化很能反映古代自由平民向依附民的转化,所以分出来述说。魏晋南北朝私家依附民,不只部曲、客两种人,另外还有很多。他们的名称有多种,如门生、故吏、义附、荫附等等。

门生、故吏,也是汉代就已出现的两种社会关系。《汉书·昭帝纪》,始元二年冬"发习战射士诣朔方,调故吏将屯田张掖郡。"颜师古注说:"调,谓发选也"。故吏,前为官职者。令其部率习战射士于张掖为屯田也。按:这可能是故吏之滥觞,未看到这以前有关故吏的记载。

西汉初,叔孙通有弟子、诸生。董仲舒有弟子。武帝立博士,有博士弟子。《萧望之传》有"门下生"。《汉书·儒林传·高相传》,有"门人",时在王莽世。《儒林传》其他传中,仍用弟子。《汉书》中似未见"门生"

一词。

门生的出现,在东汉初年。

《后汉书·廉范传》:"诣京师受业,事博士薛汉,薛汉坐楚王事诛,故人门生莫敢视,范独往收敛之。"

《后汉书·马援传》注引《东观记》:"(援兄子)严从其故门生肆都学击剑,习骑射。"

《后汉书·贾逵传》:"(建初)八年,乃诏诸儒各选高才生受《左传》、《谷梁春秋》、《古文尚书》、《毛诗》,由是四经遂行于世。皆拜逵所选弟子及门生为千乘王国郎,朝夕受业黄门署。学者皆欣欣羡慕焉。"

《后汉书·邓禹传》:"(禹孙)弦卒。……将葬,有司复奏发五营轻车骑士,礼仪如霍光故事。太后皆不听。但白盖双骑,门生挽送。"

廉范、马严在明帝世,贾逵在章帝世,邓弦在安帝世。故门生之出现,早不过两汉之际,或即东汉初。

从《贾逵传》文看,弟子、门生是有别的。按:泰山都尉孔宙碑阴题名有六十二人,其中有门生四十二人,门童一人,故吏八人,故民一人,弟子十人(《金石萃编》卷十一)。更证弟子、门生有别。顾炎武《日知录》卷二十四《门生》条:"欧阳公《孔宙碑阴题名跋》曰:汉世公卿多自教授,聚徒常数百人。其亲受业者为弟子,转相传授者为门生。"依此,则弟子、门生之别在于:弟子是亲受业者,门生为转相传授者。

但这种解释似不能完全解释东汉的门生。《后汉书·郅恽传》:"是时大将军窦宪以外戚之宠,威倾天下。宪尝使门生赍书诣寿(恽子),有所请托,寿即送诏狱。"《后汉书·杨震传》:"光和中,黄门令王甫使门生于郡界辜榷财物七千余万,彪(震曾孙)发其奸,言之司隶。"窦宪外戚,王甫宦官,何来门生?顾炎武指出:"愚谓汉人以受学者为弟子,其依附名势者为门生。……宪外戚,甫奄人也,安得有传授之门生乎?"(见《日知录》卷二十四《门生》条)

顾炎武的话是对的,但也要有些分析,从发展上看问题。窦宪、王甫的门生是依附名势的,但不能说所有的门生都是依附名势的。"其亲受业者为弟子,转相传授者为门生",大约还是有事实为据的。《后汉书·

鲁丕传》:"元和元年徵,再迁,拜鲁相。门生就学者,常百余人。关东号之曰:五经复兴鲁叔陵"。叔陵,鲁丕字。鲁丕的门生,还是来就学的。又《后汉书·张酺传》:"元和二年,东巡守,幸东郡,引酺及门生并郡县掾史并会庭中。帝先备弟子之仪,使酺讲《尚书》一篇,然后修君臣之礼。"可以看出,这里的门生也是和学有关系的。

就《后汉书》中所反映的,东汉时期门生、故吏和业师、主官间有下面一些联系。这些联系都是以"义"为基础的,是平等的。

业师、郡将死亡,门生、故吏和子弟一样要为业师、郡将送葬。

《邓禹传》:"元初二年,弘卒(邓禹孙)……将葬,有司复奏发五营轻车骑士,礼仪如霍光故事。太后皆不听,但白盖双骑,门生挽送。"

《赵咨传》:"(咨)将终,告其故吏朱祇、萧建等,使薄敛素棺,藉以黄壤,欲令速朽。……朱祇、萧建送丧到家,子胤不忍父体与土并合,欲更改殡。祇、建譬以顾命,于是奉行。时称咨明达。"

《傅燮传》:"再举孝廉,闻所举郡将丧,乃弃官行服。"

关系深的,门生、故吏常是和子女一样行三年丧。

《桓荣传》:"时太守向苗有名迹,乃举鸾(荣曾)孝廉,孙迁为胶东令。始到官而苗卒,鸾乃去职奔丧,终三年然后归。淮汝之间高其义。"

桓鸾是桓灵帝时代的人,此事当在桓帝时。这时故吏而行三年丧服,大约尚在形成中,故被"高其义"。有时郡将被诛,故吏冒犯罪危险去奔丧行服。《乐恢传》:"后仕本郡吏,太守坐法诛,故人莫敢往。恢独奔丧行服,坐以抵罪。归,复为功曹。"

业师、郡将被诛或蒙冤时,门生、故吏常冒死为业师、郡将收尸或鸣冤。

《廉范传》:"诣京师受业,事博士薛汉。……后辟公府。会薛汉坐楚王事诛,故人门生莫敢视,范独往收敛之。吏以闻,显宗大怒。召范入,诘责曰:'薛汉与楚王同谋,变乱天下,范公府掾,不与朝廷同心,而反收敛罪人,何也?'"

《虞诩传》:"(顺帝)时中常侍张防特用权势,每请托受取,诩辄案之……坐论输左校。……于是诩子与门生百余人,举幡候中常侍高梵车,叩头流血,诉言枉状。梵乃入言之,防坐徙边。……即日赦出诩。"

《郑弘传》:"弘师同郡河东太守焦贶。楚王英谋反发觉,以疏引贶,贶被收捕,疾病于道亡没。妻子闭系诏狱,掠考连年。诸生故人(门生故吏?),惧相连及,皆改变姓名,以逃其祸。弘独髡头负铁锧,诣阙上章,为贶讼罪,显宗觉悟,即赦其家属。弘躬送贶丧及妻子还乡里。由是显名。"

官吏得罪皇帝,皇帝治他们的罪。而门生故吏竟敢收尸,在皇帝眼里这是"不与朝廷同心",同样是犯罪的行为。

由于门生、故吏与其业师、郡将关系的密切,久之在东汉便形成一种制度,凡业师、郡将犯罪,门生、故吏都要连坐,重则受刑,轻则免官、禁锢。

《陈禅传》:"及邓骘诛废,禅以故吏免。"

《崔瑗传》:"为度辽将军邓遵所辟。居无何,遵被诛,瑗免归。"

又,"后复辟车骑将军阎显府。……孙程立济阴王,是为顺帝,阎显兄弟悉伏诛,瑗坐被斥。"

《崔寔传》:"拜议郎,迁大将军冀司马。……出为五原太守。……以病徵,拜议郎。……会梁冀诛,寔以故吏免官,禁锢数年。"

《灵帝纪》熹平五年,"诏党人门生、故吏父子兄弟在位者,皆免官禁锢。"

《谢弼传》:"建宁二年,弼上封事曰:故太傅陈蕃,辅相陛下,勤身王室,夙夜匪懈,而见陷群邪,一旦诛灭。……而门生故吏,并离徙锢。蕃身已往,人百何赎!宜还其家属,解除禁锢。"

门生、故吏和业师、郡将的关系,是私人间的关系,也是在义的基础上的关系。他们认为这是作人的标准,义该如此。但这种关系的发展,已和皇权发生矛盾。门生、故吏,固然还没有发展到背叛皇帝的程度,但皇帝已不能容忍这种关系。

汉末战乱,帝国瓦解,各种私关系都在发展,门生、故吏和业师、郡将的关系,也在发展。这种关系的发展,和地方长官和属吏间君臣关系的发展是有连带关系的。汉代郡县僚属,都是由郡守自辟的。郡县属吏和长官的关系,在东汉末年也向君臣关系发展了。荆州刺史刘表遣从事中郎韩嵩赴洛阳察查形势。韩嵩对刘表说:"事君为君,君臣名定,以死守之。今策名委质,唯将军所命,虽赴汤蹈火,死无辞也。……嵩使京师,天子假嵩一官,则天子之臣,将军之故吏耳。在君为君,则嵩守天子之命,义不得复为将军死也。唯将军重思,无负嵩。"

韩嵩的话,很反映时代思潮。韩嵩为刘表属吏,已是君臣关系,刘表是君,韩嵩是臣。臣就有为君而死、为刘表而死的义务。但他如被天子命为一官,则为天子之臣,对刘表只是故吏,不得复为刘表死。

这里,我们注意的是,汉末的君臣关系甚多,属吏对地方长官是君臣关系,有臣为君死的义务,打破了只有皇帝才是君,只有皇帝和全体人民官吏才有君臣关系。但韩嵩所谓天子之臣,将军之故吏,不得为将军死,并不表示这个时代故吏对原来长官关系的轻弛了。而只是故吏关系敌不过与天子的现实君臣关系。一般故吏关系,只有随着主官、属吏间关系的君臣化而君臣化,不会反而轻弛。

三国时期,有关门生、故吏的材料,反映门生、故吏人数是大量的。袁氏家族,门生故吏遍天下。

《三国志·魏志·袁绍传》,城门校尉伍琼对董卓说:"袁氏树恩四世,门生故吏遍于天下,若收豪杰以聚徒众,英雄因之而起,则山东非公之有也。"

和宾客、部曲一样,门生故吏的地位也是多层次的,有高有低。有的门生故吏后来在朝廷做了大官,业师和主官反得去依靠他们。

袁氏故吏韩馥,作了冀州牧,袁绍去投奔他,他就把冀州让给袁绍,说:"吾,袁氏故吏。"(《三国志·魏志·袁绍传》)袁术在扬州,为吕布、曹操所败,"欲至青州从袁谭,发病道死。妻子依术故吏庐江太守刘勋"(同上书《袁术传》)。

魏晋南北朝时期,门阀豪族之家的门生故吏,数量仍是很多的。

《晋书·王机传》:"遂将奴客门生千余人入广州。"

《宋书·谢灵运传》:"灵运因父祖之资,生业甚厚,奴僮既众,义故门生数百,凿山浚湖,功役无已。"

《南齐书·刘怀珍传》:"怀珍,北州旧姓,门附殷积,启上门生千人充宿卫。孝武大惊。召取青冀豪家私附,得数千人。"

这些门生、故吏是和奴客联在一起的,他们的地位大约和部曲客差不多,是这些豪族强宗的私附,依附民。

门生似可以受业师的荫庇免除对国家租税徭役的负担。《晋书·王裒传》:"(裒)隐居教授,三征七辟皆不就。……门人受业者,并废蓼莪之篇。家贫躬耕,计口而田,度身而蚕。或有助之者,不听。诸生密为刈麦,裒遂弃之。知旧有致遗者,皆不受。门人为本县所役,告裒求属令,裒曰:'卿学不足以庇身,吾德薄不足以荫卿,属之何益?且吾不执笔已四十年矣。'乃步担乾饭,儿负盐豉,草屩,送所役生到县,门徒随从者千余人。安丘令以为诣己,整衣出迎之。裒乃下道至土牛旁,磬折而立云:'门生为县所役,故来送别。'因执手涕泣而去。令即放之。一县以为耻。"

因之,一部分人也就为了免役税而来作门生。门生中也就不乏富家子弟。《宋书·徐湛之传》:"湛之……贵戚豪家,产业甚厚,室宇园池,贵游莫及。妓乐之妙,冠绝一时,门生千余人,皆三吴富人之子,姿质端妍,衣服鲜丽,每出入行游,涂巷盈满。泥雨日,悉以后车载之。"

门生对业师,要有贡纳。《宋书·顾峻传》:"凡所莅任,皆阙政刑。辄开丹阳库物,贷借吏下,多假资礼,解为门生,充朝满野,殆将千计。"《梁书·顾协传》:"有门生始来事协,知其廉洁,不敢厚饷,止送钱二千。协发怒,杖二十。因此,事者绝于馈遗。"按:此门生虽不敢厚饷,只送了二千钱,还挨了打。但由此也知门生对师长是要有所馈遗的。

门生对师有馈遗,门生也利用业师的地位而收取货贿。《宋书·沈勃传》:"周旋门生,竞受财货,少者至万,多者千金。考计赃物,多至二百余万。"

门生,身份层次尽管有高有低,但无论高低总会带有依附性。在需要表示身份的场合,可以看到门生的身份地位总是有一定格局的。《宋书·顾琛传》:"尚书寺门有制,八座以下门生随人者各有差,不得杂以人士。琛以宗人顾硕头寄尚书张茂度门名,而与硕头同席坐。明年,坐遣出。"从这条材料看,门生地位是低于一般人士的。顾琛宗人的身份地位当然不低,不应该冒门生名随人,顾琛更不应与门生同坐,顾琛违犯了这条规定,故坐遣出。

门生、故吏对师长有义务,担负劳役。如王微《报何偃书》所说:"家贫乏役,至于春秋令节,辄自将两三门生,入草采之。"(《宋书·王微传》)这里的门生,有如奴客。王微是刘宋大臣王弘的弟弟的儿子,起家司徒祭酒,转主簿,始兴王浚后军功曹记室参军等官,但素无宦情,后去官不仕。但不是穷人,他有门生。

门生和师在法律上或政治上有连坐关系,这和宾客故吏和主人的关系是一样的。门生犯了罪,业师也要连坐。《晋书·周觊传》:"坐门生斫伤人,免官。"

魏晋南北朝时期的门生故吏,都是门阀豪族分割荫庇下的人口。他们的身份地位虽有高有低,但都是豪族强宗的依附人口。他们对主人有义务,他们要受主人的命令行事。王机的门生和奴客一样,随主人逃难。谢灵运的门生和奴僮义故一样,随主人开山浚湖。刘怀珍可以门生千人去作皇帝的宿卫,使皇帝大惊。

部曲、客、门生、故吏,都是豪族强宗从国家分割去的人口。在豪族强宗势力强大、皇权相对衰弱的时代,在人口分割已经形成制度的时代,人民受不了租赋徭役的压榨,往往都投靠到豪族强宗门下求取庇护。

魏晋南北朝时期,这种投靠是大量的。部曲、客、门生、故吏,就是投靠中的大部分。但投靠的人,决不止部曲、客、门生、故吏,这以外还有很多。

《晋书·慕容晔载记》:"仆射悦绾言于晔曰:'太宰政尚宽和,百姓多有隐附。……宜悉罢军封,以实天府之饶。'……晔纳之。绾既定制,朝野震惊,出户二十余万。"

《晋书·慕容德载记》:"尚书韩谔上疏曰:'百姓因秦晋之弊,迭相荫冒,或百室合户,或千丁共籍。……公避课役,擅为奸宄。'……德纳之。……以谔为使持节散骑常侍行台尚书,巡郡县隐实,得户五万八千。"

慕容德南燕的疆域,只有今山东的一部分。慕容德建国之前,这里曾属于前秦东晋,秦晋之弊指此。能出荫户近六万,足证荫附户口之多。

《魏书·食货志》："魏初不立三长,故民多荫附,荫附者皆无官役,豪强征敛,倍于官赋。"

《魏书·孙绍传》："有竞弃本生,飘藏他土。……或投仗强豪,计命衣食。"

《通典》卷三引《关东风俗传》："文宣之代,政令严猛,羊毕诸豪,颇被徙逐。至若瀛冀诸刘,清河张、宋,并州王氏,濮阳侯族,诸如此辈,一宗将近万室。烟火连接,比屋而居。献武初在冀郡,大族蝟起应之;侯景之反河南,侯氏几为大患,有刘元海、石勒之众也。"

一宗将近万室,是一家豪族强宗为主,加上他们的依附人口。

拓跋氏起自漠北,他们进入中原时,刚刚由氏族制社会进入早期国家阶段,还保留着很多氏族制时代的习俗。氏族制时代,氏族联盟中各个氏族部落,氏族长,各自率领自己的氏族和部落,都是些半独立体。氏族部落后期,战争取得俘虏,都分配给各氏族长和贵族之家。他们进入中原后,仍保留这习俗。作战取得俘虏,一部分归皇家,一部分就分给从征将士和留守大臣。

《魏书·太武帝纪》："始光四年……车驾至自西伐,赐留台文武生口(俘虏)缯帛马牛各有差。"

同上书纪:"延和元年……诏平东将军永昌王健攻建德,骠骑大将军乐平王丕攻冀阳,皆拔之。虏获生口,班赐将士各有差。"

《魏书·高祖纪》："太和五年……以南俘万余口班赐群臣。"

生口就是俘虏,本纪称生口,传里就多称户,如:

《奚斤传》："凉州平,以战功赐僮隶七十户。"

《王建传》："从征卫辰,破之,赐僮隶五千户。"

《安同传》："同因随眷商贩,见太祖有济世之才,遂留奉侍。太祖班功,赐以妻妾及隶户三十。"

有人疑赐王建僮隶五千户,似太多,可能是五十户。但亦无材料证实。

奴隶一般称口不称户,这里所赐虽称僮隶,但都以户为单位。可能的情况是:拓跋氏征服这些族后,并没有打破他们的家庭组织,因而是一户户地赐给。按传统,他们的身份是奴隶,但他们可能不是战场俘虏而是被征服族,他们被称作僮隶户,可能实际上身份比僮隶高,近乎依附民了。

这是十六国和北朝的情况,东晋南朝也是一样,大量人口依附到豪族强宗名下。

《世说新语·政事篇》注引《续晋阳秋》:"自中原丧乱,民离本域。江左造创,豪族并兼,或客寓流离,名籍不立。"

这段记载,和《南齐书·州郡志·南兖州》条所记"时百姓遭难,流移此境,流民多庇大姓以为客",是同一事,我们前面叙述"宾客"节里已引用过了。

《晋书·王彪之传》:"彪之为会稽内史,居郡八年,豪右敛迹,亡户归者三万余口。"

《晋书·山涛传》:"(涛子)遐为余姚令。时江左初基,法禁宽弛,豪族多挟藏户口以为私附。遐绳以峻法,到县八旬,出口万余。"

《南史·齐本纪·东昏侯纪》:"诸郡役人多依人士为附隶,谓之属名。……凡属名多不合役,止避小小假,并是役荫之家。"

魏晋南北朝时期,分割国家户口的,除豪族强宗外,还有佛教寺院和道观。这时期是佛教大盛的时期,佛寺林立,佛教徒众多。北魏末年和北齐时期,是北方佛教最盛的时期。北魏末有僧尼二百万,北齐有三百万。这些僧尼中绝大多数是逃避课役假冒入道的。

《魏书·释老传》:"正光以后,天下多虞,王役尤甚,于是所在编民,相与入道,假慕沙门,实避调役,猥滥之极,自中国之有佛法未之有也。略而计之,僧尼大众二百万矣。"

《魏书·李孝伯传》:"延昌末……于时民多绝户而为沙门。"

北齐文宣帝诏:"乃有缁衣之众,参半于平俗;黄服之徒,数过于正户。"

南朝梁武帝时,是南朝佛教鼎盛的时期,佛教寺院分割了大量户口,除僧尼外,有所谓白徒、养女,其实都是佛教寺院的依附民。《南史·郭祖深传》:"祖深……以为都下佛寺五百余所,穷极宏丽。僧尼十余万,资产丰沃。所在郡县,不可胜言。道人又有白徒,尼则皆畜养女,皆不贯人籍,天下户口,几亡其半。……恐方来处处成寺,家家剃落,尺土一人,非复国有。"

北魏时佛寺又有寺户和僧祇户。寺户是奴隶,僧祇户是佛寺的依附民。数量也是很多的,《魏书·释老志》:"昙曜奏:平齐户及诸民有能岁输粟六十斛入僧曹者,即为僧祇户,粟为僧祇粟,至于俭岁,赈及饥民。又请民犯重罪及官奴以为佛图户,以供诸寺扫洒,岁带营田输粟。高宗并许之。于是僧祇户、粟及寺户遍于州镇矣。"

(四) 身份等级的繁杂化

以上所谈宾客、部曲和宾客部曲外的依附民,是讲的豪族强宗分割去的依附人口。这些在两汉原是自由平民的人,进入魏晋南北朝都演化为依附民了。

在国家领有下的人口,即战国秦汉时期的编户齐民,在魏晋南北朝时期身份等级也变得繁杂了。如果说,战国秦汉时期贫富之分比较显著的话,魏晋南北朝时期则贵贱之分比较显著。一部分编户民演化为高贵的贵族,大部分编户民则分化为身份等级繁多的各种民户。这大部分编户民,除一部分仍属于郡县作编户民外,一部分则被分派为负担各种职役的民户。他们于不同时期被称为:屯田客、士家、兵家、兵户、军户、营户、府户、次门、役门、三五门、番户、杂户等等。他们有各种不同的身份。大体上,也和部曲、客等成为豪族强宗的依附民一样,他们都是国家的依附民。就是仍属于郡县领下的那部分编户,身份也有低落。

下面分三个问题来说明。

一、贵贱分明。魏晋南北朝时期,贵贱等级是分明而且森严的。用当时人的话说:"士庶之际,实自天隔","士庶缅绝,不相参知"。(《宋书·王弘传》)士庶不通婚,不相交接,即使同在朝廷为官也不来往。《宋书·蔡廓传》附子《蔡兴宗传》:"右军将军王道隆,任参内政,权重一时,蹑足到前,不敢就席。良久方去,竟不呼坐。元嘉初,中书舍人狄当,诣太子詹事王昙首,不敢坐。"中书舍人王弘(按:王弘是东晋头号贵族之家,刘宋的开国大臣,文帝时任职司徒、扬州刺史、录尚书事。此处说中书舍人王弘,误。《南史·蔡兴宗传》作中书舍人弘兴宗,想亦有误)"为太祖所爱遇,上谓曰:'卿欲作士人,得就王球坐,乃当判耳。'殷刘并杂,无所知也。若往诣球,可称旨就席。(《南史》"席"下有"及至"两字)。球举扇曰:'若不得尔。'弘还,依事启闻。帝曰:'我便无如此何!'五十年中,有此三事。"

又一个情节大体相同的故事见《南史·王球传》:"时中书舍人徐爰有宠于上(宋文帝),上尝命球及殷景仁与之相知。球辞曰:'士庶区别,国之章也,臣不敢奉诏。'上改容谢焉。"两个故事大体相同,两人同是宋文帝时的中书舍人,很可能是从一个故事演化出来的。

顺便在这里说一句。我们常常说两千年来中国专制主义如何如何。从宋文帝的"我便无如此何!"和"改容谢焉"这态度里,是嗅不出专制主义的味道的。

魏晋南北朝贵贱分明和战国秦汉是不同的。这点分别,史家沈约已看出来了。他说:"君子小人,类物之通称。蹈道则为君子,违之则为小人。屠钓卑事也,版筑贱役也,太公起为周师,傅说去为殷相。非论公侯之世,鼎食之资,明扬幽仄,唯才是与。逮于二汉,兹道未革。……郡县掾史,并出豪家,负戈宿卫,皆由世族。非若晚代,分为二途者也。汉末丧乱,魏武始基军中,仓卒权立九品,盖以论人才优劣,非为世族高卑。因此相沿,遂为世法。自魏至晋,未之能改。州都郡正,以才品人,而举世人才升降盖寡。徒以凭借世资,用相凌驾。……刘毅所云:下品无高门,上品无贱族者也。岁月迁讹,斯风渐笃,凡厥衣冠,莫非二品,自兹以还,遂成卑庶。周汉之道,以智役愚,台隶参差,用成等级。魏晋以来,以贵役贱,士庶之科,较然有辨。"(《宋书·恩倖传序》)

沈约没有看到周与秦汉的不同,这是他当时的局限使然。除此以外,他看出战国秦汉与魏晋以下的不同,是有识的。两汉之道,是以智役愚,有才能就能有地位。魏晋以来,却是以贵役贱,一切都靠门第、身份等级了。

北魏孝文帝实行汉化政策，为了使鲜卑拓跋氏贵族和汉族门阀贵族密切结合，也采取了汉族士族贵族制度。孝文太和十九年诏说："代人诸胄，本无姓族，虽功贤之胤，混然未分。故官达者位极公卿，其功衰之亲仍居猥任。比欲制定姓族，事多未就。且宜甄擢，随时渐铨。其穆、陆、贺、刘、楼、于、嵇、尉八姓，皆太祖已降，勋著当时，位尽王公，灼然可知者，且下司州、吏部，勿充猥官，一同四姓。自此以外，应班士流者，寻续别敕。"（《魏书·官氏志》）

北方的汉人豪族强宗，挺住了十六国和北魏初年入主中原时期的纷乱，虽受打击但一直未倒。十六国各国统治者，对他们都是拉拢要求合作的。北魏初年，道武、明元、太武诸帝，对汉族豪族强宗衣冠人士也采取笼络政策。到孝文帝采取汉化政策，争取胡汉上层士族合作时，北方的门阀士族可以说存在着胡汉两个系统。

唐代柳芳对魏晋南北朝的高门贵族有很好的概括，他说："魏氏立九品，置中正，尊世胄，卑寒士，权归右姓。……晋宋因之，始尚姓已。然其别贵贱，分士庶，不可易也。……过江则为侨姓，王谢袁萧为大，东南则为吴姓，朱张顾陆为大。山东则为郡姓，王崔卢李郑为大，关中亦号郡姓，韦裴柳薛杨杜首之，代北则为虏姓，元长孙宇文于陆源窦首之。虏姓者，魏孝文帝迁洛，有八氏十姓，三十六族九十二姓。八氏十姓，出于帝宗属或诸国从魏者；三十六族九十二姓，也为部落大人。并号河南洛阳人。郡姓者，以中国士人差第阀阅为之制。凡三世有三公者曰膏粱，有令仆者曰华腴，尚书领护而上者为甲姓，九卿若方伯者为乙姓，散骑常侍、太中大夫者丙姓，吏部正员郎为丁姓。凡得入者，谓之四姓。"（《新唐书·柳冲传》）

贵贱分明，是魏晋南北朝时代的一个特点。

二、身份等级繁杂。战国秦汉人们的身份比较简单，他们被称作编户齐民。称作齐民，是因为他们的身份是比较平等的。魏晋南北朝时期，他们已不都属于郡县，他们被分作各种民户，各为国家作不同的职役，名称不同，职役不同，而身份也不同，大倾向和私家部曲客一样，是依附民化。

为了足兵足食，魏、蜀、吴都大兴屯田。被招募去屯田的人，便被称作屯田客。屯田是在兵法部勒下进行生产的,管理屯田的都是军职称作典农中郎将、典农校尉、典农都尉。屯田客是募来的(《三国志·魏志·袁涣传》),都是郡县良民。《晋书·食货志》:"魏武于是乃募良民屯田许下。"但因为是在将校兵法部勒下进行生产,农民是不乐来作屯田客的。《三国志·魏志·袁涣传》就说:"是时募民开屯田,民不乐多逃亡。"虽然这次曹操接受袁涣的建议,"乐之者乃取,不欲勿强"(同上),但难保证屯田都是这样勿强的,屯田的军事管理制度本身就包含着强制性。在当时自由受到限制,就很容易掉落到半自由的依附民行列里去。曹魏后期,曾"给公卿以下租牛客户,各有差"(《晋书·外戚传·王恂传》),这里所赐给的大约就是屯田客(李剑农教授在 1963 年在中华书局出版的《魏晋南北朝隋唐经济史稿》第 28 页曾提出此意)。屯田客的身份逐渐降低了。

曹魏的士,称为士家。士有士籍。《三国志·魏志·齐王芳纪》,嘉平六年二月诏曰:"追赐整、像爵关内侯,各除士名,使子袭爵,如部曲将死事科。"刘整、郑像都是士。在前一年吴将诸葛洛围合肥新城时,城中遣刘整、郑像出城传消息,被吴军所俘,不屈而死,因有是诏。除士名,就是从士籍中除名。为了严厉制止兵士的逃亡,魏的士亡法是极严的。《三国志·魏志·卢毓传》:"时天下草创,多逋逃,故重士亡法,罪及妻子。"《高柔传》:"护军营士窦礼近出不还,营以为亡,表言逐捕,没其妻盈及男女为官奴婢。"最初,士、民分籍,只是分工,可以加强对士的管理。兵士逃亡,要罪及妻子没为奴隶,这样一来,影响所及,兵士身份渐渐降低。魏明帝夺士家女子前已嫁为吏民妻者,还以配士。太子舍人张茂上疏谏说:"吏属君子,士为小人,今夺彼以与此。"(《三国志·魏志·明帝纪》注引《魏略》)明帝时,士已明确的成为小人。但士仍可以得爵赏封侯。上引材料,已说刘整、郑像因功除士名并封为侯。齐王芳时,锺毓为御史中丞、侍中、廷尉,"士为侯,其妻不复配嫁,毓所创也"(《三国志·魏志·锺毓传》)。这段材料说明,士妻是可以由官家配嫁的。奴婢才能由主人配嫁。士妻可以配嫁,说明士身份的低贱。但士仍有立功封侯的希望,说明尚未完全断绝士进入贵族行列的可能。但封侯的究竟是少数人,三国时期绝大多数士已是身份低下的人了。

两晋南朝的兵,是跟着曹魏的士家制度演变下来的。晋称为兵家,南朝称为军户。两晋南朝的兵家、军户,身份低下更为明显。《晋书·赵至传》:"赵至……代郡人也,寓居于洛阳缑氏。令初到官,至年十三,与母同观。母曰:'汝先世本非微贱,世乱流离遂为士伍耳! 汝后能如此否?'"士伍已是微贱。

兵家子要脱离兵籍,须有皇帝的"制旨"(《晋书·王尼传》)。南朝仍是如此。《宋书·元凶劭传》:"免军户,属南彭城薛县。……焚京都军籍,置立郡县,悉属司隶为民。"《宋书·州郡志》南徐州南彭城郡条:"义旗初,免军户立遂城县"、"义旗初,免军户为建熙县"。《宋书·刘道济传》:"乃免吴兵三十六营以为平民,分立宋兴、宋宁二郡。"宋孝武帝大明二年的诏书?"吏民可赐爵一级,军户免为平民",南齐和帝永元二年的诏书,"凡诸杂役见在诸军带甲之身,克定之后,悉免为民",和梁武帝天监十七年的诏书,"兵驵、奴婢,男年登六十,女年登五十(《南史》作"男年六十六,女年六十"),免为平民",更明确的证明兵户身份低下,是国家的依附民,半自由人,身份低于编户平民。

两汉大臣多有出身郡县的。三国时吏民已经分籍。蜀亡时有吏四万人(《三国志·蜀志·后主传》注引王隐《蜀记》)。吴亡时有吏三万二千人(《三国志·吴志·孙皓传》注引《晋阳秋》)。但如前魏明帝时太子舍人张茂所说:"吏属君子,士为小人",在三国时吏的身份还不十分低下。

晋武帝统一后,"诏天下罢兵役,示海内大安。州郡悉去兵;大郡武吏百人,小郡五十人"(《晋书·山涛传》)。

去兵置吏,吏的地位降到和兵相近。而且人数很多。《宋书·孝武帝纪》:永初二年,"初限荆州府置将不得过二千人,吏不得过一万人,州置将不得过五百人,吏不得过五千人,兵士不在此限。"荆州在南朝是大州,但限数也很可观。南北朝都常以事力给官,有称事力、兵力、亲信的,也有称吏力或吏僮的。《宋书·孝武帝纪》:"(孝建三年二月)内外官有田在近道听遣所给吏僮附业。"吏和僮联系在一起,而且可以附在田业,吏的地位和客差不多。《魏书·官氏志》:"(天赐元年)十二月,诏始赐王公侯子国臣吏,大郡王二百人,次郡王、上郡公百人,次郡公五十人,侯二十五人,子十二人。皆立典师,职比家丞,总统群隶。"这是把吏赐给贵族之家。家丞是管理贵族家事和奴隶依附民的,典师管赐吏而且说是"总统群隶",把吏和奴隶、隶户同等看待。就从这两条材料看,南北朝的吏的地位大约和客相近,是国家的依附民。

南朝有旧门、将门、次门、役门、三五门等家门区别。称作什么门,表示他们为国家服役的身份等次。

《南齐书·沈文季传》:"世祖在东宫,于玄圃宴会朝臣。……言及虏动,(褚)渊曰:陈显达、沈文季,当今将略,足委以边事。文季讳称将门,因之发怒。"

按将门地位身份不低,但在南朝崇尚士族门第的大环境里,朝廷大官都仍以出身将门为耻。

《宋书·宗越传》:"宗越,南阳叶人也。……本为南阳次门。安北将军赵伦之镇襄阳,襄阳多杂姓,伦之使长史范觊之条次氏族,辨其高卑。觊文点越为役门,出身补郡吏。"次门身份地位比役门要高,元嘉二十四年,宗越"启太祖求复次门,移户属冠军县。许之。"大约因为次门身份地位高,宗越求复次门。

又:"武念,新野人也。本三五门,出身郡将。"

宗越以役门出身补郡吏,武念以三五门出身补郡将,这郡吏、郡将就是《宋书·孝武帝纪》所说限"荆州府置将不得过二千人,吏不得过一万人,州置将不得过五百人,吏不得过五千人,兵士不在此限"中的将、吏。可见次门、役门、三五门都是服役任将、吏的。

出身役门、三五门补将吏的人,可以军功升迁而至大官,还可以封爵。如宗越役门出身,积功劳任职到冠军将军,封始安县侯(《宋书·宗越传》)。武念三五门出身,积功劳为右将军,封开国县男(同上)。但升迁是一回事,出身又是一回事。一提到出身,他们这类人仍常被称作"出身厮伍"、"擢自凡竖"(《宋书·黄回传》)。沈文季已经官到名臣大官,褚渊仍故意提他的出身将门,而沈文季也就认为是他的耻辱而大怒。

次门、役门、三五门,可能仍是郡县户。宗越、武念、黄回等人的传,都提到他们是某郡县人。他们都是国家的依附民,都是有一定身份等级的。

北魏初年征伐四方,所得俘虏多称为隶户。《隋书·刑法志》:"魏虏西凉之人,没入名为隶户。"隶户大约是被视作奴隶的人户,北魏皇帝常以隶户赏赐从征将士和留守文武大臣,前面已叙述过。隶而称作户,未被打乱家庭关系,身份地位可能高于奴隶,可能近乎依附民了。

孝文帝时,少数民族叛逃,被追回来后,即徙配各州为营户。《魏书·高祖纪》延兴二年,"沃野、统万二镇敕勒叛。诏太尉陇西王源贺追击,至袍罕,灭之;斩首三万余级,徙其遗迸于冀定相三州为营户"、"连川敕勒谋叛,徙配青徐齐兖为营户。"既名徙配,且又犯逃叛罪,他们的身份已由原来的自由平民降为半自由的依附民了。

孝文帝推行屯田,"别立农官,取州郡户十分之一以为屯民。相水陆之宜,断顷亩之数,以赃赎杂物市牛科给,令其肆力。一夫之田,岁责六十斛,甄其正课并征戍杂役"(《魏书·食货志》)。北魏屯田制度大约仿效曹魏屯田,北魏屯民身份大约亦如曹魏的屯田客。

北魏初有杂营户。《魏书·食货志》:"先是禁网疏阔,民多逃隐。天兴中,诏采诸漏户令输纶绵,自后诸逃户占为细茧罗縠者甚众。于是杂营户帅遍于天下。不隶守宰,赋役不周,户口错乱。"其后,始光三年,"诏一切罢之,以属郡县。"

杂户的出现,不始于北魏,十六国时已有。《晋书·姚弘载记》:"勃勃既克阴密,进兵侵雍,岭北杂户悉奔五将山。"又载:"刘裕进据郑城,弘使姚裕尚书庞统屯兵宫中。……尚书姚白瓜徙四军杂户入长安。"

北魏杂户之多,人民不乐作编户而愿作杂户,是因为杂户不负担赋役。只要这原因不消除,杂户就废除不了。杂户历北朝隋唐不绝。

杂户身份是低于编户的。北齐文宣帝天保二年诏:"免诸伎作、屯牧、杂色役隶之徒为白户。"(《北齐书·文宣帝纪》)北齐后主天统三年诏:"今可悉蠲杂户,任属郡县,一准平人。"(《北齐书·后主纪》)平人,就是平民,郡县编户平民。北周武帝建德六年诏:"凡诸杂户,悉放为民。"(《北周书·武帝纪》)

北周武帝"凡诸杂户,悉放为民",大约在建德六年之后,《隋书·刑法志》就说"建德六年齐平后,帝欲施轻典于新国,乃诏凡诸杂户,悉放为百姓。自是无复杂户。"

无复杂户是不可能的。旧的杂户放免了,新的杂户又复产生。隋唐时代,仍有杂户。《唐六典·刑部尚书·都官郎中》条的规定,更明确地显示了杂户的身份等级。这条文说:"凡反逆相坐没其家为官奴婢,一免为番户,再免为杂户,三免为良人。"杂户的身份,高于番户而低于良人。依然是依附民,国家的依附民。

三、编户民身份的低落。汉末三国时期的编户民,比起战国秦汉的编户民来,在身份和社会地位上也是有低落的。当时的编户民,在身份社会地位上和士家、屯田户以及世家豪族的依附民部曲、客等是相通的。编户民是这些民户的后补。

投靠世家豪族的依附民,全部来自编户民,他们为了逃避国家租税徭役的重压,大量逃亡投靠在世家豪族门下去作依附民。人民所求的是生存。只要能活下去,降低身份与否他们是不重视的。自由是有时代性的,有具体内容的。资本主义兴起时代,人民是不自由毋宁死。在中世纪,赋税徭役繁重人民救死不暇,只要能活命,宁愿投靠豪家作依附民,自由不自由,是讲说不起的。

国家常以户口赐给臣下,这些被赐出的户口,有的是编户民,有的是屯田客,有的是军户。这样,就使得编户民和私家依附民和军户处于同等的地位。东吴给陈武的赐户,就是一个很好的例证。孙权赐给陈武的二百户复客,在会稽新安县。陈武死后,陈武的儿子陈表发现这二百户都是精壮,皆堪好兵,于是就退还国家,说"枉此劲锐,以为僮仆",非表志也。孙权很嘉奖陈表,就使县"料正户赢民以补其处"。这段材料,我们在别处已用过。

孙权赐给陈武的二百户客,是在会稽新安县。赐给以前,是编户民还是军户不十分清楚。从他们住在新安县,陈表把他们退还孙权后,孙权又命人"下郡县,料取正户赢民以补其处"看,他们可能是郡县编户民;从他们"皆堪好兵"都是"劲锐"看,又可能是军户。不管怎样,这份材料说明:郡县编户民在身份地位上和军户、私家依附民——客,是相通的。孙权原来赐给陈武的二百户,在赐予之前无论是军户还是编户,都可取来作赐户,作僮仆。这二百家被退还后,孙权又是从郡县编户民中取"赢民以补其处",即又是以编户民来补陈武的"僮仆"的位置。

郡县编户民,既可以作国家的依附民(军户),又可作私家的依附民(客、僮仆),编户民的身份社会地位和依附民就是相通的了。郡县的编户民,虽然还保有比较多的人身自由,但由于他们已成为依附民的后备军,随时有被分出去作各色各样依附民的可能,他们的身份和社会地位也就大不如战国秦汉的编户齐民了。

由以上所说,可见魏晋南北朝是一个贵贱等级繁多而又森严的社会和时代。贵族门阀世族阶级,门第有高低,互相竞比。庶族人民,又以其对国家职役性质门类的不同,而分为各种门户,而门户又反映他们的身份等级。每一个人都生活在各种不同的身份等级层里。他们都是国家的依附民。

(五) 奴隶的依附民化

汉魏之际依附关系的出现和发展,是从两条路发展演变出来的。一条路是自由平民的依附民化,宾客转变为依附客,部曲变为私兵、依附民,编户民身份降低转化为各种不同身份等级的国家依附民;一条路便是奴隶的半解放成为依附民。

西汉后期,奴隶成为奴隶主大伤脑筋的问题。我们虽然只有铁官徒暴动的材料,没有看到奴隶暴动的活动,但我们从政治家们对奴隶问题那么重视,从人民大量流动使人震惊,可以想见家有大批奴隶的奴隶主是不会不想办法解决奴隶问题的。政治家们只提出限奴限田议,没有能解决问题。

王莽改革,是试图全面解决西汉积累下来的社会问题的。对奴隶问题他提出的解决办法是改"奴婢曰私属"、"不得卖买"。

我想王莽改奴婢曰私属不得卖买的政策,即私属不得离开本主人的政策,是会得到奴隶主人的支持的。对奴隶主来说,私属完全可以作奴隶能作的工作,而比使用奴隶却安全可靠的多,他们何乐而不为！王莽改天下田曰王田,奴婢曰私属不到二年,就取消了王田制,但改奴婢曰私属却没有动,这说明土地所有者反对王田却赞成私属。甚至可能王莽改奴婢曰私属的办法就是吸取民间已经出现的办法才提出来的。

刘秀建立东汉政权后,曾比较坚决地解放了一批奴隶。

光武很重视奴隶解放和改善奴隶的待遇。在他在位的三十多年里,他曾十次下诏放免奴隶和改善奴隶的待遇和法律地位。另外还有几次放免刑徒和改善刑徒待遇。

建武二年五月癸未诏曰:"民有嫁妻卖子欲归父母者,恣听之。敢拘执,论如律。"

三年七月庚辰诏曰:"男子八十以上十岁以下及妇人从坐者,自非不道诏所名捕,皆不得系。当验问者,即就验。女徒雇山归家。"

五年五月丙子诏曰:"其令中都官、三辅、郡国,出系囚。罪非犯殊死,一切勿案。见徒免为庶人。"

六年十一月丁卯诏曰:"王莽时吏人没入为奴婢不应旧法者,皆免为庶人。"

七年正月丙申诏曰:"中都官、三辅、郡国,出系囚。非犯殊死,皆一切勿案其罪。见徒免为庶民。"

七年五月甲寅诏曰:"吏人遭饥乱及为青徐贼所略为奴婢下妻欲去留者,恣听之;敢拘制不还,以卖人法从事。"

十一年三月己卯诏曰:"天地之性人为贵,其杀奴婢不得减罪。"八月癸亥诏曰:"敢灸灼奴婢论如律,免所灸灼者为庶民。"十月壬午诏曰:"除奴婢射伤人弃市律。"

十二年三月癸酉诏曰:"陇蜀民被略为奴婢自讼者及狱官未报,一切免为庶民。"

十三年十二月甲寅诏曰:"益州民自八年以来被略为奴婢者,皆一切免为庶民。或依托为人下妻欲去者,恣听之;敢拘留者,比青徐二州,以略人法从事。"

十四年十二月癸卯诏曰:"益凉二州奴婢,自八年以来自讼在所官,一切免为庶民。卖者无还直。"

以上所录,九次是放免奴隶的或改善奴隶待遇的,三次是免刑徒或限制刑徒从坐范围的。

光武放免的奴隶,主要是战乱以来被略卖为奴的。原来的奴隶涉及的不多。东汉的奴隶数量还是很多的。窦融自祖及孙,官府邸第,相望京邑,奴婢以千数(《后汉书·窦融传》)。马防兄弟贵盛,奴婢各千人以上(《后汉书·马援传》)。济南王康奴婢至千四百人(《后汉书·光武十王·济南安王康传》)。仲长统说,东汉的豪人之室,奴婢千群,徒附万计(《后汉书·仲长统传》)。东汉末年的东海糜家,有僮客万人(《三国志·蜀志·糜竺传》)。糜竺把妹妹嫁给刘备,并送给奴客二千。刘备赖以复振。

但东汉奴隶问题,从未显得像西汉那么严重过。在东汉学人,如桓谭、王充、王符、崔寔、仲长统等的著述里也没有西汉贾谊、晁错、董仲舒以及王莽那么重视奴隶问题,我想这和王莽改奴婢曰私属,给解决奴隶问题找到一条出路大概是有关系的。

尽管我们可以这样推理,但在文献里我们却没有三国以前奴隶被放免为私属依附民的材料。奴隶放免为私属依附民的最早的文献材料是西晋的。晋武帝咸宁元年十二月诏曰:"出战入耕,虽自古之常,然事力未息,未尝不以战士为念也。今以邺奚官奴婢著新田代田兵种稻。奴婢各五十人为一屯,屯置司马,使皆如屯田法。"(《晋书·食货志》)屯田法当然包括屯田客的待遇的规定,待遇一定不同于奴隶。这样一来,通过屯田,奴隶转化为屯田客。

东晋曾有几次免奴为客,又发客为兵。

《晋书·王敦传》:"(元)帝以刘隗为镇北将军,戴若思为征西将军,悉发扬州奴为兵,外以讨胡,实御敦也。"

《晋书·何充传》:"(庾)翼悉发江荆二州编户奴以充兵役。"

《晋书·会稽王道子传》:"(元显)又发东土诸郡免奴为客者号曰乐属,移置京师,以充兵役。"

魏晋南北朝时期,兵的身份是国家的依附民,是半自由的。发奴隶为兵,就意味着奴隶向依附民的转化。

除政府发私家奴隶为兵,使奴隶转化为国家依附民外,奴隶主也有自动放免奴隶为客。《会稽王道子传》所说"发东土诸郡免奴为客者",这些客就是奴隶主自主放免的奴隶,即放免奴隶为依附民。免奴为客者,一定有相当数量,元显才注意到它而发之为兵。元帝发扬州奴为兵,配给戴若思的就有万人。

北朝也有放免奴隶为依附民的趋势。如前已引用过的北周武帝的诏,"东土之民被抄略在化内为奴婢者,及平江陵之后良人没为奴婢者,并宜放免,所在附籍,一同民伍。若旧主人犹须共居,听留为部曲及客女。"所在附籍一同民伍,即成为国家的编户,留作旧主人同居的(即注家籍)部曲和客女,即成为原奴隶主的依附民。我想绝大部分奴隶主是愿把他们留作部曲、客女的,即成为自己的私属依附民的。

唐代大和尚释道宣解释部曲说:"部曲者,谓本是贱品,赐姓从良而未离本主。"(《量处轻重仪》卷上)部曲本有两个来源,一是自由平民的依附投靠,一是奴隶放免。而今释道宣却只从奴隶放免方面看问题,说"部曲者,谓本是贱品,赐姓从良而未离本主",而不提自由平民的投靠依附了,原因可能是和平年代,自由平民投靠者少,奴隶放免成为部曲客女的主要来源了。这说明奴隶放免为部曲客女,即奴隶转化为依附民的趋势是越来越显著,成为部曲客的主要来源了。

奴隶放免而成为依附民,是魏晋南北朝时的趋势。这一变化有时代意义,从战国秦汉到魏晋南北朝的时代大趋势就是自由平民和奴隶都向依附民转化。但这不是说,魏晋南北朝时期没有奴隶了。这一时期,奴隶还是大量存在的。从史书记载看,魏晋南北朝的豪族强宗、门阀世族往往一如两汉时代仍保有千百数的奴隶。东晋南朝的例如:

《晋书·刁协传》附《刁逵传》:"兄弟子侄,并不拘名行,以货殖为务,有田万顷,奴婢千人,余资称是。"

《宋书·沈庆之传》:"产业累万金,奴僮千计。"

《宋书·谢弘微传》:"(谢)混仍世宰辅,一门两封,田业十余处,僮仆千人。"

北朝拓跋鲜卑进入中原时,社会阶段正处于由氏族部落向阶级社会转变的早期国家阶段,对外战争主要是为了掠夺财富和奴隶,奴隶制度在北魏前期是方兴未艾。北魏王室就是一个大奴隶主。《南齐书·魏虏传》:"(拓跋焘)妃妾皆住土屋,婢使千余人,织绫锦,贩卖,酤酒,养猪羊,牧牛马,种菜逐利。"这虽是敌对国的记载,不无污蔑之处,但亦可见当时拓跋王室的朴实,王就是一个大奴隶主。

有奴隶数百成千的奴隶主还是很多的。

《魏书·咸阳王禧传》:"昧求货贿,奴婢千数,田业盐铁,遍于远近,臣吏僮隶相继经营。"

《洛阳伽蓝记·卷三·高阳王寺》条:"雍为丞相,……贵极人臣,富兼山海。……僮仆六千,妓女五百。……陈留侯李崇谓人曰:'高阳一食,敌我千日。'崇为尚书令,仪同三司,亦富倾天下,僮仆千人。"

魏晋南北朝时期,一部分奴隶使用于家内劳动,奴隶主的奴隶越多,越会有一部分奴隶使用于家内。但大部分奴隶是使用于家庭外的活动和生产劳动的。《宋书·王弘传》:"左丞(江奥)议:……有奴客者,类多使役,东西分散,住家者少。"农业使用奴隶比两汉还要明显,有材料证明。如颜之推说:"江南朝士,因晋中兴而渡江,本为羁旅,至今七八世,未有力田,悉资俸禄而食耳。假令有者,皆信僮仆为之,未尝目观起一拨土,耘一株苗,不知几月当下,几月当收。"(《颜氏家训·涉务篇》)颜之推的话说明,魏晋南北朝时期,大多数奴隶都用于农业生产。

在颜之推眼里,一个南北朝的中产之家的生活是:"常以为二十口家,奴婢盛多,不可出二十人,良田十顷,堂室才蔽风雨,车马仅代杖策,蓄财数万,以拟吉凶急速。不啻此者,以义散之;不至此者,勿非道求之。"(同上书《止足篇》)我说是个中产之家,因为人口已超出五口、八口,土地已到十顷。这样的中产家庭,是奴隶主家庭,家内、家外、农业等劳动,大部分靠奴隶来完成。奴隶在农业方面的大量使用,以至在南朝和北朝都有"耕当问奴,织当访婢"(《宋书·沈庆之传》),"奴任耕,婢任绩"(《魏书·食货志》)和"耕则问田奴,绢则问织婢"(《北史·邢峦传》)这类的话。

　　但我的想法，魏晋南北朝的奴隶是已经依附民化的奴隶。他们的劳动，常常和客联系在一起，起的是客的作用。奴虽仍称奴，他的社会作用已是客化的，和两汉不同。读史者试细味之，或可不以我言为妄。

第 三 章

宗教的兴起

（一） 儒学到玄学

战国秦汉的主导思想、意识形态，是现世的，入世的。战国时的显学是儒墨。儒学是入世的先不说，墨家也是入世的。墨家的非攻、兼爱、节用、尚同，都是现世问题。由于墨家主张天子、三公都要由选举产生，它的成员多半是游侠中人，以武乱禁，不为集权的皇帝所喜，秦汉时期就受打击，这个战国时的显学没有显下去就衰歇了。

西汉初年，黄老思想虽然短时间成为政治上的指导思想，政治上、社会上都崇无为，但汉初的黄老无为并不是消沉思想，而是在经济复苏中，享受不须有为的幸福好日子。一旦无为不足以因应形势的变化时，无为就让位于有为的儒家思想。

汉武帝时开始，儒家思想在政治上占有了、并随后在社会上也占有了独尊的地位。儒家学说的核心，是修身、齐家、治国、平天下，是伦理思想和政治思想融合一起的。它的态度是积极进取的人生态度，要把个人、家庭、国家、天下都治好。身修而后家齐，家齐而后国治，国治而后天下太平。儒家抱着这种积极的人生态度，立身处世治国家。汉代儒家，一般都是这样作的。东汉末年的李膺和太学生反宦官斗争,可谓最突出的。

儒家这种立身处世态度,从东汉后期开始有变化,在积极立身处世的同时,出现了消极因素。《后汉书·儒林传序》说,顺帝以后,"游学增盛,至三万馀生。然章句渐疏,而多以浮华相尚。儒者之风盖衰矣。"

所谓"浮华",是和"玄"相通的。魏明帝反对浮华,"其浮华不务道本者,皆罢之"(《三国志·魏志·明帝纪》太和四年诏)。道本指儒业、浮华就近玄。和曹爽、何晏同时被杀的邓飏、李券都是浮华人。"邓飏与李券等为浮华支。及在中书,浮华事发,被斥出,遂不复用"(《三国志·魏志·曹爽传》注引《魏略》),李券,"明帝禁浮华而人白券堂有四窗八达,各有主名。用是被收"(同上书卷注)。

汉后期开始浮华,是和汉后期政治腐败、社会无出路、知识分子精神苦闷大有关系的。

马融是东汉大儒,马融的经历是人们在现实政治压力下不得不低头的最好说明,也是老庄玄学思想抬头的最好说明。

"永初二年,大将军邓骘闻融名,召为舍人,非其好也,遂不应命,客于凉州武都、汉阳界中。会羌虏飚起,边方扰乱,米谷踊贵,自关以西,道殣相望。融既饥困,乃悔而叹息,谓其友人曰:'古人有言:左手据天下之图,右手刎其喉,愚夫不为。所以然者,生贵于天下也。今以曲俗咫尺之羞,灭无赀之躯,殆非老庄所谓也。'故往应骘召。"

"是时邓太后临朝,骘兄弟辅政。而俗儒世士,以为文德可兴,武功宜废……故猾贼从横,乘此无备。融乃感激,以为文武之道,圣贤不坠,五才之用,无或可废。元初二年,上《广成颂》以讽谏。……颂奏,忤邓氏,滞于东观,十年不得调。因兄子丧,自劾归。太后闻之怒,谓融羞薄诏除,欲仕州郡,遂令禁锢之。"

"大将军梁商表为从事中郎,转武都太守。时西羌反叛,征西将军马贤与护羌校尉胡畴征之,而稽久不进。融知其将败,上疏乞自效。……朝廷不能用。"

"桓帝时为南郡太守。先是融有事忤大将军梁冀旨,冀讽有司奏融在郡贪浊,免官,髡徒朔方。自刺不殊,得赦还,复拜议郎,重在东观著述,以病去官。"

"初,融惩于邓氏,不敢复违忤势家,遂为梁冀草奏李固,又作大将军《西第颂》,以此颇为正直所羞。"(以上引文均见《后汉书·马融列传》)

马融这位大儒,最初未尝不打算在政治上有所作为。他看到武功不可废,上《广成颂》以讽谏。但颂奏忤邓氏,反被禁锢。羌乱起,又上疏乞自效,朝廷又不能用。后又因事忤大将军梁冀旨,免官,髡徙朔方。三番五次的折磨使马融在政治上消沉下来。

从主观上说,马融自始即有活命主义思想,却借老庄思想,以"生贵于天下"自我解嘲,这是他的弱点。由于有活命思想,又一次忤违势家,受到势家的打击,几乎丧命。政治上思想一步步坠落,遂至不敢违忤势家,遂为梁冀草奏名臣李固,诬害李固,置李固于死。最后竟作大将军《西第颂》,阿谀梁冀。

像马融这样的人,为保全性命在政治上违心向势家屈服,他心里知道这是不为正直人所耻的,因之他内心里是痛苦的。政治上低头堕落的人,生活上也没有不堕落的。马融生活上就是堕落的。《后汉书·马融列传》就说他:"善鼓琴,好吹笛,达生任性,不拘儒者之节。居宇器服,多存侈饰。常坐高堂,施绛纱帐,前授生徒,后列女乐,弟子以次相传,鲜有入其室者。"

他向老庄思想里去找安慰。他以"今以曲俗咫尺之羞,灭无赀之躯,殆非老庄所谓也"来安慰自己的心灵。他注《老子》。他是大儒而为《老子》作注的第一人。

从东汉末党锢之祸算起,到晋武帝受禅,前后100年左右(第一次党锢在桓帝延熹九年,是为166年;第二次在灵帝建宁二年,为169年。晋武帝受禅是265年)。这100年里,士大夫知识阶层先后三次受残酷打击。如果从马融算起,时间还要长些。士大夫阶层的思想意识,其主流则从激烈参加政治斗争,到积极清议,又到清谈玄学,消极沉默。老庄思想在思想意识领域,走到顶尖上。在洛阳,在最高级的士大夫阶层,由儒学,积极的入世人生走到了玄学消极的处世人生。

魏晋玄学的发展,可分为前后两个阶段,也可以分为温和和激烈两派

（参看汤用彤教授《魏晋思想的发展》，见中华书局1962年出版的汤著《魏晋玄学论稿》）。前一阶段的，也是温和派的代表人物是何晏和王弼。

何晏和王弼都是由儒到玄的初期人物，他们的思想中还有儒的成分。他们都还尊奉儒，推崇孔子为圣人。《世说新语·文学篇》载："王辅嗣弱冠诣裴徽，徽问曰：'夫无者，诚万物之所资；圣人莫肯致言，而老子申之无已，何耶？'弼曰：'圣人体无，无又不可以训，故言必及有。老、庄未免于有，恒训其所不足。'"何晏有《论语集解》，王弼有《论语释疑》。他们都用玄理解释《论语》。

初期的玄学，都是主张儒道协同的，并不矛盾。儒家也说："天命之谓性，率性之谓道，修道之谓教。"（见《中庸》）教是教化，可以总名之曰名教。道是自然规律，名教只是对道加以修整，并不是改变。何晏所引用的夏侯玄的话"天地以自然运，圣人以自然用"，就是自然与名教的统一，也就是儒和玄的统一。"将无同"的故事是很好的说明。《世说新语·文学篇》载："阮宣子（修）有令闻。太尉王夷甫（衍）见而问曰：'老庄与圣教同异？'对曰：'将无同。'太尉善其言，辟之为掾，世谓三语掾。"同样的故事，有的记载又放在阮瞻和王戎身上。《晋书·阮籍列传附阮瞻传》载："（阮瞻）见司徒王戎，戎问曰：'圣人贵名教，老、庄明自然。其旨同异？'瞻曰：'将无同。'戎咨嗟良久，即命辟之。时人谓之'三语掾'。太尉王衍亦雅重之。"谁是真包黑（包拯），谁是假包黑，也难辨识了。有兴趣的可以来考辨一番。这故事出自西晋，反映的是魏末何晏、王弼以来的儒玄关系的主体思想。儒玄是统一的，将无同的。

玄学兴起来的时间，是魏齐王芳正始年间（240—248年）。《文心雕龙·论说篇》载："迄至正始，务欲守文，何晏之徒，始盛玄论，于是聃、周当路，与仲尼争涂矣。"《颜氏家训·勉学篇》载："何晏、王弼，祖述玄宗。……《庄》、《老》、《周易》，总谓三玄。"

无，是玄学的核心思想。《晋书·王衍列传》说："魏正始中，何晏、王弼等祖述老、庄，立论以为：'天地万物以无为为本。无也者，开物成务，无所不成者也。阴阳恃以化生，万物恃以成形，贤者恃以成德，不肖恃以免身。故无之为用，无爵而贵矣。'"

何晏的著作,大多散失,只在别人的引用中保留下来一部分。何晏的主要论点,引两段在这里。

"有之为有,恃无以生,事而为事,由无以成。夫道之而无语,名之而无名,视之而无形,听之而无声,则道之全焉。故能昭音响而出气物,包神形而章光影,玄以之黑,素以之白,矩以之方,规以之圆,圆方得形而此无形,白黑得名而此无名也。"(《列子·天瑞篇》注引何晏《道论》)

"夫道者,惟无所有者也。自天地以来,皆有所有矣,然犹谓之道者,以其能复用无所有也。……夏侯玄曰:'天地以自然运,圣人以自然用。'自然者,道也。道本无名。故老氏曰:'强为之名'。仲尼称尧'荡荡无能名焉'。下云'巍巍成功'则强为之名,取世所知而称耳,岂有名而更当云无能名焉者邪? 夫惟无名,故可得遍以天下之名名之,然岂其名也哉?"(《列子·仲尼篇》注引何晏《无名论》)

何晏的"无",都是为老氏作注释。《老子》称:"天地万物生于有,有生于无。"又说:"无名,天地之始;有名,无物之母。"何晏所阐释的也就是这些话。

有和无是对立的。有,是物质,是存在。天地万物皆从有产生。无是什么? 是看不见、摸不着的东西,不一定是不存在的,也可能是物质。在今天这是常识。但古人讲无,还是从无和有的对立关系上来说为好,把他们的无解释为精神是比较顺的。

对于老氏有和无的关系(有生于无),王弼和何晏的论点是相同的。王弼注《老子》"无名天地之始,有名万物之母"说:"凡有皆始于无。故未形无名之时,则为万物之始,及其有形有名之时,则长之育之,亭之毒之,为其母也。言道以无形无名始成,万物以始以成而不知,其所以玄之又玄也。"王弼"凡有皆始于无",即老子所说"有生于无"。

王弼讲说玄理,似较何晏又深入了一层。何劭所作《王弼传》说:"弼幼而察惠,年十余,好老氏,通辩能言。……何晏为吏部尚书,甚奇弼,叹之曰:'仲尼称后生可畏,若斯人者,可与言天人之际乎!'……何晏以为圣人无喜怒哀乐,其论甚精,锺会等述之。弼与不同,以为圣人茂于人者神明也,同于人者五情也,神明茂故能体冲和以通无;五情同故不能无哀

乐以应物,然则圣人之情,应物而无累于物者也。今以其无累,便谓不复应物,失之多矣。"(《三国志·魏志·锺会传》注引)

《世说新语·文学篇》载:"何晏为吏部尚书,有位望。时谈客盈坐,王弼未弱冠,往见之。晏闻弼名,因条向者胜理,语弼曰:'此理,仆以为理极,可得复难不?'弼便作难。一坐人便以为屈。于是弼自为主客数番,皆一坐所不及。"

"何平叔注《老子》,始成,诣王辅嗣。见王注精奇,乃神伏。曰:'若斯人,可与论天人之际矣。'因以所注为《道德》二篇。"

从这里看来,王弼的玄理是高何晏一筹的,何晏自己也是服气的。

何晏,何进的孙子,曹操的假子。《三国志·魏志·曹爽传》附《何晏传》说:"晏,何进孙也。母尹氏,为太祖夫人。晏长于宫省,又尚公主,少以才秀知名,好老、庄言,作《道德论》及诸文赋著述凡数十篇。"

裴松之在此传的注中行引《魏略》说:"太祖为司空时,纳晏母并收养晏……见宠如公子。……晏无所顾惮,服饰拟于太子,故文帝特憎之,每不呼其姓名,尝谓之为'假子'。"何晏死于曹爽之难。

王弼字辅嗣,王粲族孙。王粲族兄王凯,凯生业,业生宏、弼。蔡邕以万卷书与王粲,粲子与魏讽谋反被杀,书尽归王业。王弼的成就和他自幼的文化环境、书香家庭有关系。

何晏是曹爽的得力助手,正始年间任尚书,典选举,是能人尽其才的。西晋人傅咸曾说:"正始中任何晏以选举,内外之众职各得其才,粲然之美于斯可观。"(《晋书·傅咸列传》)何晏死后,一直被诬为涂脂抹粉的好色之徒,至此才有人为他说句公道话。

王弼生于魏文帝黄初七年(226 年),死于正始十年(249 年)秋,遇疠疾亡,年 24 岁,是个短命的天才!

何晏、王弼他们的玄学思想反映正始前的时代,他们已经宗述玄学,但仍不舍弃儒学,他们以玄释儒,并把名教和自然统一起来。他们是由儒到玄的桥梁人物。

正始十年政变以后,司马氏夺了权。虽然还未篡位做皇帝,实际上已大权在握。为了巩固他们的大权,残酷地屠杀曹魏的党羽大臣,其中包括一些名士、高级知识阶层。如《晋书·阮籍列传》所说："魏晋之际,天下多故,名士少有全者。"这里只论述一下与玄学之发展变化有关的两个人物——嵇康和阮籍。

嵇康,字叔夜。谯郡铚(今安徽宿县西南)人也。嵇康兄嵇喜为嵇康写的传说:"家世儒学,少有俊才,旷迈不群,高亮任性,一不修名誉,宽简有大量。学不师授,博洽多闻。长而好老、庄之业,恬静无欲。性好服食,尝采御上药。……以为神仙者,禀之自然,非积学所致。至于导养得理,以尽性命,若安期、彭祖之伦,可以善而得也;著《养生篇》。"(《三国志·魏志·王粲传》注引)《晋书·嵇康列传》载:"长好老庄,与魏宗室婚,拜中散大夫。"

从这里可以看到:嵇康是绝顶聪明的人;他和曹氏是姻亲而且是同乡;他也曾做官任中散大夫,不是绝不愿出仕的人。他和曹氏有着诸种关系,如同乡关系、姻亲关系。他是曹氏党同的人。

司马氏掌权之后,嵇康已不再愿做官。他的好友山涛将去选官推荐嵇康来接代他,嵇康就谢绝了。他给山涛的信说:"老子、庄周,吾之师也。……加少孤露,母兄骄恣,不涉经学,又读老、庄,重增其放。故使荣进之心日颓,任逸之性转笃。……又不识物情,暗于机宜。无万石之慎,而有好尽之累;久与事接,疵衅日兴,虽欲无患,其可得乎!……又每非汤武而薄周孔,在人间不止此事,会显世教所不容。……吾顷学养生之术,方外荣华,去滋味,游心于寂寞,以无为为贵。……足下无事冤之令转于沟壑也。"(《与山巨源绝交书》,见《文选》卷四十三)

巨源是山涛的字。千多年来,都说这是嵇康与山涛的绝交书,此说始自萧统《文选》。其实嵇康只是谢绝做官,毫无绝交的意思(此点近人卢弼已指出,见所著《三国志集解·王粲传》注)。

这里嵇康说他自己"每非汤、武而薄周、孔"。汤、武、周、孔,是儒家名教的根,非薄汤武周孔就是非薄名教。嵇康喜爱老庄自然,并已将汤武周孔名教和老庄自然对立起来。在嵇康眼里,名教是低层次的,自然是高层次的,两者的关系不是"将无同",而是一高一低。他在所著《释私论》中就说:"气静神虚者,心不存于矜尚;体亮心达者,情不系于所欲。矜尚不存乎心,故能越名教而任自然;情不系于所欲,故能审贵贱而通物情。物情顺通,故大道无违;越名任心,故是非无措也。"(《嵇中散集》卷六)他要人都能更上一层楼,"越名教而任自然",越过周孔而到达老庄。

他认为人类群体,由顺自然到修文教是倒退。他在《难张辽叔自然好学论》中说:"洪荒之世,大朴未亏,君无文于上,民无竞于下,物全理顺,莫不自得。饱则安寝,饥则求食,怡然鼓腹,不知为至德之世也。若此,则安知仁义之端,礼律之文? 及至人不存,大道陵迟,乃始作文墨,以传其意。区别群物,使有类族;造立仁义,以婴其心;制为名分,以检其外;劝学讲文,心神其教。故云经纷错,百家繁炽,开荣利之涂,故奔鹜而不觉。"(《嵇中散集》卷七)

嵇康这种思想,为两晋之际的鲍敬言所发挥。这是一种早期无政府主义思想。这是赞老反儒的思想,是从老子思想中发展出来的。

司马氏是世代儒家,夺得政权后,大杀曹家人,把皇帝也刺杀了。对他们来说,"忠"字是提不出口的,于是就特别提倡以"孝"治天下。嵇康亲曹氏,又贬抑名教,又以性格偏颇,易招人怨,终为司马昭所杀害。

当时有高人孙登,遨游山林,不与人来往。嵇康曾从之游。登"沈默自守,无所言说"。临别时,孙登对嵇康说了一句话:"君性烈而才隽,其能免乎!"(《晋书·嵇康列传》)

早年嵇康曾和向秀在大树下炼铁,名公子钟会去看望他。嵇康不为之礼而锻不辍。良久,会去,嵇康问:"何所闻而来? 何所见而去?"钟会说:"闻所闻而来,见所见而去。"(同上)钟会非常恨嵇康,后来就在司马昭前说嵇康的坏话,说"嵇康,卧龙也,不可起。公无忧天下,顾以康为虑耳。"(同上)又说嵇康"言论放荡,非毁典谟,帝王者所不宜容。宜因衅除之,以淳风俗。"(同上)司马昭听了钟会的话,把嵇康杀掉。

阮籍,字嗣宗,陈留尉氏(今河南尉氏)人。他父亲阮瑀,是建安七子之一。

如果说玄学是老庄之学,则何晏、王弼乃至嵇康思想上都是近乎老的,而阮籍却思想、行为都近乎庄。《晋书·阮籍列传》说他:"志气宏放,傲然独得,任性不羁,而喜怒不形于色。或闭户视书,累月不出;或登临山水,经日忘归。博览群籍,尤好庄、老。嗜酒能啸,善弹琴。当其得意,忽忘形骸。"

阮籍,本有济世志,属魏、晋之阮,天下多故,名士少有全者,"籍由是不与世事,遂酣饮为常。"(《晋书·阮籍列传》)阮籍死于魏陈留王奂景元四年(263年),年五十四。上推阮籍生年,当在汉献帝建安十五年(210年)。他的后期,正当司马氏夺权,残酷杀人的时际。他的好友嵇康,就在他死之前一年被杀。阮籍"本有济世志",大约只是他的早期了。

阮籍著《达庄论》。在这篇文章里,他说:"天地生于自然,万物生于天地。""人生天地之中,体自然之形。""道法自然而为化"。(见《全三国文》卷四十六)因此,阮籍思想上、生活上都是崇尚自然、反对名教的。

阮籍生活上是随自然之性,放任不羁的。他不喜欢司马氏,但司马氏也抓不住他的罪过。司马昭"初欲为武帝求婚于籍,籍醉六十日,不得言而止。钟会数以时事问之,欲因其可否而致之罪,皆以酣醉获免"。但他只要想活命,就不得不向司马氏低头。司马昭让九锡,"公卿将劝进,使籍为其辞。籍沉醉忘作。临诣府,使取之,见籍之据案醉眠。使者以告,籍便书案使写之。无所改窜,辞甚清壮,为时所重。"(《全三国文》卷四十六)

"籍虽不拘礼教,然发言玄远,口不臧否人物。""性至孝。母终……毁瘠骨立,殆至灭性。裴楷往吊之,籍散发箕踞,醉而直视。楷吊唁毕便去。或问楷:'凡吊者主哭客乃为礼。籍既不哭,君何为哭?'楷曰:'阮籍既方外之士,故不崇礼典。我俗中之士,故以轨仪自居。'时人叹为两得。"(同上)

"籍又能为青白眼,见礼俗之士,以白眼对之。……由是礼法之士,疾之若雠,而帝(司马昭)每保护之。嫂常归宁,籍相见与别。或讥之,籍曰:'礼岂为我设邪!'邻家少妇有美色,当垆沽酒。籍尝诣饮,醉便卧其侧。籍既不自嫌,其夫察之,亦不疑也。兵家女有才色,未嫁而死。籍不识其父兄,径往哭之,尽哀而还。其外坦荡而内淳至,皆此类也。"(《全三国文》卷四十六)

"尝登广武,观楚汉战处,叹曰:'时无英雄,使竖子成名。'登武牢山,望京邑而叹。于是赋豪杰诗。"(同上)阮籍于消沉中,仍时时流露出他胸中有为的苦闷。

阮籍在生活上也是不拘于礼法的。

他的《大人先生传》，有似嵇康的《难张辽叔自然好学论》，也认为人类群体近不如古。古时纯朴，有了君臣礼法越来越坏。他说："昔者天地开辟，万物并生，大者恬其性，细者静其形。阴藏其气，阳发其精。害无所避，利无所争。……盖无君而庶物定，无臣而万事理。……惟兹若然，故能长久。今汝造音以乱声，作色以诡形。……君立而虐兴，臣设而贼生。坐制礼法，束缚下民。欺愚诳拙，藏智自神。强者睽眠而陵暴，弱者憔悴而事人。假廉而成贪，内险而外仁。……无贵则贱者不怨，无富则贫者不争。各足于身而无所求也。……竭天地万物之至，以奉声色无穷之欲，此非所以养百姓也。于是惧民知其然，故重赏以喜之，严刑以威之。……此非汝君子之为乎？汝君子之礼法，诚天下残贼乱危死亡之术耳！而乃自以为美行不易之道，不亦过乎？……故不通于自然者，不足以言道。"（同上）

他用虱子比喻礼法君子，嘲笑他们说："世人所谓君子，惟法是修，惟礼是克。手执圭璧，足履绳墨。行欲为目前检，言欲为无穷则。少称乡党，长闻邻国。上欲图三公，下不失九州牧。独不见群虱之处裈中，逃乎深缝，匿乎坏絮，自以为吉宅也。行不敢离缝际，动不敢出裈裆，自以为得绳墨也。然炎丘火流，焦邑灭都，群虱处于裈中而不能出也。君子之处区域内，何异夫虱之处裈中乎？"（《晋书·阮籍列传》）

嵇康、阮籍是玄学发展第二阶段的代表人物。三国时期玄学的兴起，大概可以分为两个阶段，何晏、王弼是第一阶段的代表人物。他们是由儒到玄过渡的桥梁人物。他们已皈依玄学，但仍不忘儒学，他们都注释《论语》，愿意以玄学思想释儒学经典，希望以"将无同"把儒玄统一起来。嵇康、阮籍是第二阶段的玄学代表人物。他们对于儒学名教礼法，已比较决绝，嘲笑礼法之士为裈中之虱，思想上他们已摆脱儒家名教的束缚。他们认为玄学高于儒学，玄是高档次的，儒是低档次的。

两晋玄学人物，大多不出此两途。

曹魏时法术思想也只是中央上层一部分人士的思想。玄学也只是西晋世家大族出身的士子的思想意识和生活情调。地方上社会上仍是儒家正统思想。永嘉之乱，玄学随大家过江，北方基本上无存留。北方又是儒学天下。东晋时期，江南玄学和佛学多有接触。南北朝隋唐，玄学多融合到佛教中去了。

（二）佛教的传入

佛教是西汉后期传入中国的。武帝通西域，张骞在大夏时，知有身毒（即印度）。《史记·大宛列传》说："骞曰：臣在大夏时，见邛竹杖、蜀布。问曰：'安得此？'大夏国人曰：'吾贾人往市之身毒。'身毒在大夏东南可数千里。其俗土著，大与大夏同，而卑湿暑热云。其人民乘象以战，其国临大水焉。"张骞没有说到佛教，但由他知道身毒：其俗大与大夏同，地卑湿、暑热，乘象以战、国临大海，他是很可能知道有佛教的。大夏商人可以从身毒买到邛竹杖和蜀布，大夏商人也很可能已把佛教带入大夏。

传说哀帝时曾派使者从大月氏使臣伊存口受"浮屠经"。最早记载此事的是鱼豢《魏略·西戎传》，已在魏末西晋时期，应该说是传说了。据汤用彤教授考证，西汉后期，大夏、大月氏是西域佛教最盛的地区。大月氏使臣口授佛经传入中国是完全可信的。

传说东汉明帝永平年中，曾遣使到大月氏求佛法。最早的记载见于东汉末年牟子的《理惑论》。记载说："昔孝明皇帝，梦见神人，身有日光，飞在殿前。欣然悦之。明日，博问群臣，此为何神。有通人傅毅曰：'臣闻天竺有传道者，号之曰'佛'，飞行虚空，身有日光，殆将其神也。'于是上悟，遣使者……羽林郎中秦景、博士弟子王遵等十二人，于大月氏写佛经四十二章。藏于兰台石室第十四间。"

永平求法，是我国一向所公认的佛教传入中国之始。但按诸史实，明帝时楚王英信佛，供奉浮屠作斋戒祭祀，明帝报英的诏书已有伊蒲塞、桑门，说明明帝时决不是佛教刚刚传入的时期。《后汉书·楚王英传》："英少时好游侠,交通宾客;晚节更喜黄老学,为浮屠斋戒祭祀。(永平)八年,诏令天下死罪皆人缣赎。英遣郎中令奉黄缣白纨三十匹诣国相曰:'托在蕃辅,过恶累积,欢喜天恩,奉送缣帛,以赎愆罪。'国相以闻。诏报曰:'楚王诵黄老之微言,尚浮屠之仁祠,洁斋三月,与神为誓,何嫌何疑,当有悔咎?! 其还赎,以助伊蒲塞、桑门之盛馔。'因以班示诸国中傅。"显然这不是佛教初传入的时期。佛教传入中国,要在西汉后期,不会早于武帝之前,也不会晚在哀帝之后。

东汉时期,淮河南北,亦即楚王英的辖境,以彭城为中心(今江苏北部、山东南部)一带地区,是佛教传布比较盛的地区。楚王英是光武的儿子,建武十五封楚公,十七年进爵楚王,二十八年就国。楚王英信佛,大概是到楚以后的事。《后汉书》本传说他"少时好游侠,交通宾客,晚节更喜黄老学,为浮屠斋戒祭祀",可以为证。范晔《后汉书·明帝纪·论曰》说明帝"察慧"、"弘人之度未优"。大约明帝对于有作为的王是不放心的。楚王英晚年折节信佛、喜黄老,大约是为了避免明帝的怀疑。但他终未能逃脱明帝的毒手。

大约彭城(徐州)一带是佛教传布最早的地方。楚王英信佛,即使他早年在洛阳之耳闻过佛教,他晚年信佛也一定与楚地佛教盛行的环境影响有关。这一地区的佛教,从东汉初到东汉末一路发展下来。汉末三国初,笮融在这里大兴佛寺,招引居民,组织教会活动。《三国志·吴志·刘繇传》载:"笮融者,丹杨人。初聚众数百,往依徐州牧陶谦。谦使督广陵、彭城运漕。遂放纵擅杀,坐断三郡委输以自入。乃大起浮图祠,以铜为人,黄金涂身,衣以锦采;垂铜槃九重,下为重楼阁道,可容三千余人,悉课读佛经;令界内及旁郡人有好佛者听受道,复其他役以招致之,由此远近前后至者五千余人户。每浴佛,多设酒饭,布席于路,经数十里,民人来观及就食且万人,费以巨亿计。"

东汉一代,徐州一带是佛教传布比较盛的地区,是从哪路传来的? 往年梁启超写过一篇《佛教之初输入》,认为最早佛教是由海上传来的。汤用彤认为是陆路传来,由西域传入,先到洛阳再到徐州。

西汉时,中国和南洋海外水路交通已能到很远的地方。《汉书·地理志》载其路程:"自日南障塞、徐闻、合浦船行可五月,有都元国;又船行可四月,有邑卢没国;又船行可二十余日,有谌离国;步行可十余日,有夫甘都卢国。自夫甘都卢国船行可二月余,有黄支国。……自武帝以来皆献见。有译长……蛮夷贾船,转送致之。""平帝元始中,王莽辅政,欲耀威德,厚遗黄支王,令遣使献生犀牛。自黄支船行可八月到皮宗,船行可八月到日南、象林界云。黄支之南,有已程不国,汉之译使自此还矣。"

东汉时期,交州、交趾渐渐成为中国通向南洋的重地。西汉末,中原有王莽改制,赤眉、绿林之乱,交州遂成为中原士子避乱之地。《三国志·吴志·士燮传》:"士燮字威彦,苍梧广信人也。其先本鲁国汶阳人,至王莽之乱,避地交州。"东汉末,中原多事,士人之避地交州的更多。《士燮传》:"迁交趾太守。……燮体器宽厚,谦虚下士,中国士人往依避难者以百数。"这些中国士人去交趾,多数是走水路。如汝南许靖,避董卓之乱去会稽,又避孙策之迫,前往交州。他去交州的道路,就是"与袁沛、邓子孝等浮涉沧海,南至交州"的(《三国志·蜀志·许靖传》)。又如沛国桓晔,"初平中,天下乱,避地会稽,遂浮海客交趾"(《后汉书·桓荣传》附《桓晔传》)。

东汉时的交趾、交州,和海外的交通日益频多;天竺(印度)、大秦(罗马帝国),多从海路通中国。《后汉书·大秦国传》:"桓帝延熹九年(公元166年),大秦王安敦遣使自日南徼外献象牙、犀角、瑇瑁。"《天竺传》:"桓帝延熹二年(公元159年),四年,频从日南徼外来献。"

如此看来,佛教随着海路到交州,到会稽,再到彭城徐州,是极有可能的。在古代,交通工具落后,水不隔人山隔人。秦时沿水路向南发展,所设象郡已深入越南半岛的南端,就是说"汉化"已到越南,而内地今四川以南,贵州、云南还是蛮荒之域。从水、陆交通考虑,说佛教传入中国,或是先陆后水,先由西域,而后水路紧跟。至于滨海地区彭城徐州地区之佛教,很可能是从海路传来。三国时期,彭城地区之佛教,又远较洛阳为发达。

佛教传入之始,多比附中国文化中之黄老、道家、神仙、法术等来扩大传布。今山东、江苏北部滨海地区,实为中国传统文化中这一支派的发祥地(详下节道教之创立)。在此地区,又特利于佛教之发展。

三国以后,两晋南北朝佛教就一路发展下去。大体有两三千万人口的北朝,有二三百万和尚。北齐文宣帝一个诏书,乃有"缁衣之众,参半于平俗;黄服之徒,数过于正户"之叹!(《广弘明集》卷二四)。到了隋朝,佛教盛,《隋书·经籍志》尚有"天下之人,从风而靡,竞相景慕,民间佛经,多于六经数十百倍"的话。

魏晋南北朝隋唐时代,是宗教的时代。人民思想意识,已由今世转入来世。

(三) 道教的创立

道教创立,约在东汉后期。初有两源,一太平道,一五斗米道。太平道教主为于吉。《后汉书·襄楷传》:"初,顺帝时,琅邪宫崇诣阙,上其师于吉于曲阳泉水上所得神书百七十卷,皆缥白素朱介青首朱目,号《太平清领书》。其言以阴阳五行为家,而多巫觋杂语。有司奏崇所上妖妄不经,乃收藏之。后张角颇有其书焉。"

于吉也是琅邪人,在东方传道。汉末孙策在江东时,于吉在江东传道,极得军民之崇敬尊信,为孙策所杀。《江表传》:"时有道士琅邪于吉,先寓居东方,往来吴会,立精舍,烧香读道书,制作符水以治病,吴会人多事之。(孙)策尝于郡城门楼上集会诸将宾客,吉乃盛服杖小函,漆画之,名为仙人铧,趋度门下。诸将宾客三分之二下楼迎拜之,掌宾者禁呵不能止。策即令收之。诸事之者,悉使妇女入见策母,请救之。母谓策曰:'于先生亦助军作福,医护将士,不可杀也。'策曰:'昔南阳张津为交州刺史,舍前圣典训,度汉家法律,尝著绛帕头,鼓琴烧香,读邪俗道书,云以助化,率为南夷所杀。此甚无益,诸君但未悟耳。今此子已在鬼录,勿复废纸笔也。'即催斩之,悬首于市。诸事之者,尚不谓其死而云尸解焉,复祭祀求福。"(《三国志·安志·孙策传》注引)

五斗米道,创始于张陵。《三国志·魏志·张鲁传》:"张鲁字公祺,沛国丰人也。祖父陵,客蜀,学道鹄鸣山中,造作道书以惑百姓,从受道者出五斗米,故世号米贼。陵死,子衡传其道。衡死,鲁复行之。……鲁遂据汉中,以鬼道教民,自号'师君'。其来学道者,初皆名'鬼卒'。受本道已信,号'祭酒'。各领部众,多者为治头大祭酒。皆教以诚信不欺诈,有病自首其过,大都与黄巾相似。诸祭酒皆作义舍,如今之亭传。又置义米肉,悬于义舍,行路者量腹取足;若过多,鬼道辄病之。犯法者,三原,然后乃行刑。不置长吏,皆以祭酒为治,民夷便乐之。雄据巴、汉垂三十年。"

《典略》对于太平道和五斗米道又有如下的叙述:"熹平中,妖贼大起,三辅有骆曜。光和中,东方有张角,汉中有张脩(裴松之注:张脩应是张衡,非《典略》之失,则传写之误)。骆曜教民缅匿法,角为太平道,脩为五斗米道。太平道者,师持九节杖为符祝,教病人叩头思过,因以符水饮之,得病或日浅而愈者,则云此人信道,其或不愈,则为不信道。脩法略与角同,加施静室,使病者处其中思过。又使人为奸令祭酒,祭酒主以《老子》五千文,使都习,号为奸令。为鬼吏,主为病者请祷。请祷之法,书病人姓名,说服罪之意。作三通,其一上之天,著山上,其一埋之地,其一沉之水,谓之三官手书。使病者家出五斗米以为常,故号曰五斗米师。实无益于治病,但为淫妄,然小人昏愚,竞共事之。后角被诛,脩亦亡。及鲁在汉中,因其民信奉脩业,遂增饰之。教使作义舍,以米肉置其中以止行人。又教使自隐,有小过者,当治道百步,则罪除。"(《三国志·魏志·张鲁传》注引)

关于早期道教的情况,比较早的记载大约就这几条。从这里,我们可以了解早期道教的创立、神道设教和传布情况。

《典略》所说汉末大起的妖贼,三辅有骆曜,东方有张角,汉中有张脩(按:应是张衡之误),并说"骆曜教民缅匿法,角为太平道,脩为五斗米道",好像骆曜也是道教一支。但骆曜即使也是道教一支,我们对它知之甚少,而且好像以后它也没有什么传布,所以说道教创立之始有太平道和五斗米道两源,大约是可以的。

陈寅恪先生著《天师道与滨海地区之关系》,原刊中央研究院历史语言研究所《集刊》第三本第四分册,已收入《金明馆丛稿初稿》,通论自汉顺帝到南北朝三百年间道教和滨海地区的关系。大概道教是起于滨海地区的宗教。宫崇是琅邪人,于吉是琅邪人。张陵,本沛国丰人,客于蜀,学教鹤鸣山中。沛国近东海,疑张陵也是得道于东方滨海地区,后客于蜀,继续在鹤鸣山修炼。早期道教的教主天师,都来自琅邪地区。东方滨海地区实为道教之起源地。陈寅恪先生说:"故青徐数州,吴会诸郡,实为天师道之传教区。"(《天师道与滨海地区之关系》)实为不易之定论。

宗教在创立兴起阶段,大都靠为人治病来传教。佛教如此,道教也如此。太平道、五斗米道,都借治病来传教。张鲁在汉中,还实行一套消费共产生活。这也是宗教组织常常采用的,基督教在创立阶段就曾如此。道教、基督教最初的信徒以下层社会的穷苦人为多,他们需要生活上的互助。墨家虽然不是宗教组织,但近乎宗教组织,墨家也是下层社会阶层的人为多,所以墨家有巨子,有纪律严明的组织,也是实行着消费共产的生活。

道教托始于黄老,使信教者学习《老子》五千言。道教开创之始,往往是和初传入的佛教互相依托的。东汉初年的楚王英是"尚黄老之微言,尚浮屠之仁祠"(《后汉书·楚王英传》),桓帝也是"宫中立黄老、浮屠之祠"(《后汉书·郎𫖮襄楷传》,襄楷上桓帝书中语)。汉代黄老清虚无为思想,和佛教教义有相近处,所以初传入的佛教就借黄老思想来接近汉人,道教也以佛教为榜样来创立自己的宗教。襄楷上桓帝书,于"闻宫中立黄老,浮屠之仁祠"后,接着就说,"此道清虚,贵尚无为,好生恶杀,省欲去奢"。他用"此道"两字,就把黄老、浮屠两家合二而一了。道家也造说"老子入夷狄为浮屠"(同上),也是说佛、道为一家,并用老子化为浮屠来抬高道教在佛道关系中的地位(参看汤用彤《汉魏两晋南北朝佛教史》第四章《汉代佛法之流布》)。

东方滨海地区,"青徐数州、吴会诸郡",为道教"天师道之传教区",亦为早期佛教广为传布的地区。道教徒称为道士,中国早期佛教徒也称为道士。这也反映早期佛道两教的关系。

道教除依托黄老外,还继承了中国传统的阴阳五行、神仙道术的思想和道统。前面引用的《襄楷传》就说《太平清领书》是"其言以阴阳五行为家,而多巫觋杂语"。于吉被孙策杀死后,"诸事之者尚不谓其死而云尸解"。尸解,意为遗其形骸登仙而去。张鲁在汉中,也是"以鬼道教民"。

魏晋南北朝隋唐之后,道教紧随佛教而盛行起来。虽不如佛教之盛,总的说来也不如儒家之盛,但历史上称为"儒释道"三家之一,也可见其在中国历史上,特别是魏晋南北朝隋唐时期之地位了。

佛家轮回说,道教登仙境,都是超现实的。它迎合了在现世受苦,对现世失望、绝望的广大人民的苦闷心情、意识,佛道都在中古魏晋南北朝隋唐发展起来。

附　　录

中国的早期文明和国家的起源

一、流行的中国国家起源说

解放后几十年来,有权威的中国史学家们都把中国国家的起源定在夏,如范文澜先生和郭沫若先生都是如此说的。(参看范文澜《中国通史简编》修订本第一编第 103—104 页,人民出版社 1961 年第七次印刷。郭沫若《奴隶制时代》第 3—4 页,1952 年新文艺出版社版)。

范、郭两家把夏看作中国国家的起源时期,都是根据斯大林《辩证唯物主义和历史唯物主义》的理论来立论的。如郭沫若在引证了斯大林在这篇文章中所规定的奴隶制与封建制的性质和区别后说:"我们在这样的认识上来看问题时,夏、殷、周三代的生产方式是只能是奴隶占有制度。"范文澜没有说他把夏朝作为国家的起源时期是根据斯大林的学说,但他也把斯大林的上述文章奉为经典的。范老就把斯大林对封建生产方式所说的话,说成是对封建社会的"定义",范老是据此"断言"西周是"封建社会"的。

范、郭两先生虽然都说夏已是阶级社会,产生了国家,但对夏的文明水平估计都还不高。范说:"禹不曾废除'禅让'制度,是大同时代最后的大酋长,小康时代应从启开始。"他说的大同是指原始社会,小康指阶级社会。郭说:"夏的文明程度不会太高。"

尽管如此,范、郭两氏都把中国国家的起源定在夏的时期。研究中国古代史的学者,大都依随范、郭两先生的学说,把中国国家的起源定在夏。一般教科书更是采用此说的。夏是中国历史上阶级社会开始、国家产生的时期,成为中国史学界公认的说法。

但读读马克思、恩格斯本人的书,他们似乎都把国家产生时期的文明水平说的比较高,其中最关键的一条是:他们认为国家是社会分裂为不可调和的对立面而又无力摆脱这种对立时的产物。马克思主义国家起源的学说,可以恩格斯《家庭、私有制和国家的起源》为代表,这本书是马克思主义中专门讨论原始社会和国家起源的专著,是恩格斯的一部学术著作。

恩格斯对国家的起源是这样讲的:

"国家是社会在一定发展阶段上的产物;国家是表示:这个社会陷入了不可解决的自我矛盾,分裂为不可调和的对立面而又无力摆脱这些对立面。为了使这些对立面,这些经济利益互相冲突的阶级,不致在无谓的斗争中把自己和社会消灭,就需要有一种表面上驾于社会之上的力量,这种力量应当缓和冲突,把冲突保持在'秩序'的范围以内;这种从社会中产生但又自居于社会之上并且日益同社会脱离的力量,就是国家。"(《马克思恩格斯全集》第21卷中文版第194页)

恩格斯说国家不同于氏族的地方,"第一就是它按地区来划分它的国民","这种按照居住地组织国民的办法,是一切国家共同的"。"第二个不同点,是公共权力的设立"。"构成这种权力的,不仅是武装的人,而且还有物质的附属物,如监狱和各种强制机关,这些东西都是以前的氏族社会所没有的。"恩格斯还说:"为了维持这种公共权力,就需公民缴纳费用——捐税。"

在这里,我们看到中国史学家以夏为中国国家起源时期的学说和恩格斯国家起源的学说是不十分吻合的。在理论上,大家都在讲"社会陷入不可解决的自我矛盾,分裂为不可调和的对立面"时候才产生国家,在具体历史问题上,却说仍在传说中的夏已产生国家。很显然,夏的社会远没有发展到社会已发展为不可调和的对立面的水平。从所有关于夏的文化历史传说来看,帝位世袭制,启和伯益争夺王位,启和有扈氏的战争,太康兄弟争位,后羿争国,等等,大多是些部落间的矛盾,再勉强也解释不出阶级矛盾尖锐到不可调和。拿恩格斯的话来衡量夏,夏是很不够"国家"资格的。但这是中国风行的国家起源说。

二、中国国家起源的新思考

理论和理论在中国历史实际应用上的不吻合问题,在我脑子里转了很久。但也只是到了"文化大革命"后好多年,1983 年才写了一篇《关于古代史的几个理论问题》(见《历史研究 1984 年第 1 期》)。在这篇文章里我提出:"在中国史的著述里,我们常常看到夏的时候中国已经进入阶级社会、国家已经产生的说法。这是不妥当的。实际上,夏还在传说时代。""即使将来的发现可以证实夏的历史了,而夏是原始氏族制社会,还是氏族制解体、出现阶级的社会,还是社会分裂已到了不可调和、国家已经产生的时代,衡之以马克思主义的国家学说,也还是大可研究的问题。"

我当时对中国国家起源问题,还考虑不多。我只是说"盘庚以前,殷再发展也只能是氏族制解体、国家萌芽的时期。""周灭商,是周族氏族制解体、国家产生过程的开始"。殷商以前、中国早期文明的发展形势和中国国家起源问题,我知之不多,也未敢多谈。

1991 年河南人民出版社出版了我的《中国古代社会》。在这本书里,我在中国历史上提出"早期国家"这一概念。我把中国国家的起源,分作两步看:从殷商盘庚到东周初期是中国的"早期国家"。春秋战国时期开始、中国进入古代社会即阶级社会,这以后才出现真正意义的国家。我认为这是符合中国历史实际的;因之,也是科学的。

早期国家的特征是:社会已有阶级分化,氏族部落内部已出现贵族显贵家族,也有了奴隶和依附民;王的地位已经突出,有了王廷和君僚;但氏族部落组织血缘关系仍是社会的组成单位。它是由氏族部落向真正意义的国家的过渡。它逐步远离氏族社会,逐步接近国家。

具体到中国古代史,我是从殷商后期盘庚时代讲起的。盘庚时,已可看出有阶级分化。当时耕田种地的人中有称作"众"的,卜辞中多有"令众人曰协田"、"令众黍"等记录。《尚书·盘庚》三篇,多有对"众"的讲话。从这里看到:众是作农业劳动的,盘庚对众的讲话说:"格汝众,予告汝训……惰农自安,不昏作劳,不服田亩,越其罔有黍稷。"可见众是农民。众和盘庚是不同族不同祖先的。盘庚一再说,"古我先王,暨乃祖乃父"。两族关系是不平等的结合,众要服从商的领导,要为商王服劳役,如果不服从殷王的命令,殷王可以狠狠地诛杀他们全族。"古我先后,既劳乃祖乃父,汝共作我畜民。汝有戕,则在乃心。我先后绥乃祖乃父,乃祖乃父断弃汝,不救乃死。……乃有不吉不迪,颠越不恭,暂遇奸宄,我乃劓,殄灭之,无遗育。"多厉害!但众和商人的关系,又不像奴隶和奴隶主的关系。因为照盘庚的话,"兹予大享于先王,尔祖其从享之"。奴隶的祖先,大概很少配享的资格。我说的商和众的关系是不平等部落联盟里"主和从"两种部落成员的关系。通过战争、征服,而建立不平等的部落联盟,这在部落联盟时期,特别是后期,是普遍存在的现象。我们在欧洲古代史上也可以看到这种现象。

商的祖先通过"绥"(征服、安抚)的手段和众的祖先已结合为一种很亲密的关系,两族大约已经合二为一生活在一起,所以盘庚迁殷的时候,要求众和他们一块迁。商和周围的部落时常有战争。一时是敌,一时又是友。卜辞里常看到商王"征犬",又看到"令多子族从犬侯璞周",也看到"周方伯"。他们间的结合并不稳定。他们臣属于商也只是尊商王为盟主、共主,还不是后世的君臣关系。王国维已看到这一点(见王氏《殷周制度论》)。

更重要的是,直到商为周所灭之后,殷商仍是一族族的,以"殷民六族"、"殷民七族"(《左传》定公四年)的形式被分配给周室贵族。殷族虽有阶级分化,而氏族组织尚未被打破,还说不上社会已分裂为不可调和的对立面。如果说商已进入国家,只能是部落国家、早期国家。

周是在今陕西中部一带地方兴起的。文化发展要比商晚些,文明程度要比商低些。商族已是中原、东方各族的共主领袖群伦的时候,周还远处西方与商很少接触。大约是在周族的大王古公亶父时期,周和商的关系渐多,接受商先进文化的影响渐多。周族灭商的经营,也是从古公亶父开始的。《诗经·鲁颂·閟宫》:"后稷之孙,实维大王,居岐之阳,实始翦商"。说古公亶父"实始翦商",有点是周人的自我吹牛,这时的周还远非商之敌手。这之后,或为商之敌,或被征服而为商之友被称作周侯,到武王才完成灭商大业。

武王伐纣,是以姬、姜两大部落为中心联合周围其他部落对商的战争。《周书·牧誓》载:"王曰:嗟我友邦冢君御事,司徒、司马、司空,亚旅、师氏,千夫长、百夫长,及庸、蜀、羌、髳、微、卢、彭、濮人。称尔戈,比尔干,立尔矛,予其誓。……"友邦冢君,是联盟各部落的君长,司徒、司马、司空和亚旅、师氏是周王的左右群僚,千夫长、百夫长是率领氏族部落成员出征的大大小小氏族长,庸、蜀、羌、髳、微、卢、彭、濮是参加作战的各族人。作战的战士是姬、姜两姓的氏族成员和其他各族的氏族成员,参战的各部落君长被称作"友邦冢君",这都显示了周族和各族是部落联盟和联盟共主的关系和性质。

灭商以后,周人采取了几种措施,由部落联盟更向国家迈进了一步。一、周人加强了姬姓的宗法制度。这就加强了以大宗周王廷为主的诸侯国间的宗主关系。姬姓诸侯国都以周王为宗主。二、周王以"授民授疆土"的"分封制"加强了周和诸侯间的统一关系。周和诸侯间的关系,比商和各方的关系强化多了。当然,把周的"分封制"理解为社会发展史上的封建社会的分封制,是错的,它们是两回事。三、周虽然灭了商,但并未太严厉地贬低商人的地位,它把商人一族族地分给姬姓贵族带出去建立新邦,商人的氏族制度并未被打破。到了新国,姬、商两族仍是分土定居,一般是周人居处称"国",商人居处称"野"。野是商人的"自治区"。周人这样作,安抚了商人,加强了周商两族的和平相处。周灭商使早期国家更向前推进一步,它也为周商两族以及其他各族间的融合创造了条件。

但周人所创建的国家,仍是以氏族部落为基础的,社会仍是以氏族部落为单位,还没有按地区划分它的国民,氏族还没有分裂为矛盾尖锐到不可调和的阶级。周仍在早期国家阶段,还没有进入阶级社会、真正意义的国家时期。

大约西周中期,氏族制度渐渐由分解而破坏,商周两族也逐渐融合,血缘关系逐渐融化在地缘关系之中。东周春秋时期,小家族已代替氏族组织,在民间成为社会单位。《左传》昭公十三年(公元前529年),"(楚灵)王闻群公子之死也,自投于车下曰:'人之爱其子,亦如予乎?'侍者曰:'甚焉! 小人老而无子,知挤于沟壑矣!'"小人指一般人民。老而无子,无人抚养,就有死于沟壑的危险,这说明民间已是一家一户的个体民户了,氏族组织已经解体了。一部《左传》所反映的春秋时期:贵族与贵族间的斗争,平民与贵族统治者间的斗争,说明阶级斗争已经是很激烈、尖锐化了。

到春秋战国时期,国家的产生已很明朗了。

鲁昭公元年(公元前536年),郑国铸刑书;二十九年,晋国"铸刑鼎","著范宣子所为刑书"。有了公布的成文法律。

人民对国家有了徭役、兵役负担。"国中自七尺以及六十,野自六尺以及六十有五皆征之。其舍者:国中贵者、贤者、能者……皆舍"(《周礼·地官司徒·乡大夫》)。据说周礼是周公定的制度,非实。《周礼》中所存的有西周的材料,更多的是反映春秋时期的情况。这条材料说明国、野的区别还存在,野人比国人的负担重。野人是殷人,是二等公民,负担重;国人是周人,一等公民徭役负担轻。但春秋时期,国野之分已渐泯灭,"国人"、"野人"合一的"民",负担已是一致的了。氏族组织解体,地区区分已逐渐代替族的区分。徭役何时由按族征发转变为按地区征发,这是很重要的问题,但也是很难考实的问题。据《周礼》的记载,役是按地区征发的。《国语·齐语》载:"管子于是制以为二十一乡,工商之乡六,士乡十五。"乡,是地区。把国分为二十一乡,就是分为二十一个区域。这是齐国由族到地的开始,还是齐地的内部调整已不得而知。这条记载说明,齐桓公时齐国兵役已是按地区征发了。

诸侯已向全民征收租税。《左传》鲁宣公十五年,鲁国"初税亩"。自古以来,对"初税亩"不知有多少解释。我认为《谷梁传》的解释最得历史真实。《谷梁传》说:"初税亩者,非公之去公田而履亩十取一焉。"非、责备也;责备鲁公于公田之外也按亩征收原不征税的非公家的土地。战国时期,贵族土地已向国家出税。贵族地主收租,国家收税。《史记·赵奢列传》:"赵奢者,赵之田部吏也,收租税而平原君家不肯出。赵奢以法治之,杀平原君家用事者九人。"从这段记载看,战国时贵族的土地对国家是出租税的。在同一块土地上,地主收租,国家收税。初税亩,就是贵族地主家的土地向国家出税的滥觞。

春秋战国时期,诸侯国君权的扩大,王廷官僚机构的完备,更是明显。刑罚、武力、税收、王权,都已齐备。《左传》中所反映的人民和国家、贵族地主的矛盾,已很尖锐。国家产生的条件都已成熟。春秋战国时期,中国历史有了真正意义的国家。

这是我对中国国家起源问题的新思考。国家起源,分作两步:早期国家和真正意义的国家。盘庚或盘庚以前开始到春秋战国前,是中国早期国家时期,春秋战国开始是中国古代社会和成熟的国家时期。

三、国家起源的多面观

上面我从恩格斯的国家起源论谈到了我国有权威的学者中的国家起源说,也论到了我的新思考,早期国家说的提出。国家起源是个复杂的问题。现在于上述说法之外,再看看中外学者们对国家起源的其他考虑。所谓多面观并不是全面观,我只是把引起我注意的一些考虑提出来看看而已。我看到的面仍是很窄的。

(一)恩格斯的考虑。恩格斯在《家庭、私有制和国家的起源》里研究了国家在氏族制度的废墟上兴起的三种主要形式。他说:雅典是最纯粹、最典型的形式;在这里,国家是直接和主要的从氏族社会本身发展起来的阶级对立中产生的。我在第一节里所引用的恩格斯的话,所谈的国家起源,就是雅典型的国家起源。

另一种形式是罗马型的。在罗马,氏族社会变成了闭关自守的贵族,贵族的四周则是人数众多的、站在这一社会之外的,没有权利只有义务的平民;平民的胜利炸毁了旧的氏族制度,并在它的废墟上面建立了国家,而氏族贵族和平民不久便完全溶化在国家中了。

再一种形式是日耳曼型的。在征服了罗马帝国的德意志人中间,国家是作为征服外国广大领土的直接结果而产生的。氏族制度是不能提供任何手段来统治这样广阔的领土的。

恩格斯所讲国家出现的三种形式,是形式,是外表,是路线,而不是物质基础。物质经济基础,三者仍是共同的。即由生产力的发展、社会分工引发起来的阶级分化、社会分裂,则是三者所共同的。深入看一看罗马早期进入国家的社会经济基础和罗马晚期日耳曼建立国家的社会经济基础,问题就清楚了。罗马早期,氏族社会是封闭的,但贵族氏族社会和站在这一社会之外的平民的社会分裂已尖锐到不可调和。平民的胜利缓冲了阶级矛盾,把对立的双方保持在秩序(国家)之内。平民的胜利,建立国家,这国家仍是建立在社会分裂为不可调和的对立面之上的。罗马帝国的末期,阶级矛盾已到了快要两败俱伤的尖锐水平。日耳曼在征服了罗马帝国之后,就在那辽阔的领土上建立了国家。但是,要重视的是:日耳曼人征服的那辽阔的领土是罗马帝国,那里国家已建立了几百年。日耳曼人的氏族制度虽然还是有生命力的,没有分解、没有瓦解,但它征服罗马帝国之后,它就加入了罗马的阶级社会而又居于剥削地位、统治地位。这样,它就创造了、建立了一个新的国家。如果日耳曼人征服的广大领土之上存在的不是阶级社会的罗马帝国,而是一些氏族部落联盟,比日耳曼人还要古老的氏族部落,日耳曼人征服了它们,也只会出现新的更大的部落或部落联盟,不会出现国家。

说清楚这个道理有好处,一可以避免误解只要有对外征服,就可以建立国家,不必有生产力发展、阶级尖锐对立;二可以避免误解对外征服和内部阶级矛盾,是建立国家的两条并行道路;三可以避免为"对外征服也可以产生国家说"找到理论根据。对外征服可以产生国家是有条件的,条件就是被征服者生产力发展、阶级矛盾已经进入国家或接近进入国家了。

（二）酋邦学说。美国人类学家色维斯（Elman R. Service）在 1962 年出版了《原始社会组织》一书（Primitive Social Organization：An Evolutionany perspective）。在这本书里，色维斯把原始社会的演化分为三个阶段，一是游团（Band），二是部落（tribe），三是酋邦（Chiefdom）。他是比较早的提出"酋邦"这一概念的人。1975 年他又出版了《国家与文明的起源》一书（Origins of The State and Civilization：The Process of Culturae Evolution，在这里，论述了酋邦后的国家的起源。张光直教授：《中国青铜时代》第 49 页。）有些学者把色维斯的概念应用到考古材料上，从考古学的观点，把古代人类社会进化列为游团、部落、酋邦和国家四个阶段。

酋邦，是介于部落和国家的中间阶段。在酋邦阶段，社会已是分层的社会（Ranked Society），社会成为一个尖锥体形的分层的社会系统。这个分层式的系统以酋长为其中心。整个社会通常相信是自一个始祖传下来的。酋长是在这个假设的祖先传下来的基础上选出来的。所以这个分层的社会网内的每一个人都依他和酋长关系的远近而决定其阶层。酋长位置通常由酋长的长子或幼子继承。产品与劳役在整个社会中分配的需要，是酋邦的一项特征。酋长虽然在再分配网中有他的地位，但还缺乏构成社会阶级的真正的对必要物资的特殊掌握和控制。酋长也缺乏强迫性的权力和政治控制。和政治平等的部落比起来，酋邦的特征是有一个联系经济、社会和宗教等各种活动的中心的存在。在若干较大较复杂的酋邦里，这个中心里不但有长驻的酋长，而且有多多少少的行政助理（通常是来自酋长的近亲）、服役人员，甚至职业性的手工匠（张光直教授上书第 50—51 页）。

酋邦阶段的提出，对我们研究从部落到国家的过渡，很有启发意义，张光直教授就把酋邦概念应用到对中国早期文明和国家起源的研究上。张光直教授说，进化阶段的四级之分大致是考古学家通常采用的。他说如果我们把华北古代社会演进程度依此系统加以列举，再与考古学家习用的历史分期相对照，可得下表：

文化名称	新进化论	中国常用的分期
旧石器时代 中石器时代	游团	原始社会
仰韶文化	部落	
龙山文化	酋邦	
三代(到春秋) 晚周、秦、汉	国家	奴隶社会
		封建社会(之始)

　　不过,张光直教授也说:"上表的分类中有一个相当大的问题,即三代,尤其是夏商两代和西周的前期,究竟应当是分入酋邦还是分入国家的问题。酋邦和国家在概念上的区分,在两极端上比较容易,在相衔接的区域则比较困难。"张光直教授提的是个很有意义的问题。这个问题关系到拿什么作划分两个阶段的标准,也关系到国家成立的标准是什么。

　　(三)近年来中国学人对这一问题的研究

　　近年来,中国古代史学者写了不少关于中国国家起源问题的文章。在理论上大都信奉恩格斯的学说,在中国国家起源的具体问题上大半仍是支持夏国家起源说。为了支持他们的论点,他们大都为自己的起源论附加了一些东西。有人说,为了治理洪水,要求各氏族部落组成部落联盟,服从某一大部落的指挥,在这基础上便产生了国家。有的说氏族部落对外防御和对外战争,是推动国家产生的重要因素。有的说管理社会公共事务的需要,促使国家产生。有的说,中国的自然条件好,不需要铜器的使用,用木石工具已可以产生剩余价值,农业手工业尚未分离,交换不发达,城市、货币还没有产生,因治水的需要氏族部落联盟很快就转化为国家。

　　他们大多是支持夏已进入国家的学说。他们提出的一些理论,要从理论方面丰富夏已进入国家这一学说。他们的结论都是说,夏的国家就是在阶级社会还没有成熟之前产生的。

　　这些讨论,都是很有启发性的。它使我们进一步考虑:划分国家起源究竟应以什么为标准。

四、早　期　国　家

综观以上的介绍和论述,我觉得在中国国家起源问题上,乃至在世界各民族的国家起源问题上,划出一个"早期国家"(或者如某些学者提出的划出一个"酋邦"阶段)是符合历史实际的。人类历史发展上,都有一个早期国家阶段。由于这个阶段的时期是比较长的,所以最好划出一个阶段来。

人类历史发展是条长河,可以分为许多发展阶段。阶段越古占的时间越长,日新月异是近代的事,在古代是没有的。氏族部落是一个长时期,国家的产生也是一个长时期。

国家是从部落发展出来的。国家异于部落的是:它有突出的强制权力,有法律,有牢狱,地缘关系代替了血缘关系,等等。

国家是有强制权力的机构,西方学者们也有此观点。如 Kent V.Flannery 在 The Cultural Evolution of Civilization 一文中对国家下的定义就是:

"国家是一种非常强大,通常是高度中央集权的政府,具有一个职业化的统制阶级,大致上与为较简的各社会特征的亲属纽带分离开来。它是高度的分层,与在内部极端分化的,其居住型态常常基于职业分工而非血缘或姻缘关系。国家企图维持武力的独占,并以真正的法律为特征;几乎任何罪行都可以认为是叛违国家的罪行,其处罚依典章化的程序由国家执行,而不再像较简单的社会中那样是被侵犯者或他的亲属的责任。国民个人必须放弃用武,但国家则可以打仗,还可以抽兵、征税、索贡品。"(转引自张光直教授:《中国青铜时代》第53页,三联书店1983年9月出版)

但这些国家异于部落的现象,也不是一时就完整的实现的,它有个产生、发展、演进的过程,有它的开始,有它的完成。因此,在国家起源问题上出现不同的学说,有的学者看到这些现象的出现,就认为已经离开了部落,不能再称之为部落,但又似乎还不到国家的水平,于是就为这新出现的阶段命名为"酋邦"。酋邦者,部落到国家的中间阶段也。这个名称很好。在汉语上,"酋邦"是"酋"和"邦"两字组成的。"酋"是部落首长,"邦"是国家。一头是部落,一头是国家,极具由部落到国家的含义。但什么情况下由酋邦进入国家,就很难划分。正如张光直教授所说的:"酋邦和国家的概念上的区分,在两极端上比较容易,在相衔接的区域则比较困难。"(见《中国青铜时代》第52页)

马克思主义国家学说,对国家的产生则是抓住由部落到国家发展变化过程的尾,以国家为社会陷入了不可解决的自我矛盾、分裂为不可调和的对立面而又无力摆脱这些对立面时的产物。张光直教授所认为的,"酋邦和国家在概念上的区分,在两极端上比较容易,在相衔接的区域则比较困难"的问题,马克思主义国家学说则以"社会陷入了不可解决的自我矛盾、分裂为不可调和的对立面而又无力摆脱这些对立面"这一质的变化为标准和断限,加以解决,说这以前是部落这以后才是国家。

如此说来,现在关于国家起源的学说,大体上可以说有两大学派。一派可以称作西方学派。他们抓住国家现象出现的头,部落社会中一出现像国家现象的头,就认为国家产生的开始,其中也有一些学者又细分为"酋邦",已非部落,但还不是国家。一派则是马克思主义学派。它把由部落到国家也看成一个长期发展过程,但一般说它把这个过程仍看作部落的内部变化,只到最后发展到矛盾不可调和时才产生国家。他们抓的是这个变化过程的尾。

在这个问题上,我认为马克思主义的国家起源论学说是科学的。任何事物由一个阶段向另一个阶段的转化,都要有一个质的变化。这个质的变化,就是事物变化的标准。由部落到国家,是一个长期发展演化的过程。何时才算是演化完成出现了国家,最好有个质的变化作标准。这个质的变化就是:社会陷入了不可解决的自我矛盾、分裂为不可调和的对立面而又无力摆脱这些对立面。

但要把国家因素出现到社会分裂为不可调和的对立面这一长期都算

是在部落内部,事实上也有困难。酋邦学说的提出乃至夏已进入国家各种想法的提出,都是因有这种困难而产生的。把春秋以前的西周、殷商都说成是部落时代,很多人就不能接受。

提出"早期国家"说,把国家起源分作两个阶段正可解决这一困难。

酋邦,似乎还不能代替早期国家。如色维斯(Elman R.Service)所说:酋长虽然在再分配网中有他的地位,但还缺乏构成社会阶级真正的对必要物资的特殊掌握和控制。酋长也缺乏强迫性的权力和政治控制。酋邦所表现的,似乎只是我所谓的国家的前期,不能概括全部早期国家。我把中国国家的完成定在春秋战国,把春秋战国以前称为早期国家,其意在此。早期国家,表示它还是早期而不是成熟国家。

有人说:现在考古材料的新发现,越来越把中国文明起源的时间往前推,把中国国家的完成拉向春秋战国时期,是否太不合适。我认为:考古材料证明中国文明再早,也不过有了贫富分化、王的权力强化等,决不会达到社会已陷入不可解决的自我矛盾、分裂为不可调和的对立面的水平。这样,文明起源早,也不过提早早期国家出现的时代。考古材料能证明中国文明起源越早越好,早期国家的出现能提前到夏和夏以前都好。

国家的出现,是人类历史上一场划时代的伟大的进步。不要一听国家是社会分裂不可调和的产物,就把国家和阶级斗争联系起来,认为国家是革命斗争要打碎的旧机器。那是历史后期出现的事。不能把历史理论庸俗化了。

恩格斯曾经说过:"用一般性的词句痛骂奴隶制度和其他类似的现象,对这些可耻现象发泄高尚的义愤,这是最容易不过的作法。但是,这种制度是怎样产生的,它为什么存在,这在历史上起了什么作用,关于这些问题,我们并没有因此而得到任何的说明。如果我们对这些问题深入地研究一下,那我们就一定会说——尽管听起来是多么矛盾和离奇——在当时的条件下,采用奴隶制是一个巨大的进步。"(《反杜林论》,人民出版社1971年6月出版中文版第178页)。国家的产生也是如此。国家是社会分裂不可调和的产物,但它的产生却起了"使这些对立面,这些经济利益互相冲突的阶级不致在无谓的斗争中使自己和社会消灭"的作用。

(《家庭、私有制和国家的起源》,见中文版《马克思恩格斯全集》第 21 卷
第 194 页)。这就是国家起源的进步意义,巨大的进步意义。直到今天,
只要看看非洲一些国家和前南斯拉夫的波黑,落后的民族斗争给人民带
来的悲惨和痛苦,不难体会出国家的正面意义和进步作用。

> (本文系作者 1995 年初在海南省海口市举行
> 的中国国际汉学研讨会宣读的论文,曾在
> 1995 年《中国史研究》第 2 期刊出)

漫谈"封建"

白公寿彝九十大寿,朋辈、学生集文为他祝寿。我写点什么? 想了这个题目:"漫谈'封建'"。"漫谈"者,一知半解,思考也不成熟,姑妄谈之而已。意在祝寿而求教。

一

我们现在对"封建"的认识,主要来自马克思主义,是马克思主义者研究欧洲中世纪社会所得的结论。

欧洲中世纪的封建,一般认为有两个来源,一是日耳曼,一是罗马帝国。日耳曼人入侵罗马帝国时候,自己正处在原始社会解体向阶级社会过渡的时代。王权逐渐发展,贵族阶级已出现,王和贵族左右正出现一个依附阶层,他们依附于王和贵族。罗马帝国后期,城市交换经济衰落,奴隶制度式微,小农经济破产,社会上出现隶农。自由民小农破产依附大土地所有者成为隶农,奴隶解放也成为隶农。

日耳曼人进入罗马帝国后,两种制度相遇而产生封建制度、封建社会。所以说,欧洲中世纪封建社会,是两种不同时代社会阶段相遇、相结合而产生的结果。一个是日耳曼人由原始社会走向阶级社会过渡的时代,一个是罗马帝国的末期,也就是古代社会或者说奴隶社会的末期,正向封建社会转化的时代。

如果这样认识不错的话,那么我们就可以说:"封建"的因素,在人类历史上在两个时代出现:一个是原始社会末期,社会刚刚分解为阶级社会的时代,如日耳曼人的古代;一个是古代社会(通常所说的奴隶社会)末期,如罗马帝国的末期。

二

从原始社会解体向阶级社会转化的过渡时期出现依附现象,并不是日耳曼民族的专利,世界上好多民族在他们历史上的这个阶段,也出现过同样现象,有的还出现过农奴制。

公元前 9 世纪前后,雅典氏族社会解体,社会分解为贵族、平民两大阶级,不仅出现奴隶,还出现被保护民,实即贵族的依附民。亚里士多德就把雅典的六一汉叫作被保护民。六一汉耕种贵族的土地,收获的六分之五交纳给地主,六分之一留作自己的生活费用。六一汉或被保护民就是贵族地主的依附民。

斯巴达人在氏族社会解体时期,本族分解为贵族、平民,还有边民,是被斯巴达人征服的民族。他们仍被留在原来他们居住的土地上为斯巴达人耕田纳租。希洛特(Helots,亦译作赫罗泰或黑劳士)也是被征服的,因为反抗失败,地位比边民更低。

被克里特人征服后的边民,地位和希洛特差不多,亚里士多德就把他们和希洛特人作对比。

罗马在王政时期,也出现被保护民。被保护人从保护人那里取得土地、牲畜,法律上受保护的人保护。他们要为保护人工作,跟随他们打仗。

世界古代史学家朱理斯·陶屯(Jules Troutain)在他的《古代世界的经济生活》(The Economic life of The Ancient World)一书中叙述公元前 9 世纪前希腊的情况说:"历史时代开始的时期(约指公元前 11—前 9 世纪),在希腊的一些地区,由于入侵、移民、征服所引起的人民迁徙,在土地耕作方面出现一种特殊的剥削制度。在新的征服者到来之前,没有来得及逃走的原地旧居民被压制到通常所说农奴的境地。这是被斯巴达征服的美赛尼亚人(Messenians)的命运,也是很多被希腊人征服为殖民地的当地居民的命运,例如:黑海沿岸的海拉克里亚和赛拉古斯(Pontic Heracleia and Syracuse)。拉哥尼亚的希洛特(Helots)和贴撒利的潘尼斯特(Penestae),是这些'依附在土地上的农奴'中最知名的实例。他们耕种的土地不属于他们,或者更确切地说不再属于他们。在征服者到来之前,他们对这些土地原拥有完全的所有权。侵入和征服的结果是土地被夺走,他们都被强制留在土地上为征服者的利益而耕种。"

有的西方史学家认为公元前11—前9世纪希腊就有过像欧洲中世纪样的封建制度。如 J.W.斯文(Joseph Ward Swamn)在《古代世界》(The Ancient World)一书中说:"在这时期(多利人入侵后的三百年间,约为公元前11—前9世纪),希腊社会组织是很简单的。人民(氏族成员)已分裂为两个阶级:土地所有者贵族,和平时为他们耕田种地,战时跟随他们打仗的农民。不多的手工业者是需要的,商业活动就完全不见了。土地被分配给氏族长贵族家族,低下阶级和被征服者从贵族手里接受土地和保护;作为回报,他们要忠于给他们土地和保护的贵族并为他们服役。这些氏族贵族统治着他所在的地区而仅仅并不十分清楚明确地承认更高一级的贵族权力。就这样,一种类似欧洲中世纪的封建制度盛行于希腊的中世纪。到公元前9世纪末,各种势力兴起,才埋葬了这种简单的社会组织。"

也有的西方学者,就称这时期为"原始封建社会"。奥本海末尔在他的《国家论》(The State)中就提出"原始封建国家"和"发达的封建国家"先后两个国家形态。

他所说的"原始封建国家",就是在氏族部落和部落联盟时期由种族征服而产生的国家。他所说的"发达的封建国家"就是欧洲中世纪的封建国家。

奥本海末尔认为国家是由种族征服而产生的,异于马克思的国家是由于生产力的发展、社会内部的分裂、有了阶级对抗而后自发地产生的。

他也不承认奴隶社会、封建社会、资本主义社会这一顺序,他认为原始封建国家是陆国,是主干,比原始封建国家的起源稍后,还有海国。他认为希腊、罗马属于海国,都市国家。

他认为海国的"海盗行为与商业战争携来无数奴隶于国内"。他对奴隶制度评价极低,他认为奴隶劳动是"根本破坏全国生活的腐溃的痼疾"。奴隶使海国的中产阶级瓦解,使农民变成"褴褛无产阶级",使"民族萎瘁,人口萎瘁。"

奥本海末尔认为"只有一个都市国家能够维持数世纪","这个都市国家便是罗马帝国。但是就是这个伟大的组织最后仍因资本主义(他把罗马帝国的商业交换货币经济叫作资本主义)的奴隶剥削,终致于人口萎瘁。然在此时间内,它曾创立过最初的帝国,换句话说,建立过最初的大规模的极度集权国家,且曾征服及吞并地中海岸及邻地一切陆上国家,并因此把这种组织的统治模型昭垂于世界。更有加于此者,它把都市组织及货币经济制度发达到最高的程度,遂致再不能根本毁灭,即令在野蛮人移运(?)的侵扰中还能存在。其结果,占领罗马旧域的封建陆国,直接或间接的感受了新的冲动,使它们度过了正常的原始封建国家阶段"(以上引文皆见陶希圣译《国家论》,1929年新生命局出版发行)。

至此,也可以看出在奥本海末尔眼里,发达的欧洲中世纪封建国家有两个源头。但他认为陆国是主要源头,海国是支流。

奥本海末尔的议论是错误的,但很有启发,因之我介绍可能多了些。我的原意在说明西方学者中有的把氏族社会解体时代所产生的封建因素,直截了当地称为一个原始封建社会阶段了。

马克思、恩格斯都同意在人类历史上氏族社会解体时期出现过农奴制。如马克思说:"现代家庭在萌芽时,不仅包含着奴隶制,而且也包含着农奴制,因为它一开始就是同田间耕作的劳役有关的。它以缩影的形式包含了一切后来在社会及其国家中广泛发展起来的对立。"(《家庭、私有制和国家的起源》,见《马克思恩格斯全集》中译本第21卷第70页)马克思去世前几个月,1882年12月22日,恩格斯给他的一封信中对此有发挥,他说:"我很高兴,关于农奴制的历史,照实业界人士的说法,我们'达成协议'了。毫无疑问,农奴制和依附关系并不是某种中世纪所特有的封建形式,在征服者迫使当地居民为其耕种土地的地方,我们到处或者说几乎到处都可以看得到——例如在特萨利亚很早就有了。"(《马克思恩格斯全集》中译本第 35 卷第 131 页)。

恩格斯这里明确指出特萨利亚居民在被征服后成为农奴。在另外的地方,他也明确指出希洛特为农奴。他说:"斯巴达在其全盛时期还不知有家庭奴隶,而处于农奴地位的赫罗泰(Helots 的异译),则另自住在庄园里。"(《家庭、私有制和国家的起源》,见《马克思恩格斯全集》中译本第 21 卷第 76 页)

马克思、恩格斯只谈到原始社会解体时期出现农奴制,并没有说这是封建制或封建社会。从马克思所说看来,他只是说这个时期出现了一切在后来社会和国家中发展起来的对立,并没有说这时期出现封建制更没有把它作为一个社会阶段。从恩格斯所说看来,他认为依附关系和农奴制并不是中世纪所特有的封建形式,就是说不是一有依附关系、农奴制就是封建,更没有把由原始社会向阶级社会的过渡时期看成一个独立的社会阶段,如什么原始封建社会。

三

从世界各民族走过的历史道路看,希腊、罗马走下来的道路,大约是比较正常和比较典型的道路。马克思所说"大体说来,亚细亚的、古代的、封建的和现代资产阶级的生产方式,可以看作是社会经济形态演进的几个时代"就是从西欧社会历史发展道路总结出来的。希腊、罗马早期历史的依附民、农奴、保护民,没有发展出封建社会,而是进入古代的社会就衰竭了,在古代发展起来的是以小农为基础的大土地所有制和奴隶制。

欧洲中世纪的封建社会,看来主要是从罗马古代社会发展出来的。

罗马古代社会,是城市、商业、交换经济发达繁荣的社会。商业、交换经济的发展,产生了奴隶制度并促使奴隶制发展。马克思说:"在古代世界,商业的影响和商人资本的发展,总是以奴隶经济为其结果。"(《资本论》第三卷,见《马克思恩格斯全集》中译本第 25 卷第 371 页)这是对古代商业活动的正确理解。

罗马商业、交换经济发展、繁荣的另一面,就是农民的受剥削、被兼并而破产而流亡而沦为奴隶,其最后结果是古代社会经济的衰落。罗马帝国末期的社会经济形态已是:城市经济、交换经济衰落,土地荒芜,自然经济代替了交换经济。大约生于公元前 50 年(我手头无处可查这年代是否有误)的第奥·克里索斯欲曾描述罗马帝国晚年的情况,他是从优卑亚(Euboea)一个小市镇说起的:"在这个区域中,我们又看到:各地的市镇已经消灭,各处的土地已经变成空旷,只供畜牧(及在山边种葡萄)之用。及至最后,罗马本身也变成空无居民的城市。它的屋宇,没有人住,并且日渐崩塌。它的大市场和卡匹托山上的各种公共建筑品已变成牧畜的草场。"(见 1895 年出版的迈尔(Eduard Meyer)著《古代经济进化史》,转引自考茨基《基督教之基础》1935 年三联书店版。)吉本(Edward Gibbon)的名著《罗马帝国的倾覆和灭亡》(Decline and fall or Roman Empire),对罗马帝国晚年的萧条和衰败写得更是非常详尽的。

隶农制(Colonate)发展起来。来自自由民的隶农,2 世纪末 3 世纪初以后实际上已渐渐成为依附民,依附在主人的土地上。他们可以和土地一起出售。他们已不是自由人,不能和自由人通婚。奴隶也在解放。他们也往往被安置在小土地上,为主人服一定的劳役,也逐渐成为隶农。恩格斯说:"隶农是欧洲中世纪农奴的先驱。"(《家庭、私有制和国家的起源》,见《马克思恩格斯全集》中译本第 21 卷第 170 页)

欧洲中世纪封建社会,是从罗马社会母体里孕育发展出来的。没有日耳曼人的入侵,西欧也会出现封建社会。日耳曼人的影响在封建上层。上层贵族分封,相互义务,来自日耳曼人的扈从制;下层社会经济和农奴制,则来自罗马帝国的隶奴制。西方学者讲欧洲中世纪史,一般重在上层,讲封建制度;马克思主义者讲欧洲中世纪史,重在下层,讲封建经济、封建生产关系。

四

最难办的是中国。直到现在,我们只有一些什么"说":西周封建说、春秋战国封建说和汉魏封建说。中国历史何时开始封建,定不下来。

西周有封土建国,有大小高低贵族,有采邑制,有井田制和井田制下的农民。这些有些像欧洲中世纪封建制开始的情况。

但周族灭商时,自己还在氏族社会末期,灭商以后,加快了氏族社会的解体,分裂为氏族贵族和平民。跟着,由于征服才出现依附关系。

这正是入侵到罗马帝国时日耳曼人的社会阶段。但日耳曼人入侵罗马帝国后,遇到的是古代社会的衰落,封建社会正在形成中,两者结合而建立起欧洲中世纪的封建社会。而西周灭商,所遇到的商族,其社会阶段即使比周发展进步,但决没有发展到古代社会末期,它也仍在氏族社会解体、国家出现的早期。商人的社会仍是以族为单位的社会,全国各地到处是些氏族部落联盟式的国家。周灭商后,是以周人为核心,带领一族族的殷人到外地去建立国家。以"殷民六族"分给鲁公,使"帅其宗氏,辑其分族,将其类丑,以法则周公";以"殷民七族"分给康叔;以"怀姓九宗"分给唐叔,是显著的例子,可证到被灭后,商人的社会单位仍是氏族部落。

说西周已开始封建,是只看到欧洲中世纪封建中的日耳曼因素,没有看到罗马帝国的因素。罗马的因素,是更主要的因素。

把封建社会开始定在春秋战国之际,问题更多。一般说,封建社会是自给自足的自然经济占优势的社会,是封闭的社会,社会的主要对立面是贵族和农奴、依附民。但春秋战国之际正是城市、商业、交换经济兴起的时期,跟在它后面的两汉更是城市、商业、交换经济繁荣发展的社会。一个封建社会从这样一个繁荣发达的城市经济开始,是不好说明的。

　　我看到和我理解的中国历史的发展道路和轮廓大体是这样的：

　　夏、商、周是中国古代由原始奔向文明的三大族群体。夏稍早，商次之，周居后。商灭夏，周灭商，构成中国的三代。到周灭商时止，中国境内的族群最先进的也还都在氏族社会到阶级社会的过渡阶段，即使有了国家形式，也都还是早期国家时期。国家是建立在氏族部落之上，而不是像马克思主义者所说的国家，是阶级矛盾不可调和的产物。直到春秋时期，掌握权力的仍是氏族贵族，诸侯国君也不过是贵族中的大宗和嫡长子。周天子也只是最高的大宗、大族长。在天子、国君、大小贵族周围已出现称为陪臣、徒、属、私属身份高低不等的依附阶层。

　　战国秦汉，由于牛耕、铁器的使用，农业生产力有很大提高，在此基础上，商业交换经济发展起来，城市繁荣昌盛。商人地主和小农的对立代替了氏族贵族和平民的对立。郡县制代替了贵族封邑，以才能起家的官僚代替了血缘贵族。

　　商人剥削农民，农民破产流亡或卖为奴隶，奴隶人口发展起来，成为严重社会问题。两汉时代的奴隶虽然没有罗马帝国时代奴隶制之盛，但在中国历史上也是数量最多，对整个社会经济影响最大的时期。战国秦汉是交换经济占优势，城市支配农村的时代。

　　东汉时期，繁荣发达的城市商业、交换经济逐渐衰落。城市破坏、土地荒芜、人口减少。奴隶萎缩，身份提高；自由民衰落，身份低落；部曲、客等形式的依附民发展起来。

　　魏晋南北朝隋唐，在屯田、均田制度下，国家加强了对农民的控制，依附关系继续发展，布帛代替了金属货币，自然经济代替了交换经济。以土地、田庄、部曲客等依附民为基础的门阀豪族是社会的主要统治阶层。

　　如果我对中国历史发展道路和形式的描述是符合中国历史发展道路和形式的客观实际的，我看它的发展道路和大段落与罗马历史发展的道路和大段落，是有些相似的。

　　如果我对中国历史发展道路理解无误，对中国、罗马历史发展道路相似的比较无误的话，中国"封建"的开始，自然是在汉魏之际了。

　　文章就要结束，我有两点想法：

（1）对"封建"，思想上要想的宽些，多研究一些世界各民族的历史，多作些比较研究。在这方面，我深感自己所知甚少。"书到用时方恨少"，至理名言。

（2）中国"封建"，是需要有定论的时候了。大家加把力，研究研究。

（北京师范大学出版社 1999 年 4 月出版
《历史科学与历史理论》）1998 年 7 月 30
日完稿

责任编辑：刘松弢

装帧设计：肖　辉　王欢欢

图书在版编目（CIP）数据

中国古代社会/何兹全 著. —北京：人民出版社，2024.6
（人民文库．第二辑）
ISBN 978－7－01－022966－9

Ⅰ.①中… Ⅱ.①何… Ⅲ.①古代社会-研究-中国 Ⅳ.①K220.7

中国版本图书馆 CIP 数据核字（2020）第 265958 号

中国古代社会

ZHONGGUO GUDAI SHEHUI

何兹全　著

人 民 出 版 社 出版发行
（100706　北京市东城区隆福寺街 99 号）

北京新华印刷有限公司印刷　新华书店经销

2024 年 6 月第 1 版　2024 年 6 月北京第 1 次印刷
开本：710 毫米×1000 毫米 1/16　印张：34
字数：489 千字

ISBN 978－7－01－022966－9　定价：95.00 元

邮购地址 100706　北京市东城区隆福寺街 99 号
人民东方图书销售中心　电话（010）65250042　65289539